Das
GewundeneUniversum
Buch Vier

Dolores Cannon

Übersetzt von: Mariam Schleiffer

© 2012 Dolores Cannon
Erste deutsche Übersetzung - 2021

Alle Rechte vorbehalten. Kein Teil dieses Buches darf ganz oder teilweise in irgendeiner Weise oder mit jedweden Mitteln elektronisch, fotografisch oder mechanisch einschließlich Fotokopieren, Aufzeichnen oder durch ein beliebiges Informationsspeicherungs- und Abrufsystem ohne vorherige schriftliche Erlaubnis von Ozark Mountain Publishing reproduziert, übertragen oder verwendet werden – mit Ausnahme von kurzen Zitaten, die in literarischen Artikeln und Rezensionen enthalten sind.

Für Genehmigungen oder Serialisierungen, Kürzungen, Anpassungen oder bezüglich unseres Kataloges zu anderen Publikationen wenden Sie sich bitte an: Ozark Mountain Publishing, Inc., P.O. Box 754, Huntsville, AR 72740, ATTN: Permissions Department.

Kongressbibliotheks-Daten zur Katalogisierung in Publikationen
Cannon, Dolores, 1931 - 2014
Das Gewundene Universum – Buch Vier, von Dolores Cannon
Eine fortlaufende Serie, die unbekannte metaphysische Theorien und Konzepte erforscht.

1. Entwicklung des Bewusstseins 2. Anfang der Erde 3. Erschaffung der Menschen 4. Veränderung und Farbe der DNA 5. Leben nach dem Tod 6. Metaphysik
I. Cannon, Dolores, 1931-2014 II. Neues Bewusstsein III. Metaphysik IV. Titel

Kongressbibliothek Katalogkartennummer: 2021933374
ISBN: 978-1-950608-35-5

Bucheinband-Design und Layout: Victoria Cooper Art
Book gedruckt in: Times New Roman
Design: Nancy Vernon
Übersetzt von: Mariam Schleiffer

Herausgegeben von:

PO Box 754
Huntsville, AR 72740
479-738-2348; 800-935-0045; fax 479-738-2448
www.ozarkmt.com

Es ist wichtig, nicht mit dem Fragen aufzuhören. Neugierde hat ihre eigene Existenzberechtigung. Man kann nicht anders, als Ehrfurcht zu haben, wenn man die Mysterien der Ewigkeit, des Lebens, der wunderbaren Struktur der Realität betrachtet. Es genügt, wenn man jeden Tag lediglich versucht, ein wenig von diesem Mysterium zu begreifen. Versäume niemals eine heilige Neugierde.

Albert Einstein, 1879-1955

Die Autorin dieses Buches erteilt keinerlei medizinische Ratschläge und verschreibt nicht die Anwendung irgendwelcher Techniken als eine Form der Behandlung bei körperlichen oder medizinischen Problemen. Die in diesem Buch enthaltenen medizinischen Informationen stammen aus Dolores Cannons individuellen Beratungen und Sitzungen mit ihren Klienten. Sie sind nicht als medizinische Diagnosen jeglicher Art oder als Ersatz für medizinische Beratung oder Behandlung durch Ihren Arzt gedacht. Daher übernehmen die Autorin sowie der Herausgeber keinerlei Verantwortung für die Interpretation oder Verwendung der Informationen.

Es wurden alle Anstrengungen unternommen, um die Identität und die Privatsphäre der an diesen Sitzungen beteiligten Klienten zu schützen. Der Ort, an welchem die Sitzungen abgehalten wurden, ist korrekt, es wurden aber lediglich Vornamen verwendet und diese wurden geändert.

INHALTSVERZEICHNIS

Vorwort	i
Teil Eins – Jenseits des Schleiers	
1 - Meine eigenen vergangenen Leben	3
2 - Die Entwicklung des Bewusstseins	16
3 - Die geistige Seite	32
4 - Leben als eine andere Kreatur	37
5 - Viele Wahlmöglichkeiten	70
6 - Die Planungsphase	80
7 - Ein kurzes Leben	98
8 - Eine schwierige Aufgabe	114
9 - Balance im Leben	126
10 – Reisen	133
11 – Informationsspeicher	147
12 - Schuld tragen	155
13 - Die Vergangenheit verändern	161
Abschnitt – Mord und Selbstmord	
14 - Mord und die Ruhestätte	175
15 - Angst wird übertragen	183
16 - Mord und Selbstmord	194
17 - Ein Selbstmord	204
18 - Ein Selbstmord aus gebrochenem Herzen	211
19 - Ein Selbstmord tilgt Karma	223
Teil Zwei – Das gewundene Universum expandiert	
Abschnitt – Der Anfang der Erde	
20 - Zurück zum Anfang	239
21 - „Optimieren"	252
22 - Die Erschaffung der Menschen	268
23 - Die Abspaltung von der Quelle	282
24 - Zu viel zu früh	302
Abschnitt – Energie	
25 - Die rosa Energie vom Kristallplaneten	317

26 - Energie erzeugen	331
27 - Ein Energiewesen	347
28 - Unbekannte Energie	353
29 - Die Sonne	357
30 - Aktivierung der neuen Lichtenergie	363
31 - **Abschnitt – Zeit und Dimensionen**	
32 - Das Depot	379
33 - Das Dorf außerhalb der Zeit	391
34 - Die Verkörperung einer Erscheinung	408
35 - Verändern der DNA	413
36 - Die Farbe der DNA	426
37 - Arbeiten mit den Erdsystemen	441
38 - Die Heilung von Ann	456
39 - Die Hintergrundleute	480
40 - Die Fragmente vereinigen sich wieder	493
41 - Die Bilder	503
42 – Schlusswort	514
Autorin	523

VORWORT

Willkommen an alle! Willkommen an alle neuen Leser dieser Buchreihe und willkommen zurück an die anderen, welche meine Hypnoseabenteuer über die vergangenen Jahre verfolgt haben. Als ich mit der Reihe *Das gewundene Universum* begann, dachte ich fälschlicherweise, es werde nur ein Buch sein. Ich hatte an den Informationen gearbeitet, die zu dem Buch *Die Aufseher* wurden, meine 25 Jahre langen Nachforschungen über UFOs und Entführungen. Ich hatte eine ganze Menge an Informationen gesammelt und dachte, ich hätte alles abgedeckt, das jemand über das Phänomen wissen wollen könnte. Dann begannen die Informationen eine unerwartete Wendung zu nehmen. Sie bewegten sich weg von Außerirdischen hin zu metaphysischen Konzepten und Theorien, die ich noch nie zuvor gehört hatte. Das war der Punkt, an dem ich wusste, dass ich jenes Buch fertigstellen und ein neues anfangen musste. Ich wusste nicht, wie es angenommen werden würde, denn es war eine Abkehr von meinen normalen Schriften über Hypnose und die Suche nach verlorenem Wissen. Obwohl dies ebenfalls als „verlorenes" Wissen betrachtet wird, ging es in eine andere Richtung. Ich nannte das erste Buch „ein Buch, das dazu bestimmt war, den Geist wie eine Brezel zu verbiegen". Ich dachte, es könnte diejenigen ansprechen, die über die letzten dreißig Jahre meine Bücher verfolgt und gelesen haben, und dass sie meine Entwicklung auf diesem Gebiet würden sehen können. Ich war jedoch angenehm überrascht, als ich feststellte, dass das erste Buch dieser Reihe von Erstlesern meiner Werke gelesen wurde. Ich wusste nicht, ob die Leute es verstehen würden, wenn sie einfach geradewegs in das tiefe Ende des Pools sprängen. Ich legte ihnen immer nahe, mit meinen ersten Büchern zu beginnen und sich schrittweise diesem Werk zu nähern. Aber ich begann, Post zu bekommen, die nahelegte, dass die Leser bereiter waren, als ich es mir je hätte vorstellen können. Einige schrieben: „Ich verstehe es vielleicht nicht, aber es bringt mich wirklich zum Nachdenken." Und das war meine Intention. In den Büchern spreche ich davon, diese Bücher wie „Geistesbonbons" zu behandeln. Neue Konzepte und Theorien, die man genießen und über die man nachsinnen sollte, um sie dann beiseite zu legen, damit der Leser sein eigenes Leben weiterführen kann. Nur eine interessante Nebenbeschäftigung oder ein Abstecher von der Norm.

Als ich Das Gewundene Universum für die Veröffentlichung fertigmachte, beschloss ich plötzlich, Buch Eins in den Titel mit aufzunehmen. Zu diesem Zeitpunkt wusste ich wirklich nicht, ob es jemals ein weiteres Buch in dieser Reihe geben würde. Ich dachte, ich hätte alles Mögliche in das erste Buch geschrieben. Aber etwas ließ es mich Buch Eins nennen. Ich sollte inzwischen wissen, dass „sie" dahinter steckten. „Sie" wussten, dass ich gerade an der Oberfläche gekratzt hatte, und jetzt, da ich mich auf diese neue Reise begeben hatte, gab es tonnenweise neue Informationen, die hervorgebracht werden sollten. Und so war es auch. Jedes Buch dieser Reihe stellte immer noch mehr seltsame Konzepte vor, über welche die Menschen nachdenken und staunen konnten. Am Ende von Das Gewundene Universum, Buch Drei, dachte ich wirklich, dass sie mir das äußerst Mögliche gegeben hätten. Dass es nichts mehr zu lernen und zu erleben gab. Dass sie mir alles erzählt hätten. Aber als ich das Buch zusammenstellte, hatte ich eine letzte Sitzung in Montreal, die noch ein weiteres, bewusstseinsveränderndes Konzept hervorbrachte. Am Ende jenes Kapitels sagte ich: „Jetzt weiß ich, dass es nichts mehr zu entdecken gibt." Und in ihrer unendlichen Weisheit sagten sie: „Oh, nein! Es gibt noch mehr! Es gibt noch mehr!" Und damit konnte ich das 700-seitige Buch endlich fertigstellen und veröffentlichen lassen. Sie erlaubten mir dann, mich ein paar Monate auszuruhen, während das Buch in Produktion ging. Alle meine Hypnosesitzungen waren „normal", nur die übliche Therapie, um Menschen bei ihren körperlichen und persönlichen Problemen zu helfen. Dann begannen die Informationen wieder, hereinzuströmen, und ich wusste, dass es tatsächlich ein viertes Buch geben würde. Als ich das erste Buch Buch Eins nannte, lachte ich, weil ich dachte, dass es höchstens noch ein weiteres Buch geben könne. Jetzt habe ich keine Ahnung, wie viele es geben wird. Ich schreibe einfach weiter und sie setzen mich weiterhin neuen Informationen aus. Während ich dieses Buch zusammenstelle, merke ich, dass ich genug Material für drei Abschnitte zu verschiedenen Themen habe. Und so geht die Reise weiter.

Für diejenigen, die jetzt erst zu uns stoßen, willkommen bei dem Abenteuer und zu der Reise. Für diejenigen, die Teil der gesamten Reise waren, willkommen zurück und ich hoffe, dass Sie weitere interessante Konzepte finden, während wir das Abenteuer fortsetzen. Lesen Sie also mit einem offenen Geist und seien Sie bereit, Ihren Verstand noch etwas mehr verbiegen zu lassen. Schlussendlich sind Brezeln eine interessante Form. Sie ähneln wirklich dem Symbol für die Unendlichkeit, nicht wahr?

TEIL EINS

JENSEITS DES SCHLEIERS

Kapitel 1

MEINE EIGENEN VERGANGENEN LEBEN

Wann immer ich einen Vortrag halte, wird mir ausnahmslos die gleiche Frage gestellt: „Wissen Sie von irgendeinem Ihrer eigenen vergangenen Leben?" Ich glaube, es wäre unmöglich gewesen, über vierzig Jahre in diesem Bereich zu arbeiten und nicht zu versuchen, etwas über sich selbst herauszufinden. In der Anfangszeit ließ ich Rückführungen durch unterschiedliche Hypnotiseure vornehmen. Ich war so neugierig wie jeder andere auch. Auf diese Weise entdeckte ich, was ich *nicht* wollte, dass meine eigenen Klienten erleben. Es gab viele Dinge an ihren verschiedenen Techniken, die mich unbehaglich, unruhig, verärgert und verstört zurückließen. Es war nicht immer eine angenehme Erfahrung. Ich erhielt Informationen, aber die Sitzung wurde nicht immer auf professionelle Weise durchgeführt. Ich erkannte, dass sie nur das taten, was ihnen beigebracht worden war, und dass sie nie in Frage gestellt hatten, warum sie es auf diese bestimmte Weise taten. Doch *ich* stellte es in Frage. Wenn ich mich während oder nach der Sitzung unwohl fühlte, versuchte ich zu verstehen, warum. Als ich dann im Laufe der Jahre meine eigene Technik entwickelte, baute ich Schutzmaßnahmen ein, so dass keiner meiner eigenen Klienten jemals die gleichen unangenehmen Gefühle würde erleben müssen. Dies ist ein weiterer Grund, warum ich meinen Schülern immer empfehle, ihre eigene Rückführung zu erleben, damit sie wissen, wie sie mit ihren Klienten umgehen sollen. Wie können wir etwas praktizieren, wenn wir es noch nie erlebt haben?

In den ersten Jahren lernte ich etwa acht meiner vergangenen Leben kennen. Es war wichtig insofern, als ich meine Beziehungen zu meinen Familienmitgliedern aufdeckte und warum wir wieder zusammenkommen mussten. Und ich fand heraus, warum ich die

Arbeit mache, die ich mache. Das war an sich schon sehr wichtig. Jetzt brauche ich nicht mehr nach vergangenen Leben zu suchen, denn ich glaube, dass ich alles aufgedeckt habe, das ich wissen muss. Es ist ein wertvolles Werkzeug, aber das ist alles, was es ist, ein Werkzeug. Wenn man anfängt, sich zu entwickeln und sich selbst zu kennen, dann braucht man nicht mehr in die Vergangenheit zurückzukehren. Für einige Menschen dient es mehr zur Unterhaltung als zur Therapie. Dann dient es keinem guten Zweck. Sie können zu „Rückführungs-Junkies" werden, die aus Neugierde nach dem nächsten „Schuss" suchen. Das macht den ganzen Sinn der Rückführungstherapie zunichte, dass sich der Mensch in *diesem* Leben wohlfühle. Die vergangenen Erinnerungen sind gute und wertvolle Informationen, aber sie müssen im gegenwärtigen Körper, insbesondere in den Familienbeziehungen, genutzt werden. Wir müssen alles miteinander verbinden, so wie wir die Erinnerungen an unsere eigene Kindheit und andere Erfahrungen miteinander verbunden haben. Ob gut oder schlecht, sie sind die Geschichte unseres Lebens und müssen behandelt und ausgesöhnt werden. Die anderen Leben sind lediglich erweiterte Erinnerungen und sollten auch in unser gegenwärtiges Leben integriert werden. Dies trägt dazu bei, den Einzelnen zu einer abgerundeten und gesunden Persönlichkeit zu machen.

Um zur Geschichte zurückzukommen, ich entdeckte meinen Zweck (die ewige Frage) in diesem Leben. Zu der Zeit, als es geschah, wusste ich nicht einmal, dass der Rest meines Lebens der Aufgabe gewidmet sein würde, Menschen bei der Erforschung ihrer Vergangenheit zu helfen. Ich hatte Freude an der Arbeit und hatte gerade begonnen, mein erstes Buch (*Jesus und die Essener*) zu schreiben, aber ich konnte keineswegs ahnen, wie gewaltig meine Arbeit werden würde. Als ich die Rückführung im Haus eines Freundes machte, hatte ich keine Ahnung, was dabei herauskommen würde.

Ich ging zurück zu den Zeiten der riesigen Bibliothek in Alexandria in Ägypten. Mein ganzes Leben lang war ich von Büchern fasziniert. Ich konnte lesen, bevor ich in die Schule kam, und die Grammatik war für mich einfach und selbstverständlich. Ich war ein Kind während der Zeit der Depression, also war Geld sehr knapp. Meine Schwester und ich hatten keinen Luxus. Es gab viele abgelegte Kleidungsstücke und Kleidung, die in Gebrauchtwarenläden gekauft wurde. Damals musste man sich mit dem begnügen, was man hatte. Wenn es Geld kostet, vergiss es, du würdest es nicht bekommen (außer zu Weihnachten, wenn es ein paar Spielsachen gab). Deshalb war ich in der ersten Klasse so aufgeregt, als jemand in unsere Klasse kam und über die riesige Bibliothek sprach, die unweit von unserer Schule in St. Louis lag. Sie ermutigten uns, Bibliotheksausweise zu besorgen und gaben uns ein Papier, das wir mit nach Hause nehmen konnten, um uns für einen solchen zu bewerben. Ich hatte bereits alle in unserer Klasse erhältlichen Bücher verschlungen, und mein Hunger war auf dem Siedepunkt, als ich hörte, dass wir in eine Bibliothek gehen könnten, wo Hunderte von Büchern verfügbar waren. Das Beste daran war, dass es KOSTENLOS war. Ich traute meinen Ohren nicht. Kostenlos. Ich rannte den ganzen Weg nach Hause mit dem Papier in der Hand, um es meiner Mutter zu zeigen. Meine Aufregung muss ansteckend gewesen sein, als ich ihr das Papier zeigte und weiter und weiter darüber sprach, wie ich eine Karte bekommen konnte, um jedes Buch zu lesen, das ich wollte, und es war kostenlos. Um es kurz zu machen, meine Mutter bekam die Karte, und alle paar Tage brachte sie mich die wenigen Blöcke weiter in die riesige Bibliothek, wo ich Bücher ausleihen konnte. Ich erinnere mich, dass ich durch die Gänge zwischen den Regalen ging und ich war im reinsten Himmel, als ich erkannte, dass es keine Grenzen gab für das, was ich lesen konnte. Später, als ich alleine gehen konnte, verbrachte ich dort Stunden und trug immer Arme voller Bücher nach Hause. Ich war nie ohne ein Buch und ich verbrachte viele Stunden damit, in die wunderbare Welt der Phantasie zu entfliehen, welche diese Bücher darstellten. Wenn ich in der High School nicht gerade in einer Klasse war, war ich in der Schulbibliothek und verschlang die Enzyklopädien. Ich hatte einen ziemlich seltsamen Zwang, den ich etwa zur gleichen Zeit entwickelte. In meiner Freizeit im Studiensaal beschäftigte ich mich mit dem Kopieren aller Wörter im Wörterbuch. Jedes Mal markierte ich, wo ich aufgehört hatte und machte am nächsten Tag weiter, indem ich Wort für Wort in mein Notizbuch kopierte. Ich könnte sagen, dass dies von meiner Liebe zu Büchern herrührte, aber später entdeckte ich durch meine Rückführungen, dass ich in einem früheren Leben als Mönch in einem Kloster lebte, wo es meine Aufgabe war, Manuskripte und Texte von Hand abzuschreiben. Aber es war ein guter Zwang, weil er den Gebrauch von Worten und Sprache in meine Psyche einbrannte.

Ich las alles, was ich zwischen die Finger bekommen konnte, und diese Liebe zu Büchern und der Wunsch zu lernen, zogen sich durch mein ganzes Leben. Noch heute, wenn ich eines meiner Bücher schreibe, recherchiere ich es quasi „zu Tode". Nachdem ich die Sitzungen abgeschlossen habe und die eigentliche Arbeit mit dem Schreiben des Buches beginnt, verbringe ich Stunden (und manchmal den ganzen Tag) in einer Bibliothek, um meine Fakten zusammenzutragen. Für mich ist das der reinste Himmel, stundenlang zu suchen und schließlich den Schatz zu heben, einen schwer fassbaren Fakt zu finden. Als ich meine drei Bücher über Nostradamus schrieb: *Gespräche mit Nostradamus*, las ich jedes Buch, das jemals über den großen Meister geschrieben wurde. Einige von ihnen waren vergriffen und die einzige Kopie war von der Kongressbibliothek erhältlich, die durch die Bücherei-Ausleihe an der Universität von Arkansas bezogen werden konnte. Als ich meine Bücher über Jesus schrieb: *Jesus und die Essener* und *Sie gingen mit Jesus*, las ich jedes Buch, das jemals über die Schriftrollen vom Toten Meer geschrieben wurde. Als ich mein Buch über den Ursprung der amerikanisch-indianischen Rasse schrieb: *Die Legende vom Sternensturz*, verbrachte ich drei Jahre damit, alle alten indianischen Legenden und Geschichten, die ich finden konnte, zu erforschen. All diese Forschungen haben sich ausgezahlt, denn wenn ich Vorträge halte, habe ich all diese Informationen im Hinterkopf und ich weiß, wovon ich spreche. Mein erster Zeitschriftenverleger sagte einmal: „Nachforschung ist sehr wichtig. Es ist offensichtlich, dass du deine Hausaufgaben gemacht hast. Und es wäre genauso offensichtlich, wenn du sie *nicht* gemacht hättest." Ich finde es schade, dass junge Menschen jetzt nicht mehr wissen, wie man *wirklich* forscht. Sie verbringen eine kurze Zeit im Internet, um ein paar Fakten zusammenzutragen, ohne die Herrlichkeit und das Wunder zu kennen, staubige Bücherstapel in einer Bibliothek durchzukämmen und einen vergessenen oder verlorenen Text zu finden. Deshalb nenne ich mich selbst „den Reporter, den Ermittler und den Forscher von verlorenem Wissen".

So dürfte es wohl keine allzu große Überraschung gewesen sein, als ich in ein vergangenes Leben in der großen und prächtigen Bibliothek in Alexandria vor ihrer Zerstörung im fünften Jahrhundert zurückkehrte. In jenem Leben war ich ein Mann, der in der Bibliothek arbeitete. Ich konnte die wertvollen Schriftrollen in den Regalen nicht lesen, aber ich wusste, welche die ältesten und wichtigsten waren. Viele belesene Gelehrte kamen in die Bibliothek und ich fand die Schriftrollen, die sie sehen wollten. Ich beobachtete voller Neid, wie sie an Tischen saßen, die Schriftrollen öffneten und sie lasen. Ich wusste, dass die wichtigsten Schriftrollen in den oberen Regalen aufbewahrt wurden. Es gab vor allem einen in einem schwarzen Gewand gekleideten Mann, der oft hereinkam. Ich wusste immer im Voraus, welche Schriftrollen er haben wollte. Ich hatte Spaß an dieser Arbeit, obwohl ich nicht lesen konnte. Ich war so etwas wie ein Verwalter der Bücher.

Dann kam der schicksalhafte Tag der Zerstörung der großen

Bibliothek. Ich befand mich dort zwischen den Büchern, als eine große Horde von Männern in die Bibliothek stürmte und sie im Hinausgehen zerstörte. Entsetzt beobachtete ich, wie sie sich Schriftrollen aus den Regalen schnappten und sie in der Mitte des Raumes stapelten. Ich schrie vor Angst, als ich sah, wie sie nach den Schriftrollen griffen, die in den oberen Regalen aufbewahrt wurden. Tränen liefen über mein Gesicht, als sie sie ohne Rücksicht auf das Wissen, das sie enthielten, zerrissen und in den immer größer werdenden Haufen warfen. Ich wusste, dass ich sie nicht aufhalten konnte, also schnappte ich mir so viele Schriftrollen, wie ich konnte, und rannte aus dem Gebäude, gerade als sie die Stapel in Brand setzten. Meine Arme waren beladen mit Schriftrollen und meine Augen waren so tränengefüllt, dass ich nicht sehen konnte, wohin ich ging, als ich auf die Straße stolperte. Gerade noch rechtzeitig, um von einem vorbeifahrenden Karren überfahren zu werden. Als ich aus meinem Körper aufstieg, blickte ich zurück und sah ihn zermahlen unter meiner Armladung voll Schriftrollen liegen. Das Feuer in der Bibliothek breitete sich aus und verzehrte das Gebäude.

Ich sah, dass dieses Leben meine Liebe zu Büchern erklärte, warum ich es nicht ertragen kann, wenn ein Buch schlecht behandelt wird und begriff meinen Wunsch, das verlorene Wissen zurückzugewinnen. Als ich diese Geschichte bei einer Podiumsdiskussion erzählte, bei der mir die Frage nach meinem früheren Leben gestellt wurde, witzelte einer der anderen auf dem Podium: „Ja, aber musstest du denn versuchen, die *ganze* Bibliothek neu zu schreiben?" Das Publikum brüllte vor Lachen, denn wir wussten, dass er sich auf meine vielen Bücher bezog. Ja, das war wahrscheinlich die Erklärung, und es beruhigte mich. Aber das war noch nicht das Ende der Geschichte. In den 90er Jahren kam noch mehr ans Licht.

Ich wurde nach Bulgarien eingeladen, weil meine Bücher über Nostradamus von Zar Publishers, Ltd., einem Verlag in Sophia, zur Übersetzung angenommen wurden. Drago hatte meine Bücher entdeckt und mit den Verlegern Absprachen getroffen, um sie in ihre Sprache zu übersetzen, und sie wollten, dass ich dorthin komme und einen Vortrag halte. Ich war durch die ganze Welt gereist, aber bis zu diesem Zeitpunkt noch nie in Bulgarien oder einem der Sowjetstaaten gewesen. Der Krieg in Jugoslawien war gerade ausgebrochen. Mein Sohn war besorgt: „Mama, du kannst da nicht rübergehen. Sieh dir die Karte an! Sophia liegt gleich hinter der Grenze zu Jugoslawien." Ich habe mich noch nie irgendwo in Gefahr gefühlt, wo ich auch hingegangen bin. Ich hatte immer das Gefühl, dass es eine Ehre war, darum gebeten zu werden, hinzugehen und zu sprechen. Irgendwie wusste ich, dass alles gut werden würde. Und ich hatte Recht, es stellte sich als eine der schönsten Erfahrungen meines Lebens heraus.

Von dem Moment an, als ich aus dem Flugzeug stieg, wurde ich wie eine Art Rockstar oder Prominente behandelt. Es wartete eine riesige Menge von Reportern am Gate, als wir das Terminal betraten. Ich war total schockiert. Ich hatte noch nie einen solchen Empfang an einem anderen Ort der Welt gehabt. Ich erinnere mich, wie mir ein Reporter ein Mikrofon ins Gesicht schob und in gebrochenem Englisch fragte: „Was halten Sie von Bulgarien?" Ich konnte wirklich nicht antworten, da ich gerade erst angekommen war. Meine Bücher über Nostradamus hatten ein Aufsehen geschaffen, auf das ich völlig unvorbereitet war. Reporter kamen in mein Hotel und richteten Interviews und TV-Auftritte ein, wo immer ich war. Es gab sogar eine Pressekonferenz, die der eines Präsidenten hätte gleichen können. Ich wurde einer Stunde Befragungen unterzogen, die mittels meinem Übersetzer Drago hin und her ging. Dann nahm ich an einem Treffen teil, bei dem ich zwei Stunden lang von Ärzten und Wissenschaftlern befragt wurde. Sie alle wollten wissen, wie Hypnose für Rückführungen und Therapie verwendet wird. Sie hatten noch nie zuvor davon gehört. Sie sagten, dass, als sie unter russischer Herrschaft standen, nichts unterrichtet werden durfte, das nicht von den Universitäten kam. Es war gegen das Gesetz. Ich fragte, ob ich Schwierigkeiten haben würde, darüber zu diskutieren. Sie sagten, nein, weil ich eine Ausländerin sei. Aber ihr Interesse war aufrichtig und ich fühlte mich, als hätte ich die Büchse der Pandora geöffnet.

Während meines achttägigen Aufenthalts dort war ich mit vielen Auftritten, Interviews und Vorträgen beschäftigt. Wenn ich einen Vortrag hielt, war das Auditorium komplett voll und die Menge war so groß, dass ich einmal gegen eine Wand gedrückt wurde. Ihre Begeisterung war so groß, dass es mich erschreckte. Drago zog mich in einen Aufzug und brachte mich in ein anderes Stockwerk, um zu warten, bis sich die Menge beruhigt hatte. Er sagte: „Ich habe vergessen, dich zu warnen. Die Bulgaren sind ein sehr leidenschaftliches Volk." Als er das Gefühl hatte, es sei sicher, gingen wir zum Vortrag. Als ich danach versuchte zu gehen, waren da Leute, die sich mir näherten und weinten und auf andere in ihrer Nähe zeigten. Da sah ich einen Mann im Rollstuhl und eine andere Frau, die offensichtlich eine Chemotherapie gegen Krebs erfuhr. Sie griffen flehend nach mir mit Tränen in den Augen. Ich fragte Drago, was los sei. Er sagte, sie haben diese Leute aus dem Krankenhaus hergebracht, um mich zu sehen. Sie hofften auf ein Heilmittel oder eine Heilung. Ich wollte wissen, warum sie das denken. War es das, was nach den Interviews in den Zeitungen stand? Hatten sie völlig missverstanden, was ich tue? Er sagte, es sei egal, sie suchten verzweifelt nach Hilfe und sie dachten, ich sei eine Art Heiler. Alles, was ich tun konnte, war, sie mit Mitgefühl anzusehen und versuchen zu erklären, dass ich ihnen nicht helfen konnte. (Etwa fünf Jahre später entdeckte ich, wie man meine Technik zur Heilung einsetzen kann.)

Meine ganze dort verbrachte Zeit war voll von solchen Ereignissen. Gegen Ende unseres Aufenthalts kam Drago in unser Hotel und sagte, dass eine russische Filmemacherin einen Dokumentarfilm über mich und meine Arbeit drehen wolle. Sie wolle mich dabei filmen, wie ich eine Rückführung halte. Es spiele keine Rolle, dass sie kein Englisch verstand, die Übersetzung würde später synchronisiert werden. Ich sagte ihm, ich würde es versuchen, aber wer sollte der Proband sein, den ich für die Demonstration verwenden sollte? Er sagte, er würde sich freiwillig melden, es zu tun. Er hatte das Gefühl, dass es gut gehen würde, weil er Englisch verstand und wir uns kannten, also würden wir uns wohl fühlen. Ich stimmte zu, obwohl ich mich fragte, was wohl passieren werde. Was, falls es nicht funktionieren sollte und er nicht in ein vergangenes Leben gehen sollte? Das waren sicherlich ungewöhnliche Umständ, und es gab keine Garantien, dass *überhaupt* etwas passieren würde. Selbst wenn wir erfolgreich wären, sind neunzig Prozent der Rückführungen öde und langweilig, alltägliche, einfache Leben. Also wusste ich nicht, ob wir irgendetwas bekommen würden, das ihnen nützlich sein würde. Doch ich spürte, dass ich keine andere Wahl hatte, als es zu versuchen.

Drago brachte mich und meine Tochter Nancy ins Hotel, wo die Dreharbeiten und das Interview stattfinden sollten. Als wir in den Raum kamen, waren die Techniker damit beschäftigt, Licht und Ausrüstung rund um das Bett aufzubauen, das ich benutzen sollte. Dann brachte die Russin ein junges, hübsches, blondes Mädchen in einer sexy Bluse und Shorts zum Vorschein und kündigte an, dass sie diejenige sein werde, die ich für die Show rückführen solle. Ich sagte ihr, dass es jemand sein müsse, der Englisch spricht, und das Mädchen antwortete mit einer hohen, naiven Stimme: „Mich spricht Englisch!". Und zeigte ein süßes Lächeln. Ich wusste, dass das nie funktionieren würde, aber ich wusste auch, dass die Frau dachte, es würde eine gute Fernsehshow ergeben, ein junges sexy Mädchen zu zeigen, das auf dem Bett liegt. Dann gab ich bekannt, dass wir uns entschieden hatten, Drago zu nehmen, weil er sich bei mir wohl fühle und Englisch sprechen könne. Drago war ein gutaussehender

Mann mit dunklen Haaren und einem Bart, aber definitiv nicht sexy. Sie hatte keine andere Wahl, als unsere Entscheidung zu akzeptieren. Da ich keine Ahnung hatte, was passieren würde, wollte ich so viele Chancen wie möglich zu meinen Gunsten setzen. Später nach der Sitzung dachte ich, sie hatten vielleicht geglaubt, dass wir das Ganze ausgeheckt und es im Voraus geplant hatten. Aber wir hatten keine Ahnung, was herauskommen würde, und ob überhaupt etwas dabei herauskommen würde. Wir hatten sicherlich keine Zeit gehabt, zu proben oder etwas zu erfinden.

Drago legte sich auf das Bett, mit all den Kameras, Mikrofonen und Geräten um uns herum. Wenn er nervös war, so zeigte er allerdings keinerlei Anzeichen davon, während er sich entspannte und ich die Sitzung begann. Meine Tochter Nancy saß hinter mir, außerhalb der Reichweite der Kamera. Dann geschah das Unerwartete und ich konnte nur zuhören und die Sitzung mit Staunen durchführen. Er ging zurück in ein Leben, in dem er ein Gelehrter und Lehrer war, der sich auf Astrologie und Numerologie konzentrierte. Er war ständig dabei, zu studieren und verbrachte eine Menge Zeit in – (Sind Sie bereit??) – der Bibliothek in Alexandria. Ich konnte es nicht glauben und stellte ihm viele Fragen über die Bibliothek, um zu sehen, ob es nach dem gleichen Ort klang. Und so war es in der Tat. Er berichtete von den gleichen Szenen, die ich gesehen hatte. Während ich damit beschäftigt war, Fragen zu stellen, um es zu verifizieren, blickte ich hinter mich zu Nancy. Ich wusste, dass sie meine Geschichte gehört hatte, und aufgrund ihres Gesichtsausdrucks wusste ich, dass sie erkannte, was vor sich ging und welche Bedeutung es hatte.

Als Lehrer trug er schwarze Gewänder und fragte normalerweise nach den wichtigsten Schriftrollen und saß dann an einem Tisch und studierte sie. Dann kamen wir zu dem folgenschweren Tag, an dem die Bibliothek angegriffen und in Brand gesteckt wurde. Er war ebenfalls in der Bibliothek, als die Horde durchkam und anfing, die Schriftrollen durch Feuer zu zerstören. Er sagte später, dass er von Gefühlen ergriffen gewesen sei und weinen wollte, aber er hielt es zurück, weil er wusste, dass andere im Raum waren und die Kameras zusahen. Sonst wäre er in Tränen ausgebrochen. In seiner Verzweiflung schnappte er so viele Schriftrollen wie möglich und versuchte, sie zu retten, indem er sie aus dem Gebäude herausbrachte. Aber die Bibliothek stand nun in Flammen, und als er auf den Eingang zu rannte, begann ein Teil des Daches zusammenzubrechen und er wurde von einem fallenden Dachsparren quer über die Schultern getroffen. So starb auch er beim Umklammern der kostbaren Schriftrollen.

Als wir fertig waren, sagte ich nichts. Ich wartete, bis wir zum Hotel zurückgingen. Dann sagte ich: „Junge, habe ich dir eine Geschichte zu erzählen!" Als er am nächsten Morgen in unser Hotel kam, vertraute er uns an: „Ich wollte nichts sagen, bis ich mir sicher war. Aber mein ganzes Leben lang hatte ich immer Schmerzen auf meinen Schultern. Ich wusste nicht, was es verursachte. Es verschwand sofort nach der Sitzung." Dann erzählte ich ihm von meinen Erfahrungen in der Bibliothek. Wir nahmen an, dass wir zur gleichen Zeit dort waren, kannten uns aber wahrscheinlich nicht, da er ein Gelehrter und ich nur der Hüter der Schriftrollen war. Wir konnten nur über die Gemeinsamkeiten staunen.

Der Rest meines Aufenthalts in Bulgarien war ebenso ereignisreich, aber ich werde hier nicht darauf eingehen. Nur, dass die Organisation (Association of Phenomena), die mich dorthin gebracht hat, mir vor meiner Abreise in einer Fernsehsendung den Orpheus Award verlieh. Er wurde für den höchsten Fortschritt in der Erforschung psychischer Phänomene vergeben. Bis zu diesem Tag war er nur an Bulgaren verliehen worden. Ich war die erste Ausländerin und die erste Amerikanerin, die den Preis je erhielt: eine große und schwere Metallstatue in Form einer stilisierten Flamme.

Als Drago mich zum Flughafen brachte, sagte ich zu ihm: „Ist es nicht unglaublich, dass wir um die halbe Welt reisen mussten, um uns nach fünfzehnhundert Jahren wiederzusehen?" Er lächelte und sagte, dass wir beide versuchen, das verlorene Wissen zurückzuholen. Ich durch meine Rückführungsarbeit und meine Schriften und er durch das Hereinbringen von Menschen, die öffentlich sprechen und ihre Bücher in seinem Land veröffentlichen lassen.

Nachdem der Dokumentarfilm ausgestrahlt wurde, rief Drago an und sagte, dass er eine solche Sensation geworden war, dass die Senderleitung überflutet wurde von Anrufen, die mehr über Rückführungen und Reinkarnation wissen wollen. Ein paar Jahre später erzählte er mir, dass die Rückführungstherapie nun in Bulgarien angewendet und gelehrt wird. Ich nehme an, sie verwendeten die Technik, die im Film gezeigt wurde. Eine seltsame Geschichte von der Wiedervereinigung zweier Seelen über Zeit und Raum. Und ich frage mich, ob ich dafür verantwortlich war, dass in einem Land um die halbe Welt eine ganz neue Denkweise eingeführt wurde. So sind die seltsamen Wege des Schicksals.

Ein weiteres meiner vergangenen Leben wurde ebenfalls verifiziert, wenn auch nicht auf so dramatische Weise. Dieses vergangene Leben ereignete sich in Athen im Parthenon. Obwohl ich während der Rückführung nicht sicher war, wo es war, außer dass es sich nach Griechenland anfühlte. Ich war eine Frau, die in einem großen Haus mit einem Innenhof in der Mitte lebte, mit Mann und Kindern und mit genug Geld, um sich Diener zu leisten. Seither habe ich Bilder von alten Wohnhäusern in Griechenland gesehen, die genau so waren, wie ich sie in Erinnerung hatte. Es fühlte sich so vertraut an, die Fotos anzusehen. Aber das war nicht der Hauptpunkt der Rückführung. Ich ging zu einer Szene, in der ich nachts durch die Straßen lief, und ich hatte das überwältigende Gefühl von absolutem Grauen. Während ich rannte, schaute ich immer wieder hinter mich, weil ich wusste, dass mich jemand verfolgte. Ich rannte einen Hügel hinauf zu einem großen Tempel. Dort hielt ich eine Minute inne, um Luft zu holen, und als ich dies tat, sah ich eine Panoramalandschaft vor mir. Ich konnte eine Bucht weit unter mir sehen und Schiffe mit Segeln auf dem Wasser ausmachen. Es war sehr finster und der Mond spiegelte sich auf dem dunklen Wasser. Dann drehte ich mich zum Tempel um. Ich lief die Treppe hinauf, die nach innen führte, und sah, dass es keine Türen gab, nur riesige Säulen. Wenn man zwischen diesen hindurchrannte, hatte man das Gefühl, dass das Gebäude offen war, als ob es viel Platz gäbe. Auf einer Plattform befand sich eine riesige Statue einer sitzenden Frau. Sie hatte einen Arm ausgestreckt und hielt eine riesige Laterne, die das Gebäude mit Licht versorgte. Ich warf mich auf die Treppe vor der Statue und legte mich mit dem Gesicht nach unten. Ich weinte hysterisch, während ich sie anflehte und um Schutz bat. Dann hörte ich ein Geräusch und drehte mich gerade noch rechtzeitig um, um einen Soldaten zu sehen, der über mir stand. Der Tod kam sofort, als er sein Schwert in mich senkte.

Kleine Stückchen an Informationen kamen langsam nach der Sitzung. Ich wusste, dass mein Mann in jenem Leben ein stolzer, dominierender Mann war, der mich als Besitz betrachtete. Anscheinend hatte ich mich zu sehr zu Wort gemeldet und meine Meinung für seinen Geschmack zu sehr geäußert, und so befahl er meine Ermordung. Außerdem verspüre ich in diesem Leben ein Missfallen an Religion. Ich glaube, es kam aus jenem Leben, weil ich anscheinend ein Anhänger der Göttin dieses Tempels war. Und doch half sie mir hier in der Zeit meiner größten Not nicht. Ich hatte das Gefühl, dass sie mich im Stich gelassen hatte. Das erschütterte mich mehr als die Art und Weise des Todes.

Es war einfach eine interessante Rückführung und ich sagte gelegentlich, dass ich wusste, dass ich in diesen alten Zeiten in Griechenland gelebt hatte. Aber es hatte keine weitere Bedeutung, als dass ... bis ... ich in den 90er Jahren während meiner ständigen

Reisen durch die ganze Welt eingeladen wurde, nach Athen in Griechenland zu gehen. Meine Bücher wurden in so viele Sprachen übersetzt, dass ich es für eine Notwendigkeit hielt, dorthin zu gehen, wo die Bücher waren. Ich hatte schon immer Griechenland sehen wollen, also akzeptierte ich es, zu gehen und einige Vorträge zu halten und Buchsignierungen zu machen. Ich blieb bei einer wunderbaren Dame, die alles arrangierte. Eleni lebte am Stadtrand von Athen in einer alten dreistöckigen Villa mit nur ihr und ihrem Hund „Droopy". Sie wollte mir Athen und die umliegende Landschaft zeigen. So fuhren wir eines Tages mit dem Zug in den Stadtkern von Athen und sie brachte uns zur Akropolis, zum Parthenon. Das war der Höhepunkt der Reise, denn ich wollte es schon immer sehen. Wir kletterten eine unbefestigte Straße hinauf, die zu den Ruinen führte. Sie wurden gerade instandgesetzt und wieder aufgebaut, so dass es rund um das Gebäude Gerüste und Haufen von Steinblöcken gab. Doch als ich die Stufen hinaufging, die ins Innere führten, fühlte sich alles so vertraut an. Ich habe Leute über Déjà-vu sprechen gehört, das Gefühl, schon zuvor an einem Ort gewesen zu sein, aber ich hatte es nie erlebt. Jetzt erlebte ich es. Die Plattform war da, aber es gab keine Statue. Im unterhalb des Parthenons befindlichen Museum wurde erklärt, dass ein Großteil des Gebäudes und seiner Statuen im Laufe der Jahre zerstört worden war. Dies war der Tempel der Athene, der Schutzgöttin von Athen, und ihre Statue befand sich in jenen alten Zeiten im Tempel. Es waren keine Bilder mehr vorhanden, sondern nur noch mündliche und schriftliche Überlieferungen. Es war angeblich eine riesige Statue, die beinahe das Dach des Gebäudes berührte. Sie sagten, dass die Statue stand und eine kleinere Göttin in der einen Hand und einen Schild in der anderen hielt. Das entsprach nicht der lebhaften Erinnerung, die ich an die Statue hatte, aber ich glaube nicht, dass das ein Widerspruch oder ein Fehler sei. Denn niemand weiß genau, wie die Statue aussah. Ich sah sie sitzend mit einem ausgestreckten Arm und einer Hand, die eine riesige Laterne hielt. Doch alles andere war richtig. Als ich zur Vorderseite des Tempels hinausging, sah ich mich vom hohen Aussichtspunkt aus um. Ich sagte zu Eleni: „Wenn das der richtige Ort ist, dann sollte ich von hier aus eine Art Bucht sehen können." Sie nickte und zeigte wohin. Unterhalb von uns befanden sich viele Häuser und Straßen, die einen Teil der Aussicht blockierten, aber ein Teil des Mittelmeers war sichtbar und man sah Boote auf dem Wasser. Ich war so aufgeregt. Ich erzählte, wie ich die Straße hinaufgelaufen war und mich vor die Statue geworfen hatte. Es schien keine Rolle zu spielen, dass ich an diesem Ort gewaltsam gestorben war. Ich war begeistert von meiner

Entdeckung, dass meine Erinnerungen real waren und bestätigt worden waren.

Am Anfang bestand meine Arbeit hauptsächlich aus der Erforschung der Geschichte anhand der Informationen, die ich durch die Anwendung der tiefstmöglichen Ebene der Trance, der somnambulistischen Ebene, entdeckte. Ich schrieb in den 1980er und frühen 1990er Jahren mehrere Bücher, bevor etwas Unerwartetes geschah. Ein weiteres Element kam hinzu (zunächst langsam), das mehr Wissen hatte und in der Lage war, die Heilung zu erleichtern. Zuerst war dies unerwartet, aber es schien so viel Kraft und Wissen zu besitzen, dass ich ihm erlaubte, zu helfen. Wenn ich auf meine frühen Bücher zurückblicke, kann ich jetzt sehen, dass es die ganze Zeit da war, ich erkannte es nur nicht. Ich fing an, es das Unterbewusstsein zu nennen, weil ich nicht wusste, wie ich es sonst nennen sollte. Aber es ist nicht das Unterbewusstsein, auf das sich die Psychiater beziehen. Ich habe entdeckt, dass dies ein kindlicher Teil des Geistes ist, der Teil, der in den leichteren Zuständen der Trance verwendet werden kann, um bei Gewohnheiten zu helfen. Ich sah, dass dieser Teil hier viel mächtiger war. Ich nannte ihn das Unterbewusstsein, und „sie" sagten, es sei ihnen egal, wie ich es nenne, da es ohnehin keinen Namen habe. Es würde reagieren und mit mir arbeiten. Für die Zwecke dieses Buches werde ich es einfach das SC (Subconscious, zu Deutsch: Unterbewusstsein, nachfolgend abgekürzt SC genannt, *Anm. d. Übersetzers) nennen. Ich weiß jetzt, dass es die größte Macht ist, die es gibt. Es enthält alles Wissen über alles, was jemals gewesen ist und alles, was jemals sein wird. Somit kann es alle Fragen des Klienten beantworten und wunderbare Ratschläge geben. Ratschläge, die ich nie zu finden in der Lage sein würde. Ich fand heraus, dass es alles über jeden weiß. Es gibt keine Geheimnisse, also kann es natürlich helfen, weil es das Gesamtbild sieht. Dann begann ich, seine wunderbare und ehrfurchtgebietende Fähigkeit zu sehen, spontan zu heilen. Dies ist inzwischen der wichtigste Schwerpunkt meiner Arbeit und dessen, was ich auf der ganzen Welt lehre, geworden. „Sie" sagten immer, dass dies die Therapie der Zukunft sei. Jetzt sagen sie, dass es die Therapie des *Jetzt* ist. Ich habe festgestellt, dass das SC die Antworten auf alles hat. Es ist so riesig und so groß, und es ist vollkommene Liebe. Warum nicht mit so etwas arbeiten? Es nimmt alle Last von mir, dem Therapeuten, ab. Ich muss nur die richtigen Fragen stellen und mich dann zurücklehnen und der Magie zuschauen. Und ich sehe jeden Tag Wunder in meinem Büro geschehen. Meine Schüler auf der ganzen Welt berichten auch von ähnlichen Wundern. Ich glaube also, dass wir etwas von großer Bedeutung gefunden haben. Hier kommen auch die Informationen her, über die ich in diesen Büchern schreibe. Denken Sie daran, ich bin nur der Reporter, der Ermittler, der Erforscher des „verlorenen" Wissens. Ich muss alle Teile zusammensetzen, um das Gesamtbild zu formen. Was keine leichte Aufgabe ist, aber es ist eine, die ich liebe.

Lasst uns also die Reise ins Unbekannte fortsetzen und entdecken, welche neuen Überraschungen das SC für uns bereithält!

Kapitel 2

DIE ENTWICKLUNG DES BEWUSSTSEINS

Während all meiner über 40 Jahre währenden Arbeit in diesem Bereich der Hypnose wurde ich durch neue Theorien, Konzepte und Informationen herausgefordert. Mein Hauptmerkmal war schon immer *Neugierde* gewesen. Das hat mich dazu angespornt, durch versteckte Korridore zu reisen. Ich will immer mehr wissen, um das „Warum und Wozu" von allem, dem ich ausgesetzt bin, zu kennen. Am Anfang dachte ich, ich hätte alles herausgefunden. Ich dachte, ich hätte die Feinheiten der Reinkarnation aufgedeckt. Aber ich entdeckte bald, dass ich mich sehr geirrt hatte. „Sie" begannen, mir neue Theorien und Konzepte zu geben, die meine Glaubenssysteme ernsthaft in Frage stellten. Die erste war die Imprinttheorie, die mich dazu brachte, alle Vorstellungen, die ich von dieser Arbeit hatte, neu zu überdenken. Ich wollte nicht, dass irgendetwas mein Glaubenssystem erschüttert, jetzt, da ich alles herausgefunden hatte. Aber dann wurde mir klar, dass, wenn ich mir nicht wenigstens die neue Theorie anschaute und sie untersuchte, ich nicht besser wäre als das religiöse System, welches sagt: „Tut, was wir sagen, und stellt keine Fragen!" Das war meine erste Herausforderung und während ich sie untersuchte, erhielt ich weitere Informationen. Sie waren sehr weise in der Art, wie sie es taten. Sie wissen, dass sie nicht alles auf einmal auf einen loslassen können, es wäre zu überwältigend. Also geben sie einem in ihrer Weisheit einen kleinen Löffel voll. Wenn man das verdaut hat, dann geben sie einem noch einen kleinen Leckerbissen. Ich weiß, dass wenn ich die Informationen, die ich jetzt erhalte, vor dreißig Jahren, erhalten hätte, es zu überwältigend gewesen wäre. Ich hätte sie völlig abgelehnt, gegen die Wand geworfen und gesagt: „Ich verstehe es nicht! Es macht keinen Sinn!" und mein Abenteuer und meine Suche nach Wissen hätten aufgehört. Ich wäre nie zu dem Stadium gelangt, in welchem ich jetzt bin. Durch einen meiner Klienten sagten sie: „Man gibt einem Baby kein

Steak. Man gibt einem Baby Milch, Getreide und Gemüsepüree. Man gibt ihm kein Drei-Gänge-Menü." Also musste ich meine Babyschritte in diesem magischen Bereich des Wissens machen. Ich musste meine Löffelchen voll verdauen, die ich gefüttert bekam. Am Ende von *Das Gewundene Universum, Buch Drei* sagte ich: „Ich denke, du hast mir alles gesagt, was es zu wissen gibt. Ich glaube nicht, dass es noch mehr geben könnte." Und sie antworteten: „Oh, nein! Es gibt noch mehr! Es gibt noch viel mehr!" Und getreu ihrem Wort haben sie *mehr* zur Verfügung gestellt. Genug für mehrere neue Bücher. *Die Drei Wellen* war das letzte von diesen. Die Leute wurden gebeten, meine Bücher in der Reihenfolge zu lesen, in welcher ich sie geschrieben habe, um zu sehen, wie ich mich entwickelt habe. Einige sagten zu mir: „Aber Sie haben dies in einem Buch gesagt, und das in einem anderen Buch." Das spiegelt mein Denken zum Zeitpunkt des Schreibens dieses bestimmten Buches wider. Als ich dann wuchs und mehr Informationen aufnahm, änderte sich meine Denkweise. Und sie verändert sich noch immer.

Während die Neue Erde näher rückt, wird unsere Denkweise immer mehr in Frage gestellt. Der Schleier wird dünner und hebt sich, während sich unser Bewusstsein erweitert. Dies ist eine Voraussetzung, um mit der Erhöhung unserer Schwingungen und Frequenzen in die neue Dimension einzutreten. Die alten Paradigmen und archaischen Glaubenssysteme müssen auf der Strecke bleiben, um Platz für das Neue zu schaffen. Was in der Dimension der Alten Erde Sinn machte und wertvoll war, gilt nicht mehr, da sich unser Bewusstsein verändert und wir uns weiterbewegen. Während ich in den letzten Monaten dieses Buch vorbereitete, begann ich, neue Informationen zu entdecken, die meiner Meinung nach von großer Bedeutung sind. Diese verursachten eine große Veränderung in meinem Glaubenssystem und meinem Bewusstsein und ich denke, sie haben große Bedeutung für die Welt, während wir durch diese bemerkenswerte und unglaubliche Zeit gehen. Meine größte Herausforderung wird darin bestehen, sie effektiv an andere zu vermitteln. Alles, was ich tun kann, ist, es zu versuchen, und mit „ihrer" Hilfe werden es andere vielleicht verstehen. Natürlich hängt alles immer von der Entwicklung und Entfaltung des Lesers ab. Also los geht's!!

In meinen ganzen 16 Büchern wurden Stückchen davon präsentiert. Nun ist es an der Zeit, sie nach besten Kräften zu organisieren. Diese Konzepte wurden durch unzählige Klienten wiederholt, somit weiß ich, dass sie Gültigkeit haben.

Wir alle haben unseren Anfang bei Gott (oder der Quelle) und wurden ausgesandt, um zu lernen und Erfahrungen zu machen. Dies sollte keine kurze Reise werden, denn wir haben uns schließlich angemeldet, um die sehr schwierige Erdenschule zu durchlaufen. Sobald wir uns einmal für diese Ausbildung angemeldet hatten, gab es kein Zurück mehr, bis wir unseren Abschluss machen. Auf vielen anderen Planeten gibt es einfachere Lehrgänge, aber die Erde ist der schwierigste Planet. Er wurde als der herausforderndste Planet in unserem Universum bezeichnet und nur die mutigsten Seelen schreiben sich zu dieser Aufgabe ein. Die Seelen, die sich für die Erdenschule entscheiden, werden sehr bewundert, weil die Wesen auf der geistigen Seite (und unsere Helfer) wissen, dass diese Seelen den schwierigsten Kurs aller Lektionen gewählt haben. Da es sich um eine Schule handelt, müssen wir eine ganze Reihe von Klassen durchlaufen, jede mit einer eigenen Reihe von Lektionen, die allmählich in ihrer Schwierigkeit und Komplexität zunehmen. Man kann nicht mit der nächsten „Klasse" fortfahren, bevor man nicht die gegenwärtige abgeschlossen hat. Wenn man die Klasse oder die Stufe nicht besteht und die Lektion nicht lernt, dann muss man diese Klasse wiederholen. So einfach ist das. Man kann nicht vom Kindergarten zum College überspringen. Dem Universum ist es egal, wie viel Zeit es einen kostet, um (als einzelne Seele) eine Lektion abzuschließen. Man hat alle Ewigkeit, um es zu schaffen. Aber warum sollte man so lange brauchen wollen, um Fortschritte zu machen, um eine Lektion zu lernen? Ich würde meinen, dass man seinen Abschluss so schnell wie möglich machen will, um zu Gott zurückzukehren. Warum sich in dem klebrigen Klebstoff der Erde verheddern und in der gleichen Klasse stecken bleiben, während andere um einen herum schnell vorankommen?

Ich werde dies in linearer Art und Weise darstellen, auch wenn ich jetzt weiß, dass es so etwas wie Zeit nicht gibt und alles gleichzeitig geschieht. Aber aus Gründen der Einfachheit und um es unserem menschlichen Verstand leichter zu machen, werde ich es linear erklären.

Um die Erdschule zu absolvieren, müssen wir *alles* erleben! Wir müssen wissen, wie es ist, alles zu *sein*. Wie können wir das Leben verstehen, wenn wir nicht wissen, wie es ist, andere Formen zu sein? Das mag für einige ein Schock sein, aber wir fangen nicht als Menschen an. Das kommt erst viel später in dieser Schule.

Zuerst erlebt man das Leben als die einfachsten denkbaren Formen: Luft, Gase, Wasser, sogar einfache Zellen, Schmutz, Felsen. Alles hat Bewusstsein! Alles ist lebendig! Alles ist Energie! In meiner Arbeit ließ ich viele Menschen diese grundlegenden

Lebensformen erleben und dabei gab es wertvolle Lektionen zu lernen. Lektionen, die gesammelt und verstanden werden und auf den komplexen Menschen angewendet werden können. So wie wir Drucken, Schreiben und Lesen in einer gewissen langsamen Abfolge lernen müssen, um die Grundbausteine der Bildung zu erhalten. Man muss in jeglicher Art von Schule immer von vorne anfangen.

Dann erlebt man das Pflanzen- und Tierreich. Es gibt wertvolle Lektionen, die man lernen kann, wenn man eine Blume oder ein Kornähre ist, wenn man wie ein Wolf läuft oder wie ein Adler fliegt. Ich habe viele dieser Arten von Leben in meinen anderen Büchern erforscht. Ich denke, das sind wertvolle Lektionen, die gelernt werden müssen, weil wir dann verstehen können, dass wir besser auf unsere natürliche Umwelt und Ökologie achten müssen. Wir können das verstehen, weil wir alle Eins sind, und wir in unseren frühen Klassen in der Erdenschule alle diese verschiedenen Lebensformen waren. Es gibt auch die Naturgeister: Feen, Gnomen, Kobolde, Dryaden, etc. Diese haben den Auftrag (oder die Aufgabe), sich um die Natur zu kümmern. Diese Wesen sind alle sehr real, und wir alle hatten Leben in diesen Formen der Existenz. Ich glaube, wir würden die Natur besser behandeln, wenn wir erkennen würden, dass wir alle Teil des Einen Bewusstseins sind.

Die Natur ist eine andere Art von Geist, weil sie als „Gruppengeist" betrachtet wird. Das kann man sehr gut beobachten, wenn man eine Vogelschar, eine Rinderherde, einen Bienenschwarm oder eine Ameisenkolonie beobachtet. Sie scheinen als Gruppenmentalität zu funktionieren und zu denken. Um also mit dem Aufstieg in den menschlichen Teil der Schule zu beginnen (vergleichbar mit dem Durchlaufen von Kindergarten, Grundschule, Hauptschule, Gymnasium, Hochschule usw.), muss man die Seele von der Gruppe trennen. Das wird durch Liebe getan. Mir wurde viele, viele Male gesagt, dass die Liebe das Einzige ist, was wirklich ist; sie ist das Wichtigste von allem. Wenn man ein Tier zu sich nach Hause nimmt oder ihm Liebe und Aufmerksamkeit schenkt, gibt man ihm eine Individualität und Persönlichkeit und hilft ihm, sich von der Gruppenseele zu lösen, damit es den Fortschritt durch den menschlichen Teil der Schule beginnen kann.

Dann beginnt man mit dem menschlichen Stadium und das nimmt auch eine sehr lange Zeit in Anspruch. Nichts Wertvolles wird je auf Anhieb gelernt. Es muss ein schrittweiser Prozess sein. Wenn man menschlich wird, muss man auch *alles* sein. Während man von der primitivsten menschlichen Form aufwärts bis zur intelligentesten fortschreitet, muss man wissen, wie es ist, alles zu *sein*. Man muss viele Male männlich und weiblich sein. Wenn ich das bei meinen Vorträgen sage, werden einige der Männer abwehrend. Einmal schrie einer heraus: „Was meinen Sie damit? Ich war schon immer ein Mann!" Denkt darüber nach! Was würdet ihr lernen, wenn ihr für alle Ewigkeit nur ein Geschlecht gewesen wärt? Ihr würdet nicht viel lernen. Ihr müsst ausgeglichen sein und das kann nur erreicht werden, wenn ihr beides erlebt. Das ist eine der Erklärungen, die ich für Homosexualität gefunden habe. Die Person war viele Leben hindurch ein Geschlecht und es wurde entschieden (durch die herrschenden Kräfte), dass sie jetzt lernen solle, wie es ist, das andere Geschlecht zu sein. Wenn sie es das erste Mal versucht, kann sie sich im Körper womöglich unwohl fühlen. Einige meiner Klienten haben gesagt, dass sie sich wie eine Frau fühlen, die im Körper eines Mannes gefangen ist. Es gibt nichts Unnatürliches daran, wenn man es auf diese Weise versteht. Sie müssen lernen, das Gleichgewicht zu halten und sich auf die neuen und unterschiedlichen Emotionen und Gefühle einzustellen. Alles ist anders, wenn man es zum ersten Mal versucht. Einige stellen sich leichter ein als andere, gerade wie beim Erlernen von Fahrradfahren, Skifahren oder Schlittschuhfahren. Einige nehmen es ganz natürlich auf und andere müssen wirklich daran arbeiten.

Während man dann die menschlichen Lektionen durchmacht, muss man alles erleben, bevor man seinen Abschluss machen kann. Man muss reich und arm sein. Denkt daran, dass es manchmal eher ein Fluch als ein Segen sein kann, reich zu sein. Es hängt alles von der jeweiligen Lektion ab. Man muss auf jedem Kontinent der Welt leben, von jeder Rasse und jeder Religion sein, bevor man die Schule absolviert. Man muss beide Seiten von allen möglichen Situationen erleben. Man muss all diese Arten von Lebensweisen, Existenz und Denken verstehen. Das Hauptkonzept hinter der Reinkarnation ist zu lernen, nicht zu richten und keine Vorurteile zu haben. Wir sind hier alle in derselben Schule in verschiedenen Entwicklungsstadien. Wir streben alle nach dem gleichen Ziel: unsere Lektionen zu lernen, die Schule zu absolvieren und den Abschluss zu machen, damit wir zu Gott zurückkehren können. Wenn man Vorurteile gegenüber einer bestimmten Religion oder Rasse hat, wusstet ihr das schon? Wenn es nicht bis zu dem Zeitpunkt gelöst ist, an dem man dieses Leben verlässt, muss man als das zurückkehren, wofür man Vorurteile hat! So funktioniert das Gesetz des Karma. Wie man in den Wald hineinruft, so schallt es heraus! Ich habe es in meiner Therapiearbeit immer wieder gesehen.

Wenn ich diese Aussagen bei meinen Vorträgen mache, sehe ich in der Regel, wie einige Leute deprimiert aussehen. „Sie meinen, ich muss all das machen?" Keine Sorge! Ich bin zu dem Schluss gekommen, dass, wenn Menschen anfangen, Fragen zu stellen und mehr über diese Dinge erfahren wollen, sie wahrscheinlich bereits die meisten dieser Lektionen durchlaufen haben und auf dem Weg zum Abschluss sind. Denkt daran, dass viele dieser Lektionen in einem Leben abgearbeitet werden können. Das habe ich in meiner Arbeit herausgefunden. Doch es gibt noch andere, die in einer Spur, einem Muster gefangen sind und immer wieder dieselben Fehler mit denselben Leuten wiederholen und nicht vorankommen. Bei diesem Tempo wird es eine Weile dauern, bis sie ihren Abschluss machen: langsame Lerner!

Dann war es, wie in meinem letzten Buch und einem Teil dieses Buches erklärt, notwendig, um Freiwillige zu bitten, die kommen und der Erde helfen sollten, weil die Seelen, die schon so lange hier gewesen waren, im Rad des Karmas gefangen waren. Sie würden niemals in der Lage sein, dabei zu helfen, die notwendigen Veränderungen für diese dramatische Zeit in unserer Geschichte zu schaffen. So wurden die Drei Wellen eingebracht und sie konnten die normale Erdenschule umgehen, weil sie niemals Karma angesammelt haben und an nichts anhafteten. Sie haben auch nicht die Absicht, anzuhaften. Es ist eher so, wie wenn eine Schule einen Gastlehrer oder eine Person einbezieht, die sich auf ein bestimmtes Fachgebiet spezialisiert hat, um den sich abmühenden Schülern zu helfen. Eine solche Person muss nicht bleiben und an den fortlaufenden Kursen und der Ausbildung der Gruppe teilnehmen. Sie macht ihre Arbeit und kann dann austreten und zu ihrem richtigen Zuhause zurückkehren. Sie ist also nur für einen speziellen Auftrag hier. Viele von diesen Personen mögen es hier nicht und wollen nach Hause zurückkehren. Aber, obwohl sie davor geschützt sind, „normales" Karma anzuhäufen, können sie, wenn sie gehen, bevor ihre Arbeit abgeschlossen ist, vom „Rad" erfasst werden und müssen zurückkehren.

Ich habe viele Informationen über diese Freiwilligen und ihre Missionen erhalten und gesammelt, aber ich war sehr überrascht, als ich kürzlich bei einer Sitzung eine weitere mutige Gruppe entdeckte. Es scheint, dass es noch viel mehr Typen gibt, die hierher gekommen sind, um besondere Aufgaben zu erfüllen, die ebenfalls nicht von der Allgemeinheit erkannt werden. Sie haben große Beiträge zur Erde geleistet. Denkt daran, alles dreht sich scheinbar um die Erhöhung des Bewusstseins der Erdenmenschen. Wir betreten eine ganz neue Welt und unsere Schwingungen und Frequenzen müssen erhöht werden, um dort existieren zu können. Die alten Wege von Gewalt, Hass und Angst sind in dieser neuen Welt nicht mehr länger nützlich. Also musste man sich darum kümmern. Es war ein langsamer

Prozess, von dem ich heute weiß, dass er über viele Jahre (vielleicht Jahrhunderte) hinweg stattgefunden hat. Es musste etwas geschehen, um die Denkmuster der Menschheit zu verändern. Aufgrund der Gabe des freien Willens und der Nichteinmischung können „sie" nicht einfach einschreiten und das Ruder übernehmen (obwohl ich sicher bin, dass sie das gerne würden). Wir müssen die Veränderungen in unseren Denkmustern selbst vornehmen. Und weil wir so sehr in Negativität, Vorurteilen und Bewertungen verwurzelt sind, mussten uns Beispiele gegeben werden.

Dies waren besondere Seelen, die alle ihre Lektionen in der Erdenschule abgeschlossen hatten, aber sich entschieden, zurückzukommen, um den anderen zu helfen, die sich abmühten. Einige Seelen kommen nicht, um zu lernen, sondern um zu *lehren*. Natürlich kommen einem sofort die meisten der großen Denker in den Sinn: Jesus, Buddha, Mohammed. Sie kamen zu Zeiten, in denen die Menschheit wirklich am Rad steckenblieb. Ihre Aufgabe war es, neue Denkweisen aufzuzeigen, damit wir vorankommen konnten. Die Antwort war natürlich immer die Liebe, und das war es, was sie hauptsächlich lehrten. Aber weil ihre Ideen radikal waren, wurde ihnen häufig mit Gewalt begegnet. Es ist ein langwieriger Prozess, das Denken der Menschheit zu verändern, und oft sind Gewalt und Tragödie der einzige Weg, um ihre Aufmerksamkeit zu erregen. Man muss „ihnen an die Kehle gehen", um bemerkt zu werden. Dasselbe galt für jeden großen Denker, der radikale oder revolutionäre Ideen vorgestellt hat.

Jedes Mal, als die Welt zu einem Riesenschritt nach vorne in der Bewusstseinserhöhung bereit war, haben viele mutige Seelen schwierige Aufgaben übernommen und traten in das Spiel namens „Erde" ein. Ich habe festgestellt, dass es sich hierbei um Seelen handelt, die bereits die einfachen Phasen der Schule abgeschlossen haben und die den Umgang mit einigen der schwierigen Phasen bereits bewältigen. Sie haben genug Erfahrung, so dass sie sich jetzt den schwierigen Aufgaben stellen wollen. Genau wie bestimmte Schüler, denen langweilig geworden ist, spezielle Aufgaben erhalten, weil sie bewiesen haben, dass sie dazu bereit sind. So sind sie im Laufe der Zeit in Scharen hereingekommen, um zu versuchen, das Bewusstsein zu erhöhen und das Denken der Menschen zu verändern. Zu versuchen, das Konzept begreiflich zu machen, dass es keine Vorurteile geben sollte, weil wir alle Eins sind.

Der Bürgerkrieg lenkte die Aufmerksamkeit auf die Ungerechtigkeit der Sklaverei. Der Zweite Weltkrieg und Hitler lenkten die Aufmerksamkeit darauf, was passiert, wenn Vorurteile so weit gehen, dass man versucht, eine ganze Rasse von Menschen auszulöschen. Die Frauenbefreiungsbewegung machte auf die Misere der Frauen aufmerksam. Die Bürgerrechtsbewegung tat das Gleiche für die schwarze Bevölkerung. In jedem dieser Fälle gab es oft Gewalt, während Freiwillige ihre Rolle als Angreifer, Verteidiger und Märtyrer spielten. Erinnert euch, dass sie diesen Dingen vor ihrem Eintritt in dieses Leben zugestimmt haben. Die Abmachung lautete, dass sie die Aufmerksamkeit auf die verschiedenen Probleme lenken sollen, auch wenn es bedeutete, dass ihr Leben verkürzt würde, denn das war Teil des Abkommens. Sie mussten die Einstellung der Menschen ändern und das muss häufig langsam geschehen.

Wenn wir in die Geschichte zurückblicken, können wir sehen, dass dies in vielen Fällen funktioniert hat. Ein Großteil der Diskriminierung von Frauen, Schwarzen, Juden usw. wurde verringert. Die meisten der heute lebenden jungen Leute wissen nicht, wie anders es für diese Gruppen vor nur wenigen Jahrzehnten war.

DIE ROLLE VON HIV/AIDS BEI DER ERHÖHUNG DES BEWUSSTSEINS

Neben Vorurteilen gegenüber Rassen und Religionen gab es auch Vorurteile gegenüber Leuten mit bestimmten Arten von Leiden oder Krankheiten oder Behinderungen. Auch hier haben sich wieder viele von diesen Menschen freiwillig bereit erklärt, diese Rollen zum Zwecke des Lehrens zu übernehmen. Mir wurde in meiner Arbeit gesagt, dass es mehr Seelen für die behinderten Körper gebe als für die normalen. Wenn man es sich wirklich ansieht, macht es vollkommen Sinn. Es wurde gesagt, dass die Seele in einem behinderten Leben so viel Karma zurückzahlen kann, wie es normalerweise zehn Leben brauchen würde. Seht euch an, was sie lernen, wenn sie in einem solchen Körper sind. Seht euch an, was sie ihren Eltern oder Betreuern beibringen. Seht euch an, was sie jeden lehren, der sie sieht oder mit ihnen in Kontakt kommt. Wie reagieren Sie, wenn Sie jemanden im Rollstuhl oder ein geistig behindertes Kind sehen? Jeder lernt etwas von ihnen. Die Tiefe der Lektion hängt vom Wachstum und der Entwicklung der Seele ab. Wenn ich so jemanden sehe, denke ich: „Du hast dir diesmal eine wirklich schwere Lektion ausgesucht, nicht wahr?"

Es gab in der Geschichte viele Krankheiten, die eine ungeheure Menge an Angst und Stigmatisierung hervorgerufen haben. In vielen Fällen wurden die Opfer als Ausgestoßene behandelt und von der

Gesellschaft gemieden. Die in der Bibel genannte Krankheit Lepra ist ein perfektes Beispiel dafür. Selbst bis in die Neuzeit hinein wurden Menschen mit dieser Krankheit aus Angst vor einer Ansteckung von anderen isoliert. Dies galt auch für die TB (Tuberkulose) in der frühen Zeit, bevor moderne Medikamente zur Bekämpfung entdeckt wurden. Diese Opfer wurden für den Rest ihres Lebens in Sanatorien eingesperrt, um sie von anderen zu isolieren. Bei all diesen Krankheiten war Angst der Hauptmotivator. Dann haben wir in unserer eigenen modernen Zeit das Stigma von HIV und AIDS. Als die Krankheit in den 1980er Jahren ausbrach, war sie von Angst umwoben. Vieles davon geht auch auf die Angst vor dem Unbekannten zurück. Angst ist ein sehr mächtiges Gefühl, das die Vernunft und das Urteilsvermögen einer Person lahmlegen kann. Mit der modernen Medizin ist das Stigma nicht mehr so schlimm wie früher, als der Mensch gemieden und geächtet wurde (insbesondere von der Kirche). Bei meiner Arbeit sehe ich viele von diesen Krankheiten Betroffene und meine Aufgabe ist es, ihnen so gut wie möglich zu helfen. Wenn man die Gesetze der Reinkarnation versteht, weiß man, dass man nicht urteilen soll oder vorverurteilt werden darf. Wenn die Kirche dies nur lehren würde, hätten wir nicht so viele Probleme.

Natürlich gab es im Laufe der Geschichte triftige Gründe für die Isolation und das Ächten aufgrund der sehr realen Angst vor ansteckenden Krankheiten, die viele Tausende von Menschen töteten. Aber die Bedingungen heutzutage sind nicht mehr die gleichen wie in der Vergangenheit.

Das führt mich zu der Sitzung, die diese neue Denkweise und eine andere Betrachtungsweise dieser Krankheiten hervorgebracht hat.

Michael war der junge Mann, der sich freiwillig meldete, um mir zu helfen, als ich im Juli 2011 einen Kurs in Palm Springs, Kalifornien, leitete. Er war sehr hilfsbereit gewesen, indem er uns herumfuhr und sicherstellte, dass wir alles hatten, was wir während unseres Aufenthalts dort brauchten. Er erzählte uns, dass bei ihm HIV diagnostiziert worden sei und er schwere Medikamente nehme. Das Medikament hielt die Krankheit kaum unter Kontrolle, aber ohne es konnte er sterben.

Michael sagte, dass seine T-Zellenzahl sehr niedrig sei und dass die Blutuntersuchung die Art und Weise sei, wie die Ärzte seine Entwicklung überwachten. Ich wusste von AIDS, aber ich wusste nichts von T-Zellen. Nach der Sitzung dachte ich, ich sollte ein bisschen recherchieren, um es den Lesern zu erläutern. Ich hoffe, dass alle Ärzte da draußen mir verzeihen werden, wenn ich es nicht ganz exakt richtig darstelle. T-Zellen werden von der Thymusdrüse produziert und sind ein wichtiger Bestandteil unseres Immunsystems bei der Bekämpfung von Infektionen. Bei einem gesunden Menschen beträgt die T-Zellenzahl 500-1300. Bei einer HIV-Infizierten Person wird die Thymusdrüse angegriffen und verringert die Produktion der T-Zellen. Wenn die Anzahl unter 200 sinkt, haben sie praktisch keine Immunität mehr und sind anfällig für Infektionskrankheiten. Sie haben nichts mehr, womit sie sie bekämpfen könnten. Das ist der Punkt, an dem es sich zu AIDS entwickelt, denn Krankheit kann den Körper überfordern. Er hat kein wirksames Verteidigungssystem mehr. Ich finde es interessant, dass sich die Thymusdrüse im unteren Halsbereich befindet. Bei meiner Arbeit bedeutet jedes Symptom, das in Mund, Zähnen, Kiefer oder Rachen auftritt (insbesondere die Schilddrüse), dass die Person nicht ihre Wahrheit sagt. Sie hält sich aus irgendeinem Grund zurück und ist nicht in der Lage, ihre Gefühle wirklich auszudrücken.

Als es an der Zeit war, jemanden für die Demonstration am letzten Tag des Kurses auszuwählen, fragte ich Michael, ob er bereit sei, dies zu tun. Er wollte eine Sitzung haben und wusste, dass es keine Zeit für eine private Sitzung gab. Das würde der einzige Weg sein, wie er eine bekommen konnte, aber er zögerte. Er ist ein sanfter, freundlicher, junger Mann, aber auch sehr privat. Er fürchtete sich davor, vor der Klasse zu sprechen und seine Geschichte zu erzählen. Dies ist immer ein Problem bei einer Demonstration. Ich sage immer, es ist wie in einem Goldfischglas, wenn all diese Fremden einen ansehen. Er fürchtete sich sehr vor Kritik und Urteilen, wenn er davon erzählte, schwul zu sein und HIV zu haben. Ich sagte ihm, dass ich nicht denke, dass es ein Problem sein würde, denn es haftet nicht mehr ein solches Stigma an dieser Krankheit, wie einst. Außerdem hatten alle Leute in dem Kurs mit ihrem eigenen „Kram" zu tun. Er stimmte schließlich zu, weil er wirklich eine Sitzung haben wollte. Er hätte sich keine Sorgen machen müssen, denn als er anfing, über sein Leben und seine Probleme zu berichten, waren die Kursteilnehmer sehr offen und freundlich zu ihm. Sie waren sehr mitfühlend und wollten wirklich, dass er Hilfe bekommt.

Obwohl er nervös war, fiel er sofort in eine sehr tiefe Trance, als die Sitzung begann. Zuerst ging er in einen kleinen Teich mit Wasser und sah sich selbst nur als ein Bewusstsein, das Teil des Wassers war. Es gab keinerlei Kreaturen und das Wasser war still und regungslos. Er musste nichts anderes tun, als einfach nur *sein*. Als ich ihn fragte, warum er sich dafür entschied, einfach ein Teil des Wassers zu sein, sagte er: „Wegen des Alleinseins. Wegen der Einsamkeit. Wegen der Stille. Nur um von allem weg zu sein habe ich mich entschieden, es zu tun." Als ich fragte, ob etwas passiert sei, das ihn dazu veranlasste, allein zu sein, sagte er, es sei, um dem Chaos in der Welt zu entkommen, in der er gewesen sei. Es gab zu viel Aufruhr. Er mochte die Einsamkeit, wurde aber allmählich gelangweilt. „Es ist ruhig. Es gibt keine Aktivität, man kann also nicht beides haben."

D: Glaubst du, du willst etwas anderes erleben?
M: Ich bin wahrscheinlich dazu bereit.
D: Glaubst du, du hast alles gelernt, was du in der Einsamkeit lernen kannst?
M: Nicht alles, aber genug.

Als ich feststellte, dass er bereit war, ließ ich ihn das Wasser verlassen und durch Zeit und Raum gehen hin zu etwas, das für ihn angemessen war. Er befand sich in einer Hütte mitten auf einem Feld. Er hatte das Gefühl, im Wilden Westen zu sein. Er war eine junge Frau, die mit einem alten Kleid gekleidet war, und er wusste, dass sie extrem arm war. Es gab kaum materielle Besitztümer in der Hütte und es war auch sehr heiß. (Michael hatte gesagt, dass er in seinem jetzigen Leben Hitze nicht mag.) Er sagte mit deprimierter Stimme: „Man tut, was man kann. Es ist ein hartes Leben. Schweiß, Leiden, Wut ... Ich fühle mich schwanger."

D: Warum kamst du dorthin?
M: Strafe ist das Wort. Ich denke, es war zu viel Erwartung.
D: Was meinst du damit?
M: Es ist zuweilen üblich, nicht sehr viel zu haben. Also akzeptiere, was du hast. Immer mehr Akzeptanz.

Sie lebte dort mit ihrem Mann, der auch unzufrieden war, weil er ein Feldarbeiter war und keine Arbeit zu finden war. Er konnte nichts anderes. Er konnte das Land nicht bewirtschaften. „Zu trocken. Zu viel Hitze ... zu viel Sonnenschein ... nicht genug Regen oder Wasser."

D: Kannst du nicht aufbrechen und woanders hingehen?
M: Es gibt keine Möglichkeit, dorthin zu gelangen.
D: Du hast keine Transportmöglichkeit. Wie erhältst du deine

Lieferungen?
M: Gehen. Es dauert zwei Stunden bis in die Stadt.
D: *Wie bekommst du denn Lieferungen? Hast du Geld?*
M: Nein, kein Geld.—Ich verkaufe mich selbst.—Das ist alles, was ich habe.

Der Ehemann wusste nicht, dass sie das tat. Während der Sitzung fragte ich mich immer wieder nach dem Mann. Fragte er sich nicht, woher das Essen kam, wenn sie doch kein Geld hatten? Anscheinend hatte er beschlossen, ein Auge zuzudrücken, solange sie nur etwas zu essen hatten. Dann verkündete sie: „Das Baby ist nicht seins." Sie schämte sich für das, was sie tat, aber es war der einzige Weg, wie sie überleben konnten. Dann kam sie an den Punkt, dass sie nicht so weit in die Stadt gehen konnte, um sich selbst gegen Essen einzutauschen, und so hungerten sie.

Ich brachte sie weiter zu einem wichtigen Tag, um von der beunruhigenden Szene wegzukommen, aber wir fanden eine noch schlimmere. Als wir dort ankamen, begann Michael zu schluchzen, aber er entschied sich klugerweise, die Szene zu beobachten, anstatt daran teilzunehmen. Unter diesen Umständen war dies der beste Weg, um davon zu berichten. Er erzählte emotional, was passierte: „Ich schaue zu. Er fand es heraus. Er schlägt sie zusammen. Er fand es heraus! Er weiß, dass es nicht seins ist. Er fand es heraus. Er schlug sie immer wieder, schlug sie und schlug sie. Es war alles sein „Selbstmitleid"."

D: *Wie fand er heraus, dass das Baby nicht seins war?*
M: Sie erzählten es ihm. Die Männer, mit denen sie zusammen war, sagten es ihm. Sie wollte nicht mehr mit ihnen zusammen sein. Sie kam an einen Punkt, an dem sie aufhören musste. Die anderen Männer ließen es an ihr raus.—Das Baby ist nicht seins und erschlägt sie ... er versucht, das Baby aus ihr herauszuprügeln. Zu viel Blutverlust.—Sie stirbt und das Baby stirbt. Sie sterben beide.
D: *Was tat der Mann, als er realisierte, dass er sie getötet hat?*
M: Erst einmal viele Emotionen. Er schleppte sie aus dem Haus. Es war ihm nicht wichtig genug, die Leiche zu vergraben.
Er ließ sie einfach da draußen zum Verrotten liegen.
D: *Was ist mit ihm passiert?*
M: Es ist nichts mehr übrig ... nichts mehr für ihn. Er tat nichts. Er hat Hunger. Sie sorgte für ihn. Sie konnte nicht mehr für ihn sorgen. Danach lebte er nicht mehr lange. Er verstarb kurz darauf.

D: *Wie fühlt sie sich bei alldem, nachdem sie starb und den Körper verließ?*
M: Sie tat, was sie konnte. Sie nahm all diese Wut und Schuldgefühle mit. Sie empfindet nichts für ihren Mann. Sie war bereits tot, bevor er sie tötete ... innerlich. Er zerstörte ihre Emotionen und an einem bestimmten Punkt gab sie auf.
D: *Sie tat alles, was sie unter den gegebenen Umständen konnte. Sie musste überleben. Es gab einen Grund für alles, was sie tat.*

Dann ließ ich ihn von der schrecklichen Szene forttreiben und die Frau verlassen, damit sie ihre eigene Reise zur anderen Seite finden und hoffentlich Frieden finden konnte. Da es sich um eine Kursvorführung handelte, blieb keine Zeit, um zu erforschen, was auf der geistigen Seite geschah. Ich rief das SC hervor, damit wir einige Antworten finden konnten. Michaels Bewusstsein versuchte, sich einzumischen und zu verhindern, dass es geschah, weil er sich, wie ich vermute, vor den Antworten fürchtete. Ich bin jedoch hartnäckig und konnte das Bewusstsein aus dem Weg räumen. Wir hatten ein riesiges Stück des Puzzles gefunden, jetzt wollten wir den Rest. Als das SC endlich durchkam, fragte ich, warum es dieses Leben für Michael zur Anschauung gewählt hatte?

M: Akzeptanz ... Akzeptanz. Keine Scham ... keine Scham ... Akzeptanz. Keine Scham und Akzeptanz dessen, was er in jenem Leben tun musste.
D: *Das ist eine große Lektion. Wie verhält sich das zu seinem jetzigen Leben?*
M: Als sie im Sterben lag, schrie der Mann weiter und nannte sie eine Hure. Keine Scham mehr .... keine Scham mehr. Er trug es weiter mit sich. Es rührt von dort her.

Ich sprach viel mit dem SC darüber, alles in der Vergangenheit zu belassen, weil es im gegenwärtigen Leben nicht gebraucht werde. Dass Michael ein guter Mensch sei und das alles jetzt nicht mehr in sein Leben tragen müsse. Dies hatte Rückenprobleme verursacht, die zu einer Operation geführt hatten, welche jedoch die Schmerzen nicht gelindert hatte. Dies war Teil der Last, die er aus jenem Leben mit sich getragen und als Schande in seinem gegenwärtigen Leben bezeichnet hatte. Das SC kümmerte sich darum.
Dann war es an der Zeit, das Thema anzusprechen, warum er in seinem Leben HIV erschaffen hatte. „Warum ist das passiert?"

M: Es war Teil der Vereinbarung ... an der er teilnimmt. Die

Vereinbarung ist Teil der Akzeptanz. Erfahrung ... die Erfahrung von jedermann. Diejenigen, die dem zugestimmt haben.
D: *Welche Erfahrung?*
M: Von der Krankheit.
D: *Du meinst, er traf eine Vereinbarung darüber, sie zu erleben?*
M: Ja. Auch darüber, das Bewusstsein ... darüberhinaus zu bewegen.
D: *Wie bewegt man das Bewusstsein, indem man AIDS hat?*
M: Durch das Bewusstsein der Menschen um ihn herum. Akzeptiere es, bevor es passiert. Ein so großes Konzept. Er stimmte zu.
D: *Kannst du uns helfen zu verstehen, was dieses größere Konzept ist*
M: Ja ... drei Tage mehr.
D: *Was meinst du damit?*
M: Das Konzept ... das Verständnis ... es würde drei Tage dauern, das Konzept zu erklären. Es gibt so viele Aspekte dabei. Teil der Vereinbarung. Er hat dies bereits akzeptiert. Er muss vertrauen. Darauf vertrauen, dass das ein Teil davon ist.

Das war schwer zu verstehen, aber ich konnte das SC dazu bringen, der Arbeit am HIV zuzustimmen. Die Ärzte überwachten weiterhin die Anzahl der T-Zellen in seinem Körper. Das war ihr Maß für das Fortschreiten der Krankheit. Michaels T-Zellen hatten eine unglaublich niedrige Anzahl erreicht und er konnte sterben. Die medikamentöse Behandlung sollte helfen, die Anzahl der Zellen zu erhöhen. Das SC sagte, er habe seine Lektion gelernt, so dass es in der Lage sein würde, an der Erhöhung der T-Zellzahlen zu arbeiten. Er könnte immer noch Teil dieses Experiments oder dieser Vereinbarung sein, aber sie sagten, sein Leiden sei vorbei. „Keine Scham mehr. Kein Leiden mehr. Er hat noch einen anderen Weg zu gehen." Die Heilung werde schrittweise sein, weil die T-Zellen erhöht werden mussten, aber es werde definitiv geschehen.

Ich wollte wissen, ob es jemanden in jenem Leben gab, den er jetzt in seinem gegenwärtigen Leben kennt. Die Antwort des SC war eine Überraschung. Der Ehemann, der ihn tötete, war in diesem Leben sein Vater. Michaels Vater hatte ihn und seine Mutter gleich nach seiner Geburt verlassen. Er war in letzter Zeit wieder in sein Leben getreten, aber es gab keine Nähe. Ich dachte, das ist eine seltsame Vereinbarung, weil der Vater nicht in der Nähe blieb, um ihn aufzuziehen.

M: Nein. Sein Job war es, ihm wieder ein Leben zu schenken.

Das machte vollkommen Sinn. Er hatte ihn getötet, also musste

er das Karma zurückzahlen, indem er ihm das Leben gab und ihm half, wieder auf die Erde zu kommen. Dann war sein Job vorbei. Das war sehr wichtig, dass Michael das weiß. „Sehr gut. Akzeptanz."
Ich hatte noch eine weitere Frage. Ich wollte wissen, worum es zu Beginn der Sitzung ging, als er als Bewusstsein unter Wasser war. Das SC überraschte mich wieder. „Er war ein Fels." Er hatte Einsamkeit gewollt, und ich schätze, ein Stein ist ganz bestimmt ruhig.

Etwas Interessantes passierte, als ich Michael zurückbrachte und er die Augen öffnete. Er sah sich in der Kursgruppe um und sagte: „Woher kommen all die Leute?" Er wirkte verwirrt und ich dachte, er beziehe sich auf die Schüler, die auf ihren Stühlen saßen. Aber er sagte später, dass er, als er wieder zu Bewusstsein kam, viele Menschen, Wesen um das Bett herum sah. Sie standen in dem freien Raum zwischen dem Bett und der Gruppe. Er wusste, dass sie definitiv keine Mitglieder des Kurses waren. Ich schätze, Geister und Führer der Anwesenden hatten sich versammelt, um zuzusehen, und er konnte sie sehen, bevor er wieder voll bewusst wurde.

Als wir die Sitzung anschließend besprachen, waren die Schüler sehr freundlich zu Michael. Sie sind diejenigen, die zu dem Schluss über den Zweck dieses Experiments kamen. Den, von dem das SC sagte, es würde drei Tage dauern, um es zu erklären. Es hatte zu tun mit Urteilen. Die Menschen, die sich freiwillig gemeldet hatten, um zurückzukommen und AIDS zu erleben (und möglicherweise daran zu sterben), haben zugestimmt, als Gruppe zu kommen, um Vorurteilslosigkeit zu lehren. Die Kursgruppe war verblüfft über die Offenbarung. Man konnte spüren, wie sich die Energie durch die Gruppe bewegte, während sich der gesamte Raum bewegte. Natürlich! Diese Menschen, die sich diese Krankheit zuzogen, waren *keine* Opfer. Sie waren einige der fortgeschrittenen Seelen, die bereits die meisten anderen Lebenslektionen erlebt hatten und sich freiwillig dazu gemeldet hatten, in Massen zu kommen, um Toleranz und Freisein von Vorurteilen und Bewertungen zu dieser Zeit in unserer Welt zu lehren. Es war eine absolut phänomenale Offenbarung, und ich dachte, wie wunderbar es wäre, wenn die Menschen ihre Aufopferung verstehen könnten. Vielleicht wird uns das lehren, andere Gruppen da draußen zu betrachten, die Veränderungen bewirken, und zu sehen, was sie uns sonst noch beibringen müssen.

Etwa einen Monat später erhielt ich eine E-Mail von Michael. „Ich habe meine Blutwerte vom Arzt zurückbekommen (ich wartete nach der Sitzung etwa 3 Wochen, um sie nehmen zu lassen). Meine T-Zellen stiegen in den vier Monaten seit meinem letzten Test von 293 auf 429. Das Interessante ist, dass, wenn jemandes T-Zellen abrutschen, wie meine vor 3 Jahren, ein Sprung von 100 Punkten pro Jahr als guter Fortschritt angesehen wird. Ich hatte fast einen 140-Punkte-Sprung hatte innerhalb vier Monaten."

So schien es, dass der Grund für die Lektion gelernt wurde und Michael nun auf dem Weg zur Heilung war.

Kapitel 3

DIE GEISTIGE SEITE

Ich erhielt seit 1968 Informationen über die geistige Seite (wo wir hingehen, wenn wir sterben), als ich erstmals in das Gebiet der Reinkarnation stolperte. Zu jener Zeit war alles neu und aufsehenerregend und stellte definitiv mein Glaubenssystem infrage. Bis in die 80er Jahre hatte ich von Hunderten von Klienten genügend Informationen erhalten, sodass ich das Buch *Zwischen Tod und Leben* schrieb. Das Erstaunliche ist, dass es nie Widersprüche gab. Ich erhalte weiterhin Informationen und erweitere damit mein Wissen und meine Sichtweise auf dieses faszinierende Thema. Egal, wohin ich auf der Welt gehe, ich erhalte die gleichen Informationen von meinen Klienten und es taucht das gleiche Muster auf. Ich werde kurz versuchen, es hier für diejenigen zusammenzufassen, die jenes Buch nicht gelesen haben.

Wenn eine Person stirbt (oder aus dem Körper tritt), ist es so einfach. Man sagt, es sei, als würde man von einem Stuhl aufstehen und sich in einen anderen setzen. Das Gefühl der Befreiung ist berauschend. Sie schauen zurück auf den Körper und sagen Dinge wie: „Ich bin so froh, dass ich da draußen bin. Ich bin nicht mehr gefangen. Jetzt kann ich gehen, wohin ich will." Normalerweise gibt es immer jemanden, der kommt, um die Person dorthin zu geleiten, wohin sie gehen soll. Ich nenne diese Person den „Begrüßer". Es kann sich um einen verstorbenen Verwandten oder Freund handeln. Oder es kann ihr Führer oder Schutzengel sein. Wichtig zu wissen ist, dass man nie allein ist, wenn man hinübergeht. Es gibt immer jemanden, der einem zeigt, wohin man gehen muss. Man ist auch in seinem Leben nie allein, aber die Leute verstehen das nicht. Wenn man geboren wird, ist einem immer ein Führer (oder Schutzengel) zugeteilt. Er ist das ganze Leben lang bei einem und werden auch am

Ende da sein. Es gibt mehrere verschiedene Orte, an die man nach seinem Tod gehen kann. Diese werden in *Zwischen Tod und Leben* beschrieben und werden in den Rückführungen in diesem Abschnitt auftauchen.

Man kann nur auf das Niveau gehen, mit dem die eigenen Schwingungen und Frequenzen kompatibel sind. Hoffentlich wird es eine höhere Stufe sein, und man ist nicht auf eine niedrigere Stufe abgerutscht. Es hängt alles davon ab, was man in diesem Kurs in der Erdenschule gelernt hat.

Manchmal wird die Seele direkt zur „Ruhestätte" gebracht, insbesondere, wenn der Tod traumatisch war. Dies ist ein Ort der völligen Ruhe ohne Farben und Geräusche. Man wird dort so lange wie nötig bleiben, bevor man sich wieder dem Rad des Karma anschließt. Schließlich geht jede Seele vor das Gremium (oder Rat) der Ältesten und Meister, um ihr Leben beurteilen zu lassen, das sie gerade verlassen hat. Das nennt man einen „Lebensrückblick". Sie gehen alle Dinge durch, die man in diesem Leben getan und gedacht hat und man wird nach dem bewertet, was erreicht wurde und was noch weitere Arbeit erfordert. Es gibt keinen Gott, der auf einem Thron sitzt und darauf wartet, einen zu richten und zu bestrafen. *Man verurteilt sich selbst.* Und es gibt keinen härteren Richter als einen selbst. Man selbst entscheidet, welche Fehler man gemacht hat und was getan werden muss, um sie zu beheben. Es muss daran erinnert werden, dass es keine Schmerzen im Zusammenhang mit dem Tod gibt. Es gibt nur das Gefühl der Reue. „Ich hätte das nicht tun sollen! Ich hätte mehr aus meinem Leben machen sollen!"

Dann beginnt die Vorbereitung zur Rückkehr. Egal wie schön es dort drüben ist, wie gerne man dort bleiben würde, man kann nicht dort bleiben, solange es unbezahlte Schulden oder Karma gibt. Man hat Aussprachen mit den Seelen, mit denen man im letzten Leben zu tun hatte und macht seinen Plan. „Wir haben letztes Mal nicht so gute Arbeit geleistet. Gehen wir zurück und machen es noch einmal. Diesmal bist du der Mann, ich bin die Frau. Oder du bist die Mutter, ich bin das Kind" Man kann die Rollen beliebig wechseln. Denkt daran, das Leben ist nur ein Theaterstück, ein Spiel, eine Illusion. Wenn wir involviert sind, erscheint es so real, aber wir tragen nur ein Kostüm, einen Anzug, um diese bestimmte Rolle zu spielen. Du bist der Produzent, Regisseur, Schauspieler und Drehbuchautor deines eigenen Dramas. Und weil das Skript geschrieben wird, während das Theaterstück weiterläuft, kann es jederzeit neu geschrieben und geändert werden. Du hast die volle Kontrolle darüber, was in deinem Leben passiert, sobald du das erkannt hast.

Also machst du deinen Plan dazu, was du zu erreichen *hoffst,* wenn du auf die Erdenschule zurückkehrst. Du schließt mit anderen Menschen deine Verträge darüber, welche Rollen sie spielen werden, damit du jegliches verbleibende Karma loswerden kannst. Es scheint so einfach zu sein, wenn man auf der geistigen Seite ist und mit den Meistern Rücksprache hält, aber wenn man wieder zum Rad des Karmas zurückkehrt, hat jeder seinen eigenen Plan und seine eigene Agenda, weil dies ein Planet des „freien Willens" ist, und oft stehen diese zueinander in Konflikt. Und um es doppelt schwer zu machen, wenn du zurückkehrst, geht der Schleier herunter und du vergisst. Du vergisst deinen Plan. Du vergisst deine Abmachungen. Du vergisst, dass es nur eine Schule ist. Du vergisst, dass es nur ein Spiel ist. Weil es kein Test wäre, wenn du die Antworten wüsstest. Du musst alleine den Weg zurückstolpern. Du musst all das Wissen und die Informationen zurückgewinnen, die du vergessen hast, bevor du diese Schule abschließen kannst. Du kannst nicht vom Kindergarten zum College springen. Du musst es je nach Schwierigkeitsgrad durchmachen, bis du abschließt und zu Gott (oder der Quelle) zurückkehrst und all deine Erfahrungen und Lektionen in den riesigen Computer mit Seinen Informationen herunterlädst. Es gibt noch viel, viel mehr über all dies in den anderen Büchern zu *Das Gewundene Universum*. Ich stelle nur kurz dar und paraphrasiere nur, damit der Leser einen Leitfaden hat, um die in diesem Abschnitt enthaltenen Sitzungen zu verstehen. Es wird jedoch darauf hingewiesen, dass es keinen Widerspruch gibt, sondern nur mehr Informationen zu dem, was ich bereits entdeckt habe.

SOGENANNTE „SCHLIMME" LEBEN

Bei meiner Arbeit habe ich Horrorgeschichten über die Art und Weise gehört, wie Menschen erzogen wurden (wie sicherlich viele andere Therapeuten auch). Ihre Kindheit war so schlimm, dass ich mich fragte, wie die Person es geschafft hat, ein funktionierender Erwachsener zu werden. Es ist zu ihrem Verdienst, dass sie es geschafft haben. Es zeigt die Unmenschlichkeit, die der Mensch seinem Mitmenschen antun kann. Natürlich weiß ich, dass der Täter große Mengen an Karma anhäuft, dessen Begleichung lange Zeit in Anspruch nehmen wird. Aber die Klienten fragen immer: „Warum ist mir das passiert?" Sie fragen sich, ob sie in einem vergangenen Leben etwas Schreckliches getan haben, das eine solche Behandlung rechtfertigte.

Ich erkläre das in meiner Arbeit. Ich habe festgestellt, dass sie dem zugestimmt haben, bevor sie in das Leben traten. Dem wird stets mit Ungläubigkeit begegnet. „Das ergibt keinen Sinn! Warum sollte ich zustimmen wollen, ein solches Leben zu führen?" Denkt daran, dass alles eine Lektion ist. Es wird arrangiert, um zu sehen, was wir aus der Situation lernen. Wenn wir den Test nicht bestehen und die Lektion lernen, gibt es immer ein nächstes Mal. Es spielt keine Rolle, wie lange es dauert, diese Klasse und diese Lektion zu absolvieren. Man hat alle Ewigkeit. Aber würdest du es nicht lieber schneller lernen, als ewig zu brauchen? Wenn man lernt, was man lernen soll, kommt man zur nächsten Lektion, was vielleicht einfacher ist, vielleicht aber auch nicht. Es mag vielleicht auch schwieriger sein, aber zumindest wird es anders sein.

Was uns zur ursprünglichen Frage zurückbringt: Warum haben wir uns für eine so schreckliche Erfahrung entschieden? Ich hatte zwei Fälle kurz hintereinander, in denen die Person eine schreckliche Kindheit hatte. In einem waren die Eltern an satanischen Ritualen beteiligt, die auch die Kinder miteinbezogen. Die Klientin verließ schließlich so schnell wie möglich das Zuhause und wollte nie wieder etwas mit ihrer Mutter zu tun haben. Die anderen Kinder in der Familie hatten nicht so viel Glück. Die Mädchen wurden zu Drogenabhängigen und Prostituierten und der Junge wurde zum Verbrecher und landete im Gefängnis. Meine Klientin sagte, dass sie schon in jungen Jahren wusste, dass sie an all dem nicht beteiligt sein wollte. Für ein kleines Kind hatte sie eine bemerkenswerte Portion Verstand und wusste instinktiv, wie man das Geschehen bekämpft. Sie zog psychisch eine Ziegelmauer um sich selbst, damit sie von dem Wahnsinn, der um sie herum wütete, getrennt war. Sie zog fort und lebte ein Leben für sich ohne jegliche Hilfe ihrer Familie und sie wollte keinerlei Kontakt mit ihr. Während der Sitzung fragte ich, warum sie eine solche Kindheit hatte, und das SC sagte, dass sie sich dafür entschied (was ich wusste). Und sie lernte eine große Lektion, wie man ohne jegliche Hilfe von irgendjemandem überleben und Erfolg haben kann. Obwohl sie einsam war und sich verlassen fühlte, hatte sie diese Lektion gewählt und sie mit Bravour bestanden, so dass es jetzt an der Zeit war, weiterzugehen.

Eine andere Frau wuchs in einer schrecklichen, sie missbrauchenden Familie auf, in der ihre Stiefmutter sie jeden Tag schlug. Natürlich ziehen sie in solchen Situationen so schnell wie möglich von zuhause fort. Das SC sagte, dies sei notwendig gewesen, um ihr beizubringen, wie man überlebt, wie man wächst und wie man alleine ist. Es hatte einen großen Zweck erfüllt, auch wenn sie es während des Heranwachsens nicht verstand. Als Kind wusste sie nur, dass sie nicht glücklich war.

Eine weitere Frau hatte das gleiche missbräuchliche Muster und wir wollten wissen, ob es bei diesen Menschen irgendein Karma gab, das zurückgezahlt wurde. Ich war überrascht, als es hieß, dass es keines gab. Es gab auch keine vergangenen Leben mit den typischen Hauptfiguren. Das SC sagte, dass man sich vor dem Eintritt darauf geeinigt habe, dass bestimmte Personen in ihrem Leben platziert würden, um sie zu prüfen. Einige von ihnen mögen vielleicht ihre liebsten Freunde gewesen sein, sowohl auf der geistigen Seite als auch in anderen Lebensphasen. Aber sie hatten zugestimmt, die Rolle des Bösewichts in diesem Stück zu spielen. Und wir müssen zugeben, dass sie ihre Rolle manchmal sehr, sehr gut spielen.

Ich frage Leute, die schlechte Erfahrungen gemacht haben (und bei jedem geschehen einige negative Dinge im Leben. Darum geht es im Leben) immer, was sie daraus gelernt haben. In der Regel finden sie etwas, wenn sie es wirklich anschauen und die Auswirkungen auf ihr Leben sehen. Wenn sie sagen, dass sie aus der Erfahrung nichts gelernt haben, dass es einfach nicht fair gewesen sei, müssen sie es noch einmal wiederholen (die Klasse wiederholen) und beim nächsten Mal kann es sogar schwieriger sein, bis sie verstehen, was die Lektion war, die zu erleben sie gewählt haben.

Natürlich muss dies alles ohne jegliche Emotionen betrachtet werden, quasi als wäre man ein Beobachter.

Kapitel 4

LEBEN ALS EINE ANDERE KREATUR

DAS MEERESWESEN

Diese Idee von einem vergangenen Leben als eine andere Wesensart als die menschliche mag denjenigen, die meine Arbeit nicht verfolgt haben, seltsam oder unwahrscheinlich erscheinen. Aber ich habe zahlreiche Beispiele dazu gefunden. Über sie wird in meinen anderen Büchern zu *Das Gewundene Universum* berichtet. Bevor wir die Erdenschule abschließen, müssen wir wissen, wie es ist, alles zu sein. Das bedeutet, dass wir das Leben in jeder nur möglichen Form erleben müssen. Menschen kommen später im Lehrplan, wenn wir linear denken.

Diese Sitzung wurde 2010 als Gruppendemonstration in San Diego durchgeführt. Es war sehr verwirrend, weil Carrie von Anfang an keine Idee hatte, was sie war oder wer sie war. Es dauerte eine ganze Weile, bis wir feststellen konnten, dass sie eine Art Meereswesen war, das im Ozean lebte. Etwas, das sie verwirrte, war, dass sie sich von Anbeginn an so schwer fühlte, als ob sie voller Wasser wäre. Dies ließ sie darauf bestehen, zur Toilette zu gehen. Wir hatten gerade erst begonnen, also wollte ich die Sitzung nicht schon so früh unterbrechen, aber meine Suggestionen, dass es ihr gut gehe, hatten keinen Einfluss auf sie. Also ließ ich einige Kursmitglieder sie mit geschlossenen Augen zur Toilette führen. Bei ihrer Rückkehr sagte sie, dass sie sich immer noch schwer fühle, als wäre sie voller Wasser; sie fühle sich wie eine Blase. Als ich versuchte, sie den Körper beschreiben zu lassen, war sie noch verwirrter. Sie fühlte sich leicht und konnte graue, gedämpfte Farben sehen. „Es ist kühl ... Ich kann fühlen, aber ich sehe keinen Körper. Ich sehe keine Füße. Ich habe keine Arme. Ich habe sie nicht! Ich sehe keinen Körper."

Da dies manchmal auftritt, wenn die Person ein Geist ist, versuchte ich, diesem Gedankengang zu folgen. „Bist du dir der Anwesenheit von noch jemand in deiner Nähe bewusst?"

C: Nein ... nein ... Ich bin ganz alleine hier ... nur ich. In diesem ... Ich kenne keine Form, aber ich weiß, dass es sich innerhalb von etwas befindet, doch ich weiß nicht, was es ist. Wie ... eine Blase. Ich fühle mich wie in einer Blase. Ich fühle mich wie in etwas drin. Wo ... wo? Was tue ich? Ich bin einfach ... Ich weiß nicht einmal, was ich bin. Ich bin einfach hier.
D: *Ist das der Grund, warum du nicht nach draußen sehen kannst?* (Ja) *Du kannst nicht durch die Blase sehen?*
C: Nein. Sie ist trübe. Sie ist von dieser grauen Farbe ... Ich bin mir nicht einmal eines Endes oder etwas bewusst, das mich irgendwie nach draußen bringen würde.

Sie war so verwirrt, dass ich wusste, dass sie es aus dieser Perspektive nicht verstehen konnte. Also ließ ich sie aus der Blase heraustreten und sie sich ansehen, damit sie besser verstehen konnte, was sie umgab. Dann rief sie plötzlich aus: „Ich bin in einem Ei. Ich bin in einem Ei!" Sie war sehr schockiert über diese Offenbarung. „Es ist diese Farbe. Es ist dieses Grau. Wenn man im Inneren ist, kann man es nicht sehen, aber wenn ich draußen bin, kann ich sehen, dass ich in einem Ei bin!"

D: *Deshalb hast du also keinen Körper?*
C: Ja.—Es sieht aus wie ein Vogelei.
D: *Mal sehen, wo das Ei ist. Wir können unseren Blickwinkel erweitern. Wo liegt das Ei?*
C: Oh ... in so etwas wie einer Höhle. Es ist nicht wie ein Vogelnest oder so, aber es ist ein Ei ... Ich bin in einem Ei in einer Höhle. (Verwirrt.) Ich weiß nicht, was ich tue.
D: *In Ordnung. Wir können unsere Wahrnehmung erweitern und auf diese Weise mehr sehen. Willst du sehen, was das Ei gelegt hat?* (Ja) *Wo das Ei herkam?*
C: Es ist ein Vogel. Ich weiß nicht, was für eine Art Vogel, aber ich sehe Blau.
D: *Gib dein Bestes, um es zu beschreiben.*
C: Nicht Federn. Sie sind eher wie sehr glatte ... keine Federn... es ist wie Schwimmflügel.
D: *Meinst du eher wie Haut anstatt Federn?* (Ja) *Kannst du sagen, wie groß es ist?*
C: Groß. Denn es ist ein großes Ei.— Der Vogel ist schwarz im

Gesicht, aber mit einem sehr hübschen Blau. Eine Art spitzes Gesicht.

Erst nach der Sitzung kam mir eine Idee. Es war eine Meereskreatur, also vielleicht ein Mantarochen? Als ich recherchierte, fand ich heraus, dass sie schwarz sind und definitiv einem Vogel mit großen Flügeln ähneln.

D: *Wenigstens bist du an einem sicheren Ort. Nichts kann das Ei verletzen, wenn man in einer Höhle ist.* (Sie fing an, seltsame Geräusche zu machen.) *Was?*
C: (Flüsternd) Schwer ... schwer.
D: *In Ordnung. Lass uns weitergehen, bis es an der Zeit ist, aus dem Ei zu kommen. Wie kommst du aus dem Ei heraus? Sieh dir an, wie du es tust.*
C: (Sie machte Bewegungen.) Ich muss nach außen durchdringen ... nach außen. (Sie machte stoßende Bewegungen mit dem Kopf.) Hinausgelangen ... dauert lange. Ich will raus. Jetzt will ich raus!

Ich komprimierte die Zeit bis zu dem Punkt, an dem sie endlich aus der Hülle herausgekommen war. Ich sagte: „Es war schwer, rauszukommen. Du musstest hart arbeiten. Wie sieht dein Körper aus, jetzt, da du aus der Schale draußen bist?"

C: Nicht sehr. Hmmm ... sehe nicht wie die anderen Vögel aus! Ich bin nicht blau. Ich bin irgendwie grau.—Ich habe eine Menge Arbeit zu erledigen. Ich habe das Gefühl, dass ich etwas tun muss. Ich liege hier nur rum. Ich tue gar nichts! —Ich habe Hunger!

Sie sagte, dass sie sich wieder schwer fühle und als ob sie voller Wasser sei. Ich wollte nicht, dass sie dadurch abgelenkt wird, also versuchte ich, sie davon abzubringen. „Wie bekommst du Essen?"

C: Meine Mutter ... meine Mutter bringt es mir, aber ich weiß nicht, was es ist ... (Ich lachte.) Ich weiß nicht, was es ist. Uhh ... matschig. (Die Schüler lachten.)

Sie war aufgebracht, als ihr klar wurde, dass sie wieder auf die Toilette gehen musste. Sie sagte, sie fühle sich wieder voller Wasser. Ich versuchte es mit Suggestionen, aber die einzige Lösung war, den anderen zu erlauben, sie wieder in Trance auf die Toilette zu bringen. Jedes Mal, wenn dies geschah, gab ich den Schülern ein

Zeichen, still zu sein und sie zwischen ihnen hindurchgehen zu lassen. Dann wurde sie mit geschlossenen Augen zurück zum Bett geführt und wir machten weiter. Das war ungewöhnlich, dass sie so oft gehen musste, aber es kann auch mit der neugeborenen Kreatur zu tun gehabt haben, die sie gerade erlebte. „Okay. Lass uns zu der Zeit gehen, da du nicht mehr die kleine Kreatur bist, die das Essen von der Mama braucht. Wir werden zu der Zeit gehen, da du groß bist. Wenn man größer ist, bleibt man nicht in dieser Höhle, nicht wahr?"

C: Nein. Wasser ... Wasser ... Ich sehe Wasser. Ich bin im Wasser. Ich bin ein Vogel unter Wasser. Es gibt noch andere! Es sind noch andere hier.
D: *Sehen sie aus wie du?*
C: Manche ja. Manche nicht, aber es gibt weitere Kreaturen. Einige haben viele Arme. Einige sind wirklich groß. Wir sind alle Kinder. Wir spielen. Wir sind im Wasser. Deshalb fühle ich Wasser so stark.
D: *Befand sich die Höhle auch im Wasser?*
C: Ja. Sie befand sich tief unterhalb von etwas.
D: *Aber du spielst mit den anderen?* (Ja) *Obwohl jeder anders aussieht.*
C: Das ist in Ordnung.
D: *Gefällt es dir dort?* (Ja)

Ich brachte sie weiter zu einem wichtigen Tag, obwohl ich mir nicht vorstellen konnte, was für eine so ungewöhnliche Kreatur ein wichtiger Tag sein könnte. Als sie zu dem wichtigen Tag kam, begann sie zu weinen. „Meine Freundin ... meine Freundin. Sie wurde gefressen. Sie ist weg. Etwas hat sie gefressen. Etwas hat sie weggenommen. Sie ist nicht hier. Sie weinen alle."

D: *Deshalb bist du also traurig. War deine Freundin eine Kreatur wie du?*
C: Nein. Sie war das, was man einen „Fisch" nennt. Sie war wirklich hübsch.

Ich beruhigte sie und hatte Mitgefühl mit ihr. Dann brachte ich sie voran zu einem weiteren wichtigen Tag. Sie lachte jetzt, anstatt zu weinen. „Wir lernen, an die Oberfläche zu gehen. Viele von uns tun das. Viele von uns wie ich. Es gibt viele von uns."

D: *Bist du jetzt größer?*

C: Ja. Ich kann aus dem Wasser gehen und wieder hinein. Man kann jetzt da oben nach draußen sehen. Es ist wunderschön über dem Wasser. Es gibt Himmel, Sonne. Wir haben dies noch nie gesehen. Das ist alles neu für uns. Wir haben noch nie den Himmel gesehen. Er ist wunderschön und wir tauchen weiter. Wir gehen wieder hinein. Wir gehen immer wieder hinein und hinaus. Ja, einige von uns schaffen es. Einige von uns nicht.
D: *Einige können es nicht zustande bringen?* (Lachen)
C: Nein, aber wir müssen uns gegenseitig helfen. Deshalb tun wir es gemeinsam. Wir müssen uns gegenseitig helfen. Das ist sehr wichtig. Wir lassen niemanden zurück. Und es ist wunderschön da oben.
D: *Das ist sehr gut. Ihr lernt Lektionen.* (Ja)

Ich ließ sie diese Szene verlassen und wieder zu einem anderen wichtigen Tag weitergehen. „Was ist jetzt los oder was siehst du?"

C: Etwas auf dem Wasser. Etwas Ungutes. Jeder unter Wasser ist sehr verärgert ... sehr verärgert, weil etwas da oben ungut ist. Sie versuchen, davon wegzukommen.
D: *Wie sieht es aus?* (Pause) *Beschreibe es nach besten Kräften.*
C: Sie versuchen, die Lebewesen unter Wasser zu fangen, aber sie sind nicht unter Wasser. Sie sind auf dem Wasser. Sie fangen, aber nicht wie ich ... Ich bin nicht dienlich. Sie wollen das Essen. Sie suchen nach Nahrung und verletzen die Lebewesen. Sie werfen etwas über sie und verletzen sie. Ich versuche ihnen zu helfen, vom Fang wegzukommen.
D: *Wie hilfst du ihnen?*
C: Ich schaufle einfach ... schaufle mit meinem großen ... Ich weiß nicht, ob es ein Flügel ist ... mein Arm ... mein Flügel ... mein Flügel ... Ich weiß es nicht. Ich schaufle nur und lenke sie vom Schaden weg. Ich kann nicht jeden erwischen! Aber alle sind hier und versuchen zu helfen ... alle. Oh, geht fort! Das ist nicht euer Zuhause! Das ist *mein* Zuhause. Das ist *unser* Zuhause. Es gibt Lebewesen hier.

Ich konnte mit dieser Szene nicht weitermachen, weil ich wusste, dass ich auf die Zeit achten musste. Wenn ich eine Demonstration in einem Kurs mache, habe ich nicht so viel Zeit, wie in einer normalen Sitzung. Also ließ ich sie gehen und ging weiter zum letzten Tag ihres Lebens und fand heraus, was mit ihr passiert war. „Ich bin alt. Ich bin nur alt. Ich bin nicht mehr blau. (Die Schüler lachten.) Nicht blau ... über die Farbe, die ich bei meiner Geburt hatte. Irgendwie grau."

D: *Bist du noch im Wasser oder oben auf?*
C: Ich bin immer noch unter Wasser. Ich bin alt. Ich bewege mich nicht so wie früher, aber ich habe viele, viele Freunde. Sie sind alle hier.
D: *Ihr wart alle zusammen und habt einander immer geholfen nicht wahr?*
C: Ja, das haben wir ... es ist Zeit für mich, zu gehen. Ich bin alt.
D: *Du hattest ein schönes Leben, nicht wahr?*
C: Ja, das hatten wir. Bis sie kamen. Wir hatten ein gutes Leben.

Ich führte sie dann zu dem Zeitpunkt, als alles vorbei war und sie aus dem Körper draußen und auf der anderen Seite war. Sie machte einen tiefen Atemzug der Erleichterung. Man konnte erkennen, dass sie froh war, von diesem Körper befreit zu sein. Ich fragte, was sie aus diesem Leben gelernt hte, denn jedes Leben hält eine Lektion bereit.

C: Zu helfen. Einander zu helfen. Da zu sein. Das war sehr wichtig. Ja, das lernte ich. Ich half tatsächlich.

Ich wusste, dass sie sich nun in ihrem Geistkörper zu der geistigen Seite bewegen würde. Ich wollte das nicht vor der Gruppe weiterverfolgen. Ich wusste, dass ich ihnen zeigen musste, wie man die Therapie durchführt. Also brachte ich sie davon weg und rief das SC hervor. Ich fragte, warum es dieses seltsame Leben für Carrie ausgesucht habe.

C: Sie muss sich daran erinnern. Sie muss sich daran erinnern, zu helfen. Manchmal vergisst sie es. Sie muss sich erinnern.
D: *Sie hilft jetzt den Menschen in ihrem Leben, nicht wahr?*
C: Ja, sie hat eine Menge Arbeit geleistet, aber manchmal vergisst sie, dass nicht jeder dort ist, wo sie ist. Und sie muss ihnen dort helfen, wo sie sind. Nicht dort, wo *sie* ist, sondern dort, wo *sie* sind. Manchmal vergisst sie, dass sie nicht da sind, wo sie ist. Deshalb tun wir, was wir tun. Sie muss sich mit ihnen auf deren Ebene identifizieren. Das ist wichtig. Sie muss sich an den Ort gewöhnen, wo sie sind.
D: *Das war ein recht seltsames Leben. Was für ein Wesen war sie in diesem Leben?*
C: Meerestiere ... ihre Lektion war es, dort helfen zu lernen.
D: *Es war eine ziemlich seltsame Lektion. Das hatte ich nicht*

erwartet.
C: Ich glaube, sie auch nicht. (Wir lachten beide.) Sie weiß, dass sie viele Dinge gewesen ist. Von jenem Ding wusste sie jedoch nichts.—Sie sah, dass vielleicht nicht jeder gleich aussehen mag, dass aber jeder Hilfe braucht, egal wo er ist. Und das ist es, was wir tun müssen, helfen.

Das SC fuhr fort, ihr von ihrem Zweck zu erzählen und davon, was sie mit ihrem Leben zu tun hatte. Sie musste noch einmal auf die Toilette und diesmal schalt das SC sie auch. Es sagte, dass es versuchte, es ihr bequem zu machen, aber sie war nervös, also gab es keine andere Wahl, als sie wieder aufstehen und zum Badezimmer begleiten zu lassen. Zumindest dachte ich, dass die Klasse sehen würde, wie man damit umgeht, sollte dies während einer ihrer Sitzungen auftreten. „Oh, ja, wir reden mit ihr. Sie tut sich das selbst an. Das ist es, was sie tut. Sie wird nervös und du siehst, sie pinkelt." Die Schüler lachten.

D: *Und du wirst hier sein, wenn sie zurückkommt, so dass wir dann weitermachen können?*
C: Wir gehen nirgendwo hin. Wir sind immer hier.
D: *Es ist ein Ärgernis, aber es ist nur der physische Körper.*
C: Ja, es ist ein Ärgernis.

Nachdem sie zurückgekehrt war und sich wieder hingelegt hatte: „Wir haben gewartet, weil wir dir viel zu sagen haben. (Lachen) Wir sagten es ihr! Deshalb hat sie heute Morgen ihren Kaffee nicht getrunken, weil sie wusste, dass sie würde pinkeln müssen, denn das tut sie. Wenn sie nervös wird, pinkelt sie. Jetzt fühlt sie sich gut. Keine Ablenkungen mehr."

Sie fuhren fort und beantworteten ihre Fragen und gaben Ratschläge über Carries Ehemann und seine Probleme. Dann zu den körperlichen Belangen. Vor der Sitzung hatte Carrie eine ziemlich seltsame Frage. Es war eine, die ich noch nie zuvor gehört hatte, und sicherlich eine, die ich nie erwogen hätte, das SC zu fragen, aber ich dachte: „Wie soll ich wissen, wozu das SC fähig ist, wenn ich nicht frage?" Ich habe es wundersame Dinge tun sehen, also wer bin ich, dass ich das beurteile? Ich habe festgestellt, dass diese Technik eine wachsende, sich entwickelnde Sache ist, die ein eigenes Leben hat. So erfahre ich ständig neue Dinge, die das SC tun kann. Es scheint keine Einschränkungen zu geben.

Carrie sagte, dass sie Brustkrebs hatte und die Ärzte eine Brustamputation hatten durchführen wollen. Sie wollte etwas so

Radikales nicht tun, also fand sie einen Arzt, der bereit war, sich darauf einzulassen, eine Lumpektomie durchzuführen (die Entfernung nur des Tumors, ohne die gesamte Brust zu entfernen). Es funktionierte und sie galt als geheilt. Es ließ sie jedoch zurück mit einer Brust kleiner als die andere und das fand sie peinlich. Sie trug lockere, fließende Kleidung, um es zu verbergen. Sie hatte bereits viel Seelenforschung betrieben und den Grund entdeckt, warum sie den Krebs entwickelt hatte, so dass sie das Gefühl hatte, dass das gelöst sei. Ihre Bitte drehte sich also nicht um Heilung, sondern darum, zu sehen, ob das SC die kleine Brust irgendwie vergrößern könnte, um sie der anderen anzugleichen. Ich hielt es für eine ungewöhnliche Bitte, aber ich dachte, es würde nicht schaden, es zu versuchen. Während des Interviewteils vor der Sitzung wurde dies der Gruppe alles erklärt, so dass alle gespannt darauf waren, herauszufinden, was passieren würde, wenn überhaupt etwas passierte. Wenn das SC es nicht für möglich hielt, dann wusste ich, dass es mir das sagen würde.

Also sprach ich jetzt das Thema Brustkrebs an und fragte, ob sie richtig lag mit dem, was ihrer Meinung nach die Ursache dafür war. „Ja, sie wurde von mehreren Menschen sehr verletzt, als sie klein war, aber sie wurde auch sehr geliebt. Und manchmal dachte sie über diejenigen nach, die sie nicht liebten, und manifestierte den Tumor in der Brust." Dies geht einher mit dem, was ich herausgefunden habe, dass die Brust das Nähren darstellt. Und die linke Seite des Körpers bedeutet, dass es sich auf etwas bezieht, das aus ihrer Vergangenheit stammt. „Sie dachte, sie sei nicht geliebt worden, obwohl sie in der Tat sehr geliebt wurde."

D: *Und am Ende wurde sie operiert?*
C: Ja. Wir führten sie zu diesem Arzt. Sie hatte andere Ansichten. Sie wollten in ihren Körper eindringen. Natürlich, wir mögen alle keinen Eingriff in den Körper, weißt du. Dieser Arzt wurde gewählt, weil er den *minimalinvasivsten* Eingriff durchführte. Was sie tat, geschah aus Angst. Es geht ihr jetzt gut. Das Gröbste hat sie hinter sich. Jetzt müssen wir ihr nur noch auf den Kopf schlagen. Wir müssen ihr auf die Zehen drücken. Wir müssen ihren Finger stechen oder so. Wenn wir das tun, dann nur, damit sie aufpasst.
D: *Aber sie hat immer noch Probleme im linken Brustbereich.*
C: Sie weiß, dass es besser geworden ist. Sie weiß, dass es geheilt ist.— Es sieht gut aus. Es scheint gut zu sein. Es gibt immer noch Schmerzen, aber es ist geheilt. Sie muss die Schmerzmittel nicht mehr einnehmen. Wir denken, dass sie es nur tut, weil es

eine Gewohnheit ist. Sie kann sie leicht absetzen. Wir werden dafür sorgen, dass sie das tut. Sie weiß, dass es ihr gut gehen wird.

D: *Gut. Nun, sie hatte noch eine andere Frage. Du denkst vielleicht, dass es ein wenig seltsam ist, aber sie will es dich fragen. Als sie die Operation durchführten, reduzierte das die Größe der linken Brust, nicht wahr?* (Ja) *Sie wollte wissen, ob es eine Möglichkeit gibt, das wieder in eine Balance mit der anderen Seite zu bringen? Ist dir das möglich?*

C: (Pause) Hmm. Wir können es. Dort, wo sie die Operation hatte, ist Platz. Wir können etwas an dieser Stelle einsetzen..... Gewebe an dieser Stelle einsetzen.

D: *Um es aufzubauen?* (Ja) *Okay, woher willst du das Gewebe bekommen?*

C: Sie hat viel davon an ihrem Körper. (Die Schüler lachten alle. Carrie ist etwas übergewichtig.) Das wird kein Problem sein. (Alle fanden das amüsant.)

D: *Also wirst du einfach das Gewebe verpflanzen?*

C: Das werden wir.

D: *Ihr tut wunderbare Dinge ... Dinge, welche die Ärzte nicht tun können.*

C: Ja. Sie dachte über die rekonstruktive Chirurgie nach und sagte, nein. Wir können das für sie tun, weil wir sehr glücklich sind, dass sie das nicht vornehmen ließ.

Dann ging das SC an der Brust an die Arbeit. „Ich schaue mir diesen Bereich an. Sie hat dort genug Platz. Wir könnten dort etwas einsetzen. Keine große Sache für sie."

D: *Du weißt, wie Menschen sind.* (Ja) *Sie ist besorgt um ihre körperliche Erscheinung.* (Ja) *Und ihr entnehmt das Gewebe aus den anderen Teilen des Körpers und bringt es an diese Stelle?* (Ja) *Und dann wird es die andere Seite angeglichen sein?* (Ja) *Wird das sehr lange dauern?*

C: Nein, das wird es nicht.

D: *Wird sie es merken?*

C: Ja ... ja, das wird sie. Sie wird lachen. Sie wird es merken ...sie wird es merken. (Alle lachten.)

Ich entschied, dass dies ein guter Zeitpunkt war, um eine weitere Frage zu stellen, die mich beschäftigt hatte. Ich wusste, dass das SC mit mir sprechen und Fragen beantworten konnte, während es seine Arbeit fortsetzte. Ich verwies auf einen anderen Fall, der auch eine

Gruppendemonstration in Chicago war. Für die Frau war eine Kniegelenkersatzoperation an beiden Knien vorgesehen, da der Knorpel vollständig abgenutzt war und sie extreme Schmerzen hatte. „Sie" ersetzten dort Knorpel, wo es keinen gab, und ihre Knie waren wieder in Ordnung. Jeder in dieser Klasse dachte, er habe gesehen, wie ich ein Wunder vollbracht hatte, aber ich wusste, dass *ich* nichts damit zu tun hatte. Ich bin nur der Vermittler. Das SC ist derjenige, der die Arbeit erledigt. Nach diesem Kurs begann ich, dieses Band als Beispiel in meinen anderen Kursen zu verwenden. Es gab viele Diskussionen darüber, woher das SC den Knorpel hat. Da im Körper Knorpel vorhanden ist, hat es dann etwas von einem anderen Körperteil übertragen? Das wäre ähnlich wie bei Carrie in dieser Sitzung. Das SC erinnerte sich an den Fall, auf den ich mich bezog. „Wo hattest du den neuen Knorpel her?"

C: Wir können Dinge aus bereits vorhandenem Gewebe zurückbringen. Wir können Gewebe, das sich bereits in dem Bereich befindet, verwenden, um das beschädigte Gewebe zu ersetzen. Es ist jedoch nie einfach, etwas zu ersetzen, das nicht mehr vorhanden ist.
D: *Aber es ist machbar?* (Ja ... ja.) *Ich denke, es ist wichtig für die Schüler, das zu wissen, nicht wahr?* (Ja ... ja.) *Aber es braucht Glauben und Vertrauen.* (Ja)

Da wir nicht so viel Zeit hatten, wie sonst, um an Carrie zu arbeiten, sagte das SC dass es nachts weitermachen werde, während sie schläft. Es sagte, dass die Brüste angeglichen und alles in Ordnung sein würde.
Abschiedsbotschaft: Bleibe in Verbindung mit uns und wir sind immer hier. Wir hören dich laut und wir hören dich deutlich. Wir sind immer für dich da, und das weißt du. Zweifle nie daran. Zweifle nie daran. Es gibt Zeiten, in denen du doch zweifelst, obwohl es nicht notwendig ist. Wir sind immer hier ... immer. Wir lieben dich.

D: *Und ihr werdet immer jedem helfen, der Hilfe benötigt?*
C: Ja, alles, was wir tun wollen, ist zu helfen.—Und du, Dolores. Wir sprechen gerne mit dir. Du leistest gute Arbeit.

Als Carrie aufwachte und aufstand, richteten sich natürlich alle Augen auf ihre Brüste, und es gab viel Gelächter unter den Studenten. Carrie schien verlegen, aber als sie auf sie herabblickte, musste sie zugeben, dass sich etwas geändert hatte; sie schienen wieder ausgeglichener zu sein. Also war es auch für mich eine

Lektion. Unterschätzen Sie nie, wozu das SC in der Lage ist.

LEBEN ALS AMEISE

Als John zum ersten Mal in die Szene hineinging, konnte er nicht herausfinden, wo er war. Er war sehr verwirrt und seine Beschreibungen verwirrten auch mich. Alles, was er sehen konnte, war eine dicke braune Flüssigkeit. „Sie ist überall. Es ist, als wäre man unter dem Meer ... ein Ozean von brauner Farbe. Da ist nichts anderes." Ich fragte mich, ob er im Meer war. Das ist schon einmal passiert, aber es wurde nicht als dick und braun beschrieben." „Es ist wie flüssige Schokolade. Erde kam mir in den Sinn ... Steine. Es ist sehr groß ... sehr groß. Das ist alles, was ich sehen kann." Wenn so etwas passiert, ist Fragen stellen, bis wir herausfinden, was los ist, alles was ich tun kann. „Jetzt ist es, als wäre ich in einer Luftblase. Wie eine Luftblase. Ich bin von ihr umgeben. So sieht es aus. Diese braune Flüssigkeit läuft um mich herum, und ich bin in einem Luftpolster."

Ich fragte, wie er sich selbst, seinen Körper, wahrnahm. Er war überrascht, als er sah, dass er eine Art Insekt war. „Seltsam ... wie ein Käfer ... wie eine Heuschrecke ... wie ein Käfer. Ich habe lange Füße, vielleicht vier und zwei Oberfüße oder Arme, die wie Kugeln sind."

Das störte mich nicht, denn ich habe viele Klienten in vergangene Leben gehen lassen, in denen sie Insekten, Pflanzen, Tiere und sogar Felsen waren. Das wird in meinen anderen Büchern untersucht. Es spielt keine Rolle, denn alles hat Bewusstsein und enthält ein Stückchen vom göttlichen Funken des Lebens. Ich erforsche es immer auf dieselbe Weise, wie ich so genannte „normale" vergangene Leben erforsche, weil das SC es aus einem bestimmten Grund gewählt hat. Es muss Informationen geben, die der Klient wissen muss, um das gegenwärtige Leben zu verstehen. Ich versuche nie zu beurteilen, was „sie" tun. Sie können das Gesamtbild sehen und liefern die Szenen immer aus gutem Grund.

D: Wie Anhängsel?
J: Ja. Ich würde sagen, ich bin braun oder schwarz. Vielleicht eine Ameise ... Ameise, das fühlt sich richtig an.— Vielleicht ist es braunes Wasser.—Ja, jetzt bin ich auf einem Felsen und es reicht über mich. Vielleicht ist da ein Blatt über mir und das Wasser

fließt über das Blatt.
D: *Du hast also nicht das Gefühl, im Wasser zu sein?*
J: Nein. Kein Ertrinken ... nein. Ich warte darauf, dass es vorbeigeht, und dann mache ich weiter. Ich glaube, ich bin auf dem Weg zurück nach Hause. Und ich geriet in den Regen.
D: *Er kam unerwartet?*
J: Ich schätze schon. Es geschah einfach.

Ich komprimierte die Zeit, bis er bei sich zu Hause angekommen war, und bat ihn, es zu beschreiben. „Es ist ein Nest ... vielleicht in einem alten Baum. Meine Freunde, Familie oder wer auch immer freuen sich, dass ich wieder zurück bin."

D: *Lebt ihr alle in diesem Nest zusammen?*
J: Ja. Wir arbeiten zusammen.
D: *Wie eine Kolonie?* (Ja) *Ist es ein großes Nest?*
J: Nein, es ist ziemlich klein. Es befindet sich in einem Holzstamm, der flach auf dem Boden liegt, und ist in der Mitte durchgefault. Und man geht da einfach rein. Es war ein guter Ort für ein Nest. Wir fanden ihn und dann bauten wir. Wir verwendeten Holzfasern im Baumstamm und alles, was wir draußen im Wald finden konnten; Bäume, Blätter.
D: *Hast du einen Bereich ganz für dich oder lebt ihr alle zusammen?*
J: Ich glaube, wir teilen uns alles. Es gibt nicht einen Platz für jeden Einzelnen von uns. Es gehört uns allen zusammen.
D: *Vor einer Weile sagtest du „Familie". Hast du eine Familie?*
J: Ich fühle mich, als wäre ich ein Einzelner und hätte keine Familie. Ich bin ein Individuum. Ich fühle mich männlich.
D: *Aber ihr arbeitet alle zusammen und das ist gut, nicht wahr?* (Ja)

Ich wollte wissen, was seine Arbeit ist, was er mit dem Großteil seiner Zeit macht. „Suche, Futter, Suche, Futter, Nahrung."

D: *Tust du das alleine oder mit anderen zusammen?*
J: Ich sehe im Moment nur mich.
D: *Wo suchst du nach Essen?*
J: Unter Blättern, im Dunkeln, manchmal oben in den Bäumen.
D: *Was isst du?*
J: Es ist nur Gemüse, Pflanzen. Ich sehe keine Tiere oder andere Insekten. Vielleicht Blätter.
D: *Bringst du das zurück ins Nest?*
J: Ja und teile es mit den anderen.

D: *Gefällt es dir dort?*
J: Ich fühle mich, als gehöre ich dazu, und ich leiste einen Beitrag und tue etwas, das gebraucht wird. Also, ja, ich fühle mich gut dabei.

Dann brachte ich ihn weiter zu einem wichtigen Tag. Es würde interessant sein, zu sehen, was für eine Ameise wichtig war. „Es sieht so aus, als wäre der Baumstamm weggeschwemmt worden und ich bin ganz allein. Ich schätze, das Wasser stieg hoch und riss das Nest und alles fort. Es trieb—davon. Und ich bin ganz allein. Ich stehe ein paar Meter von dem Ort entfernt, an dem der Baumstamm einst war ... das Zuhause. Ich weiß, dass es weggeschwemmt wurde. Und ich frage mich nur, was ich jetzt tun soll?"

D: *Vielleicht waren die anderen alle im Baumstamm, im Nest?*
J: Ja. Vielleicht geht es ihnen gut.—Ich weiß nicht, was ich tun soll.—Ich kann versuchen, nach ihnen zu suchen. Ich weiß einfach nicht, was ich tun soll. Ich kann versuchen, neu anzufangen.
D: *Ist es das erste Mal, dass du allein bist?* (Ja) *Du bist immer Teil einer Gruppe gewesen?*
J: Ja, und das fühlte sich gut an.—Ich denke, ich werde versuchen, sie zu finden.
D: *Anstatt neu anzufangen?*
J: Ja. Ich werde nach ihnen suchen.—Ich gehe in die Richtung, in die der Stamm weggeschwemmt wurde.—Ich gehe über Blätter und durch Dreck und ich glaube, ich sehe den Stamm. Dieser sieht aus, wie er. Hmm, ich sehe dort niemanden.
D: *Ist er noch im Wasser, oder wie?*
J: Nein, er befindet sich auf dem Boden ... er ist trocken. Er wurde angespült ... und setzte sich hier ab.—Da ist einer da drüben, aber ich erkenne ihn nicht. Vielleicht war die Gruppe größer, als ich dachte. Ich erkenne ihn einfach nicht. Die anderen sind draußen, auf Futtersuche. Ich weiß nicht, ob sie verschwunden sind oder nicht.
D: *Vielleicht starben einige von ihnen, als er im Wasser trieb?*
J: Er sieht innen trocken aus. Ich denke, die anderen waren womöglich draußen, als der Baumstamm wegtrieb. Also haben sie kein Zuhause mehr, in das sie zurückkehren können, es sei denn, sie können es finden.—Also werde ich dorthin zurückkehren, wo ich herkam. Mal sehen, ob ich die anderen finden kann.
D: *Damit du sie leiten kannst?*

J: Ja. Ich gehe dahin zurück, wo ich war. Sie fangen an, sich zu sammeln und ich bringe sie zurück zu dem Ort, an dem der Baumstamm war und zeige ihnen, wo er hingeraten ist. Ich war erleichtert, sie zu finden. Sie hatten sich gefragt, was mit ihrem Zuhause passiert war und warum. Sie kamen aus dem Wald und es gab kein Zuhause, zu dem man gehen konnte.

D: *Ja, genauso, wie du dich gefühlt hast.*

J: Und so sind sie jetzt erleichtert, dass sie ihr Zuhause finden können, aber es befindet sich an einem anderen Ort. Das ist zuvor schon mal passiert.—Und wir kommen gerne nach Hause, und ich fühle mich wichtig, dass ich den Leuten helfen konnte, den Weg nach Hause zu finden.

D: *Du hattest also eine wichtige Rolle zu spielen.* (Ja)

Als ich ihn erneut zu einem anderen wichtigen Tag brachte, war alles, was er sehen konnte, dunkel. Er konnte die Geschichte nicht fortsetzen. „Bist du nicht mehr im Nest?"

J: Nein, ich glaube nicht. Ich fühle mich vom Rest getrennt.

Wenn das passiert, weiß ich, dass der Proband gestorben ist und es nichts mehr zu sehen gibt. Dies ist immer meine Antwort auf Skeptiker, die denken, dass die Person diese Leben erfinde. Wenn sie sie erfunden hätte, hätte sie eine gute Geschichte am Laufen, warum setzte sie sie dann nicht fort? Die Antwort ist, dass sie das nie tun. Wenn das Leben vorbei ist, gibt es nichts mehr zu sehen. Ich habe dies viele Male erlebt. Sie können nicht fantasieren. Wenn das passiert, bringe ich sie immer zu der letzten Szene zurück, die greifbar war. In diesem Fall war dies, als sie das Baumstamm-Nest wieder gefunden hatten. Als das geschafft war, brachte ich ihn weiter, bis zum letzten Tag seines Lebens, damit wir herausfinden konnten, was mit ihm geschah. „Was siehst du?"

J: Ich bin auf der Suche nach Futter und ich ... keine Energie ... nicht viel zu geben.

D: *Ist dir etwas zugestoßen?*

J: Nein. Ich höre einfach irgendwie auf, zu funktionieren.

D: *Wenn du aufhörst zu funktionieren, was passiert dann?*

J: Es ist, als würde ich schlafen gehen. Lege mich einfach hin.—Ich werde meine Freunde vermissen, aber sie werden ohne mich weitermachen.

D: *Was passiert also, nachdem du dich hingelegt hast?*

J: Es sieht aus wie ein dunkler Wasserfall oder so etwas. Ich bin dazu

bestimmt, nach oben zu gehen.
D: *Befindest du sich jetzt außerhalb deines Körpers?*
J: Das muss ich wohl sein, ja. Der Körper wird nicht gebraucht.
D: *Kannst du deinen Körper sehen?*
J: Ja, er sieht aus, wie eine Ameise.
D: *Er liegt einfach da?* (Ja) *Jetzt siehst du also so etwas wie einen vertikalen Wasserfall?*
J: Ja ... einen Wasserfall oder ... Striche von etwas ... das herunterfällt. Ich soll nach oben in diese übliche Richtung gehen. Ich muss nicht den Wasserfall hochgehen, aber ich kann in der Luft neben ihm hochgehen.
D: *Fühlt es sich gut an, außerhalb des Körpers zu sein?*
J: Es spielt keine Rolle. Es macht wirklich keinen Unterschied.— Jetzt sehe ich eine Wolke. Und einige von den anderen stehen vor mir und wir sind froh, einander zu sehen. Sehe immer noch wie eine Ameise aus. Sie sehen alle aus wie Ameisen.
D: *Aber sie sind froh, dass du da oben bist?* (Ja, ja, ja.) *Gibt es irgendeinen Ort, an den du jetzt gehen musst?*
J: Ich schätze, wir warten darauf, aufgerufen zu werden. Wir warten dort zusammen. Dann gehen wir weiter nach oben. Es ist eine Art Haltebereich ... ein Wartebereich. Jemand ruft. Wir wissen, wann wir gehen müssen.
D: *Was geschieht dann?*
J: Es ist wie ein Urteil oder ein Rückblick ... ein Lebensrückblick oder so etwas.

Ich habe genügend von diesen Rückführungen durchgeführt, um zu wissen, dass, wenn die Person stirbt, sie vor ein Gremium oder einen Rat treten muss, um einen Lebensrückblick zu bekommen. Es spielt anscheinend keine Rolle, welche Form oder Gestalt jenes Leben angenommen hat. Aber ich fand das amüsant. Wie sieht wohl der Lebensrückblick einer Ameise aus?

D: *Gibt es dort jemanden, der dir Fragen stellt?*
J: Eher jemanden, der wie ein Führer ist. Jemand, der Fragen beantwortet oder einem hilft.
D: *Wie sieht er aus?*
J: Ich sehe einen Menschen. Graue Haare, einen graubärtigen Mann. Wir sollen besprechen, was ich gelernt habe. Wie hast du dich gemacht? Was hast du getan? Ich sage, ich verstehe nicht, was ich gelernt haben soll. Hmm, Familie, Zusammensein, Teil von etwas Größerem zu sein, Opfer bringen. Er sagte, ich hätte mich gut geschlagen.

D: *Das sind gute Dinge. Du hast diese Lektionen gelernt?* (Ja) *Was wird jetzt passieren?*

J: Ich werde mich eine Weile ausruhen, vielleicht spielen. Ja, ich habe eine Auszeit. Ausruhen, spielen. Hmm ... forschen gehen. Hinaus ins All gehen und einfach so herumfliegen. Man ist frei, bis man aufgerufen wird. Es sieht so aus, als wäre ich gerade im Weltraum. Es ist zumeist dunkel. Ein paar Sterne ... ein paar Planeten.—Ich frage mich, wohin ich als Nächstes gehen werde. Wenn ich mich nicht dafür entscheide, etwas zu tun, dann wird mir langweilig. Ich schaue nach, ob es da draußen jemand anderen gibt, mit dem ich Spaß haben kann.—Ich sehe jemanden. Ich glaube, es ist jemand, den ich zuvor kannte.

D: *Ihr wollt also einfach zusammen da draußen herumschweben und Dinge erforschen?*

J: Das klingt langweilig.—Ich denke, wir werden uns darüber austauschen, was er getan hat und was ich getan habe. Und ich sage ihm, was ich getan habe, und er hört zu. Er war draußen, um die Planeten zu erkunden.—Ich denke, wir werden für ein gemeinsames Leben zurückkehren. Ja, lass uns in diesem Leben etwas zusammen machen.—Sie sind noch nicht bereit für uns.

D: *Aber ihr macht Pläne.*

J: Ja. Lass uns in diesem Leben zusammenkommen.

D: *Glaubst du, die Leute, die dich aufrufen, werden dem zustimmen?* (Ja) *Du hast also etwas zu sagen, bei der Frage, wohin du gehst und was du tust?* (Ja) *Und mit wem du das tust?* (Ja) *In Ordnung. Lass uns weitergehen bis zu dem Punkt, wenn sie dich aufrufen. Haben sie dich schon aufgerufen?*

J: Ja. Ich sehe ein Baby. Ich schätze, dass ich gerade geboren werde.

D: *Davor, wo warst du davor, als sie dich aufriefen?*

J: Es gab eine Gruppe oder einen Rat und wir sprachen darüber, in diesem Leben zusammen zu sein. Und sie sagten okay und sprachen darüber, woran wir arbeiten werden.

D: *Haben sie gesagt, dass es jetzt in Ordnung ist, ein Mensch zu sein?* (Ja) *Du kannst von einer Spezies zur nächsten springen?*

J: Ich musste in der letzten etwas lernen, deshalb musste ich das tun.

D: *Also macht es keinen Unterschied? Es gibt keinen Befehl, dass du reingehen musst?*

J: Nicht, wenn es eine Lektion zu lernen gibt.

D: *Gaben sie dir irgendeinen Rat? Gibt es irgendetwas, das du tun musst oder wonach du suchen solltest?*

J: Ich soll mich um ihn kümmern ... auf ihn aufpassen. Ich soll etwas von ihm lernen ... Liebe, Freiheit erlangen. Ich muss Geduld lernen.

D: Helfen sie dir bei deinem Plan?
J: Ich habe das Gefühl, dass wir wissen, welche Bereiche der jeweils andere zu bearbeiten hat, und so treffen wir eine Vereinbarung, uns später im Leben zu treffen.

Ich beschloss, diese Szene zu verlassen und das SC zu rufen. „Warum hast du dir für John zur Anschauung das Leben ausgesucht, in dem er das Insekt, die Ameise war?"

J: Das Gefühl, Teil einer Gruppe zu sein und wichtige Beiträge zu leisten. Das ist es, was er *diesmal* braucht. Das Gefühl, dass er wichtige Beiträge leistet und Teil einer Familie ist. Das ist es, was ihm fehlt. Er wird eine Gruppe oder ein Interesse finden und sich damit beschäftigen müssen, sei es mit Gartenarbeit oder Meditation. Zweisamkeit spüren. Er wird sehen, dass er mehr eine Familie ist.

John litt an Depressionen und nahm Medikamente ein. Dem SC gefiel das nicht. „Es ist weder für den Körper noch für den Geist gut, für keinen von beiden. Es wurde durch einen Mangel an Glauben an sich selbst in den schwierigsten Situationen verursacht. Wir haben das nicht ganz durchgestanden ... nicht viel, was wir tun konnten."

D: Konntet ihr ihm nicht von der anderen Seite helfen?
J: Nein, er nahm die Hilfe nicht an ... zu stur.
D: Wir wollen ihn aus dieser Depression herausholen, nicht wahr?
J: Er muss nur bitten.
D: Mache weiter und frage ihn und schau, ob er deine Erlaubnis hat, ihm zu helfen.
J: Ja, das wäre schön. Ja, er stimmt zu.
D: Was wirst du tun, um ihm zu helfen?
J: Es wird ein Prozess sein. Er wird um Hilfe bitten müssen, wenn er sie braucht und es wird ein Prozess für ihn sein, da rauszukommen.
D: Ich weiß, dass ihr manchmal Spontanheilungen machen könnt, aber dies ist anders?
J: Der Prozess wäre besser für ihn. Der Lernprozess, den er später nutzen kann. Er wird sich leichter fühlen, mehr lachen, leichter gehen, sich entspannen. Er wird mit der Zeit Veränderungen sehen, wenn er sich selbst ansieht.
D: Was hältst du von der medikamentösen Behandlung? Hilft sie oder nicht?
J: Sie könnte im Moment eine Krücke sein ... eine Krücke. Mit der

Zeit wird er sie nicht mehr brauchen, aber er braucht jetzt die Krücke, um sich sicher zu fühlen. Der Prozess wird Selbstvertrauen schaffen. Er muss sich durch den Prozess durcharbeiten. Wenn er nur wieder anfängt, zu meditieren.
D: *Wie konnte er es sich überhaupt erlauben, in diese Depression zu geraten?*
J: Isoliert ... niemand, mit dem er seine Gedanken ausbalancieren konnte ... niemand, der sein negatives Denken aufhält, und so nährte es sich aus sich selbst.
D: *Er hatte niemanden, dem er sich anvertrauen konnte?*
J: Nein ... wollte er nicht.

Es gab mehrere persönliche Fragen. Die nächste ist die ewige Frage: der Zweck.

J: Zu helfen. Anderen zu helfen und nicht wertend zu sein und Menschen so zu akzeptieren, wie sie sind. Wenn er jemanden sieht, der Hilfe braucht, einfach zu fragen und das war's. Eine Not zu sehen ... und sie zu lindern.
D: *Und das wird bei der Depression helfen.*
J: Und beim Selbstvertrauen, ja.

Das SC überprüfte dann den Körper auf körperliche Probleme. Es wurden einige Schäden an der Lunge angerichtet, die durch sein Rauchen verursacht wurden. Er wollte jedoch nicht aufhören, also konnten wir nichts dagegen tun, denn wir können nicht gegen den freien Willen von jemandem vorgehen. „Sie" stimmten zu, an einigen Muttermalen zu arbeiten, die John auf seiner Brust hatte und die präkanzerös sein konnten. John hatte Angst, dass sein Leben sehr bald enden würde. (Aber ein Teil davon war durch die Depression bedingt.) Das SC sagte, das könne es. Es sei möglich. Aber ich wusste, wenn er vor der Erfüllung seiner Mission sterben würde, dass er bloß wieder von vorne anfangen müsste. Das SC sagte: „Das ist nicht ideal."

Abschiedsbotschaft: Beginne mit der Meditation. Sehr wichtig ... mach dich wieder daran. Dann können wir kommunizieren und du wirst sich entwickeln, und ja, es erhöht die Schwingungen. Und trainiere. Das wird dein Herz aufbauen und deine Stimmung verbessern.

DER GROSSE VOGEL

Ich ließ eine andere Klientin als großen Vogel in ein vergangenes Leben gehen. Es war ein alltägliches Leben, in welchem der Vogel verschiedene Abenteuer erlebte, darunter eines, in welchem er von einem anderen Vogel angegriffen wurde, weil er sich in sein Gebiet gewagt hatte. Als er auf dem Waldboden liegend starb und in den Himmel blickte, sah er einen großen, leuchtend weißen Vogel kommen, der ihm zur geistigen Seite half. So scheint es, dass der „Begrüßer" je nach dem erlebtem Leben viele Formen annehmen kann. Dies wird eine Form sein, mit der sich der austretende Geist identifizieren und sich wohlfühlen kann. Als sie zurückblickte, um ihren Körper zu sehen, sah sie einen dunklen Vogel auf dem Boden liegen. Jetzt, da sie nicht mehr im Körper war, wusste ich, dass sie das ganze Leben aus einer anderen Perspektive sehen konnte. „Jedes Leben hat einen Zweck. Jedes Leben hat eine Lektion. Was glaubst du, was du aus diesem Leben gelernt hast?"

R: Es ist in Ordnung, allein zu sein und Dinge mit der Natur zu tun. Es war ein friedliches Leben.
D: *Was glaubst du, was der Sinn dieses Lebens war?*
R: Keine Angst davor zu haben, allein zu sein. Es war schön, anderen zu helfen, die Hilfe brauchten. Diese Liebe ist immer da, wo immer man auch ist. Und das Leben ist nicht schmerzhaft, ob man verletzt wird oder stirbt; es gibt keinen Schmerz. Die Liebe ist immer da, denn dieser Vogel ist irgendwie eine Form der Liebe. Es ist, als würde er durch Raum und Zeit und den Himmel schauen, und er wird aus dem Licht geboren.
D: *Was wirst du tun, jetzt, da du aus dem Körper draußen bist?*
R: Ich denke, ich ruhe mich einfach aus.

Dann ließ ich sie vom Vogel wegtreiben und rief das SC hervor. Die erste Frage, die ich immer stelle, ist, warum es ihr dieses besondere Leben gezeigt hat.

R: Sie muss ihre Flügel ausbreiten. (Das war eine sehr gute Metapher, um das darzustellen.) Sie selbst sein und keine Angst davor haben, wer sie ist. Sie ist ein Kind Gottes und sie ist hier, um Ihn auf ihre besondere Weise zu repräsentieren, in ihrem eigenen kleinen Funken, den sie trägt. Und nur sie kann das tun. Und wenn sie nicht ihre Flügel ausbreitet und sie selbst ist, drückt sie Gott nicht aus. Und Er hat sie für ihren Zweck hierher gebracht.

Dies wirft natürlich die ewige Frage auf: „Was ist ihr Lebenszweck?"

R: Liebe. Sie gibt jedem Liebe und sie liebt jeden. Sie hat viel Liebe, und sie erhält viel Liebe. Aber sie vertraut sich selbst nicht. Sie ist wie „in der Warteschleife". Sie hält sich zurück. Das ist nicht gut für ihre Gesundheit. Sie muss in der Lage sein, sich zu artikulieren. Sie muss sich ausdrücken.—Sie hat viele Dinge ausprobiert und hat versagt und sie hat diese Angst vor dem Scheitern. Sie muss es „noch einmal versuchen". Sie wartet darauf, dass etwas geschieht, aber sie muss erkennen, dass *sie* es geschehen lassen muss.

Das Zögern hatte Auswirkungen auf ihre Gesundheit. Ich konzentrierte mich darauf. Sie hatte eine Wucherung an ihrer Wirbelsäule und natürlich wollten die Ärzte operieren. Ihre Probleme mit dem Rücken und dem Nacken rührten daher, dass sie sich fühlte, als würde sie mehr als ihr Gewicht tragen. Das SC entfernte die Wucherung augenblicklich. „Ihre Zeit ist vorbei. Es gibt keine Notwendigkeit mehr für sie." Sie hatte auch Brustkrebs gehabt und hatte eine Operation. Das SC erklärte uns die Ursache: „Sie vermisste ihre Kinder. Sie sind alle ausgezogen und fort. Sie hatte nichts, das sie pflegen konnte. Sie wollte nie Kinder, aber als sie sie hatte, liebte sie sie einfach sehr." Es war ein Jammer, dass Rachel das nicht vor der Operation hatte wissen können, aber natürlich wissen wir nie, was unser Körper uns zu sagen versucht. Es sollte jetzt keine Probleme mehr mit Krebs geben.

Ihre nächste körperbezogene Frage drehte sich um Sex. Sie empfand in diesem Teil ihres Körpers Schmerzen und Unbehagen während des Geschlechtsverkehrs. Das SC gab eine ungewöhnliche Antwort. Sie wurden durch die übermäßigen Behandlungen verursacht, die die Ärzte Rachel nach der Brustoperation gegeben hatten. Sie hatten ihr eine Chemotherapie verabreicht, die eine frühe Menopause hervorrief, an welche sich ihr System nur schwer anpassen konnte. Sie nahm immer noch etwas in Pillenform ein. Sie machten mit ihr auch regelmäßige MRTs, die nicht benötigt wurden. Ihre Übervorsichtigkeit hatte Schäden an diesem Teil ihres Körpers verursacht. Das SC sagte: „Sie geht immer noch zu einigen Behandlungen. Es ist keine Chemotherapie, aber es ist eine Chemikalie für ihre Knochen. Sie muss sie nicht nehmen. Sie hatte Angst, dass der Krebs zurückkommen würde, wenn sie die Ärzte diese Dinge nicht tun lassen würde."

D: *Da ist wieder die Angst.* (Ja) *Das ist es, was die Probleme verursacht.*

R: Sie kann damit aufhören, damit ihr Körper sich von selbst auswaschen und heilen kann und nicht gegen die Pillen und Injektionen kämpfen muss, die sie bekommen hat. Sie sollte all diese Medikamente absetzen. Der Krebs wird nie wieder auftauchen. Es gab nie etwas, wovor sie Angst haben musste.

Es wurde vorgeschlagen, dass sie einen Job annehmen solle, der mit Kindern zu tun hat, dann würde sie ihre eigenen nicht so sehr vermissen.

Abschiedsbotschaft: Sei freundlich zu dir selbst ... nicht so hart und verurteilend dir selbst gegenüber. Sei geduldig. Mach weiter. Ich werde immer hier sein, um ihr zu helfen. Ihre Angst ist weg und sie soll einfach das Leben genießen

EIN ELEMENTARGEIST

Ich war in Santa Fe, um meinen Kurs am College of Northwest New Mexico zu halten. Bevor der Kurs begann, wohnte ich bei Paula in ihrem Gästehaus in den Hügeln außerhalb von Santa Fe, wo ich Klienten traf. Sehr abgelegen und ruhig. Bobbie hatte viele körperliche Probleme, litt aber vor allem an Depressionen. Sie hatte keine Energie, wirkte müde und unglücklich und wollte wirklich sterben. Sie war erst in den 40ern, sah aber viel älter aus und benahm sich viel älter. Sie war total erschöpft.

Ich wende normalerweise eine Methode an, bei der ich meinen Klienten aus einer Wolke in ein vergangenes Leben hinabsteigen lasse.

Als Bobbie von der Wolke herunterkam, war sie auf dem Land und sah Männer in Metallrüstung und Kettengliedanzügen, während sie Speere hielten. Sie sah ein Bataillon, das auf Pferden in den Krieg ritt, Helme tragend und Adlerkämme auf ihren Uniformen. Sie befand sich an einer Lichtung im Wald zwischen Bäumen und beobachtete, wie die Armee vorbeizog.

Das ging vom Normalen ins Sonderbare über, als ich nach ihrem Körper fragte. „Ich schimmere wie eine Fee. Ich bin aus goldenem

Licht gemacht. Ich bin albern und süß.An meinem Hals und meinen Handgelenken sind Lichtfunken. Ich bin kein Teil der menschlichen Welt. Ich habe keine Verbindung zum Armeevolk. Für mich ist das alles irgendwie lustig. Sie sehen mich nicht. Sie sind sehr fokussiert. Sie müssen irgendwo hingehen.—Ich bin sehr glücklich hier im Wald und ich verbinde mich mit den Geistern. Ich lebe in der Geisterwelt im Wald, aber das ist nur ein Teil von mir. Es gibt noch einen anderen Teil von mir, der zu den Wolken da oben gehört. Es gibt viele unsichtbare Geistwesen, die kommen und gehen. Ich spüre sie überall. Die Leute sehen sie als Leuchtkäfer, aber das sind sie nicht. Sie sind Geistwesen mit einer sehr geordneten Existenz. Ich bin besser sichtbar als sie. Man kann mich als eine schimmernde Art von Mensch sehen."

D: *Ist das deine normale Erscheinungsform?*
B: Nein, es ist nur eine Verkleidung.
D: *Warum hast du diese Form zu diesem Zeitpunkt angenommen?*
B: Weil sie mich geschickt haben.
D: *Wer hat dich geschickt?*
B: Der Ort hinter den Wolken. Dort gibt es eine weiße Welt. und sie baten mich, zu gehen.
D: *Ist das dein Zuhause?*
B: Ich glaube, ich wurde auf eine Mission geschickt und darf nicht zurückkehren, also bin ich mir nicht sicher, wo Zuhause ist. Es fühlt sich an, als wäre das Zuhause weiter oben, aber jetzt kann ich das nicht spüren, weil ich hier unten bin und etwas zu tun habe.
D: *Wer waren diejenigen, die dich geschickt haben?*
B: Sie sehen aus wie Feuerwesen, die aus der Wolke auftauchen. Es gibt eine Art Rat oder Dreieinigkeit. Ab und zu erscheinen Gesichter aus dem Feuer.
D: *Dann ist es also nicht physisch. Warum haben sie dich gesandt? Du sagtest, es sei eine Art Mission.*
B: Das Bild, das ich erhalte, ist, als ob mich eines dieser Geistwesen als Baby in einen Korb gesteckt hätte. Sie ist eine freundliche, liebevolle Person, die mich dort nicht halten konnte. Die Dame von dem weißen Ort musste einen Nachkommen schaffen, der sich mit der Erde verbinden würde. Ich bin ein Teil dieser Dame und mache Erkundungen. Ich verbinde mich mit diesen Feenwesen als eine Möglichkeit, unsichtbar zu sein und mich in dieser menschlichen Welt zu bewegen. Ich fühle mich besser, wenn ich nur teilweise menschlich bin, wo ich halb Licht und halb Mensch sein kann—aber mehr Licht, weil ich dann mit dem

Lichtort verbunden bleibe.
D: Du sagtest, du dürfest nicht zurückgehen?
B: Nicht jetzt. Ich habe etwas zu erledigen. Ich habe gerade erst angefangen. Es ist irgendwie neu. Ich spiele nur. Ich habe gerade den Wald voller niedlicher Tiere entdeckt, die mit den Geistern gut auskommen und wir haben Spaß. Es ist auch eine Möglichkeit, um den Menschen näher zu kommen.
D: Es ist in Ordnung zu spielen und zu experimentieren. Wir dürfen das tun, bevor wir feststofflich werden. Oder willst du überhaupt feststofflich werden?
B: Ich glaube nicht.
D: Worum geht es bei deiner Mission?
B: Ich weiß, dass ich weiter in das Dorf hineingehen muss, wo die Leute sind.
D: Aber du weißt nicht, was der Arbeitsauftrag ist?
B: Willst du, dass ich frage?
D: Wenn du willst. Vielleicht sagen sie es dir, bevor du zu sehr von ihnen getrennt wirst.
B: Es gehen eine Menge Unruhen vor sich—Krieg. Der Ort, von dem ich komme, versteht Krieg nicht und ich soll eine Weile dort dabei sein, um die Energie anzuheben. Die Menschen in den Dörfern sind wirklich mutlos und haben keinerlei Hoffnung. Wohin ich auch gehe, das goldene Licht folgt mir und ich soll es verbreiten, damit sich die niedergeschlagenen Menschen daran erinnern können, wie man sich mit ihm verbindet. Es wird ihren Geist entfachen, so dass sie in der Lage sein werden, sich zusammenzuschließen und sich Wege auszudenken, ihre Probleme zu lösen. Im Moment fühlen sie sich besiegt und lösen nichts. Ich bin eine Art Hoffnungsträger.
D: Werden sie dich sehen können?
B: Nein. Sie werden den Unterschied spüren. Es ist, als wäre man in der Nähe von Feenstaub. Es erhöht ihre Frequenz und dann kann die weiße Gruppe ihre Unterstützung anbieten. Es ist einfach. Ich muss einfach ich selbst sein. Ich bleibe verspielt. Das ist meine Arbeit. Ich selbst zu sein und Energie zu verbreiten.
D: Hast du das zuvor schon mal getan?
B: Es sieht wirklich neu aus, weil jeder darin unerfahren zu sein scheint. Es sieht nach einem ersten Versuch aus.
D: Warst du je schon mal körperlich?
B: Ich lebte als Frau in Ägypten, aber ich war nicht nur ein Mensch. Ich war halb Sternenwesen und halb Mensch. Ich war definitiv menschlicher als dieses Feenleben. Ich befand mich in einer Art Priesterinnenwelt. Ich war definitiv ein ganzer Mensch, aber

meine Energie fühlt sich nicht fleischig an. Sie fühlt sich wirklich groß an. Diese Mission war viel ernsthafter. Das war eine wirklich wichtige Zeit. Die Sternenergie war herabgestiegen und vermischte sich über lange Zeit mit den Menschen, was zu diesem Leben führte. So waren die Dinge. Ich war Teil vieler Wesen, die so waren.

D: *Sie entwickelten sich, experimentierten und spielten.*

B: Nein, es fühlte sich nicht so an. Es fühlte sich an, als würden die Erde und die Sternengalaxie ernstzunehmende Dinge tun. Es war ein wichtiges Leben. Das Schicksal der Welt war dabei, sich zu ändern. Es gab viele dunkle Wolken, viele große Entscheidungen, wesentlich höheren Geist. Es war wirklich wichtig, das Richtige zu sagen und zu tun, denn die Konsequenzen konnten enorm sein.

D: *Es war wichtig für dich, zu diesem Zeitpunkt dort zu sein.*

B: Ja, aber nicht, weil ich etwas Besonderes war, sondern weil es für alle wichtig war.

D: *Hast du damals deine Aufgabe erfüllt?*

B: Ich sehe nicht sehr glücklich aus. Ich denke, ich war wirklich gestresst, weil die Konsequenzen so enorm waren. Diejenigen unter uns, die Teil der Sternenwesen waren—nicht jeder war teilweise Sternenwesen geworden—hatten eine Verantwortung dafür, wie wir die anderen führen würden.

D: *Das klingt sehr ernst.*

B: Es fühlte sich auch nicht so an, als ob viel Liebe vorhanden gewesen wäre. Es fühlte sich nicht schlecht an, aber es fühlte sich definitiv eher wie eine verstandesmäßige Gesellschaft an.

D: *Wenn du dich an dieses Leben erinnerst, denkst du, dass du das erreicht hast, was du erreichen solltest?*

B: Es heißt, dass wir uns aufgelöst hätten. Es ging nicht weiter, aber es war nicht schmerzhaft. Es war eine Menge harte Arbeit, und es dauerte lange an und verlangte viel Einsatz, aber es ging nicht weiter. Wir lösten uns auf gute Weise auf.—Aber jetzt lebe ich ein schelmisches Leben. Ich bin im Wald und rieche die riesengroßen Blumen. Ich habe so viel Spaß. Ich bin fasziniert und schaue ins Blumeninnere. Alles spricht. Es ist gefüllt mit goldenem Licht, das daraus herausströmt. Alles kommt mir so komisch vor.

D: *Du sagtest, du sollst in deiner Mission mit den Leuten reden oder so etwas.*

B: Oh, ich schätze, ich habe es nicht eilig, zu gehen. Willst du, dass ich gehe?

Sie hatte so viel Spaß, dass sie zögerte, ihre Mission fortzusetzen. Aber dann ging sie doch ins Dorf und berichtete, was sie sah.

B: Ein sehr einfaches Leben mit vielen einfachen Menschen. Viele Ratten. Ich streune nachts herum und gehe durch die Straßen, ich sehe aus wie ein Geist, auch wenn ich keiner bin. Den ganzen Tag über liegt viel Angst in der Luft, die durch die negativen Gedanken der Menschen geschaffen wird. Sie bildet sich in dunklen Taschen, die ich nachts leere, damit die Menschen am nächsten Tag klarer denken können.

D: *Und sie werden die Angst am nächsten Tag nicht mehr so stark spüren.*

B: Richtig. Sie wird nicht einmal mehr da sein, weil ich sie entfernt haben werde. Der Tod um sie herum erzeugt viel Angst. Ich bin ein Elementarwesen und habe diese Aufgabe.

D: *Lass uns weitergehen und sehen, ob etwas Wichtiges passiert.*

B: Es gibt eine blutige Kampfszene auf dem Land in der Nähe des Waldes, wo ich zum ersten Mal aufgetaucht bin. Was für mich so neu ist, ist, Blut zu sehen, weil ich das nicht wirklich verstehe. Ich habe es noch nie zuvor gesehen. Zuerst denke ich, dass ich hübsche rote Blumen sehe, und dann merke ich, dass es die Mägen der Menschen sind, die sich öffnen. Aus der Ferne stört es mich nicht, aber wenn ich es aus der Nähe betrachte, ist das alles ziemlich hässlich.

D: *Musst du dort während des Kampfes irgendetwas tun?*

B: Nicht wirklich. Ich bin eher ein Beobachter. Ich darf jetzt nach Hause gehen. Mir ist übel und ich will nicht dableiben. Ich muss auch nicht.

D: *Ist Zuhause die weiße Welt?* (Ja) *Wie ist es dort so?*

B: Die Dame bringt mich zurück. Es ist wie eine sehr geordnete Gesellschaft. Es gibt viele Gänge. Es ist sehr still. Die Menschen sprechen mit dem Geist. Es scheint, als ob jeder sich mühelos bewegen und arbeiten würde. Einige arbeiten an Kabinen, andere an Tischen. Alle sind sehr frei und stempeln ein und aus, wie es ihnen beliebt. Es gibt einige Außerirdische, die an einem Tisch sitzen und arbeiten. Wir sind alle eine Art Forscher.

D: *Was ist* deine *Aufgabe?*

B: Ich bin mit denen verbunden, die Teil des Rates sind, aber ich gehöre zu den jüngeren Menschen. Ich bin nicht Teil der großen Entscheidungen. Ich stehe ein bisschen am Rande. Aber trotzdem werde ich in die Ratskammern gelassen. Ich habe mehr Freiheit als diejenigen, die an einem Tisch arbeiten. Ich scheine für die Ratsmitglieder eine Art Kind zu sein. Ich lerne noch, aber ich verstehe die Energie von allem. Ich fühle mich sehr wohl. Es ist alles vertraut—es ist definitiv mein Zuhause. Nichts bedarf einer Erklärung. Ich weiß, wo alles ist. Ich bin kein Ältester, aber ich bin sehr intelligent.

D: *Schimmerst du immer noch?*
B: Nein. Ich bin jetzt einer der Lichtmenschen. Ich habe viel Freizeit und verbringe viel Zeit damit, mit den Sternen zu reden. Das ist eine Art Galaxie, schätze ich. Während alle beschäftigt sind und ich noch nicht den vollen Auftrag erhalten habe, sitze ich herum und frage mich, was es noch gibt. Ich weiß nicht, ob ich gehen will. Was wir tun, ist sehr ordentlich—nicht, dass ich damit ein Problem habe. Aber ich bin mir bewusst, dass es noch etwas anderes gibt, und ich frage die Himmel, ob ich an etwas anderem teilnehmen soll. Es ist fast so, als ob man in deiner normalen Welt sein kann und eines Nachts schlafen geht und woanders aufwacht. Es ist ein bisschen wie das—wechselnde Realitäten.

D: *Redest du davon, an zwei Orten gleichzeitig zu sein?*
B: Ich mag dieses Gefühl nicht, dazwischen zu sein. Ich fühle mich seltsam und gespalten. Ich weiß nicht, ob es für mich richtig war, außerhalb meiner Gruppe zu denken, weil sie so gut und liebevoll sind und wir alle so viele Jahre lang trainiert haben und wir gute Arbeit leisten. Ich weiß nicht, ob es falsch ist, etwas anderes zu wollen.

D: *Ich denke, es ist einfach Neugierde.*
B: Aber ich weiß nicht, ob Neugierde falsch ist.

D: *Was sagen sie dazu?*
B: Sie wissen nicht wirklich davon. Es passiert einfach. zwischen mir und dem Himmel.

D: *Also wirst du nicht vom Rat angewiesen?*
B: Nein. Das ist einfach etwas, das ich in meiner Freizeit tue. Ich habe meine Gedanken dazu, was sonst noch in anderen Realitäten vor sich geht.

D: *Bist du dir eines physischen Körpers namens „Bobbie" bewusst, den du in der Zukunft haben wirst?*
B: Eben diese Person ist mit der weißen Welt verbunden.

D: *Es ist so schön da drüben—warum solltest du gehen wollen?*
B: Es ist eher so, als wäre ich nachts aufgestanden und hätte mich gewundert, und dann ist es so, als ob das Mich-Wundern mich dazu gebracht hätte, einzuschlafen und woanders aufzuwachen. Als ob man durch das Sich-Wundern anfinge, es zu leben. Aber es gibt einen Teil von mir, der nicht in Schwierigkeiten geraten und keine Komplikationen haben will, der keine Dinge

außerhalb der Intelligenz unserer Gesellschaft tun will.—Somit weiß ich nicht, wie es passiert ist.

D: *Gibt es da niemanden, den du dazu befragen kannst? Sie wissen alles, nicht wahr? Sie wissen wahrscheinlich, was du tust, selbst wenn du es ihnen nicht sagst.*

B: Das ist wahr. Daran habe ich nie gedacht. Ich gehe zu der Dame, die eine Art Älteste ist.—Sie sagt, dass in unserer Gesellschaft jeder einen freien Willen habe aber mit dem freien Willen gebe es eine Menge Verantwortung. Ich sollte nicht in Begriffen wie richtig oder falsch denken, denn das funktioniere nicht. Und sie sagt, dass ein Teil von mir sich der Verantwortung in einem früheren Alter bewusst gewesen sei, als es angemessen war. Das schuf eine Sehnsucht, denn es ist, als wäre ich bereit für die Verantwortung lange vor der Zeit, die in meiner Gesellschaft als für deren Übernahme richtig angesehen wurde. Sie sagt, dass ich die Erfahrung brauchte, um den Platz in mir auszufüllen, der sich der Verantwortung bewusst wurde.

D: *Auf diese Weise ist es also in Ordnung, in einen physischen Körper zu treten?*

B: Nun, so habe ich es noch nicht betrachtet. Es gibt einen Teil in mir, der nicht weiß, worauf er sich da einlässt. Ich bitte immer noch um Erlaubnis, aber sie sagt, es gehe nicht um Erlaubnis. Es geht darum, was wir erschaffen, und dass ich dies bereits erschaffen habe und so ist es einfach das, was ist.

D: *Sobald du es also erschaffen und dich entschieden hast, es zu tun, musst du es durchziehen?*

B: Ja, und man muss seine Schöpfung erfüllen.

D: *Bist du als Baby in den physischen Körper eingetreten, der als Bobbie bekannt ist?*

B: Es scheint, als hätte ich schon andere Menschenleben gelebt.

D: *Ich glaube nicht, dass daran etwas falsch ist. Du bist immer neugierig und wissbegierig. Was hältst du davon, im Körper von Bobbie zu sein?*

B: Ich mag sie. Sie fühlt sich, als wäre sie mit den Zielen hier verbunden geblieben—mit den Ältesten, mit dem Licht und mit der Arbeit. Und sie ist immer noch ordentlich. Das ist also ganz einfach.

D: *Aber warum hatte Bobbie als Kleinkind derart viele Probleme in ihrem physischen Körper? Hat das irgendetwas mit dir zu tun?*

B: Nun, in gewisser Weise, ich denke, dass es zum Teil mit der Angst zu tun hat, die ich anfangs bei der Frage hatte, ob ich das Richtige getan habe, indem ich mich für unbekannte Welten öffnete. Ich glaube, ich habe diese Angst mit mir herumgetragen.

Die Dame versicherte mir, dass es nicht falsch sei, aber aus irgendeinem Grund war da ein ängstliches und mulmiges Gefühl bezüglich dem Unbekannten.

D: *Dabei, ungehorsam zu sein.*

B: Nein, es geht nicht darum, ungehorsam zu sein. Es war nur die Angst davor, was passieren kann oder was im Unbekannten schief gehen kann und ob man sicher nach Hause zurückkehren kann und ob man verliert, was man hatte. Weil diese Gesellschaft nicht nach richtig und falsch geht, es ist also nicht Ungehorsam.

D: Aber sobald du dies erschaffen hast und in den physischen Körper eingetreten bist, bist du mehr oder weniger beauftragt oder verpflichtet, nicht wahr?

B: Nun, ich glaube, ich erschuf es halbherzig. Es war eher so, als ob das Verlangen aus mir heraussprudelte, aber es ist nicht so, dass mein ganzes Herz daran hing. Da war eine Menge Neugierde dabei.

D: *Aber du hattest nicht viel Erfahrung, um zu wissen, was passieren könnte.*

B: Das stimmt. Ich war noch ganz unschuldig. Ich hatte zum Beispiel noch keine Bindungen zu irgendeinem Ratsmitglied aufgebaut. Und es gibt dort nicht wirklich eine Familie, also ist man einfach irgendwie auf sich allein gestellt. In dieser Gesellschaft ist es in Ordnung, alleine aufzuwachsen, aber man wird erst richtig reif, wenn man angefangen hat, Rollen in den Räten zu übernehmen.

D: *Du warst noch nicht so weit gekommen.*

B: Das stimmt. Ich kannte die Energie dessen, weil meine Eltern da waren und ich als Nächste dran war.

D: *Aber du entschiedest dich dafür, das zu umgehen.*

B: Nun, ich schätze schon. Es ist eher so, als wäre es passiert. Es war nicht wie ein rebellisches Verhalten. Es war, als wäre die Öffnung da. Also ist es eine seltsame Sache.

D: *Aber jetzt, da du im Körper von Bobbie bist, wirst du es durchziehen. Warum waren da all diese Angst und all diese körperlichen Probleme, als sie jung war?*

B: Es scheint mit den Inkarnationen davor im Zusammenhang zu stehen. Sie fingen gut an, aber dann begannen sie, schwer zu werden und als wir zu Bobbie kamen, wurde es wirklich hart. Es war, als ob mir die Luft ausging. Der Teil von mir, der anfangs dieses leichte Zögern oder diese Angst hatte, holte mich ein. Ich hatte etwa dreieinhalb wirklich gute, solide Leben als Mensch, weil ich die Energie des weißen Ortes vollständig in mir trug. Dieses ist das wirklich Schlimme, aber das vorige war nur halb so schlimm. Es fing gut an und wurde dann am Ende schlimm. Also hatte dieses keine Chance. Ich weiß nicht, warum ich nicht zurückgegangen bin. Ich weiß nicht, warum ich so lange geblieben bin.

D: *Nun, du bist immer noch dabei, etwas zu lernen.*

B: Aber es gibt einen freien Willen an dem anderen Ort. Man darf kommen und gehen.

D: *Hatte sie deshalb die ganze Zeit diese Albträume? Ist das immer noch deine Unsicherheit?*

B: Es steht im Zusammenhang mit dem Leben davor. Es fing alles an, schlimm zu werden, als mir die Energie ausging. Ich hörte auf, das Lichtwesen zu sein, und dann war es, als hätte ich keine Haut mehr. Ich hatte nicht das nötige Zeug, um ein Mensch zu sein. Ich war schon zur Hälfte damit fertig. Aber ich frage mich immer wieder, warum ich nicht zurückgegangen bin.

D: *Vielleicht können wir es herausfinden. Aber verursachen die Ungewissheit und die Unsicherheit physische Probleme im Körper von Bobbie?*

B: Es steht alles im Zusammenhang mit dem vergangenen Leben. Es gab keine Chance in diesem Leben, weil alles im anderen Leben geschah.

Ich ermutigte sie, von dem anderen Leben zu erzählen.

B: Es hängt mit dem zusammen, was ich auf diesem Schlachtfeld sah: Blut und Eingeweide im Magen. Aus irgendeinem Grund erscheint dieses Bild.

D: *Ist es eine Fortsetzung?*

B: Etwas Ähnliches. Ja, es ist eine Fortsetzung, die Lektion geht einfach weiter. Ich kann es nur als ein Bild von Licht beschreiben, das Gesundheit, Sicherheit und Ganzheitlichkeit entspricht. Und dann ging das Licht einfach aus. Sobald das Licht verblasste, gab es nur noch Blut und Eingeweide ohne Haut. Es verwandelte sich alles in eine Krankheit, die von Ungeziefer aufgefressen wurde. Es sieht aus wie ein ekelhaftes, totes Stück Fleisch.

Ich gab ihr Suggestionen, so dass sie dieses Bild nicht mehr weiter mit sich tragen würde. Sie sagten, dass all das noch bei Bobbie dem Kind in Erinnerung war. Ich dachte, dass sie vielleicht zu schnell in den Körper zurückkam, denn ich weiß, dass der Geist oft an eine Ruhestätte geschickt wird, um solche Dinge auszuradieren, damit sie das nächste Leben nicht beeinträchtigen.

Anscheinend kam sie zu schnell zurück, bevor die Erinnerungen ausradiert worden waren.

B: Vielleicht, weil kein Licht mehr übrig war, mit dem man hineineinkommen konnte.
D: *Du hättest zurückgehen sollen, um wieder aufgeladen zu werden.*
B: Ich weiß. Ich weiß es! Warum habe ich das nicht getan?

Sie hatte ihre gegenwärtige Familie gewählt, weil die Familienmitglieder mit diesem anderen Leben in Zusammenhang standen. Ich gab ihr Suggestionen, all dies loszulassen.

B: Sollen wir es ändern? Können wir jetzt etwas Licht in Bobbies Körper bringen? Willst du, dass ich mit der Gesellschaft spreche?
D: *Geh hin und rede mit ihnen. Erzähle ihnen, dass du auf deinem Weg einige Fehler gemacht hast und frage sie, wie du die Dinge in Ordnung bringen kannst. Solange du im Körper von Bobbie lebst, wollen wir, dass dieser Körper glücklich ist, ohne jegliche Probleme.*
B: Nun, die Dame ist wirklich froh, mich zu sehen. Sie sagt: „Warum hast du so lange gebraucht?" Ich blieb in Abenteuern stecken. Sie ist wie eine Mutter für mich. Sie wusste, dass die Dinge schlimmer wurden, und sie wunderte sich, warum ich nicht früher zurückkam. Sie sind alle so liebevoll. Jetzt ist der Rat aus seinen Kammern draußen und sie sind alle hier, um mit mir zu reden. Die Dame spendet mir viel Trost. Sie merkt, dass ich ausgebrannt bin. Sie hält mich fest und gibt mir eine energetische Auflading. Sie hat viel Energie. Ich war nicht so weit herausgekommen, dass ich vergessen hatte, wie es war, sich wieder normal zu fühlen.—Es ist, als ob alle meine Zellen fallen alles lassen würden, was nicht funktioniert. Es fühlt sich so normal an. Es beginnt an den Füßen.

Bobbie fühlte tatsächlich das Aufladen und wie es ihren Körper beeinflusste.

B: Es ist meistens emotional. Ich hatte solche Angst, wie ein Kind, das sich im Einkaufszentrum verirrt. Sie steckt mich in sich hinein, und während ich wieder aufgeladen werde, spricht der Rat. Sie sind so toll. Ich liebe sie so sehr. Sie sind so klug. Sie sind mehr geworden, seit ich gegangen bin. Ich hätte ein Teil von ihnen sein sollen. Sie sagen, dass ich sie nie verlassen habe oder aufgehört habe, ein Teil von ihnen zu sein. Sie sind nicht der Meinung, dass es je eine Trennung gegeben hat. Es waren 15, als ich ging, jetzt sind es etwa 45.—Ich habe einen langen Fangarm geschaffen. Sie sagen, wenn ich losgehe, ist es, als müsste ich meine eigene Nabelschnur erschaffen. Sie sagen, dass sie mich jetzt, da sie wissen, was los ist, durch die Nabelschnur nähren können. Sie können Licht durch sie schicken, weil es aussah wie ein zerfetztes altes Ding.

D: *Wo befestigen sie die Nabelschnur?*

B: Sie ist an der Vorderseite meines Wesens befestigt, wie ein Saugnapf. Sie sagen, dass sie sehr glücklich über das sind, was ich getan habe. Es gibt keine Fehler. Es bietet ihnen die Möglichkeit, etwas Neues auszuprobieren. Sie unterstützen mich. Also springe ich zurück in die Nabelschnur, wie in eine große Rutsche. Was sie jetzt sagen, ist, dass der Rat in ständiger Kommunikation an der Tür steht. Sie können Licht senden, denn zuvor konnten sie das nicht, aufgrund der Tatsache, dass alles in der Nacht geschah.

D: *Deshalb gab es in Bobbies Leben so viel Verwirrung. Keinen Plan.*

B: Nein. Ich wandere nur irgendwie im Dunkeln herum. Jetzt bin ich aus Licht wie sie. Ich erinnere mich auch an etwas aus diesem anderen Leben, bezügich der Tatsache, dass ich jetzt teilweise Licht und teilweise Schmetterling bin. Wenn es am weißen Ort ist, ist es nur weißes Licht. Aber jedes Mal, wenn es zur Erde kommt—wie zu der Zeit, als ich auf die Mission ging—begann ich als ein Schmetterling, um das nächste Ding zu werden. Jetzt sagen sie mir, dass ich die Schmetterlingsform habe, wohingegen ich sie beim ersten Betreten nicht hatte, weil ich ohne ihre volle Unterstützung gegangen war. Es sind diese Flügel, die das ganze fehlende Stück zu sein scheinen—was bedeutet, dass da etwas an der Art und Weise ist, wie sich die Flügel bewegen, die das Licht anfachen. Es hält die Dinge am Laufen. Zuvor ging das Licht aus, weil es nicht angefacht wurde. Wohingegen in diesem anderen Leben alles in Ordnung war und ich zurückkehren konnte, weil ich mit den Flügeln eintrat. Tatsächlich behielt ich sie die ganze Zeit über, weil ich nachts üblicherweise durch das Dorf flog.—Es heißt, dass überall dort, wo es volles Licht gibt, dies alles ist, was es gibt. Solange ich die Flügel verstehe. Die Flügel repräsentieren die Freude. Es gab schon lange keine Freude mehr. Sie sagen, dass das die am meisten fehlende Zutat gewesen sei. Es ist, als ob der Boden meines Rückens dort ist, wo die Flügel befestigt sind. Es gibt also vieles, was an dieser Stelle scheinbar stärker werden will. Der Körper ist bereits mit Licht gefüllt. Das Licht ist einfach—ganz. Die Flügel geben Energie.

Ich versuchte immer wieder, die Heilung zu erreichen, aber das Wesen stand im Widerspruch zu seiner eigenen Logik. „Es ist schwer für mich, irgendwelche Körperfragen zu beantworten, weil ich in einem Schmetterling aus Licht stecke und nicht wirklich in einem Körper. Sie sagen, weil ich mich für eine Weile als getrennt erlebt habe, müsse ich einige Zeit damit verbringen, mich sicher und verbunden zu fühlen und mich daran zu erinnern, wie sich das anfühlt. Die Erinnerung muss erst noch kommen. Es gibt immer noch Erschütterungen durch die Trennung.—Es ist, wie mehr Energie zu bekommen. Im Moment tut der untere Rücken weh, es ist also viel los. Es ist, als müsse man den Tank wieder auffüllen. Obwohl das Licht ganz hier ist, gibt es einen Prozess für das, was es braucht, damit all dieses Licht den Körper vollständig ausfüllt. Es ist nicht nur der Körper, es ist das Leben. Um das Licht nachts durch mein Haus, meine Ehe, mein Bett fließen zu lassen. Um wieder ganz und gar ganz zu sein. Ich muss diesen Punkt noch einmal erreichen. Ich muss mich so sehr auffüllen, weil es wirklich wichtig ist, mit ihrer Weisheit verbunden zu sein, ganz zu sein und richtig zu funktionieren. Es geht nicht so sehr um die Körper. Es geht um meine ganzen inneren Funktionen. Denn so funktioniert es dort—es geht um innere Arbeit.—Hier gibt es keine Zeit. Sie wird es wissen, denn dann wird sie wieder diese Sehnsucht bekommen. Es wird diese Sehnsucht nach: „Was kommt als Nächstes?" sein. Sie hat keinen Plan, weil das Licht so nicht funktioniert. Das Licht hat seine eigene Intelligenz. Es bewegt sich immer am richtigen Ort zur richtigen Zeit und tut das Richtige. Es ist alles geordnet. Es kümmert sich um alles. Es ist nicht wichtig, Details zu kennen. Das wirklich Notwendige ist das Herz—mich an die Ältesten in meinem Herzen zu erinnern, denn das ist es, wo die Angst begann. Die Angst begann, als ich das Gefühl hatte, dass ich sie verlassen hatte, obwohl sie kein Problem damit hatten. Ich hatte Angst davor, zu gehen. Dort ist jeder unabhängig, aber jeder lebt wie in einer Gruppe. Es ist also das Gruppengefühl, welches die volle Kraft gibt. Das Einzige, das Krankheiten verursacht, ist Angst. Es ist die einzige Sache, die das Licht behindern kann. Solange das Licht da ist, gibt es kein Problem. Ein Teil meines Lichts war mit der Zeit verschwunden, weil von Anfang an Angst Einzug gehalten hatte. So holte mich die Angst mit der Zeit ein.—Sie betrachten es nicht als Körper. Für sie sind es Organismen und das Wiederverbundensein."

Abschiedsbotschaft: Das Wichtigste ist, dass die Schwerkraft hier auf der Erde sich wirklich in die Zeit einhängt und das ist nicht mein Weg. Es hat keinen Zweck, sich durch Zeiterfahrungen auf mich zu beziehen, denn das ist nur etwas, das ich mir lieh, um zu reisen. Sie sagen, dass ich nicht davon ausgehen solle, dass ich aus Zeit gemacht sei, weil ich dann anfinge, mich mit der Angst zu verbinden. Und in dieser anderen Schwingung gibt es keine Angst, weil es keine Zeit gibt. Wenn es keine Zeit gibt, kann nichts Schlimmes passieren.

KAPITEL 5

VIELE WAHLMÖGLICHKEITEN

Patti war gerade nach zwei einfachen, irdischen Leben gestorben und befand sich auf der geistigen Seite. Eines der Leben war einfach und eines war schwierig. Als ich sie fragte, was sie von den Leben gelernt habe, antwortete sie: „Das einfache Leben war wie ein Urlaub auf Lebenszeit, eine Chance, sich von anderen, anspruchsvolleren Leben auszuruhen, die ich gelebt hatte. Das schwierige Leben war einfach nur eine große Schwierigkeit nach der anderen. Viel Konfrontation und Reibung. Ich lernte, dass es noch einen besseren Weg geben muss. Ich musste es noch durchleben, aber während ich es durchlebte, wusste ich, dass es einen besseren Weg geben musste. Aber es waren so viele andere Leute involviert. Sie waren nicht wirklich kooperativ, aber ich befand mich mittendrin und konnte nicht mehr raus."

D: *Weil du mit ihnen interagieren musstest. Aber dann führtest du ein einfaches Leben. Einen lebenslangen Urlaub, sagtest du.*
P: Ja, es war großartig.
D: *Was wirst du tun, jetzt, da du dich außerhalb deines Körpers befindest?*
P: Es fühlt sich fast so an, als hätte ich zu viele Entscheidungen zu treffen. Es ist überwältigend.
D: *Musst du irgendwo hingehen, um die Entscheidungen zu treffen?*
P: Nein, aber ich kann irgendwo hingehen und mir Ratschläge dafür holen, in welche Richtung ich gehen soll. Ich will alle Ratschläge, die ich bekommen kann. Meine Welt funktioniert nicht so gut, so ganz auf mich allein gestellt.
D: *Lass uns sehen, wohin du gehst, um dir den Rat zu holen. Wie ist es da?*

P: (Pause) Es ist ein altes Gebäude. Es fühlt sich alt an. Ich weiß nicht, ob es an den Individuen dort liegt. Sie sind sehr alt. Nicht alt alt, sondern weise alt.
D: *Was tun sie gerade?*
P: Sie warten auf mich. Sie kennen mich. Ich gehe durch eine Tür und teile der Person dort mit, warum ich da bin und wen ich sehen möchte. Und sie wartet auf mich. Und so bringt sie mich ohne Verzögerung in diesen Raum, wo ich mit diesen Leuten sprechen kann
D: *Aber du sagtest, dass es viele Wahlmöglichkeiten gebe?*
P: Ja, es gibt viel zu tun. Also, was tue ich als Nächstes? Nicht, dass irgendeine Entscheidung besser wäre als die andere, aber jedes Mal, wenn du einen Weg gehst, wenn du dort ankommst, könntest du es dir selbst wirklich schwer machen oder du könntest ein gutes Leben haben.
D: *Es liegt dann also an dir, was du wählst.*
P: Richtig. Deshalb möchte ich eine fundierte Entscheidung darüber treffen, wohin ich gehe.
D: *Zeigen sie dir die Möglichkeiten?*
P: Ja, das tun sie. Ich möchte nur sicherstellen, dass jeder Weg, den ich gehe, die richtige Erfahrung bereithält. Auch wenn es ein rauer Weg sein mag, dass ich alle Werkzeuge und Erfahrungen habe, die notwendig sind, um ihn zu meistern. Und zu lernen, was auch immer es ist, was ich lernen soll.
D: *Aber du sagtest, dass einige schwieriger sein werden als andere.* (Richtig) *Welches sind die Alternativen, die sie dir zeigen?*
P: (Pause) Eine wäre beim Militär.
D: *Welche weiteren sind verfügbar?*
P: (Pause) Die akademische Laufbahn.
D: *Aber das hast du schon getan.* (Das vergangene Leben.)
P: Ja, habe ich. Aber es ist mehr eine Schule ... nicht ein Schulungsprogramm, sondern ein Programm fürs Leben, aber dann lehrt man es.
D: *Länger als das, welches du gerade verlassen hast.* (Richtig) *Gibt es noch andere Möglichkeiten?*
P: (Pause) Irgendeine Art von Arbeit ... ziemlich schwierige Arbeit. Eine Art Fernarbeit.—Es gibt viele Möglichkeiten und ich weiß, dass ich sie schlussendlich alle irgendwann erledigen muss. Ich bin nicht bereit für das Militär, also werde ich die Arbeit wählen. Ich fühle mich nicht bereit für den akademischen Weg. Das klingt echt langweilig.
D: *Das Lehren?*
P: Nun, es geht nicht so sehr um das Lehren, sondern darum, dass ich

in der Schule bin. Am Anfang war es wirklich interessant, weil man so viel lernt, aber es gibt kein Ende. Ich komme nicht dazu, es anzuwenden. Es geht einfach immer weiter und es ist kein Ende in Sicht und es ist wirklich ermüdend.

D: *Ist das eine gute Idee?*
P: Es war nicht meine Idee. Sie geben mir Ratschläge und es ist gut zu wissen, dass ich sie ohnehin alle machen muss. Ich will es nur in der besten Reihenfolge machen.
D: *Wenigstens lassen sie dir die Wahl.*
P: Ja, dafür bin ich dankbar.
D: *Dann entscheidest du, wann du zurückkommen wirst und wo und das alles?*
P: Richtig, und was dabei rauskommt, das werde ich tun. Ich bin mir über die Umstände im Klaren. Darüber, was mein Job ist und über die beteiligten Personen.
D: *Also schließt du Verträge mit diesen Leuten?*
P: Nicht so sehr ein Vertrag, sondern ein Bewusstsein. Das Bewusstsein ist mehr so, dass sie tun müssen, was sie zu tun haben, und ich weiß nicht, was ihr Zweck ist. In gewisser Weise ist es eine Erleichterung. Jeder hat seinen eigenen Weg. Es ist seine Entscheidung. Sie können mich um Input bitten und ich gebe ihn ihnen gerne, aber ich muss sie gehen lassen. Am Ende ist es ihre Entscheidung, und ich muss das respektieren.

Dann rief ich das SC hervor und fragte, warum es das eher einfache Leben für sie wählte.

P: Um ihr zu zeigen, dass es wirklich möglich ist, ein Leben zu führen, das tatsächlich minimale ... nicht Herausforderungen, aber vielleicht schwierige Zeiten hat. Und dass sie dies nicht größer machen muss, als es ist, indem sie diesen Konflikten diese Energie gibt. Dabei wird sich ihr Bewusstsein verändern und sie wird sich auf Dinge konzentrieren, die sie will und wünscht.
D: *Findest du, dass sie es zuweilen größer macht, als es sein sollte?*
P: Das beabsichtigt sie nicht. Sie ist viel besser darin. Sie tut das auf Geheiß einiger guter Menschen, die helfen wollen und es einfach durchführen und sicherstellen wollen, dass ihre Perspektive so ist, wie sie sein sollte. Sie ist auf dem Weg dorthin.
D: *Dieses andere Leben klang sehr ähnlich wie das Leben, das sie jetzt lebt.*
P: Eigentlich ist es eine Kombination aus beidem. Das eine war schwierig und das andere war genau so, wie sie es wollte. Und

so muss sie verstehen, dass sie wählen kann, wie sie vorwärtskommen will. Sie kann entweder diesen Konflikten Energie geben oder sich auf das konzentrieren, was sie will, und alles andere wird von selbst laufen. Ihr jetziges Leben ist sehr ähnlich, außer, dass es größer ist und die Dinge in diesem Leben viel schneller passieren. Die Ergebnisse sind sehr deutlich.

D: *Was soll der Sinn der Wiederholung bestimmter Umstände sein?*
P: Das wirklich einfache Leben wurde speziell auf diese Weise eingerichtet. Es gab keine schwierigen Menschen, die in ihr Leben gebracht wurden, wie es jetzt der Fall ist oder in jenem vorherigen schwierigen Leben. Es ist eine Art Kombination dieser beiden. Wie geht man also mit diesen Widrigkeiten und diesen schwierigen Menschen um und hat es am Ende immer noch so, wie in jenem ersten Leben ... dem einfachen? Eine Kombination, damit sie weiß, wie man sich durch die Widrigkeiten arbeitet, ohne allzu sehr daran beteiligt zu sein. In dem schwierigen Leben hatte sie Arbeit, die sie zu erledigen hatte, und obwohl es notwendige und wichtige Arbeit war, hatte sie viel Reibung mit den Menschen um sie herum. Sie war in der Lage, ihre Arbeit zu vollbringen, aber alles war ein Kampf ... viel Reibung und nicht gerade Faustkämpfe, aber Kämpfe. Sie war absolut erschöpft und konnte es kaum erwarten, da rauszukommen. Das einfache Leben war dazu da, ihr zu zeigen, dass es machbar war. Es musste keine Schlacht sein. Und so wurde es so eingerichtet, dass sie nicht die Reibung erfuhr, die sie vorher hatte. Und jetzt, wie lebt man dieses Leben, indem man sich durch schwierigere Situationen arbeitet? Wir haben also immer noch diesen Spaß, das unbeschwerte Leben, die Fähigkeit, Dinge dort zu belassen, wo sie hingehören, was bei ihr nicht immer der Fall ist. Sich zu kümmern, aber nicht so eng mit dem Prozess und dem Ergebnis verbunden zu sein, weil das Ergebnis sich um sich selbst kümmern wird.

Es wurden viele Ratschläge zu dem Unternehmen, in dem sie arbeitete und zu ihrer Zusammenarbeit mit den dortigen Behördenmitarbeitern erteilt. Sie wusste, dass die Spitzenleute korrupt waren, und sie hatte das Gefühl, dass sie sie vor Gericht bringen müsse. Aber das SC sagte, dass alles bald erledigt sein würde und sie es nicht initiieren müsse. Aber dass sie keine Angst haben solle, zu sprechen, wenn die rechte Zeit gekommen sei. Die nächste wichtige Sache, mit der sie sich beschäftigen musste, waren ihre körperlichen Probleme, vor allem die Arthritis in ihren Händen. Ich fragte, was die Ursache sei.

P: Es rührt von der Angst und dem Treffen von Entscheidungen her. Sie vertraute ihren Instinkten nicht. Sie vertraute ihrer Intuition nicht, so dass Bewegungsmangel das ist, was ihre Gelenke krank machte. In Bewegung zu kommen und es zu lösen, vorwärts zu gehen und Vertrauen zu haben. Sie wusste, was sie tun sollte, aber die Angst hielt sie zurück.

D: Vielleicht hilft es, wenn sie weiß, dass alles in Ordnung sein wird.

P: Das ist sehr wichtig. Einige Menschen sind in der Lage, ihre Angst zu durchbrechen und sie haben diesen gewaltigen Glauben, aber sie hat die Art von Glauben, der begründet werden muss. Es ist ein Glaube, der auf vergangenen Erfahrungen basiert, nicht nur ein blinder Glaube. Also verstehe bitte einfach, dass es nichts zu fürchten gibt.

D: Können wir die Arthritis wegnehmen?

P: Ja. Sie hat ihren Zweck bereits erfüllt. Und schon das bloße Vorhandensein dieser Informationen setzt dem Ganzen ein Ende. Sie soll einfach fortfahren und ihre Arbeit tun, zu welcher sie vollkommen bereit ist.

D: Aber sie nimmt Schmerzmittel. (Sogar intravenös.)

P: Die braucht sie nicht mehr. Sie kann das jetzt beenden. Tatsächlich hat sie am Dienstag einen Termin. Sie kann einfach Bescheid sagen und ihn absagen, wenn sie in der Stadt ist.

Ich fragte, wie es die Arthritis heilen werde. Ich bin immer neugierig und ich lasse mir vom SC gerne den Prozess erklären. „Ich habe dieses wirklich coole neue Werkzeug, das ein weißes Licht abgibt, das aber nicht sichtbar ist. Sie kann die Energie spüren. Alles ist Licht und Energie. Also gehe ich in alle Gelenke und flute einfach jeweils das gesamte Gelenk mit diesem weißen Licht und es zerstört die dort vorhandenen Krankheitserreger sowie die Giftstoffe und das erkrankte Gewebe. Und was nachwächst, ist brandneues, perfektes Gewebe. Es funktioniert perfekt ohne jegliche Anstrengung ihrerseits. Sie hat die Verantwortung, sich um ihren Körper zu kümmern, aber darüber hinaus kümmert er sich um sich selbst. Der Körper ist fantastisch.—Und er repariert die DNA, während ich dies tue. Sie hat diesen Zustand schon eine Weile ... eine lange Zeit gehabt. Er ist also in ihre DNA eingebettet und machte sie anfällig für Krankheitserreger und Giftstoffe. Die DNA wird also von diesem Werkzeug beeinflusst, welches das Licht ausstrahlt, und auf dieser Grundlage versetzt es ihn wieder in eine perfekte Schwingung. Es stellt alle verlorenen und inaktiven DNA-Stränge wieder her, also überall dort, wo sich Löcher in den fehlenden DNA-Strängen befanden, regenerieren diese."

D: *Gut. Das wird fast einen ganz neuen Körper ergeben, nicht wahr?*
P: Ja. Das wird es. Sie wird den Unterschied merken und sie muss ihn einfach nur akzeptieren. Es ist vollbracht. Sie soll dankbar dafür sein, es akzeptieren und nicht an dem Teil festhalten, bei dem sie in der Vergangenheit einige Dinge getan hat. Sie würde denken, dass es wehtut und ganz sicher ... würde es wehtun.
D: *Weil sie erwartete, dass es wehtut?*
P: Richtig. Das war ihre Vergangenheit, also muss sie nur diese Aktivitäten unternehmen und denken, dass es so großartig ist, schmerzfrei zu sein. Sie muss sich auf das konzentrieren, was sie will—Für diese Körper, so wunderbar sie auch sind, gibt es Situationen, in denen es keinen Umkehrpunkt mehr gibt.
D: *Ich dachte immer, du könnest alles in Ordnung bringen.*
P: Ja, aber manchmal fängt es wieder mit einem neuen Körper an. Alles hat einen Lebenszyklus.—Der Rest ihres Körpers ist in ziemlich guter Verfassung. Sie hat gute Arbeit geleistet. Ihre Ernährung könnte besser sein, aber es ist schlechter für sie, wenn sie sich wegen ihrer Ernährung stresst. Es ist besser für sie, einfach weiterzumachen und den Stress loszulassen. Der Stress ist schädlicher als eine schlechte Ernährung. Hin und wieder muss sie sich nichts verwehren. Ein Doughnut ist in Ordnung. Er ist nur einfach keine Lebensmittelgruppe.

Sie hatte eine Frage über ihre Partnerin: Jean. Hatte sie einen Vertrag oder ein früheres Leben mit ihr?

P: Ihre vergangene Erfahrung mit ihr lag in dem Zwischenleben vor diesem Leben. Das war, als sie die Umstände für dieses Leben beschloss und sie aufstellte, und sie fühlte sich sehr überwältigt. Sie sagte Dinge wie: „Oh, ich stehe das nicht durch." Und wir sagten ihr: „Du kannst es." Und so boten wir ihre diese Option, dass Jean für sie da sein wird und sie ihr beibringt, wie man die Dinge anders sieht. Und Jean wird verstehen und ihr helfen, da hindurchzugehen, sich hineinzudenken und zu handeln. Und sie werden sich gegenseitig helfen. Jean hat auch eine Menge Dinge durchgemacht, von denen Patti nichts weiß. Es ist nicht nötig, dass sie davon erfährt.

Es war sehr wichtig, dass Patti so viele Informationen über ihre Zukunft und die Beteiligung und die Auswirkungen dessen, was mit dem Unternehmen geschehen würde, für das sie arbeitete, erhalten hatte.

P: Das wird eine große Erleichterung für sie sein. Das wird ihr die Kraft geben, denn sie ist noch nicht über den Berg. Und es wird ein viel leichterer Gang sein, zu wissen, dass die Kommandozeile auskundschaftet, sie aber vollkommen geschützt ist. Wir erzählen den Menschen nicht gerne die Zukunft, aber manchmal gibt das ihnen die Gewissheit, dass sie geschützt sind und das genau die Art und Weise ist, wie es laufen sollte und dass sie sicher sind. Es hilft ihnen enorm, also ist es das Gefühl von Leichtigkeit und Komfort, das ihnen die nötige Balance gibt. Es gibt ihnen das tiefe Gefühl, dass es nicht um sie geht. Dass sie aus einem bestimmten Grund da sind und es auf der anderen Seite besser sein wird denn je. So finden sie ihre Stärke. Sie haben dieses Gefühl von Schutz und Sicherheit.

Das SC gibt dem Klienten immer eine Abschiedsbotschaft: Du bist genau da, wo du sein musst. Du bist auf dem richtigen Weg. Du tust genau das, was du tun sollst. Also sei einfach, wer du bist und wisse, dass du nicht für jemand anderen verantwortlich bist. Du bist nur für dich selbst verantwortlich. Kümmere dich um deine Leute. Hab Spaß.

DIE HEILUNGSARBEIT

So sehr ich auch jedem Klienten helfen möchte, der zu mir kommt, es gibt Zeiten, in denen es einfach nicht funktioniert. Sie sind in der Lage, in die tiefe Ebene der Trance zu gelangen und die Ursache ihrer Probleme (meist körperlich) wird aufgedeckt und das SC arbeitet mit großer Liebe daran, sie zu heilen und gibt ihnen einen wunderbaren vernünftigen Rat. Doch danach bestehen sie darauf, dass nichts passiert sei, dass ihnen nicht geholfen wurde. Tatsächlich sagen manche, dass es ihnen schlimmer gehe als bevor sie kamen. Manchmal (und das sind eher seltene Fälle) funktioniert es für eine kurze Zeit und fällt dann zurück. Es kann Monate dauern, bis ich davon höre, und natürlich geben sie mir die Schuld. Das ist viel einfacher, als zuzugeben, dass sie die Ursache für ihre eigenen Probleme sind, einschließlich der körperlichen. Es ist immer einfacher, die Schuld auf andere zu schieben, als zuzugeben, dass sie ihre eigene Realität geschaffen haben. Und auch wenn ihre Realität nicht angenehm ist, ist es das, was sie manifestiert haben. Das ist die Kraft des menschlichen Geistes. Deshalb sollte diese Kraft eher zum Heilen als zum Zerstören eingesetzt werden. Sie kommen mit solchen unverhältnismäßigen Erwartungen zu mir. Sie suchen nach jemand anderem, der sie heilt. Ich versuche deutlich zu machen, dass nicht *ich* die Heilung bringe, sondern *sie*. Ich bin nur der Moderator, der es dem SC ermöglicht, durchzukommen und die Arbeit zu erledigen. Ich lehre in meinen Kursen, dass in der Minute, in der der Schüler denkt, dass er die Arbeit leiste, es sein eigenes Ego ist. Dies kann den gesamten Prozess behindern. Ich bin nur ein williger Diener, der den Prozess unterstützt

Diese Fälle sind selten, aber sie kommen vor. Wir alle haben einen freien Willen und niemand kann das außer Kraft setzen. Das SC mag vielleicht sagen, dass die Person geheilt sei und in der Lage sein sollte, ein normales Leben zu führen, aber wenn die Klienten selbst es nicht akzeptieren, glauben und ihm vertrauen, gibt es nichts, was man tun kann. Der freie Wille steht im Vordergrund. Nach einer Sitzung sagte der Klient: „Ich fühle mich besser. Es gibt keine Schmerzen mehr. Aber ich weiß, dass es zu schön ist, um wahr zu sein. Es wird wiederkommen." Ein anderer sagte danach: „Ich kann nicht geheilt werden! Ich war mein ganzes Leben lang krank. Mir wird es nie gut gehen." Alles sich selbst erfüllende Prophezeiungen. Wenn der Klient in dieser Realität weitermachen will (obwohl er hartnäckig behauptet, dass er sie nicht will), kann ich nichts dagegen tun. Es gibt auch die Möglichkeit der Selbstbestrafung für eine angenommene Schuld. Menschen sind komplizierte Kreaturen. Das habe ich herausgefunden, nachdem ich über vierzig Jahre lang mit ihnen zusammengearbeitet habe. Manchmal wurde das, wofür sie sich selbst bestrafen, längst vergessen und in den unbewussten Erinnerungen vergraben. Und doch haben sie sich selbst zum Opfer gemacht.

Ich habe gerade mit einer Klientin telefoniert, die ich vor ein paar Monaten gesehen habe und sie verbrachte fast eine Stunde damit, mich anzuschreien. „Ich kam zu Ihnen, weil Sie sagten, Sie könnten mich heilen. Und ich bin nicht geheilt! Mir geht es schlimmer als zuvor." Zunächst einmal würde ich nie sagen, dass ich sie heilen könne, weil ich weiß, dass das nicht möglich ist. Ich habe diese Art von Kräften nicht. Zweitens liegt das Endergebnis in Ihrer Hand und in ihrem Glaubenssystem. Es lag so viel Wut in der Stimme dieser Person. Ich konnte spüren, warum sie die Krankheit nicht loslassen wollte (oder warum sie dachte, sie könne es nicht). Wut über das, was sie als die Ursache ihrer Zwangslage wahrnahm,

Wut über ihre Eltern für die Art und Weise, wie sie sie behandelt hatten, Wut über die Ärzte, die nicht in der Lage waren, ihr zu helfen, Wut über mich, weil ich nicht in der Lage war, ihr alles abzunehmen. Die Ursache ihres Problems muss immer etwas außerhalb von ihnen selbst sein. Es tut zu sehr weh, es verlangt zu viel Verantwortung, um zuzugeben, dass die Ursache wahrscheinlich in sich selbst liegt. Es ist einfacher, die Rolle des Opfers zu spielen, „Ich Armer! Sie verstehen nicht, wie schrecklich ich behandelt wurde! Etc., etc." In der Metaphysik und besonders in meiner Art von Arbeit wissen wir, dass wir einen Plan und Verträge gemacht haben, bevor wir in dieses Leben kamen. Wir stimmten der Art der Situation zu, in der wir leben würden, auch wenn wir manchmal von unseren Führern gewarnt wurden, dass unsere Entscheidungen schwierig sein würden. Doch wir bestehen darauf und hoffen auf das Beste. Weil wir unseren Plan vergessen, sobald wir in den physischen Körper eintreten, wir vergessen, dass wir die Dinge, die uns passieren, so arrangiert haben, damit wir von ihnen lernen können. Wenn wir nicht lernen, dann müssen wir die Lektion noch einmal wiederholen. Das ist das Gesetz des Karma und die Art und Weise, wie diese Erdenschule geführt wird. Man muss wiederkommen und alles mit denselben Leuten und unter den gleichen Umständen machen, bis man diese Klasse in der Schule bestanden hat. Es ist kompliziert, aber ich mache die Regeln schließlich nicht. Ich versuche nur, den Leuten zu helfen zu verstehen, was sie sich selbst antun.

Es gibt weitere Leute, die in Wahrheit nicht geheilt werden wollen, weil sie heimlich genießen, was die Krankheit für sie bedeutet. Sie würden dies nie bewusst zugeben, aber wir alle kennen Menschen, die immer krank sind und sich über die neuesten Schmerzen, Symptome oder Medikamente beschweren, die der Arzt ihnen verordnet hat. Sie genießen heimlich die Aufmerksamkeit, die ihnen das bringt. Normalerweise haben diese Arten von Menschen nichts sonst in ihrem Leben und sie genießen die Aufmerksamkeit. Würde man sie heilen, die Krankheit wegnehmen, würde man ihnen in Wirklichkeit ihre Identität nehmen. Und sie würden das Gefühl haben, nichts mehr zu besitzen. Es ist das Einzige, wodurch sie sich besonders und anders fühlen. Wenn die Person von der Krankheit profitiert, wird sie höchst widerstrebend sein, sie loszulassen. In meinem Werk über das Leben Jesu (*Jesus und die Essener*, und *Sie gingen mit Jesus*) fand ich heraus, dass nicht einmal Jesus jeden heilen konnte, egal was die Kirche einen glauben machen will. Er konnte eine Person ansehen und erkennen, warum sie die Krankheit hatte. Und wenn sie karmisch bedingt war, dann konnte er sie nicht wegnehmen. Er konnte Schmerzen lindern, aber es war ihm untersagt, sich in ihren Lebenspfad, ihren Plan einzumischen. Wenn also Er es nicht tun konnte, warum sollte ich meinen, dass ich die Macht habe, den freien Willen der Person zu übergehen?

Nach einem anstrengenden Tag, an dem ich vier oder fünf Stunden mit einem Klienten verbracht hatte, verließ ich deprimiert mein Büro und fragte mich, ob ich wirklich überhaupt jemandem half. Ich bin sicher, dass jeder Therapeut, Heiler, Arzt oder Psychiater gelegentlich das gleiche Gefühl hat. Als ich dann in mein Auto stieg, hörte ich so hell wie der Tag in meinem Kopf: „Deine Verantwortung endet, wenn der Klient aus dieser Tür geht. Wenn du wirklich glaubst, dass du alles getan hast, was du tun konntest, so gut du kannst, dann liegt der Rest an ihnen." Das machte den Unterschied und hob eine Last von meinen Schultern. So sehr ich auch wirklich jedem helfen will, am Ende *liegt es nicht in meiner Verantwortung!* Sie müssen bereit sein, es zu akzeptieren, es zu wollen, es zu glauben und es geschehen zu lassen. Niemand sonst kann das für sie tun. Ich arbeite gerne mit dem SC, aber am Ende kann es nur so viel bewirken. Es ist verboten, den freien Willen außer Kraft zu setzen.

Also kann ich der Klientin, mit der ich gerade gesprochen habe, die so verärgert war, nur Liebe schicken und hoffen, dass sie zu der Kraft erwacht, die sie in sich trägt, und sich heilen lässt. Vielleicht ist das ihre Lektion in all dem, zu lernen, sich selbst zu vertrauen und dabei nicht von anderen abhängig zu sein, das zu tun, was sie selbst tun kann. Das ist eine wunderbare und wichtige Lektion.

Auch zu all meinen Tausenden von Schülern, die meine Kurse besucht haben, sage ich: „Tut euer Bestmögliches. Habt Mitgefühl mit dem Klienten und setzt alle eure Fähigkeiten ein, um ihm zu helfen. Danach liegt es in seiner Verantwortung."

Kapitel 6

DIE PLANUNGSPHASE

Amber kam aus der Wolke direkt in eine Szene. Von den ersten Worten an war sie emotional, also wusste ich, dass sie in etwas Wichtiges hineingeraten war.

A: Ich stehe mit dem Rücken zu den Felsen und sehe die Männer. Sie sind nicht aus unserem Dorf. Sie sind die Spanier und sie befragen uns. Sie suchen nach etwas. Ich bin ein kleiner Junge. Ich stehe mit dem Rücken zu den Felsen ... wir stehen alle mit dem Rücken zu den Felsen.
D: *Sind noch andere bei dir?*
A: Ja, aus unserem Dorf und sie versuchen, etwas von uns zu bekommen. Ich weiß nicht, was sie wollen, aber der wütend wirkende Mann trägt einen Spitzbart. (Lachend) Und das ist so albern. Sie tragen Kleidungsstücke—kein Wunder, dass sie so wütend sind. Sie müssen in solchen Sachen ja unglücklich sein.— (Wieder nüchtern.) Ich weiß nicht, was sie wollen. Sie suchen nach etwas. Ich weiß nicht, was ich ihnen geben soll.
D: *Kannst du sie verstehen?*
A: Nein, nein, ich weiß nicht, was sie wollen. Ich schaue immer wieder nach unten, und sie bringen mich immer wieder dazu, nach oben zu schauen. Sie denken, ich wisse etwas.
D: *Hast du eine Ahnung, wonach sie suchen?*
A: Das Gold? (Lacht) Ich kenne Gold nicht. Irgendwie so etwas Goldartiges ... etwas Glänzendes? Ich weiß nicht, was das ist. Ich weiß nicht, warum sie denken, dass ich es weiß.
D: *Was ist mit den anderen, die bei dir sind?*
A: Sie haben Angst. Sie verstecken sich. Sie versuchen, hinter die Felsen zu gelangen. Ich glaube, sie haben einige unserer Leute getötet. Sie sind so hartnäckig. Sie versuchen, uns Angst einzujagen, aber ich weiß nicht, wonach sie suchen. Ich weiß

nicht, was das ist..
D: *Hast du ein Dorfoberhaupt?*
A: Sie sind nicht da. Sie sind weg. Da sind vor allem ältere Männer und die Frauen und die Kinder. Einige von uns Jungen hatten in einem Gebiet gespielt, das irgendwie an der Seite eines Canyons in den Felsen liegt. Meine Freunde und ich sahen sie und wir alarmierten das Dorf. Und niemand wusste, was er tun sollte, und sie kamen. Und sie fanden uns und trieben uns alle zusammen.
D: *Hast du solche Leute zuvor schon mal gesehen?*
A: Ich habe von ihnen gehört. Aber ich hatte sie nicht gesehen. Wir hatten gehofft, dass sie nicht kommen würden. Aber das taten sie. Ich denke, ich muss sie mir holen. Ich denke, das ist der einzige Weg. Ich weiß nicht, wohin ich sie bringen soll, aber ich muss sie irgendwohin weg von meinen Leuten bringen. Vielleicht kann ich sie austricksen. Vielleicht kann ich entkommen, aber ich muss sie fortschaffen, bevor sie weitere Menschen töten. Ich muss es tun. Es ist die einzige Chance ... die einzige Chance.
D: *Was beschließt du also, zu tun?*
A: Ich beschließe, so zu tun, als wüsste ich, wo der Ort ist, an den sie gehen wollen und wonach sie suchen. Es sind mehrere Männer und sie sind zu Ross.
D: *Was ist mit deinen Freunden? Wollen sie mit dir gehen?*
A: Nein, nein, sie wollen nicht mit mir gehen. Sie haben große Angst. Die Mütter rufen nach ihnen und sie haben Angst.
D: *Ist deine Mutter irgendwo da?*
A: Ja, aber ich kann an ihren Augen sehen, dass sie mir Kraft gibt, zu gehen. Sie weiß, was ich tun werde.
D: *Ich halte dich für sehr mutig, das zu tun.*
A: Unser Volk leidet. Es gibt nicht viel zu essen und die Männer sind schon vor langer Zeit auf die Jagd gegangen. Unsere Leute sterben.
D: *Meinst du, sie werden dir glauben?*
A: Ja, weil sie so unbedingt glauben wollen. (Lachen)
D: *Sie denken nicht, dass du sie austricksen würdest, vermute ich.*
A: Nein, ich bin nur ein kleiner Junge.

Ich komprimierte die Zeit und brachte ihn weiter voran, um zu sehen, was geschah.

A: Ich bringe sie in eine Felsschlucht, aber ich lasse sie lange Wege gehen ... lange Wege. Es ist ein Tagesmarsch von meinem Dorf entfernt, und ich stelle sicher, dass ich durch viele andere Orte gehe. Ich gehe zurück und wieder zurück und versuche, sie über unseren Aufenthaltsort zu verwirren, damit sie nicht zurückkehren können. Und in der Zwischenzeit, hoffe ich, dass mein Dorf entkommen wird. Wir haben einen Fluchtort oben, an dem sie sicher sind. Ich versuche, ihnen Zeit zu geben. Vielleicht kommt die Jagdgesellschaft zurück.

D: *Werden diese Leute nicht wissen, wie sie zurückkommen können?*

A: Nein, aber sie werden mir gegenüber misstrauisch. Ich nahm sie mit in die Felsenschlucht, weil ich einen Ausweg kenne, wenn ich rechtzeitig dort ankomme.

D: *Gehst du oder bist du auch zu Pferd?*

A: Nein, ich gehe zu Fuß. Ich gehe zu Fuß. Sie folgen mir. (Lachen) Ihre Pferde sind so langsam. Sie fragen nach Wasser für ihre Pferde. Ich nehme sie, damit sie ihre Pferde Wasser trinken lassen können, und dann ist es Zeit, sie zurück in die Schlucht zu bringen. Ich war schon sehr lange nicht mehr dort. Ich hoffe, ich erinnere mich daran. Es gibt eine Höhle. Ich werde ihnen sagen, dass es in der Höhle ist, und dann plane ich, zu fliehen. Es gibt eine Art Pfad zwischen den Steinen, durch den ich herausklettern kann, um etwas Schutz durch etwas hervortretendes Unterholz zu haben, wenn ich entkommen kann.

D: *Dann gehen sie in die Höhle und du kannst fliehen.*

A: So dachte ich mir das, aber so geschah es nicht. Ich dachte nicht, dass sie wollen würden, dass ich mit ihnen in die Höhle gehe. Ich dachte, sie würden zu aufgeregt sein und würden mich vergessen, aber sie zwangen mich dazu. Wir gehen in die Höhle und natürlich gibt es dort nichts. Es gibt einige Wandmalereien, die sie sich ansehen, aber sie sind wütend auf mich. Und sie entscheiden, mich zu töten. Sie sind müde. Wir waren den ganzen Tag weg, und es gibt nichts zu zeigen. Ich versuche verzweifelt, in eine andere Richtung zu zeigen, aber die Höhle ... wir gehen nicht sehr weit und es gibt keinen Weg für mich zu entkommen. Es gibt keinen Ausweg, und sie sind müde und verärgert. Ich hätte nicht in die Höhle gehen sollen.

D: *Aber du hattest keine Wahl. Und was passiert jetzt?*

A: Sie töten mich. Ein Messer durch meine Kehle.

D: *Bist du jetzt aus dem Körper draußen?*

A: Ja, ich schaue zu. Ich beobachte, wie sie sich bewegen und sie lassen den Körper des Jungen—meinen Körper—im Dreck in der Höhle zurück. Meine Familie wird mich finden wollen.

D: *Sie werden nicht wissen, wo sie suchen sollen, oder?* (Nein) *Wie fühlst du dich bei all dem?*

nicht, was das ist..
D: *Hast du ein Dorfoberhaupt?*
A: Sie sind nicht da. Sie sind weg. Da sind vor allem ältere Männer und die Frauen und die Kinder. Einige von uns Jungen hatten in einem Gebiet gespielt, das irgendwie an der Seite eines Canyons in den Felsen liegt. Meine Freunde und ich sahen sie und wir alarmierten das Dorf. Und niemand wusste, was er tun sollte, und sie kamen. Und sie fanden uns und trieben uns alle zusammen.
D: *Hast du solche Leute zuvor schon mal gesehen?*
A: Ich habe von ihnen gehört. Aber ich hatte sie nicht gesehen. Wir hatten gehofft, dass sie nicht kommen würden. Aber das taten sie. Ich denke, ich muss sie mir holen. Ich denke, das ist der einzige Weg. Ich weiß nicht, wohin ich sie bringen soll, aber ich muss sie irgendwohin weg von meinen Leuten bringen. Vielleicht kann ich sie austricksen. Vielleicht kann ich entkommen, aber ich muss sie fortschaffen, bevor sie weitere Menschen töten. Ich muss es tun. Es ist die einzige Chance ... die einzige Chance.
D: *Was beschließt du also, zu tun?*
A: Ich beschließe, so zu tun, als wüsste ich, wo der Ort ist, an den sie gehen wollen und wonach sie suchen. Es sind mehrere Männer und sie sind zu Ross.
D: *Was ist mit deinen Freunden? Wollen sie mit dir gehen?*
A: Nein, nein, sie wollen nicht mit mir gehen. Sie haben große Angst. Die Mütter rufen nach ihnen und sie haben Angst.
D: *Ist deine Mutter irgendwo da?*
A: Ja, aber ich kann an ihren Augen sehen, dass sie mir Kraft gibt, zu gehen. Sie weiß, was ich tun werde.
D: *Ich halte dich für sehr mutig, das zu tun.*
A: Unser Volk leidet. Es gibt nicht viel zu essen und die Männer sind schon vor langer Zeit auf die Jagd gegangen. Unsere Leute sterben.
D: *Meinst du, sie werden dir glauben?*
A: Ja, weil sie so unbedingt glauben wollen. (Lachen)
D: *Sie denken nicht, dass du sie austricksen würdest, vermute ich.*
A: Nein, ich bin nur ein kleiner Junge.

Ich komprimierte die Zeit und brachte ihn weiter voran, um zu sehen, was geschah.

A: Ich bringe sie in eine Felsschlucht, aber ich lasse sie lange Wege gehen ... lange Wege. Es ist ein Tagesmarsch von meinem Dorf entfernt, und ich stelle sicher, dass ich durch viele andere Orte gehe. Ich gehe zurück und wieder zurück und versuche, sie über unseren Aufenthaltsort zu verwirren, damit sie nicht zurückkehren können. Und in der Zwischenzeit, hoffe ich, dass mein Dorf entkommen wird. Wir haben einen Fluchtort oben, an dem sie sicher sind. Ich versuche, ihnen Zeit zu geben. Vielleicht kommt die Jagdgesellschaft zurück.

D: *Werden diese Leute nicht wissen, wie sie zurückkommen können?*
A: Nein, aber sie werden mir gegenüber misstrauisch. Ich nahm sie mit in die Felsenschlucht, weil ich einen Ausweg kenne, wenn ich rechtzeitig dort ankomme.

D: *Gehst du oder bist du auch zu Pferd?*
A: Nein, ich gehe zu Fuß. Ich gehe zu Fuß. Sie folgen mir. (Lachen) Ihre Pferde sind so langsam. Sie fragen nach Wasser für ihre Pferde. Ich nehme sie, damit sie ihre Pferde Wasser trinken lassen können, und dann ist es Zeit, sie zurück in die Schlucht zu bringen. Ich war schon sehr lange nicht mehr dort. Ich hoffe, ich erinnere mich daran. Es gibt eine Höhle. Ich werde ihnen sagen, dass es in der Höhle ist, und dann plane ich, zu fliehen. Es gibt eine Art Pfad zwischen den Steinen, durch den ich herausklettern kann, um etwas Schutz durch etwas hervortretendes Unterholz zu haben, wenn ich entkommen kann.

D: *Dann gehen sie in die Höhle und du kannst fliehen.*
A: So dachte ich mir das, aber so geschah es nicht. Ich dachte nicht, dass sie wollen würden, dass ich mit ihnen in die Höhle gehe. Ich dachte, sie würden zu aufgeregt sein und würden mich vergessen, aber sie zwangen mich dazu. Wir gehen in die Höhle und natürlich gibt es dort nichts. Es gibt einige Wandmalereien, die sie sich ansehen, aber sie sind wütend auf mich. Und sie entscheiden, mich zu töten. Sie sind müde. Wir waren den ganzen Tag weg, und es gibt nichts zu zeigen. Ich versuche verzweifelt, in eine andere Richtung zu zeigen, aber die Höhle ... wir gehen nicht sehr weit und es gibt keinen Weg für mich zu entkommen. Es gibt keinen Ausweg, und sie sind müde und verärgert. Ich hätte nicht in die Höhle gehen sollen.

D: *Aber du hattest keine Wahl. Und was passiert jetzt?*
A: Sie töten mich. Ein Messer durch meine Kehle.

D: *Bist du jetzt aus dem Körper draußen?*
A: Ja, ich schaue zu. Ich beobachte, wie sie sich bewegen und sie lassen den Körper des Jungen—meinen Körper—im Dreck in der Höhle zurück. Meine Familie wird mich finden wollen.

D: *Sie werden nicht wissen, wo sie suchen sollen, oder? (Nein) Wie fühlst du dich bei all dem?*

A: Enttäuscht. Ich war so dumm, zu denken, ich könne sie austricksen.

D: *Ich denke, du warst sehr mutig, es überhaupt zu versuchen.*

A: Ich war wohl nicht in der Lage, etwas für meine Familie zu tun. Nach all dem werden sie wohl zurückkehren. Sie könnten sie alle töten. Ich bin so enttäuscht. Ich war mir so sicher.

D: *Aber du warst wirklich noch ein Kind. Du hast mehr getan, als manche Männer getan hätten. Hast du eine Möglichkeit zu sehen, was mit deiner Familie oder den anderen Leuten passiert ist?*

A: Einige konnten es schaffen, aber es ist eine lange Reise die Schluchtwände hinauf. Und diejenigen, die alt waren, schafften es nicht ... waren nicht in der Lage, zu entkommen. (Sie klang verzweifelt.) Die Männer gingen zurück, nahmen Rache und töteten sie.

D: *Aber ich denke, du hast das Beste getan, das du konntest.*

A: Ich wusste nicht, was ich sonst noch tun sollte, aber ein Teil meiner Familie entkam. Meine Mutter entkam.

D: *Was wirst du jetzt tun?*

A: Ich versuche, ihnen zu helfen, obwohl ich nicht mehr da bin. Ich versuche, ihnen so gut ich kann zu helfen.

D: *Wie tust du das?*

A: Indem ich ihnen Signale gebe. Indem ich ihnen sage, dass sie nicht in eine bestimmte Richtung gehen sollen, aber es erscheint so hoffnungslos. Und es kann ihnen für einige Zeit helfen, aber ich weiß nicht, ob ich alles verhindern kann.

D: *Vielleicht sollst du das auch nicht. Vielleicht ist es zu viel für eine Person.*

A: Ich weiß nicht.

D: *Aber du bleibst eine Weile dort und versuchst, ihnen zu helfen?*

A: Ja, aber jetzt sehe ich, dass es immer weiter weggeht. Ich treibe von dort weg.—Jetzt werde ich hochgezogen während ich immer weiter weg treibe. Ich treibe jetzt darüber hinaus. Ich bin allein. Ich treibe in der Dunkelheit, und jetzt bin ich nicht mehr so besorgt um meine Familie. Jetzt sehe ich ein richtig helles Licht. Es scheint aus dem Nichts und von überall her zu kommen. Oh, meine Güte, es ist schön und warm. Ich treibe einfach darin umher.

D: *Es ist ein gutes Gefühl. Fühlt sich sehr schön, behaglich und sicher an.* (Ja) *Was hast du vor? Wirst du dort bleiben?*

A: Es gibt noch einen anderen Ort, an den ich gehen muss, aber ich soll im Moment einfach in diesem Licht bleiben.

D: *Ist da jemand bei dir, der dir sagt, was du tun sollst?*

A: Hmm ... Ich sehe niemanden. Ich bin in diesem Licht einfach verloren.—Jetzt sehe ich, dass jemand auf mich wartet. Genau das, was ich im Moment brauche. Er sieht sehr weise aus ... väterlich oder großväterlich, mit weißem Haar. Er begrüßt mich und legt seinen Arm um mich und sagt mir, dass ich getan habe, was ich konnte und dass er stolz auf mich ist—er zog mich an einen Ort, der von Licht erfüllt war.

D: *Macht es dir etwas aus, den anderen Ort zu verlassen?*

A: Nein. Dieser Ort ist noch besser. Er ist fantastisch! Alles scheint mit Licht gefüllt zu sein. Es gibt Gebäude ... oh, er sagt „Tempel", entschuldige. Es sind Lichtgebäude. Das sind Tempel. Es sind Orte des Lernens, aber ich bin mir nicht sicher, was ich hier tue. Er meint, ich solle mir keine Sorgen machen, er werde es erklären. Jetzt bin ich im Gebäude. Es hat eine sehr hohe, gewölbte Decke. Alles ist weiß, aber es kommt Licht herein, aber es ist schwer zu erkennen, ob es Fenster gibt. Es ist, als ob es lichtdurchlässig wäre und das Licht von außen käme und es erhellt das Gebäude. Es scheint ganz hindurch wie etwas, das von außen angezündet werden kann ... schön. Und lange Tische, aber ich sehe niemanden da. Nur diese langen Tische. Er geht mit mir. Es gibt einen Durchgang, durch den man gehen muss, aber es fühlt sich hier drin angenehm an. Ich weiß nicht, warum die Tische da stehen. Es gibt keine Stühle, nur diese Tische.

D: *Keine Leute?*

A: Nein. Ich habe das Gefühl, dass sie in anderen Räumen nebenan sind. Er wird mich zu einem bringen. Ich war schon mal hier.

D: *Fühlt es sich vertraut an?*

A: Ja, und da sind Bücher ... viele Bücher. Er lächelt mich an und sagt: „Jedes Buch, das es jemals gab, befindet sich hier." Oh, meine Güte! Ich war schon mal hier, ja. Ich weiß nicht wann, aber ich war schon mal hier. Ich sehe das, die Regale mit all den Büchern. Und es gibt Menschen dort, die sie anschauen, Bücher herausziehen, sie zurücklegen. Aber niemand spricht.—Ich bin so glücklich, wieder hier zu sein bei den Büchern! (Glücklich) Oh! Oh! Jedes Buch, das es jemals gab, befindet sich hier ... *jedes* Buch. Oh, meine Güte! Es ist, als würde man mit den Händen über ein Klavier gleiten, während man diese Akkorde spielt. Während man diese Bücher spielt, ist es wie bei jedem anderen Buch, wenn man es berührt, kennt man dieses Buch. Er ermahnt mich, nicht so albern zu sein und so viel zu spielen, aber es ist so ein wunderbares Gefühl.

D: *Wenn du es also berührst, musst du es nicht lesen?* (Nein) *Du weißt einfach, was da drinsteht?*

A: Es ist wie die Reader's Digest Version. Es ist die Kurzfassung davon, wenn man es berührt. Verstehst du das? Du willst es immer noch runternehmen und alles aufsaugen, aber du kannst mit den Fingern darüberfahren und die Noten empangen und spielen ... jedes Buch fühlen ... fühlen. Oh! Oh, wie wunderbar! (Sie war begeistert.) Er lacht mich aus und sagt mir, dass dafür später noch Zeit sein wird. (Lachen) Alles, was ich wissen musste, sei da drin. Er lacht mich aus und sagt: „Das ist wahr, aber es gibt verschiedene Abschnitte, und es braucht Zeit, um zu den verschiedenen Abschnitten zu gelangen."

Es war offensichtlich, dass sie in die Bibliothek auf der geistigen Seite gebracht worden war. Das ist mein Lieblingsplatz. Ich liebe Bibliotheken ohnehin und kann einen ganzen Tag in einer verbringen, wenn ich meine Recherchen betreibe. Doch diese ist etwas ganz Besonderes, denn sie enthält alles, was jemals an Wissen da war, und alles, was jemals an Wissen da sein wird. Eine Fundgrube für jemanden wie mich, der die Forschung liebt. Es enthält auch die so genannte Akasha-Chronik, die auf vielfältige Weise beschrieben wurden. Jedes Mal, wenn ich einen Klienten dorthin gebracht habe, hatte ich Zugang zu sämtlichen Informationen. Viele davon wurden in meinen Büchern verwendet.

A: Er bringt mich weiter hinein zum Zentrum. Er sagte, dass es einen speziellen Raum für mich geben wird mit *meinen* Büchern.
D: *Das ist also wie eine Bibliothek.*
A: Ja. Die Menschen kommen hierher, um ihre Forschungen anzustellen und ihr Leben zu planen und Wissen über bestimmte Dinge zu sammeln, aber es gibt auch viele Räume. Ich kann nicht einmal zählen, wie viele Räume es gibt. Aber er bringt mich zu einem Raum, welcher mein Raum mit meinen Büchern sein wird. Er wird mein Leben beinhalten und das Leben anderer, denen ich nahe stand.
D: *Also ist es einfach etwas Besonderes für dich?* (Ja) *Wenn also die Leute dorthin gehen, gehen sie in ihren eigenen Raum?*
A: Ja. Verschiedene Leute tun es unterschiedlich, aber er weiß, dass ich es gerne auf diese Weise tue. Er weiß, dass ich Bücher liebe. Dieser Raum gehört einfach mir.
D: *Wie ist der Raum?*
A: Schön ... es gibt eine Wand, die nur ein massives Fenster mit Licht ist, und es gibt Regale und Bücherreihen. Da ist ein Tisch in der Mitte und er bringt mich zu diesem Tisch. Es gibt einen Stuhl für mich, auf dem ich sitzen werde. Und er sieht mich an

und sagt: „Du weißt, was als Nächstes zu tun ist." Und ich sage: „Nun, ich bin mir nicht sicher!" Er sagt: „Du weißt schon ... jetzt ruf das Buch zu dir."

D: *Zu mir rufen?*

A: Rufe es zu dir. Man steht nicht auf und holt es sich. Man ruft es zu sich und dann ist es da vor einem, egal, welches Buch auch immer man braucht. Aber das Buch, das er jetzt für mich will, das ich mir ansehen muss, ist das Buch meines *Lebens*, in dem ich mich gerade befunden habe.

D: *Dasjenige, welches du gerade verlassen hast?*

A: Ja, aber er weiß, wie begierig ich darauf bin, weiterzumachen, also wird er mir erlauben, ein paar weitere Bücher an der Seite zu stapeln. Aber er neckt mich und sagt mir, dass ich sie noch nicht ansehen kann.— Wenn ich das Buch öffne, ist es wie ein Blick durch ein Teleskop, nur ist es mehr wie eine Lupe, zu der das Buch wird. Und ich kann sie so bewegen, dass ich sehen kann, wo ich wohne. Ich kann den Tafelberg sehen. Ich kann die Felsen sehen. Ich sehe, wie ich klein bin und mit meinen Freunden, meinem Vater und meiner Mutter spiele.

D: *Natürlich hast du in diesem Leben nicht sehr lange gelebt.*

A: Nein, aber das war in Ordnung. Ich hatte bestimmte Dinge gelernt, und ich erkannte, dass mein Vater Recht hatte. Als ich klein war, sagte er mir, dass die Freunde, die ich hatte, womöglich nicht immer da sein würden, um mir zu helfen. Und es war wichtig, Freunde zu haben, die einem helfen würden, und dass man auch seinen Freunden helfen müsse.

D: *Was glaubst du, was du noch aus diesem Leben gelernt hast?*

A: Dass Familie wichtig ist ... sehr wichtig. Aber ich konnte ihnen nicht helfen. Ich konnte sie nicht retten, aber ich tat das Beste, das ich tun konnte. Und wäre ich nicht gegangen, wären alle abgeschlachtet worden.

D: *Also hast du jemanden gerettet?*

A: Das habe ich. Das habe ich.

D: *Das war also der Sinn jenes Lebens?*

A: Ja. Meine Mutter musste leben. Ich erkannte auch, dass ich ein wenig dumm war, weil die Jagdgesellschaft weg war und wir Jungs diejenigen waren, die das Dorf beobachten sollten. Beobachten und Ausschau halten, und wir waren damit beschäftigt, zu spielen, und wir schlugen nicht laut genug Alarm.

D: *Als die anderen Männer kamen?* (Ja) *Jeder hat das Recht, Fehler zu machen, nicht wahr?*

A: Ja, aber Verantwortungslosigkeit bringt Menschen um. Wir taten es nicht absichtlich, aber wir verstehen, warum es so wichtig für

uns war, das zu tun, was uns gesagt wurde.
D: *Erzählt dieser Mann dir diese Dinge?*
A: Nein, wenn ich das Buch durchsehe, sehe ich es. Ich weiß es einfach. Er ist sehr tröstlich. Er verurteilt mich nicht. Er ist sehr warmherzig und freundlich.
D: *Gibt es etwas, das du mitnehmen sollst, wenn du von diesem Leben scheidest?*
A: Du kannst nicht alle retten. Du kannst klug sein. Du kannst trickreich sein. Und du kannst versuchen, alles zu tun, um die Menschen zu schützen, die du liebst, aber am Ende ... kannst du nicht alle retten ... nicht alle aus dieser Zeit, aber du tust das Beste, das du kannst.
D: *Weil jeder sein eigenes Leben hat. Sie alle haben ihre eigenen Lektionen zu lernen, nicht wahr?* (Ja) *Glaubst du, du hast alles aus diesem Buch herausbekommen, das du verwerten kannst?*
A: Nein, es wird weitere Sitzungen geben, in denen ich zurückkommen und es mir ansehen kann. Aber ich bekam die Hauptrolle, und er war stolz darauf, dass ich die Hauptrolle bekam. Und wir werden zurückgehen und es uns noch einmal ansehen. Aber er sagt mir auch, dass ich mich ausruhen müsse und dass er zu uns zurückkommen werde.
D: *Er will noch nicht, dass du dir die anderen Bücher auf dem Tisch ansiehst?*
A: Er reizt mich mit ihnen, aber er will sie mir noch nicht geben. (Scherzend) Weil ich mit diesem Buch noch nicht fertig bin. Ich muss zuerst beenden, was ich angefangen habe, bevor ich weitermache. Und er weiß, dass das meine Schwäche ist. Er weiß, dass ich daran arbeiten muss, die Dinge zu beenden. Aber er macht es zu einer Versuchung für mich, weil er weiß, wie begierig ich darauf bin, in das nächste Ding einzusteigen. Ich weiß, dass sie da sind und wunderbar aussehen, also muss ich damit weitermachen. Aber er will, dass ich mich zuerst ausruhe.—Er bringt mich an einen anderen Ort und der ist offen. Da singen Vögel. Es gibt einen Springbrunnen, und ich kann einfach entspannen und dort warten. Ich höre jemanden singen.
D: *Bist du alleine?*
A: Ja. Ich kann Menschen hören. Ich kann Frauenstimmen etwas singen hören, aber ich sehe niemanden. Es sieht aus wie ein Außenbereich mit Bänken in einem Halbkreis. Sie sind geschnitzt und aus weißem Stein und in der Mitte ist ein weißer Brunnen. Und es gibt Bäume im Hintergrund des Waldes. Und ich kann die Vögel singen hören, aber ich bin allein da. Er hat mich dort vorerst zurückgelassen

D: *Es klingt nach einem wunderschönen Ort!* (Ja) *Aber er ging keine anderen Leben durch, die du gelebt hast?*
A: Nein. Die anderen stehen in den Büchern und ich kann zurückgehen und sie mir ansehen, wenn ich es brauche, denn manchmal müssen wir uns selbst daran erinnern, dass wir die Dinge, die wir in diesen anderen Leben gelernt haben, nicht vergessen.—Ich bin manchmal zu eifrig.—Er wird später zu mir zurückkommen, aber im Moment soll ich nur entspannen. Einfach warten und zuhören ... und die Natur sehen. Der Naturteil ist eine Erinnerung, alles jetzt aufzunehmen und sich damit zu verbinden. Den Wind zu spüren sowie die Richtung, in die er geht. Und den Vögeln zuzuhören und nicht immer so begierig darauf zu sein, das nächste Ding zu tun. Einfach im Hier und Jetzt zu sein. Für die anderen wird es später Zeit geben. Es wird Zeit geben.

Das konnte eine Weile dauern, da er wahrscheinlich eine ganze Weile damit verbringen würde, sich an diesem schönen Ort zu entspannen, um sich von der Art und Weise zu erholen, wie er in jenem Leben starb. Und um über den Sinn jenes Lebens nachzudenken. Also beschloss ich, ihn weiterzubringen, an die Stelle, da der Mann zurückkam, um ihn zu holen, als er dachte, er habe sich lange genug ausgeruht. Ich nahm an, dass er in die Bibliothek zurückgebracht würde, wo ihn die wertvollen Bücher erwarteten

A: Er bringt mich nicht zurück zur Bibliothek. (Lachen) Er bringt mich zu meiner Gruppe. Er weiß, dass ich darauf wartete, aber er ließ mich warten. (Lachen und Kichern) Er ließ mich warten.
D: (Lachen) *Ich dachte, du mochtest die Bücher?*
A: Oh, das tat ich (Lachen), aber es waren die Leute, auf die ich wartete. Oh, meine Güte! Es ist meine Gruppe ... die, mit denen wir zusammengearbeitet haben. Es ist unsere Gruppe. Wir kommen in vielen gemeinsamen Leben zurück und wir sind nicht im Körper. Selbst wenn wir nicht im Körper sind oder sogar, wenn wir im Körper sind, gibt es einen Teil von uns, der noch dort ist. Das ist interessant. Es ist nicht ganz dasselbe, aber wir sind alle hier.

Ich empfand das als eine sehr wichtige Aussage, dass selbst wenn wir auf der Erde in einem Körper sind, ein Teil von uns (ein Aspekt) nie die geistige Seite verlässt.

D: *Seid ihr gerne zusammen?*
A: Oh, ja! Wir arbeiten gut zusammen.
D: *Wenn ihr also wieder in die Leben zurückkehrt, kommt ihr manchmal zusammen?* (Ja) *Auf diese Weise bist du nie allein.* (Nein) *Was passiert gerade bei der Gruppe?*
A: Sie fragen mich: „Warum hat das so lange gedauert?" Sie wussten, dass ich draußen warten musste. Ich kann nicht glauben, dass ich sie vergaß. Wir gingen zu den Büchern und nach draußen, um uns auszuruhen, und ich vergaß, dass das als Nächstes passieren würde. Wie konnte ich sie vergessen? Oh, meine Güte! Sie sind wunderbar. Es fühlt sich einfach so gut an, wieder mit ihnen zusammen zu sein ... so gut.—Sie sitzen an einem Tisch und sie haben sich unterhalten. Der Tisch ist interessant, weil er ein interaktiver Tisch ist. Es sieht aus wie eine durchsichtige Landkarte, aber wenn man sie berührt, zoomt sie sich in einen bestimmten Ort hinein. Wenn man sie noch einmal berührt, kann man die Menschen an jenem Ort sehen. Es ist wie bei Google Earth, aber wenn man sie berührt, kann man zu diesem Ort *gehen.*—Sie sind mit Planen beschäftigt. Oh, diese Gruppe kann sich nie einigen. Jeder will immer irgendwo anders sein. Sie planen. Sie warteten auf mich. Sie denken, dass *dieser* Ort der wichtigste sei, dass wir dort sein müssen, wo wir die meiste Arbeit verrichten können. Und die anderen hier drüben ...Jemand sagte gerade, (in einem lustigen Tonfall) „Oh, wir können überall gleichzeitig sein. Was macht das für einen Unterschied?" Aber wir mögen uns so sehr, dass wir am selben Ort sein wollen. Wir wollen an der gleichen Stelle anfangen.
D: *Also schauen sie auf die Karte und versuchen, es herauszufinden?*
A: Sie versuchen herauszufinden, wohin es als Nächstes gehen soll. Sie meinen es für einen Moment ernst. Ich weiß nicht, ob wir für den nächsten Schritt bereit sind.
D: *Aber ihr wollt doch zusammen gehen. Du willst nicht etwa alleine gehen?*
A: Nein, wir werden gehen—es gibt einige, die sehr stark davon überzeugt sind, dass wir im Nahen Osten sein sollten. Unsere Gruppe soll dorthin gehen, wo wir hingehen sollen, und das tun, wozu wir berufen sind. Wir wissen das und manchmal kann das, was wir zu tun haben, bedeuten, dass unsere gemeinsame Lebenszeit sehr kurz sein wird.
D: *Gibt es dafür einen Grund?*
A: Es ist alles ein Teil des Ganzen und uns werden einige Teile davon gezeigt, und in einige Dinge müssen wir einfach vertrauen. Ich bin so froh, sie zu sehen und froh, dass ich mit

meinen Freunden, meiner Gruppe, wieder zurückkehren kann. Aber ich bin ein wenig traurig, wenn ich daran denke, dass wir als nächstes Leben ein so hartes Leben wählen.

D: *Aber in deinem letzten Leben hast du nicht sehr lange gelebt.*

A: Nein, aber das Nächste wird schwieriger sein. Es wird für uns alle kurz sein. Im letzten Leben gab es viele, die lange lebten. Und obwohl ich getötet wurde, hatten wir ein gutes Leben zusammen. In diesem nächsten Fall werden manche unter uns einige recht schwierige Rollen spielen müssen.

D: *Dir wird gezeigt, wie das Szenario aussehen wird?*

A: Wenn wir die Karte berühren und sie sich vorwärts bewegt, sehen wir die möglichen Szenarien. Ich sehe Juden. Ich sehe Palästina. Und ich sehe viel Blut und sehe, dass wir auf der gegnerischen Seite stehen.

D: *Gibt es einen Grund dafür?*

A: Der Grund ist, dass wir in der Lage sein müssen, zusammenzuarbeiten, zusammenzukommen. Es wird Gelegenheiten für uns geben, zusammenzukommen, aber es wird gleichermaßen Gelegenheiten für uns geben, uns in diesem Leben gegenseitig zu zerstören. Ich werde abermals eine Chance bekommen, meiner Familie zu helfen.

D: *Ich verstehe. Ich habe fragte mich, was der Zweck dabei sein könnte. Denn wenn es Konflikte gibt, denkst du darüber nach, was wohl der Zweck ist? Was ist der Sinn davon?*

A: Es sieht nicht nach viel Sinn aus, aber wir müssen versuchen, die Verbindung herzustellen, um zu zeigen, dass die Menschen eher ähnlich als unähnlich sind. Unsere Gruppe hat sich bereits entschieden, zu gehen. Es ging nur darum, wer welche Rolle spielte und sie warteten auf mich. Und es ist ziemlich klar, was mein Teil ist. Ich weiß nur nicht, auf welcher Seite des Zauns ich stehen werde. (Lachen)

D: *Bist du in der Lage, dir irgendwelche anderen Leben anzusehen, in die du hineingeboren wirst? Wird dir etwas so weit Vorausliegendes gezeigt?*

Ich dachte natürlich an ihr gegenwärtiges Leben als Amber.

A: Das wird es, aber wieder fangen sie an, mich aufzuziehen, weil ich herumhüpfe und anderer Dinge tue. Und so muss ich bei einer Sache bleiben. Und ich weiß, dass es nach diesem nächsten kurzen Leben im Nahen Osten ein völlig anderes Leben geben wird. Aber ich kann mich jetzt nicht ablenken lassen, sonst werde ich nicht den Mut haben, die Dinge zu tun, die ich tun

muss.
D: *Sie dürfen dich nicht zu viel auf einmal wissen lassen? (Nein, nein.) Das macht Sinn. Und das jedes Mal, wenn du an diesen Ort zurückkehrst?*
A: Ja, und ich kann meine Gruppe sehen und wir können reden und wir können in unsere gegenseitigen Energien eintauchen. Und wir alle sitzen zusammen mit diesen Energien und ich erkenne einige von ihnen. Manche von ihnen, die sich irgendwie an den Rändern befinden, sehe ich nicht. Mein Vater ist dort. Mein Freund Rob ist da. Und es gibt noch andere, aber ich bin mir nicht sicher, wer sie jetzt in meinem Leben sind. (Ihrem gegenwärtigen Leben.)
D: *Also musst du zuerst das kurze Leben leben, bevor du in den Körper von Amber kommst?* (Ja) *Es ist wichtig, das zuerst zu tun.* (Ja)

Ich wollte mir nicht die Zeit nehmen, dieses ganze Leben zu durchlaufen, also ließ ich sie an den Punkt gehen, an dem es zu Ende war, und sie hatte getan, was sie tun sollte, und die Gruppe war wieder auf der geistigen Seite zusammengekommen. Ich wollte sie an den Punkt bringen, als sie sich entschied, in den Körper von Amber einzutreten. „Ihr kommt wieder am selben Ort zusammen. Was ist mit dem Leben im Nahen Osten? Hast du gute Arbeit geleistet?"

A: Ich glaube schon. In diesem Leben im Nahen Osten haben wir Musik zusammen gespielt. Und er sah, dass ich nicht böse war, und ich sah, dass er nicht böse war, und wir trugen das mit uns.
D: *Was geschah, wenn es ein kurzes Leben war?*
A: Es gab eine Explosion, Schüsse, und ich bin tot. (Nüchtern.)
D: *Aber du hast Dinge gelernt, nicht wahr?*
A: Ja, denn ein Teil von mir wusste während dieses kurzen Lebens, dass ich weiterhin in die Augen der anderen schauen und sehen sollte, was sich hinter ihnen verbarg. Und sie waren nicht alle böse. Sie waren nur Menschen.
D: *Von denen jeder sein eigenes Leben lebt.—Aber jetzt bist du an diesen Ort zurückgekehrt. Kommt die Gruppe stets zusammen oder gehen einige auch zu anderen Arbeitseinsätzen?*
A: Nun, das ist interessant, denn wenn sie sich um den Tisch versammeln, sind diejenigen, die ganz nah am Tisch sitzen die, die derzeit nicht im Körper sind. Aber weiter weg befindet sich der Rest der Gruppenmitglieder, aber sie bestehen aus einem trüben Licht. Und das lässt uns wissen, dass sie inkarniert sind.

So ist ein Teil von ihnen in diesem Raum, um teilzunehmen, jedoch nicht auf die gleiche Weise, wie sie teilnehmen würden, wenn sie nicht verkörpert wären. Ergibt das einen Sinn?
D: Ja, das kann ich sehen. Ich kann das verstehen. *Sie sind da, somit können sie noch planen.*
A: Ja, und sie können immer noch teilnehmen, weil sie wohl bereits inkarniert sind und wir wohl irgendwann zu ihnen kommen. Ein Teil von ihnen nimmt also immer noch teil. Sie sind einfach wie ein *gedämpftes* Licht im Raum.

Vielleicht geschieht dies, wenn die Person schläft und deshalb ist sie sich dessen nicht bewusst. Dies würde erklären, wie Pläne und Verträge mit den Seelen gemacht werden konnten, die bereits inkarniert waren und die Rolle von Müttern oder Vätern, Großeltern usw. spielten. Ich hatte angenommen, dass diese Verträge abgeschlossen wurden, bevor eine der Seelen inkarniert wurde, während sie alle in der geistigen Welt waren. Allerdings haben wir anscheinend noch immer Kontakt, auch wenn wir unser gegenwärtiges Leben leben. Und die Pläne und Vorbereitungen laufen weiter. Es zeigt auch, wie der Plan geändert werden kann.

D: *Diskutieren sie über das Leben, das du als Amber leben wirst?*
A: Ja. Sie sagen mir, dass ich nach New Mexico zurückkehren dürfe. (Lachen)
D: *Warst du dort schon zuvor?*
A: Ja, als Junge.... als indischer Junge.
D: *Da war es also.* (Ja) *Gab es dort Gold?* (Nein) (Lachen) *Also ist e swegen des Geschehenen wichtig, zurückzukehren?*
A: Wir arbeiten immer noch an meinem Problem, die Welt zu retten. (Lachen) Sie denken also, dass ich mich vielleicht daran erinnern kann, dass ich die Welt nicht retten kann, wenn ich an den gleichen Ort zurückkehre. Aber ich kann mein eigenes kleines Stück retten, das ich bin. Und sie sagten mir, dass es ein ganz anderes Leben sein wird als das vorherige, und dass ich es mit Humor nehmen solle. Sie erinnerten mich daran, wie ich versuchte, trickreich zu sein und in die Felsschlucht hinein- und hinausging und wie ich eine Spur legte. Das ist etwa das, was sie in diesem Leben tun. Ich werde an viele Orte gehen müssen und es mag falsche Fährten geben, aber ich muss meinen Weg finden. Sie lachen.
D: *Sie finden all diese Wahrscheinlichkeiten und Möglichkeiten lustig?*
A: Ja, und sie wissen, dass wir näher kommen und je näher wir

kommen, desto komplizierter wird es.
D: *Was meinst du mit näher?*
A: Wir sind kurz davor, diese Etappe abzuschließen und gehen dem Ende entgegen. Und so wird es zu einer sehr komplizierten, komplexen Ausgestaltung. Es gibt mehr Wahlmöglichkeiten, mehr Elemente für den freien Willen, die ausgeübt werden müssen. Mehr Gelegenheiten, und man muss es schaffen, muss in der Lage sein zu zeigen, dass man an bestimmten Versuchungen vorbeikommt, die einfacher sein könnten. Und man muss an Dingen vorbeikommen, die vielleicht ablenken. Es ist sehr kompliziert.
D: *Was meinst du mit den letzten Etappen?*
A: Ich weiß nicht, wohin wir als Nächstes gehen, aber wir werden nicht in diesen Raum zurückkehren. Wir gehen in ein anderes Gebäude. Wir machen an diesem Ort unseren Abschluss und gehen zum nächsten.
D: *Heißt das, dass du nicht wieder zur Erde zurückkehren wirst?*
A: Wir kehren anders zurück und nur, wenn wir es wollen. Deshalb müssen wir es in Ordnung bringen.
D: *Wird es keine Gelegenheiten mehr geben, zurückzukommen und es zu korrigieren?*
A: Das wird es schon geben, aber ich möchte bei meiner Gruppe bleiben.
D: *Denn Menschen machen Fehler.*
A: Ja, das tun sie. Und es geht nicht um Perfektion. Es geht darum zu wissen, dass das Lernen wichtig ist. Dass man offen und lernbereit ist.
D: *Können sie dir zeigen, was in diesem Leben als Amber passieren wird?*
A: Sehr knifflig.
D: *Aber einige dieser Leute kommen mit dir zurück, um ihre eigene Rolle zu spielen?*
A: Ja. Und indem sie dort sind, sind sie ihre eigene Erinnerung daran, wo wir sein sollten und dass wir zusammen sind und uns gegenseitig helfen können.
D: *Aber wenn man in den Körper kommt, erinnert man sich nicht mehr, oder doch?*
A: Nein, aber es gibt dieses synchrone Wissen, das wir alle wissen. Aber wir sind hier, um uns gegenseitig zu ermutigen. Nicht, um den einfachen Ausweg zu nehmen. Nicht, um den kurzen Weg zu gehen.
D: *Was wäre der kurze Weg?*
A: Der kurze Weg ist, Herausforderungen zu meiden.

D: *Das ist der einfache Weg, aber man lernt nicht viel, oder?*
A: Nein. Man würde nicht den nächsten Schritt gehen und sie sind alle gespannt darauf, den nächsten Schritt zu gehen. Deshalb haben wir vereinbart, uns gegenseitig zu helfen. Damit wir nicht hinterher stranden. Wir werden alle zusammen vorankommen.
D: *Was ist der nächste Schritt? Können sie dir etwas darüber erzählen?*
A: Es gibt eine Gruppe, vor der wir erscheinen werden, und sie werden mit uns reden. Aber es geschieht an einem anderen Ort. Es ist oben in einer Kuppel. Oben schwebend wie goldenes Licht.
D: *Du warst noch nie zuvor dort?*
A: Nein. Meine Gruppe will wirklich unbedingt dorthin gehen. Wir wissen, wo es ist. Wir wissen, dass wir noch nie zuvor dort waren und das ist es, wo wir als Nächstes hingehen werden.
D: *Wie ein Abschluss, sagtest du. (Ja) Zuerst muss man die Herausforderungen dieses Lebens meistern. (Ja) Und die meisten Menschen, die man zu Ambers Lebzeiten trifft, kommen aus der Gruppe?*
A: Nicht die meisten. Nur ein paar wenige, und sie werden da sein, als Erinnerung daran, dass ich am richtigen Ort bin, die richtigen Dinge tue und in die richtige Richtung gehe.
D: *Wirst du in diesem Leben Kinder bekommen? Kannst du das sehen?*

Das war eine von Ambers Fragen.

A: Ja. Ich habe das gewählt und sie lachen über mich und über die Dinge, die ich auswähle. Ich wähle alles aus. Ich will nicht zu kurz kommen. Ich setze alles auf meine Liste. Und sie lachen mich aus, weil sie sagen, dass ich unmöglich mit all diesen Dingen umgehen kann. Aber ich bin so entschlossen, dass wir es zu diesem nächsten Schritt, der nächsten Stufe, schaffen werden, dass ich mir so viel wie möglich auflade.
D: *Das kann eine Herausforderung sein.*
A: Es ist, als ob wir eine Murmel aus einer Kiste nehmen und sie in eine Schüssel legen. Und jede Murmel ist eine Herausforderung. Normalerweise wählen die Leute eine oder zwei aus. Die Leute aus der Gruppe wählen eine oder zwei Murmeln aus und geben sie in eine Schüssel. Ich fülle die Schale bis zum Rand. Sie sind nicht wirklich zufrieden mit mir. (Amüsiert.)
D: *Bist du dir wirklich sicher, dass du das tun willst?*
A: Es sieht einfach aus, weißt du.

D: *Oh, es sieht immer einfach aus.*
A: Ich weiß, wenn wir das tun, werden wir den Abschluss machen. Wir werden weitermachen. Sie sehen mich an. Sie sagen: „Wenn du die Murmel in die Schüssel legst, weißt du, dass es *deine* Murmel ist. Andere sind da, und sie werden sich vielleicht beiläufig mit ihr beschäftigen, aber es ist deine Murmel." Und ich sage: „Ich weiß. Ich weiß."
D: *In Ordnung. Aber weißt du etwas über die Kinder, die du eventuell hast?*
A: Ich sehe ein kleines Mädchen. Es ist wunderbar und es hat mir so viel beizubringen, wenn ich es nur lasse. Es wird schwer sein. Es wird sich von mir und meinen Mitmenschen unterscheiden. Es ist nicht Teil dieser Gruppe, aber ich habe zugestimmt, es zur Welt zu bringen, weil es so viel zu geben hat. Aber es ist eine besondere Situation. Es kann mich Dinge lehren, wenn ich es lasse, aber es ist auch eine Murmel in meiner Schale. Es hat eine andere Schwingung. Es hat Schwierigkeiten, auf der Erde zu bleiben. Sein Körper ist sehr leicht und es muss Wege lernen, sich zu erden. Es ist sehr wichtig, ihm das beizubringen. Ihm beizubringen, wie man spielt. Ihm beizubringen, wie man auf der Erde ist und auf der Erde herumläuft. Je mehr Zeit es draußen und nahe der Erde verbringen kann, desto geerdeter wird es sein. Die Natur. Es wird erblühen. Es wird viel Angst haben, weil es eine seltsame Umgebung ist. Es ist es nicht gewohnt, in einem Körper zu sein. Und der Körper wird nicht immer mit ihm zusammenarbeiten.

Diese Beschreibung passt zu Ambers Tochter Adriana. Sie erschien immer so, als ob sie nicht hierher gehöre und brauchte besondere Aufmerksamkeit und Liebe.

D: *Kannst du sehen, wer dein Gefährte in diesem Leben sein wird?*
A: Hmm. Du sagtest „Gefährte" und sie sagten: „Mehr Murmeln".

Sie sagte, dass die Gefährten auch nicht aus der Gruppe stammen. Sie hätten verschiedene Lektionen für Amber. Ich wollte ihr den Spaß, den sie mit ihrer Gruppe und deren Planung hatte, nicht verderben, aber ich dachte, es sei an der Zeit, auf ihre Fragen einzugehen.
Ich fragte, ob ich Fragen stellen dürfe, und sie stimmten zu: „Du darfst fragen." Sie wussten, was wir taten, und es wurde gestattet.

D: *Ich will ihnen ihren Spaß nicht verderben und nicht nach Dingen fragen, die sie nicht wissen sollte.*
A: Nein, wir werden es dich dann wissen lassen.
D: *Sie wissen, dass du jetzt im Körper steckst und dass du hier versuchst, Informationen zu erhalten.*
A: Ja, natürlich. Das ist es, was sie tut. Sie hat bereits eine Menge aus dem gelernt, was ihr erzählt wurde.

Eine ihrer Fragen befasste sich mit ihrem jetzigen Job. Sie war nicht glücklich damit und fühlte sich, als stünde sie an einem Scheideweg und versuchte, sich für einen Karrierewechsel zu entscheiden.

A: Es sind diese Murmeln. (Lachen) Sie weiß, was sie tun muss. Sie muss sich ändern und sie wird die richtige Zeit finden und sie wird wissen, dass, nur weil sie die Murmeln in der Schüssel hatte, das nicht bedeutet, dass alle unter ihnen eine Last darstellen. Eine Herausforderung ist nicht immer eine Last.—Sie muss erkennen, dass wenn man in einem menschlichen Körper steckt, es nur eine bestimmte Menge gibt, was ein Mensch tun kann und es Grenzen gibt. Sonst wäre sie nicht in einem menschlichen Körper. Und sie muss lernen, mit ihrem menschlichen Körper arbeiten zu können, damit sie die Dinge tun kann, die sie tun muss. Wenn sie dagegen vorgeht, wird ihr Körper sich ausschalten und das hat sich bereits bewiesen.
D: *Es wird rebellieren, also muss sie sich Zeit für sich selbst und Zeit zum Ausruhen nehmen?*
A: Ja. Sie kann andere nicht heilen, bis sie sich selbst geheilt hat.

Sie hatte über viele, viele Leben eine interessante Verbindung zu ihrem Mann gehabt. Sie gehörten nicht zur gleichen Gruppe, aber sie hatten die gleiche Schwingung. Sie hatten vereinbart, sich gegenseitig zu helfen, und meistens waren sie lebenslang hilfreiche Freunde. Ihr Vater gehörte zur Gruppe. „Er stimmte zu, zuerst für sie hier zu sein, damit sie weiß, wo der Weg ist. (Damit sie sich nicht verirre.) Er hat seine Aufgabe und noch mehr erfüllt und er hat eine wunderbare Arbeit dabei geleistet, Menschen zu helfen. Er hatte viele Gelegenheiten, bei denen er hätte gehen können, doch jedes Mal, entschied er sich, zu bleiben und zu helfen, und wir danken ihm für seine Arbeit."

Abschiedsbotschaft: Sie wird wissen, dass sie auf mich zurückgreifen kann, wann immer sie es braucht. Sie muss einfach ruhig werden und zuhören und sie kennt die Orte, an die sie gehen kann, um besser zu hören und die Menschen, mit denen sie zusammen sein kann, damit sie besser zuhören kann, aber wir werden immer für sie da sein. Wir werden weiterhin für sie da sein. Und denke einfach an die Murmeln. (Wir lachten.)

Kapitel 7

EIN KURZES LEBEN

Kim war eine pensionierte Flugbegleiterin in ihren Sechzigern. Sie ging leicht in Trance, aber sie ging in ein Leben, das kurz vor ihrem jetzigen Leben zu liegen schien. Es schien sich in einer kleinen Stadt in der Nähe des Meeres abzuspielen. Sie war ein fünfzehnjähriges Mädchen, das in einem dreistöckigen Gebäude lebte, welches einen Futterladen im ersten Stock hatte. Sie lebte dort mit ihrer Mutter und ihrem Vater und drei Brüdern. Die Beschreibung der Küche legte die späten 1880er oder frühen 1900er Jahre nahe: eine Wasserpumpe und ein dickbauchiger Ofen. Der Futterladen war das Familienunternehmen und sie alle halfen aus, wenn sie nicht in der Schule waren. Ihr Job war es, sich um das Schreiben der Bestellungen zu kümmern. Es schien ein einfaches, beschauliches Leben zu sein, bis ich sie zu einem wichtigen Tag brachte. Sie ging die Treppe hinunter, die von ihrem Wohnraum im Obergeschoss in den hinteren Teil des Ladens führte, als sie stolperte und die Treppe hinunterfiel. Sie war schwer verletzt, aber sie konnte nicht schreien. Sie konnte die Leute im Laden hören, aber sie konnte nicht um Hilfe rufen. Sie musste dort liegen, bis jemand sie fand und sie wieder die Treppe hinauftrug. Als der Arzt kam, entdeckte er, dass sie sich das Genick gebrochen hatte.

„Er legt ein Laken über meinen Kopf. Ich glaube nicht, dass ich es geschafft habe. Mein Vater ist bei mir. Ich schaue von der anderen Seite des Raumes zu. Ich wünschte, ich wäre nicht gefallen, aber ich kann nichts dagegen tun." So starb sie plötzlich und auf tragische Weise im Alter von sechzehn Jahren. Ich wollte natürlich wissen, was als Nächstes geschah, jetzt, da sie nicht mehr in ihrem Körper war. „Da ist ein Licht. Ich gehe da hinauf."

D: Sag mir, was passiert, während du zum Licht hochgehst.
K: Es ging so schnell! Aber ich wünschte, es wäre nicht passiert.

D: *Aber du kannst jetzt nicht mehr zurück, oder?* (Nein) *Was passiert also? Was erlebst du da?*
K: Nur diesen Frieden. Es fühlt sich gut an.
D: *Bist du allein oder sind noch andere Menschen bei dir?*
K: Ich sehe keine Menschen. Da ist eine Präsenz ... „Kann ich zurückgehen?"
D: *Ist es das, was du sie fragst?* (Ja) *Was sagt sie?*
K: „Nein. Dein Körper ist gebrochen." Warum musste das passieren? „Es ist das, was du wolltest." Warum sollte ich das wollen? Sie sagen: „Du musstest ... es war deine Zeit. Du warst mit dem Leben fertig."
D: *Aber es war kein sehr langes Leben.*
K: Ja, und das halte ich nicht für fair. Sie sagen: „Es ist das, was du wolltest."
D: *Bitte sie, es dir zu erklären, weil du es vergessen hast.*
K: „Es ist das, was deine Seele beabsichtigt hat. Für kurze Zeit dort zu sein. Zu lernen."
D: *Was zu lernen?*
K: Einfach Lektionen. Und was habe ich gelernt? Ich habe gelernt, was ich gelernt habe. Über das Jungsein ... über das Beste für den Körper. Dein Körper wird nie alt, aber deine Seele schreitet nicht voran. Wenn dein Körper zerbricht und du jung bist, kommt deine Seele nicht weiter. Er kann die Seele nicht halten.
D: *Er könnte verkrüppelt worden sein.* (Ja) *Dann wärst du vielleicht nicht in der Lage, das zu tun, was du tun solltest?*
K: Ich sollte wohl nichts anderes tun. Nur lernen, wie es ist, jung zu sein. Dann gehst du zurück und wirst alt. Und dann willst du alt sein und deine Seele wachsen lassen. Denn jetzt weißt du, dass deine Seele nicht wachsen kann, wenn dein Körper zerbricht, wenn du jung bist. Dann wirst du es zu schätzen wissen, älter zu werden. Und auf den Körper aufpassen und vorsichtiger sein. Falle nicht, wenn du es vermeiden kannst.
D: *Gehst du woanders hin, nachdem sie mit dir gesprochen haben?*
K: Es gibt eine Art Ausbruch ... Wärme ... genau wie wenn man sich in einem Kokon oder so etwas befindet.
D: *Hat dir jemand gesagt, dass du das tun sollst?*
K: Ja. Ich muss weitermachen und ein Teil dieses Universums dort sein. Für eine Weile ein Teil davon sein.—In diesen Lichtausbruch hinein ... nur um darüber nachzudenken.
D: *Um über das Leben nachzudenken, das du gerade verlassen hast?*
K: Um sich wieder auf ein anderes vorzubereiten.
D: *Musst du noch eines durchleben?* (Ja) *Was hältst du davon?*
K: (Freudig) Ich denke, das ist in Ordnung. Ich will länger leben,

und ich will nicht nach oben gehen. (Lautes Lachen.)
D: *Du willst kein Risiko eingehen, dass das noch einmal passiert. (Lachen) Sprichst du mit jemandem über deine Pläne?*
K: Ja. Wir reden darüber. Darüber, was man gerne sein würde, wenn man wiederkäme, wie lange man leben würde und all diese Dinge.
D: *Einen Plan machen?*
K: Ja. Also muss ich darüber nachdenken und es dauert lange, das herauszufinden. Sie sprechen über die verschiedenen Möglichkeiten. Sie fragen: „Nun, willst du in einer Schneegegend leben?" Nein, nein ... Ich mag Schnee, und manchmal will ich im Schnee sein, aber ich würde dort nicht leben wollen - aber ich denke, dass ich dieses Leben, in dem ich mich gerade befinde, geplant habe.
D: *Ist es das, was sie dir zeigen?* (Ja) *Wie machst du die Pläne?*
K: Ich habe einfach ein großes Stück Papier, einen Bleistift und einen Schreibstift. Und wir finden alles heraus. Und sie sagen: „Nun, du hattest nicht viel mehr zu lernen, außer dass du lernen musstest, dich um deinen Körper zu kümmern. Du hast viel gelernt."
D: *Machst du Pläne mit anderen Leuten oder so etwas?*
K: Ja. Du weißt schon ... wo du entscheidest, zu leben ... Familie ... und all diese Dinge. Ich schätze, ich habe mich für dieses jetzige Leben entschieden und versucht, mich von der Treppe fernzuhalten. Das war schlecht. (Wir lachten beide.)
D: *Du sprichst von dem Leben als Kim?* (Ja) *Gab es irgendjemanden in jenem Leben, den Kim jetzt kennt?*
K: David (ihr gegenwärtiger Ehemann) ... Ich glaube, er war der Arzt.
D: *Warum hast du vereinbart, mit ihm zurückzukommen?*
K: Weil ich weg war und ich keine Chance hatte, ihn kennenzulernen. Und er schien wirklich nett und fürsorglich zu sein. Er weinte.
D: *Also stimmte er zu, in das Leben von Kim zurückzukehren, um zu helfen?* (Ja, ja.)

Kim hatte nach ihrer Adoptivtochter Robin gefragt. „Sie war in jenem Leben meine Mutter. Sie war wirklich wütend, weil ich gegangen bin."

D: *Sie wollte wieder bei dir sein?* (Ja) *Aber sie konnte nicht als Kims leibliches Kind kommen?* (Nein) *Wusste sie im Voraus, dass sie adoptiert werden würde?*

K: Ja, das war Teil ihres Plans.—Ich habe es fast geschafft. Ich hätte fast den Körper kaputtgemacht. (Kim hatte einen Autounfall.) Aber sie musste zu mir kommen.
D: *Und sie hat dich den Geburtseltern vorgezogen?* (Ja) *Gab es dafür einen Grund?*
K: Oh! Sie waren sechzehn! Als sie meine Mutter war, war ich sechzehn und machte meinen Körper kaputt. Dann musste sie ihre leiblichen Eltern verlassen, weil sie sechzehn und zu jung waren, um sie zu behalten. Und wieder mit mir auf die Welt kommen.
D: *Das war also die vorherige Vereinbarung, dass sie sie hergeben würden. Sie wusste bereits, dass Kim ihre Adoptivmutter werden würde.* (Ja.) *Das ist interessant, weil es zeigt, dass alles zusammenfällt.*
K: Ja. Ich hoffe, diesen Eltern geht es gut.
D: *Wir können es herausfinden. Du machst eine wunderbare Arbeit bei der Beantwortung der Fragen, aber ich denke, wir werden noch jemand anderen hinzuziehen, der noch mehr Antworten hat. Ist das in Ordnung?* (Ja)

Dann rief ich das SC hervor. Ich frage es immer gleich zuerst.
Frage: „Warum hast du dir dieses Leben für Kim zum Betrachten ausgesucht?"

K: Damit sie sieht, dass sie sich um ihren Körper kümmern muss.
D: *Sie hatte einige Unfälle, nicht wahr? Sie hat den Körper wirklich durcheinander gebracht, nicht wahr?* (Ja) *Das Unterbewusstsein konnte nicht verhindern, dass es passierte?*
K: Nein, konnten wir nicht. Wir dachten, sie müsse daran erinnert werden. Sie fing an zu vergessen.
D: *Sie erzählte uns, wie ihre Tochter eine Entscheidung traf, zur Welt zu kommen und adoptiert zu werden. Was ist mit Robins leiblichen Eltern? Sie waren sehr jung, als sie Robin bekamen. Kannst du sehen, ob es ihnen gut geht?*

Das war eine Frage, die Kim gestellt hatte, um Dinge herauszufinden.

K: Die leibliche Mutter war in diesem Leben ihr Bruder. Ihre Mutter war sehr beschäftigt mit dem Laden und sie musste sich um den kleinen Bruder kümmern.
D: *Es wurden also Vereinbarungen zwischen allen getroffen?* (Ja) *Nun, Kim äußerte Sorge. Die Eltern, die Robin hatten, waren*

sehr jung, sechzehn. Sie fragte sich, was mit ihnen in diesem gegenwärtigen Leben geschehen sei. *Ich weiß, dass du diese Dinge sehen kannst, wenn es angebracht ist. Was ist mit ihnen passiert, nachdem Robin geboren wurde?*
K: Sie ging zur Schule und hatte weitere Kinder.
D: *Das wird Kim ein besseres Gefühl geben, wenn sie das weiß. Also ist alles gut gelaufen.*

Eines von Kims körperlichen Problemen war die Sorge um ihren Hals. (Schilddrüse) Ich fragte, was ihr Problem verursachte. „Sie wollte um Hilfe rufen. Als sie die Treppe hinunterfiel und sich das Genick brach, lag sie lange Zeit da und versuchte zu rufen, konnte es aber nicht."

D: *Warum beeinflusst es jetzt ihren Hals?*
K: Sie versucht noch immer, um Hilfe zu rufen. Das fing an, als ihre Mutter krank wurde. Solange ihre Mutter dort war, ging es ihr gut. Aber als ihre Mutter krank wurde und starb, wollte sie wieder laut schreien.

Ich fuhr dann mit der Therapie fort, um die Halssymptome in der Vergangenheit bei dem anderen Mädchen zu belassen und Kim zu beruhigen, da sie ohnehin nichts tun konnte, um ihrer Mutter zu helfen, als sie im Sterben lag. Sie bestrafte sich einfach selbst. Da es sich nur um eine aus einem anderen Leben übriggebliebene Erinnerung handelte, stimmte das SC zu, die Kehle zu heilen und alles in die Vergangenheit zurückzubringen. Es heilte sie, indem es Energie zu den Drüsen in ihrem Hals schickte und sie entspannte. Das SC sagte: „Du musst nicht schreien. Du musst dich nur entspannen."
Nachdem das erledigt war, ging ich zu ihren nächsten Fragen über. Sie war besorgt darüber, dass es in ihren Ohren klingelte. Es wechselte von einer Seite zur anderen. Bei anderen Fällen wurde mir gesagt, dass dies mit der Anpassung der Frequenzen zu tun habe. Ich vermutete, dass die Antwort in diesem Fall die gleiche sein würde. „Wodurch wird das verursacht?"

K: Die Erde. Die Schwingungen ändern sich und es wird einfach passieren. Sie muss sich an die Frequenzen anpassen. Wir können helfen, indem wir ihre Schwingungen erhöhen.

Die Unfälle hatten schwerwiegende Probleme in ihrem Körper verursacht und eine Operation war erforderlich. Das SC hatte eine schwierigere Zeit, als es versuchte, ihren Körper an die Schwingungen anzupassen: „Da sind eine Menge Kabel drin! Deshalb ist es für sie so schwierig, sich an die Frequenz anzupassen. Mal sehen, was wir tun können."

D: *Das passierte, als sie den Körper wieder zerbrach.* (Ja) *Kannst du bei der Schwingungsfrequenz helfen, damit es sie nicht stört?*
K: Ich versuche gerade, es anzupassen.
D: *Haben all diese Kabel einen Erdungseffekt oder so etwas?*
K: Sie erhöhen die Frequenzen ... Störungen. Sie mischen sich in den natürlichen Prozess ein. Sie ist ziemlich gut bei all dem, was vor sich geht. Wenn man das bedenkt.—Wir sagten ihr, sie solle sich um diesen Körper kümmern. (Lachen)

Wilma durchlebte ein einfaches, alltägliches, primitives Leben, als ich sie bat, zu einem wichtigen Tag überzugehen, an welchem etwas geschah. Als sie das tat, war es offensichtlich, dass sie in ein anderes Leben übergesprungen war.

W: (Verzweifelt) Da ist Wasser. Ich kann nicht atmen.
D: *Was meinst du?*
W: Ich bin im Wasser. Ich kann nicht atmen.

Ich nahm alle unbehaglichen körperlichen Empfindungen weg, damit sie objektiv mit mir sprechen konnte, falls nötig.

D: *Wie bist du ins Wasser gekommen? Du kannst dich rückwärts bewegen und herausfinden, was passiert ist. Du kannst es sehen. Es wird dich überhaupt nicht stören, es dir anzusehen.*
W: Da ist ein Auto und es ist von der Brücke abgekommen.

Das war eine Überraschung. Nun war es offensichtlich, dass sie einen Sprung nach vorne gemacht hatte. Ich hatte keine andere Wahl, als dem zu folgen.

D: *Warst du im Auto?*

Ihre Stimme zitterte vor Angst, als sie antwortete: „Ja."

D: *Es ist alles in Ordnung. Du kannst es dir ansehen. Warst du am Steuer?*
W: Nein ... Ich saß auf dem Vordersitz.
D: *Wer fuhr das Auto?*
W: Meine Mutter..
D: *Wer ist sonst noch im Auto?*
W: Meine Schwester.
D: *Wie alt bist du*
W: Sieben.
D: *Wolltest du irgendwo hingehen?*
W: Ich schätze schon.
D: *Lebtest du dort irgendwo in der Nähe?*
W: Hmm-hmm ... nicht ganz so nah, aber da in der Nähe.
D: *Wo ist dein Vater?*
W: Ich weiß es nicht.
D: *Was ist passiert? Du kannst es dir ansehen. Du musst es nicht erleben.*
W: Sie hat etwas angefahren oder ... wir sind auf der Brücke. Die Vorderseite des Autos fuhr gerade über die Seite der Brücke hinaus, kippte und traf das Wasser und Wasser kam durch die Fenster, und ich kann nicht mehr atmen.

Ich nahm wieder alle unangenehmen körperlichen Empfindungen weg. „Weißt du, ob deine Mutter und deine Schwester irgendwo in der Nähe sind?"

W: Nein. Keiner von uns ist rausgekommen. Wir sind alle gestorben.
D: *Ihr seid alle in dem Auto?*
W: Ja. Ich gehe unter.
D: *Du wirst es nicht spüren. Du wirst dich überhaupt nicht unwohl fühlen.—Es war ein Schock, nicht wahr?*
W: Ja, ich habe es nicht kommen sehen.
D: *Deine Mutter auch nicht, oder?* (Nein) *Sie wusste nicht, was passieren würde.*

Ich brachte sie zu dem Zeitpunkt, als es vorbei war und sie auf der anderen Seite war. Es ist einfacher, Informationen zu erhalten, nachdem die Person den Körper verlassen hat. Sie müssen wegen mir nicht durch den eigentlichen Tod gehen. Ich fragte Wilma (das Kind), ob sie das Auto sehen könne.

W: Es ist unter Wasser. Es sank mit allen Insassen darin.
D: *Wusste jemand, dass du ins Wasser gegangen bist?*

W: Nein, es war niemand in der Gegend.
D: *Was wirst du jetzt tun?*
W: Nun, ich bin da drin gestorben, also schätze ich, dass ich einfach so davonschwebe.
D: *Sind deine Mutter und deine Schwester um dich herum?*
W: Sie sind im Wasser. Sie sind auch gestorben, aber ich sehe sie nicht mehr.—Ich will nicht wirklich gehen.
D: *Warum nicht?*
W: Weil ich nicht sterben will.
D: *Du warst jung.* (Ja) *Aber es war ein Unfall.* (Ja) *Hattest du ein schönes Leben?*
W: Ich wollte, dass es länger währt.
D: *Es war eine Überraschung. Es sollte nicht derart schnell enden.* (Nein) *Siehst du jemanden?*
W: Ja, ein paar Leute warten hier oben. Sie wissen, dass ich komme.
D: *Wirst du mit ihnen reden?*
W: Hmm-hmm, da ist mein Vater gerade.
D: *Du kannst sie fragen, warum es passiert ist. Warum bist du so jung gestorben?*
W: Er sagte nur, dass ich nicht länger da unten sein müsse.—Ich wollte bleiben.—Ich werde sehr schnell vergessen, wie es ist, da unten zu sein, und dann werde ich wissen, warum es besser ist, hier oben zu sein.
D: *Aber du warst für kurze Zeit da unten.*
W: Er sagte, das sei alles, was ich brauche. Er sagte, ich hätte gelernt, was ich lernen musste.
D: *Was denkst du darüber?*
W: Nun, wie gesagt, ich wäre gerne dort geblieben, aber vielleicht ist es hier oben besser. Es ist nicht so beschränkt.—Es gibt noch ein paar andere Leute hier. Da ist meine Tante. Sie war meine Tante.
D: *Es gibt also Leute, die du kennst. Wo musst du jetzt hin? Hat das irgendjemand gesagt?*
W: Nein, wir stehen nur irgendwie hier ... schweben hier, würde ich sagen. Sie sagen, wir müssen nach oben, aber es gibt keine Eile. Er sagte, es sei nicht so, wie es da unten ist. Ich könne es in meinem eigenen Tempo tun.
D: *Was willst du jetzt tun?*
W: Ich schätze, ich bin bereit, aufzusteigen.—Ich kann nicht zurückgehen.
D: *Er kann ebenso aufsteigen und sehen, was da ist.*
W: Ja. Er mag es dort. Er hat gerade meine Hand genommen und wir gehen nach oben. Meine Tante kommt.—Ich kann momentan nicht viel sehen. Es ist irgendwie trübe. Es hat Sachen in der

Luft.

Ich brachte sie schneller vorwärts zu dem Punkt, als sie dort ankam, wo sie ankommen sollte.

W: Ich weiß nicht, wo das ist. Ich kann immer noch nicht viel sehen. Da sind Sachen im Weg.—Okay. Da oben ist jemand. Jetzt weiß ich, dass ich ihn kennen sollte, aber ich weiß nicht, wer es ist. Er ist irgendwie „hauchdünn", aber ich weiß nur, dass es jemand ist, mit dem ich hier oben schon einmal in Kontakt stand.
D: *Du hast also das Gefühl, dass du schon einmal hier warst?*
W: Ja, viele Male.
D: *Also ist es dir vertraut, jetzt, da du dort bist?*
W: Ja, ich glaube schon. (Flüsternd) Ich wünschte, ich wüsste, wer dieser Typ ist. Ich weiß nicht, was er im Moment tut. Ich kann es nicht beschreiben. Er begrüßt mich auf eine Art, wenn ich dorthin zurückkehre.—Mein Vater geht weg. Er muss woanders hingehen.
D: *Hat er eine Aufgabe zu erledigen?*
W: Ich denke, er hat es einfach getan ... einfach um sicher zu sein, dass ich dort angekommen bin.—Jetzt stehe ich hier einfach so mit dieser Person rum.
D: *Bringt er dich irgendwohin?*
W: Wir werden jetzt hier rübergehen.—Da ist so viel Nebel. Ich kann nicht sehen.—(Lacht) Oh, ich wünschte, ich könnte das tun!
D: *Was?*
W: Er änderte einfach die Art, wie er aussah ... einfach so. Er verändert sich so schnell. Oh, er ist einfach lustig. Er tut das nicht immer.
D: *Mal sehen, wohin er dich führt. Es wird klarer werden.*
W: Ich gehe zur Schule.—Ich sehe weiß gefärbten Stein und einige Stufen und Säulen und es ist ziemlich groß ... die Stufen führen einen langen Weg entlang. Es gibt wahrscheinlich nur etwa sechs Stufen, aber sie führen eine lange Strecke hinüber.—Und so gehen wir zur Schule. Und ich war draußen, jetzt bin ich drin und konnte nicht einmal die Tür sehen. Wie gefällt dir das?
D: *Wie ist die Schule?*
W: Es gehen viele Dinge hier drin vor sich, aber hier finde ich heraus, was ich als Nächstes tun werde.
D: *Was werden sie dir in dieser Schule beibringen?*
W: Einfach, wie man mit den Dingen auf der Erde umgeht ... so ein Theater, wenn man da unten ist ...

D: *Meinst du, wie man mit den Dingen umgeht, wenn man wieder im Körper ist?*
W: Ja, denn hier oben können wir sehen, wie man mit den Dingen da unten umgeht. Es ist einfacher, es von hier oben zu sehen. Aber da unten sieht man nichts. Es ist einfach lächerlich. Deshalb müssen wir es alle hier oben klären.
D: *Wenn du da unten bist, läuft es nicht immer richtig, oder?*
W: Nein, weil wir uns nicht erinnern können, was wir tun. Wir sind bemitleidenswert.
D: *Sagen sie dir, warum du dich nicht erinnern kannst?*
W: Nun, mal sehen. Er sagt nur, dass es zu verwirrend wäre. Ich denke, es wäre einfacher, wenn ich mich erinnern könnte, aber er sagt, dass es nicht so sein würde.—Ich möchte mich erinnern, aber er sagt, dass das einfach nicht gehe.
D: *Er denkt, es wäre verwirrender, wenn du es wüsstest?*
W: Ja, das hat er gesagt. Er sagte, wir seien einfach programmiert, auf Kurs zu bleiben und irgendwie innerlich gesteuert. Er sagte, dass wir hier oben alles mit dir machen können. Und weil wir das getan haben, wirst du es wissen, wenn du da unten ankommst, auch wenn du dich nicht wirklich daran erinnerst. Denn er sagt, dass alles da oben aufgezeichnet wird, so dass du dir keine Sorgen machen musst. Wenn die Leute hier oben sind, gehen wir mit ihnen den für sie bestimmten Plan durch. Also, selbst wenn die Leute wieder zur Erde zurückkehren, wissen sie, was der Plan ist, auch wenn sie sich nicht wirklich daran „erinnern". Sie wissen es. Sie wissen nur nicht, dass sie es wissen.
D: *Aber oft, wenn sie hier runterkommen, laufen die Dinge nicht immer nach Plan, nicht wahr?*
W: Nein, aber auch dafür haben wir Lösungen.
D: *Was meinst du damit?*
W: Nun, weißt du, wir versuchen, ein wenig Einfluss zu nehmen, wenn es nötig ist, nur um die Leute irgendwie auf Kurs zu halten oder wieder auf Kurs zu bringen, oder was auch immer wir von dort, wo wir sind, bewerkstelligen können, ohne irgendwelche Regeln zu brechen.
D: *Wie tut ihr das? Wenn sie auf der Erde sind, können die Leute euch da oben nicht sehen.*
W: Nein, sie können mich nicht sehen, was gut ist. Denn wenn sie mich sehen könnten, könnte ich die Dinge, die ich tue, vielleicht nicht tun.—Manchmal muss man die Leute irgendwie ermutigen, in eine Richtung zu gehen, an die sie nicht denken oder gehen wollen.

D: Ist das nicht Einmischung?
W: Nein, wir tun es innerhalb der Regeln. Wir kennen die Regeln und brechen sie nie.
D: Wie lauten die Regeln?
W: Einfach, dass du dich nicht einmischen darfst, und du darfst nicht runtergehen und jemanden an die Hand nehmen und ihn herumführen. Aber manchmal kann man Straßensperren errichten; eine bestimmte Straße blockieren, was bei vielen Menschen etwas verändern kann. Wir versuchen, nicht mehr zu tun, als wir tun müssen.
D: Sie haben einen freien Willen, wenn sie in einen Körper zurückkehren, nicht wahr?
W: Ja, ja. Sie können eine Menge Dinge tun, wenn sie wollen.
D: Wirst du einen Plan machen?
W: Nun, ich werde mit ihr arbeiten und wir werden herausfinden, was sie als Nächstes tun muss. Aber ich denke, sie geht für eine Weile zur Schule.
D: Das kleine Mädchen? (Ja) *Sie muss zur Ausbildung in die Schule gehen?*
W: Nun, wir nennen es nicht wirklich Ausbildung, aber es gibt eben Dinge, die sie vor dem nächsten Mal wissen muss. Also wird sie das tun, während wir an dem Plan arbeiten.
D: Hat sie etwas zu dem Plan zu sagen?
W: Oh, ja. Wenn sie es nicht tun wollte, würden wir einen anderen Plan ausarbeiten. Wir wollen nicht, dass jemand etwas tut, das er nicht tun will. Das macht keinen Spaß.
D: Müssen sie dem dann zustimmen? (Oh, ja, ja.) *Aber dann kann der Plan geändert werden, wenn sie zur Erde zurückkehren?*
W: Das kommt darauf an. Es gab Zeiten, zu denen die Pläne geändert wurden, aber wir versuchen, das zu vermeiden. Ich meine, wir versuchen sicherzustellen, dass der Plan solide ist, bevor wir jemanden runterschicken.
D: Weil du all diese anderen Leute mit ihren Plänen hast.
W: Richtig, und wie du weißt, sind sie alle miteinander verflochten.
D: Manchmal funktionieren sie nicht so, wie die Person es wollte.
W: Nun, nein, und sie haben einen freien Willen. Es gibt also Dinge, die einfach passieren, es ist also nicht so, als ob sie das gewählt hätten.
D: Es sind auch all die anderen Einflüsse.
W: Richtig. Sie wird in eine Art Allgemeinunterricht gehen, bis wir den Plan haben. Und wenn wir den Plan haben, werden wir besser wissen, was sie in der nächsten Runde tun muss. Wir gehen den Plan zuerst mit ihr durch und wenn es ihr gefällt,

schicken wir sie in verschiedene Bereiche, wo sie Dinge lernen kann, aber wir werden ihr in diesem Leben helfen.

D: Warum ist sie so jung in dem Autowrack gestorben?

W: Wir brauchten sie dort einfach nicht mehr. Sie stimmte diesmal einer kurzen Laufzeit zu.

D: Sie hat alles gelernt, was sie lernen sollte?

W: Ja, und ich glaube, sie hat auch anderen Menschen geholfen, wenn ich mich recht erinnere.

D: Als sie starb, wollte sie nicht sofort mitgehen.

W: Nein, die meisten Leute wollen für gewöhnlich nicht. Nicht die ganze Zeit. Manche Leute sind willig, aber ... sie sind immer noch an den Körper gebunden. Und sie wissen nicht, wohin sie gehen. Sie erinnern sich nicht daran, vorher hier oben gewesen zu sein. Sie denken, dass sie an einen unbekannten Ort gehen, also haben sie Angst. Und sie war klein, also hatte sie wahrscheinlich mehr Angst als ein Erwachsener, vielleicht, das kommt einfach darauf an.—Wir wollten sie wieder hier oben haben. Wir hatten ein paar Dinge am Laufen, die sie mag.

Ich brachte sie weiter voran, um zu sehen, was der Plan war, was sie tun sollte.

W: Es ist noch nicht in Stein gemeißelt, aber wir denken an einen Mann. Ich sehe einen Businessanzug und ... ich weiß nicht, ob sie das tun will.

D: Du meinst, als Mann wiederzukommen?

W: Nun, nicht das. Ihr Leben wird sehr kompliziert werden. Ich weiß nicht, ob sie im Moment etwas so Kompliziertes gebrauchen kann.—(Spricht mit jemand anderem.) Oh! Ja, wir müssen ... Ich glaube nicht, dass es das Richtige für sie ist. War es für jemand anderen bestimmt? Ich glaube, sie haben die Pläne durcheinandergebracht. (Lachend und dann flüsternd.) Okay, geh und hole es dir.

D: Das passiert manchmal? Sie bringen sie durcheinander?

W: Nun, das soll es nicht.—(Lachend) Wir wollen sicherstellen, dass jeder den richtigen Plan bekommt. Ja, irgendwie wurde das da verwechselt ... sorry.

D: Hast du dort viele Leute, um die du dich kümmerst?

W: Ja, und dieser eigentliche Plan war für die Person vor ihr.

D: Okay. Lass jene Person das komplizierte Leben haben. (Lachen)—Okay, was siehst du als ihren Plan an? Was sieht richtig aus?

Ich wusste von Anfang an, dass wir von Wilma in ihrem jetzigen Leben sprachen, denn wenn das andere kleine Mädchen bei einem Autounfall ums Leben kam, konnte es nicht allzu weit in der Vergangenheit liegen. Wilma wurde 1963 geboren, also war es wahrscheinlich das Leben gerade kurz vor ihrem jetzigen.

W: Ich zog ein paar Sachen hier heraus und es sieht so aus, als würde sie das nächste Mal eine Mutter sein. Das ist alles, was ich sehen kann.
D: *Sieht das nach einem guten Plan aus?*
W: Nun, ich würde es nicht tun wollen, aber ... jetzt schüttelt sie den Kopf. Sie will das nicht tun. Sie will keine Mutter sein. (Lachen)

Wilma hat in diesem Leben nie geheiratet und keine Kinder.

D: *Sie hat das letzte Wort, nicht wahr?*
W: Ja. Wir lassen niemanden etwas tun, das er nicht will.— Normalerweise merken die Leute, wenn sie denken, dass sie es nicht tun wollen. Wenn sie aber lange genug darüber nachdenken, können sie für gewöhnlich sehen, wie sie auf diese Weise vorankommen, also werden sie es doch tun.
D: *Ich dachte, dass man manchen Leuten einfach nicht zutrauen könne, sich selbst zu entscheiden.*
W: Nun, es gibt solche, aber ich unternehme nichts bei jenen. Jemand anderes kümmert sich darum.
D: *Hast du ihr einen anderen Plan gezeigt?*
W: Wir müssen einen ausarbeiten. Es wird ein wenig dauern, ihn zu studieren, um sicherzustellen, dass wir alles richtig an seinem Platz haben. Ich möchte ihr ein gutes Leben geben.... nicht so traumatisch wie das letzte.
D: *Wird es länger dauern als das Letzte?*
W: Ich glaube schon, ja. Ja, es wird ein ruhigeres Segeln sein. Sie wird es mögen, wenn es nicht so ermüdend ist.
D: *Ist manchmal ein kurzes Leben wie jenes eine Lektion für andere Leute?*
W: Manchmal sind sie es, und es gab einige Lektionen für andere, die in diese Situation involviert waren.

Ich brachte sie an den Punkt, wo der Plan solide war, und fragte, ob sie damit einverstanden sei.

W: Sie wird eine Karriere oder einen Job haben. Das gefällt ihr. Sie lebt über das siebte Lebensjahr hinaus, also gefällt ihr das sehr gut. Es ist gut, wenn du so lange da unten bleiben willst. Ich würde es nicht wollen, aber sie denkt, dass das eine tolle Idee sei.

D: *Welche Art Karriere?*
W: Das kann ich nicht sagen. Sie mochte es, was auch immer es war. Ihr gefiel die Vorstellung davon.
D: *Wird sie dem zustimmen?*
W: Ich glaube schon. Sie muss den Rest sehen, aber ich glaube, es gefällt ihr. Es wird eine Weile andauern.
D: *Wird es nicht gut verlaufen?*
W: Oh, nein. Jetzt, da es ihr gefällt, gibt es bestimmte Dinge, an die wir sie gewöhnen werden.

Obwohl die Weseneith, mit der ich sprach, kein Zeitverständnis hatte, musste ich ihr sagen, dass wir hier mit der Zeit arbeiten. Ich fragte, ob sie sich bewusst sei, dass sie durch einen physischen Körper spricht. Sie sagte, dass sie sich dessen definitiv bewusst war.

D: *Das ist der physische Körper, den wir Wilma nennen.* (Ja) *Ist das der Körper, das Leben, in welches das kleine Mädchen eintritt, oder lag eines dazwischen?*
W: Ich denke, das ist das Nächste.
D: *Dasjenige, zu welchem sie den Plan gemacht hat?*
W: Ich glaube schon, ja. Sie wollte nicht das andere Leben, in welchem sie eine Mutter werden sollte, also ließen wir jenes Leben los.
D: *Sie wollte die Verantwortung nicht?*
W: Sie braucht sie einfach nicht. Ich weiß nicht, ob sie es jemals zuvor getan hat, aber sie muss es nicht tun. Sie ist diesmal auf einer Erkundungsmission.

Ich musste ihr Fragen stellen und ich wollte sichergehen, dass die Wesenheit, mit der wir sprachen, sie beantworten konnte oder ob wir das SC rufen mussten. Sie sagte: „Ich kann nicht alles sehen, aber ich kann vieles sehen." Da war stets die ewige Frage: „Was ist ihre Bestimmung? Was soll sie mit ihrem Leben anfangen?" Sie hatte eine Karriere, aber sie war nicht zufrieden. Sie sagten, sie würde das ändern. Sie gaben ihr viele Informationen über die neue Karriere, die sie bis zum nächsten Jahr haben sollte. Ich erinnerte sie daran, dass wir in dieser Welt Geld brauchen, um leben zu können. „Ich weiß. Deshalb bin ich froh, dass ich nicht mehr dorthin zurückkehren muss."

Ich fragte das SC, warum es wollte, dass Wilma etwas über das kurze Leben des Kindes erfahre. Was versuchte es, ihr zu sagen?

W: Das ist der Grund, weshalb sie sich nicht gut fühlt.
D: *Ist dies das, was ihre körperlichen Probleme verursacht?*
W: Ja, sie befand sich eine Weile am Grunde des Flusses.

Wilma hatte ein Problem mit ihrer Lunge: Wassereinlagerungen, das Gefühl, dass sie in ihrem eigenen Fett und ihrer eigenen Flüssigkeit ertrinke.

W: Sie ist nicht mehr am Ertrinken. Sie starb dort. Das kleine Mädchen ist jetzt tot, also braucht Wilma diese körperlichen Gefühle nicht.
D: *Aber es scheint, als hätte sie sie auf den Körper von Wilma übertragen.*
W: Ach wirklich? Gott, das wollen wir nicht. Das ist nicht das, was wir wollen.
D: *Sie sagte, dass sie dieses Gefühl ihr ganzes Leben lang gehabt habe, und so ertrinkt sie in Flüssigkeiten, als hätte sie Flüssigkeitseinlagerungen in ihrem Körper.*
W: Nun, sie war lange Zeit da unten. Ich sehe keinen Grund, warum sie das auf diesen Körper übertragen sollte. Das war das letzte Leben dieses kleinen Mädchens. Es gehört nirgendwo sonst hin. Es sollte kein Teil ihres gegenwärtigen Lebens sein.

Ich gab ihr Suggestionen, um dies in der Vergangenheit zu belassen, wo es hingehörte, damit es Wilma in diesem Leben nicht mehr störe.

W: Ich habe es noch nie gesehen, aber es gibt eine Menge Dinge, die ich noch nicht gesehen habe. Ich könnte mich wahrscheinlich umhören und es gäbe sicherlich irgendjemanden, der davon gehört oder gewusst hat.
D: *In meiner Arbeit treffe ich auf Menschen, die Dinge hervorbringen, die mit der Art und Weise zusammenhängen, wie sie gestorben sind. Und das gefällt uns nicht, weil es Probleme verursacht.*

Ich ging gewisse Schritte durch, um das Leiden von ihr zu nehmen. Sie sagten, dass nichts weiter falsch mit dem Körper sei, es seien lediglich die Nachwirkungen des Vorfalls mit dem Ertrinken.

W: Wilma würde dieses Problem hier nie lösen können; das war von da oben aus einfacher. Wir lösen es einfach auf. Wir konzentrieren uns darauf, was der Körper sein sollte und wie er funktionieren sollte. Und dann trennen wir diese Dinge und bringen sie zurück in den richtigen Zusammenhang in dem anderen Leben. Sie gehören nicht hierher.—Wir haben das herausgeholt, also visualisieren wir nur, wie der Körper in seinem gesunden Zustand sein sollte und sogar einen noch viel angenehmeren Seinszustand für sie und betrachten es als erledigt! Komplett erledigt. (Sie stabilisierten auch ihren Stoffwechsel. Ihr Haarausfall wurde auch durch den langsamen Stoffwechsel verursacht.) Ich bin kein Experte in diesem Bereich, aber manchmal kann das passieren und wenn wir auch noch so vorsichtig sind, schleichen sich doch zuweilen gewisse Dinge an uns heran.

Abschiedsbotschaft: Ich möchte ihr nur sagen, dass sie die Fackel tragen soll und sie weiß, wofür sie sie trägt. Nur um sich daran zu erinnern, dass sie aus einem bestimmten Grund hier ist und dass die Gründe nicht immer klar sind. Aber ihr alle müsst die Fackel tragen und wir wollen nur, dass sie sich an das Tragen der Fackel erinnert.

D: Was meinst du mit dem Tragen der Fackel?
W: Aufgaben zu erledigen, die ihr müsst und könnt. Sie soll sich nur nicht ablenken lassen, um nicht das aus den Augen zu verlieren, was sie tun will.

Kapitel 8

EINE SCHWIERIGE AUFGABE

Mary kam von der Wolke herab in eine wunderschöne Landschaftsszene mit Bäumen und Feldern sowie vielen Tieren, die zwischen den Bäumen spielten.. Sie war ein kleines Mädchen von sechs Jahren, das es genoss, alleine draußen zu sein. Sie war nicht gerne in dem Haus, in dem sie lebte, sondern zog es vor, in der Natur zu verweilen. Sie sagte, es habe viel Stress im Haus gegeben, weil alle Angst hatten. Sie hatten Angst, ihren Vater wütend zu machen, also gab es Spannungen in der Familie. Ich fragte, wer noch zur Familie gehörte. Sie antwortete mit kindlicher Stimme: „Ich betrachte Tomatenwürmer als meine Familie—als meinen Bruder und meine Schwestern und ich habe einen Großonkel und einen Großvater. Auch meine Mutter. Sie ist häufig müde. Sie arbeitet sehr hart. Es ist eine große Farm. Es kommen andere Leute, um bei der Ernte zu helfen, und sie kocht für alle. Vater ist nicht glücklich. Er will nicht dort sein.—Es gibt Schildkröten in den Teichen und die Tomatenwürmer sind groß und grün und fett. Sie fühlen sich gut an. Sie sind besser als die Familie." Sie lebten in getrennten Häusern, aber alle auf der großen Farm. „Ich bin ziemlich oft allein, aber wir haben Katzen mit kleinen Kätzchen. Ich mag die Pflanzen und die Tiere. Ich klettere auf Bäume, um die kleinen Vögel in den Nestern zu sehen.

D: *Was willst du machen, wenn du groß bist? Hast du jemals darüber nachgedacht?*
M: Ich weiß nicht, ob ich so lange durchhalte. Es erscheint zu weit in der Ferne. Ich glaube nicht, dass Erwachsene glücklich sind, und ich will nicht so sein. Ich würde gerne größer sein.
D: (Lachen) *Das wirst du. Glaub mir.... das wirst du. Du wirst wachsen. Jeder wächst.*
M: Ich will einfach auf der Farm bleiben. Die Tiere, die Pflanzen ...

wir haben einen großen Garten ... ich fange Schildkröten im Teich. Ich spüre den Dreck zwischen meinen Zehen.

Aus dem, was Maria mir während unseres Interviews gesagt hatte, war ersichtlich, dass sie in eine Zeit in ihrem gegenwärtigen Leben gegangen war. Sie erlebte ihre unglückliche Kindheit auf einem Bauernhof mit lieblosen Eltern. Ich brachte sie zurück zu einer Zeit, als sie noch ein kleines Baby war. Auf diese Weise war ich in der Lage, sie aus diesem Leben heraus- und in die Vergangenheit hineinzuführen. Sie sah sich selbst als Baby in einer Krippe. Alle ihre Brüder und Schwestern waren um sich versammelt und starrten sie an. Sie schienen so viel größer zu sein als sie.

D: *Was hältst du davon, in dieser Familie zu sein, jetzt, da du im Körper eines Babys bist?*
M: Ich weiß es nicht. Ich bin mir da nicht sicher. (Pause) Sieht nicht sehr glücklich aus. Sieht nicht so aus, als wüssten sie, dass ich eine von ihnen bin. Ich bin so viel kleiner und sie sind neugierig auf mich.
D: *Das liegt daran, dass du die Neue in der Familie bist. Es wird schon gut werden.*

Dann bewegte ich Mary weiter zurück zu der Zeit, als sie zum ersten Mal die Entscheidung traf, wieder ein Baby zu sein, und fragte sie, was sie sah.

M: Es ist eine Tabelle mit Diagrammen darauf, oder Karten oder Schriftrollen. Ich befinde mich an einem Ende. Der Tisch hat eine ovale Form, aber mit lustigen Ecken. Er ist wohl aus Marmor ... kalt, wenn man ihn berührt. Es scheint, als hätte der Tisch ein Licht im Inneren, aber ich sehe nicht, wie das möglich sein soll. Da sind Karten und Papiere. Irgendetwas ist ausgebreitet und scheint von unten zu leuchten.
D: *Ist sonst noch jemand am Tisch oder bist du allein?*
M: Es fühlt sich an, als gäbe es da ein paar ältere Menschen. (Sie fing plötzlich an zu weinen und sagte mit einem schrecklichen Klang in ihrer Stimme:) Ich will nicht gehen! Sie sagen, dass ich zurückgehen muss. (Weinend) Ich will nicht zurückgehen. (Weinend)
D: *Ist es das, was sie entschieden haben?*
M: Sie sagten, ich müsse zurückgehen.
D: *Warum musst du zurückgehen?*
M: Ich schätze, es gibt mehr zu lernen.—Ich mag es aber, wo ich

jetzt bin. Es hat hier viel Schönheit und klares Wasser ... schöne grüne Hecken, Landschaften und Brunnen. Ruhig und friedlich.—Ich will nicht gehen. Sie sagten, es sei auf lange Sicht besser.

D: *Können sie dir sagen, was du lernen musst?*
M: Eine Sache sind Beziehungen. Denkprozesse und die Vermeidung von Negativität.—Jeder muss die Lektionen durchlaufen. Ich schätze, ich habe es letztes Mal nicht richtig gemacht.

D: *Was geschieht, wenn du es nicht richtig machst?*
M: Es gibt viele verschiedene Optionen, aber sie sagen mir, dass dies diejenige ist, die ich wählen muss.

D: *Haben sie dir einige der anderen Optionen gezeigt?*
M: Nein, weil sie sagten, dass dies diejenige sei, die ich nehmen müsse.—Das Ziel ist Perfektion.

D: *Aber du glaubst nicht, dass du es letztes Mal richtig gemacht hast?*
M: Ich schätze nicht. Ich dachte nicht, dass ich einen so schlechten Job gemacht hätte. (Deprimiert) Sie sagten, es werde diesmal anders sein. Verschiedene Charaktere ... verschiedene Spielbesetzungen ... verschiedene Teile. (Frustriert) Man kann nicht da hinunterfliegen.

D: *Haben sie dir etwas darüber gezeigt, wie es sein würde?*
M: Sie sagten, es sei eine Heilung für die Familie.

D: *Für deine Familie, in die du gehst?*
M: Üer die wir uns alle einig waren.

D: *Haben die anderen in deiner Familie auch zugestimmt, zusammenzukommen?*
M: Ja. Einige von uns waren zuvor schon einmal zusammen, aber nicht alle von uns ... um diesmal zu versuchen, es richtig zu machen. Ich weiß, dass einige dieser Leute es schon einmal versucht haben, aber ich schätze, sie haben es nicht richtig gemacht. Und es gibt Neulinge. Jeder hat verschiedene Anteile ... sie sind sich nicht gleich.

D: *Es werden verschiedene Charaktere für das Spiel herangezogen. Ist es das, was du meinst?*
M: (Enttäuscht.) Ja ... Ich schätze schon. Sie sagten, für meine Heilung und unser aller Heilung, müsse ich gehen und dies tun.

D: *Haben sie dir gesagt, wie du das tun sollst?*
M: Es gibt einfach viele verschiedene Optionen.—Niemandem schaden.

D: *Das ist wichtig, nicht wahr?*
M: Ich schätze, wenn sie mich dazu bringen, zurückzugehen und „es

zu tun", dann ist es das. (Verärgert) Ich denke, es gibt noch andere Möglichkeiten, es zu tun. Sie sagten etwas über einen Zeitplan, wie wir es am schnellsten erledigen könnten.

D: *Muss es innerhalb einer bestimmten Zeitspanne sein?*

M: Ich weiß nicht, ob ich es innerhalb eines bestimmten Zeitraums erledigt haben muss oder insgesamt tun muss. Dies ist schneller als manche anderen Methoden.

D: *Es haben also alle Leute, die in deiner Familie sein werden, zugestimmt, zusammenzukommen?*

M: Ja, ich vermute. Weitere werden hinzukommen, wenn sie gebraucht werden.

D: *Ich habe gehört, dass ihr Verträge abschließt. Ist das wahr?*

M: Nun, wir haben alle unsere Aufgaben, wenn du das meinst. Mein Auftrag ist es, zu gehen und kein Leid zu verursachen. (Betonend.)

D: *Und das Ziel ist Perfektion, was schwierig ist, nicht wahr?* (Ja) *Natürlich sieht es anders aus, wenn man da oben ist. Was denkst du? Wirst du in der Lage sein, den Auftrag auszuführen?*

M: (Ein schwerer Seufzer.) Ich denke nur, es sollte einen anderen Weg geben, es zu tun. Aber sie sagten, auf diese Weise würden die Dinge schneller erledigt werden.

D: *Was passiert, wenn du es nicht richtig machst?*

M: Klingt aus irgendeinem Grund nicht so, als ob ich diesmal eine Option hätte.

D: *Also musst du es richtig machen?*

M: Das ist die Erwartung.

D: *Ich bin nur neugierig. Was passiert, wenn man es nicht richtig macht?*

M: Man muss wiederkommen. Aber es kann an verschiedenen Orten sein.

D: *Verschiedene Rahmenbedingungen, verschiedene Länder und unterschiedliche Situationen?*

M: Verschiedene Planeten.

D: *Oh, also das kannst du auch tun. Hattest du viele verschiedene Lebenszeiten und Erfahrungen?*

M: Ich hatte schon einige.

D: *Ich habe mich nur gefragt, ob du das schon lange machst.*

M: (Aufgebracht) Sicher, es fühlt sich so an.—Scheint so, als gäbe es Ebenen, die sie ändern und als ob es sich auf verschiedenen Ebenen abspielt, und das wird schließlich auf einer höheren Ebene enden. (Sie klang sehr verzweifelt.)

D: *Ihr geht also auf verschiedene Ebenen. Ihr müsst Dinge lernen und diese Stufe zuerst beenden, bevor ihr zur nächsten Stufe*

übergeht?
M: Ja, ich schätze schon.—Ich denke nur, dass es dumm ist ... einfach dumm! Weil man sich an dem Ort, an den ich gehen soll, nicht mehr erinnert, nachdem man dort angekommen ist. Es ist einfach dumm! Es ist, als ob du dich für eine bestimmte Klasse am College anmeldest und wenn du dann dort ankommst, gibt es keine Bücher und keine Kleidung. Du weißt nicht, wo deine Klasse ist. Du weißt nicht, wer deine Lehrer sind, und das ist einfach dumm! Es ist der einzige Ort, an dem sie es auf diese Weise machen. Erde! (Verärgert) Andere Orte ... andere Energiesysteme ... andere Galaxien. Die wissen, was vor sich geht.

D: *Man geht nicht einfach völlig blind hinein. Die Erde ist also anders.*

M: Ja. Erledige es! Die Sache ist, geh hin und erledige es. Es ist so frustrierend.

D: *Aber du hast die Regeln nicht aufgestellt.*

M: Nein, aber sie lassen mich nach ihren Regeln tanzen.

D: *Hast du ihnen gesagt, dass du es für keine gute Idee hältst?*

M: Oh, ich glaube, ich habe mich klar ausgedrückt.—Sie sehen große Ereignisse, aber nicht nur für mich. Wir sind alle miteinander verbunden, also ist es wie ein Quantensprung nach vorne, sagen sie. Es gibt eine ganze Menge unter uns, die zur gleichen Zeit hereinkommen, irgendwie die gleiche Mission. Eine Orientierung an neuen Wegen, Dinge zu tun, die noch nicht ... nun, sie sind so, wie die Dinge schon immer gewesen sein sollten, aber da unten wurde alles vermasselt. Es ist also eine Neuorientierung in die Richtung, wie es schon immer hätte sein sollen, aber es ändert sich bereits wieder. Es ist noch nicht alles vom menschlichen Gehirn erschlossen, es steckt also noch in den Kinderschuhen. Es weiß noch nicht, was es alles kann, aber das Gehirn kann so viel mehr. Es ist also so, als gäbe es eine ganze Flotte oder Gruppe von uns, die zurückkehren und die Menschen neu orientieren müssen.

D: *Warst du schon mal auf der Erde?* (Ja) *Also weißt du, wie es da unten ist.*

M: Ja, aber es ist jedes Mal eine Überraschung.

D: *Haben sie dir gesagt, wie du dich an deinen Auftrag erinnern kannst, wenn du erst einmal da unten bist?*

M: Sie sagten, mach dir keine Sorgen. Es wird nur einen minimalen Fluss geben, aber das entsprach nicht meiner Erfahrung.

D: *Gibt es eine Möglichkeit, wie sie dir helfen können, falls du auf Probleme stößt, wenn du einmal dort bist?*

M: Ja. Wir sind nie wirklich getrennt, aber es fühlt sich so an, als wären wir es. Alle schwimmen quasi in der gleichen Suppe, also müssen sie sich gegenseitig helfen. Mir wurde gesagt, dass ich im Laufe der Zeit Helfer bekommen würde.

D: *Ich schätze, du würden sie wahrscheinlich nicht einmal erkennen?*

M: Sie werden wahrscheinlich nicht einmal *mich* erkennen. (Mit Nachdruck)—Ich will einfach nicht gehen. Es ist so hübsch hier ... Wasserfälle und klares Wasser.

D: *Haben sie eine Ahnung, wie lange es dauern wird, bis du dorthin zurückkehren kannst?*

M: Sie sagen, wenn ich fertig bin. Ich weiß, egal was passiert, es wird sich wie eine Ewigkeit anfühlen, weil es dort unten immer so ist. (Sehr kindisch)

D: *Du kannst nicht mit ihnen diskutieren, oder?*

M: Das habe ich, aber es bringt mich nicht weiter.

D: *Und du wirst schlussendlich zurückkehren. Ich habe gehört, dass es wie ein Wimpernschlag ist, wenn man zurückkehrt. Man wird nicht einmal merken, wie lange man schon weg war.*

M: Ja, das ist das Lied, das sie gesungen haben.—Aber ich war dort. Man fühlt sich schwer und man hat keine Flügel. Ich fliege gerne. (Wehmütig) Ich liebe die Freiheit.—In dem Stadium, in dem ich reingehe, muss ich die ganze Geburts- und Kindheitssache und ihre Schulen durchlaufen.

D: *Ganz von Anfang an.*

M: Wir müssen nur lehren und es muss nicht so sein.—Es wird in Zukunft anders sein. Sobald wir alle wieder zu der Art und Weise zurückbringen, wie es früher war, können wir neu erschaffen. Man muss nicht in der Schwerkraft und Dreidimensionalität steckenbleiben.—Ist das das richtige Wort? 3-D ... Dimensionen?—So wird es nicht sein. Es wird anders sein. Sie haben es vergessen. Sie werden anders sein, wenn die Energien verändert sind. Wir werden alle mithelfen, die Energie zu verändern, und das Gehirn wird ganz verkabelt sein, so dass du dich darum kümmern kannst. Und an einem Ort sein, dich konzentrieren und nachdenken kannst und dabei an einem anderen Ort sein kannst. Sie können es jetzt tun. Sie haben es nur vergessen.

D: *Meinst du, dass sie in Zukunft nicht mehr als Baby anfangen und all das Kindheitszeug durchmachen müssen?*

M: Richtig, weil sich die ganze Sache verändert, und sie wird nicht die Grenzen haben—nein, nicht Grenzen—Beschränkungen.

D: *Du meinst, sie werden nur einen erwachsenen Körper haben und*

diesen behalten?
M: Ja, oder nicht einmal einen Körper haben. Man *muss* keinen Körper haben. Es sind nur all diese verschiedenen Stufen und sie trampeln herum in diesen großen physischen Anzügen und das müssen sie nicht tun. Es gibt eine ganze Menge von uns, die ihnen helfen werden, sich zu erinnern. Aber um dorthin zu gelangen, müssen wir vergessen. Verstehst du, was ich meine? Es ist einfach dumm.

D: *Aber wenn sie in Zukunft einen physischen Körper haben werden sie ihn einfach behalten, oder wie?*

M: Ja, die Energie ist das Einzige, was sich ändert, und sie wird leichter und die Menschen können aus verschiedenen Dimensionen kommen und dort auftauchen. Sie müssen nicht als Babys anfangen. Es wird zu Beginn Energievermittler geben, die helfen.

D: *So wird es in Zukunft also keine Babys oder kleinen Kinder mehr geben?*

M: Es wird sie geben, wenn man auf diese Weise kommen will, aber es wird nur eine Option sein, die man wählen kann.

D: *Ich habe gehört, dass es einige Wesen gibt, die nur Energie sind.* (Ja) *Sie haben überhaupt keinen Körper.*

M: Sie sind eine Art Bewusstsein, das nie stirbt. Es ist nur ein Bewusstsein, das bleibt.

D: *Wird jeder auf der Erde zu diesem Level aufsteigen?*

M: Die Menschen, die im Physischen verhaftet bleiben, werden sich verändern, aber es wird viele Menschen geben, die nicht bleiben. Das war diesmal nicht ihr Ding, also wird es Leute geben, die gehen. Aber dann werden sich die Menschen, die bleiben, daran erinnern können, wie man das Gehirn benutzt. Alles wird korrekt miteinander verkabelt.

D: *Aber wird jeder, der jetzt auf der Erde lebt, in der Lage sein, dies zu tun??*

M: Alle, die bleiben, werden dazu in der Lage sein. Manche schneller als andere, aber man wird es so ziemlich müssen, weil sich die gesamte Grundstruktur ändern wird. Es ist, als würde der Computer die Software nicht erkennen, wenn man bleibt. Verstehst du, was ich meine? Akzeptiere die alten Programme. Du musst ein Upgrade durchführen, sonst funktioniert es einfach nicht.

D: *Ich dachte an die Menschen, die sich so sehr für Karma und Negativität interessieren.*

M: Sie werden sich irgendwann verändern. Oh, Gott, sind sie negativ! Sie sind so negativ. Das ist das Urteilen ... schwarz, weiß... richtig, falsch ... ja, nein. Es gibt viele andere Arten des Seins.

D: Du hast zuvor gesagt, dass du die Negativität ändern sollst, nicht wahr?

M: Ja, wir sollten alle zusammenarbeiten, um erleuchtet zu werden. Ändert die Art der Schwingungen auf dem Planeten, um die volle Integration des menschlichen Mechanismus in die Art und Weise zu bringen, wie er sein soll. So wie er vorher war. Oder wie er vermutlich überall sonst außerhalb dieses Planeten ist.

D: Aber es klingt, als würden sich einige von ihnen mit unterschiedlichen Geschwindigkeiten und Schwingungen bewegen. Sie werden es doch nicht alles auf einmal machen?

M: Ja, sie werden nicht alle die Umsetzung oder was auch immer gleichzeitig hinbekommen.

D: Ich finde es interessant, dass du hier sein sollst, du aber nicht wirklich glücklich darüber bist, zu gehen. (Lachen) Klingt, als hättest du eine große Aufgabe zu erledigen.

M: Ja. Es ist eine große Aufgabe, wirklich.

D: Sie würden dich nicht bitten, es zu tun, wenn sie nicht dächten, dass du es kannst.

M: (Leise) Ja, ich gehe ...

D: Sie haben Vertrauen in dich, dass du es schaffen wirst. Dumme Regeln, aber ich denke, du bist in der Lage, es zu tun und du wirst es gut machen.

Ich ließ sie von der Szene wegdriften und rief das SC hervor. Zuerst gab es Widerstand von Marias Bewusstsein, als es versuchte, die Kontrolle zu übernehmen. Das SC sagte, dass sie aus Angst dagegen ankämpfe, es hereinzulassen. Ich konnte nicht sehen, wovor sie Angst haben könnte, nach all den Dingen, die wir bereits entdeckt und diskutiert hatten. Schließlich entspannte sich Mary und ließ von dem Versuch ab, die Sitzung zu kontrollieren, und dann konnte das SC hereinkommen.

D: Wir dachten, wir würden in vergangene Leben gehen, stattdessen war sie ein kleines Mädchen in diesem Leben. Gab es einen Grund, warum du sie dorthin gebracht hast?

M: Sie ist fertig mit der Vergangenheit.

D: Du hast mir oft gesagt, dass wir uns nicht mehr auf die Vergangenheit konzentrieren müssen.

M: Nicht mehr länger.

D: Die Dinge ändern sich, aber Mary klang, als wäre sie gekommen, um eine sehr wichtige Mission zu erfüllen. Und die Dinge sind

nicht so gelaufen, wie sie dachte, oder?
M: Es ist noch nicht vorbei.
D: Das ist wahr. Sie sagte, sie sollte sich darauf einstellen und der Negativität helfen?
M: Das ist wahr. Das ist es, was sie und alle anderen tun sollten.

Es gab viele Diskussionen über Marys persönliche Belange und Umstände, besonders mit ihrer Familie. Sie hatten sie viele Jahre lang negativ beeinflusst und sie hatte immer noch Schwierigkeiten, sich von den Zwängen, die sie auf sie ausübten, loszulösen. Wir arbeiteten an all dem. Dann kamen wir zu ihren körperlichen Problemen (von denen es viele gab, vor allem bedingt durch ihre Arbeitsumgebung [Chemikalien]).

D: Sie hatte ganz schön Schaden erlitten, als sie dort arbeitete, nicht wahr?
M: Ja, sie kam dem Übergang zum Tod sehr nahe.
D: Oh, es war so schlimm? (Oh, ja.) *Warum musste es so weit kommen?*
M: Sie folgte den Fingerzeigen nicht und war es gewohnt, Energie im Überfluss zu haben und von morgens bis abends zu auf Achse zu sein. Sie nahm es als selbstverständlich hin und dann begann sie, so viel Zeit in dieser Arbeitsumgebung zu verbringen; es war nicht nur eine Sechs- oder Acht-Stunden-Schicht. Es waren viele, viele Überstunden und sie war mit diesen Chemikalien gesättigt, und es war auch ein Ausgangspunkt, den sie hätte wählen können. Es war eine offene Tür für sie. Sie hätte gehen können, doch sie beschloss, es nicht zu tun. Seitdem erkannte sie, dass es eine offene Tür war, und sie wünschte, sie wäre schnell hindurchgegangen, aber so war es für sie eine Quelle der Depression.

„Sie" arbeiteten weiter an ihren sehr komplizierten körperlichen Symptomen. Eines, das sich mit ihrem Gehirn beschäftigte, war interessant. „Sie weiß, dass es einige Neuverdrahtungen erhalten hat, und einige davon sind auf die Veränderungen auf dem Planeten zurückzuführen. Sie wusste, dass wenn sie sich für die westliche Medizin entscheiden würde, sie in größeren Schwierigkeiten stecken würde. Und sie wusste intuitiv, dass wenn sie einfach von der Ursache loskommen könnte, sich der Körper schließlich von selbst erholen würde."

D: Du sagtest, das Gehirn sei bereits neu verdrahtet worden.

Oftmals verdrahtet das SC das Gehirn neu, wenn es das für notwendig hält.

M: Ja. Es musste das Gehirn durchgehen. Wenn jemand den richtigen Scan machen würde, würde er es sehen und sie weiß, dass, wenn jemand die richtigen Bilder machte, er in der Lage sein würde, es zu lesen und zu sehen. Und sie hat Recht damit.

D: *Du meinst, nach der Schädigung (Chemikalien), bist du da reingegangen und hast es neu verdrahtet?*

M: Das ist genau richtig. Die Art und Weise, wie es jetzt funktioniert, ist nicht mehr die gleiche.

D: *Aber sie denkt, dass sie einige ihrer Funktionen verloren habe.*

M: Nun, sie ist anders als früher. Sie war zuvor ziemlich nach innen gekehrt. Sie machte ihre Meditation und ihre Übungen. Sie ist sehr scharfsinnig und bemerkt kleine Unstimmigkeiten und sie hat Recht. Sie ist nicht so, wie sie vorher war, aber wir würden ihr Hilfe anbieten und wir würden sagen, dass sich das Gehirn ohnehin verändert hätte, wenn sie den Pfaden der Heilung und der Kunst gefolgt wäre ... nur auf andere Weise. Also sagt sie: „Ich bin nicht mehr so, wie ich war, bevor ich anfing, in dem Betrieb zu arbeiten." Unsere Antwort an sie ist: „Du wärst nicht mehr die Selbe, ganz gleich, was du getan hast, und deine Arbeitsweise kommt noch näher an 100% heran, auch wenn sie etwas anders ist als zuvor." Sie muss sich daran gewöhnen und darf es nicht als etwas Negatives betrachten.

Ihr Magen- und ihr Ausscheidungssystem wurden ebenfalls stark von den Chemikalien angegriffen und sie trug viele Schwermetalle in ihrem Körpersystem. „Wir würden auch sagen, dass sie eine einleitende Reinigung mit Kräutern begonnen hat. In den letzten Tagen hat sie sich darüber geärgert. Und wir wollen ihr sagen, dass wir weiterhin Hilfe auf intuitive Weise anbieten werden im Hinblick darauf, mit welchen Kräutern sie in Zukunft weitermachen soll, um die Dinge wieder ins rechte Lot zu bringen." Sie hat dieses Empfinden über sich: „Niemand hat mir geholfen. Ich muss selbst etwas dagegen unternehmen."

D: *Sie bat nicht um deine Hilfe, oder?* (Lachen)

M: Aber sie hat einen Sprung ins kalte Wasser gewagt, indem sie hierher gekommen ist, um dich zu sehen.

D: *Bist du in der Lage, all diese Giftstoffe aus ihrem Körper zu spülen?*

M: Ja, sie wird in der nächsten Zeit vielleicht „unangenehme" Dinge auf der Toilette bemerken, aber das geschieht alles aus gutem Grund und verursacht keinen Schaden. Wir werden das alles für sie los. Sie sollte ihre Flüssigkeitsaufnahme erhöhen und sicherstellen, dass es sich um Quellwasser handelt. Und sie weiß, dass sie mehr Obst und Gemüse essen sollte. Sie hat bemerkt, dass sie nicht so viel Fleisch braucht wie früher. Und das ist etwas sehr Positives, damit sie in der Heilung fortschreitet. Sie hat auch das Gebet ausgesprochen, dass sie an den Punkt kommen möchte, an dem sie überhaupt kein Essen mehr isst. Und wir wollten nur sagen: „Einen Schritt nach dem anderen." Sie ist noch nicht an dem Punkt und vielleicht ist sie auch in sechs Monaten nicht da. Aber das ist ihr Ziel und wir würden sagen, dass es ein erreichbares Ziel ist.

D: *Du sagtest, sie würde Dinge auf der Toilette bemerken. Meinst du so etwas wie Durchfall?*

M: Sie mag zwar vielleicht dunkleren Stuhl vorfinden und die Farbe ihres Urins mag sich ändern, aber das ist Teil der Befreiung von allem.

Anmerkung: Die ganze Zeit, in der Mary in meinem Büro war, hatte sie nichts getrunken, obwohl ich ihr immer wieder Wasser anbot. Nach dieser Sitzung, bevor wir etwas über die Sitzung gesagt hatten, ging sie auf die Toilette. Als sie wieder herauskam, sagte sie: „Ich denke, ich werde auf dieses Wasserangebot zurückkommen. Mein Urin hat eine lustige Farbe." Es hatte also bereits begonnen, sofortige Wirksamkeit zu zeigen.

M: Wir würden sie bitten, sich von Fleisch fernzuhalten, zweimal im Jahr sind wahrscheinlich genug. Sie wird zu 100% gesund werden. Es wird einige Zeit dauern, die Ernährung wieder ins Gleichgewicht zu bringen und herauszufinden, was sie jetzt braucht, um weiterzuleben und es wird anders sein als in der Vergangenheit.

Botschaft des SC: Beruhige dich wegen des Geldes. Wir hören sie und verstehen ihre Sorgen. Sie wird nicht verhungern und sterben, obwohl sie den „Sterben"-Teil gerne hätte.—Sie weiß einfach nicht, wie groß die Fortschritte sind, die sie bereits gemacht hat. Und sie denkt, dass es weitaus komplizierter sei. Sie hat Angst, dass sie es nicht bis zur Neuen Erde schaffen wird, aber in gewisser Weise hat sie es bereits geschafft.

D: *Ja, es ist bereits hier. Es geschieht bereits.*

M: Ihre Zusammenarbeit mit dir ist sehr positiv. (Sie hatte einen meiner Kurse besucht.) Sie kann die Arbeit tun, die du unterrichtest. Wir werden ihr in den Bereichen des Selbstwerts helfen und ihr Klienten bringen, mit denen sie positive Ergebnisse erzielt, welche ihr Selbstvertrauen aufbauen. So kann sie üben, und sie wird ein „großer" Dienst an den Menschen sein, weil sie einen so steinigen Weg hatte. Sie fühlt sich allein, aber sie ist nie allein ... niemand ist je allein.

Kapitel 9

BALANCE IM LEBEN

Chelsea war zunächst verwirrt, als sie von der Wolke kam. Sie fand sich selbst in einer fremden überirdischen Umgebung wieder. Sie sah einen orangefarbenen Himmel, orangefarbenen Boden und einen Wald aus lila Bäumen ohne Blätter. Anstelle von Rinde hatten sie eine ledrige Textur, glatt, aber mit einer Prägung darin, wie die Zellen auf der Haut. Die tiefe, dunkelorange Atmosphäre war schwer, eine fast gasförmige Umgebung. Als sie sich durch den Wald mit den seltsamen Bäumen bewegte, spürte sie, dass sie keinen Körper hatte. Das störte sie nicht, aber die leblose Stille der Szene tat es. „Ich bin hauptsächlich enttäuscht, weil es dort nicht viel mehr gibt. Es ist irgendwie leer." Nachdem sie eine Weile herumgelaufen war, beschloss sie, dass sie sich etwas anderes suchen wollte.

Also ließ ich sie von der Szene wegziehen und zu einem anderen geeigneten Zeitpunkt und Ort gehen. Als sie diesmal anhielt, war es eine grüne Umgebung mit gewöhnlichen Bäumen und Wäldern. Eine normale erdähnliche Szene. Sie sah, dass sie ein kleiner indischer Junge war, der Kaninchen jagte, um dabei zu helfen, seine Familie zu ernähren. Er beschrieb sein Leben mit seiner Familie in einer großen Siedlung von Tipis. Als wir sein Leben weiterverfolgten, kam er in ein Alter, in dem er sich den anderen Männern anschließen durfte, die ihre Pferde in einer Jagdgesellschaft ritten. Neben der Jagd auf Hirsche für das Dorf verkündete er, dass sie auch Menschen töten würden. „Es sind Siedler, die in unserer Gegend sind. Sie gehören hier nicht her und wir wollen sie loswerden. Sie haben dort ein Gebäude gebaut. Das ist das erste Mal, dass ich erfahre, dass sie da sind. Ich glaube, die anderen wussten es. Ich bin überrascht, dass wir sie töten werden. Ich bin ein wenig verwirrt. Es gibt dort auch Frauen und Kinder. Aber die Männer sagen, dass sie gehen müssen. Wir müssen sie loswerden, sonst kommen noch mehr, also müssen wir sie alle töten."

Als das Töten begann, wollte er nicht wirklich daran teilnehmen, aber er wäre als Feigling betrachtet worden, wenn er nicht geholfen hätte. Also töteten sie eine Familie und er nahm daran teil, obwohl er sich nicht gut dabei fühlte. Die Männer beschlossen, den anderen im Dorf nichts von den Eindringlingen zu erzählen. Sie befürchteten, dass sie sich Sorgen machen und Panik bekommen würden. Also beschlossen sie, es geheim zu halten, und erzählten niemandem, was passiert war, als sie ins Dorf zurückkehrten.

Aber es hatte nichts gebracht. Als ich ihn zu einem anderen wichtigen Tag weiterbrachte, sagte er, dass noch mehr Fremde gekommen seien. Die Männer hatten das Gefühl, dass sie keine andere Wahl hatten, als sie zu töten und zwar so viele wie sie konnten. „Welche weiteren Möglichkeiten hast du noch? Wirst du gehen? Warum solltest du dein Zuhause verlassen müssen?" Es gab keine Möglichkeit, es jetzt noch geheim zu halten. Das ganze Dorf war darin involviert. Also brachte ich sie wieder weiter vorwärts und er verkündete, dass er angeschossen worden war und im Sterben lag (ein junger Mann in den Zwanzigern). Die Familie, die sie diesmal angriffen, hatte Waffen und ihm wurde in die Brust geschossen. „Die anderen kämpfen. Ich bin tot, zu dem Zeitpunkt, da sie merken, dass ich tot bin."

Nun, da er frei vom Körper war, fühlte er sich schwerelos, während er zwischen Sternen im Weltraum nach oben schwebte. Es war ein sehr friedliches Gefühl. Ich befragte ihn zu dem Leben, das er gerade verlassen hatte. „Es war traurig, dass ich etwas tun musste, was ich nicht tun wollte. Ich denke, wir alle hätten lernen können, wie man friedlich zusammenlebt, aber es gab überhaupt kein Vertrauen.— Kinder zu töten ist keine gute Sache!—Auch wenn es einem nicht gefällt muss man zur Besserung der Menschen um einen herum manchmal Dinge tun, die man nicht tun will. Es ist eine Lektion, aber ich bin mir nicht sicher, ob es die richtige Lektion ist. Es schien nicht die Möglichkeit zu geben, das Erforderliche nicht zu tun ... nicht, wenn man ein Teil dieser Gruppe sein will."

Dann komprimierte ich die Zeit so, dass er irgendwo ankam, anstatt nur zu schweben. „Es ist ein ganz weißer Bereich, einfach strahlendes Weiß. Es gibt eine Energie, eine Präsenz, aber es ist wie viele Energiezellen, die jetzt eins sind. Es ist ein Teil einer großen Masse.—Jetzt musst du dein Leben nochmals durchsehen. Es ist wie eine Rezension. Du gehst das Ganze nochmals durch."

D: Was denkst du, während sie es dir zeigen?
C: Oh, ich war ein guter Mensch. Ich lebte nicht sehr lange, aber ich war ein guter Mensch, während der Zeit, in der ich dort war. Der

Teil mit dem Töten war kein sehr guter Teil. Obwohl ich es nicht tun wollte, tat ich es trotzdem.

D: *Aber du warst Teil jener Kultur. Manchmal kommt man nicht aus Situationen heraus.*

C: Nein, aber ich hätte einen Einfluss nehmen können. Wenn ich mich zu Wort gemeldet hätte, hätte ich das Ergebnis vielleicht ändern können, anstatt das zu tun, was alle anderen erwarteten, nämlich Teil einer Gruppenmentalität zu sein.

D: *Dem zu folgen, was alle anderen denken?*

C: Richtig, und aus diesem Grund die Verantwortung zu übernehmen.

D: *Nachdem du den Lebensrückblick beendet hast, was passiert dann?*

C: Nun, ich muss wieder hinuntergehen. Ich schätze, ich werde in eine Situation gehen, in der ich mein Urteilsvermögen für ein anderes Ergebnis einsetzen werde. Eine Situation, die gegen eine Gruppenmentalität läuft.

D: *Musst du irgendwelche Vereinbarungen mit anderen Personen treffen, oder ist das Teil deines Rückblicks??*

C: Ich spüre nur, dass es jemanden gibt, den ich getötet habe. Dass ich ihn vielleicht nicht hätte töten sollen. Obwohl ich zu der Zeit dachte, dass es richtig sei, war es das in Wirklichkeit nicht. Ich denke, ich habe eine Vereinbarung mit dieser Person getroffen, die ich getötet habe. Es war ein Kind ... ein Mädchen, das ich getötet habe. Ich muss zurückkommen und etwas Positives tun, um das Negative zu ersetzen. Ich muss es mit dieser anderen Person irgendwie wieder gutmachen. Es wird darüber diskutiert, was wir tun werden. Sie denken sich aus, wohin ich gehen soll. Ich bin ein Teil davon. Ich muss in Situationen gehen, in denen ich in der Lage bin, eine Entscheidung zu treffen, entweder etwas zu tun, was falsch ist, oder anders als alle anderen zu sein und das Richtige zu tun. (Chelsea stöhnte.) Ich werde ein Soldat sein. Ich glaube nicht, dass es meine Entscheidung ist. Ich werde zurückgehen und Soldat werden, denn vielleicht kann ich in der selben Situation etwas anderes tun.

D: *Soldaten töten auch, nicht wahr?*

C: Ja, das tun sie. Es war keine gute Wahl, aber das ist es, was ich getan habe.

D: *Erzähle mir davon. Du kannst es in komprimierter Form sehen. Was ist in diesem Leben passiert?*

C: Man sagt, es ist der Zweite Weltkrieg. Oder ist es der erste Weltkrieg?—Ich habe eine schöne Uniform. Ich bin ein junger Mann.

D: *Wolltest du zur Armee gehen?* (Ja) *Wolltest du kämpfen?*
C: Ich bin stolz darauf. Weil es mich für meine Familie wichtig macht.
D: *Warst du davor nicht wichtig?*
C: Ich denke, es ist nur eine Richtung im Moment. Ich bin erwachsen. Dadurch habe ich etwas zu tun.
D: *Und der Krieg geht weiter?*
C: Ich bin noch nicht im vollen Kampf dabei. Ich trage lediglich eine Uniform.

Ich ließ ihn die Zeit komprimieren, um herauszufinden, was passiert ist. Er geriet in die Kämpfe, in die Kriegshandlungen, aber er wurde verletzt, bevor er die Möglichkeit hatte, Menschen zu töten. „Die Schlacht hat gerade erst begonnen. Ich wusste nicht, was ich tat. Ich wurde verletzt und wurde entlassen." Er wurde in Brust und Arm geschossen und die Verletzungen wurden infiziert, so dass er nicht in den Krieg zurückkehren musste. Anstatt froh zu sein, fühlte er sich dadurch wie ein Verlierer. „Weil ich nicht viel ausrichten konnte, bevor ich gehen musste." Er ging nach Hause und seine Mutter kümmerte sich um ihn. „Für meine Mutter ist es okay. Doch ich bin nicht glücklich. Es wäre eine gute Sache gewesen, wenn ich weiter gekommen wäre als ich tatsächlich bin."

D: *Es würde dir nichts ausmachen, Menschen zu töten?*
C: Dafür bin ich doch in die Armee gegangen.

Während wir ihn in seinem Leben weiter voran brachten, bereitete ihm seine Brust noch immer Schmerzen. Da befanden sich winzige Stücke Granatsplitter drin. Er bekam einen Job in einer Fabrik. „Ich habe keine Wahl. Das ist es, was ich jetzt tun muss. Es ist nicht das, was ich gerne tue, aber ich muss es trotzdem tun. Um zu überleben." Er hatte jetzt eine Familie, also musste er etwas haben.

Dann brachte ich ihn weiter zum letzten Tag seines Lebens und er sah, dass er einen Herzinfarkt erlitt. „Ich bin alt."

D: *Lebtest du lange?*
C: Relativ. Ich würde sagen, dass ich in meinen Sechzigern bin. Meine Gesundheit ging den Bach hinunter und ich konnte nicht mehr arbeiten. Ich war völlig erschöpft vom Atmen und Rauchen ... Schmerzen in meiner Brust. Es tat einfach nur weh und es waren zu viele Granatsplitter, um sie zu entfernen.—Ich liege im Bett und es ist schwer zu atmen und es gibt Schmerzen in meiner

Brust. Ich habe einen Herzinfarkt. Meine Frau ist da.

Ich brachte ihn zu dem Zeitpunkt, als der Tod vorbei war und er aus dem Körper draußen war. Ich fragte ihn, ob er aus diesem Leben etwas gelernt habe. „Ich ließ mich deprimieren. Und ich hatte Scheuklappen an. Ich entschied mich, nach dem Krieg Mitleid mit mir selbst zu haben ... nachdem ich verletzt wurde. Und ich ließ zu, dass das den Rest meines Lebens ruinierte. Ich entschied mich, darüber verärgert zu sein, und ich hatte nie mehr wirklich Interesse an etwas. All das ging in meinem eigenen Kopf vor sich. Ich hätte es viel besser machen können. Ich hätte ein viel besseres Leben haben können."

D: *Aber du hast dich davon runterziehen lassen?*
C: Ja, und das darf man nicht tun. Ich habe dieses Leben weggeworfen. Und das sollte man nicht tun.
D: *Man kann nicht wirklich sehen, was man tut, wenn man mittendrin steckt.*
C: Nein ... erst wenn es zu spät ist.
D: *Wenn du die Chance hättest, es noch einmal zu tun, was würdest du deiner Meinung nach anders machen?*
C: Ich denke, ich würde eine andere Einstellung haben. Vielleicht erst einmal nicht in den Militärdienst gehen. Und selbst wenn ich es täte und gehen müsste, würde ich einfach das Beste daraus machen und etwas anderes tun. Man bläst nicht Trübsal, wegen dem, was schief gelaufen ist. Man darf sich nicht auf die Vergangenheit versteifen. Man zieht damit nur alle anderen um einen herum runter. Man darf sich nicht von den Dingen unterkriegen lassen. Man kann vieles davon mit dem eigenen Kopf kontrollieren.

Ich ließ sie dann von der Todesszene weggehen und rief das SC hervor. Die erste Frage, die ich immer stelle, ist, warum genau diese Leben gezeigt wurden. „Du hast drei verschiedene Leben ausgesucht, die sie sehen konnte. Ich sehe die Kontinuität in zweien von ihnen. Gehen wir zurück zum Anfang. Das erste, was du gewählt hast, war der Ort mit den lila Bäumen und der orangefarbenen Umgebung. Warum hast du das für Sie zum Betrachten gewählt?"

C: Es gibt Leben in anderen Formen, als nur das, was man erwartet. Sie musste wissen, dass es nicht nur das menschliche Leben gibt. Es gibt alle möglichen Spektren des Lebens. Es geht nicht immer nur um einen Menschen.

D: Ein Mensch ist nur ein Teil der Evolution, nicht wahr? (Ja) *Dann hast du ihr das Leben als Indianerin gezeigt, die töten musste.*
C: Weil man manchmal Dinge tun muss, die nicht beliebt sind, wenn es darum geht, die gesamte Gemeinschaft zu erhalten.
D: Manchmal ist es der einzige Weg, wie man in diesen Gemeinschaften existieren kann?
C: Das ist richtig. Manchmal muss man also seine eigenen persönlichen Gefühle für ein höheres Gut zurückstellen. Manchmal merkt sie das nicht. Es geht nicht nur darum, was sie tun will. Es geht darum, was Sinn macht für das höhere Gut.
D: Ich kann sehen, wie sich dieses Leben mit dem nächsten Leben verband, in dem sie eine Soldatin war. In dem Leben als Indianerin tötete sie und wollte das nicht, aber in dem Leben als Soldatin wurde sie verletzt, bevor sie die Chance hatte zu töten.
C: Sie hätte nicht zulassen sollen, dass die Umstände die Art und Weise ruinieren, wie sie den Rest des Lebens wahrnahm. Sie hätte das überwinden sollen. Es hätte darum gehen sollen, das, was vom Leben übrig war, besser zu machen und mit jeglichen Umständen umzugehen.
D: Stattdessen ließ sie sich davon runterziehen.
C: Richtig. Sie hat das ganze Leben verschwendet. Die Lektion lautet, widrige Situationen anzunehmen und sich nicht von ihnen für den Rest seines Lebens diktieren zu lassen, sondern sie in etwas anderes umzuwandeln. Du kannst dich entscheiden, ein Opfer zu sein und etwas, das du nicht willst, geschehen zu lassen und nichts dagegen zu tun, oder du kannst es annehmen, überwinden und etwas anderes tun, das positiv ist.

Chelsea hatte viele ernsthafte körperliche Probleme und nahm Medikamente gegen Depressionen ein. Sie mochte ihren Job als Buchhalterin nicht und fühlte sich überarbeitet. Ihr Mann trank und sie fühlte sich vernachlässigt. So hatte sie eine ähnliche Situation geschaffen, die sie in eine negative Situation verwandelt hatte, anstatt sich auf die positive Seite zu konzentrieren. Das SC sagte, die Hauptursache für ihre Probleme sei der Wunsch, aus dem Leben zu entkommen. Wenn sie abends von der Arbeit nach Hause kam, schloss sie sich in ihrem Zimmer ein und verbrachte ihre ganze Zeit am Computer, insbesondere auf E-Bay, wo sie ständig kaufte und verkaufte. Sie sagte, es sei nur ein unschuldiges Hobby, aber das SC sagte, es sei außer Kontrolle geraten und sie schloss alles aus, was in ihrem Leben wichtig war. Eine Wiederholung des letzten Lebens. Das SC schlug vor, das ganze Computerzeug loszuwerden, damit sie sich wieder dem Leben anschließen konnte. Aber ich denke, das wird für sie sehr schwierig umzusetzen sein. Ihr wurde gesagt, dass, wenn sie mehr Zeit mit ihrem Mann verbringen würde, ihre Ehe besser wäre und er nicht das Bedürfnis verspüren würde, zu trinken. Chelsea hatte definitiv eine Menge Arbeit zu tun. Das SC wird gute und stichhaltige Vorschläge machen, aber es liegt immer am Individuum, ob es diese akzeptiert oder nicht. Weil wir einen freien Willen haben, dürfen sie sich niemals einmischen. Aber wenn wir klug sind, werden wir auf sie hören, weil sie das große Ganze sehen können.

C: Man muss in allem ein Gleichgewicht haben. Sie kann sich ehrenamtlich engagieren. Sie kann weniger zwanghafte Aktivitäten ausüben. Mehr Frau für ihren Mann sein. Sie kann ihm beim Meistern seiner Situation helfen. Er hat mehr Spaziergänge und Aktivitäten vorgeschlagen, die ihm bei seiner Gesundheit helfen würden. Und wenn sie nicht jede Nacht so sehr an ihrem Computer kleben würde, dann würde sie vielleicht Zeit damit verbringen, das zu tun und ihm helfen.

Abschiedsbotschaft: Du musst alles mit Perspektive und Balance nehmen. Der Job ist in Ordnung, aber du bist nicht für das Ergebnis verantwortlich. Und du musst bei all den Hobbys Abstriche machen. Sie sind zu einer zu großen Ablenkung geworden, die das wirkliche Leben verhindert. Du kannst deinem Mann helfen. Du musst nur alles im Gleichgewicht halten.

Kapitel 10

REISEN

Linda wurde in meinem Kurs in London im Jahr 2008 zur Demonstration auserkoren. Während des Interviews weinte Linda, als sie die Ereignisse in ihrem Leben beschrieb. Alles nur Erdenkliche, das ein Mensch einem anderen antun kann, ist ihr widerfahren. Es ist nur ihr selbst zu verdanken, dass sie überleben konnte. Eine schwächere Seele hätte das sicherlich zerstört. Eine schreckliche Kindheit, eine ebenso schreckliche Ehe, und dann wurden ihr ihre Kinder von dem Ehemann weggenommen, von dem sie wusste, dass er inzestuös mit seinen Töchtern verwickelt war. Am Ende verlor sie alles und hatte das Gefühl, dass sie nichts hatte, wofür es sich zu leben lohnte. Sie dachte ernsthaft über Selbstmord nach. Sie sagte, wann immer sie nach der Arbeit nach Hause fuhr, fürchtete sie die Reise, weil sie wusste, dass es in ihrem Haus nichts für sie gab. Ich war nicht überrascht, als sie sagte, dass bei ihr ein Krebsgeschwür in den weiblichen Organen diagnostiziert worden war. Es war offensichtlich, dass sie eine starke Wut unterdrückte. Es war sehr bewegend für die Kursteilnehmer, ihrer Geschichte zu lauschen und viele von ihnen hatten Schwierigkeiten, sie zu anzuhören. Aber sie mussten lernen, dass es bei der Therapie darum geht: Zuhören ohne zu urteilen oder Vorurteile, damit man dem Klienten helfen kann. Ich wusste nichts über ihr Leben, bevor ich sie für die Klassendemonstration auswählte, aber es war klar, dass sie dringend Hilfe brauchte.

Als Linda aus der Wolke kam, befand sie sich in einer Landschaft aus bräunlichem Sand. Nichts anderes war sichtbar. Es war heiß, und zu ihrer Überraschung sah sie, dass sie ein barfüßiger alter Mann war. Seine Beine waren kahl und behaart, alt und braun, und er war mit einer Art Stoff bekleidet, der einfach an ihm drapiert war. „Meine Arme sind alt und mein Körper fühlt sich stark an, aber alt und verbraucht, müde. Mein Haar ist schwarz-grau und reicht bis zu meinen Schultern. Überall Haare, mein Gesicht ist behaart und rau. Sogar meine Arme sind haarig, schwarz und grau ... (Verwirrt.) Ich bin alt!" Er hielt etwas in der Hand. „Ich halte etwas fest. Es ist ein Stein."

D: *Warum hältst du ihn so fest??*
L: Das ist meine Lebenslinie. Er hält mich in Verbindung, um mich daran zu erinnern, wer ich bin. Er hält mich mit den anderen in Verbindung. So werde ich immer wissen, dass ich ein Teil der anderen bin.
D: *Wie sieht der Stein aus?*
L: Er ist grau und hat ein Symbol darauf. Es ist eingraviert.
D: *Was ist das für ein Symbol?*
L: Es hat drei Punkte, aber ... es kringelt sich so und es hat drei Punkte. (Bewegungen machend. Es war schwer zu beschreiben.)
D: *Wie eine Pyramide?*
L: Nein. Es kringelt sich oben. Es ist wie eine kontinuierliche Bewegung. Es sind drei. Die Innenseite ist solide und die Spitzen sind gebogen.
D: *Was bedeutet das Symbol?*
L: Meine Zugehörigkeit. Meine Verbindung. Meine Erinnerung. Ich behalte es bei mir. Ich betrachte das Symbol. Weil ich von den anderen fort bin und es mich mit ihnen verbindet. Ich kann mich erinnern und ich kann kommunizieren. Es ist meine Lebenslinie und ich habe es in meinen Händen. Manchmal trage ich es an meiner Brust. Es ist wie ein Radar ... eine Möglichkeit, meinen Weg zu finden.
D: *Wo hast du den Stein her?*
L: Von den anderen.
D: *Erzähl mir von den anderen. Das interessiert mich. Du kannst mir vertrauen. Es ist doch okay, nicht wahr?*
L: Ja. Die anderen sagen, ja. Die anderen sind meine Quelle ... meine Gruppe ... ich bin einer von den anderen.
D: *Wo sind die anderen?*
L: Sie sind überall verstreut, wie Samen, und wir befinden uns an vielen verschiedenen Orten und wir sind verbunden. Und das Symbol soll mich an meine Verbindung erinnern. Ich gehe an verschiedene Orte und manchmal besteht die Möglichkeit zu vergessen, dass ich nicht der Ort bin. Ich bin bei ihnen, aber nicht von ihnen.
D: *Und bist du schon lange Zeit auf der Erde?*
L: Ja, ich komme und gehe. Ich war ein Teil bei der Entstehung der Dunkelheit der Erde und ich bin ein Teil der Anhebung der

Dunkelheit.

D: *Ist es das, was du jetzt an diesem Ort mit dem Sand tust?*

L: Ich bin im Sand, weil ich dort die anderen finde, in der Einsamkeit des Sandes ...

D: *Meinst du, du musst weg sein von den anderen Leuten?*

L: Ja, und die anderen verbinden sich mit mir und ich habe mein Symbol in der Hand, weil ich meine Hand nach den anderen ausstrecke. Und wenn ich unter den Menschen bin, trage ich es an meiner Brust. Ja, an meinem Herzen, da ist es.

D: *Das ist also mit ein Grund für den Stein, damit du nicht vergisst, woher du kommst? Erinnerst du dich, warum du gekommen bist?*

L: Der Stein soll für mich die Kanäle öffnen, damit ich meine Ereignisse an die anderen sende.... was in meinem Leben passiert.

D: *Du sagtest, du wurdest geschickt, um die Dunkelheit auszulöschen?*

L: Ja, um sie abzuschwächen, ja. Um den Weg aus der hohen Dichte zu zeigen, ja. Ich gehe mit ihnen und führe sie da hinaus, also bin ich einer *von* ihnen, aber ich bin *nicht* sie. Ich sehe den Weg nach draußen, also gehe ich hinein und fühle und habe das Leben (ich frage mich, ob das der richtige Wortlaut ist.) Ich habe das Leben, das sie haben, und dann zeige ich ihnen den Weg nach draußen.

D: *Wie zeigst du ihnen den Weg nach draußen?*

L: Indem ich weiß, wie sie sich fühlen, wie sie denken, wie sie reagieren und indem ich ihnen dadurch den anderen Weg des Seins zeige.

D: *Das ist schwierig, nicht wahr?* (Ja) *Wie kann man verhindern, dass man selbst darin gefangen ist?*

L: Nur mit großen Schwierigkeiten, aber dann habe ich mein Symbol, das meinen Geist verjüngt und mir Impulse von den anderen zuführt. Und die anderen erheben mich über die Geschehnisse, so dass, obwohl mein Körper in den Geschehnissen steckt, sich meine Essenz darüber befindet.

D: *Es ist manchmal schwer, getrennt zu bleiben, nicht wahr?* (Ja) *Deshalb musst du das Symbol haben, damit du es nicht vergisst und in die Falle gerätst. Ist das gut ausgedrückt?*

L: Ja, denn manchmal tun wir das. Es braucht ungeheure Liebe.

D: *Und die anderen tun das Gleiche?*

L: Ja, und auch andere Dinge, aber immer mit dem gleichen Zweck.

D: *Ihr mischt euch alle unter die Leute?*

L: Ja. Wir leben in der Realität der Menschen.

D: *Und ihr alle kommt in physischen Körpern?*

L: Nein. Einige bleiben in Geistform, weil sie diejenigen von uns, die sich in das Physische wagen, erheben. Ohne sie wäre es unmöglich, denn wir würden uns verlaufen. Deshalb müssen wir das Symbol halten.

D: *Du sagtest, du hilfst den Menschen, indem du einfach unter ihnen bist und ihre Erfahrungen teilst?*

L: Ja, als ein Weg. Zuerst sammelt man die Gefühle, die sie haben, indem man sie die Erfahrungen machen lässt, um diese Gefühle und diese Art des Seins zu erzeugen. Und dann zeigen wir ihnen anhand dieses Pfades der anderen den Weg nach draußen, also ist es sehr zielgerichtet, was das Eintauchen in die Dunkelheit betrifft. Zuerst lässt man sie in die Dunkelheit eintauchen und zeigt ihnen den Weg nach draußen, um sie abzuschütteln.

D: *Tust du das, indem du mit ihnen redest?*

L: Nein. Manchmal ist Sprache wichtig, aber es ist eher eine Schwingung. Einfach durch das Zusammensein mit ihnen und das Fühlen des Impulses, was zu tun ist, und wann es zu tun ist.

D: *Deine bloße Anwesenheit ist also genug?*

L: Ja, denn durch die Anwesenheit geschehen die anderen Dinge ganz nach Bedarf, durch die Offenheit des Seins mit der Gegenwart. Bei manchen könnte es also Sprache oder Rede sein. Bei anderen könnte es ein Blick sein. Bei wieder anderen könnte es nur die Liebe in ihnen sein, aber bei allem spüren sie die Schwingung und es beruhigt.

D: *Wirst du dabei lange Zeit auf der Erde bleiben?*

L: So lange, wie es nötig ist.

D: *Wirst du wissen, wann es Zeit ist zu gehen?*

L: Ja, weil wir zurückgerufen werden.

D: *Du weißt, wohin du gehen musst?*

L: Ich reise nur von Ort zu Ort, je nach Bedarf. Wir weden angewiesen, wohin wir gehen sollen. Wohin und wann.

D: *Wie bekommst du dein Essen und die Dinge, die du brauchst?*

L: Es wird immer für uns gesorgt. Alles wird zur Verfügung gestellt, und das ist es, was wir anderen beibringen, indem wir darauf vertrauen, dass wir verbunden sind und alles nach Bedarf kommen wird, so dass es keine Sorge um die Versorgung gibt. Und manchmal fehlt es uns an Versorgung, da das ein Ereignis auf dem Planeten ist, das wir erleben müssen, wie andere sich mit dem Mangel fühlen.

D: *Hast du das schon immer getan, oder hast du auch normale Leben geführt?*

L: Ich habe das immer so gemacht.

D: *Hast du noch nie ein Leben wie die anderen geführt, denen du hilfst?*

L: Habe ich, aber nur mit dem Ziel, zu helfen. Es ist das Lernen. Das Verstehen, das Übernehmen der Erdschwingung. Denn wir haben das Leben auf dem Planeten geformt und wir pflegen, leiten und leben das Leben und bringen es voran.

D: *Häuft ihr kein Karma an?*

L: Doch und das ist ein Muss, damit wir völliges Verständnis haben. Und manchmal werden wir geschickt, um einen der Unseren zu retten. Und manchmal müssen wir ihnen erlauben, sich so zu bewegen, wie sie sich gelenkt fühlen.

D: *Ich dachte, du würdest vielleicht vom Karma ferngehalten werden, damit du nicht verstrickt wirst.*

L: Ohne Karma verstehen wir nicht ganz, worum es auf der Erde geht. Karma ist zweckmäßig auf diesem Planeten.

D: *Aber du willst es nicht behalten.* (Nein) *Aber manchmal wirst du geschickt, um einen von euch zu retten?* (Ja) *Warum geschieht das?*

L: Weil wir manchmal vergessen, warum wir hier sind und wir dann tiefer in die Dunkelheit fallen, und so ist mein Stein meine visuelle Erinnerung.

D: *Was passiert, wenn jemand es vergisst und du fürchtest, dass er verloren geht?*

L: In dem Universum gibt es kein Verlorengehen, und wenn sie also eine längere Zeit dort verbringen, dann sei es so. Denn in jedem von uns wird immer wieder Information zurückgesendet, und selbst wenn man also viele, viele, viele Male in vielen Funktionen hier ist, wird diese Information immer zurückgesendet.

D: *Du sagtest, dass du manchmal kommst, um einem deiner eigenen Leute zu helfen.*

L: Wir werden sie viele Male schütteln, um sie aufzuwecken. Manchmal werden diejenigen unter uns die im physischen Bereich sind, geschickt, um die Erinnerung eines anderen auszulösen, und manchmal sind wir darin erfolgreich und manchmal sind wir es nicht. Wenn man diese Dichte erlebt, ist es manchmal sehr schwierig, sich an die Verbindung zu erinnern.

Es war offensichtlich, dass das Leben des alten Mannes damit verbracht wurde, dies so zu tun, also dachte ich nicht, dass es etwas nützen würde, ihn zu einem wichtigen Tag zu bringen. Außerdem war dies eine Kursvorführung, somit wusste ich, dass ich nicht so viel Zeit dafür haben würde, wie in einer privaten Sitzung. Also brachte ich ihn weiter bis zu dem letzten Tag seines Lebens und fragte, was geschehe. Er sah sich auf einem Stein, einer Platte, liegen, umgeben von vielen Menschen, die auf ihn herabblickten. Der Körper lag im Sterben, weil er sehr alt war. „Mein Bart ist jetzt sehr grau und weiß. Alles ist weiß."

D: *Hast du einfach entschieden, dass es Zeit ist zu gehen?*
L: Ich werde zurückgerufen.
D: *Wie fühlst du dich dabei?*
L: Freude ... Ich bin glücklich.—Ich freue mich auf die Freiheit. Die anderen kommen zu mir. Ich spüre, dass sie mich halten ... mich hochheben und ich erhebe mich einfach von meinem Körper ... ein friedlicher Tod. Es ist ein guter Abgang. Es ist Freiheit. Ich bin nicht länger auf die Einschränkungen des Körpers beschränkt. Ich fühle mich leichter. Ich gehe zurück.

Ihre Stimme war von voller Freude erfüllt. Sie war erfreut, das Physische zu verlassen und nach Hause zurückzukehren. „Sie begrüßen mich. Ich spüre die Liebe."

D: *Lass uns weitergehen zu dem Punkt, an dem es Zeit für die Rückkehr ist. Hilft dir jemand bei der Entscheidung?*
L: Ja. Mir werden verschiedene Körper gezeigt und ich suche mir einen Mann aus, und sie sagen mir nein ... nein, nein, nein, ... eine Frau.
D: *Sie wollen, dass du das nächste Mal weiblich bist?* (Ja) *Zeigen sie dir, wie das Leben aussehen wird?*
L: Ich lache, weil ich denke, dass es einfach ist. (Nonchalant) Nachdem man ein Mann ist, ist es einfach, eine Frau zu sein. Sie lachen mit mir. Sie sagen: „Wir werden sehen!"
D: *Erzählen sie dir etwas darüber, wie es sein wird?*
L: Ja. Sie klingen ein wenig arrogant.
D: *Was meinst du damit?*
L: Ich bin voller Fähigkeiten. Ich habe Selbstvertrauen.—Sie sagen mir, dass, falls ich innerhalb dieses Zeitrahmens einen männlichen Körper wähle, ich wegen meiner Arroganz und meines Selbstvertrauens eine gewisse Schärfe haben werde und zu eigensinnig sein werde. Sie sagen also, nein, eine Frau, denn als Frau werde ich mehr innere Stärke haben ... innere Kraftveranlagungen, innere Fähigkeiten, mit ihnen in Verbindung zu bleiben.
D: *Sie wollen nicht, dass du dich verirrst, oder?*
L: Nein, denn dann werde ich den Zweck verfehlen.
D: *Ist dir bewusst, dass du durch einen menschlichen Körper*

sprichst, während du mit mir redest? (Ja) *Ist das der Körper, den du gewählt hast, den wir Linda nennen?*
L: Ja, aber es gibt eine Trennung im Körper. Es gibt eine Spaltung im Körper. Es gibt den Körper—die physische Linda—und es gibt die Essenz der anderen während des gesamten Linda-Lebens, also gab es keine vollständige Körperlichkeit. Es gab ein Hinein und Hinaus aus dem Körper, aber das wurde im Voraus geplant, damit der Körper die Existenz überleben konnte. Wäre mir nur erlaubt gewesen, lediglich der physische Körper zu sein, hätte ich nicht unversehrt überleben können.

Es wurde in den anderen Büchern von *Das Gewundene Universum* von ähnlichen Fällen berichtet. Manchmal nimmt der Geist zu viel auf sich und die Umstände im Leben sind mehr, als die Person bewältigen kann. In diesen Fällen darf ein anderer Aspekt hereinkommen und die Verantwortung übernehmen (insbesondere die karmischen Verbindungen zu anderen). Manchmal tauschen der ursprüngliche und der neue Aspekt in den traumatischen Episoden des Lebens die Plätze hin und her. (Siehe die anderen Bücher in der Reihe *Das Gewundene Universum* zu den Erklärungen der Splitter und Facetten der ursprünglichen Seele.)

D: *Ist es in Ordnung, wenn du Fragen beantwortest, oder müssen wir das Unterbewusstsein herbeirufen? Was denkst du? Kannst du mir weiter erzählen, was los ist?*
L: Ja, das kann ich tun.
D: *Das dachte ich mir. Aber sie wählte dieses Leben, nicht wahr?*
L: Durchaus.
D: *Sollte es dermaßen schwierig sein?*
L: Ja, und es hätte sich noch schlimmer entwickeln können.
D: *Hätte es?* (Ja) *Gemäß dem, was sie mir erzählte, klang es ziemlich schlecht.*
L: Ja. Sie entschied sich, das alles zu erleben, damit sie nicht mehr wiederkommen müsse.

Es klang für mich, als hätte sie ihren Teller wirklich voll geschöpft und die schwere Last hätte einen normalen Menschen gebrochen. Linda war also alles andere als gewöhnlich. Sie war ein außergewöhnlicher Mensch, dass sie in der Lage war, mit allem, was ihr passiert war, umgehen zu können. Wir besprachen einige ihrer Familienbeziehungen und ihr wurden viele der karmischen Umstände die sie abgearbeitet hatte. „In jedem Leben auf dem Planeten sind die Ziele die gleichen. Deshalb hat sie das überlebt, und das ist auch der Grund, weshalb sie es überlebt hat, als andere es nicht taten. Es ist jetzt an der Zeit, die Schuld daran, was sie im Anfangsstadium in die Erdebene eingebracht hat, loszulassen, denn das war vorherbestimmt. Das war ein Teil des Plans. Und wir bestärken sie in ihrer Entschlossenheit, die Ressourcen für die bevorstehende Arbeit aufzubauen, damit nicht alles verloren ist."

D: Was ist ihre Bestimmung? Was soll sie als Nächstes tun?
L: Ihre Bestimmung ist es, den Planeten dabei zu unterstützen, die schwere Last, die er trägt, zu verringern. Ihre Bestimmung ist es, die Schwingungen in anderen und auf dem Planeten zu erhöhen. Und ihre Bestimmung ist es, zu sehen, warum sie diese Erfahrungen gemacht hat, denn ihr Körper ist, wie du weißt, genauso wie die Erde. Ihr Körper ist wie ein Transformator und so nimmt sie Negativität auf, um diesen Begriff zu verwenden, und sie verwandelt diese in Reinheit. Sie muss es mit der Erde aufnehmen, um die Erde verschieben zu können. Jetzt kann sie es ohne Nachdenken tun. Sie muss akzeptieren, dass sie damit aufhören muss, die „Haarhemden" zu tragen.

Das ist ein biblischer Hinweis. Es war ein Kleidungsstück aus grobem Stoff aus Ziegenhaar. Es war sehr unangenehm und wurde als eine Form der Buße oder Selbstbestrafung getragen

D: Was soll sie tun, um den Menschen zu helfen?
L: Atmen ... den Atem fließen lassen, denn, wie du weißt—und wir wissen, dass du das weißt—ist der Atem die Verbindung zur Quelle. Und so muss sie aufhören, den Atem anzuhalten und anderen zu helfen, denn, wie du weißt, ist das Anhalten des Atems die Falle der Angst. Und so soll sie bei der Freisetzung von Trauma, Angst und Schmerz helfen. Sie ist hier, um dem Planeten beim Atmen zu helfen. Und weil die Menschen mit Bewusstsein denken, muss sie durch Bewusstsein mit ihnen in Verbindung treten und es verändern. Verstehst du, was ich meine?

D: Gibt es etwas Bestimmtes, auf das sie sich konzentrieren soll?
L: Wir wollen, dass sie sich auf sich selbst konzentriert. Wir wollen, dass sie sich darauf konzentriert, wer sie tief innen ist. Sie verbringt zu viel Zeit damit, hinauszuschauen. Sie hält sich selbst für nicht wichtig und konzentriert sich daher auf die Wichtigkeiten im Außen. Und wir möchten ihr sagen, dass es im Inneren beginnt. Und von innen heraus muss nichts getan werden, denn wie innen so außen. Sie braucht also nicht aktiv zu

suchen, denn wenn sie in diese aktive Denkweise eintritt, bleibt sie im Bewusstsein stecken und dann fällt sie in den Körper zurück.
D: *Sie ist gefangen im Karma, in der Familie und all dem.*
L: Und wenn sie also von diesem Bett aufsteht, wird sie die Notwendigkeit, etwas zu tun, hinter sich gelassen haben. Sie muss einfach nur *sein*. Und sie hat diese Ausweitung in sich selbst bemerkt sowie diese ansteigende Hitze und sie versucht, es zurückzuhalten. Aber es platzt heraus. Sie ist schwanger mit dem Neuen, mit der Möglichkeit, und sie muss das zur Welt bringen. Andernfalls wird sie feststellen, dass die Beule dort ausbrechen wird, da sie diese Wucherung dort hat. (Das Krebsgeschwür, das die Ärzte entdeckt hatten.) Verstehst du?
D: *Ja. Es will die Energie herauslassen. Es will herauskommen und erschaffen. Das macht absolut Sinn.*
L: Und sie soll ihre Kinder und ihren Ex-Mann segnen, weil sie ein Teil ihres Daseinszwecks waren.
D: *Obwohl es schmerzhaft war.*
L: Eine Illusion. Es ist ein Spiel, nicht wahr?
D: *Wir leben in einer Illusion. Wir sind in einer Illusion gefangen, und es erscheint sehr, sehr real.*
L: Wenn man in den physischen Körper kommt, vergisst man. Und in dem Leben, in dem sie dieses Symbol (den Stein) hatte, ging es darum, sie visuell und tief an ihren Daseinszweck zu erinnern. Zu vergessen ist sehr einfach, wenn man in diese dichte Energie kommt.
D: *Jetzt kann sie erkennen, dass all der Schmerz, den sie erlitten hat, einen Sinn hatte, und sie muss ihn nicht mehr festhalten.* (Richtig) *Sie kann diese Erfahrungen nutzen, um anderen Menschen zu helfen. Ist das eine gute Idee?*
L: Durchaus! Wie sonst hätte sie erkennen sollen, warum Menschen so sind, wie sie sind? Und wir sagen euch, dass viele auf diesem Planeten durch Missbrauch gehen. Du wirst feststellen, dass in dieser Zeit und an diesem Ort die meisten von jenen, die für den Planeten bestimmt sind, dysfunktionale Hintergründe wählen, weil diese formulieren, was sie erfahren müssen. Und sobald sie den Weg nach draußen finden oder sehen, ist es sehr einfach, andere weiterzubringen. Und deshalb sagte sie, als sie auf dem Berggipfel war und versuchte, andere zu weiterzubringen: „Man kann andere nicht weiterbringen. Akzeptiert einfach und seid einfach mit ihnen zusammen, und die Schwingung des Unausgesprochenen ist es, was weiterbringt, was ihnen etwas gibt und für sie eine sichere Umgebung schafft, in der sie

tatsächlich bewegt werden können." Und während sie einfach an diesem Ort ist, wirken wir durch diese Dinge, um Zugang zu anderen zu erhalten.

D: *Glaubst du, dass sie ihre Bestimmung vergessen hat, als sie in dieses Leben kam?*

L: Ja und nein. Sie hat ihr ganzes Leben lang innere Belehrungen und Erinnerungen gehabt, aber in der physischen Welt hat sie mit Vielem zu kämpfen gehabt und das weiß sie. Aber die einzigen Male, in denen sie tatsächlich physisch im Körper ist, ist, wenn sie körperliche Aktivitäten oder körperlichen Schmerz spürt, also wurde ihr Schmerz erhöht, um sie in ihrem Körper zu halten. Denn wenn sie den Schmerz spürt, ist sie sich physisch bewusst.

D: *Eine Sache, die du von ihr willst, ist, dass sie diese Menschen in ihrem Leben loslässt.* (Ja) *Sie kann nichts gegen ihren Mann und ihre Kinder tun. Das ist nicht mehr ihre Aufgabe, oder?*

L: (Freudig) Und sie kommuniziert täglich mit ihnen auf der anderen Seite.

D: *Also hat sie sie nicht verloren. Sie kommunizieren nur auf eine andere Weise.*

L: Wir werden etwas an der Neuverkabelung des Gehirns arbeiten, um es für sie anzupassen. Wir verdrahten es anders und verbinden einige Dinge neu, die zu einem bestimmten Zweck getrennt wurden.

D: *Wird sie einen Unterschied bemerken?*

L: Oh! *Du* wirst einen Unterschied bemerken. (Lachen) Du wirst es in ihren Augen sehen und es spüren, wenn sie aufsteigt.

D: *Die Hauptsache, und ich weiß, dass du mir zustimmen wirst ... niemals der Person ein Leid zufügen ... immer mit Liebe.*

L: Das ist der Eid, den sie erwähnte und der in die physische Erinnerung gebracht werden sollte: keinerlei Leid. Siehst du, unter diesen Lebensumständen hätte sie jemandem Leid zufügen können, aber sie wusste es ... kein Leid. Sie nahm einfach alles auf sich, aber sie transformierte es in die richtigen Energien.

D: *Kannst du uns sagen, wie ihr das Gehirn neu verkabelt? Ich bin immer interessiert.*

L: Denke an Fahrbahnen, auf denen z.B. auf einigen Streckenabschnitten Blockaden errichtet wurden. Sie blockieren und gewähren nur eine Einbahnstraße. Wir setzen diese Blöcke frei, um beide Bahnen zu gewähren. Und wir fädeln auch Bereiche neu ein, die ausgefranst sind. Wir reparieren. Und wir geben alle Bahnen frei und öffnen sie für die volle Leistungsfähigkeit. Und wir arbeiten vor allem im

Nackenbereich. Der Schmerz, den sie im Nackenbereich und an den Schulterblättern spürt. Sie denkt, das habe mit Flexibilität zu tun, aber wir würden sagen, dass dieser Bereich abgeriegelt wurde, damit bestimmte Erfahrungen stattfinden können. Und so kommt es wie zu einem Energiestau und so öffnen wir diese Bahnen. Und innerhalb der Verbindungsstelle im Nacken verdrahten wir zur Mitte hin, um die Krone sowie ihre Stirn wieder zu öffnen.
D: Das dritte Auge?
L: Ja, und so muss sie nicht mehr an sich selbst zweifeln und nach außen schauen, sondern sie kann überall hinschauen.—Wir dehnen den Bereich zwischen den Schulterblättern aus, da alles verdichtet ist. Und hier findet sie Verzerrungen im Rücken, weil alles verhärtet ist und somit alles, was sich nach außen ausdrücken sollte, nach innen blockiert wurde.
D: Was ist mit den Wucherungen unter ihrer Brust?
L: Das ist eine Anhäufung von Energie, die sagt: „Pass auf!" Schau, sie wurde von ihrem Körper getrennt. Sie hat ihren Körper verleugnet und so machen wir ihren Körper wieder sicher. Zu einem liebevollen Ort zum Leben.

Das SC beschrieb dann, wie es die Wucherung beseitigen wollte. „Wir werden es schmelzen. Und lassen es wieder zu normaler Gesundheit zurückkehren, und die Energie, die sie angesammelt hat, wird freigesetzt." Bei der Arbeit an ähnlichen Fällen sagten sie mir viele Male, dass sie Tumore oder Wucherungen auflösen oder absorbieren und sie sicher aus dem Körper ausleiten. Sie bekräftigten, dass es dies war, was sie taten. „Wenn es schmilzt, bewegt es sich wieder dorthin zurück, wo es herkam. Und Absorbieren ist ein gutes Wort.—Wir schlagen vor, dass sie fastet, damit die Entgiftung von der Auflösung vonstatten gehen kann."

D: Mit Fasten meinst du, dass du willst, dass sie eine Weile nichts isst?
L: Nein. Fruchtsäfte ... Obst ... viel Wasser.
D: Für wie lange?
L: Fünf Tage.
D: Fünf Tage Obstfastens, man würde es nennen, schätze ich.
L: Ja, es wird das, was wir aufgelöst haben, herauslösen, und ein Teil des Schwitzens, das sie spürt, ist die Hitze in jeder Pore, während der Körper versucht, es auszuscheiden. Es gab einen Widerstand zwischen ihr und ihrem Körper. Sie wird sofort einen Unterschied bemerken.

D: *Was ist mit dem Unterleib? Sie hatte dort eine Schwellung.*
L: Ja. Sie benutzt das Wort „schwanger". (Sie sagte, es fühle sich an und sah aus wie damals, als sie schwanger war.) Man könnte sagen, dass sie mit der Energie schwanger war. Und das ist ihr Körper, der benutzt wird, um ihre Aufmerksamkeit darauf zu lenken, etwas nach außen zu geben, anstatt zu meinen, dass sie unfähig sei.—Sie war in einem Kampf zwischen ihren Kindern und sich selbst gefangen. Und sie wird sehen, dass sie durch ihre eigene Loslösung ihre Kinder befreien wird, damit sie zu ihr kommen können. Denn in jedem Ereignis liegt im Gegenzug ein Geschenk. Wir arbeiten nie an jemandem nur um zu sagen: „Okay, du musst leiden, um des Leidens willen." Nein. Es ist wie der Diamant, der durch Feuer geformt wird. Es liegt ein Geschenk darin, also hat sie den Prozess eigentlich verzögert, indem sie die Energie geschaffen hat, wegen der sie sich fernhalten können. Nun sind sie frei, zurückzukehren und sie ist frei um sich loszulösen.—Sie hat diese Wiege des Leibes getragen und tief empfunden, aber das liegt vor diesem Leben. Das sind Äonen und Äonen des Tragens der Schuld. Wir wollen, dass während es Teil der Entstehung des Planeten ist und man sieht, was alles geschehen ist, dieses Wesen erkennt, dass dies vorherbestimmt ist. Es gibt keine Schuld, die sie für etwas tragen muss, was sie getan hat, denn wie du weißt, ist es ein Spiel.
D: *Das ist es, was ich den Leuten sage, es ist ein Spiel.—Ich habe mit Leuten gesprochen, die sagten, sie seien für die Bildung der Erde da. Ist sie auch eine von ihnen?* (Ja) *Sie ist schon lange hier.*
L: Ja. Sie ist von den Wesen mit den Zyklopen ... mit einem Auge.
D: *Ganz zu Anbeginn der Erde?* (Ja) *Sie waren also echt und keine Legende?*
L: Ja. Sie waren sehr real, und sie trägt den Faden der Schuld, der im physischen Körper verbreitet wird.
D: *Warum gab es Schuldgefühle im Zusammenhang mit den Zyklopen?*
L: Sieh dir den Planeten an. Sieh dir die Krankheiten an. Sieh dir die Schmerzen von Mutter an. Ja, aber es ist zweckmäßig.—Und so ist sie in dieser Dualität gefangen, in der sie ihre Größe und auch ihre Demut spürt.
D: *Wir dachten immer, die Zyklopen seien Märchen.*
L: Wirklich?
D: *Aber mir wurde gesagt, dass jede Legende ein Körnchen Wahrheit besitze.*
L: Der Körper spürt die Hitze und die Hitze sollte ihre

Aufmerksamkeit erregen ... um auf den Körper zu achten, mit dem wir sprechen ... zuhören, zuhören, zuhören.

D: *Nun, sie hatte noch eine weitere Frage. Wird sie einen Partner finden?*

L: Ja. Sie muss sich zuerst selbst ein Partner sein. Die Balance zwischen links und rechts herstellen. (Lachen) Denn jetzt hat sie das Gefühl, dass sie nach jemand anderem sucht, der es für sie tut. Andernfalls, wird sie wieder eingefangen werden ... Du musst selbst sehen ... wie es sich zusammenfügt. (Sehr betont.) Sieh nach innen! Verstehst du?—Wir sagen ihr, dass sie in sich hineinschauen soll ... die DNA verflechten ... die linke und rechte Seite miteinander vereinen. Finde deine Ganzheit in dir selbst. Dann ziehe das Wesen an, weil du dann jemanden anziehst, den du nicht reparieren musst—es ist Zeit. Wir haben Arbeit für sie. Und je länger sie sich versteckte ... konnte keine Arbeit getan werden. Sie wird sehen, wie sie sich in Sprüngen bewegt. Du verstehst die Sprünge, diese werden also die Bewegungsfreiheit sein, die sie zurückgehalten hat. Wir danken dir mit viel Freude und segnen dich.

D: *Ihr habt also die Arbeit am Körper beendet?*

L: Ja, und wir werden in den nächsten Tagen im Schlafzustand weitermachen. Wir haben zuerst das Gehirn gemacht, damit sie ihre eigene Bestimmung nicht durch ihr Bewusstsein besiegt. Wir haben das Bewusstsein verändert.

D: *Und du willst, dass sie das Obstfasten macht, um das alles aus ihrem System zu spülen?*

L: Auf jeden Fall. Und sieh, sie wusste, dass etwas kommen würde, also aß sie gestern Abend viele Dinge, die sie nicht essen durfte. (Die Klasse lachte laut darüber.)

D: *Aber du wirst dich von nun an um ihren Körper kümmern?*

L: Auf jeden Fall. Dies ist ein Körper, den wir lieben; durch den wir arbeiten. Sie hatte die Arbeit zurückgehalten.

Ich erklärte, dass ich an der Stimme erkannte, dass ich zu dem Teil sprach, der mir vertraut war. Ich erklärte auch, dass ich versuchte, anderen zu zeigen, wie man „sie" kontaktieren kann.

L: Sie kommen zu dir, aber wir sagen ihnen: „Ihr habt in euch bereits das, was Dolores hat. Es geht nur darum, das anzunehmen." Und diejenigen, die sich Sorgen um den Aufbaukurs machen. Hmmm. (Die Klasse lachte.) Wir werden euch voranbringen! Wir werden euch helfen!

Abschiedsbotschaft: Die Liebe, die ihr sucht, ist in euch, und wir überschütten euch fortwährend mit Liebe. Öffnet eure Herzen, um es zu spüren. Glaubt nicht, dass die Liebe durch Wesen und durch die Kleinen kommen muss. Wahre Liebe kommt von der Quelle und wahre Liebe wird auf euch herabgeschüttet. Sucht nicht weiter. Fühlt es in euch selbst und wisset, dass wir immer bei euch sind. Ihr seid nie allein ... niemals. Wir verbeugen uns vor eurer Größe. Wir verbeugen uns vor eurer Hingabe. Wir erheben euch, also nehmt keine Sorgen mit. So etwas gibt es nicht. (Sehr zärtlich) Wir lieben euch.

D: Ist das alles, was du sagen willst?
L: Oh? Haben wir mehr Zeit? (Lacht) Wir werden sagen, dass wir euch alle lieben und dass alles, was in diesem Raum und dieser Zeit ist, ausersehen ist ... ja ... ihr seid alle in diesem Moment aufgerufen, weil alles auch für euch ist. Also geh fort in dem Wissen, dass du, wenn du von deinem Sitz aufstehst, das, worauf du dich niedergelassen hast, hinter dir gelassen hast und grüble gar nicht erst darüber nach. Akzeptiere einfach, dass es so ist und wir werden dich im Schlaf wiedersehen.

Lindas Leben änderte sich dramatisch, sobald die Sitzung beendet war. Selbst auf dem Heimweg fühlte sie sich glücklich. Zuvor hatte sie sich davor gefürchtet, in ein leeres Haus zu gehen. Nun dachte sie: „Oh, ja, mein Gehirn wurde neu verdrahtet!"

Kapitel 11

INFORMATIONSSPEICHER

Cathy betrat die Szene und versuchte, eine seltsame Umgebung zu beschreiben. „Ich sehe glatte Gebilde am Boden. Sie sehen beinahe aus wie Felsen, aber es sind keine Felsen. Ich weiß nicht, wie ich sie nennen soll. Ich habe keinen Namen für sie. Es ist wie ein großer, runder Stein. Ich kann spüren, dass er rutschig oder glänzend ist. Er ist nicht scharf oder rau. Er ist sehr glatt und hat viele Schichten und ist nicht aus einem Stück. Da sind viele Stücke. Sie bilden zusammen ein Stück.—Ich bin noch nicht hingegangen, um den Rest des Ortes anzusehen. Ich spüre, dass da viel mehr an ihm dran ist, als ich sehe." Dann sah sie ein Gebäude, eine Stadt in der Ferne. „Es hat scharfe Dächer wie Eiszellen, aber sie sind nach oben gerichtet und sie zeigen auch in alle Richtungen. Einige von ihnen sind flach und sehen wie Eis aus."

D: Diese Farbe?
C: Nein, das ist transparent. Sie sehen grau und weiß aus, aber aus der Ferne sehen sie aus wie Eis. Es ist eine große Gruppe hoher Gebäude. Sie sind seltsam, weil sie sich seitlich erstrecken und sich dann in der Mitte breiten sie sich auch nach oben aus. Zeigen nach oben und zeigen seitwärts, unregelmäßig. Seltsame Gebäude. Aus der Ferne erscheint es seltsam, weil es mitten im Nirgendwo liegt, in diesem leeren Raum, und es gibt nichts weiter. Es sieht so aus, als würde es sich an einen Hügel an der Seite eines viel größeren Hügels anlehnen.

Die Sache mit diesen Gebäuden ist, dass es kein Muster gibt. Sie sind so unregelmäßig. Wie eine Stufe, die hier oder da auftauchen kann. Wenn jemand sie gebaut hat, dann ist das die Art und Weise, wie man die Gebäude baute. Sie sind nicht organisiert. Vielleicht ist das die Art und Weise, wie sie etwas organisieren. Ich weiß es nicht. Man weiß nicht, was einen erwartet, wenn man eine Seite des Gebäudes betrachtet, denn es wird nichts sein, was man in einem Gebäude erwarten kann.

Sie war sich nicht sicher, ob sie in dieser Stadt lebte oder nicht. Sie erschien ihr sehr seltsam und fremd. Doch sie willigte ein, hineinzugehen und sie zu erkunden. „Ich muss zuerst zu dem Eingang von der ganzen Stadt gehen, weil es einen bestimmten Eingang gibt, durch den man gehen muss, um hineinzugelangen. Wenn man hineingeht, ist es eine Stadt, aber sie ist leer. Es gibt Straßen und sie sind aus der gleichen Art von Eismaterial gefertigt.—Ich glaube, ich muss einen Turm hinaufgehen. Ich nenne es einen Turm, weil es eine runde Wendeltreppe gibt und man weiter und weiter die Treppe hinaufgeht. Ich schätze, jeder hat seinen eigenen Turm, zu dem er hochgeht.—Die Turmspitze ist offen und ich kann sehr, sehr weit in die Ferne blicken. In der Turmspitze ist kein Raum. Sie ist offen. Es ist ein Beobachtungsort, dessen Zweck darin besteht, weit entfernte Orte zu beobachten."

D: *Also ist es kein Ort zum Leben? Es ist ein Ort zum Beobachten?* (Ja) *Was siehst du, wenn du hinaussiehst?*
C: Ich sehe noch nichts. Ich kenne den Zweck dieser Aussichtsplattform, denn man kann sehen, was auch immer man sehen will. Es gibt noch ein Ding, das man kontrollieren oder befehlen kann, damit man sehen kann. Es ist nicht wie ein Ort, den man zufällig sieht. Man muss es einstellen, um etwas zu sehen.
D: *Wird es mit einem Mechanismus gemacht?*
C: Ich sehe nichts Mechanisches. Ich denke, sie haben es mit einer fremdartigen Technologie oder geistigen Kraft getan oder mit etwas, das ich nicht beschreiben kann, oder sie haben es vielleicht nicht hier. Wenn ich von Maschinen spreche, habe ich kein Wort, um es zu beschreiben. In unserer Welt wird man es eine Maschine nennen, aber es ist eigentlich keine Maschine. Es ist eine Art Methode oder Technologie, die man verwenden kann.
D: *Mit dem Geist?*
C: Ja. Du entscheidest einfach. Denk einfach mal drüber nach. Aber aus irgendeinem Grund muss man da sein, um die Dinge zu sehen. Man geht nicht körperlich hin, aber man kann alles sehen und alles wissen, was vor sich geht. Es sendet einen Teil von dir ... dein Geist geht dorthin. Oder dein ganzes Bewusstsein ist da und du kannst dort alles spüren. Dann kannst du zurückkommen. (So etwas wie ein Portal oder wahrscheinlich ein Fenster)—Du

sammelst Informationen und speicherst sie. Alles wird aufgezeichnet. Alles wird in dem Turm aufbewahrt, in welchem sie Informationen sammeln. Sie lagern sie dort, wo sie sie als erstes erhalten. Und ich denke, nachdem sie alle Türme und all die anderen Informationen zusammengetragen haben, platzieren sie sie womöglich woanders. Dann setzen sie alles an einer anderen Stelle zusammen. Alles wird gespeichert.

D: *Tun alle Leute in der Stadt das?*
C: Ich weiß es noch nicht. Mal sehen.—Es gibt weitere Leute, die es auch tun. Ich gehe von hier weg. Ich bleibe nicht die ganze Zeit. Ich war lange, lange Zeit nicht mehr in dieser Stadt, somit erinnere ich mich nicht an viele Dinge.

D: *Musst du essen? Musst du Lebensmittel zu dir nehmen?*
C: Nein, ich nehme kein Essen zu mir.

D: *Was tust du, um dich am Leben zu erhalten?*
C: Ich tue gar nichts. Es ist die Luft. Es liegt alles in der Atmosphäre. Dort werde ich unterstützt. Ich denke nicht einmal ans Essen.

D: *Es ist also eine einfache Existenz, nicht wahr?* (Ja) *Was tust du mit dem Großteil deiner Zeit?*
C: Ich gehe gerne zum Turm, um zu beobachten. Das ist eine meiner Lieblingsbeschäftigungen, und wenn ich das nicht tue, gehe ich an andere Orte, um zu spielen. Ich kann überall hingehen. Ich kann zu verschiedenen weit entfernten Planeten gehen.

D: *Wie reist du zu den anderen Planeten?*
C: Ich gehe einfach hin. Ich denke einfach, dass ich irgendwo hingehen will und ich bin da.

D: *Du musst nicht in so etwas wie ein Schiff steigen?* (Nein, nein.) *Aber dein Körper ist physisch, nicht wahr?*
C: Nein, wenn ich das tue, bin ich nicht körperlich. Wenn ich reise, habe ich diesen Körper nicht.

D: *Wie siehst du aus, wenn du reist?*
C: Es sieht aus wie Energie, aber ich kann es nicht erklären. Es ist wie eine Strömung. Als hätte man Elektrizität im Wasser und könnte den Strom fühlen, aber man sieht ihn nicht. Genauso ist das Reisen. Ich gehe einfach.

D: *Was passiert dann, wenn du an den Ort kommst, an den du gelangen willst? Brauchst du an jenen Orten einen physischen Körper?*
C: Wenn ich es will. Wenn ich bleiben will. Es kommt darauf an, was ich tun will. Wenn ich lediglich bleiben und zusehen will, muss ich keinen Körper haben. Wenn ich mich entscheide zu bleiben, dann kann ich einen Körper haben, wenn ich will.

D: Wenn du eine Weile bleiben und mitmachen möchtest?
C: Ja, wenn ich mich dafür entscheide.
D: Wie bekommt man dann einen Körper, wenn man sich für einen entscheidet? Wie wechselt man von einer Form zur anderen?
C: Es dauert lange, bis man an einem Ort bleibt, um einen Körper zu haben, denn man muss durch viele, viele Lebensformen gehen. Dann geht man durch viele, viele Körper. Du wählst einen Körper, aber das ist nicht der einzige Körper, den du hast. Was ich meine, ist, wenn du dich entscheidest, an einem Ort zu bleiben, wirst du eine lange, lange, lange Zeit, an diesem Ort bleiben. Du wirst vielleicht viele tausend Jahre dort bleiben.
D: Also geht man nicht einfach hinein und kommt dann wieder heraus?
C: Du kannst das tun, aber sobald du die Entscheidung getroffen hast, zu bleiben, bleibst du für lange Zeit. Oder du kannst dich entscheiden, nicht zu bleiben und dich einfach herauszoomen und an einen anderen Ort gehen
D: Das ist einfaches Betrachten, nicht wahr? (Ja, ja.) *Aber wenn du dich entscheidest zu bleiben, bist du verpflichtet. Musst du länger bleiben?* (Ja) *Gibt es jemanden, der dir sagt, dass du dort länger bleiben musst?*
C: Ich sehe niemanden, der mir das sagt.
D: Oder dir Anweisungen erteilt?
C: Anweisungen? Ich versuche herauszufinden, ob es jemanden gibt, der mich anweist.—Nun, wenn ich mich entscheide, liegt die Entscheidung ganz bei mir. Wenn ich mich entscheide, muss ich die Gesetze oder die Regeln dieses Ortes befolgen, muss ich mich an die Regeln halten. Und sobald man sich an die Regeln hält, muss man dort bleiben, bis der gesamte Zyklus abgeschlossen ist.
D: Anderenfalls willst du nur hingehen und zusehen?
C: Ja, aber ich habe das Gefühl, dass ich es nicht tue. Entweder bleibe ich oder ich gehe. Denn es wird für mich entweder sehr interessant oder gar nicht interessant sein und dann werde ich fort sein an einem anderen Ort ...
D: Ist es das, was passierte, als du dir diese Stadt aus Eis ansahst?
C: Nein, die Stadt aus Eis ist meine Heimat.
D: Wenn du dich dann entscheidest, zu gehen, verwandelst du dich in diesen Körper aus elektrischem Strom. (Ja) *Und wenn du dich dann entscheidest, irgendwo zu bleiben, bist du für lange Zeit von deiner Heimat entfernt?*
C: Ja, das gefällt mir. Es ist eine andere Art, Informationen zu sammeln. Wenn ich dann zurückkomme, lege ich es in eine Art

Speichergerät und alles wird gespeichert. Und jemand anderes wird hereinkommen und alle Geräte einsammeln, und sie bringen sie an einen anderen Ort, um etwas mit ihnen zu machen.

D: *Informationen zu sammeln ist also sehr wichtig, nicht wahr?* (Ja, ja.) *Man weiß nie, was jemand damit anstellen wird.*

C: Man weiß es nicht.

D: *Weißt du eigentlich, dass du durch einen physischen Körper sprichst?*

C: Jetzt?

D: *Ja. Das ist die Art und Weise, wie du kommunizierst. Hast du einfach entschieden, zur Erde zu kommen, um hier zu leben?*

C: Ich bin hier, um etwas zu erledigen. Es gibt einige Gefahren zu beachten. Es gibt einen gewissen Zweck dabei. Ich werde die Erde beobachten und ich werde sie auch selbst erleben, anstatt sie zu beobachten. Das ist eine der Aufgaben. Es geschieht zu meinem eigenen Zweck, damit ich weiß, wie es sich anfühlt, all die Erfahrungen zu haben.

D: *Wenn du einmal die Verpflichtung eingegangen bist, zu gehen, musst du für lange Zeit bleiben?* (Ja) *Du hast also bereits andere Lebensformen durchlebt?*

C: Ja. Aus irgendeinem Grund kamen mir die Steine in den Sinn. Ich weiß nicht, warum. Die Lebensform eines Felsens. Es ist, als wäre ich dort lange Zeit geblieben. Geblieben in der Form eines Felsens ... aber das habe ich schon durchgestanden. Ich habe das geschafft.

D: *Was hast du aus der Erfahrung gelernt, ein Fels zu sein?*

C: Dass es schön ist, stabil zu sein, an einem Ort zu bleiben. Dann kam mir der Schmetterling in den Sinn.

D: *Wie war das, ein Schmetterling zu sein?*

C: Ich empfinde es als sehr schön, fast das Gegenteil vom Felsen. Ich musste also zum Gegenteil übergehen. Ich wandere von einem Ende zum anderen und lerne daraus. Gegenteil ... alles ist das Gegenteil, aber wenn ich mich die ganze Zeit bewege ... Steine bewegen sich nicht ... und ein Schmetterling ist hübscher. Ein Stein hat nur eine Farbe. Und außerdem wird sich ein Schmetterling von einer Raupe zu einem Schmetterling entwickeln. Und die Lektion dreht sich um das Verwandeln, weil du denkst, dass es eine Sache sei, aber dann verwandelst du dich in eine andere Sache. Felsen bleiben immer gleich.

D: *Also hat alles eine Lektion.* (Ja) *Aber du musstest viele Formen durchlaufen, bevor du ein Mensch wurdest?*

C: Ja. Das ist es, was ich dachte, aber ich war mir nicht sicher. Ich wollte es nicht sagen, weil es so seltsam klingt.

D: *(Ich lachte.) Nichts klingt seltsam für mich.—Aber du musstest eine Entwicklung durchmachen, bevor du dich entschieden hast, Mensch zu sein?*

C: Ja, ja. Es ist eine Notwendigkeit. Es ist wie ein natürlicher Kreislauf. Wenn du lernen willst, musst du das tun.

D: *Alles sein?*

C: Ja, und deshalb ist die Erde so wichtig, weil sie einem die Möglichkeit gibt, durch so viele Lebensformen zu gehen. Andere Orte sind dunkel und haben nur wenige Farben. Sind sind nicht so farbenfroh und haben nicht diese Art von Wetteratmosphäre.

D: *Sie haben nicht so viele Lebensformen?*

C: Ja, ich kann es spüren. Sie sind dunkler und kälter. Es ist anders.

D: *Aber jeder Ort bietet etwas zu lernen? (Ja) Aber dann bist du auch durch andere menschliche Körper gegangen?*

C: Ja, ich ging durch menschliche Körper. Ich glaube nicht, dass ich viele andere Körper durchlaufen habe, aber mehrere wichtige, die mir halfen, Lektionen zu lernen. Über eine ganze lange Zeit hinweg.

D: *Dann hast du schließlich beschlossen, in den Körper von Cathy einzutreten, denjenigen, durch den du jetzt gerade sprichst. (Ja) Warum hast du diesen Körper gewählt?*

C: (Tiefer Atemzug) Ich habe diesen Körper gewählt, weil dieser Körper stark ist. Dieser Körper war schon immer stark und gesund. Ich hatte kein Problem mit diesem Körper während meiner Kindheit. Die Gene sind gut. Die Gene im Körper sind stark.

D: *Sagt dir irgendjemand, was du in dieser Entwicklung von Form zu Form tun sollst?*

C: Ich denke, es gibt eine gewisse Führung. Jemand gibt mir weise Ratschläge.

D: *Gibt es einen bestimmten Zweck dahinter, in diesen Körper zu kommen?*

C: Der Zweck dieses Körpers ist es zu sehen, wie der weibliche Körper in einer Kultur gedeiht, die nicht viel Freiheit hat. Und da hindurchzugehen und wieder zur Normalität zurückzukehren und wieder in der Lage zu sein, sich davon zu lösen. (Cathy wurde in China geboren und kam später nach Amerika.) Der ganze Zweck des Körpers ist es ... jedes System zu zerstören, das ich sehe. Ich werde in etwas verwickelt und dann muss ich es auseinanderbrechen ... das Ganze dekonstruieren. Ich gehe durch den ganzen Prozess und komme dann daraus hervor und sehe das reale Bild. Es geht darum, mich nicht an alles anzupassen und zu sehen, ob ich es in einem Stück schaffen kann. Ich müsste nicht nur die Eltern, die Kultur durchbrechen, sondern auch, was jeder von mir erwartet, was ich von mir selbst erwarte. Ich erwartete von mir selbst, dass ich Pianist werde, und alles, was ich erwartete, zerbrach. Alles, was meine Eltern erwarteten, zerbrach. Alles, was ich erwartete... meine Ehe ... sogar mein Sohn manchmal und auch meine Tochter. Es ist, als würde ich mein ganzes Leben lang gegen einen Strom schwimmen und auf Hindernisse stoßen. Das ist die Geschichte ihres Lebens.

D: *Was lernt sie, indem sie gegen den Strom schwimmt?*

C: Ich lerne, dass viele Glaubenssysteme den Menschen schaden.

D: *Sie ist daran interessiert, in ihrem jetzigen Leben mit Kristallen zu arbeiten.*

C: Ja, sie vertraut den Kristallen, weil die Kristalle ihr immer helfen werden.

D: *Hat sie eine Vorgeschichte mit Kristallarbeit in anderen menschlichen Körpern?*

C: Ich höre, dass ich schon einmal mit ihnen zusammengearbeitet hat, aber ich sollte das nicht wissen, weil sie es mir nicht sagen wollen. In anderen Leben war viel los, und ich kenne die Technologie. Ich weiß, wie es funktioniert und ich war gut darin, und ich kann es tun, aber ich soll es nicht auf diese Weise machen. (Verwirrung.) Ich soll nur wissen, dass ich es so nicht machen darf. Ich muss damit einverstanden sein.—Wenn sie den Traum träumt ... dann ist sie auf Reisen. Das ist, wenn sie zum Rat geht. Sie treffen alle Entscheidungen gemeinsam und manchmal trifft auch sie Entscheidungen. Ihre Hauptaufgabe war es immer, zu reisen, Informationen zu sammeln und Menschen zu beobachten. Und sie hilft, wenn es nötig ist. Sie gibt auch ihren Input, während sie im Körper ist. Sie tut bereits, was für sie vorgesehen ist. Ich glaube nicht, dass sie sich deswegen wirklich Sorgen machen muss.

Es scheint, als ob sie für viele, viele Leben da sein müssen, um den Zyklus, die Ordnung der Fortentwicklung zu vollenden, wenn der Teil der Seele beschließt, sich für ein Leben auf einem bestimmten Planeten zu verpflichten. Das bedeutet, dass sie jede Lebensform, von der einfachsten bis zur komplexesten, erleben müssen. Und wie Cathy sagte, sobald man diese Verpflichtung eingegangen ist, ist man an die Regeln gebunden, die auf diesem Planeten oder System aufgestellt wurden. Deshalb herrscht auf der Erde das Gesetz des Karma. Du musst dich nach den Regeln des Ortes richten, den du für deine Erfahrung ausgewählt hast. Aber wegen des erforderlichen Erinnerungsverlustes macht man Fehler und kann nicht weitermachen, bis das Karma, das man angehäuft hat, zurückgezahlt ist. Das war das Problem der Erde, zu viele Seelen sind im Rad des Karmas gefangen und kommen nicht voran, sondern drehen sich nur im Kreis.

Dies ist ein triftiger Grund dafür, warum eine Seele sich dafür entscheiden mag, ein Beobachter zu sein, um zu helfen, ohne in dem Kreislauf gefangen zu sein. Sie kommt, um zu beobachten und zu helfen und geht dann zu etwas anderem über. Mir wurde gesagt, dass diese reinen, sanften Seelen mit einer Schutzhülle oder einer Bedeckung um sie herum in dieses Leben kommen, um die Ansammlung von Karma zu vermeiden. Das soll verhindern, dass sie hier gefangen werden. Denn wenn der Kreislauf des Karmas einmal begonnen hat, müssen sie immer wieder zurückkehren, um es abzugelten. Sie wollen nicht erwischt werden, machen einfach ihren Job und verschwinden von hier. Viele dieser sanften Seelen fragten sich, warum sie, solange sie hierher kommen, nicht gleich alles Mögliche über den menschlichen Zustand erfahren sollen? Das war ein großer Fehler, aber in ihrer Unschuld haben sie es nicht bemerkt. In meinen Büchern gibt es einige Fälle, in denen die Seele im Wesentlichen sagte: „Bringt es her! Ladet es hier ab! Ich will das alles erleben!" Und sie haben ein schreckliches Leben geführt, in dem sie alles Schreckliche erleben mussten, was der Mensch dem Menschen antun kann. Es hatte nichts mit Karma zu tun, sie baten einfach darum, es zu erleben, um zu wissen, wie es ist, damit sie die Informationen haben, um darüber Bericht zu erstatten. Andere wählten nicht die schrecklichen körperlichen Erfahrungen, sondern die emotionalen. Sie wollten jede Art von Emotion in ihrem extremen Zustand erleben, um zu wissen, wie sie sich anfühlt. Viele dieser sanften Seelen laden sich viel mehr auf, als sie bewältigen können, und das Wissen, das durch diese Sitzungen vermittelt wird, kann ihnen helfen, einen Weg aus dem Chaos zu finden, das sie in ihrem Leben erschaffen haben.

So ist die Mehrheit der Seelen auf der Erde in dem Zyklus gefangen, bis sie ihn vollenden. Die Freiwilligen oder Beobachter sind nicht gefangen (es sei denn, sie nehmen eine falsche Abbiegung und häufen Karma an). Sie sind hier auf einer einmaligen Mission und es steht ihnen frei, an andere Orte zu gehen, um zu beobachten, wann ihre Arbeit hier beendet ist. Detailliertere Informationen dazu gibt es in meinem Buch *Die Drei Wellen der Freiwilligen und die Neue Erde*.

ese
Kapitel 12

SCHULD TRAGEN

Amanda sprach über ihr Leben mit einer beherrschenden, fordernden Mutter. Sie verließ ihr Elternhaus in jungen Jahren und war glücklich verheiratet. Sie kam in einem Rollstuhl in meinem Büro an, obwohl sie mit etwas Unterstützung gehen konnte. Ich wusste, dass wir in der Sitzung mehrere Dinge zu besprechen haben würden.

***

Amanda war gerade als kleiner Junge an einer ansteckenden Krankheit gestorben, die das Dorf, in dem er lebte, dahinraffte.

D: *Was glaubst du, was du tun wirst, jetzt, da du nicht mehr im Körper bist?*
A: Ich sehe, dass ich durch diesen Tunnel jage und ich werde zurück in die Schule gehen, die ich vorher verlassen hatte.
D: *Bevor du in den Körper dieses kleinen Jungen kamst?*
A: Ja, ich gehe wieder zur Schule.
D: *Wie ist es an dieser Schule?*
A: Ich kenne jeden, der da ist, und ich kenne auch Leute, die ich von anderen Schulen kenne. Einige von ihnen kommen zu mir in diese Schule, und ich begrüße sie. Und dann treffe ich Leute, die ich nicht kenne. Und die Schule wurde ausgebaut, was für mich eine Überraschung war. Sie ist größer geworden als vorher und somit war es eine gute Sache. Es war immer eine glückliche Zeit, wieder zur Schule zu gehen.
D: *Was lehrt man dich an dieser Schule?*
A: Viele verschiedene Dinge. Weißt du, was tun, wenn etwas zu dir kommt und du es abschmetterst? Du musst es nicht abschmettern, weil du derjenige bist, der es eingebracht hat, und

du lernst, dass du es verursacht hast, und du musst weder vor etwas Angst haben, noch musst du es bekämpfen. Du musst nicht auf die gleiche Weise reagieren. Und das war eine große Lektion für mich. Und du musst dich nicht verteidigen, und wenn jemand vorhat, dir Schaden zuzufügen, kannst du es einfach durch deinen Körper gehen lassen und es wird dich nicht berühren. Du musst nicht dagegen ankämpfen. Wenn es Aggressionen gibt, die auf dich zukommen, kannst du sie einfach gewähren lassen. Sie werden durch dich hindurchgehen wie Energie, die durch eine nicht existente Wand geht, und so musst du sie nicht abschmettern. Du musst nicht antworten, weil es dich wirklich nicht berührt, weil du auf einer höheren Ebene des Verstehens schwingst.

D: *Was bringen sie dir noch bei?*
A: Den Musik- und Stromgeräuschen zu folgen und auf dem Klangstrom zu treiben und ihn hereinzulassen. Den Klangstrom in dir zu durchbrechen und zum Klangstrom zu *werden*. Und es gibt keine Grenzen und keine Barrieren, außer den Barrieren, die du errichtet hast. Ich lerne, dass es keine Barriere gibt, weil ich sie errichtet habe und deshalb habe ich mich entschieden, diese Barriere nicht zu haben. Sie ist nicht da und sie war nie wirklich da. Es war nur, dass ich dachte, sie sei es.

D: *Also sind Schallströme wichtig?*
A: Oh, ja, Klang und Licht, und der Lichtstrom natürlich.

D: *Sind das die Dinge, denen du auf der Erde begegnest?*
A: Oh, ja ... überall.

D: *Ich bin neugierig, was sie mit den Klang- und Lichtströmen meinen.*
A: Es ist im Grunde genommen alles. Es ist die Allheit. Es ist alles. Es ist der Strom.

D: *Du wirst sie also identifizieren können, wenn du in einem physischen Körper bist?* (Ja) *Was macht man mit den Klangströmen und Lichtströmen, wenn man sie in einem physischen Körper wahrnimmt?*
A: Du genießt es. Du reitest auf den Klangströmen und genießt die Klangströme. Du genießt das Licht. Du wirst durch den Klangstrom gelehrt. Du lernst alles durch den Klangstrom und die Schwingungsrate. Du lernst und wirst genährt. Du kannst tatsächlich vom Licht leben und das kann deine Nahrung sein. Deine Nahrung, wobei du nichts zu dir nehmen musst, außer dem Klangstrom und dem Lichtstrahl. Du musst nichts anderes essen, es sei denn, du entscheidest dich dafür.

D: *Das ist bemerkenswert.*

A: Du musst es wirklich nicht.
D: *Kann man davon existieren?*
A: Ja, denn das ist die volle wahre Nahrung. Das ist es. Das ist es. Das ist die Allheit.
D: *Wenn sie dich also an der Schule unterrichten, woher weißt du dann, wann es Zeit ist, ins Physische zurückzukehren?*
A: Du hast das Gefühl, zurückgezogen zu werden, indem du zurücktreibst.
D: *Du kannst dort so viel lernen, warum bleibst du nicht einfach dort?*
A: Wenn du gebeten wirst, Lehrer zu werden, dann bleibst du dort. Wenn du die Lehre weitergeben kannst und du gebraucht wirst, dann bleibst du, weil du nicht von dort weggehen würdest, wo du gebraucht wirst. Aber ich ging oft zurück, weil ich mehr lernen musste.
D: *Also, wenn du bereit bist, gehst du zurück zu einem physischen Körper?*
A: Ja, und das habe ich getan.
D: *Du sagtest, du fühlst dich zurückgezogen?*
A: Es ist nicht wirklich ein Ziehen. Du spürst diese Anziehungskraft. Es ist, wie eine Rose zu riechen. Du kennst den Duft und du folgst ihm einfach. Du hast dieses Bedürfnis, diesem Duft zu folgen. Du weißt, dass beschließen kannst, es nicht zu tun und zu bleiben, wo du bist, aber du weißt einfach, dass das eine gute Sache ist, die du tun musst. Niemand zerrt dich irgendwo hin. Keine Macht der Welt. Es heißt: „Möchtest du das jetzt?" So ist das ungefähr. Ich denke, du bist eingeladen. Boten kommen und laden dich ein, ob du kommen möchtest, oder du bleibst fort, wenn du es nicht willst.
D: *Glaubst du, du lernst schneller, indem du zur Schule gehst oder ins Physische gehst?*
A: Ich denke, dass ich dieses Leben wählte, weil ich wusste, dass ich mehr lernen würde, wenn ich da hineinginge. Und ich habe in der Tat mehr gelernt und als ich zurückkam, als ich nach Hause kam, sah ich, dass ich mehr verstand. Mein Bewusstsein war erweitert. Ich tat mehr und fand mehr Leute, als ich wieder hier zur Schule ging.
D: *Somit kannst du an beiden Orten lernen. Du durftest zu unterschiedlichen Zeiten ins Physische gehen. (Ja)—Bist du dir bewusst, dass du gerade durch einen physischen Körper sprichst?*
A: Ein Teil von mir spricht durch den physischen Körper.
D: *Weißt du, warum du dich entschieden hast, in diesen physischen*

Körper namens Amanda zu kommen?
A: Oh, ja, ja. Hauptsächlich wird sie wieder an der Spiritualität arbeiten. Es gibt einen Wandteppich, den Amanda jetzt versteht, und sie ist begeistert. Und das ist eine der großen Botschaften, die sie in diesem Leben den Menschen vermitteln wird: Wie nimmt man den Wandteppich wahr? Und sie wird es auf eine Art erörtern, dass die Leute es vielleicht verstehen. Aber es gibt vieles, was die Menschen nicht verstehen werden. Sie versteht auch nur einen kleinen Teil von dem, was dieser Wandteppich wirklich ist. Er ist schwingende Energie, er ist lebendig und er ist natürlich allwissend und er ist sich aller Dinge sehr bewusst. Wir sind der Wandteppich. Es gibt keine Trennung. Wir denken nur, dass wir getrennt seien. Das ist also wirklich das große Bewusstsein, zuerst zu verstehen, dass es einen Wandteppich gibt und zweitens, dass man nicht vom Wandteppich getrennt ist. Und das Dritte ist, sich des Wandteppichs voll bewusst zu werden. Sei dir seiner bewusst. Er ist das Allbewusstsein. Er ist das Allseiende.

Es gibt eine Menge Information über den Wandteppichraum in *Zwischen Tod und Leben*. Dieser wurde als ein riesiger Wandteppich betrachtet, der sich in der Tempelanlage der Weisheit auf der geistigen Seite befindet. In diesem Tempel befinden sich die große Bibliothek, der Heilungsraum und viele andere Lernorte. Der Wandteppich ist repräsentativ für alles Leben. Jeder einzelne lebende Mensch ist als Faden in diesem Wandteppich dargestellt und er wurde als von atmender und wallender Erscheinung beschrieben. Da alle Fäden miteinander verwoben sind, zeigt er, dass wir zwar Einzelne sind, aber auch Teil des Ganzen, des All-einigen. Es gibt keine Trennung.

D: Warum hat sie sich entschieden, in dieses Leben zu kommen? Hat sie einen Plan gemacht?
A: Ja. Eigentlich musste sie einige Fehler, manches Karma zu Ende bringen und sie hat daran gearbeitet und sie hat das alles ziemlich gut hinter sich gelassen.

Sie erklärten das Karma zwischen Amanda und ihrer Mutter und wie es gelöst wurde.

D: Warum hatte ihr physischer Körper Probleme gehabt?
A: Schuldgefühle. Sie fühlte sich schuldig. Ihre Schwester, die krank ist. Sie fühlte sich schlecht, dass sie sich erlaubte, frei zu

sein, und ihre Schwester übernahm die Last dessen, was die Mutter wollte. Und als ihre Schwester krank wurde, lebte Amanda nicht bei der Familie. Sie hatte ein wunderbares Leben und dann fühlte sie sich schrecklich. Schuldig an der Tatsache, dass sie entkam und ihre Schwester nicht.

Ihre Schwester entwickelte MS (Multiple Sklerose). Als Amanda anfing, Probleme mit ihren Beinen und ihrer Hand zu haben, vermuteten die Ärzte eine MS, aber die Tests bestätigten das nicht. Dadurch ahmte Amanda durch Schuldgefühle die Krankheit ihrer Schwester nur allzu realistisch nach.

A: Es war wirklich nicht ihre Schuld—aber die Schuld ist nicht real. Schuld ist überhaupt nicht real.

D: *Weil ihre Schwester ihre eigenen Pläne hatte ... ihre eigenen Entscheidungen.*

A: Richtig ... richtig. Sie sollte das also loslassen, denn das ist ohnehin nicht real. In dem letzten Leben, das ihr gezeigt wurde, zweifelte der Junge an seiner Fähigkeit. Er ist derjenige, der sich zurückhielt. Und das ist das Problem in diesem Leben, dass sie sich wieder zurückhält und zwar mit der Schuld ihrer Schwester. Sie übernahm in diesem Leben Mitgefühl, und so spürt sie das Mitgefühl anderer Menschen und sie übernimmt das und dann empfindet sie das für ihre Schwester. Sie fühlte die Schuld im Sinne von: „Warum bin ich so glücklich, wenn sie es nicht ist?" Und so übernahm sie das. Sie muss das alles einfach hinter sich lassen. Habe nicht dieses Mitgefühl. Ich meine, du kannst einfühlsam sein, aber du musst dich nicht schuldig fühlen.

Ich wollte dann, dass das SC an Amandas Beinen arbeitet. Das SC sagte, dass sie die Medikamente, die sie nahm, absetzen müsse. Es sagte, dass sie ohnehin die meiste Zeit vergessen hatte, sie zu nehmen. „Sie" halfen ihr, zu vergessen, sie einzunehmen. Sie würde wieder laufen können.

D: *Was ist mit dem Verzicht auf den Rollstuhl?*

A: Wir arbeiten an ihr und keine Sorge, sie wird es wissen. Und wie wenn ein Kind anfängt, zu laufen und sich plötzlich hinsetzt und nicht glaubt, dass es das wieder tun könne, wird sie plötzlich sagen: „Ich kann das schaffen!" Wir haben es ihr gezeigt. Sie fuhr ohne Probleme Auto und hielt es vollständig an. Wir überraschten sie und jetzt hat sie keine Probleme mehr. Sie kann fahren. Bis Weihnachten wird sie den Stock benutzen und

überhaupt nicht mehr im Rollstuhl fahren. Das wird passieren, wenn sie die Schuld loslässt.
D: *Es heißt, dass sich die Netzhaut in ihrem linken Auge löst. Könnt ihr das in Ordnung bringen?*
A: Ich denke, das können wir. Wir sind in allem ziemlich gut. (Lachen) Sie wollte nicht sehen, was in ihrem Leben vor sich ging. Im Moment ist es verschlossen, weil sie denkt, dass es verschlossen sei.
D: *Ich habe euch Wunder wirken gesehen. Kannst du die Netzhaut reparieren?*
A: Ich glaube, ich werde jetzt daran arbeiten. Wir werden die Lichtstrahlen hindurchziehen und es nähen. Das ist wirklich alles, womit wir arbeiten, Lichtenergie und Klang. Sie war vorher sehr gesund. Sie wird es wieder. Sie hat auch solche Schuldgefühle, weißt du, weil sie andere Leben gelebt hat, in denen sie manch schlechte Dinge getan hat ... wir alle tun das. Und sie will dieses Karma wirklich nicht mehr. Und wir mögen die Tatsache, dass sie jetzt sehr vorsichtig ist, weil einige ihrer alten Inkarnationen tatsächlich unvergesslich sind.

Nachricht: Es wird noch vor Ende des Jahres einen großen Moment geben, und habe keine Angst, wenn du ein echtes Ziehen bekommst, um aus deinem Körper herauszugehen. Gehe mit ihm mit, denn wir werden dich an einen großen Ort bringen und du wirst es wirklich genießen. Geh einfach. Eigentlich ist es kein Gehen. Es ist ein Kommen. Niemand geht jemals irgendwo hin, erinnerst du dich? Man kommt einfach zurück.

Kapitel 13

DIE VERGANGENHEIT VERÄNDERN

Monica sah, dass sie ein älterer Mann mit braunem, ungekämmtem Haar und einem Bart war (etwa 50), der in einer kahlen Umgebung auf Sandboden stand und einfach, unscheinbare Kleidung trug.Während er eine Tasche mit Essen darin auf dem Rücken trug, sagte er, er sei einfach zu Fuß unterwegs auf einer Pilgerreise. Er verkündete traurig: „Und ich erwarte nicht, dass ich überlebe." Er fing an zu weinen: „Ich habe das Gefühl, dass ich versagt habe. Ich habe das Gefühl, dass ich alle im Stich lasse. Es fühlt sich an wie ein selbst auferlegtes Exil. Dass ich mich selbst ausgeschaltet habe, weil ich nicht gut genug war. Ich bin gescheitert und deshalb bin ich gegangen. Ich gehe auf eine Pilgerreise, um mich von meinen Sünden zu loszusprechen."

D: *Dachten auch andere Leute, dass du versagt hast?*
M: Das spielt keine Rolle. Ich weiß, dass ich versagt habe. Ich kann so nicht mehr weiterleben.
D: *Wir alle machen Fehler, nicht wahr?*
M: Ja, aber ich sollte das nicht. Ich bin derjenige, den die Menschen um Weisheit bitten, und ich habe versagt.
D: *Hast du dort irgendwo in der Nähe gelebt?*
M: Ich war nicht von dort. Ich bin zugereist. Ich wurde dorthin geschickt.
D: *War das eine Stadt oder so etwas?*
M: Das war keine Stadt. Es war ein Ort unweit der Stadt, an den die Menschen kamen. Es waren ein paar andere dort, die mir halfen.
D: *Welche Art von Weisheit gabst du den Menschen?*
M: Wie man die Pflanzen anbaut, wie man ein besseres Leben hat, wie man miteinander auskommt, wie man die Dinge anders

sehen kann und wie man mehr in seinem Herzen ist. Es war einfach.
D: *Das sind alles gute Dinge. Hat dich irgendjemand darin ausgebildet, diese Dinge zu tun?*
M: Ja. Ich wurde von weit her gesandt. Ich will „von oben" sagen.— Ich versuche zu sehen, woher ich komme und ich ... Ich habe einfach das Gefühl, dass ich dorthin geschickt wurde, aber ich habe kein klares Bild davon, wer mich ausgebildet hat.

Natürlich ließ meine Neugierde nicht zu, dass dies die einzige Antwort war. Ich ließ ihn zurückgehen, um den Ort zu sehen, von welchem er mit dieser Weisheit kam.

M: Weiße Tempel und blaues Wasser. (Er wurde emotional.)
D: *Erzähle mir von dem Ort. Es klingt wunderschön. Hat dich dort jemand ausgebildet?*
M: Das ist alles, was sie tun, ausbilden. Sie bilden einen für alles aus, was man tun muss. Und so wurde ich hierfür ausgebildet. Es war wie eine Universität.
D: *Bist du schon du lange dort?*
M: Es fühlt sich wie ein wirklich guter Ort zum Verweilen an und ich weiß nicht, wie lange ich schon hier bin.
D: *Und dann, immer wenn du trainiert wurdest und du alles gelernt hast, was du wissen musstest ...*
M: Dann setzen sie mich einfach an dem Platz ab.
D: *Wie setzen sie dich ab?*
M: In einem Raumschiff oder einer Merkabah oder einem Fahrzeug. Es gab einen Piloten und er beförderte mich an diesen Ort. Es war ein kleines Schiff, wie eine goldene Kugel. Gerade groß genug für den Piloten und mich selbst. Er brachte mich zu diesem Ort auf diesem Planeten, und es ist, als würden sie mich erwarten und als ob niemand vor mir Angst hätte. Ich ging an diesen Ort. Es ist fast so, als wäre ich der Ersatz. Als ob zuvor schon jemand da gewesen wäre und ich in seine Fußstapfen treten sollte ...

Die Leute wussten, dass er kommen würde, also begrüßten sie ihn. „Sie suchen nach Führung.—Ich nahm auch Heilungen vor."

D: *Wie hast du das getan?*
M: Indem ich sie festhielt. Ich hielt sie einfach fest und die Energien heilten sie.
D: *Es scheint, als wärst du voller Liebe zu diesen Menschen.* (Ja)

Er mochte es wirklich, den Menschen zu helfen und war dort glücklich. Aber dann passierte etwas, das alles veränderte. Ich ließ ihn weiter vorwärts gehen, damit er es sich noch einmal ansehen und mir davon erzählen konnte. „Ein Mann kam ... ein großer, wütender Mann."

D: *Worüber war er wütend?*
M: Ich weiß es nicht. Alles, was ich sehe, ist dieses Schwarz. Es ist fast so, als würde eine schwarze Energie in die Wohnstätte kommen, in der ich war. Und ich konnte sie nicht ruhigstellen oder kontrollieren. Er wollte mich töten.
D: *Warum sollte er dich töten wollen? Du hast gute Dinge getan.*
M: Er hasste das.
D: *Woher wusste er von dir?*
M: Jeder wusste von mir. Es war kein Geheimnis.
D: *Also beschloss er, dass er dich töten wollte?* (Ja) *Was geschah dann?*
M: Ich sagte ihm, er könne mich nicht töten.
D: *Du wusstest, dass er es nicht schaffen würde?* (Ja) *Weil du Schutz hast, nicht wahr?*
M: Ja, aber meine Leute hatten keinen Schutz und er tötete sie. Sie wussten nicht, dass ich keinen Schutz brauche und sie opferten sich selbst, um mich zu retten. Viele, viele Menschen.
D: *Hast du versucht, es ihnen zu sagen?*
M: Es ging zu schnell. Es war wie ein Tornado, der durchkam. Er hatte eine Waffe und sie traten vor mich, um ihn aufzuhalten, und sie wurden alle getötet.
D: *Was geschah dann?*
M: Ich tötete ihn! Ich habe gerade die Energie ausgesandt und seine Lebenskraft gestoppt.

Er machte Handbewegungen, als ob er mit der einen Hand Energie von oben herauszog und sie mit der anderen lenkte.

M: Ich ließ die Energie durch mich hindurchfließen und benutzte sie, um zu töten, anstatt zu heilen.—Deshalb ging ich.—Meine Leute waren bereits tot. Es gab keinen Grund, diesen Mann zu töten, aber ich tat es trotzdem, weil ich wütend war. Das ist gegen das Protokoll. Ich sollte keinen anderen Menschen oder andere Wesen irgendeiner Art verletzen. Es ist gegen das Protokoll. (Schluchzen) Es ist gegen das Protokoll.
D: *Aber es war eine Emotion.*

M: Ich habe keine Emotionen. Das ist nicht erlaubt ... nicht erlaubt. Ich bin Liebe. Ich bin keine Emotion.

D: *Die einzige Emotion, die du haben solltest, war Liebe?* (Ja) *Du hattest noch nie zuvor diese Art von Gefühlen erlebt?* (Nein) *Das war das völlige Gegenteil von Liebe. Aber du weißt, dass Liebe ein machtvolles Gefühl ist und dieses andere Gefühl war genauso stark.*

M: Ja, und aus diesem Grunde habe ich es getan.

D: *Du konntest es nicht kontrollieren?*

M: Ich konnte. Ich tat es absichtlich. Ich habe diese Person absichtlich getötet. Es war eine Emotion, aber gleichzeitig auch nicht. Ich konnte mich selbst nicht aufhalten. Ich darf keine Emotion sein. Ich bin die Liebe. Ich muss meine Schuld begleichen. Ich muss meine Schuld ablösen. Ich weiß nicht, ob das möglich ist. Es sollte nicht passieren. Es ist gegen meine ganze Erziehung und gegen alles, wofür ich stehe.

D: *Als du in diesen Körper gingst, warst du wie ein Mensch?* (Ja) *Du hast also einige der menschlichen Eigenschaften angenommen?*

M: Ich muss das überprüfen. Ich weiß nicht, ob ich das getan habe oder nicht.

D: *Ich dachte, wenn man einige der menschlichen Eigenschaften übernähme, würden diese grundlegenden menschlichen Emotionen vorhanden sein.*

M: Ich sollte dies überwinden. Das war meine Aufgabe.—Ich konnte nicht mehr mit mir selbst leben. Ich verstieß gegen das Protokoll. Ich verstieß gegen meine ganze Erziehung. Ich habe versagt. Also beschloss ich, zu gehen, um meine Schuld abzulösen.

D: *Hat irgendjemand versucht, dich davon abzuhalten, zu gehen?*

M: Nein, alle waren schockiert und traurig. Es ging zu schnell.—Ich denke, ich ging einen langen Weg und landete schließlich in der Wüste. Also laufe ich durch die Wüste und ich habe nicht das Gefühl, dass ich noch viel länger überleben werde.

D: *Also bestrafst du dich selbst?*

M: Ja, das tue ich. Das tue ich. Ich weiß nicht, was ich sonst tun soll.

D: *Gibt es niemanden, von dem du Rat bekommen könntest?*

M: Mit dieser Tat löste ich meine Verbindung auf. Die Kraft ... sie ist aufgelöst. Ich bin ein Nichts. Ich bin Dreck.

D: *Also konnten sie nicht kommen und dir in irgendeiner Weise helfen?*

M: Nein, es war aufgelöst. Es wurde aufgelöst.

D: *Also gibt es keine Möglichkeit für dich, zu dem Ort zurückzukehren, von dem du kamst?*

M: Nicht, bevor ich nicht meine Schuld ablöse und mich wieder mit

der Quelle verbinde ... der Kraft. Ich konnte die Arbeit nicht mehr so machen wie zuvor, wegen dieser Kraftauflösung. Ich kann nicht zurückgehen, bevor ich nicht meine Schuld ablöse ...
D: *Was glaubst du, wie du deine Schuld ablösen kannst?*
M: Ich habe keine Ahnung ... durch Selbstbestrafung, durch Leiden.
D: *Das ist irgendwie drastisch, nicht wahr?*
M: Ich habe gegen das Protokoll verstoßen. Ich tat das Undenkbare, das Unmachbare. Ich habe meine Verbindung zur Kraft aufgelöst.
D: *Aber jeder macht mal Fehler.*
M: Es ist mir nicht gestattet, Fehler zu machen.

Ich beschloss, ihn in der Zeit voranzubringen. Er sagte, er wandere durch die Wüste. „Was geschah schließlich?"

M: Ich fand eine Oase und betete dort. Ich betete um Erlösung. Vergebung.—Sie kam nicht. Ich ging nicht von der Oase fort. Ich blieb einfach da. Es gab genug Wasser und Nahrung zum Leben. Ich habe das Gefühl, dass der Körper alt wurde und starb.

Ich brachte ihn zu dem Zeitpunkt, als alles vorbei war, und er auf der anderen Seite war. „Was glaubst du, was der Zweck dieses Lebens war?"

M: Ich fühle mich, als hätte ich die ganze Wut angenommen, die der Mann hatte, der dorthin kam ... die Wut dieses Mannes, und sie steckt immer noch in mir, wenn ich auf das Leben schaue. Im Inneren fühle ich diese Wut, die nicht meine eigene ist und ich kann mich nicht mit mir selbst verbinden. ... Lass mich schauen ... Ich bemerke nur, dass es diese Wut-Energie in mir gibt, obwohl ich im Geistigen bin ... Wut, an der ich mich festhielt und die ich mir zu eigen machte, um mich selbst zu bestrafen.
D: *Was wirst du jetzt tun?*
M: Ich möchte die Wut fragen: „Was ist deine Bestimmung? Wer bist du und was ist dein Zweck?"—**Ich bin der Tod und du hast mein Gebot erfüllt.** „Gehörst du zu dem Mann, den ich getötet habe?" **Ja, seine Zeit war gekommen.**
D: *Du warst dann also nur das Instrument?*
M: Ja. Und ich bitte darum, dass der Mann und der Rat des Mannes kommen und erklären, ob das wahr ist.—Und der Mann und sein Rat sind da, und sie sagen: „Wir sind dir dankbar." Und ich frage: „Wofür?" Und sie sagen: „Dafür, dass du ihm einen rechtzeitigen Tod beschert hast." Und ich sage: „Es war gegen

mein Protokoll, gegen meine Erziehung, gegen alles, woran ich glaube." Sie sagen: „Es kam aus der Liebe." (Er wurde emotional.) Und ich frage: „Wie kann das sein ... wie kann das sein?" Ich verstehe es nicht. Ich glaube, dass ich bei der Beurteilung des Protokolls versagt habe.

D: *Bitte sie, Ihnen zu erklären, was sie meinen. Dies ist sehr wichtig für dich zu verstehen.*

M: Sie sagen, dass ich ihn von der Energie befreit habe, die ... dass ich ihn von sich selbst befreit habe. Auf einer unbewussten Ebene wollte er nicht weiter Menschen verletzen und kein Karma mehr anhäufen. Und so war es, als ob er kam und wollte, dass ich ihn töte und stoppe, aber es war ihm nicht bewusst. Es war das, was seine Seele wollte. Und meine Seele erkannte das und ich gab ihm nicht die Schuld für den Tod meiner Leute. Ich beschimpfte ihn nicht und rührte ihn nicht an. Ich habe ihn einfach getötet, und ich nahm an, dass es aus Wut war. Ich tat, was ich tun sollte, obwohl es gegen das Protokoll war. Und ich verstehe nicht, wie so etwas passieren kann. (Kummervoll.)

D: *Ich weiß, dass du sagtest, dass du ausgebildet wurdest und dass dies nicht hätte geschehen dürfen. Aber wenn du in den menschlichen Körper eintrittst, verfängst du dich in menschliche Emotionen, weil diese Emotionen dazu führen, dass Menschen auf unvorhersehbare Weisen reagieren, auf die du nicht vorbereitet gewesen sein konntest. Und du wurdest von diesen Emotionen beeinflusst, obwohl du erzogen wurdest, es nicht zu sein. Also darfst du dir selbst keine Vorwürfe machen.*

M: Ja, sie sagen, dass dies eine eingebaute Möglichkeit sei, also wussten sie, dass es passieren *konnte*. (Als ob das eine unerwartete Offenbarung sei.) Daran hätte ich nie gedacht! Warum wurde mir das nicht erklärt, während ich in meiner Ausbildung war? Ich dachte, ich sei auf alles vorbereitet worden. „Du musstest nicht alles wissen. Es hätte dein Lernen, deine Mission beeinflusst. Außerdem war es nur eine ferne Möglichkeit, ein Schlupfloch, welches in das Programm eingebaut wurde, bei dem man aber nicht davon ausging, dass es genutzt werde. Du solltest aus der Erfahrung lernen. Und es nicht bis zum Äußersten zu treiben, indem du dich selbst über viele Leben hinweg bestrafst. Das dient keinem Zweck und hält dich nur in deinem Fortschritt auf."

Monica hatte mir während des Interviews gesagt, dass sie Rückführungen von anderen Hypnotiseuren durchführen lassen hatte und es immer Leben voller Leid und Selbstbestrafung gewesen seien.

Natürlich wussten die anderen Hypnotiseurinnen nicht, wie sie das weiterführen und den Grund für das Muster finden sollten. Daher untersuchten sie nicht, warum sie dies erleben musste. Sie hatte es sogar mit in ihr gegenwärtiges Leben getragen und erlebte immer noch viel Leid, das sich jeder Erklärung zu entziehen schien. Deshalb war sie so verzweifelt dabei, die Antwort zu finden.

D: *Manchmal übernehmen höhere Kräfte die Kontrolle.*
M: Ja, es gibt höhere Kräfte.
D: *Und du wurdest als Instrument benutzt.* (Ja) *Sie verurteilen dich nicht, oder?*
M: Nein, ich habe mich selbst verurteilt.
D: *Wirst du also eine Weile da drüben bleiben?*
M: Das ist jetzt nicht nötig. Ich kann mich jetzt wieder neu verbinden. Ich konnte nicht mit dem Schmerz über das leben, was ich getan hatte.
D: *Es gibt keinen Grund, Wut oder irgendeine Art von Schuld zu tragen, oder?*
M: Jetzt nicht mehr, und ich verstehe jetzt. Und die Erlösung ist nicht notwendig. Niemand sonst hat mich bestraft ... nur ich selbst habe mich bestraft.
D: *Und der Mann hat dir anscheinend vergeben.*
M: Der Mann war dankbar. Er verstand.—Jetzt kann ich mit dem weitermachen, was ich tun soll. Sonst hätte ich noch weitere Leben damit verbracht, mich selbst zu bestrafen.
D: *Das ist zu nichts gut.*
M: Es war gegen das Protokoll. Es war gegen alles, wofür ich lebte. Jetzt muss ich nicht mehr all diese Leben voller Schmerz und Leid leben. Ich kann in eine andere Richtung gehen.
D: *Wir können es jetzt in der Vergangenheit belassen. Jetzt, da du das erkennst, gibt es keinen Grund mehr, diesem Muster zu folgen, oder?* (Nein) *Ein ganz neues Leben kann sich jetzt auftun, nicht wahr?* (Ja)

Ich hielt dies für einen gigantischen Durchbruch und hatte ausgezeichnete Antworten erhalten, aber ich spürte immer noch die Notwendigkeit, das SC herbeizurufen. Es war wahrscheinlich ohnehin Teil der Instanz, mit der ich mich unterhalten hatte. Es kam sofort durch: „Wir sind bereit." Dann fragte ich sie, warum es dieses Leben für Monica zum Betrachten auswählte.

M: Es kam direkt zum Kern der Sache. Sie bestraft sich selbst.
D: *Ich konnte das sehen, aber ich wollte es dich sagen hören. Es ist*

völlig unnötig für sie, sich selbst zu bestrafen, nicht wahr? (Ja) *Sie ist ein guter Mensch. Sie hat viele Talente. Sie kann vielen Menschen helfen, nicht wahr?*
M: Wenn sie es sich selbst gestattet.
D: *Sie hatte sich an jener Erinnerung festgehalten.*
M: Und an anderen. Der Mann bestrafte sich selbst, indem er viele Leben der Bestrafung durchlebte. Die Selbstaufopferung ist erledigt. Sie ist vollbracht. Sie sollte die Selbstaufopferung voll annehmen und das hat sie erfolgreich getan. Und jetzt ist es an der Zeit, weiterzugehen.

Das SC erklärte, dass dies der Grund war, warum sie in diesem Leben eine so schlechte Kindheit wählte und warum sie so eine schlechte Ehe einging. Es war eher Selbstbestrafung. Jetzt war sie damit fertig, und es war wichtig, dass sie nicht in ihrem von Menschen isolierten Haus eingesperrt blieb. Es war Zeit für sie, ihre Bestimmung zu erfüllen, Menschen zu helfen. Sie sollte nun sowohl anderen als auch sich selbst Freude bereiten. Sie sollte lehren. „Lehren, in göttlicher Verbindung zu stehen und einfach nur Freude am Sein zu haben. Sie soll es einfach kommen lassen, fließen lassen."

D: *Du wirst ihr die Worte eingeben, nicht wahr?*
M: Das ist es, was sie wusste, dass wir ihr immer den nächsten Schritt bereitstellen werden, damit sie ihn ihren Klienten zur Verfügung stellen kann, und so läuft es dann.
D: *Du warst schon immer für sie da, aber sie hat dich einfach nicht richtig gehört, oder?*
M: Doch, das hat sie ... sie befolgte alle Schritte ... alle Hindernisläufe, die wir eingerichtet haben. Sie hat sie gut gemeistert. Es sollte kein einfaches Leben werden. Es sollte ein entscheidendes Leben sein und die Energie musste eine Stärke haben, um sich bis in das andere Leben hineinzuziehen, in das sie sich jetzt hineinbewegt. Sie musste zuerst das andere Leben verstehen. Sie kann nicht lehren, wenn sie das nicht versteht, denn diese Menschen, die sie lehrt, müssen wissen, dass sie sie versteht.
D: *Sie sagt, dass sie sich in Menschenansammlungen nicht wohl fühle.*
M: Jeder Mensch, der sie ansah, erinnerte sie daran, dass sie versagt hatte. Das wird sich mit der Zeit ändern. Sie wird mehr ausgehen ... nicht anfangs. —Sie liebt die Arbeit mit den Tieren. Sie sind wunderschön. Sie spiegeln sie wider und sie muss wissen, dass

deren Schönheit ihre Schönheit ist. Wie ein Spiegel, den sie sich weigerte zu sehen. Es gab zu viel Schmerz.

Als ich das SC bat, zu Heilzwecken in Monicas Körper zu schauen, sagte es: „Der Körper wird überleben. Es wird Zeit brauchen, zu heilen." Aber ich wusste, dass es schneller heilen konnte. „Das erwartet sie nicht." Ich wusste, dass „sie" nur das tun würden, was angemessen ist, aber ich bat das SC durch den Körper zu gehen und zu sehen, was das Wichtigste war, auf das man sich konzentrieren sollte. „EineMenge dunkler Energie an der Spitze des Kopfes, die verschwinden muss."

D: *Hängt diese noch von dem anderen Leben dort fest?*
M: Von vielen Leben ... vielen Leben.
D: *Sie muss nicht im Schatten leben. Wir wollen, dass sie in der Sonne lebt ... dem hellen Licht. Wir können das in der Vergangenheit belassen. Kannst du das fortnehmen?*
M: Das haben wir. Einfach puff, weg!
D: *Worauf willst du dich noch in ihrem Körper konzentrieren?*
M: Es gibt viele Arten von Schmerzen, die sie erdrücken. Eine Reihe von Schmerzen, die versuchen, sie zu töten. Das ist es, was sie wollte. Aber jetzt will sie es nicht mehr, also werden wir sie einfach Stück für Stück entfernen. Ihr ganzer Körper ist voller Schmerz. Er ist meistens selbstverschuldet. Sie hat gute Arbeit geleistet darin, den Schmerz anderer zu lindern und ihren eigenen Schmerz zu verbergen. Wir beseitigen die Selbstbestrafung und den Selbsthass. Jetzt werden wir also den Rest entfernen. Mit diesem Frieden findet sie einen Abschluss. Wir glauben, dass sie für ihre Lektionen genug gelitten hat. Wir glauben, dass sie jetzt darüber hinausgehen kann. Wir würden sie gerne lächeln sehen.

Sie gingen durch ihren Körper und heilten und erklärten die Ursachen der Probleme, so weit es ging. Sie hatte übermäßige Menstruationsblutungen erlebt und sie sagten: „Sie dachte, wenn sie noch mehr Schmerzen verursacht, könne sie sich selbst erlösen. Sie musste ohne jegliches Verstehen jene Leben durchlaufen, um dieses Leben zu erreichen. Sie soll verstehen, dass sie das alles durchmachen musste. Es diente einem Zweck. Es wird ihr helfen, jetzt die Freude hervorzubringen. Sie muss sich selbst umarmen. Es ist an der Zeit, sich wieder zu verbinden und ihre Ganzheit anzunehmen. Sie ist fertig mit dieser Lektion." Sie würde auch jetzt in der Lage sein, die Medikamente, die sie einnahm, abzusetzen. Ihr ganzer Körper war in irgendeiner Weise betroffen. Sie hatte keinen Versuch bei ihrem Wunsch ausgelassen, sich selbst zu bestrafen. Jetzt war es an der Zeit aufzuhören, und das war das Wichtige, das sie anderen beibringen sollte, ihren Körper nicht zu bestrafen.

Abschiedsbotschaft: Wir haben diese Zeit seit langem erwartet und sind glücklich. Wir sind uns bewusst, dass dies eine herausfordernde Reihe von Lebenszeiten war und wir sind dankbar, dass du bereit bist, diese abzuschließen. Du hast den Zweck nicht verstanden, und es war nicht an der Zeit, dass du den Zweck verstehst. Wisse nur, dass es abgeschlossen ist und es jetzt es an der Zeit ist, weiterzugehen und wir sind dir dankbar. Wir lieben dich und umarmen dich und freuen uns auf unseren gemeinsamen Weg in immer weiteren Verbindungen in Liebe und Leben.

Es gab einige Dinge während dieser Rückführung, die mich dazu brachten, in eine andere Richtung zu denken. Andere haben gefragt, ob es möglich sei, in ein vergangenes Leben zu gehen und die Umstände in jenem Leben zu verändern. Das würde definitiv das gegenwärtige Leben der Person beeinflussen. Ich dachte immer, es würde nicht möglich, und wäre es überhaupt ratsam? Der Mensch im anderen Leben erlebte die Ereignisse und lernte aus ihnen. Also wusste ich nicht, ob es möglich sein würde, die Ereignisse zu ändern. Natürlich haben wir in diesem Fall die Ereignisse *während* des Lebens nicht verändert. Wir waren nicht in der Lage, das Töten zu stoppen. Doch wir konnten die Perspektive des Mannes nach dem Tod ändern. Ist dies das Gleiche?

Monica hatte viele, viele Leben mit schrecklichem Leid gelebt, welches sich in ihrem gegenwärtigen fortgesetzt hatte. Das alles wurde bei dem Mann durch das Falschverstehen seiner Ausbildung verursacht. Er hatte das Gefühl, dass er versagt hatte, gegen seine Mission verstoßen hatte, so dass die einzige Lösung darin bestand, viele Leben der Bestrafung zu haben, in dem Wissen, dass er nie Erlösung finden würde, weil sein Verbrechen derart schrecklich gewesen war. Er war nicht bereit, auf die andere Seite zu gehen, um Rat einzuholen, weil er zu viel Angst vor der Verurteilung hatte. Doch als wir feststellten, dass der Mord einen Zweck hatte, den er unmöglich hatte kennen können, und dass er nicht gescheitert war, dann erkannte er, dass er nicht all diese hoffnungslosen Leben erleben musste. Dann war er frei, in eine andere Richtung zu gehen.

In meiner Arbeit sprechen wir immer von Zeitachsen und endlosen Möglichkeiten und Wahrscheinlichkeiten. Bedeutet das, dass jene Leben jetzt nicht mehr existieren? Was ist mit den anderen Charakteren in jenen Leben? Was ist mit dem Karma, das in jenen Leben entstanden war? Indem man die Ursache aufdeckt und den Standpunkt des Mannes ändert, wischt das die Tafel sauber, löst das all das auf? Es wurde gesagt, dass es ohnehin völlig von unserem Blickwinkel abhängt, unsere eigene Realität zu entdecken. Doch ganz gleich, wie man dies diskutieren mag, zumindest hatte es einen tiefgreifenden Einfluss auf Monicas gegenwärtiges Leben. Sie muss nicht mehr die Last des Leidens und der Selbstbestrafung und des Selbsthasses tragen. Wenn diejenigen auf der anderen Seite uns nicht verurteilen, warum glauben wir dann, dass wir uns selbst verurteilen und bestrafen müssen? Im Leben geht es im Kern um Lektionen und Erfahrungen und was wir aus ihnen lernen.

    Hier gibt es viel nachzudenken.

Abschnitt

Mord
und Selbstmord

Kapitel 14

MORD UND DIE RUHESTÄTTE

Als Carol aus der Wolke kam, fand sie sich selbst in einer typischen westlichen Altstadt wieder: Holzgebäude, Holzplankengehwege und staubige Straßen. Sie war eine Frau, die im typischen Stil dieser Zeit gekleidet war. Sie stand vor einem Gemischtwarenladen und als sie hineinging, wurde ihre Aufmerksamkeit sofort auf die Stapel von Stoffen und Nähbedarf gelenkt. Sie war eine Näherin, aber enttäuscht von der eintönigen Auswahl. Sie fühlte sich in der Stadt nicht glücklich und hatte das Gefühl, dass sie dort festsaß. Sie wollte nicht wirklich dort sein, aber es gab keinen anderen Ort, an den sie gehen konnte. Alle Städte lagen weit weg. Sie lebte allein mit ihrer kleinen Tochter. Ihr Mann war bei einer Explosion getötet worden, als sie eine Eisenbahnstrecke bauten, um weiter nach Westen zu gelangen. Sie konnte nicht fortgehen, also nahm sie das Nähen auf, um ihren Lebensunterhalt für sich und ihr kleines Mädchen zu bestreiten. Ihr Zuhause war einfach, aber ihren Bedürfnissen angemessen. Sie liebte ihre Tochter, aber es war schwer, die eine Person zu verlieren, die sie liebte, ihren Mann.

Dann, als ich sie an einem wichtigen Tag gehen ließ, entdeckte ich, dass sie sprunghaft vorwärts ging. Mit anderen Worten, sie sprang in ein anderes Leben. Sie begann, eine völlig andere Umgebung zu beschreiben. Wenn dies geschieht, bedeutet das normalerweise, dass im anderen Leben nicht viel von Bedeutung geschah. In den meisten Leben ist ein Tag einfach wie der nächste. Wenn das passiert, muss ich eine Entscheidung treffen: Erforsche ich weiterhin das neue Leben oder kehre ich zu dem Leben zurück, das wir verlassen haben, um herauszufinden, was mit ihr passiert ist? Ich entschied mich, das Leben zu erforschen, in welches sie gesprungen war, weil ich wusste, dass das SC einen Grund hatte, es ihr zu zeigen.

Diesmal sah sie sich in einer Stadt mit Kopfsteinpflasterstraßen und Straßenlaternen. Es war ein regnerischer, nieseliger Abend und sie ging in einen Pub. Sie wusste, dass es England oder Irland war. Sie war ein junges Mädchen in den Zwanzigern mit roten Haaren, gekleidet in einem Samtkleid, welches oben eine Bluse hatte und vorne geschnürt war. Ganz anders als die einfache Frau in der Weststadt. Daher wusste ich, dass wir in der Zeit gesprungen waren. Es gab Musik in der Kneipe und die Leute tranken, lachten und erzählten Witze und sie hatten einfach eine gute Zeit. „Es ist, als würden sich alle nach einem harten Arbeitstag zurücklehnen. Und alle haben nur Spaß und lachen, und es ist laut da drin." Sie beschrieb den Pub bis ins kleinste Detail, und es klang etwa nach den 1880er Jahren. Ich fragte, ob sie einen Job habe, da sie von einem harten Arbeitstag sprach. „Ich knüpfe Kontakte. Das ist es, was ich tue. Ich tue den Männern Gefallen, und sie mögen mich. Sie mögen mich sehr. Ich hänge meistens an diesem Ort rum. Ich bin einfach das, was ich bin." Sie war dort glücklich, ohne Verantwortung und ohne Sorgen. Sie wohnte in der Nähe. „Oben. Da habe ich meine Wohnung. Ich muss nach oben gehen und sie ist nicht sehr groß. Es gibt ein Schlafzimmer und einen Stuhl darin. Ich verbringe nicht viel Zeit da drin, weil ich hauptsächlich unten bin. Tanze mit den Männern und ... Sie lassen viel Musik laufen ... haben viel Spaß ... machen viel Quatsch und jeder kennt jeden. Es gibt eine Bar da unten und es wird Essen serviert und man knüpft Kontakte, isst und trinkt zusammen ... das alles geht da unten vor sich. Ich bin auf mich allein gestellt. Ich kann auf mich selbst aufpassen. Männer mögen mich und ich mag sie. Und sie tun mir Gefallen und ich tue ihnen Gefallen. Sie geben mir Geld. Sie sorgen dafür, dass es mir gut geht. Sie kümmern sich sehr um mich, nicht nur, weil ich ein Spielzeug bin, sondern sie kümmern sich wirklich um mich.—Man ist nicht einfach nur ein lockeres Frauenzimmer. Das bin ich zwar, aber ich bin nicht schmutzig. Man dient einem Zweck und sie respektieren das und sie sind gut zu mir, weil ich gut zu ihnen bin. Ich habe viele Freunde und sie erwarten nicht viel. Ich bin einfach glücklich, so wie ich bin."

Als ich sie zu einem wichtigen Tag brachte, ging sie zu dem Tag ihres Todes. „Ich wurde getötet. Ich war nicht sehr alt." Ich sagte ihr, dass sie es als Beobachterin betrachten könne, wenn sie wollte, damit sie erklären könne, was geschah. Es geschah in dem Raum im Obergeschoss, in welchem sie schlief. Ein Mann erwürgte sie. „Er war eifersüchtig auf jemanden, der bei mir gesehen wurde, und er tötete mich. Wir waren schon mal zusammen gewesen und er wusste, was ich war und wer ich war. Aber er tötete mich, weil er es nicht ertragen konnte, was ich für meinen Lebensunterhalt tat. Er war sehr aufgebracht. Er wollte mich von all dem wegholen. Ich wollte mich nicht festlegen und mit einer Person zusammen sein. Ich hatte ein gutes Leben. Ich war glücklich. Ich wollte meinen Lebensstil nicht aufgeben und ich wollte meine anderen Freunde dort nicht verlassen." Ich ließ sie weitergehen zu dem Punkt, als alles vorbei war und sie nicht mehr in ihrem Körper weilte. Sie beobachtete die Szene. „Er schämt sich sehr. Es tut ihm leid, aber es ist zu spät. Er hat mich bereits getötet. Es ist vorbei. Er kann mich nicht zurückbringen. Niemand kann das. Ich liege nur da auf dem Boden. Und ich sehe, wie er sich über mich beugt und weint und schluchzt. Es tut ihm so leid. Er hat einfach einen Fehler gemacht." Ich ließ sie dann das ganze Leben betrachten und mir sagen, was sie glaubte, aus diesem Leben gelernt zu haben. „Verantwortungsvoller mit meinen Zuneigungen umzugehen. Ich amüsierte mich, aber schau, wozu es führte. Leute, die eifersüchtig sind, deren Temperament auflodert ... die wütend sind und am Ende bin ich tot. Ich war jung und schön und lebendig und jetzt bin ich tot. Ich schämte mich nicht für das, was ich tat. Es ist einfach, wer ich war."

D: Was wirst du jetzt tun? Wirst du irgendwo hingehen?
C: Ich will nur etwas Ruhe und Frieden. Ich will mich nur ausruhen. Ich möchte für eine Weile von allem und jedem weg sein. Ich will nur heilen.
D: Gehst du irgendwo hin, um zu heilen?
C: Ich gehe an einen ruhigen Ort. Er ist blau ... und er ist wie ein Kokon. Es ist, als würde ich in einem Kokon gehalten. Und ich werde ernährt. Es ist nicht so, dass ich schlafe und aufwache. So ist das nicht. Ich bin einfach da und heile und es gibt Leute, die sich um mich kümmern. Sie kümmern sich um mich. Sie kümmern sich um alles. Ich muss mir um nichts Sorgen machen. Ich muss mir keine Sorgen um das Bestreiten meines Lebensunterhaltes machen. Ich bin einfach in diesem schönen warmen Kokon aufgehoben. Ich erlange meine Kraft zurück. Und ich kann dort so lange bleiben, wie ich will, bis ich wieder ganz bin. Es gibt nichts, außer Liebe.

Ich wusste, dass sie bei der Ruhestätte auf der geistigen Seite war. Sie konnte dort lange Zeit verbringen, wenn sie sich von der gewalttätigen Art und Weise erholte, auf die sie starb, also musste ich die Zeit bis zu dem Punkt beschleunigen, an dem sie bereit war, diesen Ruheplatz zu verlassen. „Was passiert, wenn du entscheidest, dass es Zeit ist zu gehen?"

C: Ich setze mich irgendwie auf und öffne das Hülsen-Ding und dann kommt Licht herein. Es blendet meine Augen nicht. Und ich kann rausgehen und alles tun, was ich will. Ich sehe Licht überall um mich herum. Da sind Säulen aus Licht. Da ist ein herrliches Licht. Da ist ein Glanz rings um mich herum. Es ist, als wäre ich an einem tiefen, dunklen, glatten, samtigen Ort von Behaglichkeit. Es war, als wäre man praktisch in einem Raum. Und dann öffne ich das Kammer-Ding, in dem ich bin, und ich gehe raus, und da ist dieses glänzende Licht. Wunderschöne, wunderschöne Wohnstätten über Wohnstätten aus Kristall-Licht. Alle mit diesen Strukturen und es sind unendlich viele. Und das Licht spiegelt sich an all diesen Gebäuden wieder. Alle Farben des Spektrums und es ist so glänzend, aber es blendet meine Augen überhaupt nicht. Ich kann alles sehen.

D: *Ist sonst noch jemand dort?*

C: Es gibt dort eine Menge Leute. Massen an Menschen und sie sehen sich Bücher an. Sie haben Videos, die sie abspielen, aber sie sind *keine* Menschen. Es sind keine Menschen, aber sie sind da und sie tun all diese Dinge und sie sind so nett. Und sie versuchen, mich hindurchzuführen und sagen: „Das ist dieser Raum und das ist jener Raum. Und du kannst dies tun und du kannst das tun und du kannst kochen. Du kannst essen. Du kannst alles tun. Und sie können es mir gar nicht schnell genug zeigen."

Ich lachte wegen der Aufgeregtheit in ihrer Stimme.

D: *Wenn sie nicht wie Menschen aussehen, wie sehen sie dann aus?*

C: Sie ändern sich. Manche sind blaue Lichter, rosa Lichter, weiße Lichter, gelbe Lichter. Manchmal sind es Kugeln aus Licht und dann manchmal springen Arme und Beine heraus und nehmen die Form einer Person an. Und doch kann man durch sie hindurchsehen.

D: *Das klingt nach einem wunderschönen Ort.*

C: Oh, es ist schön. Und es geht ewig so weiter. Diese großen alten langen Gänge und so groß wie es auch ist, es sieht nicht wie eine Institution aus. Ich kann nicht glauben, was für Aufzeichnungen und Zeug sie haben. Ganz gleich, was man nachschlagen will, jede Antwort ist da. Ich versuche einfach, mir den Weg da durch zu bahnen. Ich weiß nicht, wo ich anfangen soll. Ich weiß nicht einmal, wohin ich gehen soll. Ich will lernen. Ich will wissen,

worum es geht. Ich will alles wissen.
D: Wäre es schwer, alles zu lernen?
C: Das meint man wohl. Es gibt so viel zu wissen. Es gibt so viel zu lernen. Ich will herausfinden, ob all die Menschen tot sind, die ich kenne. Ich versuche, mir alles anzuhören. Sie versuchen, mir von all den verschiedenen Aspekten dieses wunderbaren Ortes zu erzählen, von all den Aufzeichnungen und allen Medien und allen Apparaten ... all den Informationsvorrichtungen! Und doch, während ich versuche, all diese Dinge zu lernen, versuche ich, mich mit den Leuten zu verbinden, die ich kenne.
D: Meinst du in anderen Leben oder was meinst du?
C: Ich weiß es nicht. Es ist einfach, als würde ich alle kennen. Es ist nicht so, als wären sie Fremde, denn sie sind so nett. Und ich fühle mich hier wirklich willkommen und es ist, als wäre man lange Zeit fort gewesen. Es ist wie nach Hause kommen ...
D: Gibt es eine Hauptperson, die mit dir sprechen kann ... jemanden, der für dich verantwortlich ist?
C: Ich habe eine Person, die so was wie mein „Kumpel" ist, der mich aufsucht. Sie helfen mir, aus diesem besonderen Ort der Heilung herauszukommen. Und sie werden mir helfen, die Lage des Landes zu verstehen, damit ich anfangen kann, zu graben und Dinge herauszufinden. Es ist wie mein beauftragter „Kumpel" oder wie eine Person, der ich Bericht erstatte. Die Person, der die Verantwortung übertragen wurde, mich wieder zum Laufen zu bringen, weil ich sehr zerbrochen war. Ich war sehr verletzt ... sehr verletzt. Ich war so glücklich in diesem Leben und es von mir nehmen zu lassen ... Ich will nicht noch einmal ermordet werden. Sie wollen, dass ich mich eingewöhne. Mich an alles gewöhne, was da ist. Mir meine Zeit nehme. Nichts überstürze. Mich bewege. Alles sehe, was es zu sehen gibt.

Dies konnte lange dauern, da sie es nicht eilig hatten, sie zu ihrem nächsten Auftrag zu schicken. Also ließ ich sie die Zeit komprimieren und weitergehen, bis sie diese Dinge hinter sich hatte, und ließ sie sehen, was sie als Nächstes zu tun hatte. „Ich muss einen Bericht abgeben."

D: Wie in der Schule? (Ja) Was für einen Bericht?
C: Ich muss mich melden und ihnen sagen, ob es mir gut geht. Ihnen sagen, ob ich gesund werde und ob ich bereit bin, mir alles, was ich getan habe, anzusehen. Und sie helfen mir, herauszufinden, warum ich getötet wurde und was ich mit meinem Leben gemacht habe.

D: *Was haben Sie herausgefunden?*

C: Nun, sie denken nicht, dass ich schlecht war. Sie sahen, dass ich viel Spaß an dem hatte, was ich tat, aber es missfiel mir, so mit den Gefühlen der Leute zu spielen. Obwohl sich alles auf einer oberflächlichen Ebene abspielte, nahmen die Leute es manchmal viel ernster. Und mir war nicht klar, wie ich jemandem wehgetan haben konnte, nur weil ich seine Zuneigung nicht erkannte. Wie der Mann, der mich tötete. Es tat ihm weh.—Daran muss ich arbeiten.

D: *Aber es gibt keine Beurteilung, oder?*

C: Nein, sie halten mich nicht für schlecht, aber wenn ich mich verbessern will, muss ich mir das ansehen. Ich kann nicht weitermachen und das weiterhin tun. Ich meine, du musst dir dessen bewusst sein, was du tust. Du kannst nicht einfach durchs Leben gehen und Spaß haben und nicht an andere Leute denken. Du musst an andere Menschen denken und daran, wie du auf sie wirkst. Denn das ist eine Verantwortung, die du hast.

D: *Haben sie dir einen Rat gegeben?*

C: Weniger an mich selbst zu denken und mehr an andere Menschen, und das wird mir helfen, sie nicht zu verletzen.

D: *Musst du dafür irgendwo hingehen, oder was sagen sie?*

C: Ich muss dort eine Weile bleiben und lernen. Es gibt so viel zu lernen. Es gibt große Mengen an Material, das ich mir ansehen muss. Ich kann mir ansehen, was ich getan habe und jederzeit rückwärts gehen. Ich kann vorwärts gehen. Ich kann mir alles ansehen. Ich kann mit anderen Leuten reden. Es ist ein Ort, an dem ich lernen soll.

D: *Haben sie dir gesagt, was passiert, wenn du glaubst, das du es gelernt hast?*

C: Dann kann ich es nochmal versuchen.

D: *Willst du das?*

C: Oh, ja. Das ist wirklich nett, das zu tun. Aber ich will nicht wieder getötet werden.—Ich habe mir überlegt, wo ich hin will. Ich denke, das nächste Mal werde ich mich wohl niederlassen und versuchen, eine Familie zu gründen.

D: *Du machst also Pläne?*

C: Ich versuche es jedenfalls.

Das würde das Leben im Alten Westen erklären. Wenn wir in linearer Zeit denken, wäre es offenbar nach dem Leben gewesen, in welchem sie ermordet wurde. Sie hatte eine Familie, doch einer ihrer Lieben (ihr Ehemann) war getötet worden. Sie musste definitiv an andere Menschen denken und sich selbst in diesem Leben an zweite

Stelle setzen. Es war langweilig und einfach, aber es diente dem Zweck.
Ich dachte dann, es sei an der Zeit, das SC hervorzurufen und einige Antworten zu finden. Ich frage immer, warum der Person die Leben gezeigt wurden, die das SC für sie zum Betrachten ausgesucht hat.

D: *Das Erste, bei dem sie in der Westernstadt war und ihr Mann bei der Arbeit an der Eisenbahn getötet wurde. Warum hast du für Carol dieses Leben zum Betrachten gewählt?*
C: Wegen meines kleinen Mädchens. Sie bedeutete mir alles.
D: *Warum hat das SC Carol das kleine Mädchen gezeigt? Was hat das mit Carol im jetzigen Leben zu tun?*
C: Ich kenne das kleine Mädchen.

Ich wies Carol an, dem SC zu erlauben, die Fragen zu beantworten und nicht zu versuchen, sich einzumischen. „Ich sollte bedingungslose Liebe zeigen." Carol ist in ihrem jetzigen Leben eine Lesbe, und das SC erklärte Dinge über die Menschen in ihrem jetzigen Leben. Sie war derzeit mit einer Partnerin zusammen, aber eine neue Frau (das kleine Mädchen in dem Western Leben) war in ihr Leben gekommen. Das schuf ein Problem. Sie erklärten, dass sie zu lange mit Michelle (ihrer jetzigen Partnerin) zusammen war und dass es Zeit war, weiterzugehen und jemand neuen in ihr Leben zu lassen. Ich fragte, ob Carol irgendwelche früheren Leben mit Michelle hatte. „Sie waren in Europa. Carol war ein junger männlicher Student, ein wunderschöner Geiger ... sehr begabt, sehr talentiert. Michelle war Lehrerin. Es gab Schwierigkeiten. Michelle war als Lehrerin sehr, sehr hart zu Carol. Und doch erzählte Michelle den anderen Lehrern, wie begabt Carol war. Das sagte sie niemals zu Carol. Sie machte immer mehr Druck und kritisierte sie immer mehr und das knabberte an Carols Selbstvertrauen. Es war fast so, als hätte Michelle es absichtlich getan, weil sie auf das Talent von Carol eifersüchtig war."

D: *Warum wählten sie dann, in diesem Leben zusammenzukommen?*
C: Carol muss ihr Selbstvertrauen zurückgewinnen. Es gab Karma zwischen der Lehrerin und dem Schüler. Michelle schuldete Carol etwas. Der Vertrag ist jetzt vorbei. Sie sind schon lange zusammen, aber jetzt ist es an der Zeit, sich zu trennen. Es wird schwierig sein, aber es muss getan werden. Sie muss gehen. Deb (das kleine Mädchen) wird die Freiheit haben, in Carols Leben zu treten. Es herrscht zwischen ihnen eine große Liebe (wegen

des vergangenen Lebens als Mutter und Kind).
D: Vielleicht hilft es, wenn sie diese Dinge kennt und verstehen kann. (Ja) Dann zeigtest du ihr die Lebenszeit, als sie in dem Pub war und ermordet wurde. Warum wähltest du dieses Leben für sie zum Betrachten?
C: Um zu zeigen, wie man Menschen durch seine Handlungen verletzen kann.

Es gab niemanden in jenem Leben, den sie jetzt in ihrem aktuellen Leben kannte. Ich war überrascht, denn ich hätte gedacht, dass der Mann, der sie ermordet hat, ein aktueller Charakter sei. Sie hatte nach ihrer kurzen Ehe gefragt, und obwohl diese mit einem anderen früheren Leben zusammenhing, weigerte sich das Sc, Einzelheiten preiszugeben. Es war besser, wenn Carol es nicht wusste.

D: Was hat sie aus dieser kurzen Ehe gelernt?
C: Bedingungslos zu lieben ... ehrlich zu sein und nichts zurückzuhalten, wenn du wirklich, wirklich liebst. Es war ein kurzer Vertrag, aber er war sehr bedeutend, sehr stark. Ganz du selbst zu sein für die Person, die du liebst. Über alles und jedes reden zu können, aber offen und ehrlich zu sein, denn das ist der einzige Weg, wie wahre Liebe Bestand haben kann.—Diese Gefühle hatte sie bei Michelle nicht. Das war eine andere Beziehung. Sie hat alles versucht, um eine liebevolle, freundliche Freundschaft mit Michelle zu aufrecht zu erhalten, aber es liegt an Michelle, das anzunehmen. Carol kann das nicht kontrollieren. Carol bekommt ihren Kopf nicht frei, wenn sie mit Michelle zusammen ist. Sie kann nichts erschaffen, wenn sie in ein Netz gewickelt ist. Michelle will zu viel von ihr.

Eine weitere Frage, auf die ich die Antwort bereits wusste, von der ich aber wollte, dass das SC sie ihr mitteilte. „Sie will wissen, woher sie kommt?"

C: Sie kam von der Quelle. Alles ist ... alles, das sie ist. Wir sind von der Quelle und wir kehren immer zur Quelle zurück, weil wir alle eins sind.

Nachricht: Verliere nie den Glauben. Wir sind immer da, um dir zu helfen. Du bist nie allein.

Kapitel 15

ANGST WIRD ÜBERTRAGEN

Dionne betrat die Szene, indem sie auf brauner Erde stand, heiß und trocken wie eine Wüste. Sie wurde auf einen alten persischen Bogengang im seitlichen Bereich aufmerksam. Ihn nur anzusehen erfüllte sie mit einer unerklärlichen Angst. Die Angst war so stark, dass sie weinen wollte. Ich wusste, dass wir, wann immer dies geschah, dabei waren, etwas Wichtiges und Bedeutsames für den Klienten zu entdecken. Emotionen kann man nicht vortäuschen, sie rühren aus dem Kern des Problems, auch wenn sie zu diesem Zeitpunkt keinen Sinn ergeben. Ich dachte, wenn ich ihren Verstand davon ablenken könnte, könnten wir fortfahren, also bat ich sie, sich auf ihren Körper zu konzentrieren. Sie war ein älterer bärtiger Mann, der ganz schlicht in ein lockeres Gewand und einen Turban gekleidet war. Sein Körper fühlte sich müde und abgespannt. „Ich leide Seelenqualen wegen etwas auf der anderen Seite des Bogens ... etwas, geht dort drinnen vor sich. Ich habe Angst vor dem, was im Inneren auf der anderen Seite der Mauer geschieht. Da sind viele Menschen, laute Stimmen. Ich habe das Gefühl, dass jemand, den ich kenne, da drin ist und ich mache mir Sorgen um ihn." Ich fragte ihn, ob er in das Innere des Bogens gehen und nachsehen wolle, was geschieht, aber er fühlte extreme Angst. „Ich habe Angst, hineinzugehen, und ich habe auch Angst vor dem, was darin geschieht. Ich glaube, ich muss reingehen, aber ich habe Angst davor."

D: *Wer glaubst du, ist da drin, dass du dir solche Sorgen machst?*
DI: Ich habe das Gefühl, es könnte meine Tochter sein. Fast so, als würde man sie beschuldigen, eine Zauberin oder so etwas zu sein, und die Menge schreit nach ihrer Vernichtung.
D: *Glaubst du, sie ist eine Zauberin?* (Nein) *Warum glaubst du, dass die Leute das denken könnten?*

DI: Weil sie unwissend sind. Sie hat eine Gabe, die die meisten Menschen nicht haben und die sie nicht verstehen. Sie hat sich jemandem anvertraut und derjenige hat es nicht verstanden und war verängstigt und hat den Rest der Leute dazu aufgewiegelt, sich zu fürchten. Und sie vertraute diesen Teil von sich selbst diesem jungen Mann an und er wandte sich um und benutzte dies gegen sie.

D: *Du sagtest, sie habe eine Gabe, die sie nicht verstehen. Was für eine Gabe war das?*

DI: Die Prophetengabe. Sie erzählte dem jungen Mann von ihrer Gabe und eröffnete ihm eine Prophezeiung, die sich erfüllte. Und er drehte sich um und beschuldigte sie, ihn zu verhexen und die Situation zu erschaffen, anstatt sie einfach zu sehen. Er glaubte, dass sie sie erschaffen habe.

Nach langem Zögern beschloss er, seine extreme Angst zu überwinden und ins Innere zu gehen. „Sie werden sie töten, wenn ich es nicht tue, und wenn ich hineingehe, werden sie mich wahrscheinlich auch töten. Also weiß ich nicht, wie ich es tun soll, denn wenn ich einfach hineinplatze und versuche, sie mitzunehmen, weiß ich, dass sie mich einfach überwältigen werden. Also weiß ich nicht, ob ich hineingehen und mich als einer von ihnen ausgeben soll und irgendwie herausfinden soll, wie ich sie befreien kann. Ich weiß einfach nicht, was ich tun soll, denn wenn ich einfach hineineile, wird das ebenfalls nicht funktionieren." Er beschloss, hineinzugehen. „Sie sitzt auf dem Rücksitz eines Karrens und sie schreien nach ihrer Hinrichtung. Der junge Mann sagt, dass sie eine Hexe sei und er hat es durch die Ereignisse bewiesen. Und die Menge ist nur eine Kuhherde, die sich am Fieber ansteckt.—Ich will sie nicht verlieren und ich will auch nicht getötet werden und sie dann allein lassen." Um dies zu beschleunigen, komprimierte ich die Zeit und brachte ihn vorwärts, um zu sehen, was er zu tun beschloss.

DI: Sie töten uns am Ende beide. Die Menge. Sie binden uns hoch und erhängen uns beide. Sie werfen Seile um etwas und erhängen uns. Durch die Verbindung zu ihr hielten sie mich für schuldig. Ich ging rein und versuchte, vernünftig mit ihnen zu reden, aber sie waren nicht ansprechbar, weil sie das Fieber erwischt hatten. Ich versuchte, sie zu befreien, sie zu packen und zu ziehen, aber ich war gefesselt und durch die Verbindung mit ihr wurde ich ebenso verurteilt, wie sie.

D: *Da waren einfach zu viele Leute.* (Ja.) *Nun, was empfindest du gegenüber den Leuten, die das getan haben?*

DI: Ich hasse sie! Ich bin wütend auf die Menge wegen ihrer Ignoranz. Der junge Mann war einer von ihnen. Ich glaube nicht, dass ich Menschen seitdem je wieder vertraut habe. Es war unnötig, weil es nichts geändert hat. Sie war keine Hexe. Sie hat gar nichts getan. Es hat nichts geändert. Sie empfanden nur Erleichterung. Sie dachten, sie seien sicher, jetzt da sie weg war.

Es ist nie eine gute Idee, Zorn gegen die Menschen zu hegen, die den eigenen Tod verursachen. Dadurch wird mit Sicherheit Karma geschaffen, das in anderen, nachfolgenden Leben zum Vorschein kommen wird.

D: *Sie wurden von Furcht regiert.* (Ja) *Ich denke, es war sehr mutig von dir, zu versuchen, sie zu retten. Aber es hat nichts gelöst, oder?*

DI: Es hat nicht funktioniert ... nein.

D: *Jetzt ist es vorbei und du bist aus dem Körper draußen, also kannst du zurückblicken und alles aus einer anderen Perspektive sehen. Kannst du deinen Körper sehen?*

DI: Ja, es sind einfach zwei leblose Körper. Eigentlich habe ich das Gefühl, dass sie uns auch in den Bauch gestochen haben. Aber wie auch immer, es sind einfach zwei Körper, die auf den Boden gekippt wurden. Die Menge jubelt und jetzt löst sie sich auf. Nichts hat sich geändert. Sie glauben, dass sie sicher seien, aber es hat sich nichts wirklich geändert.

Seine Tochter war im Geiste bei ihm, als sie beide auf die grausame Szene zurückblickten. Ich erklärte, dass jedes Leben eine Lektion hat. „Was glaubst du, was du aus solch einem Leben gelernt hast?"

DI: Ich liebte meine Tochter und ich lernte Toleranz, weil sie anders war. Ich musste Toleranz lernen, weil ich sie sonst hätte verstoßen müssen. Und ich musste auch Toleranz lernen für die Andersartigkeiten der Menschen. Ich verstand es nicht, aber es war nicht böse, weil sie nicht böse war. So lernte ich Toleranz und dabei nahm ich auch die Intoleranz gegenüber dem, was die Menschen taten, mit.

Ich fragte, was er jetzt, da er nicht mehr im Körper war, vor hatte. Ob er das Gefühl hatte, irgendwo hingehen zu müssen, oder etwas tun zu müssen. Nach einer Pause sagte er: „Wir könnten vielleicht meine verstorbene Frau suchen gehen." Seine Frau war schon früher gestorben, deshalb gab es nur die beiden, die sich umeinander kümmerten.

D: Wie willst du das tun?
DI: Wahrscheinlich indem ich mich umdrehe und in die entgegengesetzte Richtung gehe, von wo aus ich schaue.
D: Was gibt es da in der entgegengesetzten Richtung?
DI: Ich möchte sagen die „Sonne", aber die Landschaft darunter ist gerade so klein geworden wie eine Nadelspitze.
D: Das ist ohnehin nichts, was du wirklich sehen willst.
DI: Nein. Ich kann nicht dorthin zurückgehen ... ich kann nicht zurückgehen. Ich fühle immer noch die Last dessen, was ich gerade erlebt habe. Es ist nicht weg. Es ist nicht verschwunden. Ich spüre immer noch die Angst.
D: Es war zweifellos eine traumatische Situation. In welche Richtung willst du gehen?
DI: Es gibt nur einen beleuchteten Bereich. Es gibt eigentlich nur einen Ort, an den man gehen kann. Man wendet sich nur von dieser Szene ab und wendet sich der anderen zu. Es scheint nur hell und ein wenig provisorisch zu sein. Ich weiß nicht, wo ich hingehen soll. Es scheint, als sollte ich es erkennen. Ich war schon tausendmal dort. Ich spüre, dass ich immer noch diese Person bin. Ich schwebe einfach irgendwie auf das Licht zu.

Ich komprimierte die Zeit und brachte ihn weiter voran, bis er an der Stelle ankam, wo er anhalten musste. „Du wirst wissen, wann wir dort sind und wir können anhalten."

DI: Ich habe das unbestimmte Gefühl, dass da noch andere Leute sind. Es ist, als ob ich von einem traumatischen Erlebnis käme und alle hören wollen würden, was gerade passiert ist und ich die Geschichte erzählen würde. Es scheint, als wäre meine Frau dort und wahrscheinlich ist sie in diesem Leben mein Mann. Ich habe das Gefühl, dass meine Mutter und mein Vater da sind. Die Gesichter sind irgendwie unkenntlich, da der Kreis der Leute sich weit von mir entfernt. Die Gesichter sind nicht wirklich klar.
D: Manchmal ist es ohnehin mehr ein Gefühl, als ein Erkennen.
DI: Es ist irgendwie eine Erleichterung, dort zu sein. Es ist wie ein Trauma, das mir irgendwie noch am Herzen liegt. Ich bin immer noch aufgebracht wegen dem, was passiert ist, aber ich bin erleichtert, dass es mir gut geht. Trotzdem bin ich immer noch traurig darüber.—Ich muss mich wahrscheinlich nur eine Weile

schlafen legen.
D: *Sagt dir das jemand?*
DI: Ich denke, ich bin mir nur bewusst, dass ich eine Zeitspanne durchlaufen muss, in der—ich weiß nicht, wie das Wort heißt—ich die Zeit einfach dekomprimiere.
D: *Einfach ausruhen. Das klingt nach einer guten Idee. Was ist mit deiner Tochter?*
DI: Wir sind zusammen. Ich denke, wir werden jetzt einfach nebeneinander liegend ein Nickerchen machen.
D: *Wie sieht diese Ruhestätte aus?*
DI: Sie ist gewissermaßen wie eine Wolke. Ich fühle mich einfach beunruhigt. Ich habe das Gefühl, dass mir etwas passiert ist, das nicht hätte passieren sollen, und es war sinnlos. Es ist schwer, es loszulassen.
D: *Also bleibst du eine Weile dort und denkst einfach an nichts.* (Ja.)

Wenn die Menschen zur Ruhestätte gehen, können sie dort eine beträchtliche Zeit bleiben. Es hängt lediglich davon ab, wie lange es dauert, bis sie sich wieder in das Rad des Lebens begeben können. Es kann eine kurze Zeit sein, oder für manche kann es Hunderte von Jahren dauern. Also komprimierte ich die Zeit wieder bis zu dem Zeitpunkt, an dem er seine Ruhephase beendet hatte und es an der Zeit war, diesen Ort zu verlassen und etwas anderes zu tun.

D: *Fühlst du dich besser, jetzt, da du dich ausruhen konntest?*
DI: Ich habe diese Angst, die mein ganzes Wesen durchdringt.
D: *Obwohl du die Ruhephase durchlaufen hast, hast du immer noch diese Angst?* (Ja.) *Was ist es für eine Angst?*
DI: Ich schätze, es ist einfach eine Angst davor, zerstört zu werden.
D: *Nun, sie haben den Körper zerstört.*
DI: Ich weiß. Ich weiß.
D: *Aber dich konnten sie nicht zerstören, nicht wahr?*
DI: Nein. Ich fühle nur die Last dessen und die Angst. Ich weiß nicht, wie ich sie loswerden kann.
D: *Gibt es dort jemanden, dem du Fragen stellen und von dem du Antworten bekommen könntest?*
DI: Es könnte jemand auf der rechten Seite sein. Er sieht aus wie einer der Aufgestiegenen Meister. Er ist Asiat.
D: *Willst du ihm Fragen stellen?*
DI: Ich kann, wenn du willst, dass ich das tue.
D: *Wir könnten einige Antworten bekommen. Sage ihm, dass du diese Angst verstehen willst. Angst ist eine starke Emotion. Sage ihm, dass du verstehen willst, woher sie kommt.*

DI: Er sagt, sie sei das Gegenteil von der Gottesquelle.
D: Frage ihn, warum du immer noch an dieser Angst festhältst?
DI: Weil sie zu einer Krücke geworden ist.
D: Weil die Angst zusammen mit dem Körper hätte zurückgelassen werden sollen, als er getötet wurde, nicht wahr?
DI: Anscheinend habe ich lange mit der Angst gelebt und sie als Krücke benutzt.
D: Nicht nur in diesem Leben, sondern auch in anderen Leben? *(Ja)* Es ist also in der Ruhestätte nicht verschwunden? *(Nein)* Was meint er damit, es sei zu einer Krücke geworden?
DI: Eine Möglichkeit, mich auf eine Art und Weise zu schützen. Es hielt mich davon ab, in Situationen zu geraten, die schädlich wären.
D: Aus dieser Sicht ist es etwas Gutes, nicht wahr?
DI: Ja, aber wenn ich Situationen erkenne, wie z.B. die, als das mit der Menge passierte, dann setzt meine Angst ein und ich bin in einem ständigen Kampf- oder Fluchtmodus. Ich nehme es die ganze Zeit um mich herum wahr, so dass ich ständig vor etwas weglaufen will, aber ich muss mich selbst zwingen, ruhig zu bleiben und nicht wegzulaufen.
D: Das ist kein guter Modus, oder?
DI: Nein, weil es stressig ist. Und weil man immer misstrauisch gegenüber Menschen ist. Weil man immer vermutet, dass sie sich jeden Moment wenden könnten.
D: Das ist keine gute Art zu leben, oder? (Nein) *Was schlägt er vor? Es klingt, als wäre er sehr weise. Vielleicht hat er einen Rat.*
DI: Die Erde ist ein guter Ort. Er sagt, das Größte, was wir auf der Erde tun müssen, ist, die Angst zu überwinden. Und wenn ich es nicht schaffe, müsste ich wiederkommen. Wenn ich sie überwinde, dann muss ich nicht wiederkommen. Wenn ich sie unter Kontrolle bekomme oder sie überwinde, dann muss ich nicht zurückkommen, es sei denn, ich will es.—Aber ich will nicht wieder dorthin zurückkehren. Ich verstehe nicht, warum auf der Erde alles so schrecklich sein muss.
D: Das muss aber nicht sein, oder?
DI: Es scheint aber so zu sein. (Aufgebracht) Nur Grausamkeit. Das ist es einfach, „wie es ist." Die Erde ist so. Die Menschen sind so.
D: *Vielleicht sind sie es aber auch nicht. Vielleicht brauchen sie Hilfe. Frage ihn, wenn du auf die Erde zurückkommen würdest, ob du die Dinge ändern könntest?*
DI: Um anderen Menschen zu helfen oder mir selbst?
D: Sowohl als auch. Was sagt er? Hast du eine Wahl? (Dionne

wurde emotional.) *Es ist okay, emotional zu sein. Das ist gut. Aber hast du die Wahl, ob du gehen oder bleiben willst?*
DI: Irgendwie schon, aber nicht wirklich. Ich muss nicht gehen, aber ich weiß, wenn ich nicht gehe, werde ich nicht erledigen, was ich tun soll. Und deshalb *muss* ich.—Ich will nur einfach nicht gehen! Ich wünschte, ich müsste nichts mehr abarbeiten. Ich wünschte, ich könnte einfach hier bleiben.
D: Was sagt er dazu? Gibt es dazu Regeln und Vorschriften?
DI: Er sagte, es gebe noch viel zu tun.
D: Was hast du vereinbart?
DI: Es alles zu durchleben, bis es vollendet ist. Ich habe nicht damit gerechnet, dass es so schlimm sein würde. Ich habe das Gefühl, wenn ich zurückkehre, wird es nur eine umso schrecklichere Sache sein.
D: Vielleicht würde es nicht so schlimm sein wie das, was du gerade durchgemacht hast. Weiß er, ob es so schlimm oder eher leichter sein wird?
DI: Es wird sein, was immer ich daraus mache.
D: Dann hast du die Kontrolle, oder? Dann bist du mächtiger, als du denkst, nicht wahr?
DI: Ich fühle mich in gewisser Weise wie ein Opfer.
D: Ich denke, es ist Zeit, das zu ändern. Ist das der Zeitpunkt, an dem du die Entscheidung triffst, zur Erde zurückzukommen?
DI: Ich weiß, dass ich das muss, um meine Vereinbarung zu erfüllen und zu erledigen, sonst würde ich es nur hinausschieben. Schlussendlich muss ich es ja tun.
D: Und die Vereinbarung lautete, alles zu erleben?
DI: Es zu durchleben, ja. Durch die physische Realität zu gehen.
D: Alles Gute und Schlechte?
DI: Ja, aber ich hatte keine Ahnung, wie schlimm das Schlechte sein würde. Es ist wie bei jemandem, der am Äquator lebt und dem man versucht zu erklären, was Schnee ist. Und sie haben zwar ein Bild davon, aber wissen nicht wirklich, was es ist, bis sie es erleben.
D: Man weiß es nie wirklich, bis man es selbst erlebt.
DI: Ich dachte nicht, dass ich es so stark *fühlen* würde, wie ich es tat.

Ich dachte, wir hätten zu diesem Zeitpunkt so viel gelernt, wie möglich war. Wir wussten, dass er die Entscheidung getroffen hatte, zurückzukommen, weil ein Aufschub das Unvermeidliche nur verzögern würde. Also fragte ich, ob es in Ordnung wäre, jemanden zu rufen, der mehr Antworten liefern könnte. Die andere Wesenheit war damit einverstanden. Also dankte ich ihr und rief dann das SC herbei. Natürlich war die erste Frage, warum es für Dionne dieses Leben zum Betrachten auswählte.

DI: Es war die Zeit, in der die Traurigkeit mich ergriff. Sie baute sich zwar allmählich bis zu dem Punkt auf, aber es war dieses eine Mal, als die Traurigkeit mich völlig ergriff.

D: Sie hatte also andere negative Leben erlebt, aber dieses war der letzte Tropfen? (Ja) *Warum wollten Sie, dass sie davon erfährt?*
DI: Sie ist in diesem Leben eine Empathin und sie musste es wissen.
D: Ein Empath nimmt die Gefühle der anderen auf sich, nicht wahr?
DI: Ja. Sie musste wissen, dass sie, um eine Empathin zu sein, alle Emotionen erleben musste, die es gibt.
D: Das ist viel.
DI: Ja, um ein Empath zu sein, muss man alle Emotionen erlebt haben, um zu wissen, welche Emotionen man erlebt. Mit anderen Worten, man muss Angst erfahren haben, um zu wissen, dass es Angst ist. Und sie kann Menschen lesen und fühlen, was sie fühlen, bevor diese es überhaupt verbalisieren.
D: Das ist gut, aber was soll sie mit ihrem Talent als Empathin tun? Wie soll sie es nutzen?
DI: Es war immer dazu da, anderen zu helfen. Es gibt ihr viel Mitgefühl.
D: Aber sie neigt dazu, sich von Menschen fernzuhalten, nicht wahr?
DI: Ja, sie hat Misstrauen gegenüber Menschen entwickelt.
D: Rührt das von diesem Leben her?
DI: Ja, und von anderen.
D: Die Leute zeigten ihre gewalttätige Seite. (Ja) *Aber in diesem Leben wird sie niemand so behandeln, oder?*
DI: Oh, doch, das tun sie. Einige derselben Leute aus der Menge sind in ihrem jetzigen Leben.
D: Menschen, mit denen sie Karma entwickelt hat?
DI: Ja, es gibt Karma. Die Menschen aus der Menge waren Fremde für sie und sie erscheinen ab und zu in diesem Leben. Und sie führen dasselbe Verhalten fort, nur ist es auf ihr jetziges Leben zugeschnitten. Es gibt also Menschen in ihrem Leben, die sie unbewusst zerstören wollen. Ihre enge Familie, ihre unmittelbare Familie, will sie beschützen. Die anderen, die gekommen und gegangen sind, waren nur Bekannte. Sie kamen und gingen. Nur um das gleiche Muster zu spielen, das sie schon lange Zeit gespielt haben. Es gibt Menschen in ihrem Leben, die sie unbewusst aus jener anderen Zeit wiedererkennen. Und sie reagieren auf sie unbewusst in der gleichen Weise, wie sie damals auf sie reagierten. Die Absicht in diesem Leben ist nicht,

sie zu zerstören, aber sie erkennen sie unmittelbar und reagieren sofort negativ auf sie. Es gibt eine Seelenerkennung und sie manifestiert sich in ihnen als eine Abneigung gegen sie. Und werden sich dessen nicht bewusst und verstehen ihre eigene negative Reaktion auf sie nicht.

D: *Was ist also der Zweck dessen? Was lernt sie daraus?*

DI: Sie muss lernen, Distanz zu gewinnen. Sie lässt sich zu sehr persönlich auf die Dinge ein.

D: *Dann sollte sie lernen, sie nicht persönlich zu nehmen.*

DI: Ja, sie fühlte sich verraten und missverstanden und in ihrem jetzigen Leben hat sie Erfahrungen gemacht, die ihr bestätigen, dass sie des Verrats würdig ist. Niemand in diesem Leben hat versucht, sie zu verraten, aber sie nimmt es auf diese Weise wahr.

D: *War irgendjemand aus ihrer jetzigen Familie auch in jenem Leben bei ihr?*

DI: Ihr jetziger Ehemann war ihre Frau, und ihre jetzige Tochter war auch damals ihre Tochter. Ihre jetzige Mutter gehörte zur Menge, war aber nicht eine aus der Menge. Sie war eine hilflose unbeteiligte Zuschauerin in der Menge. Sie war Teil der Menge, aber sie mochte nicht, was die Menge tat. Aber es gab nichts, was sie tun konnte.

D: *Also gibt es dort kein Karma.*

DI: Irgendetwas ist mit ihrer Mutter. Ihre Mutter hat Gewissensbisse.

D: *Aber ihre Mutter spielte keine aktive Rolle dabei.*

DI: Ihre Mutter reagiert auf sie manchmal so, wie andere Menschen auf der Seelenebene auf sie reagieren. So hat sie Angst vor ihrer Tochter, gerade so, wie die Menge Angst vor dem jungen Mädchen hatte. Aber sie empfindet auch Traurigkeit ihr gegenüber, so wie sie es als Teil der Menge tat ... Traurigkeit über das, was diesen beiden Menschen passiert ist. Weil sie hilflos war, war sie in diesem Leben kritisch gegenüber ihrer Tochter, denn sie sah Aspekte an ihrer Tochter, die sie besaß, und sie wollte, dass ihre Tochter so stark ist, wie sie es war. Und so nutzte sie die Kritik, um zu versuchen, sie zu stärken, aber stattdessen schwächte sie ihre Tochter. Ihre Tochter sah dies als Bestätigung dafür, dass jeder böse und negativ und nicht vertrauenswürdig war.

D: *Aber wie können wir diese Angst loswerden, die Dionne immer noch in sich trägt? Jetzt wissen wir, wo sie herkommt. Sie braucht sie in diesem Leben nicht, oder?*

DI: Nicht wirklich. Es ist eine Art tief verwurzeltes Muster bei ihr. Es hat über die Jahrhunderte an Macht gewonnen. Es ist ziemlich tief verwurzelt.

Ich bat das SC um Vorschläge, wie man die Angst lindern und Dionne den Umgang damit erleichtern könne. Wir wollten, dass sie sie jetzt los wird, damit sie sie nicht weiter mit sich tragen muss. Das SC sagte, ein Faktor war, dass sie sich dort, wo sie arbeitet, in einer negativen Situation befand. Das schuf Angst, welcher sie nachgab. „Die Leute sind nicht auf ihrem Niveau. Sie muss mit Menschen zusammen sein, die so sind wie sie. Es gibt Menschen da draußen, aber es sind nur wenige und sie sind weit voneinander entfernt."

D: *Was soll sie tun?*
DI: Es ist ihr bestimmt, schöpferisch zu sein. Sie hat eine Menge Informationen und viel Wissen und viel Weisheit, aber es ist verstreut. Sie muss es in einen Zusammenhang bringen, damit sie es mit anderen Menschen teilen kann. Sie könnte mit Leuten reden und darüber schreiben.
D: *Du musst vorsichtig sein, mit wem du sprichst, denn viele Leute verstehen nicht.*
DI: Nein, die Welt lebt in der linken Gehirnhälfte. (Lacht)

Dionne hatte begonnen, einige Romane zu schreiben, und das SC ermutigte sie, diese zu beenden. „Sie braucht alles, was sie erlebt hat, um in ihrem Geist die Dinge auf Anhieb zu verstehen. Sie ist schon allzu lange in ihrer linken Gehirnhälfte und die linke Gehirnhälfte hält die Menschen in einem Kreislauf des Denkens gefangen, der nirgendwohin führt. Und sie wird durch die Umstände und auch von Natur aus dazu gezwungen, viel in der linken Hirnhälfte zu weilen.—Sie befindet sich in einem Dilemma und muss für bestimmte Dinge bezahlen, aber solange sie diesen Job hat, wird sie niemals etwas erschaffen. Sie hat bestimmte Talente, die nicht jeder hat, die sie nutzen könnte, um Geld zu verdienen." Vor allem ihr Sinn für Humor, der sich durch ihr Schreiben und durch die Schauspielerei auf einzigartige Weise nutzen ließe. Die Hauptsache, die sie zurückhielt, war ihre Angst: die Angst vor der Ungewissheit darin, die Angst vor dem Versagen, die Angst, nicht gut genug darin zu sein. Es war ihre Angst, die das Geld in Schach hielt.

DI: Es gibt ein Muster auf zellulärer Ebene, fast schon ein Muster des Misstrauens; Angst, dass sie, wenn sie spricht, abgeschossen wird. Deshalb hat sie sich in der Vergangenheit etwas zurückgezogen, aufgrund dessen, was sie weiß, das andere mit ihr machen werden. Sie werden immer auf sie reagieren. Es geht darum, ob es sie zerbricht oder nicht, wenn sie es tun. Sie hat eine kleine Gruppe von Menschen, die sich etwas aus ihr machen. Ihr Mann sorgt sich sehr um sie und ihre Tochter.

Sie wurde ermutigt, wieder mit dem Schreiben zu beginnen, denn das war extrem wichtig. Und sie musste ihren Job kündigen, weil die Bedingungen dort sie zurückhielten. Sie sagten, dass ein anderer, besserer Job kommen werde mit all den idealen Bedingungen, die sie brauchte. Ihre körperlichen Zustände von Müdigkeit und Depressionen waren leicht zu erklären, da sie nicht das tat, was sie eigentlich tun sollte.

DI: Sie tut nicht das, wozu sie bestimmt ist, und das weiß sie. Sie spürt das und ihr Körper ist nicht beseelt von dem, was sie tut. Wenn sie anfängt, das zu tun, was ich ihr sage, dann hat sie die Depressionen nicht mehr. Sie wird energetisiert und begeistert vom Leben sein.

Das SC ging dann den Körper durch und nahm Korrekturen und Verbesserungen vor. Es sagte, dass sie nun, da sie verstand, woher die Angst kommt, in der Lage sei, damit umzugehen, auch wenn es Arbeit von ihrer Seite erfordere.

Abschiedsbotschaft: Ich liebe sie sehr und sie wurde absichtlich anders geschaffen als andere Menschen. Sie ist anders, weil sie nicht wie die anderen Menschen sein soll. Sie ist etwas Besonderes. Alle Menschen sind besonders, aber sie wurde geschaffen, um besonders zu sein, und sie wurde geschaffen, damit ihr Licht für jene anderen Leute hell leuchte. Und sie hat Gaben, die sie entwickeln und nutzen und der Welt zurückgeben soll. Es ist in Ordnung, dass die Menschen sie erkennen und sofort eine negative Reaktion zeigen. Es ist in Ordnung, weil es eher zeigt, wer jene sind, als wer sie ist. Wenn sie auf diese leise intuitive Stimme hört und jedes Mal darauf reagiert, dann wird sie Glück und Erfüllung finden.

Kapitel 16

MORD UND SELBSTMORD

Eine von Julies Hauptbeschwerden betraf ihre Leber. Es war eine Operation geplant, die sehr gefährlich war und sie möglicherweise töten konnte. Sie hatte mit einer Vernarbung der hinteren Gallengänge zu tun, die dazu führte, dass Galle in ihre Eingeweide gepumpt wurde. Für den Fall, dass die Operation nicht funktionierte, hatten sie sie auf der Liste für eine Lebertransplantation. Julie hatte eine lange Vorgeschichte an großen Operationen und vielen körperlichen Beschwerden, besonders am Rücken. Sie nahm viele verschiedene Arten von Medikamenten, weil sie so viele Schmerzen hatte. Sie wurde auch von ihrem Psychiater gegen Depressionen behandelt und nahm dafür umso mehr Medikamente ein.

Julie kam aus der Wolke an einen Strand am Meer. Sie war ein vierzehn Jahre alter eingeborener Junge mit schwarzem Haar und schokoladenbrauner Haut, der am Strand entlang ging und die Hand eines kleinen Jungen hielt, den er seinen Bruder nannte. Als ich ihn fragte, wo er lebe, sagte er, dass der Ort nicht mehr da sei. Es habe ein Dorf oben auf dem Bergrücken gegeben, aber es sei bei einem schweren Sturm mit starkem Wind und Wasser zerstört worden. Er und sein Bruder waren nicht da, als es geschah, weil sie im Wald Beeren sammeln waren. Als der Sturm kam, versteckten sie sich unter einem umgefallenen Baum und einem Felsen und er versuchte, seinen kleinen Bruder zu beschützen. „Ich schlug meinen Kopf an einem großen, dicken Ast des Baumes an. Ich wartete, bis alles vorbei war ... wir aßen unsere Beeren." Sie sahen nicht, was geschah, bis sie ins Dorf zurückkehrten. „Ich kann niemanden finden."—Wo sind denn alle hin? Meine Mutter ... Mama.—Alles lag einfach flach und war umgeweht. Der Sturm war schlimm, aber nicht so schlimm, um das hier anrichten zu können!" Er war sehr emotional und verärgert und flüsterte immer wieder „Mama". „Ich weiß nicht, was ich tun soll oder wohin ich gehen soll. Ich weiß nicht, wo die anderen sind."

Er wurde sehr emotional und weinte, so dass ich beschloss, die Zeit zu komprimieren und vorwärts zu gehen und zu sehen, was geschah. „Die Weißen haben uns erwischt.—Ich wusste, dass die Weißen da waren, aber sie brachten ihren Gott mit. Der Gott des weißen Mannes wird im Dorf gelehrt, aber weitere weiße Männer sind gekommen, um uns zu holen.—Ich weiß nicht, wo meine Mutter ist."

D: *Warum sollten sie dich und deinen Bruder holen wollen?*
J: Ich weiß es nicht. (Verwirrt) Ich bin frustriert. Niemand will es mir sagen.
D: *Bringen sie dich irgendwo hin?*
J: Ja ... (Sarkastisch) ...viele von uns. Ich fand meinen Vater. Mein Bruder ist nicht mehr hier. Sie haben ihn mitgenommen. Sie schlagen meinen Vater und mein Vater schämt sich ...
D: *Warum schämt er sich?*
J: Sie haben meine Mutter getötet ... nicht der Sturm ... nicht der Sturm. Sie hat gekämpft. Mein Vater schämt sich, dass er sie nicht beschützen konnte. Er sieht mich nicht an ...

Sie wurden mit vielen Menschen an einem Ort in einem Dorf mit „weißen Wachen" gefangen gehalten. Er beschrieb die Männer, die Gürtel mit Schwertern und Lederstiefeln trugen. Sie widerten ihn an: „Sie stinken." Als ich ihn vorwärts bewegte, um zu sehen, was geschah, war seine Stimme von Hass und Wut erfüllt: „Sie hungern uns aus ... und sie schlagen uns ... und dann wollen sie, dass wir vor ihrem Gott niederknien." Ich fragte, wie ihr Gott dargestellt werde. „Dieser Mann, ich höre sie, dass sein Name Padre ist. Er ekelt mich an. Wir müssen uns vor ihm und ihrem Holzkreuz verneigen." Er sagte dies, als habe er einen schlechten Geschmack in seinem Mund. „Sie sagen, dass der Weg zur Erlösung durch den Menschen am Kreuz sei und dass wir nichts weiter als Tiere seien. Er hatte einen deutlichen Akzent während dieser emotionalen Erzählung. „Sie denken, wir seien Tiere. Sie schlagen uns wie Tiere. Sie pferchen uns zusammen wie Tiere. Sie töten uns wie Tiere." Er war extrem aufgeregt und weinte, als er sagte: „Ich esse die Wurzel! Ich werde mich umbringen. Sie werden das nicht tun!" Er sagte, dass ein Boot komme, um sie irgendwohin wegzubringen. Der Gedanke erschreckte ihn: „Ich höre Geschichten. Sie zwingen uns zu gehen ... und dann sterben wir. Und sie sagen, dass sie uns besitzen und dass sie unser Land besitzen. Man kann kein Land besitzen. Es gehört Gott. Wir sind Gottes Volk." Er war so erschrocken, dass er dachte, es sei besser, sich durch das Essen der Wurzel, von der er wusste, dass sie giftig war, umzubringen. „Und mein Bauch tut weh!" Ich entfernte jegliche körperlichen Empfindungen, damit er erklären konnte, was passierte. „Ich tötete den Padre mit der Wurzel. Ich trickste ihn aus, damit er die Wurzel aß. Er mochte mich. Er berührte mich. Ich sagte ihm: „Gut, lecker". Er ist wie ein Schakal. Er ist stark und stinkt, aber ich kann ihn töten." Er war stolz darauf, dass er den Priester dazu gebracht hatte, die Wurzel zu essen.

D: Du mochtest diesen Mann nicht, nicht wahr?
J: Nein ... er hat mir wehgetan. Er tat mir das an, was kein Mensch einem anderen Menschen antun sollte! Er war kein Mann Gottes. Nicht meines Gottes.

Seine Stimme war von so viel Ekel und Hass erfüllt, dass es nicht viel Phantasie brauchte, um zu wissen, wovon er sprach. Deshalb werde ich für die Leser nicht ins Detail gehen.

J: Ich war hinterhältig wie eine Löwin. Ich sagte ihm „gut zu essen" und aß es zuerst. Ich gab ihm den schlimmsten Teil der Wurzel. Und er aß ihn.

Der Junge hatte Bauchschmerzen und es dauerte nicht lange, bis er starb. Er war aus seinem Körper draußen und betrachtete sich selbst. „Ich wurde vom weißen Mann vernichtet ... und vom Gott des weißen Mannes." Er sah, dass sie versuchten, dem Padre zu helfen, aber er wusste, dass sie nichts tun konnten und dass er sterben würde. Er lächelte: „Ich habe bei meiner Mutter richtig gehandelt." Ich fragte, was er jetzt tun würde, jetzt, da er nicht mehr im Körper ist. „Ich werde tanzen. Ich tanze für diejenigen, die heulen und weinen, und ich werde tanzen, bis sie nach Hause kommen ... meine Familie. Ich will, dass diese Männer verschwinden, aber ich werde tanzen, bis sie nach Hause kommen. Sie nahmen sie alle mit und ließen mich beim Padre zurück, weil er mich mochte.—Aber jetzt kann ich überall hingehen. Ich bin frei. Ich bin frei!"

D: Du bist frei davon, und obwohl du dich umgebracht hast und ihn getötet hast, hast du das Gefühl, es geschah aus einem guten Grund?
J: Ja. Ich musste ihn davon abhalten, andere Menschen zu verletzen und uns zu zwingen, vor seinem Kreuz niederzuknien. Er war mächtig. Er war nach seiner eigenen Vorstellung ein Gott und die Menschen um ihn herum beugten sich allein seinen Worten,

seinen Worten. Und jetzt haben sie ihren widerlichen Gott nicht mehr.

Dann ließ ich Julie von der Szene wegdriften, während wir den Jungen dort zurückließen, damit er seine eigene Reise fortsetze. Und ich rief das SC und fragte, warum es dieses Leben für sie zum Betrachten gewählt hatte.

J: Aus Liebe zur Gemeinschaft. Opfer werden oft gebracht, wenn man es am wenigsten erwartet, sogar von den jungen Leuten.

D: *Weil es ein eher gewalttätiges Leben war, nicht wahr?*

J: Nur dieser Teil. Der Rest war gut. Es gibt viel zu sagen über Opfer, Gemeinschaft und Liebe. Sie hatte schon immer eine tiefe Liebe in sich. Liebe ist jene ultimative Liebe, von der sie spricht.

D: *Aber obwohl sie in jenem Leben tötete, glaubst du, es geschah aus Liebe?*

J: Nein. Er dachte, wenn er ihn tötete, würde es verhindern, dass andere aus anderen Dörfern zusammengeschart werden, sobald dieser mächtige Mann einmal weg war.

D: *Weil dieser Mann Gottes nicht mehr länger da sein würde?*

J: Ja, aber das hielt es nicht auf. Zu viele Leute. Sie ersetzten schlichtweg denjenigen, den sie verloren haben.

D: *Er tat, was er für richtig hielt.* (Ja) *Damit hatte er vielleicht einigen Leuten geholfen.* (Ja) *Was hat das mit Julies jetzigem Leben zu tun?*

J: Manchmal denkt sie, sie opfere sich immer auf, um anderen zu helfen, und das tut sie auch. Jedem, der ihre Aufmerksamkeit braucht und ein Opfer von ihr braucht, wird sie dies geben. Das ist nicht gesund für sie. Sie muss sich Zeit für sich selbst nehmen und ihren Schmerz heilen ... ihren selbst zugefügten Schmerz. Genau wie das Einnehmen der Wurzel.

D: *Hat die Art, wie sie sich umgebracht hat, irgendeine Bedeutung für ihr jetziges Leben?*

J: Nur, dass es jetzt Gift ist, das zu nehmen und einzunehmen, was sie nimmt und einnimmt. Die Ärzte glauben, dass sie ihr helfen. Sie versuchen es. Aber sie helfen Julie nicht.

D: *Du meinst also, dass die Dinge, die sie ihr geben, nicht gut für sie sind?*

J: Ja, und indem sie denkt, dass sie das Richtige tue, bringt sie sich selbst um.

D: *Schon wieder, meinst du?* (Ja) *Das wollen wir nicht, denn in diesem Leben ist es nicht die Lektion, die sie lernen soll, oder?* (Nein) *Diese Lektion hat sie schon gelernt.* (Ja) *In diesem Leben*

hat sie noch Arbeit zu erledigen. Sie wird vielen Menschen helfen.
J: Vielen.
D: Wir wollen also nicht, dass sie sich erneut vergiftet.
J: Nein. Sie half nur wenigen in jenem Leben, aber jetzt kann sie vielen helfen. Wenn sie nur das Gift nicht nimmt.
D: Welches sind die Dinge, von denen du nicht willst, dass sie sie einnimmt?
J: Die Neuro-Schmerz-Medikamente, die sie ihr geben und die regulären Schmerzmitteln mit dem Tylenol ... schlecht ... und die verschreibungspflichtigen Medikamente mit Tylenol. (Laut) Das Tylenol tötet diesen Körper!! Es greift ihre Leber und ihre Nieren an. Das Tylenol tötet sie! Sie muss damit aufhören! Selbst wenn sie Kopfschmerzen hat, wende Reiki an, das kann ihre Kopfschmerzen lindern.
D: Kannst du die Medikamente, die sie schon genommen hat, aus ihrem Körper spülen?
J: Ja, das kann ich.
D: Nimmt sie irgendeine andere Medizin ein, die sie nicht nehmen soll?
J: Ja. Was ihr Psychiater ihr gibt, ist nicht nötig.
D: Die Antidepressiva?
J: Ja. Ich will, dass sie sie absetzt; komplett aufhört ... sie soll sie nicht verwenden.
D: Sie absetzen, willst du, dass sie das allmählich tut?
J: Nein, aufhört!
D: Wird dies Auswirkungen auf den Körper haben, wenn sie einfach aufhört, sie zu nehmen? Wir wollen dem Körper nicht weiter schaden.
J: Sie kann extreme Stimmungsschwankungen spüren, wenn sie ganz aufhört. Sie kann sich für einen der beiden Wege entscheiden. Am besten wäre es, ganz aufzuhören, aber es wird vielleicht emotional zu schwierig sein, ganz aufzuhören, aber es wird nur etwa eine Woche dauern.

Ich hielt es nicht für sehr lang, um all das aus Ihrem Körper zu bekommen.

D: Sie könnte also in dieser Zeitspanne Stimmungsschwankungen bemerken, aber sie wird wissen, woher sie kommen.
J: Ja, und sie wird sich ausgleichen.
D: Wir wollen, dass sie ausgeglichen ist. Gibt es sonst noch etwas, das sie nicht mehr einnehmen soll?

J: Ihre Medikamente gegen das Aufmerksamkeitsdefizit. Es ist alles in Ordnung mit ihrem Geist. Sie ist sich ihrer selbst sehr, sehr bewusst.

Ich habe festgestellt, dass, wenn der Klient mehrere verschiedene Medikamente einnimmt, diese miteinander in Wechselwirkungen treten, die oft unerwünschte Nebeneffekte haben. Ich erwähnte, dass die Ärzte darüber sprachen, ihre Leber zu operieren. Das bringt das SC immer aus der Fassung, weil es Operationen nicht mag. Es sagte, die Leber werde sich erholen, wenn sie das Tylenol und andere Schmerzmittel absetzt. „Keine Operation ... keine Operation notwendig!" Ich bat das SC in den Körper hinein und in den Leberbereich zu gehen und ein paar Reparaturen vorzunehmen. Julie war für ein MRT angesetzt, wenn sie nach Hause kommt. Ich dachte, wenn die Ärzte ihre Tests durchführten und dann sähen, dass ihr nichts fehlt, würden sie nicht operieren wollen. „Nein, das werden sie nicht."

D: Du weißt, wie Ärzte mit ihren Maschinen sind.
J: Ja. Sie sind für sie der sichere Beweis.

Das SC sagte, dass es bereits an der Leber arbeite und ich fragte, was es mache. Ich bin immer neugierig, wie es gemacht wird. Wenn das SC arbeitet, wird es still, also halte ich gerne das Gespräch mit ihm aufrecht, damit ich den Fortschritt verfolgen kann. Es hat mir in der Vergangenheit gesagt, ich könne mit ihm reden, während es arbeitet.

J: Der Druck auf das Innere der Leber baut sich auf und drückt. Ich rotiere mit heilender Energie um sie herum. Während wir sprechen, hat ihr Körper die Energie aufgebaut, so dass ich dies tun kann.
D: Wenn sie zum Arzt zurückgeht und er die Bilder macht, wird er merken, dass etwas anders ist?
J: Oh, ja.
D: Natürlich werden sie es nicht verstehen, nicht wahr? (Lachen)
J: Nein, aber sie wird eine sehr scharfsinnige, lustige Art und Weise haben, es sie wissen zu lassen.—Ihr Körper ist sehr aufgeheizt von der Menge an Energie. Ich brauchte sie für den Aufbau, damit wir das vollbringen können. Es hört nie auf, uns zu erstaunen.
D: Also heilt es den Schaden, den das Tylenol angerichtet hat? (Ja) Sie sprachen sogar davon, die Leber rauszunehmen und eine

neue einzupflanzen ... ein Transplantat.
J: Und sie sagte, das brachte ihre Leber zum Zucken. (Ich lachte.)

Dies zeigte, dass die Leber ein eigenes Bewusstsein und eine eigene Bewusstheit hat. Sie reagierte auf den Gedanken, aus dem Körper entfernt zu werden.

D: *Die Idee gefiel ihm nicht. Das ist die einzige Lösung, die sie haben, einfach zu operieren.*
J: Ja. Um den Körper zu verstümmeln. Dieser Körper hat so viel durchgemacht. Es wurde genug verstümmelt.
D: *Wir wollen doch nicht, dass sie ihn weiter verstümmeln, oder?*
J: Nein, das braucht sie nicht.—Sie ist ein Sturkopf.

Ich fragte, ob es auch andere Teile ihres Körpers anschauen könne, mit denen sie Probleme hatte, insbesondere den unteren Rücken. Es sagte: „Natürlich kann ich das." Ich fragte nach der Ursache des Problems.

J: Ganz ehrlich? *(Ja)* Ihre Vergangenheit ... doch leider ist sie im echten Leben sowie im Geist ausgerutscht und gefallen.

Während es am Körper arbeitete, fragte ich, ob es jemanden in jenem Leben gegeben hatte, den sie in ihrem jetzigen Leben kannte. Es sagte, der kleine Bruder sei James, ein guter Freund in diesem Leben. Natürlich wollte ich wissen, ob der Padre jemand war, den sie kannte. Es bestätigte meine Vermutung, dass der Padre in diesem Leben ihr Großvater war. Während unseres Gesprächs vertraute Julie mir an, dass ihr Großvater sie als Kind sexuell belästigt hatte. Anscheinend hatten sie einen Vertrag geschlossen, wieder zusammen zu sein (in verschiedenen Rollen), damit er zurückzahlen könne, was er dem kleinen Jungen angetan hatte. Aber es scheint, als hätte er diese Lektion noch immer nicht gelernt und dieses sexuelle Problem weitergeführt. Anstatt zurückzuzahlen, hatte er noch mehr Schulden angehäuft. Ich fragte das SC nach Karma.

J: Sie hat ihres in der Vergangenheit vollendet. Dieser Mann hat eine Menge Karma. Und er wiederholte sich selbst nochmals. Es ist sein Problem, nicht ihres.
D: *Julie braucht keinen Anteil mehr daran zu haben. Du sagtest, sie habe ihren Teil abgearbeitet.*
J: Sehr sogar. Sie liebte ihn.
D: *Also werden in einem solchen Fall Mord und Selbstmord nicht*

als negativ betrachtet?
J: Nicht in einem solchen Fall. Es schien die einzige Antwort auf einen jungen vierzehnjährigen Jungen zu sein.—Auch für sie waren die Dinge mit vierzehn entscheidend.
D: *Stand das in irgendeiner Weise miteinander in Zusammenhang?*
J: In gewisser Weise fand sie Liebe statt Hass ... Gnade anstelle von Zorn.
D: *Sie hatte eine Mastektomie mit vierzehn Jahren.*
J: Ja, das hatte sie.
D: *Gibt es da eine Verbindung?*
J: Nicht zu diesem Leben im Besonderen. Abgesehen von Schmerz und Leid und der eigenen Verstümmelung. Egal, wie notwendig du es auch findest, es ist nicht immer notwendig. Aber das hatte auch mit ihrer Mutter zu tun. Sie wollte das Beste für ihre Tochter. Sie wollte ihr helfen. Obwohl sie wusste, dass das Gewebe gutartig war, bestand sie darauf. Und dieses arme Mädchen verlor seine Brust, aber sie hängt überhaupt nicht an diesem Körper. Die asymmetrische Deformierung veranlasste sie dazu, die Brust wieder aufzubauen. Ihre Mutter sagte ihr, dass der Tumor krebsartig sei, aber das war er nicht. Julie kannte nicht den Unterschied. Sie hatte nie Krebs. Ihre Mutter bat darum, dass die Brust nach der Entfernung des Tumors wieder aufgebaut werde. Und die Brust selbst hatte danach eine Staphylokokkeninfektion, die schrecklich war ... sie hätte sie beinahe getötet. Sie erinnert sich daran nicht. Sie erinnert sich nur daran, dass sie sehr krank war und viel im Krankenhaus war.

Ich fand es interessant, dass dies in demselben Alter geschah, in welchem der Junge sein Trauma in dem vergangenen Leben erlebt hatte. Aber jetzt, da sie das alles verstanden, sollte sie keine körperlichen Probleme mehr haben. Das SC bestand darauf, dass sie genug körperliche Probleme gehabt habe.

Als Nächstes stellte ich die unvermeidliche Frage: „Was war ihr Zweck?" Sie sollte schreiben, auch wenn sie das für schwierig hielt. Sie hatte ein Interesse an Heilung, aber das SC hielt das für keine gute Idee für Julie. „Ich denke, es kann manchmal für Menschen funktionieren, aber sie muss auf einer sehr tiefen Ebene verbunden sein, damit es funktioniert. Sie ist zu empathisch. Sie nimmt die Krankheiten und die Energie der Menschen wie ein Magnet auf."

Es gab eine Überraschung, als ich nach ihrem Mann fragte. Sie hatten Probleme gehabt und er überlegte, sich entweder zur Ruhe zu setzen oder auf eine andere Militärbasis in Washington zu gehen. „Ich denke, der Ruhestand ist noch in weiter Ferne. Noch zu früh."

D: Kannst du sehen, was mit ihm passieren wird?
J: Ja. Er heiratet wieder. (Das war eine Überraschung.)
D: Du meinst, sie werden nicht zusammenbleiben?
J: Nein. Auch wenn sie denkt, dass dies ist, was sie will, macht es sie doch sehr traurig, als es zur Verwirklichung kommt. Er wird den Job in Washington annehmen, und sie wird in Virginia bleiben.
D: Wie wird Julie in der Lage sein, sich selbst zu versorgen?
J: Sie wird zunächst wieder zur Schule gehen und einige Kurse besuchen; nichts Großes. Ausbildung ... nicht an einer Universität. Es wird ihr eine Tür öffnen, um neue Leute kennenzulernen ... Verbindung. Sie wird einen älteren Herrn treffen, der ihr hilft, das Selbstvertrauen fürs Schreiben zu gewinnen.

Mir ging die Zeit aus, aber sie hatte noch eine andere Frage. Viele Male, während sie schlief, sprach sie in anderen Sprachen. Ihr Mann hatte diese sogar auf Band aufgenommen. Sie wollte wissen, was geschah, wenn das passierte.

J: Sie channelt andere Leben. Erinnerungen ... zelluläre Erinnerungen. Sie spricht die Sprache ...
D: Ich dachte, dass, als sie den Giftstoff nahm, dies vielleicht das war, was sie in diesem Leben beeinflusste. Es verursachte in jenem anderen Leben Schmerzen in ihrem Magen.
J: Nein. Es gibt einen Kontrast zwischen der Einnahme von etwas, von dem du glaubst, dass es dir hilft, und dem Tod. Er dachte, es würde ihm am Ende helfen, aber in diesem Leben tötet es ihn nur.

Die letzte Nachricht vor dem Abgang: „Höre auf, die Medikamente zu nehmen. Wisse, dass du psychisch offen für uns bist. Wir schicken dir immer die liebevollen Informationen, über die du schreiben wirst."

Ich höre nach den Sitzungen nicht oft nochmals von meinen Klienten, aber in Julies Fall teilte sie mir per E-Mail mit, was danach passiert ist:
Zuerst einmal schlief ich auf dem Heimweg an diesem Abend (nach der Sitzung) auf unserem Weg aus der Stadt zurück nach Virginia ein, während mein bester Freund den Wagen fuhr. Er weckte mich später auf und wollte wissen, ob es mir gut gehe, denn ich war tropfnass, nein, klatschnass vor Schweiß. Es war, als ob

mein physischer Körper abschaltete und versuchte, alle Medikamente zu entgiften, die die Ärzte mir gaben. Ich habe noch nie so geschwitzt und kann mir auch nicht vorstellen, es je wieder zu tun. Ich könnte mein Kleid im wahrsten Sinne des Wortes auswringen!

Im Mai hatte ich einen 14 mm großen, vernarbten, offenen Gallengang, durch den Galle in meine Eingeweide ausgeschüttet wurde. Es wurde eine präventive Operation anberaumt und ich wurde auf die Lebertransplantationsliste für eine neue Leber mit gesunden Gallengängen gesetzt. (Unsere Sitzung wurde im Juni durchgeführt.).

Im vergangenen Monat (September) ließ ich endlich das zweite MRT machen und die Ärzte waren über die Ergebnisse fassungslos. Tatsächlich sagten sie, es sei so, als ob man die Leber und die Gallengänge von zwei verschiedenen Menschen betrachte. Ich hatte einen 14mm langen vernarbten Gallengang, der sich aufgrund der Narben nicht verschließen konnte. Jetzt habe ich einen 9mm Gallengang mit keinerlei Anzeichen von Verödung oder Narbenbildung. Unnötig zu sagen, dass eine Lebertransplantation natürlich nicht mehr notwendig ist. Ich bin nicht mehr unheilbar krank. Die einzige andere Sache, die sich geändert hat, war, dass ich alle Medikamente und das Tylenol gegen Schmerzen abgesetzt habe. So wie es mein höheres Selbst nachdrücklich anordnete. KEIN TYLENOL! Es war Gift.

Zur selben Zeit, als wir diese Sitzung hatten, gab es auf CNN und in den Zeitungen Mitteilungen, die die Leute vor der Einnahme dieser Medikamente warnten, die Paracetamol enthalten. Tylenol und andere Schmerzmittel enthalten alle diesen gleichen schädlichen Bestandteil, der die Leber schädigt. Seit dieser Sitzung versuche icht, die Leute vor den Gefahren dieser Medikamente zu warnen.

Ich habe auch bei anderen Klienten reinigende Reaktionen nach solchen Sitzungen erlebt. Einige erleben Erbrechen, Durchfall oder Schwitzen. Jeder Klient hat andere Symptome. Das Interessante ist, dass der Klient selten besorgt ist. Sie merken, dass die Gifte aus dem Körper freigesetzt werden und die Symptome nicht sehr lange anhalten. Es ist eine Entschlackung.

Kapitel 17

EIN SELBSTMORD

Nachdem sie von der Wolke heruntergekommen war, fand sich Evelyn auf einem Berg stehend wieder, während sie in ein großes Tal unter ihr hinunterblickte. Dort gab es viele Bäume und das Tal war sehr tief, es lag so tief, dass die Sonne den Boden nicht erreichen konnte. Es war ein wunderschöner, unberührter Ort. Sie stand neben einem Gebäude im chinesischen Baustil mit geschwungenen Dächern, das sie als eine Art Kloster wahrnahm. Im Inneren gab es Holzböden und den Eindruck von vielen glänzenden Dingen, auch einen Buddha. Dies war ein großer Raum, mit seitlich angrenzenden weiteren Räumen. Licht schien von oben herein, als ob er zum Himmel hin offen wäre. Auf dem Boden lagen Bambusteppiche und in der Mitte war ein kleiner Miniaturgarten mit einem Bonsai-Baum.

Es herrschte Verwirrung, als sie zum ersten Mal ihren Körper betrachtete. Sie war sich nicht sicher, ob sie männlich oder weiblich war, aber sie sah, dass sie ein langes Gewand trug mit einem aufwändigen violetten und goldenen Stickerei-Muster, wie chinesischer Brokat. Sie war Anfang zwanzig und hatte glattes, kräftiges schwarzes Haar. Ihre Haut war blassgelb, nicht oliv, aber auch nicht weiß. Ihre Ärmel waren sehr weit und sie konnte sehen, dass sie an ihrer linken Hand einen kreisförmigen Jade-Armreif trug. Sie war auch überrascht, dass sie lange Fingernägel hatte. Der Ort machte den Eindruck eines Klosters, weil es dort keine Familien gab. Sie hatten alle ihr eigenes, sehr einfaches Schlafzimmer. Aber zum Essen gab es große Tische, an denen die Leute auf dem Boden saßen. Sie sah sie Suppe aus Schüsseln essen.

Ich fragte sie, ob sie irgendetwas Besonderes mit ihrer Zeit mache. Sie sah sich selbst Lieder und Manuskripte auf großem, rechteckigem, weißem Papier schreiben. „Es sieht aus wie eine Tafel, aber ich benutze keinen Pinsel. Es ist ein Stift. Ich schreibe nicht quer. Ich schreibe auf und ab. Ich schreibe beleuchtete

Manuskripte." Ich fragte, was sie mit „beleuchtet" meint. „Mit den Bildern in der Ecke. Es ist so schön. Es geht vor allem um Worte, aber da sind die hübschen Ränder oder die hübschen Buchstaben. Ich glaube, ich fertigte das alles, sowohl die Zeichnungen als auch die Schrift. Die Zeichnungen sind der lustige Teil. Ich weiß nicht, ob es religiös ist oder ob wir Studenten sind. Jetzt sind alle zusammen in diesem Speiselokal und sie sehen alle gleich alt aus. Ich bin wohl ein Student, aber ich will diesen Ort nicht verlassen." Dann wurde sie emotional. Ich konnte nicht verstehen, warum. Sie begann zu weinen. „Ich will es nicht verlassen. Ich habe solche Angst. Ich bin so glücklich hier." Sie lebte dort schon seit mehreren Jahren.

Ich brachte sie dann weiter zu einem wichtigen Tag. „Wir gehen alle in diese Versammlungshalle. Ich glaube, sie wollen uns etwas sagen.—Da hält ein Mann ein Rede. Ich glaube, er ist ein Krieger. Er hat ein Schwert an sich. Ich glaube, es ist eine militärische Machtergreifung. Es wird nicht mehr so sein, wie es mal war." Sie sprach plötzlich laut, als ob sie aufgeregt oder ängstlich wäre. „Ich mag diesen Mann nicht! Ich kann momentan nur *ihn* sehen. Aber es ist eine ganze Armee." Dann wurde sie sich zum ersten Mal ihres Geschlechts bewusst. „Die Leute die hier leben, sind alle Mädchen. Ich dachte, es wäre ein Kloster, weil wir dort leben, aber wir sind alle gleich alt und haben alle das gleiche Geschlecht."

D: Aber jetzt ist diese Armee gekommen, die Soldaten?
E: Ihr Boss ist hier und er sagt ihnen, sie sollen die Macht übernehmen ... und er versucht uns zu sagen, dass alles gut werde, aber es wird nicht gut werden. Weil er ein Lügner ist. Man kann es in seinem Gesicht sehen. Wir sind nicht dumm ...
D: Weil ihr isoliert lebt, denken sie, dass ihr nichts anderes kennt.
E: Ja. Es ist eine Schule und ein wunderschöner Platz auf der Spitze eines Passes. Es ist schwer dorthin zu kommen, und man sieht nicht viele Leute, aber das heißt nicht, dass wir die Schriften an der Wand nicht sehen können. Man sieht es. Wir sind nicht dumm.—Ich habe das Gefühl, dass das eine schlimme Sache ist. Ich glaube, er will seine Lieutnants herbringen, und die werden dort bleiben, wo wir sind. Und ihre Leute, die wichtigsten Leute, die Armee, werden an der Front sein.—Ich weiß, dass sie sich uns aufdrängen werden. Warum sonst sollten sie hierher kommen? Wir haben alles, was sie je brauchen könnten, und dann sind da noch all diese Frauen. Das ist nicht ihr Zielpunkt. Sie sind nur auf dem Weg nach irgendwo.—Aber jetzt glaube ich, ich werde mich umbringen.

Ich konnte die Angst spüren, die sich in ihr aufbaute. Es fiel ihr schwer, darüber zu reden. Ich musste sie ermutigen, indem ich ihr sagte, sie könne mir alles sagen, weil ich es verstehen werde.

E: Ich glaube, sie werden uns vergewaltigen, und das wird nicht sehr angenehm sein. Sie sind Tiere. Sie mögen sich gut anziehen und ordentlich sein, aber sie sind nicht nett. Es macht ihnen Spaß.—(Sie beobachtete das offensichtlich.) Wie lange geht das noch so weiter? Was wird passieren? Vielleicht sollte ich bis zur Klippe gehen und einfach hinunterspringen!—Ich denke, das werde ich tun. Ich werde es tun.—Es ist schrecklich. Es wird nicht besser werden. Ich glaube, ich werde einfach ganz schnell rausgehen. Da ist ein Stück an der Klippe, das sehr scharf ist und herausragt. Deshalb geht es so weit nach unten. Es ist dunkel. Ich glaube, ich laufe einfach ganz schnell darauf zu. Ich werde keine Zeit haben, darüber nachzudenken, und dann wird mich der Schwung überwältigen und dann ... wird es ein langer Weg nach unten sein. Dann wird es mir gut gehen.

D: *Ist das eine Lösung?*

E: Das werde ich tun. Ich denke, ich werde es tun.—Okay, es ist vorbei!

D: *Was hast du getan?*

E: (Nüchtern) Ich bin abgesprungen! Ich wollte so nicht leben.

D: *Wie war das, so zu fallen?*

E: Ich glaube, es war beängstigend. Die Luft muss sehr schnell nach oben treiben, nicht wahr? Und mein Körper überschlägt sich, aber ich wusste, dass ich tot sein würde, sobald ich den Boden erreicht habe, weil es ein langer Weg nach unten war.—Ich zerschellte am Boden. Ich sehe dort eine Leiche. Es ist ruhig und ich bin allein dort. Es gibt nichts, was mich stören könnte. Es tut jetzt nicht mehr weh. Es ist alles in Ordnung.

D: *Jetzt, da du aus dem Körper draußen bist, kannst du dein ganzes Leben aus einer anderen Perspektive betrachten. Was glaubst du, was du aus diesem Leben gelernt hast?*

E: Meistens war es schön.—Aber vielleicht habe ich gelernt, mich nicht zu wehren. Ich meine, wenn du dich den Dingen widersetzt, werden sie nur noch schwerer.

D: *Aber du dachtest, es sei der einzige Ausweg aus der Situation, nicht wahr?*

E: Ich hätte leben und den anderen helfen können, und ich hätte ein Leben aufbauen können, nachdem sie gegangen waren. Aber man weiß nie. Vielleicht wäre ich nicht mehr am Leben gewesen, nachdem sie gegangen sind, weil sie vielleicht alle getötet hätten. Aber ich wusste es nicht. Ich konnte nicht wissen, was passieren würde. Nun, es sind nur Männer und diese Körper sind nur Dinge ...

D: *Ich fragte mich, ob du wütend auf sie warst.*

E: Ich war wütend auf sie. Ich war entsetzt, aber nach meinem Tod stellte sich heraus, dass ich es nicht bin. Es ist nur etwas, das passiert ist. Ich nehme nicht an, dass sie etwas anderes hätten tun können. Ich meine, sie waren ein Produkt ihrer Umgebung. (Sie fing an zu lachen.) Ich frage mich, ob ich die ganze Sache verpfuscht habe. Ich war ziemlich dramatisch.

D: *Ja, aber wo willst du jetzt hin? Weißt du das?*

E: Ich kann mich umdrehen, und da ist etwas hinter mir ... ein leichtes Ding ... flauschiges Ding. Ich habe das Gefühl, ich kann mit Leuten, die ich bereits kenne, zu diesem Ort gehen. Mit Leuten, die ich schon kannte, bevor ich dorthin ging.— Es ist, als würde ich zu Mutter zurückkehren. Ich weiß nicht, wie ich es sagen soll. Ich kenne sie. Es ist wie in der Schule. Es ist, als würde man sagen: „Was hältst du davon?" Dann denkst du: „*Nun*, hast du getan, was du tun wolltest?"

D: *Du meinst, du besprachst das, was du gerade erlebtest?* (Ja) *Was sagen sie über das, was du erlebt hast?*

E: Sie fällen keine Urteile. Sie lassen dich reden. Es hilft irgendwie zu wissen, dass nichts gut oder schlecht ist. Es war schön, aber da war auch diese intensive Hässlichkeit.—Ich weiß nicht, was wir jetzt tun werden. Ich glaube, das ist ein Ort des Wartens und der Linderung. Ich glaube, ich werde ein weiteres Leben leben. (Sie fing an zu weinen.) Und ich weiß noch nicht, was es ist.— Ich kenne diese Leute und ich ging mit ihnen und sie sagten: „Also, hey, wie ist das gelaufen?" Sie alle wussten davon. Ich glaube, es gibt einen Ort, an den man geht, um solche Dinge zu besprechen.

D: *Was ist das für ein Ort?*

E: Die Leute tragen diese weißen Gewänder. Es gibt keinen Unterschied, keinen Status zwischen ihnen. Man spürt, dass jemand reifer ist, indem man ihn wahrnimmt und nicht durch die Art, wie er sich kleidet.

D: *Und bewertest du, was du getan hast?*

E: Als ich das erste Mal dort hineinging, wusste ich, dass wir das tun würden, aber das war mit Freude. Es war seltsam, das nach einer solchen Erfahrung zu sagen.—Oh, es ist gut, wieder zurück zu sein. Es fühlt sich an wie zu Hause. Es ist ein guter Ort. Der andere Ort war eine Erfahrung. Die Menschen in den weißen Kleidern ... das ist Zuhause.

D: Du sagtest, du wirst besprechen, was du als Nächstes tun wirst?
E: Ich weiß nicht. Ich hatte gerade einen Geistesblitz, dass ich ein weiteres Leben haben werde. Ich kann es kommen sehen. Es ist, als würde ein Kreis auf mich zukommen.
D: Geht einer von ihnen mit dir?
E: Ich denke, einige vielleicht, aber ich will noch nicht gehen. Ich denke, es ist meine Entscheidung, worum es in dem Leben geht. Ich glaube, sie geben einem Ratschläge.
D: Was erzählen sie dir?
E: Ich höre das Wort „Beschränkungen", als müssten wir unsere Beschränkungen kennen.
D: Was bedeutet das?
E: Nun, ich habe mich umgebracht. (Lachen) Die Diskussion war über das Leben, das zu Ende ging. Es war eine Alternative. Ich glaube nicht, dass es als optimal angesehen wird, aber wenn man schwierige Erfahrungen wählt, muss man sicher sein, dass man sie meistern kann. Es ging darum, die eigenen Grenzen zu kennen. Denn wenn du in eine sehr intensive Situation kommst und du nicht mit ihr umgehen kannst, wenn du abschaltest, dann ist das deine Grenze. Das bedeutet, dass du über das hinausgegangen bist, was du tun kannst. Du kannst durch die Sache hindurchgehen und mit einer anderen Einstellung herauskommen. Ich hätte weitermachen können oder vielleicht wäre ich an einen anderen Ort gekommen. Ich wollte, dass es vorbei ist. Ich wollte raus aus der Sache.
D: Was ist also mit deinem nächsten Leben? Sagen sie dir, wie das sein wird?
E: Es wird vollkommen anders sein. Ich bin mir nicht sicher. Es könnte das sein, in welchem ich jetzt bin. Ich glaube das. Ich sehe nur flüchtige Eindrücke. Ich kenne nicht die ganze Geschichte. Ich sehe das Leben, in dem ich jetzt bin.
D: Was sollst du in dem Leben lernen, in das du als nächstes gehst?
E: Einige Dinge sind offensichtlich. Nicht so hitzköpfig zu sein ... mit den Dingen zu gehen und sich nicht zu widersetzen.

Evelyn bekam einige Antworten und identifizierte sogar einige Leute in ihrem jetzigen Leben, die auch in jenem Leben vorkamen. Aber ich dachte, wir könnten mehr Antworten bekommen, wenn wir das SC einschalten. Ich fragte, warum ihr jenes Leben gezeigt wurde. „Damit sie sieht, dass die Leere, die sie dazu veranlasst hat, sich umzubringen, nicht real ist, und dass die Leere, die sie jetzt fühlt, ebenfalls nicht real ist."

D: *Warum fühlt sie jetzt Leere?* (Evelyn wurde emotional und begann zu weinen.)
E: Weil all die Leute, mit denen sie gekommen ist, fort sind. Wir haben arrangiert, dass sie zusammen rüberkommen.
D: *In jenem Leben beging Evelyn Selbstmord. Weil sie sich in einer Situation befand, aus der sie sich nicht mehr befreien konnte.* (Ja) *Ich weiß, ihr verurteilt niemanden ... es gibt nie ein Richtig oder Falsch. Aber ich versuche immer, den Teil mit dem Selbstmord zu verstehen. Ich weiß, dass Selbstmord oft verurteilt wird, weil man ihn als Vertragsbruch betrachtet.*
E: In diesem Fall war es eine Option. Es war keine schlechte Sache. Es fühlte sich an, als ob es das wäre, aber das war es nicht. Mein Gefühl ist, dass es vielleicht nicht das Klügste war, aber sie hat es getan und so ...
D: *Wie wirkt sich das auf ihr gegenwärtiges Leben zu? Was sollte sie daraus lernen?*
E: Ausdauer. Nicht aufzugeben. Sie hat in diesem Leben schon oft aufgegeben. Sie muss damit aufhören. Es macht keinen Sinn an diesem wunderschönen Ort namens „Erde". Das Leben ist so schön. Sie muss glücklich sein ... einfach nur glücklich mit allem, jeden Tag.—Du entscheidest dich, hierher zu kommen. Es gibt mehr Dimensionen, als du weißt und du kannst Freude empfinden. Es ist noch nicht vorbei. Du kannst Freude empfinden.

Physisch: Asthma, ihr ganzes Leben lang.

E: Sie will nicht atmen. Sie wehrt sich jetzt gegen Dinge. Sie hielt die Luft an, den ganzen Weg hinab, als sie sprang. Sie muss das nicht mehr tun. Manchmal denke ich, dass sie sich schlecht fühlt, wenn sie mit Beschränkungen nicht umgehen kann. Wir können es von ihr nehmen. Es ist nicht wirklich da. Mit den Lungen gibt es kein Problem. Sie erschafft dieses Problem im Körper. Sie ist daran gewöhnt, aber sie braucht es nicht. Sie macht sich ständig Sorgen, dass ihr etwas zustößt. Sie denkt, es wird ihr wehtun, aber nichts wird ihr wehtun. Es ist die Angst. Sie wartet darauf, dass es passiert. Du brauchst keine Angst zu haben. Sie muss verstehen, dass es nichts zu befürchten gibt.

Übergewicht: „Sie wollte es. Wirklich! (Lachen) Weil sie sich sicher fühlte. Sie mochte es. Das sollte sie sich nicht antun. Es wird einfach verschwinden. Sie weiß, dass wir innerlich sehr leicht sind und dass wir vom Boden abheben können, wenn wir es wollen.—Ich glaube, ihr Problem ist, dass sie nicht dachte, dass ihr Leben so lange dauern würde und sie hat irgendwie aufgegeben. Und es gibt noch ein viel längerer Weg zu gehen. Sie zählt ihre Errungenschaften nicht.

Kapitel 18

EIN SELBSTMORD AUS GEBROCHENEM HERZEN

Als Helen aus der Wolke kam, konnte ich an ihrem Gesichtsausdruck erkennen, dass sie etwas bedrückte. Sie flüsterte, dass sie ganz alleine da stand, nachts zwischen vielen Grabsteinen auf einem Friedhof. Es zog Nebel auf und ihr war kalt. „Mir gefällt es hier einfach nicht. Es bringt mich zum Weinen." Sie klang sehr traurig und einsam. „Ich schaue mich um, aber ich kann nicht finden, wonach ich suche.—Ich will einfach nur traurig sein ... als wäre jemand gestorben. Jemand ist gestorben.—Ich versuche, etwas zu finden." Dann wurde ihr bewusst, dass sie eine junge Frau in ihren Zwanzigern war, die schwarze Stiefel und ein langes Kleid trug, das von einem Umhang bedeckt war. Ihre Stimme nahm dann einen englischen Akzent an: „I'm distraught. Es ist, als ob ich jemanden suche, ihn aber nicht finden kann.—Es ist ein Kind ... Ich glaube, ich suche nach meinem Baby." Dann begann sie zu weinen: „Ein kleiner Junge. Ich glaube, ich habe das Baby verloren. Ich habe das Baby verloren!" Obwohl sie schluchzte, ermutigte ich sie, mit mir darüber zu sprechen. „Er war krank, aber ich war ebenfalls krank. Ein Fieber. Ich wachte auf und er war fort. Ich versuche, ihn auf dem Friedhof zu finden. Er war unter fünf Jahren. Sehr traurig ... sehr traurig.—Ich glaube, ich habe auch ein Baby verloren."

Sie hatte zwei Kinder zur gleichen Zeit durch die Krankheit verloren. Es gab nur eine kleine Menge an Medikamenten, also konnte man nichts tun. Ihr Mann wurde nicht krank, nur sie und die Kinder. „Es ging alles sehr schnell." Sie sagte, sie lebten in einer kleinen Stadt, es klang wie Siking (?) in England. „Eine kleine Stadt ... sehr nass, kalt und dunkel." Sie hatte dann einen Geistesblitz, dass ihr jetziger Mann Rob auch ihr damaliger Ehemann war. „Ich sehe nur diesen Friedhof und ich sehe mich um ... ich fühlte mich sehr verloren ohne meine Babys. Sie haben sie mitgenommen. Ich war nicht da (sie war nicht bei Bewusstsein). Ich war krank. Ich habe es nicht gesehen. Sie liegen in den Gräbern ... in den Gräbern."

D: *Es geschah also, als du krank warst? Und deshalb wusstest du nicht, wo sie sie vergraben hatten?* (Ja) *Weiß es dein Ehemann?*
H: Er kommt gerade zu mir. Er zeigt es mir.—Ich bin einfach verrückt ... einfach verrückt. (Weinend) Ich kann nicht ... Ich kann es einfach nicht mehr ertragen.
D: *Es ist ein großer Schock.* (Ja) *Du wurdest also wieder gesund und sie sagten es dir?*
H: Ich wusste einfach ... Ich wusste es einfach. Ja.—Oh! Ich glaube, ich trug ein Baby in mir. Es scheint, als war es ein Baby, das in mir gestorben ist.
D: *Ist es dasjenige, welches sie begraben haben, oder ist das ein anderes?*
H: Es waren ein Fötus und ein Junge ... ein blonder Junge.
D: *Also tötete das Fieber das Baby in dir.*
H: Ja, deshalb war ich krank.
D: *Sie nahmen sie fort und begruben sie und jetzt zeigen sie dir, wo sie begraben sind?*
H: Es ist ein Erdhügel. Und ein Grabstein ... ein kleines Kreuz
D: *Steht irgendetwas auf dem Grabstein geschrieben?*
H: Ja, vielleicht ... Thomas ... da steht Thomas C. Und ein Datum: 1873.
D: *Aber es gab nichts, was du tun konntest, oder?*
H: Ich fühle mich wirklich schlecht. Ich ließ ihn im Stich. Es ist Pflicht. Es ist eine Pflicht, Kinder zu haben. Es fühlt sich an, als hätte ich meinen Mann im Stich gelassen.

Ich verbrachte einige Zeit damit, sie zu trösten und ihr zu sagen, dass es nicht ihre Schuld war und dass sie nichts dagegen tun konnte. Das ist wichtig, weil sich diese Situationen manchmal in das gegenwärtige Leben übertragen und die Ursache für alle Arten von Problemen (körperliche und andere) sein können.

D: *Wie wirkt sich das auf deinen Mann aus?*
H: Er ist traurig und enttäuscht, aber er liebt mich trotzdem. Er fühlt sich schuldig, weil er denkt, er hätte etwas mehr tun können.
D: *Es gibt Zeiten, in denen niemand irgendetwas tun kann. Du sagtest sagten, es gebe sehr wenig Medizin.* (Richtig)— *Wenigstens weißt du, wo sie sind. Du hast sie gefunden, nicht wahr?*

H: Ja ... im Himmel.
D: *Was macht dein Mann in dieser Stadt?*
H: Er ist ein Geistlicher. Er kümmert sich um die Kirche. Eine Art Geistlicher. Ich sehe schwarz-weiße Kleidung.
D: *Ist er so etwas wie ein Priester?*
H: Ja, er hält eine Bibel und ein katholisches Kreuz-Ding ... ja ... sehr frommer Mann. Fromm, fromm ... Er ist sehr angesehen und die Leute schauen zu ihm auf. Ich fühle mich, als wäre ich ein Nichts.
D: *Ist es das, wie er dich behandelt?*
H: Nein. Er behandelt mich einfach wie eine Frau. Er behandelt mich einfach wie eine Dienerin.
D: *Ist das die Art, wie Frauen dort behandelt werden?*
H: Ja ... und ich habe versagt. Weil ich ihm kein Kind geboren habe.
D: *Aber du hast ihm doch Kinder geboren.*
H: Ich weiß, aber ich bin einfach ... so was passiert ... Kinder sterben. Es ist zu kalt hier ... zu nass. (Pause)—Ich glaube, ich verliere den Verstand. (Traurig) Ich will dort nicht mehr bleiben.—Ich will einfach nicht mehr weiterleben.
D: *Glaubst du nicht, du kannst noch mehr Kinder haben?*
H: Nein. Er ignoriert mich einfach. Er lässt mich einfach alleine. Er ist verschlossen.
D: *Aber er sollte den Leuten dort in der Stadt helfen.*
H: (Nüchtern.) Oh, das tut er. Es ist nur eine Fassade ... nur sein Job.—Zwischen uns ... gibt es keinen Kontakt.
D: *Also war es in Wirklichkeit keine Liebesheirat.* (Nein) *Nur um Kinder zu bekommen und sich um ihn zu kümmern? Es gab also nichts, wofür es sich zu bleiben lohnte, meinst du das??*
H: Nein, und ich sterbe einfach in meinem Bett.

Ich brachte sie weiter zu jenem Tag, damit wir sehen konnten, was geschah. Ich weise die Person immer darauf hin, dass sie als Beobachter zuschauen kann, wenn sie will. Sie muss nichts physisch erleben. „Was ist mit dir passiert?"

H: Einfach Wut ... (Pause) Ich ... Ich brachte mich um. (Sie wurde wütend.)
D: *Du kannst es als Beobachterin beobachten. Du musst nicht teilnehmen.*
H: Ich sehe nur, wie ich mich selbstersteche.
D: *Du sagtest, es gab eine Menge Wut?*
H: Ja. Als ob ich nicht geeignet wäre, diese Person zu sein ... und bei ihm wusste ich, dass ich einfach nicht mehr da sein wollte. Ich

war so wütend auf mich selbst.—Ich sehe, wie ich mir in den Bauch und ins Herz steche. Ich schrie.—Es war niemand da, aber Robert kam rein und sah mich gleich danach tot.—Ich sehe, wie er seine Augen bedeckt und traurig ist, aber ohne Emotion ... ohne Emotion. Ich glaube, es ist besser für ihn, dass ich gegangen bin. Ich war nutzlos für ihn.

D: *Wenn du keine Kinder haben konntest, warst du wertlos.*
H: Ja. Ich war für dieses Leben nicht geeignet. Nachdem ich das Baby verloren hatte, wollte ich einfach nicht mehr da sein. Ich wusste nicht, wie ich da hineingeraten war. Ich verstand das Leben nicht.
D: *Also bist du jetzt also aus dem Körper draußen?*
H: Ja. Ich sehe einen Körper ... aber ich bin viel glücklicher ohne diesen Körper. Ich war erst etwa zwanzig.

Sie sah zu, wie sie die Leiche auf denselben Friedhof brachten, ein Grab aushoben, sie hineinlegten und mit Erde bedeckten. Da war ein weiß-grauer Stein. „Becca. Rebecca."

D: *Steht da ein Nachname?*
H: Es fängt mit C an.—Es ist nur ein Körper. Gott sei Dank bin ich da raus.—Als ich in dieses Leben trat, wollte ich Licht in die Dunkelheit bringen. Dieser Ort war so dunkel.—Es war alles zu schwer. Zu schwer, das zu tun.
D: *Du plantest also, eine Sache zu tun und das hat nicht funktioniert. Meinst du das?*
H: Ja. Das passiert oft. Es ist einfach nicht sicher. Mein Herz wird jedes Mal verletzt, wenn ich auf diese Erde komme. (Sie war verärgert.) Ich soll eigentlich nur ... Liebe sein ... helfen.
D: *Das sind gute Dinge. Hast du auch in anderen Leben schlechte Erfahrungen gemacht? (Oh ja!) Sag mir, was du siehst oder woran du dich erinnern kannst.*
H: Ähm ... so viele. Viele Kriege. Wir sind so dumm.
D: *Du warst in Kriege verwickelt?*
H: Ja ... aber ein unehrenhafter Tod.
D: *Aber als du in jene Leben kamst, hattest du da vor, in Kriege zu ziehen? (Oh, ja.) Machtest du Pläne dazu?*
H: Ja. Ich dachte immer, dass ich etwas erobern könnte. Dass ich einen Unterschied machen könnte.
D: *Sogar in einer solchen Situation, sogar in einem Krieg?*
H: Ja. Ich fühlte mich so allein und zu jener Zeit konnte ich keinen Kontakt zu den Leuten finden, die ich wollte.
D: *Also machtest du Pläne, die nicht so liefen, wie du es wolltest?*

H: Ja. Nicht so, wie ich es wollte. ... Ich sehe nur viel Blut ... viel Sterben.—Das passierte nicht jedes Mal, wenn ich auf die Erde kam. Ich hatte mehrere gute Leben. Darum dachte ich, ich könne tun, was ich zu tun versuchte. Denn ich wusste, dass das Licht gut ist und dass es gebraucht wird.
D: Du hattest gute Absichten.
H: Immer.
D: Aber das passiert, wenn du hier herunter in den Körper kommst?
H: Es ist wie Schlamm ... es ist so schwer und die Leute verstehen mich einfach nicht.
D: Wenn du in den Körper kommst, vergisst du deinen Plan, nicht wahr?
H: Ja, und ich tauche einfach unter. Ich verstecke mich.Ich habe gerade Rob (ihren jetzigen Ehemann) gesehen. Er war der Mann! Er war dieser Mann!

Ich brachte sie weiter vorwärts, bis zu dem Punkt, als sie ihre Pläne schmiedete, als Helen zu inkarnieren. „Kannst du dir den Teil ansehen, in welchem du deine Pläne schmiedest?"

H: Was willst du wissen?
D: Was war dein Plan, als du in den Körper namens Helen eintratest? Das ist der Körper, durch den du sprichst, nicht wahr? (Ja) *Mal sehen, was dein Plan war, was du erreichen wolltest. Wir wollen nicht dieselben Fehler machen.*
H: Oh, sie machte sie ohnehin wieder.—Sie ist sehr empfindsam. Sie trägt eine Energie in sich, die sehr stark ist. Es ist, als spiele es keine Rolle, was sie genau macht. Sie hat immer noch die Energie für diesen Raum ... für diese neue Zeit ...
D: Welche Art von Energie?
H: Sie ist für die Erde.
D: Für die Erde während der Zeit, in der Helen lebt?
H: Ja.—Der Plan war wirklich einfach. Alles was sie tun muss, ist, sie selbst zu sein. Einfach das Leben zu genießen. Das ist alles, was sie tun muss.
D: Das klingt einfach.
H: Sie macht es so kompliziert.
D: Also soll sie dieses Mal einfach reinkommen und Spaß haben?
H: Ja ... ja ... ja ... ja.
D: Trägt sie diese Energie in sich, von der du sprichst? (Ja) *Soll sie irgendetwas mit der Energie anstellen?*
H: Sie sagt, sie sei ein Leuchtturm und das ist sie auch.
D: Wie kann sie diese Leuchtsignale teilen? Was war der

ursprüngliche Plan?
H: Es ist für die Gegend, in der sie lebt. Die Matrix ... in der Nähe des Flächenrasters.
D: *Als sie also plante, hierher zu kommen, wusste sie, dass sie in dieser Gegend leben würde?*
H: Sie wusste es im Voraus, ja, aber nicht bewusst.
D: *Wie soll sie das Licht verbreiten, wenn sie nur Spaß hat?*
H: Sie liebt es, Menschen zu helfen.
D: *Weiß sie, dass sie hier auf der Erde eingeschränkt ist?*
H: Sie hat Mühe damit, zu wissen, woher sie kommt und was sie hier zu tun hat.
D: *Wo kommt sie denn her? Vielleicht wäre es gut für sie, das zu verstehen.*
H: Von vielen Orten. Sirius ist ihr Lieblingsort. Sie ist eine Reisende. Sie reist überall hin. Sie hat die Fähigkeit, einfach dort zu leben, wo sie gebraucht wird.
D: *Und sie soll nichts tun ... einfach nur da sein ... ein Leuchtturm sein?*
H: Es ist wichtig, dass sie es tut.—Es ist schwer, ihr alles mitzuteilen, denn wir wollen, dass sie so bleibt, wie sie ist. Wir wissen, dass sie frustriert ist. Es muss einfach so sein. Ihre Persönlichkeit ist so stark, dass wir ihr Ego im Zaum halten müssen.—Und sie wird sehr stark beschützt. Sie sollte sich keine Sorgen machen.

Helen klang wie eine von der Zweiten Welle, die gekommen sind, um ihre Energie zu verbreiten, um Menschen zu helfen. Sie müssen normalerweise nichts *tun*. Sie müssen nur *sein*. Und für viele Menschen ist das schwer zu verstehen, wie sie einfach durch ihr Sein Menschen beeinflussen können.

D: *Sie will auch in diesem Leben etwas erreichen.*
H: Das ist eigentlich egal, denn es ist alles in Bewegung. Sie sollte einfach ihr Leben genießen. Das ist ihr Zweck ... Spaß zu haben. Sie hatte schon viele Leben, die nicht erfreulich waren.
D: *Dasjenige, welches du uns gezeigt hast, war nicht erfreulich, oder?*
H: Nein ... das bereitet ihr jetzt Schmerzen. Es steckt in ihrem Körper fest. Deshalb arbeiten wir auch bereits an ihr.

Sie bezogen sich auf das Herz (Brustbereich) und den Bauchbereich, die Stellen, an denen sie sich erstochen hat.

D: (Ich bezog mich auf eine ihrer körperbezogenen Fragen.) *Sie sagte, es gebe einen fibrösen Tumor in ihrer Gebärmutter. Könnt ihr ihn sehen?*
H: Das ist nicht mein Gebiet.
D: Das ist die Stelle, in die sie sich selbst stach, nicht wahr?
H: Ja. Das ist sehr bedauerlich. (Tiefer Seufzer.)
D: Menschen machen Fehler, wenn sie denken, dass sie nicht mehr ertragen können. Werden die körperlichen Probleme durch das Trauma des Erstechens verursacht?
H: Teilweise.
D: (Ich bezog mich auf eine ihrer körperbezogenen Fragen.) *Sie sagte, es gebe eine Masse auf der rechten Seite. Was ist das? Kannst du es sehen?*
H: Das ist nicht mein Gebiet. Es ist nicht mein Gebiet.
D: Was ist dein Gebiet?
H: Ich weiß es nicht. (Leises Lachen.) Es ist jedenfalls nicht das. Ich fühle es nur für sie.—Ich bin nicht das Unterbewusstsein.

Ich dachte nicht, dass es das sei, aber es gab uns ein paar Antworten, also ließ ich es reden. Bevor ich das wirkliche Unterbewußtsein hervorrief, wollte ich betonen, was dieser Teil uns bereits gesagt hatte. „Ihr wollt, dass sie sich amüsiert? War das der Plan ... Spaß zu haben?"

H: Die Art und Weise, wie sie Freude zu verbreiten weiß, ist sehr gut. Und das ist es, was wir von ihr wollen. Das ist in dieser Zeit sehr notwendig.

Ich versuchte, die Antworten auf einige von Helens spezifischeren Fragen zu bekommen, aber sie sagten wieder, das sei nicht ihr Gebiet und sie könnten nicht antworten. „Ist es dann in Ordnung, wenn wir das Unterbewusstsein herbeirufen und es weitere Fragen beantworten lassen?"

H: Bitte tu, was du tun musst.
D: Ich weiß die Informationen, die ihr ihr gegeben habt, wirklich zu schätzen. Ich denke, sie wird darauf hören, und vielleicht bewirkt es etwas.
H: Sie arbeiten an ihr.
D: Wer arbeitet an ihr?
H: Ihre Führer.

Als ich das erste Mal versuchte, das Unterbewusstsein zu rufen, sagte es, dass Helen sich wehre. „Es lauert Angst. Es ist schwer für sie, loszulassen. Ihre Erwartungen sind sehr hoch." Ich erklärte, dass sie die meisten Fragen bereits beantwortet hatte und dass nur noch wenige übrig seien. „Ihr Gehirn wird nicht aufhören zu denken." Ich erklärte, dass es schon über eine Stunde lang aufgehört hatte, und sie es nicht einmal wusste. Also war alles, was sie tun musste, zur Seite zu treten und uns das beenden zu lassen. Sie konnte zusehen, wenn sie wollte. Die Logik war überzeugend und anscheinend erkannte sie, dass bereits viel ohne ihr Wissen getan worden war. Also willigte es ein, uns weitermachen zu lassen. Die erste Frage, die ich stellte, war, warum sie für Helen dieses Leben zum Betrachten wählten. „Dasjenige, in welchem die Kinder starben und sie Selbstmord beging."

H: Um es zu heilen ... zu heilen ... (lauter) zu heilen!
D: Trägt sie das immer noch mit sich herum?
H: Ja. Es war eine Befreiung, es wieder zu erleben. Es befreite sie von dieser Erinnerung.
D: Sie wusste nicht einmal, dass sie sie mit sich trug, oder?
H: Nein. Aber sie hatte eine Ahnung.
D: Gab es jemanden in jenem Leben, den sie im jetzigen kennt?
H: Ja, ihren Mann ... ihren jetzigen Mann.
D: Warum sind sie in diesem Leben wieder zusammengekommen?
H: Um Liebe zu haben. Um es so zu beenden, wie sie es sich vorgestellt hat ... mit Liebe.
D: Weil er in jenem Leben sehr gleichgültig war, nicht wahr? (Ja) Also ging es darum, dass er zurückkommt und sein Karma ausarbeiten kann?
H: Ihres! Wir mögen es nicht, wenn sich jemand das Leben nimmt. Es war eine echte Verschwendung und dann ... wie sie sich in jenem Leben als Verschwendung empfand.
D: Sie hat natürlich eine Menge durchgemacht. Sie hatte das Gefühl, dass sie es nicht mehr bewältigen kann.
H: Wir verstehen.
D: Also musste sie mit demselben Mann in dieses Leben zurückkehren?
H: Ja. Er ist ein guter Mann. Die Dinge sind nun viel besser ... sie macht sich immer noch zu viele Sorgen.
D: Worüber macht sie sich Sorgen?
H: Dass für sie gesorgt ist.
D: Ja, das war eine ihrer Fragen. Sie macht sich Sorgen um Geld.
H: Jeder tut das. Das ist menschlich. Es wird nicht die Sorge sein, die sie denkt.

Sie fuhren dann fort, die Fragen zu beantworten, die sie über ihre Arbeit und die Entwicklung eines Zentrums stellte. Sie wollten, dass sie sich entspannt und aufhört, sich Sorgen zu machen, denn alles war dabei, sich zu realisieren und ihr Leben würde aufblühen.

H: Wir verstehen, dass sie sich an einem herausfordernden Ort befindet. Im Moment muss sie aber dort sein. Sie lernt, sich selbst zu vertrauen und sich in göttliche Führung zu begeben ... wahres Wissen erfordert diese Tests. Sie muss sich selbst vertrauen. (Sie begann zu weinen.) Wir setzen lediglich Energie für sie frei. Sie ist einfach so voller Energie. Sie ist quer durch Amerika gereist und hat so viel Energie. Sie verteilt sie einfach überall auf der Erde. Die Erde braucht sie so sehr. Das ist eine sehr gute Sache. Wir wollen immer behutsam mit ihr umgehen. Wir wollen, dass sie auf dieser Erde bleibt. Sie hat *viel* Arbeit vor sich.

Dann wollte ich etwas über den fibrösen Tumor wissen, den sie angeblich in ihrer Gebärmutter hat. Das war die Gesundheitsfrage, welche die anderen nicht beantworten konnten. In meiner Arbeit habe ich eine interessante und unerwartete Antwort auf fibröse Tumore gefunden, die mich wirklich überraschte, als sie durch meine Klienten kam. Fibroide Tumore sind *ungeborene Babys*! Ich hatte mehrere Fälle, in denen die Frauen Abtreibungen hatten. In einigen Fällen hielten sie es für gerechtfertigt: zu viele Kinder, um die sie sich nicht mehr kümmern konnten, oder unangenehme Schwangerschaften. Sie sagten, dass es sie nicht belaste, aber ihr Körper sagte etwas anderes. Sie versuchten, das Kind zu ersetzen, das sie verloren hatten. Andere Fälle waren Frauen, die sich verzweifelt Kinder wünschten und das Gefühl hatten, dass ihre biologische Uhr abläuft. Sie wurden älter und wussten, dass sie nicht mehr viele Chancen übrig hatten. Sie entwickelten ebenfalls fibroide Tumore. Ihr Körper versuchte, ein Baby zu produzieren. Mir wurde gesagt, dass der Arzt oft, wenn ein fibroider Tumor aufgeschnitten wird, Zähne und Haare im Inneren des Tumors fand! Ist es nicht bemerkenswert, was der menschliche Körper alles kann? In einem meiner letzten Kurse erhielt ich die Information, die ein chinesischer Kräuterarzt entdeckt hatte. Er sagte, seit China das „Ein-Kind-Gesetz" erlassen hat, sei die Rate der fibroiden Tumore bei chinesischen Frauen um das Dreifache gestiegen. Das zeige, dass sie versuchten, Babys zu zeugen.

Die Mehrheit dieser Fälle, die ich gesehen habe, befassen sich mit Ereignissen in ihrem gegenwärtigen Leben. Helens Fall schien jedoch ein Übertrag aus dem vergangenen Leben zu sein, das wir untersucht hatten. Sie verlor ihre Kinder in jenem Leben und versuchte nun symbolisch, sie zurückzubringen. In diesem Fall gehörte das Problem in die Vergangenheit zu der anderen Frau und hatte keinen Platz in diesem Leben, so dass wir es in der Vergangenheit lassen konnten. Ich wollte dennoch eine Bestätigung durch das SC. Ich fragte: „Was hat den Tumor verursacht?"

H: Viele Dinge. Dieses eine Leben war nur ein Leben, in dem sie Schwierigkeiten hatte. Sie war bereit, aus Liebe schmerzhafte Dinge zu erleben. (Auch in anderen Leben.) Manche Dinge wurden verschüttet.—Ich kann sie absorbieren und auflösen.

D: *Das habe ich dich schon zuvor tun sehen ... es absorbieren und auflösen und dann kann es sicher aus dem Körper ausgeschieden werden.*

H: Es ist wie eine kleine Bombe.

D: *Wirst du es langsam auflösen oder wie willst du es machen?*

H: Nein, JETZT!

D: *Es ist Zeit, es zu loszulassen. Und sie ist auch bereit dazu.* (Ja) *Du nimmst es also von ihr?*

H: Das meiste davon. Es ist wirklich ein Chaos. (Sie stöhnte vor Schmerz.)

D: *Aber es kann sicher aus dem Körper gelöst werden?*

H: Oh, ja ... Oh, ja.

D: *Ist das das Wichtigste, woran man an ihrem Körper arbeiten muss?*

H: Ihr komplettes Nervensystem und ihr Herz (Sie zuckte.)

D: *Was stimmt mit ihrem Herzen nicht?*

H: Nichts. Es musste nur aktiviert werden, sozusagen.

D: *Weil das die Stelle ist, an der sie sich selbst erstochen hat. Es hat dort sozusagen eine traumatische Spur hinterlassen?*

H: Nicht so sehr dort. Sie hat sich einfach gerade daran erinnert.— Wir haben vor langer Zeit angefangen, an ihr zu arbeiten.

D: *Als wir diese Sitzung ganz neu begannen?*

H: Davor.

D: *Das ist wunderbar! Ich bin froh, dass ihr das für sie tut.*

H: Ich bin nur eine Person, eine Wesenheit, keine Energie. Sie enthält viele, viele Energien.

Sie sagten, sie werden die nächsten Tage weiter an ihr arbeiten, besonders wenn sie schläft, damit es auf sanfte Art und Weise geschehen könne.

H: Es ist furchtbar schrecklich.—Zur gleichen Zeit lernt sie, also muss sie schlafen. Sie ist manchmal so stark.

Sie beantworteten einige weitere ihrer Fragen, aber sie sind nicht relevant für diese Geschichte, deshalb werde ich sie hier nicht wiederholen.

Abschiedsbotschaft: Sie muss durchhalten. Weitermachen. Sie wird sehr ... *sehr* geliebt, mehr als sie überhaupt fassen kann. Sie kann nicht einmal fassen, wie viel Liebe sie in sich trägt. Und wir sind bei ihr und werden es immer sein. Ich dankeeuch für diese Zeit, und sie ist bereit, ihre Sitzung zu beenden.

Das Selbstmordthema war in meiner Arbeit immer ein fragwürdiges Thema gewesen. In meinem Buch *Zwischen Tod und Leben* wurde gesagt, dass Selbstmord nie gerechtfertigt ist. Dass er nie eine positive Auswirkung hat und dass die betroffene Person immer wieder zurückkommen und die gleichen Umstände mit denselben Menschen nochmals durchleben muss. Die Sitzungen in diesem Abschnitt und in einigen meiner anderen Bücher veranlassten mich dazu, mich zu fragen, ob das wahr ist. Ist Selbstmord jemals gerechtfertigt? Bringt er immer negatives Karma in sich? Oder gibt es mildernde Umstände? Ich habe viele Fälle vorgefunden, in denen die Person in dem anderen Leben in eine unerträgliche Situation gebracht wurde, aus der es keinen Ausweg gab. Wo Selbstmord der einzige Weg war, das Leiden zu beenden. Ist es unter diesen Umständen gerechtfertigt? In diesen Fällen, sagten sie, sei es eine Option, die in den vorgesehenen Lebensplan eingebaut wurde.

Gemäß meinen Nachforschungen scheint es so, als ob der Hauptumstand, unter dem der Selbstmord als ungünstig angesehen würde, der Bruch von Verträgen sei. Wenn wir unsere Bewertungen des vergangenen Lebens auf der geistigen Seite machen und (mit unseren Beratern) durchgehen, was im nächsten Leben ausgearbeitet werden muss, schließen wir Verträge mit den teilnehmenden Seelen. Sie stimmen zu, zurückzukommen und uns zu helfen, Fehler aus der Vergangenheit auszuarbeiten. Diese Versprechen und Verträge werden sehr ernst genommen und sind Teil unseres Plans. Es gibt viele Arten von Verträgen. Einige davon sind langfristig, wie zum Beispiel Ehen, Geburt und das Kindergroßziehen. Manche sind kurzfristig, Freunde und Bekannte, die uns für eine gewisse Zeit zur Seite stehen. Ein Beispiel für einen kurzfristigen Vertrag wäre eine sexuelle Begegnung für eine Nacht, die zur Geburt eines Kindes führt. Der Vater hat zugestimmt, lediglich da zu sein, um dem Kind einen Eintritt in die Welt zu ermöglichen und dann ist der Vertrag vorbei. Wir schließen also verschiedene Arten von Verträgen in unterschiedlichem Ausmaß. Diese Verträge werden ernst genommen, denn die anderen Seelen haben sich bereit erklärt, Zeit von ihrer eigenen Entwicklung zu opfern, um dir zu helfen, voranzukommen. Natürlich haben sie vielleicht auch zugestimmt, gemeinsam mit dir voranzukommen.

Wenn die Person vor scheinbar unüberwindbaren Hindernissen in ihrem Leben steht (und denke daran, dass dies nur Hindernisse sind, denen sie im Vorfeld zugestimmt haben, um daraus zu lernen) und sie sich als Fluchtmittel umbringt, bricht sie Verträge. Das zerstört all die Pläne der anderen Leute. Der Selbstmörder muss nochmals zurückkommen und diese Klasse oder diesen Kurs wiederholen. Sie haben die Prüfung nicht bestanden. Sie „entkommen" nicht. Sie müssen die Rolle erneut spielen, gleiche Umstände, gleiche Charaktere. Nur dass es das nächste Mal noch schwieriger ist. Aber werden die teilnehmenden Seelen bereit sein, abermals zu helfen, nur weil die Person all diese Verpflichtungen, all diese Verträge gebrochen hat? Vielleicht nicht. Sie sagen: „Ich habe meine Entwicklung gestoppt, um dir bei deinen Lektionen zu helfen, und du hast mich im Stich gelassen. Du hast einen Rückzieher gemacht. Warum sollte ich es noch einmal für dich tun? Du musst jetzt einfach warten, bis du dran bist, während ich mit meiner eigenen Entwicklung weitermache. Ich gab dir eine Chance, jetzt weiß ich nicht, ob ich dir wieder vertrauen kann, dass du deine Verpflichtungen erfüllst." In diesem Fall wird das Wachstum des Selbstmörders stark gehemmt. Was in einem Leben hätte ausgearbeitet werden sollen, braucht nun viele.

Kapitel 19

EIN SELBSTMORD TILGT KARMA

Als Joan die Szene betrat, stand sie, aber nicht auf dem Boden. Sie fühlte sich, als stünde sie auf einer *Blase*. Ich bat sie, das zu beschreiben.

J: Irgendwie undurchsichtig. Sie ist nicht wirklich klar. Sie trägt mich mit Leichtigkeit, aber sie fühlt sich wie eine aufgeblasene Oberfläche an, so dass sie eine Spannung hat. Sieht einfach wie ein gedehntes Material aus.—Ich fühle mich, als würde ich irgendwo im Raum schweben. Ich sehe eigentlich gar nichts, nur den Himmel und die Wolken. Aber ich glaube, sie bringt mich irgendwo hin. —Jetzt bin ich irgendwie in sie hineingeschlüpft und schwebe einfach sanft nach unten, in ihrem Innern.—Ich fühle mich, als würde ich in einen Schacht hinuntergehen. Ich sehe gar nichts. Ich lasse mich einfach sanft irgendwo hinunterfallen.

D: *Werde dir deiner selbst bewusst. Wie ist dein Körper?*

J: (Pause) Er ist durchsichtig. Fast so, als würde er die grau-weiße Farbe einer Wolke annehmen. Er hat nicht viel Substanz. Ich fühle mich ganz wie ein Beobachter, der sich nur umsieht.—Ich habe das Gefühl, dass ich eigentlich darauf warte, dass etwas passiert ... dass es sich zeigt.—Ein anderes Wesen ist gerade aufgetaucht. Ich schätze, Sie würden sagen, es ist einfach vor mir erschienen. Als ob es mich irgendwohin führen würde. Es ist wieder eher nur wie eine Form. Grau und sehr weiß. Ich habe das Gefühl, als hätte sich der Boden der Blase geöffnet. Es ist eher wie eine Leere, aber ich glaube, es ist dennoch wie eine Rutsche. Ein weiterer Teil des Universums, schätze ich. Er hat sich jetzt geöffnet, und es ist, als wäre ich im Himmel. Ich schwebe.

D: *Bist du jetzt also raus aus der Blase?* (Ja) *Vielleicht war es nur ein Weg, um dorthin zu gelangen, wo du hin solltest?*

J: Das war das Gefühl, das ich bekam, als wäre es eine Passage.

D: *Und jetzt bringt dich dieses andere amorphe Wesen irgendwo hin?* (Ja) *Was siehst du auf deiner Reise?*

J: Nur blauen Himmel und Wolken.

D: *Lass dich von ihm dorthin bringen, wo du hingehen sollst. Kannst du mit ihm kommunizieren?*

J: (Lange Pause) Soll ich mit ihm kommunizieren?

D: *Wenn du kannst.*

J: Ich habe das Gefühl, dass es gekommen ist, um mich irgendwohin zu führen. Die Botschaft, die ich bekomme, ist, dass es mir etwas zeigen will.

D: *Na gut. Willst du mit ihm mitgehen?* (Ja.) *Dann lass es dich mitnehmen und dir alles Mögliche zeigen. Und das können wir auch ganz schnell machen.—Was will es dir zeigen?*

J: Viele Engel.

D: *Wo sind sie?*

J: Wie eine Stadt am Himmel. Eine Versammlung all dieser Wesen.

D: *Wie sieht ihre Stadt aus?*

J: Ich habe sie nicht gesehen. Ich habe das Gefühl, dass sie das ist. Es ist wie ein Gleiten, Schweben. Und ich werde immer sichtbarer, je mehr ich dort hineinkomme.

D: *Wie fühlt sich das an?*

J: Sehr liebevoll und gut. Sehr nett.—Er führt mich durch die Gruppen, wie man wohl sagen würde. Ich bewege mich einfach durch sie hindurch. (Pause) Ich sehe ein Bild von einem großen aufgeschlagenen Buch. (Sie wurde plötzlich emotional und begann zu weinen. Sie konnte nicht verstehen, warum.) Ich fühle mich sehr emotional.

D: *Das ist okay. Emotionen sind gut. Das heißt, es ist etwas, das wichtig ist.*

J: (Weinend) Er zeigt mir etwas in dem Buch. Ich weiß nicht, was es ist.

D: *Bitte ihn, dir zu sagen, was es ist. Was ist es, das er will, dass du aus dem Buch erfährst?*

J: (Pause, immer noch emotional) Ich spüre das nur, aber er zeigt mir einfach dieses Leben und die Ereignisse sowie die Schmerzen, die ich durchgemacht habe. Und ich trete zurück und schaue es mir noch einmal an.

D: *Was denkst du über dein Leben, wenn du es so betrachtest?*

J: Als hätte ich vergessen, wie schmerzhaft es war, und es wieder zu

sehen, bringt das Gefühl wieder hoch.
D: *Ist es wichtig, es wieder hochzubringen?*
J: Ja. Weil es jetzt vorbei ist.
D: *Frag ihn, warum du es noch mal sehen musstest.*
J: Um anzuerkennen, wie weit ich gekommen bin. Es war ein Durchgang, es war die Vollendung von allem, was vorher war.
D: *Es war also etwas, das du durchmachen musstest, um es zu vollenden.* (Ja) *Frag ihn, ob all der Schmerz und alles mit Karma zu tun hatte?*
J: Der Schmerz war da, um die Balance zu finden. Das Gleichgewicht war nicht vorhanden. Der Schmerz war da, weil ich nicht im Gleichgewicht war. Und dadurch suchte ich immer wieder das Gleichgewicht. Er sagt immer wieder, dass es darum im Erdenleben geht, dieses Gleichgewicht zu finden, und ich habe es jetzt.
D: (Kichern) *Es war schwierig, nicht wahr?* (Ja) *Aber war Karma im Spiel, während du dein Gleichgewicht suchtest?* (Ja) *Kann er dir sagen, wo es herkam, damit du es verstehst?* (Lange Pause) *Vielleicht kann er es dir zeigen.*
J: Ja, er zeigt es mir. Er zeigt es *mir.* Es ist mehr wie eine innere Vision von Zeiten, in denen ich schrecklich war, furchtbar, und schreckliche Entscheidungen traf.
D: *In anderen Leben?* (Ja.) *Was hast du da getan?*
J: Ich bekomme einen Eindruck von mir selbst als jemandem, der wirklich böse, gemein und wütend ist.
D: (Pause) *Also hast du in einem anderen Leben andere Menschen verletzt?*
J: Ja. Es ist fast eine Schablone dessen, wer ich war. Es ist sonderbar. Ich sehe so etwas wie eine flache Schablone. Es ist wie ein Gemälde, könnte man sagen, aber es ist skizzenhaft und der Horror ist ... Es ist nicht sehr detailliert. Es ist wie eine Scheibe, die Art, wie es auf mich zukommt. Es ist fast wie eine ‚Überlagerung. Die Kraft und Energie, die ich in mir trug und das Gefühl des Grauens, das es erzeugt hat. Ich habe keine Details... nur das Gefühl des Horrors, den es erschaffen hat
D: *Vielleicht ist es sowieso besser, nicht ins Detail zu gehen.* (Ja) *Die Details sind nicht notwendig, aber du hast viele Dinge getan, die negativ waren?* (Ja) *Gab es jemanden in jenem Leben, mit dem du in diesem Leben zurückkommen musstest, um alles Karma zurückzuzahlen. Oder können sie das sehen?*
J: Es wird in diesem Leben durch meinen Vater verkörpert. Er hat viele Szenarien aufgesetzt, die mir persönliche Schmerzen oder Qualen zugefügt haben, damit ich sensibel für die Gefühle

anderer Menschen werde.

D: Das war also seine Absicht?

J: Ja, aber er war selbst derart dunkel, und ich habe das nie verstanden. Die Herausforderung bestand darin, dass er in dieser Negativität blieb, damit ich selbst Sensibilität entwickelte und darüber hinausging und mich nicht darin verfing, was mir auch gelang. Da war keinerlei Freude in ihm.

D: Aber es war seine Aufgabe, dies zu tun, damit du wachsen kannst.

J: Ja, als ob ein Stück der Scheibe verkörpert wurde, wenn ich das so sagen darf. (Sie zitterte.) Unter anderem habe ich gefoltert ... und in einem Leben wurde ich gefoltert. Ich konnte es nicht ertragen.

D: Du meinst, du hast auch gefoltert?

J: Ja, und das ist der Grund, weshalb ich in einem anderen Leben selbst gefoltert wurde.

D: Das kommt immer wieder auf einen zurück, nicht wahr? (Ja) *Aber was hat das mit deinem jetzigen Leben zu tun? Hat es nicht die anderen Leben zurückgezahlt, als du selbst gefoltert wurdest?*

J: Darum ging es ja. Es ging um Rückzahlung und ich konnte es nicht ertragen. Da beging ich Selbstmord. Ich konnte die Folter, die mir zugefügt wurde, nicht ertragen.

D: Wer war derjenige, der die Folter ausübte? War es jemand, den Joan in diesem Leben kennt?

J: Ja. Es war das Wesen, das in jenem Leben Richard war.

Richard war dreißig Jahre lang ihr Mann, bevor sie sich von ihm scheiden ließ.

D: Bedeutet das, dass sie ihn in einem anderen Leben gefoltert hat?

J: Das weiß ich nicht. Es war so etwas wie die Scheibe, die alles Negative oder Böse repräsentiert, das ich je getan habe. Es ist wie kleine Dinge, die daraus heraussprudeln und sich in anderen Leben verkörpern, wodurch ich die Erfahrung dessen machen kann, was ich getan habe. Ich weiß nicht, wie weit es zurückgeht, aber das muss ich nicht wissen. Es ist wie ein Muster, ein „Sich-Hindurchbewegen".

D: Du meinst, dass Joan in den anderen Leben viel gefoltert hat, und weil sie sehr negativ war, musste sie in einem anderen Leben gefoltert und grausam behandelt werden, damit es ihr zurückgezahlt wurde?

J: Um zu wissen, wie es war, was ich getan hatte.

D: Und es war zu schwierig für sie und so beging sie Selbstmord? (Ja) *Wie hat sie sich in jenem Leben umgebracht?*

J: Ich spüre ein Feuer. Ich habe eine Art Feuer gelegt. Es ist wie eine

Scheune oder eine Art Gebäude, und ich gehe hinein. In Flammen gesetzt.

D: *Dann scheint mir, dass sie alles zurückgezahlt hätte. Wieso sollte sie schon wieder mit dem gleichen Wesen zurückkommen, mit Richard?*

J: Weil sie sich selbst umgebracht hat.

D: *Aber sie hatte viel in ihrem Leben, das für sie sehr schwer zu ertragen war.*

J: Aber ich habe das Karma nicht ausgeglichen.

D: *Hätte sie es überwinden können, wenn sie länger dabei geblieben wäre? Meinst du das?* (Ja) *Es war ein danzes Leben nötig, um das alles abzulösen?* (Ja) *Aber stattdessen beging sie Selbstmord. Erkläre ihr, was dann passiert, denn es ist, als hätte sie dasselbe nochmals wiederholt.*

J: Sie hatte es nicht umgewandelt in ein Verständnis dessen, worum es wirklich ging, Entwicklung. Darum beging sie Selbstmord, weil sie nie den höheren Zweck des Ganzen verstehen konnte, sich zurück zur Quelle zu entwickeln.

D: *Sie verstand nicht, dass sie keinen Selbstmord begehen sollte. Ist es das, was du meinst? Das war nicht der Vertrag?*

J: Das ist richtig. Sie sollte durch die Erfahrung Erleuchtung erlangen.

D: *Als sie also in dieses Leben zurückkehrte, musste sie das Gleiche noch einmal durchmachen?*

J: Auf diese Weise hatte ich die Möglichkeit, über mich selbst hinauszuwachsen, als ich auf dieser Ebene war ... zum Leben?

D: *Und mit derselben Person ... demselben Wesen?*

J: Ja. (Flüsterte.) Und ich bekam einen Vater, der ein sehr ähnliches Energiefeld wie Richard hatte. Er war eine wirkliche Wiederholung, aber es war der dominierende, kontrollierende Vater, dem ich entkommen konnte, indem ich erwachsen wurde und auszog. Aber ich hatte noch nicht ganz das Verständnis und die Kraft bekommen, die man bekommt, wenn man es ganz bis zum Ende durchzieht. Richard half mir, mehr Verständnis für andere zu entwickeln, die Schwierigkeiten durchmachen. Ich hätte diesen Teil sonst hinter mir gelassen. In dem sensiblen Zustand, in welchem ich mich während meiner eigenen Kindheit befand, hätte ich mich etwas anderem gewidmet und es deshalb nie gefühlt, weil ich wusste, dass ich eine Mission hatte.

D: *Aber du wusstest, dass du das alles erst einmal aus dem Weg räumen musstest.*

J: Ja, aber es war auch wichtig für mein eigenes Wachstum und meine eigene Stärke, für das höhere Ziel, andere schneller zu führen, weil ich es am Ende verstand. Und ihnen Verständnis zu geben und ihnen zu helfen, noch schneller durchzukommen, als ich es konnte, weil sie nicht so viel Zeit hatten wie ich, um sich durchzuarbeiten.

D: *So musste Joan mit dem gleichen Wesen in dieses Leben zurückkehren, um die gleichen Umstände zu wiederholen.* (Ja) *Jetzt ist es ihre Aufgabe, weiterzugehen und den Menschen zu helfen.*

J: Sie haben nicht die gleiche Zeit, die ich hatte. Alles beschleunigt sich. Es gibt Gelegenheiten, auf die sie sich schnell vorbereiten müssen.

D: *Wir können uns nicht mehr die Zeit nehmen, an all diesen Dingen zu arbeiten?*

J: Das ist richtig. Nicht auf der Erde.

D: *Wir müssen das Karma schnell abtragen, um es aus dem Weg zu räumen?* (Richtig. Ja.) *Was normalerweise viele Leben gekostet hätte?*

J: Ja. Es besteht die Möglichkeit. Sie versteht es jetzt. Sie kann den Menschen viele Türen öffnen, indem sie versteht, wo sie drinstecken und was sie durchmachen, wozu sie sonst nicht in der Lage gewesen wäre.

D: *Solange man es nicht selbst erlebt, kann man nicht verstehen, was andere Menschen durchmachen.*

J: Ja, und es ist nicht einmal eine gleiche Erfahrung. Es ist eine Sensibilität, ihre Qualen zu spüren, obwohl sie verschiedene Ursachen haben können. Ihre Qualen zu spüren und zu wissen, dass man sie durchstehen kann.

D: *Ja. So viele Leute fühlen sich gefangen, nicht wahr?* (Ja) *Sie haben das Gefühl, aus etwas nicht rauszukommen.—Ist das der Grund, weshalb du beschlossen hast, ihr das zu zeigen, anstatt sie in vergangene Leben zu führen?*

J: Ja, es ist eine Schablone. Ich glaube, deshalb ist es wie eine Scheibe. Es ist wie eine Pizza, falls das irgendeinen Sinn ergibt, und es ist nicht alles mit diesen verwirrenden, ekligen Farben bedeckt, wenn man darüber nachdenkt. Sondern es ist wie Tröpfchen, somit repräsentiert die Scheibe die Essenz und es gibt eine Menge Klarheit darin. Da ist mehr Klarheit als alles andere. Diese Tropfen sind wie Pizzaschmiere und sie repräsentieren die negativen Leben, in denen es eine Art Ungleichgewicht gab. Und es ist, als ob man den letzten Rest davon aufklärt, den letzten Rest dieses Lebens.

D: *Weil keine Zeit mehr übrig ist, diese Dinge immer wieder durchzugehen?*

J: Das ist richtig, ja, und indem ich das tue, klärt es das letzte Bisschen für mich, aber auch die Art und Weise, wie ich mich dafür entschieden habe, anstatt es einfach nur durchzumachen. Ich bin es, der versteht, was andere ertragen. Es hilft ihnen, es schneller durchzustehen, so dass sie nicht unter Qualen leiden müssen. Wenn sie nur verstehen könnten, wie leicht es ist, aus der Sache herauszukommen. Ich kann sie schnellen Schrittes da durchbringen.

D: *Hat sie mit einem Zyklus negativer Leben angefangen und sich einfach darin verfangen?*

J: Nein, es ist wie in der ganzen Kombination aller Leben. Sie ist wie eine große Scheibe und sie ist wirklich klar und weiß, und da sind diese Flecken wie Pizza mit all diesen ekligen Farben. Und du denkst: Pizza? Mit dem Rot und dem Braun, dem Orange überall draufgespritzt, und aus diesem speziellen Leben gezogen, in welchem ich wegen der von mir verübten Dinge an der Reihe war, zu fühlen, wie es ist, gequält zu werden, weil ich selbst das getan hatte. Und ich konnte es nicht ertragen.

D: *Sie war in einem Leben, in dem sie anderen Menschen wehtat, also musste das alles wieder ins Bewusstsein kommen.*

J: Ich musste es erleben, um zu wissen, wie es sich anfühlt und um mir dessen bewusst zu werden.

D: *Deshalb verbrachte Joan so viele Jahre in dieser Situation, bis sie sich sicher war, dass das genug war. Ist es das, was du meinst?*

Joan hatte Missbrauch in der Kindheit erlebt und dann einen ebenso missbräuchlichen Ehemann geheiratet. Nach 25 Jahren Ehe entdeckte sie schließlich die Metaphysik und hatte dann den Mut, sich von ihm scheiden zu lassen.

J: Ja ... dass sie es alleine durchstehen kann. Das war das Wichtigste. Dass sie es in sich hatte, alles zu durchbrechen.

D: *Es musste ihre eigene Entscheidung sein?*

J: Ja. Keine Schuldzuweisungen, kein Sich-Berufen auf andere, nur tief graben und die innere Stärke und das innere Verständnis finden.

D: *Denn mit dem Beschuldigen schafft man nur noch mehr Karma, nicht wahr?*

J: Ja, wie wiedergeboren zu werden.

D: *Jetzt ist sie an einem Punkt angelangt, an dem sie damit fertig ist. Es ist vorbei. Es ist Vergangenheit. Wir müssen das nicht nochmal durchmachen.—Was ist mit Richard? Hat er immer noch Karma für das, was er Joan angetan hat? Er ist jetzt aus ihrem Leben verschwunden.*

J: Das war nur ein Stück von ihm, wie dieses Pizzazeug. Er hat sein eigenes Zeug. Dieser Pizza-Kram war so was wie: Schieb mich durch oder gib mir die Chance, es durchzuarbeiten. Komme, was wolle, aber er hat sein eigenes Zeug.

D: Bedeutet das, dass Richard kein Karma tragen wird für das, was er getan hat?

J: Nein, wird er nicht.

D: Weil er es aus einem bestimmten Grund getan hat?

J: Ja, aber leider hat er noch andere Probleme, mit denen er sich noch nicht befasst hat. Er hätte sich damit befassen können, aber er war einfach nicht bereit. Er hat sich in ihnen verstrickt und konnte sie nicht loslassen.

D: Denkst du, es ist zu spät für ihn, sich jetzt in diesem Leben zu ändern?

J: Ja, wegen der Gewohnheiten und Einstellungen. Er schloss zu viele Türen, anstatt durch sie hindurch zu gehen.

D: Also wird er seinen eigenen Weg gehen müssen, aber das hat nichts mit Joan zu tun.

J: Das ist richtig.

D: Er wird seinen eigenen Weg gehen.

Mir wurde klar, dass ich gerade mit Joans Unterbewusstsein sprach. Es war irgendwo unterwegs hereingekommen. Es ist stets unübersehbar, wenn es das Gespräch betritt. Ich fragte es, ob ich mit ihm spreche, und es bestätigte dies. So wusste ich, dass ich es nicht herbeirufen musste, weil es ja bereits da war. Zudem wusste ich, dass ich fortfahren und ihr Fragen stellen konnte.

D: Wir denken immer, dass wir in vergangene Leben gehen, wenn wir dies tun, aber du hast sie nicht zu einem vergangenen Leben gebracht. Du hast sie zum Buch der Aufzeichnungen geführt. Warum hast du das ausgewählt, anstatt sie in ein früheres Leben zu bringen?

J: Weil es mehr als nur ein Leben ist. Es ist die Essenz von allem, was sie ist. Sie wusste, dass die meisten ihrer Leben sehr gute Leben waren, und deshalb wurde ihr gezeigt, dass ... die Farbe, wie Flecken im Weiß.

Der Hauptzweck war, ihr zu zeigen, dass sie aus dem Gleichgewicht geraten war und dass das Durchgehen der negativen Erfahrungen in diesem Leben sie wieder ins Gleichgewicht gebracht hatte. Und Richard würde keine Rolle mehr in ihrem Leben spielen, weil das alles (von *ihrer* Seite aus jedenfalls) gelöst war. Er hatte seine Rolle gespielt und getan, was er tun sollte. Und jetzt war es an der Zeit für sie, weiterzugehen. Natürlich war die Hauptfrage, die sie wissen wollte, ihre Bestimmung. Sie hatte viele Pläne und wollte über ihre Zukunft Bescheid wissen. Was wollte das SC von ihr, jetzt da sie frei war?

J: Möglichst vielen Menschen beim Übergang in die Neue Erde zu helfen. Sie dort abzuholen, wo sie sind, und sie mit dem gewonnenen Verständnis vorwärts zu bringen. So viele Menschen stolpern immer noch in der Dunkelheit, aber sie sind kurz vor dem Durchbruch. Sie brauchen Menschen wie Joan, die ihnen helfen. Das ist jetzt ihre Aufgabe.

D: *Wie soll sie anderen Menschen helfen?*

J: Indem sie jemand wird, dem sie vertrauen können und der sie ins Unbekannte begleitet. Und indem sie dem Licht vertrauen, das sie ausstrahlt und dann diesen Glaubenssprung machen, im Vertrauen auf die Integrität, welche die Menschen an ihr respektieren und an die sie glauben. Und nun haben sie den Mut, das zu durchbrechen, was sie festhält. Sie haben die Gelegenheit, den Frieden zu spüren, der sie erwartet sowie die Schönheit, die sie befähigt, loszulassen und über das Bisherige hinauszugehen. Es ist wie ein Stück der Neuen Erde, das sie erleben und über das sie sagen sollen: „Das ist es, was ich will." Alles, was sie sich vorgestellt hat, wird geschehen, und noch mehr. Sie wird in der Lage sein, alles zu manifestieren, was sie will. Sie wird verstehen lernen, wie sie es tun kann.

D: *Sie dachte, dass sie die meisten ihrer Verträge erfüllt habe.* (Ja) *Sie dachte, sie werde einen neuen Vertrag bekommen. Stimmt das?*

J: Oh, ja. Das ist es, was sie jetzt tut, sie zieht die Leute an, weil die Absicht so rein ist, so unbefleckt von ihren eigenen Problemen. Sie hat all das überwunden.

D: *Ich weiß, wenn wir in ein Leben treten, schließen wir Verträge.* (Ja) *Ich wusste nicht, dass man im Laufe der Zeit neue Verträge schließen oder erstellen kann.*

J: Das wusste sie auch nicht.

D: *Wenn du also alles getan hast, was du tun sollst und die Verträge fertig sind, dann kannst du einen neuen machen?*

J: Oh, ja. Und immer wieder kommen neue Visionen auf. Sie dachte, es sei so einschränkend, aber sie erkennt allmählich das Gegenteil.

D: *Helft ihr (die Leute auf jener Seite) bei der Gestaltung unter den neuen Verträgen?* (Ja) *Weil ihr sehen könnt, was die Person tun soll.* (Ja) *Das Wichtigste ist, zuerst die alten Verträge loszuwerden, den alten Kram. Dann kann man weitermachen?* (Ja)

Ich wandte mich ihren körperbezogenen Fragen zu. Die wichtigste Frage betraf Probleme mit ihrer Wirbelsäule. Ich bat das SC, diesen Bereich zu untersuchen. „Die Wirbelsäule wurde in ihren anderen Leben oft zerschmettert. Oh, meine Güte, der Preis, den sie bezahlt hat. Und sie wurde wieder zusammengefügt, aber das hat seinen Tribut gefordert. Jetzt, da sie versteht, kann sie wieder ganz verheilen und gerade werden.—Ich drücke. Die Teile sind durcheinander. Ich bringe sie wieder in Einklang. Sie haben allein nicht genug Kraft, um alles stabil zu halten. Sie war nicht vollständig an alles angepasst und so wand sie sich währenddessen."

Ich ließ es an der Wirbelsäule arbeiten und fragte dann, ob es fertig sei. „Beinahe... Ich brauche noch etwas mehr Zeit." Ich war still, als es seine Arbeit beendete und dann verkündete, dass die Anpassung fertig war. Ich gab Suggestionen, damit alles in einem stabilen Zustand bleibe. Ich wusste, dass, sobald die Person die Ursache fand, die Arbeit, die ihr zu tun bestimmt war, der Zustand entfernt werden würde und die Heilung so lange andauern würde, wie die Person auf dem ihr vorbestimmten Weg blieb.

J: Das ist die letzte Anpassung, die sie wollte. Sie wird alles andere nun erleichtern, diese Zweckanpassung.—Dies ist eines der Dinge, die Teil des Durchbruchs sind; Teil der Herausforderungen, des Verrats, der Zerschlagung ihrer eigenen Wertschätzung, aber durch ihre Vereinbarung sensibel zu werden, war der einzige Weg. So wurde arrangiert, dass es in diesem Leben passiert.

Abschiedsbotschaft: Werde sehr stark im Vertrauen darauf und im Wissen, dass die Mission, die zu erfüllen du zugestimmt hast, Teil des ganzen Universums ist und dass viele mit dir in allen Bereichen arbeiten.

Las Thema Mord ist auch ein interessantes Konzept, wenn man es ohne alle Emotionen betrachtet. In meinem Buch *Zwischen Tod und*

Leben sprachen wir über verschiedene Wege, einen Mord zu vergelten. Es heißt nie: „Du hast mich getötet, also bringe ich dich um!" Das hält nur das Rad des Karma in Gang. Es gibt einen Weg, den man den „sanften Weg" nennt. Zum Beispiel: Du musst dich vielleicht im nächsten Leben um dein Opfer kümmern. Du musst ihm dein ganzes Leben widmen und kannst dich nicht auf dein eigenes Leben und deine Wünsche konzentrieren. Diese müssen beiseite gelegt werden, während sich alles um den anderen Menschen dreht. Das kann ein Kind sein, jemand, der behindert ist, ein Elternteil, der Pflege braucht, vielleicht sogar ein anspruchsvoller Chef. Wenn du dich in einer solchen Situation befindest, kann das eine andere Sichtweise mit sich bringen. Im gegenwärtigen Leben macht es nie Sinn, aber wenn man das vergangene Leben betrachtet, ist es klar und gerechtfertigt. Das Folgende ist ein Teil einer Sitzung, die ich mit einer Frau hatte, die in diesem Leben eine sehr gute Heilerin ist, die aber auch große Schwierigkeiten mit Beziehungen und elterlichem Kindsmissbrauch hatte.

Monique ging durch zwei vergangene Leben. Im ersten wurde sie als junges Mädchen von einer Invasionsarmee getötet. Ihr wurde mit einem Schwert in den Bauch gestochen. Im zweiten Leben war sie ein römischer Soldat mit Tötungsauftrag. Er starb als Krieger wieder mit einem Schwert durch den Bauch. Dies erklärte die derzeitigen anhaltenden Magenprobleme, die Monique hatte. Er kam als Soldat in jenes Leben, um die andere Seite zu erleben. „Es war Teil des Lernprozesses, sich daran zu erinnern, wie er zuvor getötet wurde und wie es sich dieses Mal anfühlte, das Töten auszuüben." Er wollte kein Leben der Gewalt führen, aber das war es, was man zu jener Zeit tat. Er lernte die Lektion, dass es falsch war, so zu morden, und die Menschen, die ermordet wurden, lernten ebenfalls eine Lektion. Sie wussten bereits bevor sie kamen, dass sie das erleben würden. „Mehr als eine Lektion. Zu erfahren, was die andere Person fühlte, und so erkennt man, dass man das nicht will." Er häufte Karma an aufgrund dessen, was er als Soldat tat. „Er hörte nicht auf seine innere Stimme, die ihm sagte, er solle das nicht tun. Er hätte seinen Stolz beiseite legen und es nicht tun können. Er hätte woanders hingehen können, aber die Eltern hielten es damals für eine Ehre." Jetzt würde er das Karma ablösen müssen. Ich fragte: „Mit den Leuten, die er getötet hat?"

M: Nein, nicht unbedingt mit den Menschen, die er getötet hat, sondern mit Menschen, die auf diese Weise getötet wurden. Somit könnte er vielleicht ein Arzt, ein Heiler sein, um diese Menschen zu heilen, die so schrecklich verletzt wurden oder ein

Bein oder ein Auge verloren haben. So könnte er ihnen auf diese Weise helfen und sehen, wie diese Personen gelitten haben.
D: Es muss also nicht dieselbe Person sein, die er getötet hat.
M: Nein, einfach irgendjemand.
D: Sobald man eine Lektion gelernt hat, kann man sie in einen Vorteil verwandeln und einen anderen Weg einschlagen. Macht das Sinn?
M: Ja, durchaus. Es ist ein langer Weg von den Kriegswirren, aus denen er kam.
D: Was wird er tun, wenn er zurückkommt? Wird er jemand sein, der hilft?
M: Er wird jemand sein, der hilft, aber er wird auch jemand sein, der geliebte Menschen hat, die verletzt und getötet werden.
D: Was ist der Zweck von geliebten Menschen, die verletzt werden?
M: Damit er erlebt, was die Nahestehenden derer, die er getötet hat, erlebt haben.
D: Man muss immer beide Seiten von allem sehen, nicht wahr? (Ja)

Dies war ein interessantes Konzept, das natürlich in Kriegszeiten auftritt, wenn viele, viele getötet werden. Es wäre schwierig und würde extrem lange dauern, gegenüber jedem einzelnen Opfer das Töten vergelten. Also müssen stattdessen die Umstände wiederholt werden und die Vergeltung besteht darin, anderen zu helfen, die in diesen Situationen Opfer waren. Auch die Wende, dass Nahestehende verletzt oder getötet werden. Das erscheint immer so ungerecht, wenn man es nur aus der Perspektive dieses Lebens betrachtet. „Warum war Gott so ungerecht? Warum wurde diese Person, die doch so ein guter Mensch war, verletzt oder getötet?" Nun können wir es vielleicht aus der Perspektive der anderen an dem Szenario beteiligten Personen betrachten. Es spielt keine Rolle, ob wir uns an die Leben erinnern, in denen diese Ereignisse stattfanden. Wie man in den Wald hineinruft, so schallt es heraus.

Natürlich habe ich in meiner Arbeit festgestellt, dass man jedes übriggebliebene Karma loswerden kann, indem man anderen für ihre Missetaten gegen einen selbst vergibt. Aber noch wichtiger: Man muss sich selbst vergeben. Es braucht immer zwei. Es gibt immer zwei Seiten bei jeder Geschichte. Keines dieser Dinge ist leicht zu tun, aber wenn man das Rad des Karmas aufhalten will, dann müssen sie getan werden.

TEIL ZWEI

DAS GEWUNDENE UNIVERSUM EXPANDIERT

Abschnitt

Der Anfang
Der Erde

Kapitel 20

ZURÜCK ZUM ANFANG

Naomi fand sich selbst in einer seltsamen, fremden Umgebung wieder, als sie die Szene betrat. Der Boden war schwarz wie Kohl oder Obsidian und sie stand auf dem obersten Schelf einer Felsformation, ähnlich dem Grand Canyon, mit Blick auf Felsbrocken, die in eine Schlucht hinabführten. Als sie über den tiefen Abgrund schaute, war da keine Vegetation, nur wolkenartige graue Luft. Ich fragte, ob sie hinuntergehen wolle. „Nein, ich muss nur gegen den Fels gelehnt dastehen und hinausschauen. Die Erde ist nicht Dreck, sie ist wie sehr fein zermahlener Obsidian, aber ich schaue auf die grauen Wolken ... es ist wie ein grauer Nebel." Als ich sie bat, sich selbst zu beschreiben, sagte sie, sie habe keinen Körper.

Das ist schon so oft passiert, dass es mich gar nicht mehr stört.

„Ich glaube, ich bin eher wie die Wolke. Ich bin konfrontiert mit dem Berg. Ich bin konfrontiert mit dem Obsidian. Ich fühle mich, als wäre ich Teil des Nebels. Es fühlt sich an, als würde ich die Dinge kühl halten. Ich halte die Dinge kühl."

D: Ist das deine Aufgabe?
N: Ja. Ich halte es kühl. Es gibt Hitze auf der von mir abgewandten Seite, also halte ich es einfach kühl.
D: Wo kommt die Hitze her?
N: Aus dem Zentrum, wo dieser Ort ist. Es fühlt sich an wie eine vulkanartige Hitze. Ich bin nicht Teil davon. Ich bin nur Teil des Nebels.

Diejenigen, die mit meinen Büchern vertraut sind, werden verstehen, dass nichts Außergewöhnliches daran ist, dass sie keinen Körper hat und sich in einer scheinbar gasförmigen Form befindet. Ich fand heraus, dass dies Teil des Reinkarnationskreislaufs ist, den wir durchlaufen müssen, bevor wir in einen menschlichen Körper eintreten. Über diese Fälle wurde in vielen meiner anderen Bücher berichtet. Um es in einem linearen Sinn zu erklären (obwohl wir jetzt lernen, dass das nicht genau ist, weil in Wahrheit alles gleichzeitig ist), sind wir zuerst in einer gasförmigen Form, dann ein Teil des Schmutzes und der Felsen, dann Pflanzen, Tiere und Naturgeister, bevor wir bereit sind, die kompliziertere menschliche Form zu probieren. Natürlich entdecken wir jetzt, dass die drei Wellen von Freiwilligen diese Anforderungen umgehen, aber sie sind eine besondere Gruppe, die nicht an den Reinkarnationskreislauf auf der Erde gebunden ist.

D: Du bist Teil des Nebels, der den Boden, die Luft oder was auch immer kühlt?
N: Der die ganze Region kühlt. Ich soll alles kühl halten. Es ist eine sehr große Aufgabe, aber es ist einfach.
D: Ich dachte, es sei schwierig.
N: Nein. Irgendetwas daran macht mich traurig. Es kühl halten, wenn es zu heiß ist. Wenn es zu heiß ist, ist das zerstörerisch.
D: Das könnte also gefährlich sein, wenn sich zu viel Hitze bildet?
N: Ja. Das ist meine Aufgabe ... nur der Nebel. Denn wenn ich es nicht kühl halte, wird der Planet in die Luft fliegen.
D: Gibt es noch andere, die dir dabei helfen?
N: Ja, das sind all die Nebelmenschen. Es ist eine Gruppe.
D: Ihr nennt euch also die „Nebelmenschen" und haltet alles kühl, damit der Planet nicht explodiert.
N: Ja, weil der Planet neu ist. Er wurde neu geformt. Der Kern des Planeten ist heiß, und unsere Aufgabe ist es, den Nebel aufrechtzuerhalten. Und er kühlt ab, damit andere Lebensformen auf ihn kommen können.
D: Sie können nicht kommen, wenn es zu heiß ist?
N: Das ist richtig.
D: Deine Aufgabe ist es also, ihn kühl zu halten, damit sich schließlich Leben bilden kann?
N: Ja, das ist richtig.
D: Gefällt dir, was du tust??
N: Es ist das, was ich tun möchte. Wir halten alle zusammen, weil es unser selbstgewählter Weg ist.
D: Du meinst, du hättest etwas anderes wählen können?
N: Ja, aber das ist das Richtige. Das ist schwieriger zu tun. Die Nebelmenschen können das tun. Es ist nur mühsam, die Hitze unter Kontrolle zu halten.
D: Aber dies ist ein neuer Planet?

N: Ja, er bildet sich gerade erst.
D: *Es gibt überhaupt keine Pflanzen und kein Leben darauf?*
N: Nein. Es gibt nur die Hitze, die gekühlt wird, und den dunklen Obsidian, der durch den Nebel gekühlt wird.
D: *Warst du dabei, als er gebildet wurde?*
N: Ja, ich willigte ein, Teil des ursprünglichen Teams zu sein.
D: *Hast du den Planeten beobachtet, als er sich bildete?* (Ja) *Kannst du mir sagen, wie das war?*
N: Der Lichtball kommt und wird dann heißer, und dann wird es immer noch heißer. Es wird zu Feuer. Um das Feuer herum bilden sich Materiemoleküle, die sich verbinden und den schwarzen Obsidian bilden. Um das Feuer herum bildet sich schwarzer Obsidian. Das Feuer bleibt im Inneren und baut den Planeten weiter auf, aber es braucht den Nebel, um die Materie zu kühlen, damit die Materie zu fester Materie wird.
D: *Wenn es immer heißer werden würde, würde es zerplatzen?*
N: Ja, es würde keine Form bilden. Das Licht würde nicht kommen, um die Hitze zu formen. Die Hitze würde nicht die Moleküle bilden, welche ihrerseits die Materie bilden. Es wäre einfach nur Licht gewesen.
D: *Wo kam die Lichtkugel ursprünglich her?*
N: Von der Quelle. Die Quelle sendet die Lichtkugel aus.
D: *Dann erzeugt die Lichtkugel die Hitze und die Moleküle von selbst?*
N: Ja, und dann wählen die verschiedenen Leute—es sind keine Leute gemäß eurer Terminologie—die verschiedenen Leute mit den unterschiedlichen Energien kommen, um das zu bilden, was benötigt wird.
D: *Jeder hat seine eigene spezielle Aufgabe?*
N: Ja, das ist richtig.
D: *Was beschließen einige der anderen, zu tun?*
N: Einige von ihnen entschieden sich dafür, der ursprüngliche Lichtpunkt zu sein. Die Hitzepunkte um das Licht herum zu sein, die eine immer größere Schwingungsintensität bilden bei dem Versuch, diese in die Hitze hinein auszudehnen. Hinein in das Feuer, aus der Materie heraus und dabei die Materie herausziehend. Die Energiewesen, die kamen, um Teil der Materie zu werden. Und die Menschen, die Energiewesen, die kamen, um Teil der Festigkeit, der schwarzen Festigkeit zu werden. Und die Wesen, welche kamen, um Teil des Nebels zu werden. Und es gibt weitere Wesen, die darauf warten, Teil weiterer noch kommender Formationen zu werden.
D: *Diejenigen, die kommen werden, nachdem es abgekühlt ist?*

N: Richtig.
D: *Nachdem der Planet geformt und abgekühlt ist, verlassen ihn da die anderen Wesen?*
N: Manche ja. Manche nein. Manche bleiben drin. Manche werden zu anderen Lebensformen. Jeder hat die Wahl, was er werden kann. Einige müssen Pflanzenmaterial werden. Manche werden zu anderen Aspekten von Luft, zu anderen Aspekten von Wasser, anderen Aspekten der Mineralien, anderen Aspekten von Unbekanntem, das dieser Planet nicht hat.
D: *Also gehen manche nicht gleich wieder. Sie bleiben, um bei der Entwicklung zu helfen?*
N: Ja, das ist richtig.
D: *Und du bleibst dort, bis es genug abgekühlt ist?*
N: Ja, bis sich auf dem Planeten Wasser bilden kann. Dann bin ich frei, eine andere Wahl zu treffen mit meinem Versprechen.
D: *Sie müssen Wasser haben. Nicht wahr?*
N: Manche Planeten haben Wasser. Manche Planeten nicht. Dieser Planet entscheidet sich dafür, Wasser zu haben.
D: *Wasser ist also für die Entstehung von Leben nicht immer notwendig?* (Nein) *Manche Orte leben von anderen Dingen.*
N: Ja, das ist richtig. Von vielen Sorten.
D: *Aber du hast nichts mit der Wasserbildung zu tun?*
N: Nein, auch nicht mit der Bildung dessen, wohin das Wasser gehen wird. Ich werde mich dafür entscheiden können, Teil des Wassers zu sein, das bleibt und andere Lebensformen bildet, wenn ich das dann so entscheide.
D: *Du musst bis zu diesem Zeitpunkt warten, um dich dann zu entscheiden.*
N: Ja, das ist richtig.
D: *Hast du schon immer diese Art von Arbeit getan?*
N: Nein. Ich war Hitze. Ich war Licht. Ich kam von der Quelle, viele Male und in vielen verschiedenen Regionen, in vielen verschiedenen Formen.
D: *Wenn du die Arbeit beendet hast, gehst du dann zurück zur Quelle?*
N: Manchmal, ja. Manchmal gehe ich direkt an andere Orte.
D: *Du gehst einfach weiter?* (Richtig.) *Das nimmt alles sehr viel Zeit in Anspruch. Obwohl mir gesagt wurde, dass Zeit nicht wirklich existiert.*
N: Das macht man eben so. Es gibt kein Maß.

Es war offensichtlich, dass dies eine unvorstellbar lange Zeit, gar Äonen hätte dauern können, also ließ ich sie weitergehen, bis sie ihre

Aufgabe, Teil des Nebels zu sein und den Planeten abzukühlen, abgeschlossen hatte. „Was tust du jetzt?"

N: Jetzt werde ich Teil eines Wasserbeckens, das sich in einem sehr kleinen schattigen Teil der Felsen befindet. Es ist eine beginnende Formation des Wasserbeckens. Diese anderen Wesen können mit mir kommen und ebenfalls Teil dieses Pools werden. Dieser Pool wird wachsen. Seine Gemeinschaft beginnt als Tropfen. Ich war nicht der ursprüngliche Tropfen. Ich war Teil der Bildung des Wassers.

D: *Ich habe mich gefragt, wo das Wasser herkommt.*

N: Es kommt aus dem Nebel, der sich zu Tropfen formt. Dann formt sich dies zu einem Becken.

D: *Es beginnt zunächst als kleine Becken?*

N: Das ist richtig.

D: *Glaubst du, sie werden größer werden?*

N: Ja, und Nebelwesen kommen, um größere Wassermassen zu bilden. Sie bringen andere Wesen mit, die Teile der Wasserkette bilden, die pflanzliches und tierisches Leben auf diesem Planeten hervorbringen werden.

D: *Dann muss das Wasser zuerst da sein, damit sich die Pflanzen und Tiere entwickeln können?* (Ja) *Bist du gerne ein Teil des Wassers?*

N: Ja, ich mag das Gefühl des Wassers. Es ist nicht wirklich anders als der Nebel. Es ist alles einfach nur, aber es ist ein schönes Gefühl.

D: *Keiner ist wichtiger als der andere, denn sie alle haben eine Rolle zu spielen.*

N: Das ist richtig.

D: *Sagt dir irgendjemand, was du tun sollst?*

N: Nein. Du weißt schon. Du erhältst deinen Aufdruck wenn du reinkommst.

D: *Dein Aufdruck sagt dir, was deine Aufgabe sein wird?*

N: Ja. Als ich zum Nebel wurde, traf ich dann am Ende der Nebelperiode die Wahl, der Tropfen zu werden. Der Tropfen ging in das Becken. Jetzt habe ich die Wahl, eine Tier- oder Pflanzenform oder eine verdampfende Form von Luft zu werden.

D: *Lass uns weitergehen. Was willst du als Nächstes tun?*

N: Ich beschließe, zur Luft zu werden, zur verdunstenden Luft. Ich will um den Planeten herum sein.

D: *Zuerst erschufst du das Wasser, jetzt verdunstest du es.* (Ja) *Was ist der Zweck des Verdunstens?*

N: Es soll eine Atmosphäre um den Planeten bilden.

D: *Er muss also sowohl eine Atmosphäre als auch Wasser haben.*
N: Dieser Planet muss es, ja. Nicht alle Planeten müssen das. Es gibt viele verschiedene Varianten. Jede ist für ihren Ort geeignet.
D: *Was tust du, wenn du Teil der Verdunstung wirst?*
N: Ich bilde einen Schild um diesen Planeten, der sich zum Wachstum des Planeten nach außen hin ausdehnt. So dass er als Barriere für andere Luftwesen dient, die hereinkommen könnten, um die Luft auf diesem Planeten zu beeinflussen. Andere Luftwesen ... andere ... andere ... ihr würdet sagen, Gase ... andere Gase.
D: *Ich verstehe, was du meinst. Das sind Gase, die dem, was ihr hier erschaffen wollt, nicht zuträglich sind?*
N: Das ist richtig. Was dieser Planet für seine maximale Leistung brauchen würde. Es muss die richtige Kombination an Verdunstungsstoffen sein, die von dem Planeten stammen, und einige stammen von außerhalb des Planeten. So wird die Mischung für die Planetenatmosphäre gebildet.
D: *Und ihr seid diejenigen, welche die falsche Art von Gas am Eintreten hindern?*
N: Ja, das ist richtig. Auf der äußeren Grenze zwischen dieser und anderen Luftarten. Um die äußere Barriere zu schützen. Abgeschirmt ist die angemessenere Bezeichnung aus der verfügbaren Sprache.
D: *Sprache ist immer schwierig. (Ja) Das klingt nach sehr bedeutsamen Aufgaben, die du ganz am Anfang hattest.*
N: Diese sind nicht anders als andere.
D: *Was tust du, nachdem sich die Atmosphäre gebildet hat und dein Anteil daran abgeschlossen ist?*
N: Diese spezielle Aufgabe ist abgeschlossen, also gehe ich jetzt zurück zu einer Ruhestätte.
D: *Musst du nicht in anderen Formen fortfahren?*
N: Ich kann ... Ich kann ... Ich habe mich entschieden, zu einer Ruhestätte zu gehen. Die Ruhestätte ist dort, wo das Licht ist.
D: *Kannst du mir von dem Licht erzählen?*
N: Das Licht ist einfach ein Licht, bei dem nichts passieren muss. Wir sind einfach nur das Licht. Es gibt nichts anderes, was man tun oder sein muss oder aufprägen oder aus dem Selbst hervorbringen müsste. Man ist einfach nur eins mit allem, so dass es ein Gefühl der Vollendung gibt.
D: *Ruhst du dich dort lange aus? (Ja) In Ordnung. Gehen wir weiter zu dem Punkt, wenn du dich entscheidest, die Ruhestätte zu verlassen. Was ist deine nächste Aufgabe?*
N: Ich befinde mich auf den Strömungen, die die Dinge von einem

Ort zum anderen tragen. Ich bin eine Strömung. Es ist ähnlich wie ein Luftstrom, aber nicht Luft. Ihr habt kein Wort dafür, aber ich würde sagen, es ist wie ein Strom mit einer Kombination von Elektrizität, Licht, Luft und Gedanken. Es ist eine Kombination daraus.

D: *Ich dachte an Strömungen, wie den Wind.*

N: Ja, es funktioniert auf ähnliche Weise, aber es ist anders. Es ist die Hilfe für die Bewegung des Bewusstseins, der Bewusstheit. Es ist eine Strömung der Evolution, in euren Begriffen. Sie soll einer Galaxie helfen, sich zu entwickeln, also muss der Strom in die Galaxie hinein und um die gesamte Hülle der Galaxie herum fließen.

D: *Ich dachte, du redetest über den Wind auf dem Planeten.*

N: Nein. Das sind die Galaxie und der Kosmos, die Unterstützung bei der Bewegung benötigen. Und die Strömung half ihnen, sich in die gewünschte Richtung zu bewegen.

D: *Aber du sagtest, es soll auch bei der Bewegung des Bewusstseins helfen?* (Ja) *Was ist das Bewusstsein, welches es bewegt?*

N: Es soll sich in ein spirituelles Bewusstsein hineinbewegen, in Ermangelung eines besseren Wortes, ein Bewusstsein der Harmonie, ein Bewusstsein der Bewusstheit. Liebe ist die Schwingung.

D: *Also hat es zu diesem Zeitpunkt immer noch mit Galaxien und größeren Körpern zu tun?*

N: Ja, sie soll der Galaxie eine andere Erfahrungsebene, eine breitere Erfahrungsebene geben.

D: *Was meinst du mit einer anderen Erfahrungsebene?*

N: Innerhalb der Galaxie haben alle Planeten, alle Wesen, alle Gedankenformen, alles Bewusstsein eine bestimmte Ebene, so dass, wenn die Galaxie mit dieser Ebene fast abgeschlossen hat, eine weitere eingebracht werden muss. Ein weiterer Strom wird eingebracht, damit Bewegung möglich ist.

D: *Das ist alles Teil der Erschaffung anderer Dinge?* (Ja) *Was für Dinge können auf diese Weise innerhalb der Galaxie geschaffen werden?*

N: Alles, was die Gedankenformen hervorbringen. Alles, was die Materie hervorbringen will. Alles, was eine Linie ist ... es ist eine Lichtlinie, die sich formen lässt. Es ist wie ein Licht, das angezapft werden kann, das geformt werden kann. Es kann alles formen, was die Gedankenformen hervorbringen.

D: *Also sind die anderen dir ähnlichen Geister diejenigen, die die Gedankenformen hervorbringen?*

N: Ja, das ist richtig.

D: *Sie können also alles erschaffen, was sie wollen?*
N: Das ist richtig. Sie müssen lediglich die Lichtleitung anzapfen.
D: *Niemand sagt ihnen, was sie tun sollen?*
N: Nein. Sie bringen das Bewusstsein der Galaxie hervor, so dass andere erfahren können, wie man dies tut, aber es muss auf der höheren Ebene eingebracht werden, bevor sie es zur Verfügung haben.
D: *Was ist mit der Erschaffung von Leben auf diesen Planeten? Haben Sie etwas damit zu tun?*
N: Nein. Ich bringe nur den Strom rein. Ich bin nur der Strom.
D: *Gefällt dir das besser?*
N: Ja, weil ich mehr sehen kann. Ich kann sehen, wie viel mehr in das All passt.
D: *Glaubst du, dass du durch das Eintreten in den physischen Körper einer Pflanze oder eines Tieres deine Sicht eingeschränkt hast?*
N: Es ist ein anderer Ausblick. Er ist nicht ganz so umfassend wie innerhalb der Galaxie. In der Lage zu sein, die Galaxieansicht innerhalb der Umlaufbahnen der Planeten sehen zu können. Zu sehen, wie alles innerhalb einer Galaxie zusammenpasst und wie sich diese Galaxie dann mit dem Kosmos verbindet, ist im Moment interessanter. Die Ausblicke sind unterschiedlich.
D: *Hörst du schließlich irgendwann auf, der Strom zu sein?* (Ja) *Was passiert zu diesem Zeitpunkt?*
N: Ich kann mir einen anderen Ort aussuchen.
D: *Es gibt dort so viel zur Auswahl, nicht wahr?*
N: Ja, das gibt es.
D: *Was willst du als Nächstes tun?*
N: Ich habe mich entschieden, an einen Ort des Lernens zu gehen. Es ist ein Ort, an den jeder geht ... alle Wesen gehen dorthin. Wer auch immer sich dafür entscheidet, kann dorthin gehen, wenn er mehr lernen muss ... und hat keine andere Quelle.
D: *Erzähle mir von diesem Ort.*
N: Es hat alles, was wir jemals wissen müssen.
D: *Was für eine Form hast du, wenn du an einen Ort des Lernens gehst?*
N: Einfach Bewusstsein.
D: *Darum geht es also? Lernen und Erschaffen?*
N: Ja, Sich-Entwickeln. Man bittet einfach darum, zu lernen, und es wird einem gegeben. Du weißt es einfach automatisch.
D: *Keine Lehrer?*
N: Nein. Es wird dir gegeben ... deinem Bewusstsein gegeben.
D: *Was lernst du an diesem Ort am liebsten?*

N: Ich ziehe es vor, die unermessliche Weite dessen kennenzulernen, was die Quelle erschaffen hat. Ich habe Teile von Galaxien, Universen, Planeten und Lebensformen kennengelernt, aber ich möchte die Weite der Gesamtheit der Schöpfung kennenlernen, damit ich jenseits dessen sein kann, was ich jetzt sehe. Denn meine gegenwärtigen Ebenen des Kosmos umfassen Galaxien und Planeten und Kleinigkeiten—nicht Kleinigkeiten—sondern Einzelheiten und deshalb will ich die größere Weite.
D: *Hast du erfahren, dass es etwas Größeres gibt?*
N: Ja, es hört nie auf. Die ganze Schöpfung dehnt sich aus, so auch die Weite, die ich zu dieser Zeit in meinem Wesen empfange, und es wird zu einer anderen Zeit eine noch größere Weite anerkannt werden.
D: *Gibt es also jemals eine Zeit, in der du es alles lernen kannst?*
N: Man kann zur Quelle zurückgehen, um sich auszuruhen.
D: *Und wenn du dort bist, kannst du alles Wissen haben?* (Ja) *Das ist eine riesige Menge an Wissen. Verbringst du viel Zeit am Lernort?*
N: Ja. Ich möchte zu diesem All-Zeitpunkt alles Wissen haben.
D: *Und du nimmst all diese Informationen auf?*
N: Das ist richtig.

Dies schließt sich an das an, was das SC viele Male gesagt hat, dass man alles Wissen und alle Antworten in sich hat. Man braucht wirklich nichts außerhalb von sich selbst zu suchen. Man kann lernen, diese unglaubliche Quelle an Informationen anzuzapfen.

D: *Was wirst du mit all diesen Informationen tun, nachdem du sie aufgenommen hast?*
N: Ich werde es an andere weiterleiten, wo weitere Teile davon anderswo gebraucht werden. Es muss die Bereitschaft dazu bei ihnen bestehen. Es muss Offenheit herrschen. Es muss auch einen gewissen Grad der Akzeptanz und Verfügbarkeit geben ...
D: *Also sendest du sie einfach aus?*
N: Ja, die Wesen, die sich auf den Empfängerebenen befinden, wo sie beschließen oder empfangen oder weitersenden, nehmen sie auf.
D: *Es ist wie ein Leuchtsignal, das sie überall hinsendet.*
N: Das ist richtig.
D: *Du hast also kein Verlangen, in einen physischen Körper zu gehen?* (Nein.) *Das wäre einschränkend, nicht wahr?*
N: Es wäre nicht einschränkend, weil ich die Beschränkung nicht kennen würde. Aber es wäre nicht die Bandbreite, zu der ich

zum jetzigen Zeitpunkt Zugang habe.

D: *Bist du dir bewusst, dass du durch einen Menschen sprichst, einen physischen Körper?* (Pause) *Ist dir bewusst, dass du mit mir kommunizierst?*

N: Ich sende die Strahlen zu dem Wesen aus, damit das Wesen sie zu dir schicken kann.

D: *Du bist nicht in diesem Wesen, durch das du sprichst?*

N: Nein. Es ist eher wie mit euren Sendemasten für eure Telefonanlagen oder eure Funksysteme ... eure Wellen. Es geht direkt zu diesem Wesen.

D: *Ich habe herausgefunden, dass der einzige Weg, wie wir diese Kommunikation durchführen können, der ist, dass ich sie in diesen Bewusstseinszustand versetze. Dann ist sie empfänglich.*

N: Ja, das ist richtig. Eine reine Körperlichkeit kann das Niveau nicht halten.

D: *Warum hast du dich entschieden, heute durch sie zu sprechen?*

N: Sie ist bereit, die Informationen zu empfangen.

D: *Natürlich wollen wir bei der Menge an Informationen, die du bereithältst, ihre Systeme nicht überlasten.*

N: Das ist richtig. Sie neigt zur Überlastung. Das wollen wir nicht.

D: *Also denkst du, es ist an der Zeit für sie, mehr zu wissen und mehr Informationen zu erhalten?*

N: Ja, das Vehikel ist bereit. Die Übertragungsleitungen wurden angeschlossen. Sie wird ein Sender sein, ein menschlicher Sender. Es wird nicht wichtig sein, was sie tut und in welcher Form. Die Übertragung wird so oder so durch sie erfolgen.

D: *So kann sie also ihrem normalen Leben nachgehen?*

N: Das ist richtig. Es kommt durch sie hindurch, als ob da ein Vehikel in der Atmosphäre wäre. Das Vehikel ist dem Planeten Erde insofern ähnlich, als es Schwingungen und Matrizen und Atmosphären und alle möglichen Dinge um die Erde herum gibt, die die Übertragung speisen.

D: *Du willst, dass sie rein dadurch sendet, dass sie ist?*

N: Ja, richtig. Sie überträgt es einzig durch die Essenz des Selbst, die Essenz der Körperlichkeit, die Essenz der Atmosphäre um die Körperlichkeit herum.

D: *Also muss sie es nicht niederschreiben oder darüber sprechen?*

N: Das muss sie nicht. Sie kann es, wenn sie will, aber es wird übertragen, weil der Grad der Übertragung so hoch ist, dass viele dieses gesprochene oder geschriebene Wort nicht verstehen würden.—Das ist ihr selbstgewählter Weg, ein Leuchtturm zu sein. Sie ist wie eine Stimmgabel, die den Planeten verfeinert, all diejenigen auf ihm, in ihm und um ihn herum.

D: *Gibt es andere Wesen auf der Erde, die dasselbe tun?* (Ja) *Sind sie sich dessen bewusst?*
N: Einige sind es. Nur wenige sind es. Die meisten nicht.
D: *Das ist eines der Dinge, die sie wissen wollte. Was ist ihr Daseinszweck? Was hat sie hier auf der Erde zu tun?*
N: Sie ist ein übertragendes Stimmgerät. Sie tut das in der Funktion eines Gerätes. Sie verfeinert die Physikalität, die Atmosphäre um die Physikalität herum. Und die anderen Körper oder die Worte, die auf diesem Planeten benutzt werden, den physischen, den mentalen, den astralen und den spirituellen Körper. Es war ihre Wahl. Solange sie in dem Körper ist, dient sie weiterhin als ein Gerät. Sie war ihr ganzes Leben lang dieses Gerät. Sie wurde an verschiedenen Orten platziert, damit die Übertragungen abgestimmt werden konnten, sie wurde an verschiedene Orte geschickt, damit die Übertragungen „verstärkt" werden konnten.

Sie klang wie eine aus der Zweiten Welle von Freiwilligen. Sie werden als Leuchttürme, Sender, Generatoren und Kanäle beschrieben, die positive Energie an andere senden. (Nachzulesen in meinem Buch *Die drei Wellen der Freiwilligen* für weitere Informationen.)

D: *Du hast mir zuvor gesagt, dass wir überall, wo wir hingehen, etwas von unserer Energie hinterlassen.*
N: Ja. Es ist keine Energie an sich, in eurer Terminologie. Es ist eine Kombination von Dingen, die sich entzünden und mehr von dem hervorbringen, was hervorgebracht werden soll. In der Terminologie dieses Planeten nennt ihr es „Energie". Man könnte es „Energie" nennen, aber es ist feiner als das. Es ist eine feinere Abstimmung, eine feinere Übertragung, die dabei hilft, alles um es herum feiner zu machen und sie mehr Licht zulässt.
D: *Was ist der Zweck, dies zu dieser Zeit in der Erdgeschichte zu tun?*
N: Damit die Erde eine höhere Ebene in ihrer Entwicklung hervorbringen und die schwereren, dunkleren, dichteren, weniger leichten Körper oder Energien beseitigen kann oder wie auch immer du sie nennen willst, die Wesenheiten, die den Planeten zurückhalten.
D: *Das sind also diejenigen, die gehen?*
N: Ja, richtig.
D: *Damit ihr mehr Licht, mehr Wissen und mehr Informationen bekommt?*
N: Ja, genau. Mehr von den eingehenden Übertragungen können

hereinkommen und die Erde mit einem größeren Tempo verfeinern ... einem schnelleren Tempo.

D: *Kommen jetzt noch mehr Leute rein, die das tun?*

N: Ja, das ist richtig, es kommen noch mehr. Sie tun es durch ihr Lachen, durch ihr Spiel, durch ihre Musik, durch die weniger strukturierten Methoden des Seins.

D: *Aber sie tun es, ohne es zu merken.*

N: Ja. Es gibt viele, die es wissen, aber es gibt viele, die es nicht wissen können, aufgrund dessen, wo sie sich befinden. Denn wenn es bekannt wäre, würden die Wesen um sie herum versuchen, es abzuriegeln.

D: *Wäre es für sie ratsam, nicht darüber zu sprechen?*

N: Sie wird wissen, wann und wann nicht. Mit den meisten Wesen, die sie zur Zeit um sich herum hat, kann sie nicht darüber sprechen. Sie würden es nicht verstehen. Es gibt die dunkleren, dichteren Wesen, die erhebliche Versuche unternehmen würden, die Übertragungen zu stoppen.

D: *Aus diesem Grunde tun es die meisten Leute im Geheimen?*

N: Ja, das tun sie. In der Terminologie dieses Planeten erscheinen sie als Einzelgänger und in Wirklichkeit sind sie Licht. Sie sind direkt von der Quelle gesendet worden und in eurer Terminologie wären sie „Hochspannung".

D: *Aber jeder ist doch von der Quelle, nicht wahr?*

N: Ja, allerdings gibt es diejenigen, die einen Unwillen in Ihrem Selbst verspüren, mehr Licht hervorzubringen.

D: *Es hängt also vom freien Willen des Einzelnen ab?*

N: Auf diesem Planeten ja.

D: *Und einige von ihnen haben abgelehnt.* (Ja) *Ich war überrascht darüber, bei der Erschaffung der Welt ins Leben zurückzukehren. Wir dachten, wir würden in normale frühere Leben zurückkehren.* (Lachen)

N: Das ist normal für dieses Wesen.

D: *Das passiert immer häufiger, wenn ich mit Menschen arbeite. Sie kehren zum Unerwarteten zurück.* (Ja) *Ich vermute, dass das gerade jene Zeit auf der Welt ist.*

N: Ja, und es ist Teil *deiner* Entwicklung.

D: *Meiner Entwicklung?*

N: Ja, genau, denn du bist ein Sender der Quelle.

D: *Ein anderer Typ als sie.*

N: Ja, das stimmt.

D: *Ich weiß, dass die Informationen, die ich nun erhalten habe, sehr viel anders sind, als zu Beginn meiner Tätigkeit.*

N: Ja, das ist richtig, und das wird auch so bleiben.

D: Ich sage allerdings immer, dass ihr uns nicht mehr geben werdet, als wir bewältigen können.

N: Das stimmt.

D: Und ich soll fortfahren, sie der Welt zu geben?

N: Ja, ihr habt viel aus dem Entzünden, Anzünden, Aktivieren, der Evolution der Seelen sowie der planetarischen Essenz gemacht.

D: Wird die Arbeit weiter wachsen?

N: Ja. So verlassen wir euch mit einer Übertragung an euch beide für ein leichteres Sein und die Essenz der Gnade.

Abschiedsbotschaft: Sie soll das Selbst aufrechterhalten, so dass das Selbst sich des Selbst jederzeit bewusst ist. Und sie soll nicht zulassen, dass das Selbst überwacht, überholt, manipuliert oder auf irgendeine andere Weise benutzt wird, als für ein Wesen, das neben ihr geht. Und wir sind immer bei ihr.

D: Ich nenne dich das Unterbewusstsein. Du sagtest, es sei dir egal, wie ich dich nenne. (Lachen)

N: Das ist richtig. Wir wissen, dass das Selbst die Namen braucht, um sich zu verbinden.

D: Aber ich musste dich heute nicht herbeirufen, weil du bereits hier warst.

N: Richtig. Wir sind immer hier.

Kapitel 21
„OPTIMIEREN "

Ella war so begierig darauf, in die Szene zu treten, dass sie nicht einmal wartete, bis ich die Einführung beendete. Sie wandelte unverzüglich durch außergewöhnliche Gärten voller wunderschöner Blumen. Es saßen farbenfrohe Vögel in den Bäumen. Dann sah sie ein Gebäude in römischer Art, von dem sie wusste, dass es eine riesige Bibliothek war. „Ein Teil davon ist eine Bibliothek und, oh, man kann dort alle möglichen Dinge tun." Der Ort schien ihr sehr vertraut und sie wusste, dass sie zuvor schon einmal dort gewesen war. Sie wollte unbedingt die Treppe hinaufgehen und das Gebäude betreten. „Ein Freund von mir öffnet die Tür. Jemand, den ich schon ewig kenne. Er ist sehr sachkundig."

D: *Weiß er, warum du gekommen bist?*
E: Er scheint immer alles über mich zu wissen. Er ist sehr freundlich und liebenswürdig. Ich glaube, er hat auf mich gewartet.
D: *Gibt es da etwas, das du dir ansehen willst?*
E: Ich komme zum Besprechen. Es scheint, als hätte sich der Hintergrund nun geändert. Ich bin in der Gegenwart „meiner Zwölf". Meiner Räte. Es gibt drei unten, sieben in der Mitte und zwei oben. Sie sitzen und ich stehe vor ihnen. Mein Freund befindet sich zu meiner Linken und ermutigt mich, zu dem Rat zu sprechen.
D: *Sind es zwölf, einschließlich deines Freundes, oder ist er getrennt?*
E: Er ist getrennt.
D: *Er ermutigt dich, zu dem Rat zu sprechen?* (Ja) *Worüber willst du reden?*
E: Oh, da gibt es so viele Dinge. So viele Dinge. Mit wem habe ich die Möglichkeit, zu arbeiten? Ich habe das Gefühl, als würde ich mit denen arbeiten, die nicht hier auf diesem Planeten geboren wurden. Ich entwickle Beziehungen und Verbindungen zu verschiedenen ... und suche nach mehr Wissen darüber.—Es gibt

drei unten. Es gibt sieben in der Mitte und zwei oben. Während ich zum Rat sehe, öffnete der links oben gerade den Mund und ein Lichtfunke kam heraus. Irgendwas passiert hier.

D: *Aber fragst du sie, mit wem du tatsächlich arbeitest, oder mit wem du arbeiten sollst?*

E: Ich denke, es geht darum, mit wem ich die Möglichkeit habe, zu arbeiten. Ich glaube an mein jetziges Leben.—Wenn sie ihren Mund aufmachen, ist es, als ob etwas passiert. Als ob eine Tür geöffnet wird.

D: *Sie meinst also, sie müssen nicht mit dir kommunizieren?*

E: Diejenigen da unten kann ich irgendwie verstehen. Bei denen in der Mitte kann ich nicht wirklich verstehen, was sie sagen. Und die ganz oben kommunizieren auf andere Arten, die ich nicht verstehe. Die drei unteren sind die meiste Zeit bei mir. Ich stehe vor dem Rat, um ... es ist, als würde ich um Erlaubnis für verschiedene Dinge bitten. Und sie diskutieren und denken darüber nach oder beraten darüber, aber das sind meine Ratsmitglieder.

D: *Du sagtest, die drei unten seien die meiste Zeit bei dir. Was meinst du damit, „Führer" oder so etwas?*

E: Ich kann es nicht sagen. Ich weiß nur, dass sie Energie sind. Ich kann nicht sagen, was sie sind, aber der Eine in der Mitte unterhalb von den Dreien kommuniziert mit mir auf eine Weise, die ich am besten verstehen kann. Es ist wie elektrisch.

D: *Wann kommuniziert er? Während du schläfst, oder wie?*

E: Ich glaube, jederzeit.

D: *Du sagtest, du wollest etwas über diejenigen erfahren, mit denen du zusammenarbeiten wirst?*

E: Ja. Über die, zu denen bekannt wurde, dass ich mit ihnen arbeiten kann. Ich habe bereits die Erlaubnis. Ich bin mir dessen nur nicht klar und ich traue mir selbst nicht zu, dies zu wissen.

D: *Nun, wenn man in einem menschlichen Körper ist, nimmt man die Dinge auf eine andere Art und Weise wahr.*

E: Richtig. Und ich weiß das bereits und sie lächeln. (Lachen) Sie kommunizieren Liebe. Jetzt werde ich irgendwo hingebracht.

D: *Wer nimmt dich mit?*

E: Ich weiß nicht. Es ist, als würde ich ein bisschen nach hinten und nach rechts rausgeschleudert werden.

D: *Mal sehen, wo er dich hinbringt.*

E: Ich bin an einem Ort, aber ich weiß nicht, worauf ich stehe. Ich weiß nicht einmal, ob ich *überhaupt* stehe, aber ich schaue mir an, wo ich arbeiten werde.—Ich sehe verschiedene Planeten. Ich sehe verschiedene Sternensysteme. Es ist ziemlich weitläufig.—

Mir wird das gezeigt, damit ich mich erinnern kann, aber ich weiß das schon. Es ist eine Reihe verschiedener Planeten. Es ist ein Zwei-Sterne-System ... ein Doppelstern mit Planeten um ihn herum. Das ist nicht der einzige Ort, aber in erster Linie der, auf den ich konzentriert bin. Interessant. Oh, es gibt viele verschiedene Kreaturen. Einige werden gerade ausgebrütet.

D: *Ausgebrütet? Du meinst, sie bilden sich gerade ...?*

E: Ja. Sie fangen gerade erst an ... fangen gerade an. Ich sehe die verschiedenen kleinen Lebensformen.

D: *Wo sind diese Lebensformen?*

E: Auf den verschiedenen Planeten. Verschiedene Planeten haben unterschiedliche Lebensformen. Es gibt viele, die man im Auge behalten muss. Es gibt viele, denen man helfen kann. Es gibt viele zu beobachten und dann führen wir sie an verschiedenen Orten ein. Wir führen Experimente durch. Wir schauen und sehen, was funktionieren könnte, und dann führen wir das in die Atmosphäre ein und bringen es in diesen speziellen Planetenkörper ein ... mit der Erlaubnis des Körpers. Der planetare Körper ist ein Teil des Prozesses. Es ist eine vollständige Dynamik.

D: *Du meinst also, der Planet selbst müsse den verschiedenen Lebensformen, die er aufnimmt, die Erlaubnis geben, auf ihm zu leben?*

E: Ja, und die Sonnensysteme sind auch ein Teil davon.

D: *Müssen die Sonnensysteme die Erlaubnis geben oder nur der Planet?*

E: Alle müssen sich einig sein.

D: *Aber du sagtest, es gebe viele verschiedene Lebensformen?*

E: Ja, und ich arbeite mit vielen verschiedenen Arten zusammen um diese Arbeit zu erledigen. Da sind einige, die wie sehr seltsame Spinnen aussehen und die sehr gut in Mathematik sind. Es gibt einige, die ... oh, es sieht fast aus wie die Bar-Szene in Star Wars. (Lachen)

D: *Aber alles ist lebendig. Es muss nicht dieselben Formen haben, oder?*

E: Oh, nein, das muss es nicht.

D: *Alles, was sich an diese Atmosphäre anpassen kann?*

E: Ja. Aber die, die daran arbeiten, waren auf einem Raumschiff oder auf vielen Raumschiffen. Aber es gibt ein bestimmtes, wo wir hingehen, und wir schauen, rechnen und experimentieren mit allem, was auf jenem Planeten funktionieren könnte. Und welche verschiedenen Formen sich aufgrund unserer Experimente auf anderen Planeten entwickeln können und werden. Und wir alle auf dem Schiff beraten uns. Wir probieren verschiedene Dinge aus. Wir haben viele verschiedene Ansätze, weil wir unterschiedliche Hintergründe haben.

D: *Das wird alles auf diesem Raumschiff gemacht?*

E: Ja, wir haben viele verschiedene Raumschiffe, aber dieses hier mögen wir besonders. Es gibt eines in der Mitte und dann sind noch sieben drumherum. Das hier ist ein ziemlich großes. Wir können fast alles darin machen, obwohl wir manchmal, wenn wir auf den Planeten hinunterfliegen, in kleineren Schiffen sind. Oder manchmal nehmen wir einfach einen Teil unseres Wissens oder unseres Seins mit hinunter ... nur einen Teil unseres Bewusstseins.

D: *Du musst also nicht das ganze Bewusstsein mitnehmen?*

E: Nein, nur einen Teil des Bewusstseins, um auf den Planeten hinunterzugehen und ihn zu betrachten. Du kannst diesen Weg einfach mithilfe deines Bewusstseins reisen, oder du kannst alles mitnehmen. Dein Instrumente oder was du an Bord des Schiffes hast. Du kannst es auf die eine oder die andere Weise tun. Es spielt wirklich keine Rolle. Was auch immer nötig ist. Es gibt viele von uns. Es ist eine ganze Brigade von uns. Wir haben viele verschiedene Wesen mit vielen verschiedenen Hintergründen und wir sind hier, um das Licht auszuweiten. Das ist es, was wir tun. Wir weiten das Licht aus. Wir gehen in Teilbereiche des Unbekannten, aber basierend auf unserem Hintergrund und unserer Expertise ... helfen wir uns alle gegenseitig dabei, Leben in verschiedenen und sich unterscheidenden Formen auf diesen verschiedenen Planeten anzulegen.

D: *Aber ihr lebt nicht auf diesen Planeten? Ihr lebt auf den Raumschiffen?*

E: Ja. Das ist es zwar nicht, wo ich herkomme, aber das ist meine Aufgabe und das, was ich gerne tue. Und ich genieße die Kameradschaft mit ihnen allen. Da ist eine, die aussieht wie ... am ähnlichsten wäre ihr eine Gottesanbeterin. Einfach sehr majestätisch, sehr alt, sehr kenntnisreich. Einfach eine unglaubliche Quelle von Wissen und Informationen.

D: *Diese Wesen sind alle unterschiedlich und haben verschiedene Aufgaben?*

E: Ja, aber wir beraten uns alle. Wir arbeiten alle zusammen.

Ich fragte sie, wie sie *ihren* Körper wahrnimmt. „Ich kann sein, was immer ich will."

D: *Hast du die Fähigkeit, die Form zu verändern?* (Ja) *Haben das auch einige der anderen?*
E: Ich weiß es nicht. Jeder ist anders, aber ja, ich kann sein, was ich will. Es gibt eine Sache, die mir besonders gut gefällt. Ich schätze, ihr würdet es ein langes Kleid nennen; es hat viele verschiedene, funkelnde Farben darin, aber das sind Energien. Es gibt einen Grund und einen Zweck dahinter. Es sind verschiedene Energien. Man muss keinen Körper haben. Man kann einfach ein Bewusstsein sein, wenn man will.
D: *Wie nimmst du dich in deiner normalen Form wahr, wenn du dich nicht in etwas verwandelst?*
E: Ich bin relativ groß, schlank, nicht so wie mein Erdenkörper. Ich wollte das erleben und den Unterschied sehen. Wirklich groß. Du kannst sein, was du sein willst.
D: *Das ist also nicht dein Zuhause, aber hier ist dein Job?*
E: Ja, weil es mir Freude macht. Aber ich gehe nach Hause. Das ist in einer anderen Dimension. Es ist ganz anders. Man geht durch ein Portal zu—wie sagt man?—Unterschiedliche Energieschnellstraßen. Man kann es so machen oder man kann es einfach denken und hier sein.
D: *Ich frage mich, ob es lange dauert, bis man euren Heimatplaneten erreicht.*
E: Augenblicklich. Tatsächlich kann man an beiden Orten gleichzeitig sein. Man kann an mehreren Orten sein. Und du kennst dich selbst und du gehst zwischen deinen verschiedenen Selbst hin und her, so, wie es dir beliebt. Aber du kannst von verschiedenen Wesen zu verschiedenen Orten gerufen werden. Die Energie ruft einen zurück. Aber du kannst immer noch dort sein, wo du bist, und ein Teil deiner Energie geht zurück, um sich mit irgendetwas zu befassen, um zu kommunizieren, um ein Teil jenes Lebens zu sein. Es gibt so viele Möglichkeiten, aber das macht mir Freude. Innerhalb der Kameradschaft, gibt es viele von uns, aber es gibt einige, die geschickter und fortgeschrittener sind. Älter—nicht älter—erfahrener. Es gibt welche, die abenteuerlustiger sind als andere. Manche machen das schon seit Äonen. Ich bin relativ neu in diesem Bereich.
D: *Sogar die, die schon seit Äonen dort sind, genießen noch immer, was sie tun?*
E: Ja, das tun sie. Wenn nicht, wären sie woanders. Sie können gehen, wohin sie wollen.
D: *Ist das die Hauptarbeit, die du im Moment machst?*
E: Basierend auf meinem Hintergrund, basierend auf den Orten, an denen ich gewesen bin, bringe ich Erfahrung und Emotionen mit,

und wenn die Lebensformen dann an einen Punkt kommen, an dem sie das aufnehmen können, dann nehme ich an, dass das meine Expertise ist, Emotionen beibringen. Ganz so, wie wir es hier auf der Erde haben. Wir alle sind Kombinationen aus sehr vielen verschiedenen Variationen. Und so würde ich, basierend auf meinem Hintergrund, dieses Wissen nehmen und es mit meinen Kollegen diskutieren, weil sie Lebensformen haben wollen, die mehr Emotionen erleben, als sie bisher erlebt haben. Und sie sehen, dass es ein Dualismus ist. Es kann sehr schwer sein, aber es kann auch sehr lohnenswert sein.

D: *Also erleben einige der Wesen auf dem Raumschiff keine Emotionen?*

E: Nicht in dem Maße, wie wir es tun ... nicht die vollen Emotionen, nein.

D: *Warum hast du diesen Hintergrund, das Fühlen von Emotionen?*

E: Weil ich auf der Erde gewesen bin. Ich habe die Erde erlebt.

D: *Dort kommen die Emotionen her?*

E: Ja. Nun, dieser Teil meines DNA-Strangs ... das ist ein Teil meines Verständnisses. Das ist ein Teil meiner Kodierung und Dekodierung. Das ist ein Teil dessen, wie ich mich verändert habe. Meine Kodierung hat sich geändert und wir integrieren unsere verschiedenen Kodierungen in verschiedene Lebensformen. Wir nehmen Stränge aus den verschiedenen Gruppierungen meiner Kollegen. Wir nehmen Stränge aus unseren ... der einfachste Weg, es zu erklären, ist die Kodierung. Ich verstehe es als mehr als eine DNA – als einen Kodierungsprozess. Und wir nehmen einen Teil davon, wir mischen Varianten bei und träufeln diese dann in Lebensformen auf verschiedenen Planeten ein, die ein bestimmtes Stadium erreicht haben.

D: *Du meinst also, du hattest keine Emotionen, bevor du den Erdenkörper annahmst?*

E: Ich hatte Emotionen, aber nicht annähernd diese Spannbreite.— Ich sehe einen Fächer. Und du öffnest den ganzen Fächer und in jeder kleinen Falte des Fächers hast du eine andere Emotion. Und auf einigen Planeten ist der Fächer nur ein wenig geöffnet und auf anderen Planeten ist der Fächer zu einem Viertel oder zur Hälfte oder zu drei Vierteln geöffnet. Aber hier auf der Erde ist er geöffnet—nicht ganz in der vollen Breite des Fächers, aber ziemlich offen—und wir haben alle unterschiedlichen Emotionen, die wir überwinden, während wir hier leben. Wir erfahren diese Energien und wir lernen, wie wir uns diese Energien zunutze machen können, und wir lernen, wie wir diese

Energien kontrollieren können. Und erst, wenn wir lernen, wie wir sie uns zunutze machen oder kontrollieren können, haben wir die Stufe mehr oder weniger absolviert, um weiterzugehen.

Es wurde gesagt, dass die wichtigsten Dinge, die zu erlernen wir in die Erdenschule kommen, Emotionen und Beschränkungen sind. Das macht die Erde zum herausforderndsten Planeten in unserem Universum.

D: *Weil die Gefühle auf der Erde sehr komplex sind, nicht wahr?*
E: Oh, unglaublich ... unglaublich komplex.—Dort, wo meine Kollegen herkommen, gibt es Orte, wo sie ein paar Emotionen haben, aber nicht die volle Bandbreite ... kein richtiges Verstehen. Es gibt Verwirrung. Sie sehen alles, was hier passiert ist. Sie sehen alles, was gerade überall passiert. Du konzentrierst einfach deine Aufmerksamkeit und du kannst es sehen. Du kannst es fühlen. Du kannst es wissen.
D: *Du sagtest, sie haben nicht die volle Bandbreite an Emotionen, aber was sind die grundlegenden Emotionen, die die meisten Menschen haben?*
E: Sie würden Liebe und Wut verstehen ... Liebe zu Mitmenschen, Liebe zur Familie und Wut in ... Ich denke an einen „Reptilienmenschen" ... ein Verständnis für die Liebe und sehr schnell im Zorn. Es kann beides sein, aber es hat nicht die Abstufungen höherer Formen des Mitgefühls, höherer Formen von mehrschichtigen Emotionen zur gleichen Zeit. Wir auf der Erde können wütend, traurig, glücklich, erfreut, fröhlich und boshaft sein, alles zur gleichen Zeit. Und das ist für sie seltsam, weil sie hauptsächlich in einer Emotion leben und nicht in mehreren gleichzeitig.
D: *Weil Menschen sehr komplizierte Kreaturen sind.*
E: Ja, und es kann sehr schwer, aber auch berauschend sein. ... Absolut berauschend, hier zu sein.
D: *Wenn diese Wesen diese beiden Grundemotionen haben, sind das sehr starke Emotionen.*
E: Sie haben Emotionen wie Eifersucht, obwohl sie das als eine psychische Krankheit betrachten. Sie haben auch ein größeres Verständnis von Einheit, im Sinne, dass wir alle eins sind, und sie erleben diese Einheit. Hier auf der Erde haben wir eine lange Phase des Gefühls von Getrenntsein durchlaufen. Und wir haben in dieser Zeit viel gelernt, indem wir das Leben auf diese Weise betrachteten.
D: *Bedeutet das, dass das Wesen, welches du dort auf jenem*

Raumfahrzeug bist, zur gleichen Zeit existiert, wie diese Person auf der Erde, zu der ich spreche? (Ja) *Verstehst du, wovon ich rede?* (Ja) *Denn du weißt, dass du durch ein menschliches Wesen sprichst.* (Ja) *Existiert ihr etwa beide zur gleichen Zeit?* (Ja) *Du existierst also auf dem Raumschiff zur gleichen Zeit, zu der du durch Ella sprichst?* (Ja) *Kannst du erklären, wie das geht?*

E: Verschiedene Teile des Bewusstseins.

D: *Das bedeutet also, dass Ella andere vergangene Leben auf der Erde hatte?* (Ja, ja.) *Die Emotion, die sie in jenen Leben erfuhr, wird auf dich zurückübertragen?* (Ja) *Also musst du das Leben nicht wirklich leben?* (Richtig.) *Das ist es, was ich zu verstehen versuche. Erhältst du die Emotion von ihr mittels Osmose oder so etwas?*

E: Korrekt. Das ist einer der Gründe, warum sie an Bord des Schiffes ist. Sie wird, wie ihr sagt „optimiert", womit wird ihre Kodierung heruntergeladen und gleichzeitig an andere weitergegeben wird.

D: *Wird das alles in einem Labor oder etwas Ähnlichem gemacht?*

E: Es gibt verschiedene Möglichkeiten, dies zu tun.

D: *Und mehr oder weniger in eine Datenbank oder so etwas gesteckt? Ich versuche, unsere Begriffe zu verwenden.*

E: Wie ein Computer, wenn man sich eine große Computerbank vorstellt, die für jeden im Universum zugänglich ist. Wenn sie diese Informationen haben wollen, können sie diese Informationen haben. Es wird alles geteilt. Es ist alles eins.

D: *Dann wird dieser emotionale Teil auf andere Wesen auf anderen Planeten heruntergeladen?*

E: Wenn sie es so wünschen, ja.

D: *Die Menschen haben einen freien Willen, also haben diese anderen auf diese Weise einen freien Willen?*

E: Ja, natürlich.

Eine der Fragen auf Ellas Liste hatte mit einem Erlebnis zu tun, das sich ereignete, als sie ein kleines Mädchen war. Sie saß in einem Auto, das ihre Mutter fuhr, und sie sah ein riesiges Raumschiff. Ich fragte, ob sie ihr etwas über dieses Erlebnis erzählen könnten.

E: Ja. (Amüsiert.) Eigentlich war es ein kleineres Schiff. Sie denkt, es sei groß gewesen.

D: *Sie war ein kleines Mädchen, vielleicht sahen die Dinge deshalb für sie größer aus.*

E: Das ist wahr.—Es war klein im Vergleich zu anderen, die wir haben. Es gibt andere, die nach menschlichen Maßstäben riesig erscheinen würden.

D: *Ich habe gehört, dass manche so groß sind, wie eine Stadt.*

E: Oh, größer ... größer.

D: *Hat sie das wirklich gesehen, als sie mit ihrer Mutter im Auto war?*

E: Ja, das hat sie.

D: *Ihre Mutter sah es auch. (Ja.) Ist an dem Tag noch etwas passiert? (Ja.) Kannst du ihr davon erzählen?*

E: Ich versuche ihr zu zeigen, was sie sehen will.—Nur eine Minute.—Sie hat das Innere des Schiffes gesehen. Es gibt verschiedene Abteilungen—Räume, würdet ihr sagen—verschiedene Funktionen für verschiedene Teile und Arten von Wissenschaftlern an Bord. Sie kennt diese Leute.

D: *Wegen dir oder wegen ihr?*

E: Wegen ihr selbst. Sie weiß. Sie war schon als kleines Kind verwirrt und wir wollten ihr nicht wehtun. Sie hat in diesem Leben viel zu tun.

D: *Wie ist sie an Bord des Schiffes gekommen?*

E: Es war einfach ein Teil ihres bewussten Selbst.

D: *Also musste sie nicht körperlich aus dem Auto genommen werden?*

E: Man kann es so oder so machen. Sie war sowohl physisch an Bord als auch in ihrem bewussten Selbst. Man spaltet eine Sekunde, wie ihr sagt, weil Zeit nicht das ist, wofür ihr es haltet. Man kann im Wesentlichen eine Sekunde spalten, und so wie man eine Sekunde spaltet, nimmt man sie auseinander und friert sie dort ein, wo sie ist. Dann ist sie frei, in einer anderen Dimension zu sein.

D: *Es geht also sehr schnell? (Oh, ja.) Fast gleichzeitig eigentlich. Ist es das, was du meinst?*

E: Ja, aber das wurde später im Leben gemacht. Dieses Mal durfte sie sehen, weil es eine Erinnerung auslöste, denn es half ihr beim Erwachen. Sie musste das sehen.

D: *Wurde ihre Mutter auch entführt?*

E: Nein. Die Mutter ist nicht notwendig.

D: *Das ist nicht Teil der Erfahrung ihrer Mutter? (Nein.) Aber ihre Mutter sah es dennoch.*

E: Ja, um für Ella später im Leben zu bestätigen, dass sie sich das nicht ausgedacht hat. Sie hatte die Bestätigung, und damit verlieh sie diesem Gedanken mehr Glaubwürdigkeit und mehr Verständnis.

D: *Du sagtest, das sei nicht das einzige Mal gewesen, dass ihr das passierte? (Nein.) Passierte es vorher oder nachher?*

E: Davor und danach ... viele Male danach.
D: *Du sagtest vor einer Weile, dass sie entführt und „optimiert" worden sei?*
E: Optimiert, wie ihr es verstehen würdet. Es bedeutet, dass das Bewusstsein verändert wird. Es wird nicht neu zusammengesetzt. Es wird ihm etwas hinzugefügt, damit sie mit dem Leben hier auf der Erde umgehen kann, damit sie das erreichen kann, wofür sie hergekommen ist.
D: *Du sagtest auch etwas über die DNA.*
E: So, wie Menschen es verstehen, wenn sie versuchen, die Komponenten dessen, was sie sind, zu sehen, dann sehen sie vor allem ihre DNA. Aber sie verstehen nicht, dass da noch viel mehr dahinter steckt. Es ist, als ob es ein mathematischer Kodierungsprozess wäre. Ihr habt auch magnetische Elemente um euch herum, die damit in Wechselwirkung stehen. Es gibt Erdmagnetik. Es gibt menschliche Magnetik. Damit sich der Lebensfunke an den Körper binden kann, um zu funktionieren, müssen all diese Dinge in Einklang sein. Und manchmal muss der Einklang verändert und ausgewechselt werden. „Optimiert", wie viele sagen würden. Um in Einklang zu kommen, weil menschliche Körper manchmal aus dem Gleichgewicht geraten. Es ist nicht so, dass es besser oder schlechter wäre. Es ist einfach der Einklang, und um diese Wesenheit, diese Person, diese Einheit, im Einklang zu halten, ist es ... Ich nehme an, es ist wie eine Überprüfung. Du gehst zu einem Arzt auf der Erde, der dich untersucht und sicherstellt, daß du korrekt funktionierst. Und wenn du das nicht tust, versucht er, dich in Einklang mit einem funktionierenden Körper zu bringen, sei es durch Dinge, die er tut, Dinge, die er vorschlägt, Medikamente. Er hat verschiedene Formen. Sie haben viele Medikamente hier auf der Erde, im Gegensatz zu Kräutern und der natürlichen Art, das Gleiche zu tun. Aber wir tun das nicht. Wir richten, wir bringen wieder in Einklang, so dass es eine ausgewogene Wesenheit ist, die bestens in der Lage ist, das zu tun, was sie zu tun hat.
D: *Es klingt, als würdet ihr möglicherweise auch Energie benutzen.*
E: Ja, Energien, Kristalle. Viele verschiedene Modalitäten, wie ihr sagt.
D: *Denn wenn der Körper aus der Balance gerät, kommt die Krankheit ins Spiel, nicht wahr?*
E: Diese hier muss sich keine Sorgen über Krankheit machen.
D: *Ja, sie scheint ziemlich gesund zu sein. Aber wenn der Durchschnittsmensch aus der Balance gerät, dann treten Beschwerden auf?*

E: Ja. Aber es gehen auch höhere Dinge vor sich, die sie vielleicht—
als sie in dieses Leben kamen - gewählt haben, um sie zu
überwinden.

Ella wollte wissen, ob sie einen Vertrag geschlossen hat, als sie
in dieses Leben kam. Sie sagten: „Es war eine Vereinbarung." Aber
als ich fragte, wie die Vereinbarung lautete, sagten sie, dass sie ihr
diesbezüglich zu diesem Zeitpunkt nichts sagen können.

D: *Okay. Erfüllt sie ihre Vereinbarung?*
E: Ja. Ihr Leben wird sich auf eine Weise verändern, die sie sich nicht einmal vorstellen kann. Sie wollte eine Menge Veränderungen.
D: *Positive Veränderungen?*
E: Es ist keine Frage von Positivem oder Negativem. Dies sind Änderungen, denen sie zugestimmt hat. Alle Dinge sind gut ... alle Dinge. Sie wird froh sein.
D: *Aber du willst ihr zu diesem Zeitpunkt nicht mehr sagen?* (Nein.) *Das ist gut. Sparen wir uns das für eine Überraschung auf.*
E: Sie wird es verstehen, wenn es sich entfaltet. Es ist noch nicht an der Zeit. Wenn die Zeit reif ist, wird sie das Sich-Entfaltende erkennen.

Dann kamen wir zu der „ewigen" Frage, derjenigen, die jeder Klient wissen will. „Was ist meine Bestimmung? Warum bin ich hier? Was soll ich hier tun?" Die Antwort war die gleiche, die ich schon viele Male gehört habe: „Sie ist hier, um zu helfen." Sie sagen nie, dass wir hier seien, um zu feiern, Sex zu haben, zu trinken und viel Geld zu verdienen. Oh, verflixt! Sie sagen immer, wir seien hier, um Menschen zu helfen, um uns gegenseitig zu helfen.

D: *Du sagtest, als sie wieder in das Schiff zurückgekehrt war, war dies deshalb, um die DNA anzupassen und Verbesserungen am Körper vorzunehmen. Ist das richtig?*
E: Um die Kodierung anzupassen. Ihr würdet es als DNA interpretieren, aber wir sehen es eher als die Kodierung. Es gibt noch weitere Dinge, die passieren.
D: *Mir wurde gesagt, dass sich die DNA gerade bei jedem Menschen verändere.*
E: Ja, ja. Es geschieht wegen der Energien. Die Energien verändern sich.
D: *Die Schwingungen und die Frequenzen ändern sich, nicht wahr?* (Ja.) *Mir wurde gesagt, dass die DNA oder die Kodierung*

geändert werden muss, um dazu zu passen. (Ja.) *Weil sich die Erde selbst weiterentwickelt.* (Ja.)

Ich versuchte, Ellas umfangreiche Liste von Fragen durchzugehen. Die meisten bezogen sich auf mögliche Verbindungen mit ETs. Sie erinnerte sich bewusst an kleine Teile möglicher Erlebnisse. „Wieso sollte sie zu verschiedenen Raumfahrzeugen gehen müssen?"

E: Aus unterschiedlichen Gründen ... unterschiedliche Wesen, mit denen sie Berührungspunkte hat ... unterschiedliche Absichten. Sie hat ihre Absicht erweitert.

D: *Sie hatte das Gefühl, dass sie die Menschen, die sie auf diesem Raumfahrzeug trifft, schon lange kennt.* (Ja.) *Fast so, als wären sie Freunde oder Familie.*

E: Das sind sie.

D: *Ich versuche, den Unterschied zwischen dir und ihr zu zeichnen. Hatte sie bereits andere Leben auf anderen Planeten?*

E: Oh, ja. Viele Lebensformen. Viele verschiedene Planeten, ja. Alle Leben sind gleich. Es ist nichts Lineares. Es ist das Jetzt.

D: *Warum entschied sie sich, auf die Erde zu kommen? Der menschliche Körper ist ganz anders.*

E: Um zu helfen, Licht auf diesen Planeten zu bringen, um ihren Leuten zu helfen ... um zu helfen.

D: *Es kommen viele, nicht wahr?*

E: Ja. Sie kommen, um zu helfen ... jeder auf eine andere Art und Weise.

D: *Und wenn Ella ihre Arbeit hier beendet hat, wird sie zur geistigen Seite zurückkehren?*

E: Es ist jenseits dessen, was man als die geistige Seite betrachten würde. Es ist mehr das Licht, zum Licht gehen.

D: *Zurück zur Quelle?*

E: Falls sie das wünscht, aber das ist fast wie jenseits der Quelle. Man geht durch die Quelle, um in diese andere Dimension zu gelangen.

D: *Ist das das riesige, helle Licht, von dem einige Leute berichten?*

E: Schöpfer, ja. Um darüber hinaus zu gehen und zu expandieren.

D: *Es gibt also mehr, als wir verstehen können, nicht wahr?*

E: Oh, ja, viel mehr als das lineare Gehirn zentralisieren kann.

In meiner Arbeit wurde mir gesagt, dass wir irgendwann alle unsere Lektionen auf der Erdenschule gelernt haben werden und sozusagen den Abschluss machen werden. Wir machen unseren

Abschluss an allen Schulen (auf der Erde und anderswo) und gehen zurück zur Quelle. Ich dachte, das sei das ultimative, das endgültige Ziel.

E: Verstehe, dass es verschiedene Ebenen des Schöpfers gibt. Es gibt Schöpfer, und dann gibt es, wie ihr sagt, die Mütter und Väter dieser Schöpfer. Und es gibt die Mütter und Väter eben jener Schöpfer. Es gibt so viele verschiedene Ebenen, dass es für das menschliche Gehirn schwer zu begreifen ist. In der Kapazität, die es für den Gebrauch in der Gegenwart wählt, ist es schwer zu begreifen. Es gibt ein Jenseits des Schöpfers, und das bedeutet, über den Schöpfer hinauszugehen zur Schöpfung auf der anderen Seite.

D: *Dies ist eine der Fragen, die mir die Leute gestellt haben, wenn ich über Gott oder die Quelle spreche. Sie fragen: „Wer hat ihn erschaffen?" Ist es das, wovon du sprichst?* (Ja.) *Auf diese Weise würde es sich bis in die Unendlichkeit fortsetzen, nicht wahr?* (Ja.) *Dann gab es da hinten also in Wirklichkeit keinen „Anfang"* (Lachen). *Ich versuche, das zu verstehen.*

E: Ja, aber der Anfang ist auch das Ende, das auch die Mitte ist. Es ist auch das Jetzt.

Das brachte mich langsam aus dem Konzept. „Mir wurde gesagt, dass all unsere Fragen nie beantwortet werden, weil der menschliche Verstand, nicht das Gehirn, keine Konzepte hat, um es zu verstehen."

E: Keine Konzepte, auf die man den Wahrheitsgehalt stützen kann, aber versteht auch, dass ihr in dieser menschlichen Form nur einen kleinen, unbedeutenden Teil dessen bewusst nutzt, was ihr mit euch tragt. Und ihr tragt es in jeder einzelnen Zelle eures Körpers bei euch. Ihr tragt es alles bei euch in jeder einzelnen Zelle.

D: *Mir wurde gesagt, dass es keine Konzepte gibt, um es uns wirklich verständlich zu machen.*

E: Richtig, aber du wirst es irgendwann verstehen.

D: *Mir wurde gesagt, dass einige Informationen wie Gift statt wie Medizin sind, weil wir sie nicht verstehen würden, und wir würden zu den falschen Schlussfolgerungen kommen.*

E: Das ist wahr.

D: *Sie sagten auch, dass sie sehr vorsichtig sein müssen, wie sie die Dinge formulieren, weil sie falsch interpretiert werden könnten.*

E: Das ist wahr. Das ist wahr.

Zeit, mit dem Philosophieren aufzuhören und zum Thema der Sitzung zurückzukehren. „Aber wenn du auf dem Raumschiff bist, lebst du da so lange, wie du willst?" (Ja.) „Du hast keine Beschränkungen, wie die Menschen?" (Nein.) „Und du sagtest, du seist wie ein Bewusstsein, das jede beliebige Form erschaffen könne, die es wolle." (Ja.) „Somit gäbe es sozusagen keinerlei Möglichkeit, dass du stirbst."

E: Keiner von uns stirbt.
D: *Ich weiß, dass wir das nicht tun. Wir verändern uns nur. Wir verwandeln uns in eine Geistform, wenn wir den Körper verlassen. Also ist es nicht wirklich Sterben. Es ist nur ein Verändern der Form auf diese Weise. Aber du hast keinen physischen Körper. Ein physischer Körper hat seine Beschränkungen.*
E: Korrekt. Das Gehäuse, in welches ihr euch selbst, das Bewusstsein, stellt, hat seine Beschränkungen. Und das ist es, womit wir arbeiten, mit diesen Beschränkungen, um es zu einem besseren Gehäuse zu machen, damit es länger hält.
D: *Wir müssen ein Vehikel haben, in dem wir leben können.*
E: Eigentlich nicht. Ihr könnt ohne das Vehikel leben, wenn es das ist, was ihr erfahren wollt. Das ist eure Wahl.
D: *Ich denke, dass wir auf der Erde ein Vehikel brauchen.*
E: Es gibt viele „Bewusstseine". Einige werden als „Himmelskörper" betrachtet. Dies sind „Bewusstseine". Manchmal ist das, was man für einen individuellen Himmelskörper hält, auch eine ganze Zivilisation, die sich in eben diesem Himmelskörper befindet. Die Form eines Kreises mit einer Sphäre ist das perfekte Vehikel, die perfekte Form, durch die man in diese Atmosphäre gelangen kann, in diese Dichte kommen kann und nicht stecken bleibt. Die Form ist perfekt für diese besondere Dichte, um in der Lage zu sein, zu sehen, zu schauen, zu reisen, zu erleben, ohne stecken zu bleiben. Denn die meisten wollen nicht in der schweren, trägen Atmosphäre und den Energien stecken bleiben, die auf diesem Planeten existieren. Nur die Stärkeren wagen sich hinaus. Nur die Stärkeren dürfen hier sein.
D: *Denn wenn sie feststecken, müssen sie wieder und wieder zurückkehren, nicht wahr?*
E: Es ist ihre Wahl. Das wird zu Ende gehen, aber es ist ihre Wahl.
D: *Das ist es, was ich feststelle, dass nicht mehr viele Menschen Karma haben.*
E: Versuche, dir eine große Form, sagen wir eine Diamantform, mit

sehr, sehr vielen Facetten vorzustellen. Jedes Leben ist einer anderen Facette dieses Diamanten ähnlich, und sobald du diese Facette einmal vervollständigt hast, musst du dich nicht mehr damit befassen. Aber manche Oberflächen, manche Facetten benötigen viele Leben, um vervollständigt zu werden. Du arbeitest an mehreren Facetten gleichzeitig. Es geht schneller, es auf jene Weise zu tun, und auch die Seelen sind sehr darauf bedacht, viele verschiedene Dinge gleichzeitig zu erleben. Aber sobald man einmal das, was auf einer Facette ist, abgeschlossen hat, dann muss man sich nicht mehr damit befassen. Du kannst zurückkommen und anderen mit der gleichen Facette helfen, aber es ist nichts, wozu du verpflichtet oder an das du karmisch gebunden bist. Stelle dir das auch als einen Kreis vor, das ist es, was viele Menschen auf diesem Planeten in karmischer Hinsicht als einen karmischen Kreis betrachten. Und sie sehen auf der einen Seite des Kreises das Probieren von Lebenserfahrungen, die herausfordernd sind. Und dann sehen sie auf der anderen Seite des karmischen Kreises Erfahrungen, die für sie lohnender oder angenehmer sind. Während die Menschen lernen, ist der Weg, diesem Kreis zu entkommen, nach innen zu gehen. Wenn ihr also einen Kreis habt, der sich immer weiter dreht und der auf der einen Seite als gut und auf der anderen Seite als schwierig empfunden wird, dann geht nach innen, wo ihr neutral seid. Ihr seid weder gut noch schlecht. Fällt kein Urteil über etwas, das in eurem Leben passiert. Ihr seid neutral. Wenn ihr neutral seid, versteht ihr, dass sowohl gute als auch schlechte Wahrnehmungen in einem neutralen Zustand auf euch zukommen werden. Aber bleibt weiterhin neutral in allem, was in eurem Leben auf euch zukommt, dann werdet ihr euch aus diesem karmischen Kreis bewegen.

D: *Ich nenne es das „Karmische Rad", aber es ist dasselbe.*

E: Rad, ja, es könnte allerdings auch eine Kugel sein. Es könnte ein Ball sein. Man könnte es zweidimensional, eindimensional, dreidimensional sehen. Aber wenn du nach innen gehst, steht das auch symbolisch dafür, in dein eigenes Inneres zu gehen, da du das Universum bist. Also geh nach innen und sei neutral. Und wenn du neutral bist, nimmst du dich aus diesem karmischen Zyklus raus, und nur indem du neutral bist, kannst du weitermachen.

D: *Ich habe viele Klienten, die mich aufsuchen, die so sehr im Karma der Dinge stecken, von denen sie meinen, dass andere Menschen sie ihnen ihnen im Laufe ihrer Leben angetan haben, dass sie nicht mehr herauskommen. Sie können nicht loslassen.*

Sie stecken einfach fest.

E: Sie können sich innerhalb von Sekunden lösen, aber es hat mit der Veränderung der Wahrnehmung zu tun, dass sie nicht mehr länger Opfer sind. Wenn sie sich selbst als Opfer von etwas wahrnehmen, das sie in der Vergangenheit erlebt haben, hängen sie aus gutem Grund daran. Sie lernen daraus. Sie ernähren sich von dieser Energie. Sie erleben das, was sie erleben wollen, und sie werden das so lange tun, bis sie sehen, dass es einen anderen Weg gibt, und dann werden sie hingehen und den anderen Weg erleben. Es ist nur eine Frage der Wahrnehmung und man kann die Wahrnehmung in Sekundenschnelle ändern.

D: *Das ist meine Aufgabe, ihnen klar zu machen, dass sie sich selbst krank gemacht haben, indem sie an alten Dingen festhalten, die man ihnen angetan hat.*

E: Und es kostet einen so viel Energie. Warum seine Energie auf diese Weise verschwenden?

D: *Ich versuche, sie dazu zu bringen, es zu sehen und zu betrachten, damit sie es loslassen können.*

E: Richtig, aber wenn sie sich bewusst werden, werden sie es loslassen und eine andere Perspektive einnehmen. Das haben wir alle schon erlebt. Wir haben es alle schon getan. Wir haben es alle schon erlebt.

Abschiedsbotschaft: Viel Liebe. Sie wird vielen Menschen helfen. Wir werden später mit ihr sprechen. Wir sind immer hier. Wir kommunizieren recht häufig mit ihr, während sie schläft. Sie befindet sich in dem Prozess, wo ihr Traum die Realität ist und die Realität der Traum. Es wird sich umschalten.

Kapitel 22

DIE ERSCHAFFUNG DER MENSCHEN

Tim war ein junger Bauarbeiter, der sagte, dass er sich nie sicher fühlte, immer als Opfer. Er schleppte eine Menge irrationaler Ängste mit sich herum und dies zog automatisch unerwünschte und negative Ereignisse in sein Leben. Die Erklärung, die das SC lieferte war etwas, das er nie hätte voraussehen oder sich vorstellen können.

Als Tim aus der Wolke kam, schien er irgendwo im Weltraum zu sein. „Ich sehe Licht ... das Universum. Es ist wie ein Wolkennebel. Es ist wunderschön, mit vielen Farben. Ich sehe viele Lichter, Sterne und den Weltraum. Ich kann nicht sagen, ob ich tatsächlich im Weltraum oder in einem Raumschiff bin. Vielleicht bin ich nur ein Punkt im Weltraum.—Es gibt hier einen Ort, an den ich gerne gehen möchte.—Jetzt kam ich an einen Ort herunter, der sehr grün ist. Ich weiß nicht genau, wie ich hierher kam. Mir gefielen gewiss die Lichter.—Ich komme herunter durch Dunst und Wolken ... Nebel ... schwer, hindurchzusehen. Jetzt, da ich unten bin, ist es schwer, etwas zu sehen. Es ist grün mit dichtem Nebel."

D: Wie fühlt sich das an, worauf du stehst?
T: Weich und feucht, irgendwie moosig. Es gibt auch Kiefernnadeln, auch etwas Knackiges ist darin ... vielleicht Äste.—Der Ort hat etwas sehr Friedliches an sich ... es ist sehr vertraut. Es scheint hier ständig neblig zu sein.

Als ich ihn bat, sich seinen Körper anzusehen, erwartete uns eine Überraschung. Sein Körper war mit Fell bedeckt und er war groß und kräftig. „Er ist groß, gorillaähnlich. Ich glaube nicht, dass es ein Gorilla ist, aber es ist nichts, das ich wirklich wiedererkenne. Ich würde sagen, gorillaähnlich ... vielleicht so groß wie ein Sasquatch oder ein Bigfoot. Aber so primitiv dieses Wesen auch ist, so sehr ist es auch an seine eigene Umgebung angepasst, viel mehr als andere Körper. Es bildet eine Einheit mit diesem Ort. Andere Formen, die ich kannte, sind nicht annähernd so im Einklang mit ihrer Umgebung wie dieses Wesen. Es fühlt die Schwingung des Landes. Es ist sehr angenehm. Es ist sehr friedfertig und sehr in Harmonie mit der Schwingung dieses Ortes."

D: Du kannst nicht wirklich viel von deiner Umgebung sehen?
T: Nein, das ist ein nebliger Ort. Er ist interessant. Hier gibt es viele Geheimnisse, aber diese Hülle, dieser Körper, scheint diese Geheimnisse zu kennen. Ich habe nicht ausreichenden Kontakt, um zu verstehen, was er weiß.

D: Was meinst du damit, dass es dort Geheimnisse gibt?
T: Ich bin eine eher visuelle Person, aber hier ist es eher schwer, etwas zu sehen. Die Sehkraft ist nicht unbedingt der beste aller Sinne, die man benutzen kann. Und dieser Körper stützt sich nicht so sehr auf das Sehen. Er stützt sich eher auf intuitive Aspekte.

D: Glaubst du, dass es an diesem Ort immer dunstig und neblig ist?
T: Ich denke, dass es das überwiegend ist. In diesem Körper, an diesem Ort, wirken sie sehr gut zusammen, und doch bin ich nicht in der Lage, mir einen Reim darauf zu machen, was dieser Körper wahrnimmt.—Dieses Land ist lebendig. Die Schwingung hier ist lebendig und dieser Körper weiß, was das bedeutet. Ich fühle mich hier so wohl, herauszufinden, was diese Schwingungen bedeuten. Ich fühle mich hier so behaglich, dass ich keinen Drang verspüre, irgendeinem dieser Geheimnisse nachzugehen. Ich fühle mich wohl und brauche mich nicht eingehend damit zu befassen.

Seine Nahrung bestand hauptsächlich aus Früchten, die er im Wald fand. „Das ist im Wesentlichen das, was dieser Ort ist. Es ist ein bergiger, dichter Wald und meist von seltsamem Nebel bedeckt. Und es gibt im Wald Dinge zu essen, die wie Früchte aussehen."

D: Und du bist in der Lage, diese Dinge mehr mittels Instinkt als durch Sehen zu finden?
T: Ja. Es ist, als ob sie nach mir rufen, und ich weiß einfach, dass sie da sind, aber ich sehe sie nicht im eigentlichen Sinne. Ich meine, ich könnte, aber das ist nicht der primäre Sinn.

D: Hast du einen Ort, an dem du wohnst?
T: Es gibt sogar mehrere. Einer ist eher wie ein natürliches

Baumhaus, wenn man so will, und ein weiterer mehr wie eine Höhle. Beide dienen je nach Jahreszeit oder Wetter zwei Zwecken. Wenn es schöner ist, bin ich im Baum. Und wenn es rauer ist, verbringe ich Zeit in der Höhle.

D: *Ihr habt dort also doch Wetter?*

T: Es scheint überwiegend Regen oder Nebel zu sein.

Er hatte niemanden, der bei ihm lebte. Er war meistens allein. Es gab noch andere wie ihn an diesem Ort. „Sie sind selten, aber es gibt sie. Es ist ein großes physisches Territorium." Also brauchte er niemanden. „Ich finde diesen Ort im Körperlichen sehr friedlich und das gibt mir Zeit, mein Inneres zu betrachten. Meine im Licht verbrachte Zeit. Dieser schwierige Körper ist sehr intuitiv. Er ist sehr kraftvoll und auch sehr im Einklang mit der höheren Energie."

D: *Du sagtest, du seist gern im Einklang mit dem Licht.* (Ja) *Was meinst du damit?*

T: Es ist leicht, einfach zur Ruhe zu kommen und nach innen zu gehen und mit meinem höchsten Selbst in Einklang zu sein.

D: *Ich würde meinen, ein Tier würde nicht wirklich über solche Dinge nachdenken.*

T: Das ist eine typisch menschliche Antwort. Menschen sind auch Tiere, und zwar meistens nicht sehr erleuchtete. Sie haben oftmals zu viele Konflikte, um wirklich im Einklang mit dem zu sein, was sie in Wahrheit sind. Und so ist dieses Wesen viel kontemplativer und hat weniger das Bedürfnis, sich an diesem Ort zu nähren und zu schützen oder sich physisch zu verteidigen. Es hat alles, was es braucht.

D: *Es klingt, als gäbe es dort auch andere Arten von Wesen, nicht wahr?*

T: Es gibt noch andere an diesem Ort. Es gibt noch mehr Wesen wie mich, aber auch hier sind wir ziemlich einsam und kommen nicht oft zusammen. Auch dieses Wesen und die Art und Weise, wie es mit seiner Umgebung umgeht, ist mir völlig fremd, und ich bin nicht daran gewöhnt. Es wirkt auf einer völlig intuitiven Basis und nicht wie wir es normalerweise kennen, daher fällt es mir schwer, dieses Wesen zu beschreiben. Es weiß, wo die anderen Wesen sind, und es weiß, wie es den Umgang ihnen pflegen muss, wenn sie diesen wünschen, aber es wählt im Allgemeinen das Licht. Es muss allein sein.

D: *Wie sehen die anderen Arten von Wesen aus, diejenigen, die nicht so aussehen wie du?*

T: Ich sehe sie nicht wirklich. Ich nehme sie intuitiv wahr. Ich fühle sie, aber ich weiß nicht, was sie sind. Ich habe überhaupt nicht viel mit ihnen zu tun. Es gibt Wesen, die vielleicht vogelähnlich sind, aber was ihre Beschreibung angeht, so arbeite ich nicht auf diese Weise. Ich sehe sie nicht in Person.

D: Weil das Sehen nicht der primäre Sinn ist. (Ja) *Ich habe mich nur gefragt, ob du irgendeinen Freund brauchst.*
T: Das kam schon vor, und auch das ist intuitiv und es ist etwas, das sich von selbst regelt, wenn es nötig ist.

D: Aber ihr müsst nicht zusammenbleiben? (Nein)—*Aber dieses Licht, von dem du gesprochen hast, wie nimmst du das wahr?*
T: Es ist überall. Es ist, als ob mein physischer Körper weiß, was er braucht und wann er es braucht, und er kümmert sich darum, aber dieses Licht ist in Wirklichkeit das, was ich bin. Es ist meine Verbindung zum Universum, wenn man so will. Ich kann durch alles hindurchsehen. Ich muss mich nicht auf eine Sache fokussieren. Ich kann alles sehen.

D: Das passiert jedes Mal, wenn du mit dem Licht arbeitest? (Ja) *Ich schätze, du würdest meinen, dass es deine intuitive Fähigkeit öffnet.*
T: Ja, und ich studiere es gerade. Ich schaue es an und es ist wunderschön! Es ist, als wäre ich irgendwo in einem physischen Körper, und wäre gleichzeitig auch das Universum.

D: Wann immer du also über das Licht nachdenkst, wirst du zum Universum?
T: Ja. Ich kann meine Aufmerksamkeit überall hinlenken und ich bin da. Ich habe diesen physischen Körper, dieses stille Wesen in den Schleiern, und doch bin ich Teil des Universums. Nicht nur des physischen Universums, sondern auch der Universen jenseits des physischen Universums. Es ist nur eine Frage dessen, wohin ich meine Aufmerksamkeit lenken will. Ich kann sie dorthin lenken, aber das ist es, worauf ich zuvor angespielt habe. Es gibt viele Geheimnisse hier. Es gibt viele Dinge, auf die ich meine Aufmerksamkeit richten kann, und doch scheint mich nicht viel zu interessieren, außer das Licht selbst. Es zu absorbieren und zu trinken und eins mit ihm zu sein.

D: Kannst du beschreiben, wie das Licht aussieht?
T: Es ist allumfassend. Es konzentriert sich und ich schätze, das geschieht mangels einer besseren Methode, es in meinen Kopf zu bringen. Also, um es dir zu beschreiben, es ist wie in deinem dritten Auge, und doch ist es überall. Wenn du mit einem riesigen Teleskop in den Weltraum schautest, gäbe es viele Dinge, auf die du dich konzentrieren könntest, und doch gibt es da gleichzeitig nichts, auf das du dich konzentrieren könntest. Es

hängt davon ab, wie du es betrachten willst.

D: *Du sagtest auch, du könntest über das physikalische Universum hinaus sehen. Was meintest du damit?*

T: Das physische Universum, so groß es auch denen mit physischen Körpern erscheinen mag, ist eigentlich ziemlich klein. Da ist nicht viel dran. Es gibt viele, die einiges größer sind als das Physische. Und wir haben auch Essenzen von jedem dieser Universen in uns. Wir haben Emotionen und mentale Kapazitäten und ätherische Fähigkeiten, die alle Teil dieser anderen Universen sind und jene sind auch Teil unserer Wesen. Eigentlich ist das in Wirklichkeit der wichtigste Teil unserer Existenz. Wir sind so sehr im Überlebensmodus gefangen und das ist das Schöne daran. Überleben ist an diesem Ort einfach eine Gegebenheit.

D: *Es gibt keinen Grund, etwas zu tun oder etwas zu sein.* (Richtig) *Das ist selten, nicht wahr?*

T: Das ist es. Und dieser physische Körper kümmert sich praktisch um sich selbst. Er weiß genau, wie und wo er seinen Lebensunterhalt ohne Anstrengung bekommen kann.

D: *Und du bist den anderen Sinnen sehr nahe.*

T: Korrekt, und das ist sehr beruhigend, eins mit diesen anderen Teilen zu sein, wenn man so will.

Das war ein interessantes Wesen, aber ich fragte mich, wie ich die Geschichte vorwärtsbringen konnte. An einem Ort wie diesem, würde ein Tag dem anderen sehr ähnlich sein. Trotzdem beschloss ich, ihn zu einem wichtigen Tag zu bringen. Ich wusste nicht, ob er in der Lage wäre, einen zu finden, an dem etwas Anderartiges passieren würde. Aber er überraschte mich, als ich ihn fragte, was er sehen könne. „Ich werde wegtransportiert. Es scheint nicht gänzlich gegen meinen Willen zu sein, so, als hätte ich dem Transport zugestimmt."

D: *Was meinst du mit „transportiert"?*
T: Ich weiß nicht, auf ein Schiff, das für die Erde ausersehen ist.
D: *Kam das Schiff an den Ort, an dem du lebst?*
T: Es schien ein Teil der dortigen Zivilisation zu sein; ein Teil der Technologie, die unsere Rasse ausmachte.
D: *Aber du warst in der Gegend, in der du lebtest, nicht daran beteiligt?*
T: Richtig.
D: *Es gab also andere Teile des Planeten, die weiter entwickelt waren?*

T: Ja, und irgendwie habe ich eingewilligt, mich woanders hinbringen zu lassen.
D: *Wissen die, die dich mitnehmen, wie intelligent du bist?*
T: In dieser Hinsicht sind wir uns alle in etwa ähnlich. Wir sind alle hochintelligent. Hochgradig im Einklang mit dem Universum. Und es ist Teil einer Mission. Was mir an diesem Körper gefiel, war, wie intuitiv und frei er an seinem eigenen Platz war. Aber wir haben die Fähigkeit, die Gestalt zu verändern. Der Körper kann jede physische Form annehmen, die er will. In seiner eigenen Umgebung gibt es dazu keinen Bedarf, aber außerhalb der Heimat besteht das Bedürfnis, andere Formen anzunehmen. Und wir besitzen auch dazu die Fähigkeit.
D: *Um zu überleben und sich anzupassen?* (Ja) *Ist jemand gekommen und hat dich mitgenommen?*
T: Ja. Das ist Teil der Vereinbarung, die wir hatten, und es war eher eine Aufforderung. Sie kamen nicht, um mich im eigentlichen Sinne zu holen, da wir uns einvernehmlich darauf einigten, eine Mission zu erfüllen, und wir steuerten auf einen bestimmten Ort zu. Das ist Teil dessen, was wir mit unseren Schöpfern tun. Wir helfen auch manchmal, neue Orte und neue Lebensformen zu erschaffen.
D: *Aber du erinnerst dich nicht an die Vereinbarung, bis du mit ihnen gehst?*
T: Nein, weil es nicht unbedingt eine lineare Zeit ist. Es ist einfach eine Art ganzheitlichen Ausdrucks—das ist es, was wir tun—du hattest Zeit zur Kontemplation und jetzt musst du das durch deine Kontemplation Gewonnene manifestieren und dabei helfen wir uns gegenseitig. Aber ein Teil davon, denke ich, ging zurück in die Höhle oder die Behausung, um sich zu klären und Klarheit zu erlangen. Und so hatte ich meine Zeit der Klarheit und jetzt ist es für mich an der Zeit zu gehen und meine Mission mit den anderen zu vollbringen.
D: *Du warst so glücklich dort, weil es so behaglich und perfekt war. Macht es dir etwas aus, es zu verlassen?*
T: Ja, das tut es. Diese Missionen sind sehr angenehm und sehr nutzbringend, aber oft sind sie auch mit Gefahren behaftet.
D: *Inwiefern?*
T: Allein die Tatsache, dass es Energie- und Lebensformen gibt, die nicht so entwickelt sind und darauf programmiert sind, Angst zu haben. Und wir machen einen großen Teil der Programmierung. Tatsächlich programmieren wir einige der physischen Hüllen, die andere Wesen annehmen. Wir programmieren einiges davon ein, damit die anderen Wesen die Erfahrung mit diesen anderen

Arten von Energien machen können, aber es ist nicht immer das Wünschenswerteste, das man tun kann.
D: *Ist dies Teil des Schöpfungsprozesses, von dem du sprichst?* (Ja) *Aber jetzt, da du auf dem Schiff bist, musst du die Form verändern oder bleibst du in der gleichen Form?*
T: Man bleibt im Wesentlichen in der gleichen Form. In der großen pelzigen Form, in Ermangelung einer besseren Ausdrucksweise. Ich glaube nicht, dass es tatsächlich Gorillapelz ist, aber das ist meine Beschreibung.
D: *Wie sehen die anderen Wesen auf dem Schiff aus?*
T: Sie sind mir sehr ähnlich. Wir gehen an Orte und verändern unsere physische Erscheinung, um die Programmierung der anderen Wesen, denen wir begegnen, nicht zu stören. Das wird meistens so gemacht.
D: *Also sehen sie auch pelzig aus wie du?*
T: Pelzig ist nicht gerade ... das ist meine Beschreibung. Es ist jetzt mehr wie schimmerndes Licht, viele Lichtstückchen. Es ist kein Pelz.
D: *Weißt du, was deine Mission auf der Erde ist?*
T: Sie ist Teil eines Kollektivs. Wir alle haben Dinge, die wir uns individuell in unserer eigenen Visions-Klasse erarbeitet haben, wenn man so will. Zu Hause, bei unserer Kontemplation darüber, was das Universum als Nächstes braucht, um sich zu entfalten. Und so haben wir alle unsere eigenen individuellen Missionen und Schicksale. Aber wir haben auch eine kollektive Mission, die ebenfalls beschlossen wurde.
D: *Weißt du, was ihr tun werdet, wenn ihr zur Erde kommt?*
T: Ja, wir werden sie kolonialisieren.
D: *Ist dies die größere Mission oder der kleinere Teil?*
T: Dies wäre der größere Teil dieser Mission, aber auch ein kleinerer Teil von einer anderen.

Ich beschloss, ihn weiter vorwärts zu bewegen, bis zu dem Punkt, als das Raumschiff auf dem Planeten Erde ankam, und fragte ihn, warum er diesen Planeten wählte.

T: Jemand anderes, eine andere Lebensform, hat es auf eine Weise zusammengestellt, dass es für uns einfacher sein sollte. Damit wir nicht alles von Grund auf neu machen müssen. Es gibt bereits einen Prozess, der Lebensformen unterstützt: ein Planet und eine Atmosphäre. Das müssen wir nicht machen, obwohl wir dazu in der Lage sind. Normalerweise machen wir das nicht.

Dies stimmt mit Teilen meiner anderen Bücher überein. Eine Art Schöpferwesen erschuf die Galaxien, die Planeten und schließlich die anderen wesentlichen Dinge, die am Anfang auf der Erde benötigt wurden. Es gab andere Wesen, die auf einen Planeten kamen, wenn dieser sich genug abgekühlt hatte, um den Prozess der Aussaat von Leben (in welcher Form auch immer) zu beginnen. Einige sollten die Atmosphäre stabilisieren und die Meere entwickeln. Dann den Prozess der einfachen Einzeller-Organismen und des Pflanzenlebens zu beginnen. Viele Dinge mussten vorbereitet werden, bevor tierisches Leben eingeführt werden konnte

T: Der Planet selbst ist auf seine eigene Weise lebendig. Er ist ein lebendes Wesen und wir arbeiten mit ihm zusammen, um Schwingungen zu erzeugen, die an diesem Ort funktionieren werden. Wir leiten ab, welche Art von Strahlung und Schwingung dieses Wesen (Erde) hat und dann erschaffen wir physische Hüllen, die unter anderem die Wesenheiten vor der Strahlung dieses Ortes schützen werden. Nicht nur vor der Strahlung, sondern auch vor vielen anderen Schwingungen, die hier existieren und sich hier aufrechterhalten werden.

D: *Gibt es dort irgendwelche anderen Lebensformen?*

T: Die Schwingung von oben ... von jenseits des Physischen ist lebendig. Aber wir sind hier, um den Planeten in erster Linie mit der menschlichen Form zu kolonisieren. Wir könnten die ganze Sache machen. Wir haben das gelegentlich getan, aber nicht hier auf der Erde. Wir sind hier, um mit anderen Spezies zusammenzuarbeiten, um die menschliche Form zu erschaffen.

D: *Ich wollte etwas über Pflanzen wissen, ob eine Nahrungsquelle etabliert wurde.*

T: Ja, es gibt eine. Der Planet wurde von niederen Lebensformen wie Zellen und Bakterien bis hin zu den Pflanzenformen, sowie einigen Fischen und einigen ozeanartigen Wesen besiedelt. Aber in erster Linie arbeiten wir mit anderen Arten zusammen, um höhere physische Schalen für darüber hinausgehende Wesenheiten zu schaffen. In erster Linie arbeiten wir mit Menschen.

D: *Sind sie schon auf den Planeten gebracht worden?*

T: In diesem Stadium nicht. Das geht ziemlich schnell. Sobald die Basis des Planeten eingerichtet wurde für seine Fähigkeit, Leben zu unterstützen, sind wir in der Lage, ihn ziemlich schnell mit allem Nötigen zu bevölkern.

D: *Die Tiere werden somit von woanders hergebracht, oder wie ist das passiert?*

T: Manche Arten werden erschaffen, andere werden von anderen Orten hergebracht, und einige werden auch gekreuzt. Sie sind bekannte Arten, die man an manchen Orten sieht. Es kommt nur irgendwie auf die Spezies an.

Diese ganze Geschichte wurde in meinen Büchern *Hüter des Gartens* und *Die Aufseher* erzählt. Es ist für mich immer interessant, dieselbe Geschichte immer wieder durch mehrere Klienten erzählt zu bekommen. Das ist die Bestätigung, dass an dieser Geschichte von unseren Anfängen etwas Wahres dran sein muss.

D: *Du klingst, als ob du das schon lange machst. Gibt es jemanden, der dir sagt, wohin du gehen und was du tun sollst?*
T: Nicht speziell irgend*jemanden*. Es ist wie ein Kollektiv. Wir haben eine ziemlich enge Verbindung zueinander. Wir sind nicht so isoliert wie die Menschen in ihren Hüllen.
D: *Sie denken, sie seien ganz allein.* (Ja) *Und für dich ist es anders?*
T: Das ist richtig. Es gibt ein Gefühl von Selbst und ein Gefühl von Identität, aber diese ist nicht so isoliert wie die menschliche Existenz.
D: *Wenn du also auf die Erde kommst und an der Erschaffung der menschlichen Hüllen arbeitest, bist du dann lange dort?* (Ja) *Du kannst viele Veränderungen sehen, Tiere, Pflanzen, das alles?* (Ja) *Wenn sie also erst einmal die Menschen eingeführt haben, gibt es einen Plan dafür?*
T: Ja, es wird eine Menge Programmierung durchgeführt. Man gibt ihnen eine große Kapazität für innere Erkenntnis, aber es ist irgendwie so ausgelegt, dass sie nicht so viel Zugang dazu bekommen, wie sie wissen, dass sie könnten. Und es ist ein weiteres—ich kenne keine höfliche Art, es auszudrücken— kosmisches Experiment. Wir arbeiten immer an der Schöpfung. Wir probieren immer und überall neue Dinge aus. Das ist es, was das Universum ist: immer dabei, sich auszudehnen.
D: *Sobald die menschlichen Formen geschaffen sind, können sie nicht ohne Seelen leben. Ist das richtig?*
T: Das ist richtig.
D: *Was gedenkst du, dagegen zu tun? Hast du Pläne?*
T: Wie nimmt eine Hülle ihre Beseelung auf? (Ja) Das hängt von der *individuellen* Essenz ab, die wir „Seele" nennen, und sie bestimmen oft, wie sich eine Hülle entfaltet und auch formt. Sie helfen, die Schwingung der individuellen Hülle zu erzeugen.
D: *Bleibt ihr nach all dem auf der Erde oder beschließt ihr, zurückzugehen?*

T: Meistens gehen wir zurück. Wir tun das die ganze Zeit, und einige sind „Beobachter" und hängen einfach irgendwie rum und bleiben dort zurück. Aber normalerweise aufgrund einer unbewussten Vereinbarung, so etwas zu tun. Ich in meinem Fall wusste nicht, dass ich zurückbleiben würde. Ich sah es nicht kommen. Es gab einen Angriff und die, die davonkamen, konnten entkommen, konnten aber nicht zurückkommen und nach den Zurückgelassenen suchen. Das ist es, was ich glaube, dass passiert ist.

D: *Sag mir, was geschah?*

T: Es gab einige Primitive, programmierte Menschen, wenn man so will, Humanoide, und ihre Programmierung defragmentierte und sie griffen an. Und sie verstanden nicht, wie man die hinterlassene Technologie benutzt. Viele von uns entkamen, aber ich nicht.

Das kam mir bekannt vor. Ich glaube, es ist dasselbe Ereignis, das Bartholomew in meinem Buch *Das gewundene Universum, Buch Eins*, von den ersten Menschen erzählte. Sie wollten die wunderbaren Maschinen und die Technologie für sich selbst behalten. Aber nachdem sie die Schöpferwesen getötet hatten, fanden sie heraus, dass sie nicht das Wissen darüber hatten, wie man die Geräte benutzt. Also stoppte ihr Fortschritt und begann, sich rückwärts zu entwickeln.

D: *Also bliebt ihr zurück?*

T: Ja. In der Erdrotation, in der Erdenzeit, in der linearen Zeit, blieb ich sehr lange Zeit zurück. In Erdenjahren wäre ich beinahe ewig.

D: *Es gab keine Möglichkeit für dich, zurückzugehen?* (Nein) *Wie fühltest du dich dabei?*

T: Es gefiel mir überhaupt nicht. Ich verbrachte sehr lange Zeit damit, das Licht zu betrachten und schöpferisch tätig zu sein. Ich verbrachte mehr Zeit damit, Primitive abzuwehren. Und dann nicht nur abwehren, sondern versuchen, sie zu lehren. Versuchen, sie umzuprogrammieren, damit ihre Programmierung nicht so überwältigend sei. Und damit, dass ich in der Lage sein werde, ihnen einige Gaben zu vermitteln, die ich habe. Aber es war nicht immer leicht. Sie vertrauten uns nicht wegen ihrer Programmierung. Ihr Mangel an Vertrauen erzeugte Angriffe. Es machte es einfacher, nicht darüber nachzudenken, woher ich kam.

Es war an der Zeit, die Sitzung auf Tim zurückzulenken, dem Menschen auf dem Bett, durch den all dies kam. „Ist dir klar, dass du jetzt durch einen menschlichen Körper sprichst, während du mit mir redest?" (Ja) „Durch den Körper, den wir Tim nennen?" (Ja) „Ist das eine der Formen, die du angenommen hast, als du geblieben bist?"

T: Nein. Meine physische Form ist vor langer Zeit vergangen, aber gemessen in Erdenjahren wäre es unvorstellbar, wie lange sie blieb.

D: Du bist auf der Erde geblieben und hast während anderer Leben viele andere physische Formen durchlaufen. Ist das richtig?

T: Ich bin seit jenem ersten Leben hierher zurückgekommen, ja.

D: Also ist deine Essenz schließlich in Tim eingetreten.

T: Das ist richtig.

D: Warum hast du dich entschieden, in den physischen Körper von Tim einzutreten? Hattest du etwa einen Vertrag?

T: Es gibt viele Dinge, die unerledigt geblieben sind, Dinge, die beendet werden mussten—nicht nur abgeschlossen—sondern auch begonnen werden mussten.

D: Also hast du dich entschieden, in den Körper von Tim als Baby zu kommen?

T: Ja. Eigentlich schon vor der Bildung seines Körpers. Ich wählte seine Situation und diesen Körper, weil ich wusste, dass er stark sein würde, und das war er.

D: Es ist ein Körper, den du für deine Zwecke verwenden konntest? (Ja) *Hat dieser Körper Karma angehäuft? Das ist eines der Dinge, die wir uns fragen, ob er Karma hat, das er nicht abgelöst hat.*

T: Nein, nicht unbedingt. Ich denke, dass die Menschen versuchen, das zu verstehen, aber die Programmierung ist von Haus aus eher einschränkend. Eines der Dinge, die er tun könnte, wenn er sich dafür entscheiden würde, ist einfach die Programmierung umzuschreiben, und das ist alles, was Karma eigentlich ist.

D: Also hat er in der Tat die Macht, etwas zu erschaffen. Er kann alles in seinem Leben erschaffen, was er will. Du weißt, dass das möglich ist, oder?

T: Durchaus.

D: Aber er hat vergessen, dass er es kann.

T: Ja, ein Bestandteil der Reise zum Menschsein ist die Zustimmung zur Erinnerungslücke.

D: Ich schätze, es würde sonst zu kompliziert sein. (Lachen)

T: Nicht unbedingt. Es ist nur eine Programmierung, und wir könnten etwas anderes arrangieren. Aber es macht es einfacher für das ursprüngliche Design.

D: Aber wäre es möglich, diese Schöpferfähigkeit wieder zu erwecken?

T: Oh, absolut!

D: Denn es gibt viele Dinge, die er mit seinem Leben machen will.

T: Ja. Es gibt ein Gefühl der Gefahr, dem er Glauben schenkt, teilweise basierend auf einigen der Lektionen, die ich durchmachen musste.

D: In den anderen Leben?

T: Ja, aber es ist Teil der Gegenwart und nur die Mutigen und Abenteuerlustigen können den Prozess vorantreiben. Er ist mutig und abenteuerlustig, aber er hat in seinem Herzen definitiv Angst vor einigen dieser Gefahren.

D: Ist es nicht an der Zeit, diese Fähigkeiten wiederzuerwecken?

T: Ja. Das Timing ist wunderbar, aber er hat einige Dinge, die weit über das hinausgehen, was eure Geschichtsschreibung verstehen würde. Und einige dieser Dinge könnte man als Bedrohung ansehen.

D: Aber er will ein gutes Leben für sich kreieren. Eine gute Karriere, und darin liegt keine Bedrohung. Einfach ein glückliches Leben zu haben.

T: Ein Bestandteil seines Vertrages lautete jedoch, mehr als das zu sein. Ich denke, er muss seine Ängste überwinden. Es ist das Größte, was einem Menschen in die Quere kommt. Er wird in Sicherheit sein. Er hat immer Angst vor der Gefahr. Er macht sich stets Sorgen darüber, wie er einige dieser Wahrheiten aufdecken könnte und was es bedeuten könnte, sie vorzubringen, aber das ist nicht unbedingt etwas, worüber er sich Sorgen machen muss. Wir können uns darum kümmern.—Wenn er mehr Zeit damit verbrächte, das Licht zu betrachten, würde er damit in Kontakt treten. Es würde ihn tatsächlich rufen, aber er hat Schwierigkeiten, darauf zu vertrauen, dass dieser Kontakt hergestellt wird. Und es obliegt nicht mir, es ihm zu sagen. Er muss es selbst entdecken.

Es war Zeit, die unvermeidliche Frage zu stellen: „Was ist meine Bestimmung?" Tim hatte eine Karriere, aber er fühlte, dass er etwas anderes tun sollte. Er suchte Rat. Man erzählte ihm von vielen Möglichkeiten, denen er nachgehen könnte. „Sollte er sich dem widmen, was er in seinem Herzen weiß, kann er in eurem Raum und eurer Zeit in eurer Kultur seinen Weg machen. Wenn er sich einfach entscheiden und sich klarmachen würde, dass dies das ist, was er tun soll, und er es täte, egal, was passiert, würden diese anderen Dinge einfach sanft abfallen."

D: *Nun wird er erkennen, dass dies ein anderer Teil von ihm selbst ist und dass er in der Vergangenheit Dinge erschaffen hat. Er kann alles erschaffen, was er will. Er braucht nur Selbstvertrauen, nicht wahr?*

T: Ja, es gibt einen Aspekt, den ich in meiner Zeit als Schöpfer Schwierigkeiten hatte, zu bearbeiten, da ich glaubte, dass ich verraten wurde, damit ich hier bleiben muss. Aber in Wirklichkeit war es etwas, dem ich von einer höheren Perspektive aus zugestimmt hatte, woran ich mich jedoch irgendwie nicht erinnerte. Ich dachte, ich wüsste alles. Ich dachte, ich sei allwissend. Das war etwas, das mir irgendwie entgangen war. Und als ich hier war, war ich eigentlich der letzte meiner Art und verbrachte viele Erdenjahre hier ganz allein. Und ich konzentrierte mich sehr auf das, was ich als Verrat ansah, hier zurückgelassen zu werden. Und es brauchte viele, viele Jahre, um den Verrat zu überwinden und zu erkennen, dass es eigentlich etwas war, dem ich zugestimmt hatte. Ich schuf meine eigene Realität und Tim erinnert sich immer noch an diesen Verrat und er hat in seinem jetzigen Leben einige Male Verrat angezogen. Ich denke, er sollte sich einfach auf das konzentrieren, was er erschaffen muss, anstatt sich auf Angst zu konzentrieren oder auf das, was er nicht erschaffen will. Anstatt sich auf den Verrat zu konzentrieren, sich auf die Tatsache konzentrieren, dass er es für die Lektionen erschaffen hat, die er lernen muss. Dann kann er weitergehen und sich auf das konzentrieren, was er wirklich will, anstatt auf das, was er nicht will. Denn, wie wir beide wissen, wenn man sich auf etwas konzentriert, dann zieht man es an, ob man es will oder nicht.

D: *Ist das Teil der Angst, die er in der Magengrube spürt?*

T: Ja. Er glaubt irgendwie, dass er das, was er aus alten Zeiten gelernt hat, nicht anwenden solle, dass es irgendwie nicht richtig sei. Irgendwann hat er nebenbei eine Abmachung getroffen, die Fähigkeiten, die zu erlernen ihn ganze Leben gekostet hat, nicht zu benutzen. Als ob das Bedürfnis, seinen Arm auf den Rücken zu binden, eine Art Ehrenabzeichen wäre. Er muss einfach seine Arme losbinden und jede ihm zur Verfügung stehende Ressource nutzen.—Er mag es nicht, Entscheidungen zu treffen. Aber wenn er entscheidet, dass er etwas zum Laufen bringen kann, dann schafft er es. Es gibt nicht viel Drama dabei, aber er mag es, eine Menge Drama in Bezug auf manche dieser Entscheidungen zu machen. Und er wartet gerne lange Zeit. Ich schätze, er weiß, dass er in gewissem Sinne ewig lebt, wenn er nicht in seinem physischen Körper weilt. Aber er weilt in einem anderen und so neigt er dazu, furchtbar lange zu warten, bevor er Entscheidungen trifft. Manchmal kommt es ihm zugute, aber manchmal nicht.

Ich bat das SC, in Tims Körper zu schauen, ob es etwas gibt, worüber wir uns Sorgen machen müssen. Er hatte keine körperlichen Beschwerden, aber ich dachte, es schade nie, das zu überprüfen. Sie konnten jedoch nichts finden, das nicht in Ordnung wäre. „Er ist ein feines Exemplar. Und eine gute Hülle. Diese Dinge wurden nicht für eine lange Nutzdauer entworfen. Das war Teil des ursprünglichen Designs. Sie können so programmiert werden, dass sie viel länger halten, als die meisten sich das in der heutigen Zeit vorstellen. Man kann den Körper erschaffen, den man bewohnen will."

Tims Abschiedsbotschaft: Er weiß eine Menge, aber je mehr man weiß, desto mehr weiß man nichts. Und es gibt bestimmte Dinge, die er wissen wird, wenn er sie nur verfolgt, und manchmal ist das größte Versäumnis, überhaupt nichts zu tun. Er muss einfach damit weitermachen.

Kapitel 23
DIE ABSPALTUNG VON DER QUELLE

Als Brenda aus der Wolke kam, war sie merklich emotional, und so wollte ich wissen, was sie sah, das dies verursachte. Sie sagte, es sei wie eine Stadt, wie sie sie nie zuvor gesehen hatte. Sehr schön, rein weiß, mit Gebäuden, die sehr ebenmäßig waren. Sie glänzten fast wie Marmor. Dann konzentrierte sie sich auf ein Gebäude, das höher als die anderen lag. „Schön. Sehr flüssig aussehend, keine scharfen Kanten, sehr glatt." Es gab keine Vegetation, nur dieses sehr weiße, fast perlmuttfarbene Gebäude. „Es ist sehr groß. Jetzt sehe ich es aus einem anderen Blickwinkel. Es gibt zwei riesige, weiße Säulen auf der Vorderseite. Und ich schaue hinein und es ist ein großer, offener Raum. Er hat die Form eines—fast blattförmigen, an beiden Enden spitz zulaufenden—Ovals! Wunderschön, sehr flüssig erscheinend. Die Decke ist eine Kuppel, die ganz nach oben hin offen ist, was keinen Sinn macht. Architektonisch weiß ich nicht, wie sie bestehen kann." Dann befand sie sich in dem Raum und sah Lichter überall darin, fast wie Kugeln.

Dann bat ich sie, sich selbst wahrzunehmen. Sie seufzte: „Es ist interessant. Ich bekomme kein Gefühl für oben oder unten, wenn du das sagst. Ich habe kein Gespür für mich selbst. Ich fühle mich wie in einer Kugel. Ich verstehe es nicht." Ich ermutigte sie, darüber zu sprechen, denn wenn der Klient spricht, wird es klarer. „Ich befinde mich in einer Farbkugel; es ist sehr—verwirbelt. Es gibt viele Blau- und Grüntöne, einige Gelbtöne. Und ich habe das Gefühl, dass kleine elektrische Impulse durch meinen Körper gehen. Es fühlt sich nicht unangenehm an, aber ich habe ein Gefühl, als ob es kein Auf und Ab gäbe, also ist es ein bisschen verwirrend. (Pause) Ich gehe irgendwohin.—Das ist ein Ort, von dem aus man woanders hingeht. Es ist eine Transportstation. Man geht dorthin, und dann geht man woanders hin." Dann wurde sie emotional und fing leise zu weinen an. Ich fragte, was die Ursache für die Emotion sei.

B: Ich bin mir nicht sicher. Ich bin nicht verärgert; ich bin nicht verängstigt oder traurig, es ist nur... Die Emotionen fühlen sich sehr stark an. Dieser Ort ist einfach ein wenig überwältigend. Alles ist in Kugeln; es sind alles Kugeln. Der Raum, in dem ich mich befinde, ist nicht perfekt rund, er ist ein Oval. Jetzt schaue ich mich genauer um. An den Seiten gibt es viele dieser Kugeln. Sie sehen fast wie Kristallkugeln aus, aber sie sind sehr flüssig. Die Kugeln sind vermutlich sechzig oder neunzig Zentimeter breit. Sie sind überall im Raum, auf derselben Ebene. Es verschiebt sich ständig, das macht für mich zwar keinen Sinn, aber diese Kugeln sind wie Verstärker. Es ist eine Kraftquelle, oder eine Energiequelle. Interessant, sie versuchen, sehr sanft zu sein, wie: „Okay, schau dir einfach die Kugeln an."—Dieser Ort fühlt sich nun anders an. Er hat die gleiche Form, aber die Decke ist nicht offen. Sie ist nicht mehr weiß, es ist ein dunklerer Raum. Nicht, dass das etwas Schlimmes wäre, es ist nur nicht mehr so hell. So fühlt es sich geschlossener an. Und da sind diese glühenden Kugeln überall im Raum, wo ich auch hinsehe. Sie sind auf der gleichen Ebene. Und sie strahlen alle zu den anderen hinüber, und man selbst ist in der Mitte. (Ein tiefer Atemzug.) Es ist definitiv eine Transportstation.

Ich versuchte herauszufinden, ob es irgendjemand Verantwortlichen gab. Gab es einen Weg, zwischen all diesen Kugeln zu unterscheiden? Woher sollte man wissen, wohin man gehen muss? Sie sagte, sie könne niemanden unterscheiden. Dann ein Keuchen, als sie eine Offenbarung hatte. Im Flüsterton sagte sie: „Meine Güte, es ist, als wüsste man es! Es ist so, wie wenn man hierher geht und hier steht, und es sich dann anfühlt, als wäre es schon programmiert." Ihr Körper begann zu zittern: „Wenn du mir die Frage stellst, bekomme ich eine Antwort in meinem Kopf, aber ich kann sie in diesem Raum nicht sehen. Als du also fragtest, was du fragen solltest, hörte ich: 'Wir bringen dich hin.'"

D: *Frage sie, wo sie dich hinbringen sollen?*
B: (Laut) Wo gehen wir hin? (Pause, dann emotional werdend.) In die Sonne! Die Sonne ist nicht genau das, wofür wir sie halten. Man geht tatsächlich in die Mitte, und dann kommt man auf der anderen Seite raus, und es ist nicht *unsere* Sonne. Es ist die Sonne aller Sonnen. Es ist die Zentralsonne aller Sonnen. (Leise schluchzend.) Von dort sind wir alle gekommen. (Schluchzend.) Es ist unser Zuhause!

D: *Nun, wenn das dein Zuhause war, was machst du dann hier?*
B: Sie sind wie Außenstationen, so nennen sie sie. Man geht zur Außenstation.
D: *Und warst du von anderswo dorthin gekommen?*
B: Ja, von der Sonne. Wenn man in der Sonne ist, ist das wie ein Becken. Man muss zur Außenstation kommen, um eine Form anzunehmen.
D: *Wenn man also die Sonne verlässt und zur Außenstation geht, ist man einfach nur eine dieser Kugeln?*
B: (Flüstern) Oh, mein Gott! Ja, das ist es, weil man keine Form hat. Ich sah es eher andersherum. Aber ja, ja, das ist es. Wenn du in der Sonne bist, hast du keine Form. Es ist wie in Etappen; wenn du rauskommst, hast du keine Form, es gibt also bestimmte Dinge, die du tun musst. Es ist fast so, als ob man zusammenfließen würde; man kommt zusammen. (All das wurde mit dem Gefühl der Überraschung gesagt, etwas zu entdecken.) Die Teile kommen zusammen, um eine Form zu bilden, in der du dich gerade befindest. Und du kannst das nicht alles auf einmal machen. Es ist fast so, als ob es in Etappen geschieht. Man muss erst an diesen einen Ort gehen, und dann fließt es zusammen. Und dann gehst du.
D: *Wenn man also bei diesem Licht, dieser Sonne ist, hat man überhaupt keine Form?*
B: Nein, es ist wie das Meer. Es ist lustig, denn es ist sehr hell, aber es ist nicht heiß. Aber es bewegt sich. Man könnte meinen, es wäre chaotisch, aber das ist es nicht.
D: *Du sagtest, es sei nicht die Sonne unseres Sonnensystems.*
B: Nein. Es ist die Sonne aller Sonnen.

Das ist die Art und Weise, wie viele meiner Klienten die Quelle oder Gott beschrieben haben.

D: *Warum verlässt du diesen Ort dann und gehst zu diesen Außenstationen?*
B: Weil wir es wollen. (Lachen) Das ist so lustig; *weil wir es wollen.* Es ist fast so, als wären wir kleine Kinder oder so. Es ist sehr leicht, und sehr selig. Ja, es ist fast so, wie wenn man ein kleines Kind ist und es erforschen will. Und es gibt so viel Aufregung drum herum. Es lässt dein Herz tanzen wie ein kleines Kind. Es spielt, also will man spielen gehen.
D: *Und sie lassen dich das tun? Sie lassen dich gehen?*
B: Es ist nicht einmal „lassen". Es ist so interessant, denn wenn du sagst „sie lassen dich", ist es so, dass wir alle entscheiden, und

wir gehen. (Lachen)
D: *Und dann gehst du zur Außenstation und wirst diese Kugel als deine erste Form?*
B: Eigentlich nimmt man bereits Form an, bevor man überhaupt die Außenstation erreicht. Das ist so interessant! Ich sehe die Sonne, und da kommen diese wunderschönen Finger aus Licht heraus. Und sie sind einfach wunderschön! Es ist, als ob diese Lichtfinger herauskommen und dann beginnen sie, sich zu dieser erstaunlichen, sich bewegenden Form aus Farbe zusammenzufügen. Und dann kommen sie zu diesen Lichtkugeln.
D: *Dann formt es sich schließlich zu einem Himmelskörper.*
B: Genau! Ja.
D: *Und dann bist du da auf der Außenstation, und sie sagen, es sei an der Zeit, woanders hinzugehen?*
B: Genau. Und das ist, wenn die Energie anfängt...

Sie schien etwas zu beobachten und sie fand es interessant. Das Problem war eher ihre Fähigkeit, es zu beschreiben.

B: Beim ersten Mal fängt man an, sich getrennt zu fühlen. Ein Gefühl von sich selbst. Das ist so interessant. Es ist seltsam. Es ist fast so, als ob man ein Gefühl von Grenze hat, während man vorher keine Grenze gespürt hat—es war einfach reine Ausdehnung. Und dann fühlt man sich fast wie die äußeren Ränder von sich selbst.
D: *Du fingst an, dich getrennt zu fühlen?*
B: Nun, weil du dich kleiner fühlst. (Lachen) Es ist so interessant, weil ich kein Gefühl von wir habe, oder für dich, oder für mich. Aber es ist der Punkt, wenn die Selbstwahrnehmung anfängt, ihre eigene Identität zu spüren. Was nicht wirklich ist; es ist eine Illusion. Dann beginnt die Illusion, aber es ist wie ein notwendiges Werkzeug, das man haben muss. So habe ich noch nie zuvor gefühlt. Wenn man in der Sonne ist, fühlt man sich wie die Kinder. Es ist weise, es ist das weiseste Gefühl, das du je im Leben hattest, aber gleichzeitig auch das freudigste und unschuldigste. Es ist eine Kombination aus Weisheit und Unschuld, und so ist es fast wie eine Art Schutz. Es ist fast wie: „Wenn ihr weitergeht, Kinder, müsst ihr einen gewissen Schutz haben." Und dazu muss man eine gewisse Selbstwahrnehmung haben. Und ich habe kein Gespür dafür, wie lange das dauert, aber es ist ein Prozess. Und so gehst du also hin und du fängst an, ein gewisses Selbstgefühl zu spüren. Wirklich, für mich fühlt

es sich wie das erste Mal an.
D: *Dies ist also Teil des Prozesses, bevor man die Transportstation verlassen darf.*
B: Genau.
D: *Und dann gehst du auf Entdeckungsreise.*
B: Man kann überall hingehen.
D: *Weißt du, wo du hingehen wirst?*
B: Wo bin ich? In diesem Augenblick? Ich ging zur Erde. Ich wählte die Erde. Oh! Aber sie war nicht meine erste Wahl! Ich ging an einen blauen Ort. Blau? Oh, meine Güte! Ich sehe keinen Ort. Sie sagen, du gingst zuerst an den blauen Ort, um Wissen zu sammeln. Oh, das ist so interessant! Da sind all diese verschiedenen Ebenen an all diesen verschiedenen Orten. Und da sind in Wirklichkeit keine Ebenen, aber der Ort, den ich ausgesucht habe, war sehr physisch. Aber um dorthin zu gehen, musste man bestimmte Dinge wissen. Es ist wie Werkzeuge. Es ist, als ginge man zur Schule. Und alles, was ich sehe, wenn ich frage, ist blau, wie der blaue Planet. Es ist ein physischer Ort, aber sie meinen nicht die Erde. Es ist der blaue Planet. Es fühlt sich an wie der Ozean.

Viele andere Klienten haben beschrieben, wie sie von einem wunderschönen Wasserplaneten kommen, wo sie Leben als verschiedene Arten von Meeresgeschöpfen lebten. Sie hatten keine Verantwortung und eine solche Freiheit, dass sie nicht fortgehen wollten.

B: Ich beobachte, als würde ich einen Film sehen. Ich habe nicht das Gefühl, dass ich da bin, es fühlt sich eher an, als ob ich etwas anschaue. Ich empfinde keine Emotionen dabei, aber ich sehe Ozeane, ich sehe Wale und ich sehe Delfine. Ich atme unter Wasser. Es fühlt sich nicht wie Wasser an, es fühlt sich dicker an als Wasser. Es fühlt sich wie eine Art Medium an. Es ist sehr flüssig, es ist schwerer als Luft, aber nicht so schwer wie Wasser. Es ist nicht kalt, es fühlt sich glatt an, es fühlt sich seidig an, und wenn man sich umschaut, funkelt es tatsächlich ein wenig. Ich fühle mich flüssig und ich spüre meine Form nicht. Ich fühle mich nicht wie ein Delfin oder ein Wal. Ich sehe Delfine und Wale. Es ist merkwürdig, aber es ist fast so, als hätte man ein seidenes Tuch und würde es durch das Wasser ziehen, das ich sein würde. Ich habe etwas Substanz. Ich bin etwas dichter als das, was um mich herum ist, aber es fällt mir schwer zu beschreiben. Ich kann mich selbst nicht sehen, aber ich fühle

mich sehr flüssig. Und alles schwimmt. Es gibt nichts, was auf zwei Beinen herumläuft.
D: *Siehst du kein Land?* (Nein) *Und was hast du an jenem blauen Ort zu tun?*
B: Was sie sagten, ist: „Du bist kodiert." Sie benutzten das Wort „Code". Kodiert womit? Und ich hörte: „Es ist alles ein Schritt zur Erstellung der Form." Es muss kodiert werden, und es muss an einem flüssigen Ort kodiert werden. Und das geschieht alles durch Schwingungen. Sie sagten nicht „Schwingung", sie sagten, es sei alles –„Energie".

Sie begann Schwierigkeiten zu haben, die richtigen Worte zu finden, um dies zu beschreiben. Das ist ein häufiger Vorgang. Ich sagte ihr, sie solle ihr Bestes geben.

B: Du wirst kodiert, sagten sie. Und dann wird alles aus der Flüssigkeit erschaffen. Während man voranschreitet, geht man durch den flüssigen Ort. Und dieser flüssige Ort ist sehr blau. Ich kann Formen sehen, die wie Wale aussehen; aber es ist nicht wirklich ein Wal, es sieht nur irgendwie so aus. Und ich kann Töne hören, wie die von Delfinen. In Ordnung, einer kommt jetzt gerade auf mich zu und sie lassen die Töne hin und her springen. Und ich werde gebaut. Das ist ein interessantes Wort für uns: gebaut. Es fühlt sich sehr klinisch an, wenn ich das sage, und ich hänge nicht an dem Wort. Es ist so interessant, es ist, als ob mein Körper gebaut würde.
D: *Ist das Teil des Codes, von dem du gesprochen hast?* (Genau.) *Also müssen sie mit anderen Worten die Essenz, die du warst, in etwas Solideres verwandeln?*
B: Ganz genau! Und da wird es für mich getan. Das ist es, wo ich gebaut werde, oder wo ich gebaut wurde. Die Art, wie ich es sehe, ist so interessant, denn es ist sehr sachlich, so als sei es eben einfach so. Es wird alles durch Töne gemacht, wie diese Töne durchkommen.

Sie hatte Schwierigkeiten zu erklären, was sie sah. Sie sagte: „Es ist so seltsam, es fühlt sich an wie ein Science-Fiction-Film." Anscheinend bauten sie eine menschliche Form und das wurde mit Tönen gemacht. Sie sah sich selbst mit anderen aus dem Wasser kommen, als Menschen in voller Größe, nicht als kleine Säuglinge. Sie liefen als voll entwickelte Menschen aus dem Wasser und es waren viele. Die Ausnahme war, dass sie noch nicht alle ihre „Einzelheiten" hatten. Sie sahen alle gleich aus, Beine, Arme,

Körper, aber ohne abgrenzende Merkmale. „Jetzt sehe ich sie tatsächlich vor meinen Augen reifen. Jetzt bekommen die Menschen Haare und Augen. Sie werden erschaffen.—Doch ich sehe niemanden, der es tut."

D: *Was wirst du jetzt mit der Form tun, wenn sie erst einmal erstellt ist?*
B: Jetzt bekommen wir das Wissen. Jetzt gehen wir hinein in—es fühlt sich mehr wie eine Struktur an, es fühlt sich nicht mehr an, wie in der Natur. Es hat Menschen dort, ein Gebäude, auch wenn ich das Gebäude nicht erkenne. Es fühlt sich sehr sachlich an, und ja, so wird es auch gemacht. Man geht hier rein und—es fühlt sich an, als ginge es sehr schnell, aber ich habe kein Zeitempfinden.
D: *Lassen mich dir eine Frage stellen, bevor du weitergehst. Warum haben sie deine Gestalt wie die eines Menschen gemacht? Es könnte nach allem Möglichen aussehen, nicht wahr?*
B: Weil ich die Erde gewählt habe. Ja, es hätte alles Mögliche sein können.
D: *Aber in diesem Fall sahen alle wie Menschen aus?*
B: Das ist eine sehr gute Frage. Lass mich wirklich, wirklich genau schauen. Ich habe sofort „Mensch" gesagt, weil es die gleiche Größe und Höhe hat—Arme, Beine, Kopf, Rumpf. Aber nein, das sind wir nicht. Es *sieht aus*, als könnte es ein Mensch sein, aber sie kommen nicht in der Form wie ein Mensch. Es ist die Art, wie sie gemacht werden. Sie werden anders gemacht, wie wir gesehen haben. Sie werden nicht wie ein Mensch geboren, also ist es kein Mensch. Es ist interessant; es ist beinahe so, als ob das die beste Form für einen wäre, für das, was man tut - was sie tun.
D: *Alles klar. Du bist also jetzt in diesem Gebäude und du sagtest, dass du dort Wissen erhältst.*
B: Ja. Es gibt einen Tisch und es liegen Papiere auf dem Tisch und Leute sitzen um den Tisch herum. Es ist, als ob Pläne oder so etwas auf dem Tisch liegen, die Papiere. Und der Tisch ist von unten beleuchtet. Und die Leute, die ich anschaue, sehen aus wie ... Ganz verschiedene Arten von Wesen! Oh, wow! Das ist interessant, weil die Grundform menschlich ist—Arme, Beine, Rumpf, Kopf, Augen - das ist gleich. Aber es gibt bestimmte Dinge, die anders sind, so dass man weiß, dass sie keine menschliche Form haben. Wie eine Person, deren Augen sind anders; da sind keine Augenlider, keine Wimpern. Es sitzen mehrere Leute um diesen Tisch herum; sie haben Kleider an. Es

ist, als ob ich beobachte, als ob mir das hier gezeigt würde.

D: *Was ist ihre Absicht mit den Papieren?*

B: Es ist so lustig, denn wenn ich das frage—nun, natürlich! Du weißt schon! Hier wird der Plan gemacht. Der Plan dafür, wohin man als Nächstes geht. Da sind sieben von uns, die gerade den Raum betreten haben.

D: *Es gibt sieben in deiner Gruppe?*

B: Ganz genau! Wir sind zu siebt aus dem Wasser gekommen. Und jetzt geht es weiter zu diesem nächsten Ort. Das Schlimmste ist, dass ich nicht sehe, wo wir hingehen. (Seufzer) Hier geht man hin und redet darüber. Es ist, als wären die Entscheidungen schon getroffen worden, und hier sagt man es dir.

D: *Was haben sie dir erzählt?*

B: Sie sagten, dass ich zur Erde gehen würde.

D: *Wusstest du, was die Erde ist?*

B: Nein. Ich fühle mich wirklich komisch, weil ... Man kommt hier nicht logisch von einem Ort zum anderen. Ich betrachte es aus einer Richtung, und sie gehen sehr sanft mit mir um, das merke ich. Es ist, als ob sie sagen: „Für dein Verständnis müssen wir es dir so zeigen, damit du eine Vorstellung davon bekommst, was passiert." Okay, ich bin also in einer Form. Und dann bin ich plötzlich formlos, und ich bin nicht sicher, wo ich bin.

D: *Kannst du sie fragen, warum du zur Erde gehen musst? Warum dieser Ort?*

B: Sie versuchen, es mir auf eine Weise zu zeigen, die ich verstehen kann. Es ist fast so, als ob alles in Harmonie schwingt und die Farben sich davon lösen. Es ist, als würde ich die Dinge von weitem sehen. Ich sehe viele Planeten. Und das Seltsame ist, dass ich unsere nicht einmal erkenne. Also ich erkenne Merkur, Venus oder die Sonne nicht wieder. Aber ich sehe all diese Planeten und es ist wie ein Orchester - sie schwingen alle im Einklang. Und es ist sehr flüssig, es bewegt sich. Damit zeigen sie mir, dass alles im Einklang ist. Wenn ich dann rüberschaue und sie mir die Erde zeigen—die Erde ist im Moment verstimmt. Sie ist wie ein Klavier, das gestimmt werden muss. Die Erde ist nicht gestimmt, sie ist flach geworden.

D: *Es ist verstimmt, nicht im Einklang mit dem Rest.* (Ja!) *Dann ist es sehr auffällig.*

B: Sehr! Wenn ich es aus der Ferne sehe, ist es, als wäre alles in Harmonie. Auch wenn ich es nicht höre, fühlt es sich beinahe musikalisch an. Das tut es! Es fühlt sich an, als ob es vibrieren würde, obwohl nicht alles genau gleich vibriert. Aber sie sind in Harmonie wie ein Orchester, all diese verschiedenen

Instrumente, die spielen. Sie spielen alle die gleiche Melodie oder das gleiche Lied, und sie sind alle in Harmonie miteinander. Als ich mich umdrehen durfte, um auf die Erde zu schauen—es war wie das schönste Orchester, das du je in deinem ganzen Leben gehört hast. Und wenn jemand da hineinginge und ein verstimmtes Klavier spielte, würde man es hören. Es fällt also auf. Es ist auffallend in diesem Orchester aus der Gesamtheit aller Galaxien die es jemals gab—es gibt eine flache Stelle. Jetzt sah ich sie—es ist lustig, weil ich in meiner Perspektive immer noch weiter und weiter zurückgehe—so weit, bis ich sehe, dass in unserer Ecke dieses riesigen Raums die Erde flach ist. Wir sind nicht der einzige Ort, der flach ist—es gibt noch einige andere, die weit weg sind—aber jetzt zoome ich mich näher heran. Von allen Universen, die uns nahe sind, ist die Erde ein auffallender Ort ...

D: *Der Wichtigste, der zudem ein Problem darstellt.*

B: Ganz genau! Sie ist verstimmt. Ohne Harmonie. Sie fühlt sich so flach an. Also werden wir helfen, sie neu zu stimmen.

D: *Wie fühlst du dich bei dem Gedanken, das zu tun?*

B: Aufgeregt. Und die andere Sache ist, dass das Ergebnis nicht sicher ist. Wir wissen nicht, ob wir das können. Bei den anderen Orten, an denen wir schon mal waren, waren wir uns sehr sicher. Man konnte hineineingehen, man muss nur das und das und das machen, und es wird gleich wieder zurückspringen. Ich habe gerade einen Gedankenblitz bekommen, dass wir uns nicht ganz sicher sind.

D: *Du hattest also schon andere Leben, in denen du solche Dinge getan hast?*

B: Ja. Wir stimmen neu ein.

D: *Weißt du bereits, wie du das machen willst?*

B: Ich sehe Farbe. Es ist alles in der Farbe, es ist in der Schwingung der Farbe.—Es gibt noch mehr, ich bin nicht der Einzige. Es ist ein „wir". Oh, meine Güte! Es gab mehrere vor mir, mehrere nach mir—es ist ein „wir". Jetzt sehe ich das Netz. Es ist eine Decke, es ist ein Netz um die Erde herum. Und es ist, als gäbe es viele Werkzeuge. Es ist alles in Schwingung. Es liegt Schönheit in der Schlichtheit des Ganzen. Es ist nicht so einfach, aber es ist, als ob jeder singen könnte. Diese Töne, diese hohen, wunderschönen Farbtonschwingungen. Manche Stellen fühlen sich an, als wären sie unter Teer, wie ein dicker Schlamm. Es geht nicht darum, den Teer abzuwischen—sie versuchen, mir ein visuelles Beispiel zu zeigen. Manche Leute gehen in dem Versuch auf, es zu reinigen, indem sie versuchen, den Teer zu entfernen—so macht man das nicht. Was man tut, ist, man geht ins Innere und verändert die Schwingung und dann wandelt sich der Teer um. Es geht nicht darum, ihn wegzuwischen oder zu reinigen; er verändert sich von einer Sache zur anderen.

D: *Du gehst also zur Erde. Schlüpfst du in einen Körper, oder wie willst du diese Veränderungen vornehmen?*

B: Meine Güte! Ich war zuerst nicht in einem Körper. Ich sehe die Erde, und um die Erde herum—es ist es anders, als ich dachte. Es fühlt sich fast so an, als hätte man einen Stoff oder eine Decke. Aber es ist nicht so schwer wie eine Decke. Es ist allerdings gewebt, weil ich sehe, dass es eine gewisse Ordnung darin gibt. Es fühlt sich an wie ein Gitterrost oder Millimeterpapier, aber es ist flüssig und umgibt die Erde. Und es gibt mehr als eine—es gibt viele Schichten dieses Stoffes oder dieser Substanz, die die Erde umgibt. Und wo ich mich selbst zuerst sehe, ist in diesen Substanzen. Und in diesen ist es fast so, als ob Trichter aus ihnen herauskämen. Es ist, als ob ein großes Gewebe über der Erde läge und ein Trichter bis zu einem Punkt unter der Erde reichte. Und wenn alles gesund und natürlich glücklich ist, erscheinen sie überall auf der Erde zu verschiedenen Zeiten und an verschiedenen Orten. Und es fühlt sich sehr organisch und sehr flüssig an. Und sie sehen aus wie Kämme. Es geht nach unten, und da sind diese Punkte. Es geht in die Erde hinein und wird irgendwie wieder zurückgeführt. Und es ist alles in Bewegung. Und die Oberfläche der Erde fühlt sich durchlässig an. Es gibt also bestimmte Stellen auf der Erde, die hart geworden sind. Es fühlt sich fast tot an; es fühlt sich wie erstickt an.

D: *Es ist schwer zu durchdringen?*

B: Ja! Das ist genau das richtige Wort. Es ist schwer zu durchdringen. Und da es schwer zu durchdringen ist, müssen wir jetzt unter die Erde gehen, unter die Oberfläche, und es auf der Oberfläche tun. Wir können es nicht mehr länger von oben tun. Und da sind viele, da sind viele.

D: *Wie willst du es an der Oberfläche tun?*

B: Du bringst diese Energie ein - okay, ich kann es jetzt sehen. Als wir uns über der Erde befanden, waren wir wie Lichtpunkte, wie Verstärker oder Aktivatoren. Die Energie strömt herein und kommt zu diesen Lichtpunkten und dann verstärkt sie sich und wird zur Erde geleitet. Jetzt war es notwendig, diese Verstärkung näher zur Erde zu bringen, damit sie stärker ist. Diese Lichtpunkte haben sich nun auf den Planeten hinunterbewegt, damit er nun stärker wird, denn es muss weiter nach innen dringen. Also dringt es in die Erde ein, tief unter die Erdoberfläche. Davor funktionierte es von oben. Es kann nicht mehr so gemacht werden, es ist zu dick.—Es gibt immer noch die Insel der Menschen, der Wesen, die da draußen auf dem Raster sind, aber einige von uns sind hier auf dem Planeten.

Ich wollte wissen, ob sie sich bewusst war, dass sie durch einen physischen menschlichen Körper sprach, und sie gab widerwillig zu, dass sie sich manchmal bewusst war. Also fragte ich sie, wann sie sich entschied, in einen physischen Körper zu einzutreten. Wenn sie eine so wichtige Arbeit ohne einen Körper verrichtete, warum war er dann notwendig?

B: Es wurde eine Vereinbarung getroffen. Ich sah mir den menschlichen Körper an, in dem ich mich befinde. Und ich fragte: „War ich schon immer in diesem menschlichen Körper?" Und das „Ich", das da sprach, war nicht immer in diesem menschlichen Körper. Ich kam später hinzu. Es war eine Vereinbarung. Das ist ein wenig verwirrend für mich.

D: *Mal sehen, ob wir es erklären können. Du meinst, das „Ich", das da spricht, ist nicht derjenige, der in den Körper hineingeboren wurde?*

B: Nein. Ich kam später dazu. (Pause) Die menschliche Sprache ist darauf nicht eingerichtet.

D: *Ich weiß. Man hat mir oft gesagt, dass die Sprache nicht ausreiche.*

B: Du fragtest, ob ich in diesem menschlichen Körper geboren wurde, und ich habe nicht das Gefühl. Aber ich habe Erinnerungen daran. Ich habe Erinnerungen an den Anfang. Es ist nicht so, als gäbe es keine Erinnerungen. Aber es ist, als wäre es nicht nötig gewesen, am Anfang dieses menschlichen Körpers hier zu sein. Ich kam später hinzu. Ich kam herein, als das Bewusstsein—es ist so interessant, weil es nicht so ist, als wären wir getrennt, sondern es ist wie ein Teil von einem selbst, der nicht ganz so entwickelt ist. Dann fragte ich mich, warum ich nicht einfach früher herunterkam, aber ich war anderweitig beschäftigt. Also ist es fast so, als würde man einen Teil von sich selbst hinunterschicken. Weil „ich" nicht gebraucht wurde, als ich ein Kind war, oder als dieser Körper ein Kind war. Ich brauchte den Körper, als er stärker entwickelt war.

D: *Der andere Teil war schon als Kind da?*

B: Ganz genau. Es ist also wie ein Teil von dir, der herunterkommt—und ich will es nicht herunterspielen. Ich will nicht, dass es sich nach einem Roboter anhört. Aber der unterentwickeltere Teil von dir kommt herab und lernt alle Lektionen von Anfang an und macht all diese Erfahrungen. Es ist wie bei einem Arzt—man geht zuerst zu einem normalen Arzt und dann später zu einem Spezialisten. Verstehst du, was ich meine? Dann kommt der Spezialistenanteil von dir herein. Und so ist der Spezialistenanteil die Person, die jetzt gerade spricht, die gerufen wurde, um zu kommen, weil sie die Fähigkeiten hat. Also „ich", der ich gerade spreche, wurde nicht in diesem Körper geboren, aber ein Teil von mir war es. Es gibt also diese Vereinbarung und man verschmilzt irgendwie damit und wird dann zum Körper. Es ist nicht so, dass es zwei Wesen in diesem Körper gibt. Das ist es ganz und gar nicht.

D: *Es ist eine Verschmelzung von beiden.*
B: Ja. Verschmelzung ist ein gutes Wort.
D: *Wie alt war der Körper in etwa, als das passierte?*
B: Zwölf.
D: *Die Verschmelzung erfolgte also im Alter von zwölf Jahren.* (Ja) *Geschah zu diesem Zeitpunkt ein Zwischenfall oder etwas Derartiges?*

Brenda fing an, emotional zu werden. Wenn das passiert, weiß ich, dass wir auf etwas Wichtiges gestoßen sind. Also habe ermutigte ich sie sanft, darüber zu reden und mir zu sagen, was sie bedrückt. Mit einem tiefen Seufzer fuhr sie fort:

B: Ich habe es falsch herum verstanden. Es ist ein bisschen verwirrend in meinem Kopf, weil ich es aus zwei verschiedenen Perspektiven sehe. Ich sehe es aus der Perspektive des Kindes, das geboren wurde. Diesen Teil verstehe ich nicht. Es ist so interessant, weil ich versuche, das Ich zu finden, und da ist kein Ich. Es ist, als ob ich nur beobachte, woher die Emotion kam. Und es ist, weil ich darum gekämpft habe, das Ich zu definieren, und ich kann es nicht. Dann wich ich etwas zurück und beobachtete nur. Und ich beobachtete Brenda als Kind, und dann mit dem Wesen, das in Wirklichkeit eine Art Vormund war—ich weiß nicht, ob das wirklich das richtige Wort ist—aber eine Person, die kam ...
D: *War das die Person, die sie als imaginären Freund sah?*

Brenda hatte dies in dem Interview besprochen. Als Kind hatte sie einen imaginären Freund, der für sie sehr real war. Das ist nicht ungewöhnlich. Viele Kinder haben solche Freunde, und obwohl sie für alle anderen unsichtbar sind, kommunizieren sie mit ihnen. Meine älteste Tochter hatte eine imaginäre Freundin und sie bestand sogar darauf, dass ich ihr einen Platz am Tisch decke und bat mich, ihre Hand zu nehmen, wenn wir die Straße überquerten. Ich habe sie weder ermutigt noch entmutigt. Ich wusste, dass das für sie real war. Sie nannte sie „Julia", und als meine zweite Tochter geboren wurde, nannte ich sie Julia, weil ich so daran gewöhnt war, diesen Namen zu hören. Die „Freundin" verschwand zu dieser Zeit. Einige Eltern haben mir erzählt, dass sie dachten, ihre Kinder würden verrückt werden, wenn sie über (und zu) einem unsichtbaren Freund sprachen. Ich sage ihnen, dass sie nicht beunruhigt sein müssen, was da geschieht, ist ganz natürlich und der „Freund" wird irgendwann verschwinden. Als Brendas Freund sie verließ, fühlte sie sich sehr allein und verlassen. Das war eine ihrer Fragen. Sie wollte eine Erklärung für das, was als Kind geschah.

B: Als sie klein war. Ja, ich war einer von ihnen. Von den Lichtwesen.

D: *Also ist ein solcher wie ein kleiner Aufseher?*

B: Ganz genau! Er war allerdings mehr als das. Er brachte den Körper in Form. Viele der menschlichen Formen sind, wenn die Seele hereinkommt, nicht so kalibriert, dass sie tatsächlich einem hereinkommenden höher schwingenden Wesen standhalten können. Als das Baby also hereinkam, war es von Anfang an kalibriert. Es ist fast so, als würde ich ein Klopfen an den Füßen sehen, was so seltsam ist. Es ist, als wären diese Schwingungsmuster im ganzen Körper, in den Knochen, dem Zellsystem, von Anfang an eingeprägt worden. Also ist es eine Kalibrierung. Und die Körper werden sehr sorgfältig ausgewählt, um die Werkzeuge zu erwerben, die für die spätere Arbeit notwendig sind. Wenn also die Seele hereinkommt—ich sehe es gerade vor mir—dann kommt der Aufseher herunter. Es gibt ein gewisses Bewusstsein, aber es ist nicht das volle Bewusstsein. Das Lichtwesen ist noch nicht in diesem Körper geboren worden. Es gibt dort eine Seele, ja, aber es ist nur ein bisschen von der Seele. Die Seele ist eine riesige Überseele, und ein winziges Stück kommt herein und wird vorbereitet. Sie wird geformt. Und sie ist ein Teil des großen Ganzen. Das war also eigentlich nicht ich. Es war ein Teil von mir, aber es war nicht ganz ich. Also kam der Aufseher herunter—kein Aufseher, ein Pfleger—ein Pfleger kam herunter und half, den Körper vorzubereiten. Der Körper muss auf die höheren Schwingungen vorbereitet werden, denn oft, wenn wir das in der Vergangenheit getan haben, wenn das höher schwingende Wesen in einen Körper kommt, kann der Körper nicht damit umgehen und er erleidet einen Kurzschluss.

D: *Ich habe schon zuvor davon gehört, dass der Körper, das Baby, dabei manchmal stirbt.*

B: Das kam vor! Also sind wir sehr vorsichtig dabei, es zu kalibrieren und dann den Körper an einen Ort zu bringen—fast so etwas wie ein Nest. Wir kommen zurück und sehen nach und stellen sicher, dass der Körper jetzt so vorankommt, wie er sollte. Und es muss eine bestimmte Art von Geist geben. Die elektrischen Impulse im Gehirn sind anders. Es gibt mehr Bereiche. Ich habe den hinteren Teil des Gehirns gesehen, dort ist es anders. Dort ist am Anfang mehr Aktivität. Es ist, als ob dort elektrische Impulse platziert würden. Dann wird es beobachtet und dann wird es weiterentwickelt. Und dann fangen wir allmählich an, mehr Licht hineinzubringen. Ich sehe es als ein sehr, sehr helles blaues Licht, das von verschiedenen Orten in den Körper gebracht wird. Die Füße. Sieht aus wie das Schlüsselbein. Der Nacken, der obere Teil des Kopfes, das dritte Auge, unter der Nase—interessant! Stellen an den Ohren. Und so wird das Licht allmählich, langsam, mit der Zeit eingebracht. Es werden Impulse verwendet, und es gibt auch verschiedene Abfolgen von Symbolen.

D: *Wie wenn eine Aktivierung stattfindet?*

B: Ja, innerhalb des Körpers. Dann gibt es einen Punkt, an dem alles entschieden wird und diese Seele wird kontaktiert und befragt. Es ist nicht widersprüchlich, wenn ich sage, dass sie kontaktiert wird, aber es wird eine Vereinbarung getroffen, um vorwärts zu gehen. Und dann kommen wir herein.

D: *Wie lautet die Vereinbarung? Den anderen Teil hereinzulassen?*

B: So was wie: „Bist du bereit? Fühlt es sich richtig an?" Wenn die Seele zum ersten Mal hereinkommt und wenn wir die Vereinbarung zum ersten Mal treffen, ist alles in Einklang. Wenn sich eine Seele auf der Erde entwickelt, ändern sich die Dinge. Die Seele hat vielleicht einen anderen Weg gewählt. Die Seele möchte vielleicht woanders hingehen. Die Seele möchte vielleicht nicht mehr dorthin gehen, also müssen wir noch einmal fragen. Manchmal werden diese Verträge gebrochen; manchmal geschieht etwas im Leben, das nicht vorhergesehen wurde. Die Erde ist ein Ort der Überraschung—man weiß nie, was passieren wird, wenn man hierher kommt.

D: *Und sie haben einen freien Willen.*

B: Sie haben einen freien Willen, also kann alles passieren. Also kommen wir zurück und wir reden und fragen, ob es immer noch angemessen ist; ob sie immer noch einverstanden sind.

Vieles davon wurde in meinem Buch *Die drei Wellen von Freiwilligen* erklärt. Ein Teil der Rettung der menschlichen Rasse vor sich selbst war das Eintreten neuer und reiner Seelen in die menschlichen Körper. Seelen, die nie Karma gekannt oder angehäuft hatten und daher nicht feststeckten. Dies kann mit den ET-Erfahrungen zusammenhängen, die viele Menschen für negativ halten. Die neue Seele hat eine Energie, die der menschlichen Erfahrung völlig fremd ist, deshalb kann sie nicht auf einmal eintreten. Als das in der Vergangenheit versucht wurde, resultierte es in einer Abtreibung des Babys. Es musste also langsamer gemacht werden, in allmählichen Intervallen, damit sich der Körper anpassen konnte, bevor später die volle Energie eintrat. Dies würde die wiederholten Besuche von ETs, also Außerirdischen, erklären, denn ihre Aufgabe ist es, die Körper ständig zu überwachen und zu kontrollieren, ob alles richtig funktioniert. So wurden die Implantate oder Monitore in den Körper eingesetzt, um die Person im Auge zu behalten. Dies erklärt auch den Rückgang an Entführungsberichten, da die Arbeit nun abgeschlossen wurde. Die Seelen sind eingetreten (die Drei Wellen, die ich entdeckt habe) und es gibt jetzt genügend auf der Erde, um die Arbeit zu erledigen, also gibt es keinen Bedarf mehr. Die meisten der Entführungsfälle, von denen man hört, fanden vor mehreren Jahren statt. Oder es sind Untersuchungen, die routinemäßig durchgeführt werden, um sicherzustellen, dass der Körper in dieser seltsamen und oft feindlichen Umgebung richtig funktioniert.

Dies würde auch das von vielen als negativ beschriebene Hybridisierungsprogramm erklären. Die Herstellung von Körpern oder Vehikeln, die für die hohe Energie der einströmenden Seelen schadenfrei aufnahmefähig sind. Eine Kombination von Genen, aber noch wichtiger, eine Mischung der Energien, damit die Seele im Körper leben kann. Es ist erstaunlich, dass viele der Menschen, mit denen ich arbeite, sagen, dass sie sich hier nicht zugehörig fühlen, dass dies nicht ihr Zuhause sei. Dann, während sie in Trance sind, offenbart sich entweder, dass sie ein Neuling sind, der direkt von der Quelle kommt, oder als ein fremdes Energie- oder Lichtwesen, das noch nie zuvor in einem menschlichen Körper war.

(Fortfahrend)
D: Ist es das, was passierte, als sie im Alter von etwa 10 oder 12 Jahren diese Erfahrung hatte? (Sie hatte nachts Besuch in ihrem

Zimmer, von dem sie dachte, dass er mit ET zusammenhänge.)
Zu der Zeit, als es passierte, hielt sie es für eine negative Erfahrung.
B: In diesem Alter ist der menschliche Verstand noch unwissend. Der menschliche Verstand ist sich dessen zu diesem Zeitpunkt nicht voll bewusst. Zu diesem Zeitpunkt in ihrem Leben war sie noch nicht bereit, diese Information zu erhalten. Wir haben alles mitgebracht, was wir konnten, um es ihr angenehm zu machen. Und wir brachten ihre Freundin zurück, mit der sie zusammen war, als sie jünger war.

***

D: *Während der Erfahrung sagte sie, dass sie sich daran erinnere, dass sie sich nicht bewegen konnte.*
B: Ja, das ist interessant. Wir tun es so sanft wie möglich und oft tun wir es, wenn die Person schläft. Sie war wach, so wie es sein sollte. Sie war weit genug entwickelt, um mit so viel umgehen zu können. Es geschah so, wie es sein sollte. Es ist fast wie eine Anästhesie, bei der man die Person betäubt, sodass sie sich nicht bewegen kann. Aber es ist ein angenehmer Ort, und sie kommen dort heraus, ohne sich wirklich zu erinnern. Oder man erinnert sich an einen guten Traum oder was auch immer. Es soll kein unheimlicher Ort sein. Sie hatte einen sehr willensstarken, sehr starken Geist und als es anfing, entschied sie sich dafür, wach zu bleiben.
D: *Manchmal empfinden es die Leute als negativ.*
B: Ja, denn aus der Sicht eines Kindes konnte sie sich nicht bewegen, und es fühlte sich bedrohlich an. Aber das war es nicht.
D: *Sie sagte, es fühle sich an, als ob dem physischen Körper etwas angetan würde.*
B: Nun, das wurde es auch. Das Lichtwesen bewegte sich herein. Es ist wie eine letzte Kalibrierung. Nicht die allerletzte, aber die, die durchgeführt werden muss, bevor die andere Energie eintritt. Es gibt bestimmte Dinge, die getan werden müssen, um sich vorzubereiten.
D: *Was sie als Wesen um sie herum wahrnahm—sind sie diejenigen, die dabei geholfen haben?*
B: Ja. Und sie wurden in eine Form gebracht, die sie zu dieser Zeit verstehen konnte.
D: *Denn wie du weißt, sprechen wir auf der Erde von ETs. Die Menschen verstehen nicht, was sie sind.*
B: Nein, und ich sehe es jetzt.

D: *Ist es Teil ihrer Aufgabe, bei diesem ganzen Prozess zu helfen?*
B: Ja. Einer von ihnen ist sehr gut in dem, was er tut, er kann den Körper spüren. Er fühlt den Körper und bringt ihn in perfekte Kalibrierung und in Einklang mit dem Lichtwesen, das in ihn eintritt. Das Lichtwesen kommt in den menschlichen Körper, so er dann, wenn der menschliche Körper morgens aufwacht, nicht einmal einen Unterschied bemerken wird. Es ist eine perfekte harmonische Verschmelzung.
D: *Außer, dass sie das Gefühl haben, dass es etwas gibt, das sie tun sollen.*
B: Ja, weil das der Zeitpunkt ist, wenn es beignnt, sich einzuklinken.
D: *Es gibt viele Menschen, die sich an solche Erfahrungen erinnern und sie nehmen sie als negativ wahr. Sie verstehen nicht, was passiert.*
B: Die Erde ist ein sehr negativer Ort. Nicht immer—das muss sie nicht sein. Aber es ist schwieriger, im Positiven zu bleiben, besonders für die sehr—ich möchte nicht das Wort „mächtig" verwenden—aber für die, die sensibel sind. Wenn es Verwirrung gibt und sie nach einem Energiestrom greifen, ist es leicht, mit jenem Gedankenstrom in Einklang zu kommen, denn es gibt so viele negative Ströme, die sehr mächtig sind. Wir müssen bewusst nach dem Strom des Lichtes greifen, nach dem der Liebe, denn hier auf der Erde ist der automatische Energiestrom die Angst.
D: *Was sie also als negativ empfinden, ist es in Wirklichkeit nicht.*
B: Richtig. Genau.
D: *Es geschieht noch etwas mehr, und es ist eine Vereinbarung, die die Person trifft, bevor sie hereinkommt.*
B: Es gehört alles dazu, und es ist alles sehr gut.
D: *Viele Menschen, mit denen ich gearbeitet habe, fühlen sich verletzt. Sie haben das Gefühl, dass ihnen ohne ihre Erlaubnis etwas angetan wurde.*
B: Nein, das ist ganz und gar nicht der Fall. Ihre Erlaubnis wurde erteilt. Es ist eine Schutzvorrichtung für ein Kind. Man würde Kindern auch keinen schrecklichen Film zeigen, weil sie ihn nicht verstehen würden—sie wissen nicht, dass er nicht real ist. Man beschützt sie. Man zeigt ihnen Disney-Filme. Und wenn sie 16 oder 17 sind, können sie ihn sehen, weil man ihnen erklären kann—dass er nicht echt ist. Und so gibt es bestimmte Dinge, die zum Schutz eingerichtet werden.
D: *Also gut. Aber jetzt hat die Verschmelzung stattgefunden und dieses Lichtwesen ist in ihr, nicht wahr?* (Ja)

Brenda hatte bemerkt, dass ihre psychischen Fähigkeiten wiedererweckt wurden. Sie begann zu sehen, wer sie ist. Das war eines der Dinge, über die sie etwas wissen wollte. „Es hat lange gedauert, nicht wahr?"

B: Ja. Es gab viele Dinge, die zuerst getan werden mussten.

Natürlich betraf eine weitere ihrer Fragen ihren Daseinszweck. Was sollte sie mit ihrem Leben anfangen? Was war der Plan?

B: Es ist die Erde. Sie muss die höhere Schwingung einbringen und sie in der Erde verankern. Sie ist dafür kodiert. Sie hat es in sich.

D: *Wurden ihr deshalb geistig die Informationen über die Kristalle übermittelt?*

B: Ja, sie unterstützen sie. Die Kristalle verstärken es und machen es leichter. Die Kristalle sind eins mit ihr; die Kristalle hören ihr zu, und sie hört auf die Kristalle. Die Kristalle sind lebendig; die Kristalle sind eine andere Kraft. Es ist eine ganz andere Welt. Es ist ein ganz anderes Kraftfeld, das benutzt werden muss. Es ist schon ewig hier auf diesem Planeten. Die Kristalle sind eine Kraft, die eure kühnsten Vorstellungen übersteigt. Ihr wisst nicht, wie man sie benutzt. Ihr habt es vergessen. Eigentlich ist die Kraft weggenommen worden. Andere Zivilisationen haben die Kraft missbraucht, also wurde sie weggenommen.

D: *Jetzt müssen wir also das Wissen zurückgewinnen.*

B: Viele der Kristalle schlafen. Manche der Kristalle auf diesem Planeten sind noch aktiv. Aber sie können und sollen wiedererweckt werden. Und ihr erwacht durch Schwingungen. Die Schwingung kann auf viele verschiedene Arten erzeugt werden. Man kann es tun, indem man sich auf die Absicht konzentriert, und sie weiß, wie man das macht. Wenn man in diese Rasterlinien greift, und es gibt viele Ebenen—es gibt nicht nur eine. Sie hat nur eine gesehen. Es gibt viele, viele Schichten dieser Energiefelder auf der Erde. Das eine, das sie erreichen muss, ist das am weitesten Entfernte—es ist das Violette. Sie muss daran denken, mit dem Violetten zu arbeiten. Sie arbeitet mit dem Grünen. Natürlich ist das Weiße immer da, aber das Violette ist die Transformation. Und dann bringst du das ein und es schwingt ebenso mit den Knochen in deinem Körper mit. Und dann startet es ein Schwingungsmuster, das dann in die Erde geleitet wird und die schlafenden Steine erweckt.

D: *In meiner Arbeit wurde mir gesagt, dass auch der Körper teilweise kristallin sei.*

B: Eure Lehrer hier würden sagen, dass das Herz kristallin ist, was wahr ist. Aber der ganze Körper ist kristallin.
D: Deshalb schwingt er, wie du zuvor sagtest.
B: Genau. Deshalb soll ihr noch mehr gegeben werden.
D: Aber ihr Weg ist es, mit Steinen zu arbeiten, die den Schwingungen der Erde helfen.
B: Ja. Und es wird andere geben, die ihr helfen werden. Wenn sie mit der Erde arbeitet, wird diese anfangen, die Schwingung zu verändern und die Menschen verlieren die Orientierung. Es ist interessant, wenn man den Leuten eine Arbeit gibt, wenn man ihnen sagt, sie sollen helfen, die Schwingung der Erde zu erhöhen, dass sie, indem sie dazu angewiesen werden, nicht anders können, als die Schwingung in sich selbst zu erhöhen. Es ist also wichtig zu wissen, dass einige Leute es nicht für sich selbst tun. Anstatt zu sagen: „Ich kann euch helfen, eure Schwingungen zu erhöhen", könntet ihr die Leute zusammenbringen und sagen: „Wir müssen wirklich hingehen und den Planeten hier drüben heilen." Und indem sie das tun, sind die Menschen dabei, ihre eigenen Schwingungen zu erhöhen.
D: Du sagtest, das könne zr Desorientierung führen?
B: Nicht bei den Leuten, die diese Arbeit verrichten. Wenn die Schwingung der Erde anfängt, sich zu erhöhen, beginnt sich alles zu verändern. Also hinsichtlich der Menschen, die desorientiert sind und nicht wissen, was sie tun sollen und nicht in Resonanz sind oder nicht auf der gleichen Ebene sind, wenn ihr sagt, ihr müsst deren Schwingung in ihnen erhöhen, bittet sie, anderen zu helfen. Denn wenn sie anderen auf irgendeine Weise helfen— wenn sie einem Tier helfen, wenn sie eine Pflanze heilen, wenn sie das Gefühl haben, anderen helfen zu wollen oder dem Planeten zu helfen, dann erhöht das ihre Schwingung. Es ist ziemlich einfach.—Ihr Hauptaugenmerk ist es, Menschen zusammenzubringen, um die Schwingung in die Erde zu lenken, die nicht mehr durchkommen konnte.
D: Sie arbeitete mit Heilung.
B: Das ist ein Nebenschauplatz.—Wenn sie größere Gruppen zusammenbringt, um diese Energie in die Erde zu bringen, ist das weit stärker als bei einer Person allein. Wenn eine oder zwei Personen als Kern dann weitere Personen hineinbringen, verstärkt das die Energie noch mehr.
D: Und sie können mit der kombinierten Energie helfen.
B: Ja. Jeder hat etwas zu teilen, und jeder hat eine etwas andere Energie. Wenn sie also zusammenkommen, ist es wie ein

Orchester. Und es ist einfach wunderschön. Und so kommt das Orchester, kommen alle Stücke zusammen, weil jeder seinen eigenen, einzigartigen Teil dazu beiträgt. Und so ist es wirklich, je mehr, desto besser.

D: *Und wir wollen die Erde wieder in Einklang bringen.*

B: Das muss sein. Es geht in beide Richtungen. Und so wie ihr es bei euch selbst tut, innerhalb eurer unmittelbaren Familie oder innerhalb eurer Gruppe, und es dann für die Erde tut, geht es dann hinaus ins Universum. Es ist alles ein Teil eines großen Ganzen.

D: *Alles beeinflusst alles andere. Die Dinge beschleunigen sich wirklich. Immer mehr Menschen erwachen zu ihren ureigenen Fähigkeiten, nicht wahr?*

B: Es gibt keine andere Möglichkeit. Sie müssen; jetzt ist die Zeit reif dafür. Es gibt keine Gnadenfrist mehr. Als es sie noch gab, wurde uns etwas Zeit gegeben. Die Zeit ist jetzt gekommen.

D: *Ich habe viel mit dem gearbeitet, was wir UFOs und ETs nennen, aber es wird komplizierter als die Leute denken.*

B: Oh, es ist so viel mehr. Die sind schon ewig hier. Sie sind schon immer ein Teil der Evolution dieses Planeten gewesen.

D: *Wenn diese Menschen also diese Erfahrungen machen, werden sie in Wirklichkeit aktiviert.*

B: Ja, genau. Der Körper muss auf ein höheres Schwingungsniveau kalibriert werden, damit die anderen Energien eintreten und durch sie hindurch wirken können.

D: *Man hat mir auch gesagt, dass man diejenigen, denen es zu unangenehm ist, einfach aus dem Programm entlassen soll.*

B: Oh, genau. Aufgrund des freien Willens auf diesem Planeten können sie in ihrem jungen Leben Entscheidungen treffen und einen völlig anderen Weg einschlagen. Und das ist vollkommen akzeptabel. Und dann werden sie aus dem Vertrag entlassen. Und das ist in Ordnung.

D: *Weil einige unter ihnen sagen, es sei zu negativ, und sie wollen raus.*

B: Sie geraten in diesen Gedankenstrom von Negativität oder von dieser Angst—und manchmal ist das ein Bestandteil ihres Weges.

D: *So wurde es mir gesagt. Ihr wollt diese Art von Leuten ohnehin nicht im Programm haben, und ihr könnt sie entlassen, wenn sie rausgelassen werden wollen.*

B: Ganz genau. Zu jeder Zeit, ja.

Kapitel 24

ZU VIEL ZU FRÜH

Als Tonya die Szene betrat, fühlte sie sich wie im Weltraum, weil es nichts weiter als Leere gab. Es war ihr nicht unangenehm, aber sie konnte nichts sehen. Sie beschloss, sich nach unten zu bewegen, anstatt weiter ins All hinaus zu gehen. Nichts schien sich zu ändern, bis sie plötzlich das Gefühl hatte, sich überhaupt nicht mehr bewegen zu können. „Ich möchte sagen, dass ich in einer Art Kapsel bin. Ich weiß nicht, wo ich bin, aber ich bin in etwas eingeschlossen.—Ich habe keinen Körper. Ich kann mich weder vorwärts bewegen, noch nach oben oder unten. Es sind überall diese dunklen Flecken.—Ich fühle mich, als wäre ich nicht geboren worden. Das macht gar keinen Sinn.—Ich habe mich noch nicht entschieden, was ich sein will.—Ich fühle mich, als wäre ich in etwas drin, aber es ist etwas, von dem ich ein Teil bin, oder das ich gemacht habe und ich ... weiß nicht, was ich sein will, also habe ich keine Richtung."

D: *Du meinst, niemand hat dir gesagt, was du tun sollst oder wohin du gehen sollst oder so etwas?*
T: Ich höre *dich*, aber ich höre niemanden sonst mit mir reden oder mir etwas sagen. Es liegt an mir.
D: *Du hast also eine Wahl? Du kannst tun, was du willst? Ist es das, was du meinst?* (Ja) *Das ist wichtig. Viele Menschen haben keine Wahl. Sie müssen tun, was man ihnen sagt.*
T: Das habe ich alles getan. Ich habe meine Schulden bezahlt. Ich habe jetzt Entscheidungen, die ich selbst treffen kann.—Jetzt weiß ich noch nicht, was ich tun werde.
D: *Wie nimmst du dich selbst wahr?*
T: Ich bin ein Punkt von einer Art Energie oder eine Art von Gedankenprozess ... weil ich denke. Ich habe keine körperlichen Merkmale. Ich bin lediglich von dieser Masse an Sachen

umgeben, mit denen ich arbeiten soll.—Aber ich stecke fest. Ich weiß nicht, was ich tun will. Ich weiß nicht, in welche Richtung ich gehen soll. (Frustriert)
D: *Willst du etwas anders tun oder etwas, das du noch nie zuvor getan hast?*
T: Ja. Etwas, Bedeutungsvolleres als das, was ich bisher getan habe. Das andere Mal war das etwas, das ich tun musste. Jetzt will ich etwas außerhalb meiner selbst tun. Ich weiß nicht, wie ich es erklären soll.
D: *Die anderen Male waren wie Aufgaben, die man erledigen musste?*
T: Ja. Materialien fertig machen oder Arbeiten beenden, die ich nicht erledigt hatte. Ich habe das Meiste erledigt, ja, ich glaube, ich habe alle Grundlagen erledigt.—Ich bin schon lange hier ... sehr lange. (Flüsternd und weinend.) Doch es gibt immer noch Dinge zu tun.—Ich weiß nur einfach nicht, was ich tun will.
D: *Hast du irgendwelche Ideen, irgendwelche Optionen, über die du nachdenken könntest?*
T: Ja, aber es betrifft so viele Menschen, wenn ich das tue, was ich tun will.—Es wird heller. Es ist nicht mehr ganz so dunkel.
D: *Was ist es, was du tun willst, das so viele Menschen betrifft?*
T: Ich will Teil der Veränderung sein. Teil des Einflusses ... der Veränderung zum Besseren. Ich will zurückgehen, um das zu erreichen. Es hat mit einem Zyklus zu tun. Ich möchte beim Beginn des neuen Zyklus dabei sein und Teil davon sein.
D: *Hat dir irgendjemand gesagt, dass es kommt, oder weißt du es einfach?*
T: Sowohl als auch. Man hat es mir gesagt und jetzt fühle ich es. Das Ende des Zyklus ... der Beginn eines neuen Zyklus einer ganz neuen Art von Leben.
D: *Das klingt wirklich großartig ... wirklich groß. Haben sie gesagt, warum der Zyklus enden muss?*
T: Da alle Dinge zu einem Ende kommen müssen. Wenn Dinge ausgelebt sind, ist es ausgelebt. Dann ist es vorbei und ein neuer Zyklus wird beginnen. Die Dinge bleiben nie so, wie sie waren. Sie verändern sich ständig, aber dies ist eine große Veränderung. Das sind Zyklen in Zyklen in Zyklen.
D: *Anders als die anderen?*
T: Anders als dieser Ort.
D: *Von welchem Ort reden wir?*
T: Von der Erde.
D: *Also haben sich Zyklen an anderen Orten ereignet, aber dies ist ein großer Schritt für diese Gegend?*

T: Ja. Hier ist so viel passiert. Ich habe einiges davon durchlebt. Ich habe geholfen. Ich habe verschiedene Phasen davon durchlebt. Du kennst die Phasen ... und doch habe ich Angst davor, wie es enden könnte. Es ist noch nicht bereit, zu Ende zu gehen, aber es ist fast so weit. Der Zyklus ist noch nicht abgeschlossen, und er ist noch nicht fertig mit dem, was er tun sollte, und es hängt so viel davon ab. Die Menschen müssen sich ändern und ich möchte ein Teil davon sein. Ich will bei der Veränderung helfen, und es macht mir Angst.

D: *Warum macht es dir Angst?*

T: Weil, was ist, wenn ich nicht gut darin bin?

D: *Ich denke, wenn du etwas so sehr willst, wirst du auch gut darin sein. Du hast das Verlangen, oder? (Tonya weinte: Ja.) Du sagtest, du seist dabei schon durch andere Phasen gegangen?*

T: Ja, und ich habe Scheiße gebaut ... entschuldige meine Ausdrucksweise.

D: *Was ist passiert? Erzähl mir davon.*

T: Der Kreislauf dieses Planeten. Ich war aggressiv in meinem Verlangen, die Dinge zu schnell zu ändern, und das ist es, wo ich jetzt stehe. Ich habe Angst davor, zu aggressiv zu sein, und trotzdem werde ich frustriert.

D: *Was hast du dann damals getan?*

T: Ich habe Dinge zu schnell eingeführt. Führte Gedankenänderungen ein ... biologische Veränderungen.

D: *Über welche Zeiträume war das?*

T: Als das Leben noch jung war. Es war anders als jetzt. Es gibt so viele verschiedene Zeiten, dass ich mich nicht an alle erinnern kann.—Gedanken ... weil man die Gedanken zu jener Zeit beeinflussen konnte. Es war anders als jetzt. Ich möchte sagen, dass es eine milchige Substanz hatte. Ein Gedanke war wie eine milchige Substanz. Er war leichter zu beeinflussen. Er war zusammengefügt ... es war eine milchige Substanz. Ergibt das einen Sinn?? (Irritiert über sich selbst.) Siehst du, die Dinge waren visuell nicht so, wie sie jetzt sind. Heute gibt es Winkel und scharfe Punkte und schwarze Flecken und Gedankengänge sind einfach schrecklich. Das macht so viele schlimme Dinge. Es ist nicht mehr so rein wie früher.

D: *Durch milchige Substanzen, floss es da weicher?*

T: Ja, es war in sich vollständiger. Es wurde nicht von selbst individualisiert. Gedankengänge ... individuell. Du warst als Individuum individuell. Betrachte dich selbst als Individuum, nicht so sehr als einen Spieler in einem Team. Du warst du.

D: *Sie waren noch nicht bereit, es zu verstehen?*

T: Nein. Wut. Es war Wut untereinander. Emotionen, die nicht zu dem gehörten, was sie ursprünglich hatten. Die Veränderung war ein wenig zu abrupt.

D: *Du meinst, du hast eine neue Denkweise eingeführt, für die sie noch nicht bereit waren?*

T: Ja. Da war auch nicht nur ich. Ich war mit einer Gruppe zusammen, aber da war trotzdem noch ich, weil ich nur Teil der Gruppe war. Es machte ihnen Dinge bewusst, die sie vorher nicht wussten. So wie Adam und Eva. Plötzlich wurden sie sich der Unterschiede bewusst. Ich wollte, dass sie bereit waren. Ich wollte es vorantreiben. Ich wollte sagen, dass ich geholfen habe, aber es war zu früh. Wut kannten sie zuvor nicht. Es gab Misshandlungen. Sie lösten sich nicht auf. Sie verwandelten sich in etwas Schlimmeres. Sie fingen an, sich gegenseitig zu verletzen. Wir hätten wissen müssen, dass sie noch nicht bereit waren.

D: *Wie konntest du das wissen?*

T: Weil wir viel weiter fortgeschritten waren als sie. Zumindest sahen wir uns so.

D: *Du wusstest nicht, wie die Leute und die menschliche Natur reagieren würden. Du bist mit guten Absichten in die Sache gegangen.*

T: Ja, aber es war immer noch das Böse im Spiel, wie ich jetzt verstehe. Das war es, was wir tun wollten. Das war nicht genügend durchdacht. Wir waren nicht aufmerksam genug.

D: *Warst du damals körperlich?*

T: Wir sind damals nicht heruntergekommen. Wir befanden uns in einem geistigen Zustand. Wir waren körperlich, aber wir kamen nicht herunter. Es war der Einfluss durch unseren geistigen Zustand. Wir kamen später runter.

D: *Also beschlossest du, es zu stoppen, weil es außer Kontrolle geriet?*

T: Ja, aber es war zu spät. Wir konnten es nicht mehr rückgängig machen und mit der Zeit eskalierte es.

D: *Dann hat dich niemand bestraft oder dir gesagt, dass du das nicht tun sollst?*

T: In gewisser Weise wird man bestraft. Ich meine, wenn man weiß, dass man etwas verursacht, ist es ohnehin da. Niemand müsste mit dem Finger auf einen zeigen und sagen: „Sieh, was du getan hast." Man selbst weißt, was man getan hat. Aber man muss seine Fehler dennoch wiedergutmachen. Wenn du zwei und zwei zusammengezählt hast, aber fünf rausbekommen hast, musst du es korrigieren.

D: *Du sagtest, zu einem anderen Zeitpunkt kamst du dann herunter?*
T: Später. Es war später. Ich schätze, in Erdenjahren war es ziemlich viel später, aber wir kamen dann wieder herunter.
D: *Du und dieselbe Gruppe?*
T: Ja. Damals mischten wir uns unter sie, so wie wir waren. Physisch, ja. Es war an der Zeit für sie, zu akzeptieren, und sie konnten akzeptieren, also kamen wir in diesem Zustand herunter. Das Leben zur Zeit der milchigen Wolken war anders. Es war nicht mehr dasselbe. Es war körperlich, aber nicht so sehr körperlich. Es war ein leicht veränderter Zustand. Ich kann es nicht erklären. Ich spüre den Unterschied, aber ich kann es nicht erklären.—Als ich runterkam, war es anders als sonst. Diesmal war auch die Welt physischer, nicht dass sie vorher nicht physisch war. (Frustriert.)

Ich glaube, sie meinte, dass sie feststofflicher war.

D: *Hast du wieder Fehler gemacht?*
T: Ja. Ich wurde in etwas Körperliches verwickelt.—Sex.
D: *Warum hast du das getan?*
T: Warum tut man überhaupt etwas? Man denkt eben nicht richtig nach.
D: *Du wolltest etwas tun, das du noch nie zuvor erlebt hast?*
T: Ja, aber es war nicht das Richtige. Es war nicht der richtige Zeitpunkt. Es war nicht angemessen. Es war nicht richtig.
D: *Hat der Rest der Gruppe dasselbe getan?*
T: Einige, aber nicht alle, nein. Die meisten nicht. Ich glaube, wir waren drei, die bleiben mussten. Ich weiß nicht, wo die anderen beiden sind.
D: *Warum zwangen sie dich, zu bleiben?*
T: Weil ich nicht zurückgehen konnte. Ich änderte meine eigene Schwingung, indem ich es tat ... indem ich mich darauf einließ. Weil ich mit den Menschen interagiert habe, sind sie nun Teil meiner Schwingung.
D: *Oh, jetzt verstehe ich. Sie senkten deine Schwingungen, weil sie dichter waren?* (Ja) *Du solltest ihnen eigentlich auf eine andere Art helfen.*
T: Ja. Indem wir ihnen Dinge vorführen, ihnen Dinge zeigen, sie lehren. Das habe ich getan, aber dann ließ ich mich zu sehr ein.
D: *Was geschah nun in jenem Leben? Bist du dort geblieben?*
T: Ich blieb dort und wurde schließlich sogar getötet. Jemand wurde eifersüchtig. Ich weiß nicht genau. Ich erinnere mich nicht genau, aber jemand wurde eifersüchtig und tötete mich. Aber das

war in Ordnung. Es war Zeit, zu gehen.
D: *Aber jeder macht Fehler. Niemand ist perfekt. Auf diese Weise lernen wir.—Du sagtest, du wolltest Menschen helfen?*
T: Diese Veränderung, die kommen wird. Es wird eine Veränderung geben. Es hängt so viel davon ab, wie sehr sich die Menschen innerlich verändert haben. Es könnte eine große Veränderung für viele, viele Menschen sein, oder es könnte eine Veränderung für nur wenige Menschen sein. Und die anderen werden nicht wissen, dass dies geschehen ist, weil sie sich dessen nicht bewusst sind. Deshalb ist es so wichtig, dass sich mehr Menschen bewusst sind.
D: *Sie alle haben ihren freien Willen, deshalb kann es jeden auf unterschiedliche Art und Weise betreffen?*
T: Ja. Ich schätze, ich habe einfach Angst, nicht zu wissen, wie ich es richtig machen soll. Ich will, dass mir jemand hilft. Es gibt eigentlich so vieles, das ich tun könnte, oder zumindest bilde ich mir das ein. Ich wünschte nur, ich hätte jemanden, mit dem ich es zusammen tun könnte.
D: *Hast du schon andere Leben als Mensch gelebt?*
T: Oh, viele.
D: *Diese anderen Leben, lebtest du sie einfach als normale Leben?*
T: Im Grunde genommen normal. Manche Leben sind sehr gut. Manche Leben sind sehr behütet. Manche Leben waren einfach zurückgezogen und ich wollte mit niemandem reden.
D: *Du musstest also viele Dinge erleben. Du warst nicht immer in einer Position, in der du Menschen drastisch beeinflussen konntest.* (Nein) *Als du diesen Fehler machtest, musstest du also immer wieder in physischen Körpern zur Erde zurückkehren.*
T: Das musste ich ... ziemlich oft zu unterschiedlichen Zeiten.
D: *Aber jetzt steht etwas sehr Wichtiges kurz bevor. Glaubst du, du bist bereit, so etwas zu tun?*
T: Ich will bereit sein. Bis vor Kurzem wollte ich es immer alleine machen. Jetzt weiß ich nicht mehr weiter. Ich habe das Gefühl, ich brauche jemanden, an dem ich etwas abprallen lassen kann. Jemanden, mit dem ich zusammenarbeiten kann, um herauszufinden, ob er es für sinnvoll hält oder an einem bestimmten Punkt arbeiten und es mit mir tun kann.
D: *Kannst du jemanden fragen, ob er kommen und mit dir sprechen kann, bevor du eine Entscheidung triffst?*
T: Ich habe jemanden gefragt.—Ich kenne seinen Namen nicht. Er ist schon lange bei mir. Ich kenne ihn, aber ich kenne ihn auch nicht. Ich sehe kein Gesicht an ihm, aber ich fühle eine Präsenz.
D: *Was fragst du ihn?*

T: Dass er körperlich wird ... herunterkommt. Ich habe mein ganzes Leben damit verbracht, Selbstgespräche in meinem Kopf zu halten ... zu reden und keine Antworten zu bekommen. Ich will jemanden, zu dem ich eine Beziehung haben kann. Wird er herunterkommen? Es ist mir egal, wie er es macht. Er soll nur kommen, reden und mit mir zusammen sein.

D: *Damit du nicht allein bist.* (Ja) *Hat man dir gesagt, wie du die Leute beeinflussen oder bei dieser Veränderung helfen sollst?*

T: Indem ich einfach ich selbst bin. Ich dachte wohl, es würde komplizierter werden. Sie glauben, ich könne es schaffen.

D: *Die Hauptsache ist also, auf der Erde zu sein, wenn das alles passiert?* (Ja) *Sie sagten, es gebe viele Menschen, die in eine andere Richtung gehen.*

T: Es kommt darauf an, wie du eingestellt bist. Was willst du? Welche Einstellungen hast du? Für wen hältst du dich? All diese Dinge sind Fragen, die dich dorthin führen werden, wo du hingehst. Ob du all die Dinge verstehst, die da draußen sind und all die Dinge, die du bist. Aber die Menschen scheinen es immer noch nicht zu verstehen. Sie sind immer noch verschlossen. Du kannst sie nicht dazu bringen, es zu sehen. Egal, was du tust, du kannst die Leute nicht dazu bringen, zu sehen.

D: *Wenn du mit ihnen reden würdest, was würdest du ihnen sagen, was sie sehen müssen?*

T: Dass sie nicht körperlich sind. Sie sind nicht die, für die sie sich halten, wenn sie in den Spiegel schauen. Dass sie alles sind, was sie sich vorstellen können. Dass sie Teil eines ganz anderen Lebens sind, als das, was die Erde einem präsentiert. So individualisiert, so getrennt, so gespalten. Man muss dorthin gehen, aber man muss auch zurückkommen. Sie kommen nicht dorthin zurück, wo sie sein sollten. Sie bleiben individualisiert. Sie denken sogar, sie seien ein Individuum, wenn sie wieder zusammen sind. Ich kann es nicht erklären.

D: *Sie betrachten sich selbst als Individuum.*

T: Abgetrennt. So fühle ich mich auch irgendwie, weil ich mich von dem, was ich tun soll, abgetrennt fühle. Also habe ich auch noch diesen Teil in mir.

D: *Du sollst den Leuten also zeigen, dass sie keine Individuen sind?*

T: Das ist es, was ich tun will. Dass ihr alle Teil eines Ganzen seid. Ich weiß nicht, wie man das macht.

D: *Wie kamst du dann auf die Erde, um dies zu verändern?*

T: Ich erinnere mich daran, dass ich für eine sehr kurze Zeit als Gelegenheitsbesucher hergekommen bin. Ich glaube, ich war in einem Männerkörper in England. Ich arbeite so viel auf der anderen Seite, wenn sie hinübergehen, aber sie haben so festgefahrene Vorstellungen und manchmal dauert es lange, bis sie merken, wo sie sind. Es war in Kriegszeiten ... so viele starben. Die Verwirrung macht einem noch mehr Angst, wenn man hinübergeht. Sie macht es schwerer, sein Selbst zu finden. Der Panzer ist ab und ist so dick und schwer vor Angst, dass es schwer für sie ist, herauszufinden, wer sie sind. Und es dauert lange, das auf der anderen Seite zu durchbrechen. Ich dachte, vielleicht könnte ich auf dieser Seite helfen, und das habe ich auch getan. Ich übernahm den Körper für, ich weiß nicht, vielleicht drei Monate. Die ursprüngliche Seele entschied sich, ihn zu verlassen und nicht mehr anzunehmen. Er konnte den Tod nicht ertragen. Er wollte den Tod nicht sehen. Das war es, was ich tun wollte. Ich wollte sehen, ob ich auf dieser Seite etwas bewirken kann, bevor sie hinüberschreiten. Und manche ja, manche nein, also ging ich wieder zurück. Ich ging zurück und kam hierher als eine physische Person, um fortzufahren.—Ich wollte eine Art Licht sein oder eine Art Hilfe oder eine Art Dolmetscher. Ich wusste nicht genau, wie ich es tun würde, aber ich wollte wegen der Veränderungen hier sein.

D: *Ist das der Zeitpunkt, als du dich entschieden hast, in den Körper zu kommen, der zu Tonya wurde?* (Ja) *Du kamst damals als Baby.*

T: Ja. Meine Eltern waren gute Menschen. Sie waren sanfte Menschen. Sie gaben mir den Raum, den ich brauchte. Die Gelegenheit war damals günstig und ich hatte es eilig. Die Dinge würden anfangen zu geschehen. Nicht zuletzt waren mehr Leute über UFOs informiert. Ich dachte, das sei ein todsicherer Tipp, aber das war es nicht.

D: *(Lachen) Das ist es nie, nicht wahr?*

Tonya war einer jener seltenen Menschen, die sich an alles von ihrer Geburt und aus ihrer Kindheit erinnern. Normalerweise geraten diese sehr frühen Erinnerungen an die andere Seite und die Geburt etc. in Vergessenheit, wenn man in den Babykörper eintritt. Ihre Eltern redeten ihr die Erinnerungen nicht aus und ermutigten sie sogar, sie in Erinnerung zu rufen und über sie zu sprechen.

T: Ich habe einige der Leben vergessen, aber die, an die ich mich erinnere, haben normalerweise mit Menschen zu tun, die ich auch in diesem Leben kenne. In ein paar meiner Leben hatte ich Freunde, die ich auch in diesem Leben habe. Ich konnte sie identifizieren.—Ich habe sie nicht vergessen, weil ich nicht abgeschnitten sein wollte. Ich wollte die Lektionen. Ich wollte so weit wie möglich verbunden bleiben, und es schien mir zu gelingen.

D: *Glaubst du, dass du dabei hilfst, die Leute zu beeinflussen?*

T: Manchmal ist mir gar nicht klar, wie sehr. Manchmal denke ich, überhaupt nicht, aber ich glaube, ich tue es.

D: *Nimmst du wahr, dass jetzt, da du hier bist, irgendetwas mit der Erde passiert?*

T: Ja. Ich kann die Veränderungen spüren. Und viele Leute auch. Ich bin nicht der Einzige. Viele Menschen wissen, dass die Dinge vor sich gehen. Viele Dinge ändern sich. Davon möchte ich ein Teil sein. Ich fühle mich, als würde mir etwas fehlen.

D: *Was meinst du damit?*

T: Ich fühle mich so eingeengt. Ich weiß nicht genau. Ich fühle mich beengt und weggesperrt. (Ihr wurde unwohl.) Ich weiß, es sind noch andere hier. Wo sind die? (Weinend) Wo sind sie? Warum bin ich weggesperrt? Deshalb fühle ich mich weggesperrt. Ich weiß nicht, wo sie sind.

Ich beschloss, das SC hervorzurufen und fragte es, warum es sich entschied, diese Informationen für Tonya zum Betrachten hervorzubringen.

T: Sie hat das Gefühl, dort zu sein. Wenn das der Ort ist, an dem man das Gefühl hat, zu sein, dann ist es das, was man sieht. Keine Zeit zu vergeuden. Komprimieren und überwinden.

Ich fragte nach ihrem Zweck in diesem Leben, und das SC wies darauf hin, dass jetzt nicht die richtige Zeit war, das zu wissen. Sie sollte es später erfahren. „Sie ist ungeduldig. Deshalb war ihr Leben so hart. Sie ist ungeduldig dabei, Dinge zu erledigen. Sie tut Dinge. Mehr als sie weiß. Manchmal glauben wir, wir seien nichts." Sie wollten ihr zu diesem Zeitpunkt keinerlei Ratschläge geben. „Mach weiter mit dem, was du gerade tust. Es wird kommen. Die Antworten, die sie braucht. Die Antworten, die sie sucht. Sie werden zu ihr kommen. Die Bücher, die sie braucht, und die Orte, an die sie gehen muss. Sie werden kommen, wenn sie es tun muss.— Veränderungen kommen. Sie wird glücklich sein. Sie wird sich über die Veränderungen freuen, aber es ist noch ein wenig Zeit. In Erdenjahren, eurer Zeit, scheint es wie eine Ewigkeit, aber es ist nur noch einen kurzen Augenblick entfernt. Alles wird sich in der Welt verändern ... schnelle Veränderungen." Es gibt Schwingungsveränderungen, die die Einstellungen und den Geist der

Menschen verändern werden. Es hängt davon ab, was ihre Schwächen sind. Diese Schwächen werden leider stärker werden und ihre Stärken werden ebenfalls stärker werden. Denn es wird in der Schwingungsrate schwingen, in der es auf sie wirkt, und wie sie auf die Schwingung wirken. Wie sie schwingen, wird übertrieben sein. Beschwingt. Es gibt also viele ... es ist dem Tod sehr ähnlich. „Woher deine Schwingung kommt, ist der Tod, oder der Tod des Körpers ist, wohin du gehst."

Wenn Menschen sterben und auf die geistige Seite gehen, können sie nur an die Orte gehen, die ihrer Schwingung entsprechen. Es gibt verschiedene Ebenen des Lernens und sie sind entsprechend eurer Entwicklung jeweils weiter fortgeschritten. Ihr hofft immer, dass ihr zumindest zu der gleichen Schwingung zurückkehren werdet, die ihr verlassen habt. Ihr wollt nicht auf eine niedrigere Frequenz gehen müssen und dann wieder nach oben steigen. Aber ihr könnt niemals höhersteigen, solange eure Schwingung nicht jenem Niveau gleich ist. Ich nahm an, dass das SC einen Vergleich zwischen diesem Zustand und dem Übergang zu der äquivalenten Schwingung macht, wenn die Veränderungen kommen. Das ist ein Grund, warum die ausgesprochen negativen Menschen nicht in der Lage sein werden, zur Neuen Erde zu gelangen. Sie können ihre Schwingung nicht so schnell ändern. Es muss ein allmählicher Prozess sein.

D: Es gibt viele Orte, an die man auf der anderen Seite gehen kann, nicht wahr?
T: Ja, die gibt es. Manche gehen allein, wenn es das ist, was sie sehen, manche in Gruppen.
D: Man kann nie irgendwo hingehen, wo man nicht mit der gleichen Frequenz schwingt. Ist das richtig?
T: Ja, und genau das wird in diesem Teil geschehen. Auch zu dieser Erdenzeit gehen Schwingungen vor sich und wo ihr seid und wer ihr seid und in welcher Rate ihr schwingt wird beeinflussen, was mit euch geschieht und wohin ihr gehen werdet.
D: Du sagtest, einige Leute schwingen mit einer niedrigeren Frequenz?
T: Sie haben schwere Zeiten.
D: Eher mit der negativen Frequenz?
T: Ja, und das ist traurig, weil es so unnötig ist.
D: Sie werden nicht einmal wissen, was geschieht.
T: Nein. (Tiefer Seufzer und Kummer darüber.)
D: Wird dies die physische Erde beeinflussen?
T: Ja. Umso negativer wird die Erde reagieren ... die Veränderungen

... die gewalttätigen Veränderungen ... so unnötig.
D: *Welche Art von physischen Veränderungen? Mir wurde gesagt, dass sich weiterhin viele Katastrophen ereignen werden. Ist das wahr?*
T: Ja... langsam, aber sie werden fortdauern. Die Erde wird sich selbst auch reinigen. Das weißt du. Das muss sie. Sie hat auch ein Eigenleben. Sie ist real. Sie nimmt all diese Veränderungen in sich auf, genauso auch mit jeder Person, die sich verändert, die auf dieser Erde lebt und in ihrem System lebt. Sie wird auf dieses System reagieren ... auf jedes System ... auf ihre Weise.
D: *Für diejenigen, die auf einer positiven Ebene schwingen, wie verändert sich ihr Leben?*
T: Wenn der Tod des Körpers eintritt, wird es ein Gefühl der Erleuchtung sein. Ein Licht ... der Schleier wird dünner sein. Es wird keine beängstigende, schreckliche Sache für sie sein. Sie werden sich mit Leichtigkeit auf der anderen Seite wiederfinden. Einige werden an andere Orte gebracht werden. So viele verschiedene Situationen ... einige werden auf der Erde bleiben. Manche werden überleben ... allerdings nicht viele, aber die, die es nicht tun, sind die, die immer noch negativ sind ... (Tiefer Seufzer) ... sie finden sich irgendwo anders wieder, oder sie finden sich auf der negativen Seite der Erde wieder.—Es ist eine Veränderung, wie ich sagte; es wird sich alles in viele verschiedene Aspekte verändern. Es wird eine dunklere Seite geben. Es wird eine hellere Seite geben. Es wird eine Seite außerhalb dieser Erde geben. Es wird eine dimensionale Seite geben. Es werden so viele verschiedene Veränderungen geschehen. Es ist wie eine Sternenexplosion. Es gibt immer noch Materie. Da ist all diese Energie. Es gibt feurig-heiße Energie, etwas kalte Energie. Einfach so viele verschiedene Ebenen.
D: *So viele Dinge können bei unterschiedlicher Schwingung passieren?* (Ja) *Ich habe gehört, dass der negative Teil für diejenigen sein wird, die diesen Teil erschaffen haben?* (Ja) *Also werden andere von uns woanders hingehen?*
T: Entweder physisch oder im Geist. Der Körper mag dabei absterben.
D: *(Ich wusste, dass sie von der Neuen Erde gesprochen hatte). Man hat mir so viel erzählt und dabei ist es immer noch verwirrend.*
T: Es ist verwirrend. Es ist auch für uns verwirrend, weil es so viele verschiedene Möglichkeiten gibt. Es hängt davon ab, wie viele Menschen sich zum Zeitpunkt des Übergangs bewusst sind. Das kann bestimmen, welche Art von Leben vorherrschend ist.
D: *Mir wurde gesagt, dass es viele Leute wie Tonya gebe, die*

gekommen sind, um dabei zu helfen. (Ja) *Und allein durch ihre Anwesenheit hier tut sie schon eine Menge, nicht wahr?*
T: Ja, alle tun das. All die jungen Leute sind ganz anders als die alten. Die Alten sind leider diejenigen, die noch in Positionen sind, die nicht nur der Erde, sondern auch den Seelen der Menschen schaden.

Ich gehe zu ihren Fragen über. Einige wurden ausgelassen, weil sie für dieses Buch nicht relevant waren. „Sie hatte das Gefühl, Kontakt zu ETs gehabt zu haben. Kannst du ihr etwas dazu sagen?"

T: Sie ist ein sogenannter ET gewesen. Sie war ein Grauer, allerdings nicht einer der kleineren ... sondern einer der größeren Grauen.
D: Ich kenne den Unterschied zwischen den beiden. (Ja) *Sie wusste von klein auf, dass sie Kontakt zu ihnen hatte.*
T: Ja. Sie haben oft Kontakt mit ihr aufgenommen und sie mit ihnen.
D: Warum kontaktierten sie sie noch immer?
T: Es gab Dinge zu tun.
D: Was für Dinge?
T: Das dürfen wir im Moment nicht sagen. (Sie lächelte, also wusste ich, dass es nichts Schlimmes sein konnte.) Erfahrungen, die mit der Zukunft zu tun haben.
D: Hat sie immer noch Kontakt zu ihnen?
T: Oh, ja ... nicht so sehr außerkörperlich, aber sie kann mit ihnen gedanklich in Verbindung treten und sie können mit ihr sprechen. Sie wird weiterhin Kontakt haben. Sie haben ihr gesagt: „Wir werden am Ende zu dir zurückkehren."
D: Was bedeutet das?
T: Wir werden am Ende zu ihr zurückkommen. (Lachen)
D: Meinst du damit, ihr zu helfen, wenn sie bereit ist, hinüberzutreten?
T: Das können wir im Moment nicht sagen. (Lächelnd.)
D: Ich habe in meiner Arbeit mit den ETs festgestellt, dass sie positive, gute Leute sind.
T: Oh, ja.

Egal, wie ich versuchte, die Fragen umzuformulieren, sie lieferten keine weiteren Informationen, nur, dass sie es rechtzeitig erfahren würde.

Körperlich: Manchmal gibt es ein Problem mit dem Blutzucker, weil sie nicht dann isst, wann sie sollte oder zu viel isst, wenn sie isst. Es wird ihr nicht schaden, aber sie sollte sich dessen bewusst sein.

D: *Was passiert, wenn wir nicht zu den Zeiten essen, zu denen wir essen sollten?*
T: Es stresst den Körper ... macht einen müder, macht einen abgetrennter ... oder zu viel raus und zu wenig rein.
D: *Was meinst du mit „zu viel raus und nicht genug rein"?*
T: Sie neigt manchmal dazu, nicht ganz so vollständig zurückzukommen, wie sie sollte..
D: *Heißt das, sie tut das fortwährend im Verlauf des Tages?*
T: Nein, normalerweise in der Nacht und dann, wenn sie aufwacht.—Nicht essen, wenn man sollte ... dass erzeugt eine Belastung im Körper, besonders wenn man bestimmte Arten von Arbeit verrichtet: körperliche Arbeit oder spirituelle, geistige Arbeit. Beide belasten den Körper. Es beeinflusst den Zuckerspiegel. Sie ist ein unregelmäßiger Esser. Der Körper ist ein wenig verwirrt, weil ihr Geist ein wenig verwirrt ist. Wie ich schon sagte, sie ist mehr da draußen als die meisten Menschen. Sie ist noch funktionsfähig, aber sie muss vorsichtig und aufmerksam sein.

Abschiedsbotschaft: Sie weiß, dass sie nie allein ist und dass sie immer akzeptiert wird und sie weiß im Grunde genommen, wer sie ist ... sie muss nur Geduld haben. Das ist nicht ihre Stärke. Das ist etwas, was ihr in vielen Leben gefehlt hat, Geduld. Geduld ist so notwendig, wenn die Dinge nicht nur von einem Wesen abhängen und sie weiß das, aber sie will die Dinge beschleunigen. Das kann sie nicht. Sie kann helfen, sie zu ändern, aber sie kann sie nicht beschleunigen

Abschnitt

Energie

Kapitel 25

DIE ROSA ENERGIE VOM KRISTALLPLANETEN

Als Anna die Szene betrat, schwebte sie hintunter zu etwas, das sie einen „Stern" nannte. Als sie auf der Oberfläche ankam, war diese felsig, aber mit großen Kristallgebilden. Es waren riesige, klare, schöne Kristalle, die fast die Form eines Berges bildeten. „Sie sind groß ... größer als ich. Die Atmosphäre ist blau und der Boden erscheint blau wie der Himmel. Die Kristalle sehen aus wie Berge und es gibt große wie ein Kristallhaufen, in den kleinere gemischt sind. Ich bin auf einer flachen, blauen Oberfläche. Alles scheint einen blauen Farbton zu haben. Es ist, als wäre es ein Kristallgebirge und vor mir läge ein flaches, blaues Land." Ich fragte sie, wie sie ihren Körper wahrnehme und sie sagte, er sei durchsichtig. „Es ist ein sehr schöner, klarer, nicht weißer, durchsichtiger Körper. Und um mich herum ist etwas Rosa. Mein Inneres hat eine rosafarbene Struktur, die von einer durchsichtig hellen, sanft gefärbten Haut umgeben ist. Ich kann das Rosa in meinen Händen sehen und da ist eine rosa Linie, die meinen Arm hinauf und in meine Brust geht, wo sie größer ist, und dann nach unten durch meine Beine. Ich weiß, dass ich Arme und Beine habe, aber es fällt mir schwer, sie zu sehen."

D: *Ist das Pink, das deinen Körper durchzieht, so etwas wie ein Kreislaufsystem?*
A: So in etwa sieht es aus, ja. Die Haut, das Äußere, das Durchsichtige, ist, als wäre es durchsichtig, aber leicht.
D: *Wie sieht dein Gesicht aus? Wie nimmst du es wahr?*
A: Es fühlt sich an, als hätte ich keine Haare. (Kichern) Ich kann mein Gesicht spüren, es fühlt sich ein wenig anders an. Meine Augen sind anders. Sie sind mehr zu den Seiten meines Kopfes

hin verschoben. Meine Nase ist anders und ich glaube, ich habe keine Ohren.

Obwohl der Körper seltsam erscheint, fühlte sie sich wohl damit, und der Kristallort schien ihr sehr vertraut. „Ich fühle das Blau. Es ist fast ein seidenweiches, sandiges Gefühl auf dem Boden, welcher blau ist. Und während ich stehe, spüre ich, dass etwas in der Erde durch meine Füße hochkommt und sich mit dem verbindet, was auch immer dieses Rosa im Inneren ist. Energie steigt dort durch meine Füße, wo sie den Boden berühren. Es fühlt sich wunderbar an. Es fühlt sich richtig an. Es ist mir vertraut. Ich habe das Gefühl, ich sollte mich vielleicht bewegen. Ich möchte mehr von meinem Aufenthaltsort sehen. Alles, was ich im Moment sehe, ist dieser umlaufende Bereich in der Mitte dieses Blaus. Es ist kein Sand. Es ist eher Seide, mehr wie Seide. Es ist stärker verbunden, als ein Stück Seide es wäre. Aber es ist kein festes Stück Etwas. Es bewegt sich, wenn ich meine Füße bewege, und meine Füße sind durchsichtig."

Als sie sich umsah, wurde ihr etwas bewusst. „Es gibt Andere zu meiner Linken, um die Berge herum, um diese Kristalle herum. Andere, die mich anschauen."

D: *Andere Wesen, so wie du?* (Ja) *Also bist du dort nicht alleine, nicht wahr?*
A: Nein, ich bin nicht allein. Sie stehen ein bisschen weiter hinten, aber sie sehen mich an. Sieht aus, wie vielleicht acht.
D: *Erkennst du diese Wesen wieder?*
A: Ja, sie sind genau wie ich.
D: *Dann sind das also Wesen, die du kennst?*
A: Ja. Ich sehe jemanden, der mich bemerkt und der ... Oh! Das Rosa wird heller. Ich glaube, es ist eine Begrüßung. Ein „Hallo" im Inneren von diesem hier. Ich spürte es, es ist ein ... er. Und ich habe das Gefühl, dass ich auch aufleuchte werde. Es ist ein glückliches Gefühl. Er kommt auf mich zu. Er will mich zu den anderen bringen. Wir gehen und der Boden ist ganz blau. Wir haben nichts an unseren Füßen und auch keine Kleidung, aber es fühlt sich normal an. Er hält sich an meinem linken Arm fest und wir gehen glücklich. Ich kann nicht sagen, dass er lächelt, aber ich weiß, dass er glücklich ist, weil er innerlich hellrosa ist. Ich bin glücklich. (Lachen) Wir gehen zu den anderen und da steht ein quadratisches Gebäude vor uns. Es sieht aus wie ein Haus mit zwei weißen Säulen genau in der Mitte ... nein, es sind zwei große Kristalle in der Mitte. Jetzt schaue ich auf die anderen und

alle leuchten auf. Und ich habe das Gefühl, ich werde heller als alle anderen. (Kichern) Ich fühle mich wie zuhause! Es ist ein wunderbares Gefühl! Ich fühle mich, als wäre ich weg gewesen, aber sie heißen mich willkommen. Und es gibt andere, die ich von weiter links kommen sehe. Da sind die acht und ich kenne sie sehr genau.

D: Wollen sie dich in das Gebäudinnere bringen?
A: Ich glaube, das ist es, was sie tun wollen. Sie sprechen nicht. Das Rosa, das uns durchzieht, leuchtet uns gegenseitig an und wir begrüßen uns auf diese Weise ...

D: Ihr kommuniziert eher auf diese Weise als mit Worten?
A: Ja, ich fühle es sehr, sehr stark, und alles hier durch (der mittlere Teil ihres Körpers) ist einfach nur hell.—Ich gehe hinein und schaue auf diese Säulen, diese Kristalle auf jeder Seite des Eingangs. Ich weiß nicht, wie hoch sie sind, aber wahrscheinlich viereinhalb Meter hoch ... einfach gerade, nicht zusammengedrängt wie bei den Bergen.

Als sie das Gebäude betrat, schien der Boden in einem starken Gefälle nach unten zu gehen. „Es sieht aus, als befände ich mich im Inneren eines Kreisels ... eines Abhangs. Ich stehe am Rand dieses Hanges und er ist bei mir und hält meinen Arm. Und die anderen sind auch da. Ich bin nicht sicher, ob ich diesen Hang hinunterrutschen soll. (Kichern) Es sieht so aus, als ob er silbern und braun wäre und spitz ausläuft und es nicht viel Platz zum Manövrieren gibt. Er drängt mich zum Rutschen. Okay, ich will sichergehen, dass er mit mir kommt. Ja, er kommt.—Ja, er kommt. Wow! Wir gingen und ich rutschte. Ich dachte, wir würden feststecken, aber in der Mitte war ein Loch, durch welches wir rutschen konnten. Und ich fiel und er fiel hinter mir her. (Lachen) Wir sind also beide hier.

D: Wo ist hier?
A: Es ist wieder blau. Ich spüre eher, dass er mit mir spricht, als dass ich ihn höre. „Komm ... komm mit mir. Es ist alles in Ordnung. Wir heißen dich willkommen."
D: Frage ihn, wo wir sind.
A: In einer Halle? Ich weiß nicht, was für eine Art Halle. Er nimmt mich hinein. Es gibt hier noch viele andere. Wir müssen unter dem Gebäude sein. Das, durch welches ich gefallen bin. Es gibt noch viele andere hier. Wir sehen alle gleich aus. Jetzt fangen sie auch an, sich selbst zu beleuchten. Es ist eine große Gruppe. Ich fühle, dass ich wieder willkommen geheißen werde. (Sie fing an,

leise zu schluchzen.) Es sind zu viele, um sie zu zählen. Es ist eine Art breiter, runder Raum.
D: *Frage ihn: „Was ist das für ein Ort?"*
A: Ich glaube, ich muss jemand anderen fragen. Er sagt immer wieder, ich sei zurückgekehrt. Er scheint sehr aufgeregt zu sein. Ich glaube, ich muss jemand anderen fragen. Es sind viele hier, also werde ich das tun.—Jetzt lasse ich meine beiden Hände halten. Oh, wir reichen uns alle die Hände. Ich teile mit ihnen durch meine Hände und sie teilen mit denen, die sie halten und so weiter
D: *Was teilt ihr?*
A: Alles ... alles ... sie haben Zugang zu meinem ganzen rosa Inneren, meiner Energie, die mich zu dem macht, was ich bin. Ich kann ihnen das durch meine Hände geben. Aber auch durch meine Gedanken und meine Gefühle. Ich kann sie in einem *großen* Kreis pulsieren sehen. Wir halten uns an den Händen und ich breite sie zu der Person neben mir aus, und sie wird immer weiter, weiter und weiter ausgebreitet.
D: *Teilen sie auch mit dir?*
A: Jetzt gerade nicht.
D: *Meistens teilen sie mit dir?*
A: Ja, wir teilen. Es gibt mir ein gutes Gefühl, das zu tun. Meine Energie hat Informationen, die ich ihnen gebe.
D: *Was werden sie mit den Informationen tun?*
A: Sie benutzen sie. Sie werden sie behalten, um ... oh, sie lernen. Sie wollen Fehler erkennen. Sie wollen wissen, welche Art von Fehlern sie mit dieser Information vermeiden könnten ... die sie nicht gemacht haben, aber die sie vermeiden könnten.
D: *Fehler, die du gemacht hast?*
A: Die Fehler, die ich bei anderen Menschen gesehen habe.
D: *Also nicht unbedingt, was du getan hast, sondern was du gesehen hast?*
A: Ja. Sie suchen nach etwas in größerem Maßstab. Nicht nur meine persönlichen Fehler ... Fehler des Planeten. Sie wollen nicht die gleichen Fehler machen, die ich gesehen habe. Sie wollen keine Fehler machen, die diesem Ort schaden.
D: *Wo sind sie? Meinst du, das ist ein anderer Ort?*
A: Ich bin auf einem Stern und ich beobachtete Fehler, wie katastrophale Fehler. Große Fehler. Sie wollen so viel wie möglich wissen, damit sie diese Fehler vermeiden können. Dies ist ein sehr friedlicher, schöner, lichterfüllter, blauer Ort.
D: *Meinen sie Fehler, die auf der Erde passiert sind?* (Ja) *Dann wissen sie, dass du von der Erde gekommen bist, also hast du*

viele Dinge gesehen.
A: Ja, und ich bin viele Male für lange Zeit auf der Erde gewesen.
D: *Aber du sagtest, dieser Ort sei dein Zuhause.*
A: (Traurig) Das ist er und ich kann es fühlen.
D: *Warum hast du ihn verlassen, wenn es so ein schöner Ort ist?*
A: Ich wollte helfen. Ich spüre, dass wir so viele sind, aber ich habe das Gefühl, dass wir alle eins und verbunden sind. Und die rosa Energie, die in uns ist, ist durch uns alle verbunden. Wir teilen sie alle einer durch den anderen, wenn wir uns an den Händen halten.
D: *Aber du hast dich entschieden, diesen schönen Ort zu verlassen und auf die Erde zu kommen?*
A: Ja. Ich wollte helfen. Niemand hier will die gleichen Fehler machen, die auf der Erde passiert sind und dabei diesen Frieden störten. Es muss so bleiben.
D: *Es klingt nach einem schönen Ort, an dem es keine Fehler gibt.*
A: Das ist es. Er ist sehr schön und niemand hat das Gefühl, dass etwas passieren wird. Ich glaube, es war meine eigene Idee, zur Erde zu gehen. Das ist es, was ich ihnen geben wollte.
D: *Hat dir jemand gesagt, dass du gehen sollst?*
A: Nein, sie unterstützten mich. Wir teilen dies durch diesen Bereich (auf ihren Bauch zeigend). Wir teilen uns diese Unterstützung.
D: *Woher wusstest du, dass die Erde Hilfe braucht?*
A: Die Kristalle können Signale übertragen.
D: *Sie empfingen also Signale von der Erde?*
A: Nein. Die Kristalle können Signale übertragen, aber nein, nicht von der Erde. Sie haben ein Signal von woanders her übertragen.
D: *Aber du hast dich entschieden zu gehen. Wollten die anderen ebenfalls gehen?*
A: Nein... nein. (Lachen) Und damit habe ich ein Problem. Ich weiß, dass alles gut wird, und alles wird wie früher. Sie unterstützen mich. Sie machen mir nicht das Leben schwer. Es gibt einen, der mir sehr nahe steht und es wird sehr schwierig sein.
D: *Aber du sagtest, dass du bereits viele Leben gelebt habest, als du dich auf die Reise zur Erde begabst?*
A: (Traurig) Ich bin schon sehr lange auf der Erde.
D: *Du konntest nicht einfach ein Leben leben und Bericht erstatten?*
A: Nein, das ist zu weit weg. Der Weg, den ich zur Erde nehme, führt über die Hilfe mit den Kristallen.
D: *Was meinst du damit?*
A: Die Kristalle waren in der Lage, das Rosa so zu verwandeln, dass ich ein kontinuierliches, helles, weißes Licht war. Und meine Energie begann sich zu verändern. Die Kristalle halfen mir

dabei.

D: Also ging die ganze Energie?

A: Nein. Der blaue Boden energetisiert eigentlich, aber er kann sie auch herausziehen. Die rosa Energie erfüllt mich und lässt mich trübe zurück, aber durchsichtig ... aber hell, wenn das Rosa weg ist.

D: Also ging nur ein Stück, ein Teil von dir, zur Erde? Meinst du das?

A: Ja. Ich ließ meine innere Energie dort, um mit etwas anderem gefüllt zu werden.

D: Und als du auf der Erde ankamst, hast du beschlossen, dass du viele, viele verschiedene Leben führen musst?

A: Ja, das musste ich. Ich wollte sichergehen, dass wir nicht so kompliziert sind, dass es nie so sein würde. Aber ich verstehe jetzt, dass das nicht der Grund dafür sein konnte, warum ich ging, weil es hier nicht so geschehen konnte.

D: Bitte erkläre.

A: Ich ging hin, um zu helfen. Ich begann, Informationen über die Erde zu sammeln und ich fing an zu glauben, dass ich diese Informationen speicherte, um meine Heimat zu retten, damit sie nicht zu einer Katastrophe werde, wie die Erde es geworden ist, aber das musste ich nicht tun. Das war nicht der Zweck. Ich wusste nicht, dass ich das tat, aber ich tat es. Der Zweck war, zu helfen.

D: Der eigentliche Zweck war, den Menschen zu helfen?

A: Dem Planeten zu helfen ... Ich habe nicht unbedingt das Gefühl, den Menschen. Sondern dem Planeten.

D: Du sagtest, du habest den Großteil deiner Energie dort gelassen? (Ja) Hast du Zugang dazu, diese Energie zu beziehen, falls du sie brauchst? Gibt es noch eine Verbindung dazu?

A: Ja, sie ist immer noch da. Ich wurde zu einer Lichthülle, die reiste und hierher kam, aber, ja, sie ist immer noch da. Ich rufe sie immer noch herbei. Ich rufe sie tatsächlich immer noch herbei. Sie wird immer da sein, wenn ich sie brauche ...

D: Als du auf die Erde kamst und all diese vielen Leben hattest, sollten sie alle dem Planeten helfen?

A: Ich soll helfen. Deshalb bin ich auf die Erde gekommen ... um zu helfen. Ich fing an, negative Ereignisse zu sammeln, die ich aus irgendeinem Grund zurückbringen sollte. Irgendwann fing ich an, Katastrophenereignissse zu sammeln, Dinge, von denen ich nicht will, dass sie zu Hause geschehen. Ich habe diese Informationen im Inneren gesammelt, aber ich muss ihnen diese Informationen nicht zurückbringen.

D: *Du meinst, du habest aus irgendeinem Grund eher die negativen Ereignisse gesammelt als die positiven?*
A: Nicht nur negative. Unwissentlich versuchte ich, diese Informationen zu sammeln, um sie zurückzubringen, weil ich die schrecklichen Dinge gesehen hatte, die hier passiert waren, und ich will nicht, dass das jemals zu Hause passiert. Also fing ich an, Dinge zu sammeln, von denen ich dachte, dass sie helfen würden, damit es nie so sein würde. Aber wir brauchen nichts von alldem. Wir sind alle eins.—Ich war lange Zeit fort. Ich kenne viele traumatische Ereignisse und es macht mir Angst, dass das zu Hause passieren könnte. Und ich würde beinahe meinen, auf zellulärer Ebene, weil ich es nicht merke. Und der Grund für die Angst davor, dass es dort passiert, war, dass ich so viele Tode gesehen habe.
D: *Aber du hattest auch viele positive Erfahrungen?* (Ja) *Es waren nicht nur negative Dinge.*
A: Nein, und das ist alles in mir. Ich habe das alles mit ihnen geteilt. Alles.

Ich dachte, es sei an der Zeit, die Sitzung wieder auf den Klienten zurückzubringen. „Weißt du, dass du jetzt durch einen menschlichen Körper sprichst, wenn du mit mir redest?"

A: Ja, aber ich sehe mich selbst in dieser anderen Form.
D: *Du hast viele andere Leben durchlebt, warum hast du dich entschieden, in den Körper von Anna zu kommen?*
A: Es war das richtige Timing und ich musste die Gelegenheit des Timings nutzen, um zurückzukommen. Es ging ziemlich schnell, aber das Timing war richtig.
D: *Warum ist das Timing so wichtig?*
A: Ich wusste, dass ich genau zu diesem Zeitpunkt geboren werden musste. Die Zeit muss genau richtig sein, wenn man zur Erde zurückkommt. Der genaue Moment mit dem genauen Zeitpunkt war sehr kurze Zeit, nachdem ich das letzte Leben verlassen hatte.
D: *Du hast also ein Leben verlassen und bist direkt in ein anderes übergegangen? Sie lagen sehr dicht beieinander?*
A: Ja. Ich nahm mir keine Zeit zum Ausruhen.
D: *Es ist normalerweise gut, sich zwischen den Leben auszuruhen, nicht wahr?*
A: Ja, besonders, wenn man etwas Traumatisches erebt hat. Ich wollte zurückkommen. Ich musste den richtigen Moment erwischen, da ich ich selbst sein wollte und es musste genau

dann passieren. Und ich wollte den Menschen in dieser Zeit helfen.

D: *Es war einfach ein schneller Richtungswechsel?*

A: Ich wusste, was ich wollte, und ich war bereit.

D: *Aber Anna hatte einige schwere Zeiten in diesem Leben, nicht wahr?*

A: Ja. Sie hat die Lektionen gelernt. Anders. Dieses Leben, in das ich kam, war, um mich auf die Menschen zu konzentrieren, nicht auf den Planeten.

Anna hatte in Krankenhäusern als Hospizschwester gearbeitet und sich um Menschen gekümmert, die im Sterben lagen. Aber sie hat damit aufgehört. „War es zu viel, oder zu hart?"

A: Sie war nicht mehr in der Lage, sich um sie zu kümmern. Nicht mehr in der Lage, sie zu berühren und sich um sie zu kümmern, wenn sie im Sterben lagen. Nicht das, was sie wollte.

Sie war verwirrt geworden, weil sie nicht wusste, was sie tun sollte. Das verursachte körperliche Probleme. Ich wusste, dass das SC ohne vorherige Aufforderung hereingekommen war, also bat ich es, Anna zu beraten. „Sie muss heilen... sich bewegen. Weg von sich selbst, dann zu ihrer Familie, dann zu anderen. Zuerst muss sie sich heilen, bevor sie die anderen heilen kann. Sie muss sich selbst zuerst heilen. Sie muss aufhören, sich von negativen Ereignissen angezogen zu fühlen. Es gibt kein Problem mit ihrem Stern. Es gibt kein Problem mit ihrem Zuhause. Es wird ihnen gut gehen. Sie muss die Angst loslassen, dass dort etwas nicht stimmen könnte. Sie kommt von dem wunderschönen Ort mit den Kristallen. Sie muss lernen, wie sie Zugang zu der Energie dieser Kristalle bekommt. Sie wird dazu in der Lage sein, wenn sie es wünscht." Anna lebte mit ihren Kindern im Haus ihrer Mutter. Man sagte ihr, sie solle vorerst dort bleiben. „Sie ist an einem Ort, wo sie diese Fähigkeiten erlernen kann, ohne dass die Negativität der Welt sich von ihr ernährt."

Weil das SC sagte, dass sie sich zuerst selbst heilen müsse, bat ich es, in den Körper zu schauen und zu sehen, was es herausfinden könnte. Die Ärzte hatten viele Dinge festgestellt, die problematisch waren. Es konzentrierte sich zunächst auf Annas Herz. „Es gibt einen großen Bereich in der Mitte des Herzens, der Schwierigkeiten mit dem Blutfluss hat. Sie verlor ihr Herz, als sie aufhörte, Menschen beim Hinüberschreiten zu helfen. Sie muss sich dessen bewusst sein. Sie muss sich daran erinnern." Das SC sagte, es könne das reparieren und begann, daran zu arbeiten. „Wir konzentrieren Energie auf das

Zentrum. Es fühlt sich an, als ob wir nach unten drückten. Da ist eine Herzklappe. Das Zentrum des Herzens ist offen. Das Blut fließt hin und her. Die Klappe lässt das Blut frei fließen und das ist so nicht vorgesehen. Wir benutzen Energie, um sie zuzudrücken, um sie zu heilen, damit sie sich schließt. Sie ist nicht in der Lage, sich von selbst zu schließen." Anna fing an, tiefe Atemzüge zu nehmen. „Das Blut floss zum Herzen hin und wieder zurück, wodurch der Boden größer wurde als die Spitze. Jetzt, da es sich schließt, wird das Blut nicht länger hin und her fließen. Es ist repariert. Es ist nicht so stark vergrößert, dass es nicht wieder normal groß werden kann."

Ich fragte nach ihrem Gehirn. Die Ärzte sagten, dass dort etwas nicht stimme. Das SC schaute hinein und sah, dass sich dort Bereiche befanden, die aussahen, als hätte sich Narbengewebe gebildet. Dies war durch den Blutfluss in ihrem Herzen verursacht worden. „Es ist kein größerer Teil des Gehirns davon betroffen. Es sollte ihr mit diesem Narbengewebe gut gehen. Es sollte kein Problem bei zukünftigen Plänen darstellen."

D: Kannst du das Narbengewebe entfernen? Ich sah dich das schon einmal tun.

A: Wir versuchen es. Insgesamt kann sich das Narbengewebe manchmal lösen. Das ist es, was wir versuchen. Das Zentrum ihres Gehirns, das Narbengewebe muss abgelöst werden. Es ist kein Schaden entstanden, der irgendetwas stört. Sie hat ein gutes Gehirn. Alles ist funktionsfähig. Sie muss sich keine Sorgen um das Gehirn machen.—Sie empfand das Bedürfnis zu heilen und benutzte nicht ihre natürlichen Ressourcen dafür. Das ist es, was sie tun sollte; ihre Steine und Kristalle benutzen. Sie kann direkt fragen. Sie hat Zugang zu dem ganzen Wissen darüber. Es kommt von dort, wo sie herkommt. All diese Informationen sind bereits vorhanden. Sie kann fragen und sofort Wissen erlangen. Wenn sie die Kristalle in Händen hält, wird sie wissen.

Anna war mit einer langen Liste an körperlichen Beschwerden gekommen. Sie hatte außerdem Schmerzen in den Hüften und Beinen gehabt. Ich wusste, was das SC sagen würde, aber ich wollte, dass das *SC* es ihr sagt.

A: Sie nimmt zu viele Medikamente. Sie ist weiterhin dabei, zu heilen. Sie wird diese Beschwerden nicht mehr haben. Es ist nur ein Schritt nach vorne, den sie gehen muss. Sie sollte keine Schmerzmittel benötigen, solange sie in die Richtung geht, in die sie gehen soll und die Steine und Kristalle benutzt. Sie war jetzt schon eine ganze Weile verschlossen. Ihre Übelkeit kommt daher, dass sie an sich selbst erkrankt ist. Sie ist krank an dem, was sie geworden ist. Die Übelkeit und die Wehwehchen und andere Dinge sind Stupser von uns. Sie hat wirklich ihren Weg verloren und braucht dringend Hilfe, um diesen Weg zu finden. Der Rest ihres Körpers ist in Ordnung. (Zysten an ihren Eierstöcken.) Nun, da sie ihre neue Bestimmung *geboren* hat, weiß sie, dass sie mit der Energie, die sie zu Hause zurückgelassen hat, Kontakt aufnehmen kann und das wird ihr die Antworten liefern. Die Depression, die sie durchlebt, hat sie selbst verursacht. Sie muss die Depressionsmedikamente ganz langsam absetzen, weil sie bereit sein wird, einer neuen Mission zu folgen. Und wenn sie das tut, werden die Pillen verschwinden. Die Depressionspille ist die einzige, die langsam abgesetzt werden muss. Es ist in Ordnung, die anderen Medikamente abzusetzen. Die Schilddrüse ist kein Problem. Es geht ihr gut. Sie ist bereit, zu sprechen und zuzuhören, so dass sie diese Pille absetzen kann.

D: *Ich zögere immer dabei, den Leuten zu sagen, dass sie die Medikamente absetzen sollen.*

A: Wenn sie will, kann sie sich ganz allmählich von ihnen entwöhnen, aber sie kann auch ganz aufhören. Sie muss nicht zu den Ärzten zurückkehren. Sie machen es schlimmer für sie. Sie machen es schlimmer für sie. Sie bringen ihr Negativität. Sie bringen sie dazu, mehr Negatives zu auszusprechen. Sie muss positiv sprechen.

D: *Als wir die Sitzung begannen, warum brachtest du sie da nicht in ein früheres Leben?*

A: Sie ging zu dem Stern. Sie musste geerdet werden. Sie musste ihr Zuhause sehen. Sie musste wissen, dass ihr Zuhause sicher ist. Ihre Rückkehr nach Hause hat in ihr ein Gefühl der Sicherheit erzeugt, das sie schon lange braucht. Sie beginnt zu zweifeln und sich Fragen zu stellen, und wir geben ihr Antworten.

Anna hatte eine Frage zu einer ungewöhnlichen Erfahrung, von der sie dachte, sie habe mit ETs oder einer ungewöhnlichen Art von Wesen zu tun. Sie und einige Freunde hatten die Wesen nachts über ein Feld auf sie zukommen sehen.

A: Sie befand sich an einem Ort, der von einigen von uns häufig besucht wird. Es ist ein Ort der Heilung. Es ist ein Ort, an dem wir Proben nehmen. Wir sind hierher gekommen, *wir* bedeutet *sie*. Ich bin keiner von ihnen. Wir kamen hierher, um Proben zu nehmen. Sie und ihre Freunde waren zufällig da. Also änderten wir unsere Form und warteten, bis sie weg waren.

D: Ich dachte mir das, weil sie sagte, dass sie zuerst einen flüchtigen Eindruck von einer anderen Art von Wesen hatte und dass sie ihre Form veränderten, um etwas darzustellen, das nicht beängstigend ist? (Ja) Aber sie und ihre Freunde sollten eigentlich nicht dort sein?

A: Nein. Sie waren nur zur selben Zeit dort.

D: Was für Proben nahmen sie?

A: Sie nahmen Wasserproben. Die Quellen, an denen sie waren, das Wasser, an dem sie waren, führt kilometerweit in die Erde hinab. Sie nahmen Proben von diesen Felsen, die in den Tiefen der Erde liegen. Und das war eine sehr zugängliche Art und Weise, um sie zu erhalten. Die Hitze ... sie suchen nach neuen Orten, um Dinge zu finden, die wir alle benutzen. Es ist ein natürlicher Ort, an den wir gehen. Es gibt viele verschiedene Dinge, die tief unten in der Erde in diesem Bereich gefunden werden.

D: Ich weiß, dass sie in der Vergangenheit Proben von Menschen entnommen haben, um zu sehen, wie der Körper funktioniert. Ist das richtig?

A: Ja. Es gibt nie einen Schaden oder die Absicht dazu. Es ist nur die Angst. Es gibt niemanden hier draußen, der jemanden verletzen will. Es gibt keine Möglichkeit dafür. Es ist nicht erlaubt. Wir dürfen niemandem wehtun. Die einzigen Wesen, die ihr sehen werdet, sind die, die kontrollieren, ob es euch gut geht. Wenn ihr in einen tranceähnlichen Zustand geratet, können wir euch ohne Schmerzen heilen, aber oft müssen wir Menschen mitnehmen, um sie zu heilen. Denn sie haben eine wichtige Arbeit zu verrichten und sie wachen dabei nicht mehr auf. Aber wir sind noch nicht bereit, sie aus diesem Leben in den Tod zu entlassen.

D: Das sage ich auch immer: „Alles, was sie tun, ist, sich nur um sich selbst zu kümmern". (Ja) Um sicherzustellen, dass sie hier sicher sind, weil sie sich in diesen Erdangelegenheiten verfangen. So wie Anna es tat..

A: Ja, das ist einfach zu machen. Es gibt viele, viele, die aus verschiedenen Heimatorten kommen, die sich ebenfalls verfangen und verlaufen haben. Sie muss sich erinnern, wer sie ist und wo ihre Heimat ist. Das wird sie geerdet sein lassen.

Abschiedsbotschaft: Denke daran, dich einfach zu erinnern. Erinnere dich an deine Heimat. Erinnere dich, dass alle für dich da sind. Wir sind alle hier. Du fühlst dich, als ob du bittest und nicht empfängst, aber das ist so. Wir hören doch. Du musst nur zuhören, positiv sein und dich öffnen, damit du die Antworten empfangen kannst.

***

D: *Darf ich dich etwas fragen?* (Ja) *Wir haben all diese schrecklichen Stürme und Tornados, die hier direkt nacheinander auftreten. Ein Wetterphänomen der Natur.*

Wir hatten die meisten Tornados erlebt, die jemals in einem Monat aufgezeichnet wurden, und die tödlichsten. Im Mai 2011 war Joplin, Mo. verwüstet worden. „Gibt es einen Grund, warum das zu dieser Zeit zunimmt? (Juni 2011)"

A: Ja. Die Erde repariert sich gerade selbst. Ihr seht jetzt kleine Zeichen. Die Erde wird in den vollen Reparaturmodus gehen. Die physische Erde wird sich selbst reparieren, nachdem ihre Energie verschwunden ist.

D: *Was meinst du mit: „Wenn die Energie verschwunden ist?"*

A: Es ist, als ob man ein Körper wäre und man nicht in seinem Körper sein will, wenn man stirbt. Man hat die Wahl, seinen Körper zu verlassen, bevor es passiert. Die Erdenergie will nicht hier sein, wenn die Erde sich verändert, nachdem sie ihre ganze Heilung durchlaufen hat. Es wird gewaltige Veränderungen, Entwurzelungen und Schmerzen für die Erde geben. Die Erdenergie wird zu einer anderen Ebene aufbrechen, bevor sie riskiert, Verletzungen zu erleiden. Sie will sie nicht. Sie hat genug davon.

D: *Stimmt das mit dem überein, was du mir über die Neue Erde erzählt hast?*

A: Das ist die Neue Erde.

D: *Sie geht also? Ich sage den Leuten immer, sie entwickle sich. Sie gehe in ihre nächste Inkarnation.* (Ja) *Wird sie sich dann selbst reparieren?*

A: Ja. Es wird Tornados geben. Es wird Erdbeben geben. Es wird alles völlig neu arrangiert sein, wenn es vorüber ist und die Erde genug davon hat. Die Erde will nicht darin bleiben. Sie wird immer noch existieren. Sie will nur nicht bleiben, so wie man nicht bei einem Körper bleiben würde, der leidet, während er stirbt.

D: *Aber wenn sie erhalten bleiben soll, muss nicht eine Energie vorhanden sein, um die Alte Erde am Leben zu erhalten, wenn ich die richtigen Worte benutze?*

A: Die austretende Energie hat nicht vor, zu dieser Alten Erde zurückzukehren. Es wird ein Ort sein, der bewohnt werden kann, aber nicht von dieser Erde aus. Diese Erde wird ein eher ruhender Bereich sein. Sie wird nicht mehr lebendig sein.
D: *Jener Teil der Erde stirbt?* (Ja) *Was ist mit denen, die in jenem Teil zurückgelassen werden?*
A: Sie werden das erleiden, was die Erde beschlossen hat, nicht erleiden zu wollen. Sie werden zurückgelassen werden. Sie werden nicht bestraft werden. Sie werden nicht gerichtet werden. Sie werden weitermachen, wenn sie durchkommen.
D: *Denn mir wurde gesagt, dass sie sich nicht schnell genug ändern können, um mit der Neuen Erde zu gehen.*
A: Nein, können sie nicht.
D: *Das ist alles so kompliziert.*
A: Das ist es. Es ist ein Prozess, den sich die Erde schon so lange gewünscht hat. Sie ist es leid, geärgert zu werden. Diejenigen unter euch, die die Neue Erde bewohnen werden, müssen also sanft sein, und ihr müsst vorsichtig sein und das werdet ihr auch, denn es wird keinen anderen Weg geben. Das ist es, was ihr mit euch tragen werdet.
D: *Deshalb haben wir also all diese Stürme und Zerstörungen.*
A: Das ist erst der Anfang. Es wird noch viel schlimmer werden, und wenn es soweit ist, wird die Erdenergie verschwinden. Und zu diesem Zeitpunkt werden diejenigen, die bereit sind zu gehen, mit ihr gehen. Diejenigen, die bewusst sind, werden in der Lage sein, sich mit der Erdenergie zu bewegen. Sie werden in der Lage sein, zu gehen. Sie werden nicht zurückbleiben müssen, solange sie nicht anfangen, Zweifel und Angst zu erzeugen. Das ist es, was sie zurückhalten wird. Ihr spürt die Veränderungen der Erdenergie. Die Energie der Erde beschleunigt sich und versucht, zu verschwinden. Sie will nicht mehr leiden. Wir sind ein Teil jener Erde. Wir werden entsprechend der Erde gemäßigt und ebenso beschleunigen wir uns auch weiter, um mit ihr zu gehen.
D: *Wenn dies geschieht, wenn sich die Erdenergie auf die neue Ebene bewegt, werden wir dann einen Unterschied bemerken, wenn wir mit ihr gehen?*
A: Ja, wir werden einen Unterschied feststellen. Es wird eine spirituellere Energie geben. Es wird eine leichtere Energie geben. Ihr werdet mehr Schwerelosigkeit fühlen, keine Negativität mehr. Es wird keine Erdbeben mehr geben, keine Tornados. Es wird sehr deutlich sein, dass es eine Veränderung gegeben hat.

D: *Aber ich schätze, viele Leute werden nicht einmal merken, dass es passiert.*
A: Nein, die, die zurückbleiben, werden es nicht merken. Sie werden mit dem Körper der Erde leiden.
D: *Du hast mir schon einmal gesagt: „Niemand weiß wirklich, was passieren wird, weil es noch nie passiert ist."*
A: Nein, das ist es nicht. Es gab so viele Lebensformen auf der Erde und sie war ein Planet, der so viele Lebensformen unterstützen konnte, dass sie dadurch auch so viel Missbrauch erlitt. Sie ist ein lebendiges Ding, genau wie wir, ein Lebewesen, und sie ist müde. Sie ist bereit, hinüberzugehen. Sie wird immer noch existieren, so wie sie es schon immer tat, aber sie wird nicht als physisches Wesen existieren. Jeder ist aufgeregt. Jeder fühlt mit dieser Erde mit. Jeder, der zugesehen hat, hat den Schmerz gesehen, den diese Erde durchgemacht hat. Alle wollen, dass die Erde Erfolg hat und natürlich auch die Menschen. Jeder würde das beste Szenario für sie wollen, aber diejenigen, die Veränderungen spüren, sind im Einklang mit der Erde. Sie fühlen, wie sich die Erde verändert. Sie werden gehen können, wenn die Erde geht.
D: *Mir wurde gesagt, dass sie ein wunderschöner Ort sein wird.*
A: Ja. Es wird keinen Schmerz mehr auf der Erde geben ... keinen Schmerz für uns.
D: *Ich schätze, wir werden dennoch unsere Arbeit fortsetzen.*
A: Ja, das werden wir, aber aus einem völlig anderen Blickwinkel. Die Negativität wird nicht existieren. Es gibt viele, die sich fragen, viele, die wissen wollen, „wann". Es beschleunigt sich. Wir sehen diese Dinge, diese Stürme, sehen die Auswirkungen der Stürme und der Ozeane auf die Erde, auf den Boden. Das sind Anzeichen dafür, dass es der Erde immer schlimmer geht.
D: *Es wird uns trotzdem nicht betreffen?*
A: Nein, wird es nicht.
D: *Dann gibt es keinen Grund zur Angst.*
A: Nein, ganz und gar nicht. Angst ist das, was einen davon abhält, mit der Erde hinüberzugehen.

In meinem Buch „Die drei Wellen der Freiwilligen und die Neue Erde" habe ich eine Menge über die Neue Erde geschrieben.

Kapitel 26
ENERGIE ERZEUGEN

Diese Sitzung wurde in meinem Hotelzimmer in Laughlin, Nevada, abgehalten, als ich dort auf der UFO-Konferenz 2008 sprach. Connie wartete nicht die vollständige Induktion ab. Sie war gleich da. Sie begann, ein großes Kuppelgebäude mit schönen Mustern im Kupperlinneren zu beschreiben.

C: Ich stehe auf dem Boden und schaue nach oben an die Decke. Da sind Sternformen und goldene Muster an der Decke, die durch das grüne Glas scheinen.—Jetzt verändert und bewegt es sich.— Ich bin irgendwo im Weltraum, wo all diese Muster immer wieder ein- und ausgehen. Muster und Wellen von Bewegungen und Farben und Lichtern. Es ist, als ob ich ein Teil davon wäre. Oh, es fühlt sich wunderbar an! Es ist wunderschön.
D: *Bist du Teil der Muster oder Teil des Raumes oder wie?*
C: Es ist, als ob ich all diese verschiedenen Farben und Designs, Muster und Wellen erschaffe, die da ein- und ausströmen. Aber ich habe das Gefühl, dass es auch auch mein *Körper ist*.
D: *Was meinst du damit?*
C: Es ist, als wäre es Teil meines Körpers, der ich bin. Mein Körper ist leicht und wellenförmig, und er geht rein und raus. Aber im Zentrum ist immer eine klare himmelblaue Farbe. Es ist, als würden Pulse aufsteigen und ich erschaffe die Muster. Ich bin das Muster und gleichzeitig der Schöpfer. Ein wunderbares Gefühl! Es gibt sogar Regenbögen um einen herum. Es ist wunderschön ...
D: *Hast du irgendeinen Wunsch, irgendetwas zu tun?*
C: Nein. Ich will nur damit spielen.

Ich versuchte, sie dazu zu bringen, irgendwo hinzugehen und sich ein vergangenes Leben anzusehen. Aber sie genoss das hier.

C: Schau, wie hell ich die blauen Farben machen kann, die

herunterkommen. Es ist wunderschön. Und ab und zu gibt es kleine Blitze. Klares, weißes Licht, das hereinkommt. Sieht aus wie ein Blitzlicht. Das bin ich. Ich sende diese Wellen und Lichter aus.

D: *Hast du das Gefühl, dass du allein bist, oder sind andere bei dir?*
C: Ich fühle mich, als wäre ich allein, und doch bin ich nicht allein. Aber es gibt wirklich keine Wahrnehmung von ... Es gibt keine Stimmen oder Geräusche ... obwohl es sie geben könnte. Ich habe das Gefühl, dass andere Energien dasselbe erzeugen können. Es ist ein wunderbares Gefühl. Friedlich. Ruhig. Als ob man ein Teil davon wäre und man davon wäre. Man denkt nicht nach. Man lässt es einfach kommen und gehen, wie es will.

D: *Könntest du es lenken, wenn du wolltest?*
C: Ich glaube, ich kann das. Aber ich habe keine Lust, das zu tun. Ich lasse es einfach sein. Wie Ozeanwellen, die über einen kommen, oder der Wind.

D: *Einfach ein Teil des Ganzen.* (Ja) *Hast du das Gefühl, dass du schon lange dort warst?*
C: Ja, ich habe das Gefühl, dass es schon immer so etwas war. Es war schon immer etwas, das man anfassen und fühlen kann.

Ich wusste, dass ich das irgendwie bewegen musste, weil sie ziemlich zufrieden war, dort zu bleiben.

D: *Aber du hast keine Lust, etwas anderes zu tun.* (Nein) *Du hast also keinen Körper, oder?*
C: Nein. Es gibt keinen Körper. Es ist, als ob die Farben und die Wellen und die Muster das sind, was du bist. Du weißt, was es ist. Du weißt, was du bist. Du weißt, dass es keine Grenzen gibt. Keine Beschränkungen. Es ist, als ob du frei schwebst, aber du schwebst nicht frei. Es ist *sehr* schwer zu erklären.

D: *Aber die Hauptsache ist, dass es ein gutes Gefühl ist, und man kann es nutzen, wenn man will. Ansonsten ist es einfach ein guter Ort.* (Pause) *Kommst du zu einer Zeit, da du diesen Ort verlassen willst?*
C: Ich schätze, zu dem Zeitpunkt, da ich anfange, über etwas nachzudenken. Das bin nicht ich. Es will sich ändern. (Pause) Es ist fast so, als wäre man ständig in Bewegung, und doch ist man still.

D: *Wie eine Stille in der Bewegung zu sein oder so?*
C: Ja. Als ob du in Bewegung bist und doch nicht in Bewegung bist. Du bist ruhig.

D: *Aber du sagtest, es sei möglich, dass es sich ändern will?*

C: Nun, wenn du anfängst, es aufzunehmen und wieder auszusenden, ist es anders.
D: *Aber du sagtest, es wolle sich ändern. Ich habe mich gefragt, warum du dieses Wort benutzt hast.*
C: Nun, weil da kein *Ding* drin ist. Da ist keine Masse drin. Es ist einfach. Da ist keine Identität.
D: *Deshalb nennst du es „es"?* (Ja.) *Aber du sagtest, wenn man etwas in eine Richtung aussendet, entscheidet es sich, ihr zu folgen?* (Richtig) *Was meinst du damit?*
C: Weil dann kann es anfangen, sie zu benutzen und etwas damit zu schaffen.
D: *Ansonsten fließt es nur und hat keine Richtung.*
C: Es ist wie eine Idee, und du fängst an, auf dieser Idee aufzubauen.
D: *Woher stammt die Idee?*
C: Sie ist schon da. Du musst sie nur ergreifen.
D: *Also ist jede Möglichkeit vorhanden? Ist das eine gute Art, es auszudrücken?*
C: Ich denke schon.
D: *Du sagtest also, wenn etwas anfängt, in eine andere Richtung zu gehen, kannst du ihm folgen?*
C: Ja, weil du in jede Richtung gehen kannst, in die du willst. Du kannst im Kreis gehen. Es gibt keine Grenzen. Man könnte sagen, es ist wie etwas, das einfach ist, und man kann ihm folgen. Und wenn man damit fertig ist, kann man zurückgehen und etwas anderes tun.
D: *Dann kehrt man an diesen Ort zurück.*
C: Wo auch immer. Oder erschafft einen neuen Ort.
D: *Aber wenn du neugierig wirst, was erschaffst du dann?*
C: Nun, man nimmt etwas, so etwas wie Lehm. Und man fängt an, ihn zu formen und sieht, was daraus wird. Aber wenn man eine Farbe findet, wird er zu dieser Farbe. Und man kann ihn einfach formen.
D: *Lass uns das tun und sehen, was passiert.* (Pause) *Denkst du an eine Farbe, oder woran denkst du?*
C: Ja. Ich habe eine gelbe Farbe, so eine Art blasses Gelb. Und ich mache einen Fächer daraus. Ich forme es zu ... etwas wie einen gefiederten Fächer. Und er ist leicht. Und er hat kleine weiße Streifen. Und jetzt geht er einfach aus. Und jetzt benutze ich ihn, um Wellen zu machen. Als ob man sie hin und her fächelt. Und jetzt will ich ihn zu Schmetterlingsflügeln umformen. Und jetzt ist er ein bisschen Orange.
D: *Das klingt nach Spaß, einfach in der Lage zu sein, Dinge zu erschaffen.* (Ja.) *Wenn du solch ein Ding erschaffst, bleibt es*

dann erhalten?
C: So lange, wie ich es will.
D: Wird es feststofflich?
C: Hmm, ein wenig. Ich überließ es dem Licht.
D: Es bleibt da, solange du willst? (Ja.) *Was passiert dann?*
C: Dann lasse ich es einfach hinaus, wo immer es hin will.
D: So bleibt es auf diese Weise fest.
C: Nicht fest, wie ein fester, schwerer Gegenstand, sondern er geht in eine Dimension über, wo es von anderen gesehen werden kann.
D: Es löst sich also nicht einfach auf?
C: Nein, weil ich es erschaffen habe, und deshalb möchte ich es als Geschenk hinaussenden. Ich möchte es hinaussenden, damit andere sehen können, dass ich es erschaffen habe. Es ist wunderschön. Gelb. Ein wunderschöner, gefiederter Fächer. Und jetzt verlässt er mich, er geht fort. Aber ich bin nicht traurig darüber, denn ich kann es wieder tun.
D: Ich dachte, dass wenn du es doch erschaffen hast und du deine Aufmerksamkeit davon abziehst, dass es sich auflösen würde.
C: Nun, das ist es, was man sagt, wenn man es loslässt. Man sagt einfach: „Das ist es."
D: Und es löst sich nicht einfach wieder in nichts auf.
C: Ich *könnte* es dazu bringen, dass es sich auflöst. Aber da ich es erschaffen habe, will ich, dass andere es sehen.
D: Das macht dich also glücklich, das zu tun. (Ja.) *Denkst du es einfach und es wird dann real aus all dieser Energie?*
C: Was ich fühle, ist, dass es einen Teil der Welle gibt ... du bist die Welle. Und du siehst die Welle. Du reitest auf der Welle mit all ihren Farben und Mustern und Bewegungen. Und wenn du dich entscheidest, etwas zu *berühren*, dann reitest du einfach mit ihr und erschaffst etwas aus ihr. Aber du behältst es nicht, weil es eine gemeinsame Sache ist. Du sendest es hinaus. Und lässt es so lange entstehen, so lange, wie du willst, dass es entsteht.
D: Und diese Wellen sind die Energien?
C: Ja. Die Wellen sind ständig in Bewegung. Und es sind Farben und sie sind Lichter. Oh! Und jetzt erschaffe ich eine Galaxie! Oh, wow! Es ist ein Rad. Und es hat diese Arme, die sich wie kleine Bäche ausstrecken. Und es macht diesen Kreis, und es geht hinaus als Licht. Und wenn es sich dann im Kreis bewegt, nimmt es andere Farben von den Wellen um sich herum auf.
D: Hast du einfach beschlossen, das sei etwas Interessantes zu erschaffen?
C: Oh, es war immer schon da. Ich sah diese Bewegung und beschloss, etwas anderes daraus zu machen. Und daraus wurde

eine Galaxie.
D: *Oh. Eine Galaxie ist schwierig, nicht wahr?*
C: Nein, nicht, wenn du sie erschaffst. Man kann sie beginnen und was auch immer ... es geht nicht um die Größe. Es geht nur darum, dass du dir überlegst, wie sie aussehen soll. Und dann lässt man sie einfach los. Und wenn du willst, dass sie groß oder klein wird, tust du einfach ... es geht es nicht um die Größe.
D: *Aber wenn du die Galaxie erschaffst, erschaffst du auch all die kleinen Teile, die in ihr sind?*
C: Nein, sie kann wachsen, wie sie will.
D: *Oh, sie übernimmt das selbst?*
C: Ja. Sie wird zu ihrem eigenen Licht.
D: *Weil ich dachte, dass eine Galaxie ja Planeten und Sterne hat.*
C: Nun, es gibt verschiedene Größen. Aber man bestimmt nicht die Größe, wenn man diese Galaxien erschafft. Sie nehmen ihr eigenes Licht an, und es ist dann so, wie sie sein wollen.
D: *Ich dachte, dass vielleicht du all die kleinen Planeten und Sterne erschaffen müssest.*
C: Nein, das macht jemand anders.
D: *Du meinst, du fängst mit der Galaxie an und jemand anderes übernimmt?* (Ja) *Und du sagst, sie werde lebendig und könne alles tun, was sie will.*
C: Das ist richtig, weil sie zu ihrem eigenen Gedanken wird. Und zu ihrer eigenen Art zu erfahren, was sie tun will. Es ist, als ob du der Anlasser bist und er sein eigenes Design kreiert. Du gibst ihm die Idee, und dann drückt er sich selbst aus und wieviel er sein will. Was er enthalten will.
D: *Er übernimmt sein eigenes Leben?* (Richtig) *Du kontrollierst es also gar nicht mehr?*
C: Nein. Hier geht es nicht darum, irgendetwas zu kontrollieren. Es geht darum, einfach nur rauszugehen und Spaß zu haben. Und einfach die Wellen auszureiten. Und das ist alles, was da draußen ist. Ich sehe sein Programm. Du kannst überall und jederzeit hingehen und tun, was du willst. Es ist wundervoll.
D: *Dann sagtest du, jemand anderes oder eine andere, dir ähnliche Energie kümmere sich um den anderen Teil?*
C: Nun, wenn es um Galaxien geht, hat jeder, weil so viel dahinter steckt, eine andere Rolle darin. Also fängt man damit an und dann lässt man jemand anderen damit tun, was er tun will.
D: *Oh, damit sie sich auch einschalten und spielen können?*
C: Ja. Wenn man einen kleinen Hauch von etwas macht, ist das eine Sache. Aber wenn man etwas erschafft, das anderes Leben einbezieht, andere Energien ... andere ... oh, es ist schwer zu

erklären. Es ist, als ob man eine Gemeinschaft erschafft und man nicht der einzige ist, der zu dieser Gemeinschaft beiträgt. Die Galaxie ist also eigentlich eine Gemeinschaft und andere müssen dazu beitragen. Galaxien werden nicht immer gemacht. Aber wenn man sie macht, ist es eine Verantwortung, etwas hinzuzufügen. Es ist wie die Farben des Regenbogens. Jeder hat eine andere Energie.

D: *Aber wenn man etwas wie das einmal erschaffen hat, dann hat man eine Verantwortung dafür.*

C: Oh, sicher, du hast die Verantwortung dafür zu sehen, dass du, was auch immer du damit machst, es hinaussendest. Doch du sendest es immer als Liebe aus, als Geschenk, weil es von *dir* kam, aber du hast es nicht nötig.

D: *Dann denken andere: „Nun, das ist eine gute Idee. Ich werde irgendetwas anderes damit machen"*

C: Ja, denn das ist es, was du tust. Du lässt es los. Und es liegt nicht in deiner Verantwortung zu wissen, wer oder was oder wie es empfangen wurde, wo auch immer es hingeht. Weil es keine Grenzen gibt. Und jemand anderes kann es umgestalten, sobald du es einmal losgelassen hast.

D: *Aber Galaxien enden mit Planeten und schließlich ...*

C: Nun, ich sprach von der Gruppe, die alles gemacht hat. Ich sprach nicht von den Galaxien. Nochmals, die Galaxie ist eine *riesige* Anstrengung der anderen Seelen, die da draußen sind. Und wenn eine Galaxie also plötzlich für andere zum Erschaffen verfügbar wird, dann hat jeder darin eine übermäßige Rolle des Erschaffens inne.

D: *Weil ich dachte, sobald man anfängt, Planeten in Galaxien zu haben, dann gibt es doch separate Lebensformen, oder nicht?*

C: Das ist wahr. Aber nicht alle Galaxien haben Planeten. Manche Galaxien sind einfach riesige spiralförmige Wesen, die sich drehen und drehen und drehen. Sie müssen keine Planeten haben.

D: *Sie sind ein Wesen für sich? (Ja.) Was ist dann ihr Zweck? Oder haben sie überhaupt einen Zweck, wenn sie sich ja nur drehen?*

C: Der Zweck kann darin liegen, zu zeigen, was Galaxien leisten können. Es muss dort kein Leben geben. Es kann einfach nur wie ein Sternenmuster sein. Wie ein Komet, der durch den Himmel streift. Es kann eine Galaxie sein. Sie muss kein Leben enthalten. Sie kann andere Dinge enthalten.

D: *Welche anderen Dinge kann sie enthalten?*

C: Nun, sie kann weitere Anfänge von Wellen, von Bewegung enthalten, die hinausgehen und irgendwo anders wieder als ein

Universum entstehen können.

D: *Aber das klingt, als wäre sie lebendig.*

C: Es ist lebendig, aber nicht voller Leben, wie du es kennst.

D: *Wenn ihr diese also erschafft, erschafft ihr eigentlich etwas, das lebendig ist. Ergibt das einen Sinn?*

C: Ja, es macht Sinn für das, was *wir* tun. (Lachen)

D: *Wenn ihr es erschafft, wird es also lebendig und ihr lasst es los.*

C: Ich werde die Kraft. Eine Kraft. Ich sagte „Galaxie", weil sie spiralförmig verläuft, wie man es von Galaxien kennt. Aber es ist eine Kraft in sich selbst. Und sie hat ihren eigenen Geist, aber sie muss kein Leben enthalten. Es gibt Galaxien, die Lebensformen enthalten, welche fortdauern wollen, weil sie sich jetzt ständig entwickeln und weiterentwickeln. Aber eine Galaxie, die ihren eigenen Geist hat, kann einfach sein, ohne etwas zu tun. Sie muss kein Leben in sich enthalten, denn sie ist in sich selbst Leben.

D: *Ich verstehe! Das heißt, du bist Teil der Schöpferkraft? Ist das eine gute Art, es auszudrücken?* (Ja) *Aber es gibt alle möglichen Kräfte da draußen.*

C: Oh, alle möglichen. Was auch immer du dir vorstellen kannst, das ist es, was du in sie hineingibst.

D: *Aber bei manchen Leuten, wenn sie solche Dinge kreieren, kann sie zuweilen falsch eingesetzt werden, nicht wahr?*

C: Es gibt kein Richtig oder Falsch. Es geht nur darum, etwas zu erschaffen und Spaß daran zu haben, mit der Energie zu spielen. Aber Energie ist wie Wellen, wie Meereswellen. Strömungen, die einen hierhin und dorthin bringen. Sie bewegen sich ständig und reisen umher. Aber du bist immer zu Hause, weil du nie fortgehst.

D: *Was verstehst du unter „zu Hause"?*

C: Die Quelle.

D: *Wie siehst du diese Quelle? (Pause) Wie begreifst du sie?*

C: Die Quelle ist wie ... du bist die Summe und Substanz dieser Quelle. Du bist Teil *von* der Quelle. Und wenn Du in den Wellen von der Bewegung der Ideen reitest, bist Du immer mit der Quelle verbunden. Du weißt also, dass Du immer zu Hause bist, wann immer Du dort sein willst, aber Du gehst auch immer hinaus und reitest auf den Wellen des *Lebens*. Und es ist nicht Leben, es ist Bewegung. Es ist lebendig, aber es ist nicht Leben wie in *eurem* Leben. Es hat kein Ende. Es kann immer weiter und weiter und weiter und weiter gehen, für immer.

D: *Das ist es also, was du für die Quelle hältst?* (Ja) *Und gehst von ihr aus, wenn du erschaffen willst?*

C: Ja. Du gehst hinaus und erschaffst etwas für dich selbst. Du erschaffst dir einen Ort, an dem du bleiben willst. Oder du kannst gar nichts erschaffen. Du kannst tun, was immer du willst, wo immer du willst.

D: *Sagt dir jemand, wann es Zeit ist, die Quelle zu verlassen?*

C: Nein. Du bist die Summe und die Substanz von allem, was ist. Deshalb entscheidest du, wie du es haben willst, oder aber, du entscheidest nichts. Dabei tust du diese Dinge, die sie tun will. Aber du musst nichts erschaffen. Es gibt kein „Tun-müssen".

D: *Dann sagtest du, wenn du erschaffst, gebe es kein Richtig und kein Falsch. (Nein) Ist es nur die Art, wie es benutzt wird, oder wie? Ich versuche, es zu verstehen. (Pause) Denn du weißt ja, ich spreche aus einer menschlichen Perspektive. Das weißt du doch, oder?*

C: Ja. Aber ich bin nicht in Form von Menschlichkeit präsent. (Lachen)

D: *Ich weiß. Das ist es, was ich zu verstehen versuche.*

C: (Lautes Lachen) Nun, wir sind alle Summe und Substanz des anderen. Und es gibt kein Richtig oder Falsch. Es gibt nur das Sein. Es gibt einfach nur Sein. Man kann sich dafür entscheiden, nicht zu sein, aber das ist nicht falsch. Man kann sich dafür entscheiden, zu erschaffen. Das ist nicht falsch. Es gibt kein Richtig oder Falsch. Es gibt nur ein konstantes Immer. (Hatte Schwierigkeiten, das zu erklären.) Es gibt ein konstantes Immer, das es dem, der in jener Konstante ist, erlaubt, zu tun, was immer er tun will. Aber dennoch gibt es kein ... Ich will nicht „Urteilsvermögen" sagen. Ich will sagen, dass alles in bester Ordnung ist.

D: *Aber du weißt, wenn Menschen menschlich werden, verwenden sie Energie auf eine Weise, die nicht sonderlich gut ist, nicht wahr?*

C: Ja. Aber das ist so, weil alles ein Recht darauf hat, das zu sein, was es sein will. Alles dient einem Zweck. Alles, was da ist, jede einzelne Welle der Schöpfung. Jede Energieschöpfung sagt: „Das ist es, was ich sehen will, was ich sein will." Aber es ist alles Energie. Und deshalb kann es nie richtig oder falsch sein, denn alle Energie ist die Summe und Substanz von allem. Nur das Urteil der Menschen macht sie richtig oder falsch. Sie drücken ihr ein Etikett auf. Und so etwas wie Etiketten gibt es nicht im All, im Universum, in der Schöpfung, an dem Ort. An dem Ort, an dem alle zu Hause sind.

D: *Aber was ist, wenn Menschen sich gegenseitig verletzen? Wenn sie in physischen Körpern sind?*

C: Das ist es, was sie beschlossen hatten, zu erschaffen.
D: Müssen sie etwas zurückzahlen, wenn sie andere Menschen verletzen? Gibt es für solche Dinge irgendwelche Regeln?
C: Wenn sie solche Regeln aufstellen, um die Schöpfung zu bewahren, ja. Wenn man erschafft, wenn man Regeln erschafft, dann muss man diese natürlich auch befolgen.
D: Dann muss man sich an die Spielregeln halten.
C: Ja, deshalb enthält nicht jede Galaxie, die erschaffen wurde, Lebensformen oder Planeten, weil die Galaxie reines Licht, reine Energie sein will. Sich in Menschlichkeit auszudrücken ist in vielerlei Hinsicht die niedrigste Form von Ausdruck.
D: Es ist eine sehr niedrige Form?
C: Ja, es ist eine niedrige Form. Und doch ist es ein perfektes Bild, das zurück nach Hause führt. Die Quelle will immer sehen, wie etwas aussieht. Und so gibt sie ihrer Ganzheit alles, um hinauszugehen und alles zu sein, was sie sein will. Wenn man Lebensformen mit Regeln aufstellt, dann ist das der Punkt, an dem die Probleme auftauchen. Man erschafft das Problem, indem man Bedingungen und Regeln aufstellt.
D: Aber die Menschen denken, es müsse Regeln und Vorschriften geben, nicht wahr?
C: Das ist richtig, weil das die Art und Weise ist, wie sie ihre seelische Situation gestalten.
D: Aber wenn das Menschsein das Dichteste, das Niedrigste ist, warum entscheiden sich dann Energien wie du dazu, Menschen zu sein?
C: Ich schätze, man könnte einfach sagen, weil wir sehen wollen, wie es aussieht. (Wir lachten)
D: Weil ihr in Körper hineinkommt und zu Menschen werdet, nicht wahr?

Ich versuchte, die Sitzung auf Connie, den Menschen, zu lenken.

C: Ja, und das ist ein Teil dessen, was du erschaffen hast. Wenn du den Ton formst, kannst du ihn zu dem formen (großer Seufzer), was ihr „Aliens" nennt, aber es sind keine Aliens und keine ETs. Sie sind nur eine Gedankenform, die gesehen werden will. Es ist eine Idee.
D: Somit müssen sie nicht alle gleich aussehen.
C: Nein, nein. Blumen sehen nicht gleich aus. Bäume sehen nicht gleich aus. Es ist einfach eine andere Energiemusterwelle, die irgendeine Energiewelle erzeugt hat. Energiewellen erzeugen sich gegenseitig.

D: *Aber sie arbeiten zusammen, um das zu erreichen, nicht wahr?*
C: Ja. Besonders, wenn man etwas so Großes wie eine Galaxie mit Planeten schaffen will
D: *Ohne Kooperation wäre es wohl ein Chaos, nicht wahr?*
C: Nun, es muss auch Chaos herrschen.
D: *Was meinst du damit?*
C: Wenn du etwas erschaffst und du es hinaussendest, und ein anderer Gedankenfunke entscheidet sich, es auseinanderzunehmen und wieder Dinge hinzuzufügen, ist das eine Art Chaos.
D: *Es befindet sich also in der Prägungsphase. Ist das richtig?*
C: Ja. Und wenn es mit dem Chaos fertig ist, kann eine andere Lichtwelle es nehmen und in etwas Größeres umgestalten. Es ist nicht fest, aber es ist in sich geschlossener. Es hat seine eigene Form. Verstehst du, was ich meine?
D: *Ja, ich glaube, ich verstehe.*
C: Weil es eine Mischung aus so vielen Dingen ist, weiß es sehr häufig nicht, welche Form es letztendlich in diesem Leben sein will.
D: *Es versucht immer noch, sich zu entscheiden.*
C: Richtig, richtig. Es will nur von der Quelle her existieren, damit man sein und tun kann. Das ist so aufregend! (Lachen) Und deshalb gibt es kein Urteil über Richtig oder Falsch. Die Quelle sagt: „Erschaffe einfach und lass mich alles sehen, das man sich *überhaupt jemals* vorstellen kann. Das überhaupt jemals entworfen werden kann."
D: *Keine Einschränkungen für irgendetwas.*
C: Nein. Es sind keine Grenzen gesetzt. Es ist der unversehrte Kreis.
D: *Nun, ich habe den Ausdruck gehört: „Der Träumer träumt den Traum". Passt das zu dem, was du sagst? (Ja, ja.) Denn mir wurde gesagt, dass die ganze Erde und alle Menschen auf ihr nur ein Traum seien.*

Dies wird in meinen anderen Büchern zu *Das Gewundene Universum* erörtert.

C: (Selbstgefällig) So ist es! Ja, das stimmt.
D: *Ich versuche, das besser zu verstehen.* (Pause) *Ich wollte schon immer wissen: „Wer ist der Träumer?"*
C: (Lachen) Nun, du kannst der Traum sein oder der Träumer. Du kannst beides sein. Zur gleichen Zeit.
D: *Deshalb ist es noch komplizierter.*
C: Das ist richtig, weil der Mensch als die dichteste Form des

Verstehens, nicht verstehen kann. Das ist deshalb, weil ihm erlaubt wurde, nicht zu verstehen. Aber allem ist erlaubt, alles zu sein, das es sein kann. Siehst du, deshalb gibt es so etwas wie Lernen nicht, weil alles alles ist. Alles ist alles. Alles existiert im Inneren und im Äußeren. Und deshalb wird alles, was jemals gezeigt, jemals gewusst wurde, immer gemocht und geschätzt. Ganz gleich, was es ist.

D: Denn wann immer mir gesagt wurde, dass der Träumer den Traum träumt, versuchte ich herauszufinden: „Wer war der Träumer?" (Lachen) Dann sind wir also beides.

C: Wir sind die Summe und Substanz *allen* Ausdrucks.

D: Eine Frage, die ich immer gestellt habe und die sie nie beantworteten, war: „Was würde passieren, wenn der Träumer aufwachte?"

C: Das ist eine gute Frage.

D: Ob wir alle nur ein Traum sind. Was denkst du?

C: Denn der Traum ist kein Traum in dem Sinne, wie du ihn wahrnimmst. (Pause) Nochmals, wir sind die Summe und Substanz von Allem. Nehmen wir an, dass eine Welle aus der Quelle kommt, denn das ist die Art, wie die Quelle ihre Gedanken aussendet. Eine Welle. Und diese Welle sagt: „Ich möchte etwas Bestimmtes erschaffen." Und diese Welle sagt: „Ich will ein Träumer sein. Und ich will ein Träumer sein, so lange, wie ich träumen will." Du hättest ein Muster von einer Grenze setzen können. Nicht von Zeit, sondern von einer Grenze.

D: *Auf diese Weise ist der Träumer wie ein Schöpfer.*

C: Das ist richtig. Und wenn diese Welle damit fertig ist, ein Träumer zu sein, dann wird sie in gewisser Weise aufwachen.

D: *Was passiert dann mit dem Traum, den sie erschaffen hat, wenn sie aufwacht?*

C: Nun, der Träumer wacht auf und fängt dann wieder von vorne an. Alles hat einen Anfang, in dem Sinne, dass die Welle ausgesendet wird. Das ist der Anfang der Welle bei der Quelle. Und es könnte *ewig* so weitergehen, so lange er träumen will. Bis er zurückgehen und noch mal von vorne anfangen will. Aber es ist immer ein Kreis. Und so zeigen ihm die Symbole im Kreis, dass er bleiben kann und dann möchte er als eine neue Welle beginnen. Und er geht los und beschränkt sich auf *eine Sache.* Das ist der Traum des Träumers.

D: *Aber existiert der Traum dann weiter oder zerstreut er sich und löst sich auf, wenn der Träumer seine Grenzen erreicht hat und aufwacht?*

C: Es hängt davon ab, wie der Träumer es beenden will. Und sich selbst erneuern will. Es muss kein Traum sein.

D: *Aber all die Teile, die Komponenten des Traums, kehren einfach zu einer anderen Art von Energie zurück.* (Richtig) *Also wird nichts jemals zerstört.* (Nein, nein.) *Ich denke, das ist es, worüber sich die Leute Sorgen machen. Hören sie einfach auf zu existieren?*

C: Nein. Nichts ist jemals ... Was Schöpfung bedeutet ... man fängt nochmals als Welle an. Und dann beschließt man, dass das eine Beschränkung ist. Nochmal, es ist der universelle Geist. Und jede kleine Welle, die hinausgeht—und ich sage „klein", weil sie tatsächlich als eine kleine Welle einer „Idee" beginnt. Ich schätze, ich kann es so sagen. Dann nimmst du Farben und was auch immer du kreierst, auf, wenn du hinausgehst. In gewisser Weise bist du tatsächlich der Träumer. Du setzt Begrenzungen dafür, wie weit du mit dieser bestimmten Idee gehen willst. Wenn du dich entscheidest, diese Idee zu beenden, kannst du auch sagen: „Ich will hier neu anfangen" und von dort aus in eine andere Richtung gehen.

D: *Du kannst losziehen und etwas anderes tun.*

C: Ja. Jede Welle ist ein Träumer. Und es heißt, dass sie entwirft. Träumen und Entwerfen sind fast dasselbe. Nehmen wir an, zehn Wellen gehen hinaus. Jede hat ihre eigene Vorstellung davon, wie sie den Traum träumen will. Und wo sie anhalten will. Denn, um neu zu erschaffen, muss man eine Art von Abschluss für diese Welle haben. Aber dann verstärkt sie sich und man setzt sie auf andere Weise in Bewegung.

D: *Das ist es, was ich versuchte, zu verstehen. Ich glaube, ich dachte, wenn ein Träumer träumen würde und wir Teil seines Traumes und seiner Existenz wären, dass er dann die Kontrolle über uns hätte. Es ist ein Gefühl von Verwundbarkeit, schätze ich.*

C: Ja. In gewisser Weise könnte man das sagen. Aber vielleicht hast du, während dieser Träumer *dich* träumt, bereits beschlossen, Teil dieses Traums zu sein, bevor er ihn träumt.

Ich lachte. Ich entschied, dass wir so tief in diesen Sumpf gegangen waren, wie wir nur konnten, und wir meinen armen Geist nicht weiter verbiegen sollten. Also beschloss ich, mich auf Connie, die Klientin, zu konzentrieren und uns hoffentlich wieder auf vertrauten Boden zu bringen.

D: *Aber bist du dir bewusst, dass du momentan durch einen*

physischen Körper sprichst?
C: Ja, in gewisser Weise, weil ich sein Zittern spüre.
D: *Aber warum hast du dich entschieden, herunterzukommen und in einen physischen Körper zu treten, wenn du doch all diese Macht hattest, wenn das das richtige Wort ist?*
C: (Seufzer) Weil es ein entscheidender ... Moment ist. Schau, in der Quelle von Allem, in der Welle aller Energien, in der wahren Matrix des wahren Lichtes von allem—ich weiß nicht, ob ich das erklären kann.—Es geht wieder darum: „Wie würde sich das anfühlen?" Weil die Quelle in ihrer Unendlichkeit sagt: „Ich will, dass diese Welle hinausgeht und mir etwas anderes zeigt." Es bringt dich auf die Idee: „Geh und erschaffe, und gehe hin und erschaffe, was zu dir kommt." Und wenn du erschaffst, was zu dir kommt, sagt die Quelle: „Ah!" Du wiederholst eigentlich nie, auch nicht im kleinsten Detail, dasselbe nochmals. Darum geht es bei der Schöpfung. Es ist das Erschaffen. Es ist wie in der menschlichen Welt, wo wir zu diesem Zeitpunkt sind. Du könntest jeden Tag am gleichen Ort sitzen und den gleichen Berg betrachten und würdest ihn für den Rest deines Lebens keinen einzigen Tag auf die gleiche Weise sehen.
D: *Hm. Obwohl wir denken, dass wir das tun.*
C: Das stimmt! Aber das liegt daran, dass du in dieser Dichte bist, die dich darauf beschränkt zu glauben, dass das deine Grenze sei. Und deine Grenze ist nicht das. Es ist grenzenlos. Du bist für ewig!
D: (Lachen) *Aber in diesem Fall hast du dich entschieden, den Körper zu betreten, den wir „Connie" nennen? (Ja.) Und durch sie etwas zu erleben? (Ja.) Und hast du auch andere menschliche Körper erlebt.*
C: Oh, ja! Viele Male.
D: *Alle für verschiedene Lektionen. Ist das richtig?*
C: Nun, schau ... es passiert. Aber es sind keine richtigen Lektionen. Sie sind Ausdruck von allem, was es möglicherweise geben kann. Sie sind Ausdrücke in der allerdichtesten Form. Und das ist der Grund, warum dieser Körper, Connie, Miniaturen mag, weil sie im Miniaturmaßstab die Realität der Quelle sieht. Denn das ist es, was die Menschen sind. Einst hatte die Erde Riesen, weil es das ist, was Riesen sein wollten. Und man konnte auf einem größeren Planeten laufen. Die Erde ist ein sehr winzig kleiner Planet.
D: *Ich habe davon gehört..*
C: Oh, ja, ja, ja. Und somit ist die Erde, weil sie klein ist, für die Menschen alles. Die Erde ist Dichte. Es ist in gewisser Weise

ein Kampf für euch. Aber nochmals, das ist es, zu was ihr sie entworfen habt. Selten entwirft eine Person oder eine Welle—ich würde eher „Welle" sagen, denn das ist es, was wir sind—diese Erde für die Erfahrung einer Person. Es ist eine Gemeinschaft.

D: *Eine Gemeinschaft von Wesen oder Energien.*

C: Das ist richtig. Und wenn es da draußen Galaxien gibt, die keine Planeten haben, dann deshalb, weil es eine Gemeinschaft gibt, die sich darüber einig ist, daß dies eine Galaxie sein sollte, die keine Wesen hat, keine Menschen. Ansonsten sollte es nur reines Licht sein, das kreist und kreist. Bis sich jemand entscheidet, eine Galaxie mit Planeten daraus zu machen. Wir formen sie. Hast du schon einmal in einem Sandkasten gespielt? (Ja) Du nimmst einen großen Sandkasten und erschaffst darin alle möglichen Dinge. Was auch immer du erschaffen willst. Du verlässt den Sandkasten und jemand anderes kommt und formt ihn um. Du hast ihn verlassen, weil du es genossen hast, und jetzt bist du damit fertig. Und wenn du gehst, kommt jemand anders und formt ihn so um, wie es ihm Spaß macht. Das ist in etwa wie die Muster des Universums. Deshalb kann eine Welle hinausgehen und sagen: „Das ist es, was ich für eine Weile erschaffen werde." Und schickt sie hinaus und lässt sie von jemandem—einer anderen Welle—übernehmen und umgestalten.

D: *Wir versuchen, diese Dinge mit unserem begrenzten Verstand zu verstehen.*

C: Und du kannst mit dem Verstand nicht denken.

D: *Aber du sagtest, dass Connie deshalb gerne mit Miniaturen arbeite?*

C: Richtig, weil sie die Welt sieht, wie sie sein kann, wenn sie an anderen Orten in einem kleinem Maßstab ist. Es gibt Wesen, die in einer Welt leben, die kleiner ist als dieser Mensch.

D: *Ich habe davon gehört. Es heißt, es gebe keine Beschränkungen. Es reicht nur vom Makrokosmos zum Mikrokosmos und wieder zurück.*

C: Richtig. Aber euer Planet Erde ist einzigartig, insofern, als er euch zum Beispiel das Feenreich, die Devas, zeigt. Sie sind sehr klein, aber sie leben in einer Welt, wie die Menschen. Nur, dass sie anders leben, weil sie leichter sind, aber sie sind kleiner, nicht wahr?

D: *Ja, das sind sie.*

C: Sie glaubt an die Devas und das Engelsreich. Jeder weiß, dass es sie wirklich gibt, und man fängt jetzt an, sie zu akzeptieren. Und sie wird den Menschen zeigen, dass es sicher ist, das zu glauben, weil sie seit ihrer Kindheit immer an sie geglaubt hat ... So gibt der Planet Erde in seiner dichtesten Form zu allem, was hier ist, Hinweise darauf, wie es wirklich ist. Und deshalb hat man euch immer gelehrt, auf die Natur zu achten, denn die Natur hat den Schlüssel zu euren Antworten.

D: *Ich bin mir nicht sicher, ob ich dich das Unterbewusstsein nennen sollte. Ist es in Ordnung, wenn ich dich so nenne?*

C: Das ist okay. Ich habe keinen Namen.

D: *Aber ich muss etwas immer etikettieren.*

C: Das ist in Ordnung. Das wissen wir. Dolores, wir verstehen sehr gut, wie du arbeitest. Und du arbeitest *perfekt* in eurer Ausdrucksweise. Und du bist der Ausdruck eines wunderschönen Lichts. Und du wirst lange Zeit da sein, denn du tust nicht nur, was auf der ganzen Welt *nötig* ist, sondern du hinterlässt überall, wo du hingehst, einen Teil deiner Essenz.

D: *Das wurde mir schon zuvor gesagt. Sie sagten, deshalb sei es für mich so wichtig, an bestimmte Orte zu reisen.*

C: Du musst immer fortfahren, wegen deiner Essenz. Du trägst das in dir, was wir „eine Person aus weißem Licht" nennen. Wo immer du hingehst, wen immer du berührst, an wem immer du in den Sitzungen arbeitest, du gibst ihnen *mehr*, als dir klar ist. Mehr als *ihnen* klar ist. Du gibst einen Traum weiter. *Du* bist der träumende Träumer. Und du bist vollkommen wach. Und wenn du ihnen deine Präsenz gibst, gibst du an jeden, den du berührst, indem du ihn umarmst oder seine Hände schüttelst, etwas Besonderes weiter.

D: *Ich tue meine Arbeit.*

C: Du tust ... das ist kein Job. Es ist deine Liebe und du säst Samen. Weißt du, was ein Same ist?

D: *Nun, ich pflege immer zu sagen, dass ich vielleicht ein paar Samen säen werde.*

C: Du säst Samen. Als du gestern deinen Vortrag gehalten hast—oder wann immer das war (auf der UFO-Konferenz)—hast du gezögert. Das Universum—wir nennen es das Universum—sagte zu dir: „Mach weiter." Und es gab eine gewisse Anzahl von Leuten, die „Ja" sagten. Da war eine Bewusstseins-Stimme, die den Gedanken an dich zurückschickte: „Mach weiter. Es ist jetzt sicher, wenn du es sagst."

D: *Es ist Zeit, dass die Menschen diese Dinge wissen.*

C: Ja. Und es war korrekt. Du hast getan, was man dir aufgetragen hat. Du bist ein wunderbares Licht für die Welt. Und du gehst herum und säst deine Samen. Und weißt du was? Du bist der Wegbereiter derer, die direkt nach dir kommen werden, und

fährst mit einer anderen Arbeitsmethode fort, die hilfreich sein wird, weil du Samen säst. Sie könnten sie für dich ernten.
D: Deshalb versuche ich, die Methode zu lehren.
C: Das ist genau richtig.
D: Nicht alle werden sie verstehen, aber einige schon.
C: Ja. Und es geht nicht nur um das, was du unterrichtest. Es geht um andere, die des Weges kommen und erkennen werden ... Du machst dir einen Namen, der anerkannt wird, nicht nur für die *Art* von Arbeit, die du tust, sondern dies erlaubt auch anderen, *ihre* Art von Arbeit zu tun. Es ist nicht dein Weg, sondern es ist ihrer. Und sie werden von deinen Samen ernten. Verstehst du das? *(Ja)* Oh, gut! Ich bin so glücklich!—Aber wir sind fertig.

Es war genug Zeit vergangen und ich hatte ohnehin vor, Connie zurückzubringen. Aber das SC informierte mich, dass sich der Körper unwohl fühlte. Doch zuerst wollte ich mich für die Hilfe und die Informationen bedanken.

C: Von Herzen gerne. Bitte setze deine Arbeit stets fort. Wir wissen, dass du einen sehr vollen Terminkalender hast, aber wir sorgen für dich. Und wir werden dir deinen Körper gesund erhalten, solange es an der Zeit ist, diese Arbeit fortzusetzen. Aber es ist gut, dass du deine Lektionen teilst und Menschen unterrichtest, denn die Arbeit muss weitergehen.

Kapitel 27

EIN ENERGIEWESEN

Als Luanna von der Wolke kam, sah sie eine seltsame Landschaft. Das Gelände bestand nur aus zackigen Gipfeln, einige sehr hoch und andere klein. Der gesamte Grund war mit ihnen bedeckt, sonst nichts. „Ihre Farbe ist hellbraun mit einem Glitzern, als wären sie Kristalle. Ganz gezackt und scharf." Ich fragte mich, wie sich jemand auf einer solchen Oberfläche gehen und sich bewegen kann. Sie sagte, sie stand nicht, sie flog, schwebte, schaute auf das hier herab. „Die Spitzen sind zu scharf. Alles ist zu scharf. Es ist, als ob die Kristalle Spitzen in den anderen Spitzen wären, und sie die gleichen Formen wie die gezackten Spitzen hätten. Sie sind lang, glänzend und spitz. Es gibt ein paar kleine und ein paar größere. Und es gibt viele Lichtreflexionen, die überall aufblitzen. Einige der Gipfel sind so hoch, dass sie überwiegend in den Wolken liegen."

Ich bat sie, sich ihres Körpers bewusst zu werden und fragte sie, wie sie sich selbst wahrnimmt. „Ich muss wohl einen Körper haben, weil ich nicht auf diese scharfen Spitzen treten will. Ich kann Empfindungen wahrnehmen. Ich nehme warme und kalte Stellen wahr, ich nehme eine Brise wahr und ich nehme das Sehen wahr.— Ich achte jetzt darauf, zwischen die Spitzen und Kristalle zu schauen. Wenn ich die Oberfläche näher betrachte, ist sie nicht statisch ... da sind Dinge, die sich bewegen. Es ist wie die Teile einer Wolke, nur dass sie nicht weiß oder grau sind. Und wenn sie dann mehr leuchten und sich bewegen, gleiten sie irgendwie herum und verändern ihre Form, aber sie sind keine Wolke."

D: *Was glaubst du, was sie sind?*
L: Als ich hier zunächst gelandet bin, dachte ich, sie seien leer, aber ich sehe, dass sie das nicht sind. Sie sind fast wie Kleckse, die glänzen. Sie sind nicht definitiv und sie können sich zwischen den Dingen umherwälzen, aber sie können auch schweben. Sie

sind wie Kleckse, aber manche von ihnen sind kleine, kleine Kleckse und einige sind größere Kleckse und sie haben keine bestimmte Form. Sie sind wie eine Art Wolke, nur dass eine Wolke dünner ist.

D: *Sind das die einzigen Lebensformen, die du entdecken kannst?*

L: Nein. Es gibt tatsächlich kleine, winzig kleine Dinge, die auf der Oberfläche kriechen. Sie sind so ähnlich wie die Kleckse, aber sie sind viel kleiner. Es gibt überall Bewegung.

D: *Glaubst du, du kannst mit diesen Klecksen kommunizieren? Glaubst du, es sind fühlende Wesen, die in der Lage sind, Dinge zu wissen?*

L: Ja, sie wissen Dinge.—Es gibt so etwas wie ein Gedächtnis aus inneren Seifenblasen. Nur, dass bei allen unterschiedliche Formen und Größen ... eingebunden sind.

D: *Und was ist mit dir? Findest du, dass du wie einer von ihnen aussiehst?*

L: (Lachen) Das frage ich mich auch. Ich kann sicher schweben und ich kann sicher die Position wechseln. Ich habe keinen Sinn dafür, wie ich aussehe. Ich fühle Dinge wie Wärme und Kälte— ich kann die Form verändern ... kann die Größe ganz leicht verändern.—Diese anderen schweben herum oder kriechen. Manche sind so nah an der Oberfläche, dass sie auf ihr liegen. Ich weiß nicht, ob ich so bin wie sie oder nicht.

D: *Du kannst es herausfinden. Die Informationen sind da. Bist du wie die anderen?* (Nein) *Inwiefern bist du anders?*

L: Sie sind wie eine einfachere Lebensform ... das ist wie ein Übergang. Das ist nicht wie ein Körper. Es ist auch kein reines Licht. Und ich habe gerade hier angehalten und ich bin nicht genau so. (Eine plötzliche Offenbarung.) Ich bin auf einer Mission! Dies ist wie eine Ruhestätte.—Ein Ort dazwischen. Ich bin auf der Heimreise und das hier ist nur eine Ruhestätte.

D: *Du bist weiter entwickelt und sie sind einfacher?* (Ja) *Und du denkst, du seist auf dem Weg nach Hause?* (Ja) *Was meinst du damit?*

L: (Flüsternd) Hier wohne ich.

D: *Du warst bereits woanders?* (Ja) *Erzähle mir davon. Wo warst du?*

L: Auf der Erde. Ich gehe nicht dorthin zurück. Deshalb bin ich an diesem Ruheplatz, bevor ich nach Hause gehe, um mich zu reinigen. Alles erledigt auf der Erde.

D: *Bist du froh, von dort wegzukommen?*

L: Nein, ich vermisse die Schönheit, aber ich will nicht dorthin zurückgehen.—Ich vermisse mein Zuhause. Zuhause ... da ist

nichts gezackt. Da ist nichts zerklüftet. Wir alle kennen es. Wir alle lieben es. Ich vermisse mein Zuhause, aber es ist okay, an diesem Ort zu sein. Das ist nur ein Ort, an dem man anhält. Ich weiß nicht genau, warum ich hier anhielt, außer um eine Neugierde zu befriedigen. Ich wusste nichts über Orte wie diesen. Du weißt, dass sie auf der Erde „Amöben" genannt werden. Nur dass einige von ihnen sehr klein und einige riesig sind und sie sehr intelligent sind. Sie können miteinander verschmelzen. Sie können ihre Form verändern. Sie können wachsen. Sie können schrumpfen. Es ist irgendwie schön, so zu sein. Vielleicht mag ich deshalb auf der Erde das Wasser so sehr.
D: Aber es ist gut, einfach eine Weile nichts zu sein, oder?
L: Ja. Es ist auf jeden Fall schön.

Ich beschloss, die Zeit zu komprimieren und sie zu dem Zeitpunkt voranzubringen, als sie wieder zu Hause ankam. Ich fragte sie, wie es war. „Es ist wirklich schön und es glänzt, und viele Dinge sind blau, grün und gold."

D: Gegenstände oder nur Farben?
L: Also, die Objekte *sind* Farben. Es ist, als ob man alles anfassen und fühlen kann, also gibt es keinen Unterschied. Es ist fest, aber man kann auch direkt hindurchgehen, also hat es alle möglichen Räume. Es kann ein Schiff bilden, das sehr weit reisen kann, das aus besonderem Licht gemacht ist. Und sie können wunderschöne Dinge machen, wenn wir Erinnerungen daran haben, wo wir gewesen sind und wir erschaffen sie.
D: Man muss Erinnerungen haben, bevor man etwas erschaffen kann? (Ja)

Sie bestaunte und bewunderte die prächtigen Dinge, die sie bei ihrer Entstehung sah. Sie seufzte tief. „Es ist so sicher und so schön hier. Ich habe es vermisst." Sie begann zu weinen.

D: Aber du gingst aus einem bestimmten Grund auf die Erde, oder nicht?
L: Wir wollten das und wir alle gingen an diesen wunder-, wunderschönen Ort. Wir möchten, dass sie wissen, was wir wissen, und fühlen, was wir fühlen.
D: Aber ihr wisst, wenn die Menschen auf die Erde kommen, vergessen sie, nicht wahr?
L: Manche vergessen. Manche nicht.
D: Ist es leichter, wenn sie vergessen?

L: Nein, es ist schwieriger, weil sie so sehr in alles hineingezogen werden. Sie leiden und bleiben stecken. Nein, es ist leichter, sich zu erinnern. Wenn sie mutig genug sind, es den Leuten zu erzählen ... aber einige von ihnen bekommen Angst. Manche von ihnen wissen, dass man ihnen nicht glauben wird, und einige vergessen es einfach. Aber es ist so schön dort und wir gehen auch zur Erde und genießen diese Orte, damit wir Erinnerungen sammeln können, damit wir kreativer sein können, damit wir mehr für andere tun können.

D: *Ihr müsst also gehen und Erfahrungen im Physischen sammeln, um die Erinnerungen zu haben?* (Ja) *Ohne die ihr nicht erschaffen könntet? Ist es das, was du meinst?*

L: Wir können erschaffen. Das ist es, was wir sind. Wir sind Schöpfer des Lichts, und doch können wir auch den Planeten als Ganzes bereichern. Siehst du, es gibt dort überall hin Verbindungen. Es ist nicht so, wie die Leute denken. Auf der Erde akzeptieren es die Menschen, aber es gibt verschiedene Planeten, die nicht gleich sind. Dort weiß jeder, dass es einfach ist, die Botschaften zu senden. Es ist leicht, eine Verbindung herzustellen. Es ist einfach, weiterzugehen. Es ist einfach zu reisen. Es ist leicht.

D: *Weil sie nicht vergessen haben, was sie tun sollen.* (Ja) *Aber ist das nicht Teil der Prüfung, zu vergessen, wenn man auf die Erde kommt?*

L: Nein. Eigentlich denke ich, dass wenn wir ihr Bewusstsein auf der Erde immer mehr und mehr anheben, sie sich erinnern werden. Das ist es, was wir alle dort für sie tun wollen. So werden sie sich gegenseitig besser behandeln, damit sie nicht leiden müssen, um ihre Lektionen zu lernen. Das ist nicht notwendig, aber das ist es, was getan wurde. Es muss nicht sein.

D: *Es ist leichter, sich einfach zu erinnern, ohne zu leiden. Ist es das, was du meinst?* (Ja) *Aber die Menschen hören nicht zu, oder?*

L: Nein, nicht immer.

Ich beschloss, dass es Zeit war, weiterzugehen. Der einzige andere Ort, den es zu erforschen galt, war die geistige Seite, aber ich wollte zur Therapie weitergehen, die ich mit dem SC erforsche. „Weißt du, dass du durch einen Körper sprichst, der momentan als Luanna lebt?"

L: Ja. Aber das ist mein Zuhause in diesem Leben.
D: *Ich fragte mich, ob das war, bevor sie in den Körper von Luanna*

eintrat..
L: Das ist sowohl davor als auch danach.
D: *Also wird sie, nachdem sie das hier beendet hat, an denselben Ort zurückkehren?* (Ja) *Aber wenn sie dort so glücklich war und es dort so schön ist, warum hat sie sich dann entschieden, als Luanna zurückzukehren?*
L: Vor Luanna war es ein Freiwilligendienst, zur Erde zu gehen.
D: *Also ist sie immer wieder zurückgekehrt.*
L: Ja, aber Luanna ist die Letzte. Das weiß ich. Weil es nach Luanna vorbei ist und sie wieder nach Hause gehen darf, so wie ich zu Hause bin.
D: *Glaubst du, dass sie bis dahin alle ihre Lektionen beendet haben wird?*
L: Auf der Erde, ja ... aber nicht alle Lektionen.
D: *Wusste sie, als sie hereinkam, dass dies ihr letztes Mal sein würde?* (Ja) *Es war schwierig, nicht wahr?* (Ja) *Hat sie diese Schwierigkeiten aus einem bestimmten Grund erschaffen?*
L: Sie wollte so vollständig wie möglich sein.
D: *Was meinst du damit? Wie können wir vollständig sein?*
L: Wenn wir von diesem Ort des Lichts fortgehen und diese Galaxie, wie wir sie nennen, verlassen und zu anderen Zivilisationen, wie man sie nennen könnte, gehen, dann nehmen wir etwas von ihrem Karma auf. Und dann vollenden wir all unser menschliches Karma von dieser Reise.
D: *Luanna war also auch an anderen Orten außerhalb der Erde, und du sagst, dass ihr Karma von anderen Orten aufnehmt?*
L: Das Karma, das Luanna vollendet, kommt nur aus ihrem menschlichen Leben.
D: *Dann ist es Zeit, das Kapitel zu schließen?* (Ja) *Sie hat alles gelernt, was sie in diesen Leben lernen kann.*
L: Nicht nur lernen, sondern auch beitragen kann. Denn der Grund für die Reise war, etwas beizutragen.
D: *Was sollte sie beitragen?*
L: Menschen lehren, wie man denkt ... Menschen lehren, wie man liebt ... Menschen lehren, wie man füreinander sorgt ... Menschen lehren, wie man Glauben hat ... Menschen lehren, wie man Frieden schafft ... Menschen lehren, wie man Krankheiten überwindet ... Menschen lehren, mit der Natur verbunden zu sein ... Menschen lehren, dass die Essenz der Verzweiflung die Verbindung ist ... Menschen zu lehren, dass sie in Harmonie miteinander sein können ... Menschen zu lehren, dass Krieg etwas ist, das ein Leben beenden kann.
D: *Das sind alles wunderbare Dinge, aber wenn wir auf die Erde*

kommen, wird es schwierig, nicht wahr?
L: Ja. Aber da sind so viele von den anderen. Einige von uns vergessen, aber die anderen waren nicht wir. Jene sind neu. Sie lernen gerade erst. Auf verschiedenen Ebenen. Verschiedene Dinge, die man beitragen kann ... verschiedene Lektionen, die man lernen kann. Und da sind auch einige aus anderen Bereichen ... einige haben mehrere Menschenleben gehabt. Und tatsächlich sind auch noch andere aus anderen Galaxien gekommen.
D: *Gibt es auch solche, die immer und immer wieder zurückkommen?* (Ja) *Sind sie diejenigen, die im Rad des Karma festhängen?*
L: Ja. Und das ist der Grund, weshalb „Außenseiter" kommen, um ihnen zu helfen—viele Menschen wollen Hilfe, aber sie stecken sich selbst in ihre eigene Kiste. Sie wissen, dass sie sich helfen lassen wollen, es ist nur so, dass sie so sehr in ihrer Sichtweise stecken bleiben. Sie bleiben so sehr in ihrer Begrenztheit des Augenblicks und ihres Körpers stecken, dass sie nicht glauben, dass es irgendetwas anderes gibt. Sie wollen Hilfe bekommen, ohne etwas anderes zu tun. Sie denken, das sei alles, was es gibt, der Körper, das Essen, der Ort oder das Aussehen. Luanna bleibt manchmal stecken. Sie hatte andere Leben, an die sie sich auch erinnerte. Dieses Mal kam sie, um sich daran zu erinnern, wer sie ist und was sie tun kann. Sie macht einen guten Job, aber nicht so gut, wie sie es gerne getan hätte.

Es schien, dass einige der Freiwilligen wirklich alte Seelen sind, die sich entschlossen haben, hierher zu kommen, um auch zu helfen. Es schienen ihnen auch die Schwingungen der Erde neu zu sein und das verursachte ihnen Probleme. Eines der wichtigsten Dinge, das sie von den Ersthelfern unterschied, war, dass sie mehr Erfahrung haben. Dennoch erkannte Luanna, dass sie alle zusammenarbeiten mussten, um denen auf der Erde zu helfen, die „feststeckten".

Kapitel 28

UNBEKANNTE ENERGIE

Joyce zögerte, sich von der Wolke zu lösen. Nach reichlich Überredung tat sie es schließlich, aber was mehrere lange Minuten andauerte, war eine Reihe von Formen, Farben, Strukturen, Schwingungen etc., die für sie keinen Sinn ergaben. Sie hatten keine Kontinuität. Sobald sie sich auf einen Gegenstand oder eine Form oder Farbe konzentrierte, wechselte diese zu etwas anderem, das gleichermaßen unidentifizierbar war. Ich hatte Schwierigkeiten, dem zu folgen, weil ich versuchte, sie dazu zu bringen, an einer Sache festzuhalten, damit wir vorankommen konnten. Das Einzige, dessen sie sich sicher war, war, dass sie nicht auf der Erde war, vielleicht sogar in einem anderen Universum

„Ich bin nicht an einem Ort. Ich befinde mich mitten in einer Art schwebender Schwingung. Mehr wie eine Art von Schwingungsfrequenz." Es verschob sich immer wieder hin und her, als ob es versuchte, sich zu etwas zu formen, was aber nie ganz gelang. Als ich sie schließlich bat, ihren Körper wahrzunehmen, sagte sie, sie glaube nicht, dass sie einen Körper habe. „Ich spüre, dass ich eine Präsenz habe. Ich spüre, dass ich eine Seelenwesenheit habe, aber ich kann keinen Körper sehen.—Ich bin eine Quellenenergie." Sie versuchte, Leben in irgendeiner Form zu spüren oder zu finden, aber alles, was sie spüren konnte, war Bewegung, jedoch Bewegung in einer Energieform, die ihr nicht vertraut war. „Ich sehe Bewegung ... eine Art Ding, das sich bewegt. Es hat eine Art von Energieform. Es geht irgendwo hin. Es wird etwas tun. Es ist im Prozess.—Jetzt sehe ich sein hinteres Ende, und es ist eine Art Energiefeld. Es sieht aus wie das abgeschnittene Ende eines Baumstammes, der all diese Ringe in sich hat. Und jetzt bin ich in der Mitte dieser riesigen Formation, die wie das untere Ende eines Baumes aussieht, und es ist einfach voller Energie und Ringe. Und ich weiß nicht, warum ich hier bin. Es umfasst mein ganzes

Blickfeld. Es ist ein Energiefeld und ich versuche, eine Verbindung zu diesem seltsamen neuen Design herzustellen, mit diesem Ding hier. Was bist du? Warum sehe ich dich an? Ich weiß nicht, warum du mir das zeigst. Habe ich eine Verbindung zu dir? Warum bin ich hier?"

Wenn der Proband beginnt, Fragen zu stellen, kommen die Antworten in der Regel auch. Manchmal stelle ich auch „ihm" Fragen, aber normalerweise lasse ich es sich einfach von selbst entfalten.

D: *Was hörst du?*
J: Sie zeigen mir Energiefelder und erzählen mir Dinge. Es ist, als ob sie mir Wellen dieser verschiedenen Farben zuwerfen. Und diese Farben sind Dinge, die ich verstehe.—Es hat sich wieder in ein anderes Design verwandelt.
D: *Warum wird dir das alles gezeigt?*
J: Ich empfange den „Klebstoff" der Erde. Wie er zusammenklebt. Er zeigt seine Systeme und Reaktionen.
D: *Was bedeutet das?*
J: Wow! Sieht aus wie ein riesiger Bereich, an dem sich blaue Luft festhält.—Warum zeigt ihr mir das?—„Du siehst das Energiefeld, wie niemand sonst es gesehen hat."
D: *Ist es das, was es bedeutet? Der Klebstoff, der alles zusammenhält?*
J: Ja. Ein Energiefeld, das noch nicht bekannt ist. Wie sollen wir es nennen?
D: *Kannst du sie bitten, es dir zu erklären, damit wir es verstehen können?*
J: (Sie nahm einen tiefen Atemzug.) Die Zufallsfelder der noch unbekannten Substanz, die Quantenphysik erzeugen.
D: *Damit wir die Quantenphysik besser verstehen können?*
J: Ja. Eine Art von Energie. Erzähle mir davon!
D: *Die Art von Energie, die die Erde und alles hier zusammenhält?*
J: Ja. Sie zeigen mir eine visuelle Form. Ich frage mich ... ob das jemand weiß?
D: *Meinst du, die Leute haben noch nie gesehen, wie es aussieht?*
J: Das ist anders, sagen sie.— Die Energiefelder, die vor mir ausgestrahlt werden, sind so winzig. Sie sind so mikroskopisch kleine Strukturen. Sie sagen, dass ist es, was du wissen musst ... was? Was muss ich wissen? (Ein tiefer Atemzug, als ob sie frustriert wäre.) Energiezyklen an diesem Punkt. Die Frequenzen sind an einem noch unbekannten Punkt. Nun, sag es mir!
D: *Du würdest es ihr nicht zeigen, wenn du nicht wolltest, dass sie es*

versteht.
J: Sie zeigen mir gerade tatsächlich, dass es nur eine Symphonie aus sich überlagernden Geweben von Energien, Feldern und Schwingungen ist. Es ist einfach winzig, wirklich winzig. (Jemand fragend.) Aber was ist damit?—Sie zeigen mir einen Kegel. Der Kegel, der die Spitze bildet, und ich bin in seinem Inneren und ich werde um ihn herum bewegt.—Sie zeigen mir gerade das Innere dieses Energiefeldes und jetzt greifen die Strukturen ineinander, wie meine Finger hier an den Seiten. (Handbewegungen.)
D: Sie verflechten sich?
J: Ja, sie verflechten sich ineinander.
D: Was stellt das dar?

Was folgte, war eine Reihe komplexer, schwer verständlicher Symbole. Ich beschloss, dass es an der Zeit war, das SC hervorzurufen, um mehr Antworten zu erhalten. Hoffentlich würde er nicht in Symbolik antworten, sondern in Worten, die wir verstehen konnten. Ich fragte es, warum es diese Szenen für sie ausgewählt hatte?

J: Monopol der Bemühungen.
D: Was meinst du damit? Wir gingen nicht in andere Leben. Wir sind nur in Energiefelder hineingegangen. Was hat das mit Joyce zu tun?
J: Hier heißt es, ihr versteht es nicht.
D: Wir versuchen, es zu verstehen. Das ist der Grund hinter diesen Fragen. Gibt es etwas, das Joyce mit den Energien zu tun hat?
J: Sie sind ihre Quelle.
D: Ist das der Zweck dabei, ihr zu zeigen, wie Energiefelder aussehen?
J: Sie sind zu diesem Zeitpunkt nicht zu verstehen. Die Zeit wird kommen. Sie werden einen Sinn ergeben.
D: Wollt ihr, dass sie lernt, diese Energien zu nutzen?
J: Ihre Aufgabe ist es, dies andere Menschen zuerst verstehen zu lassen. Der geheime Faktor muss aufgedeckt werden. Er entzieht sich im Moment den meisten Untersuchungen.
D: Aber es war so, als ob man ihr verschiedene Energiefelder gezeigt hätte.
J: Das war ein großartiges Beispiel für die Quelle.
D: Es gibt andere, die an der Quelle gewesen sind und sie als ein helles Licht beschrieben haben. Ist es dasselbe?
J: Die Quelle entzieht sich dem Vergleich.

D: *Ist das eine andere Art von Quelle oder eine, mit der ich vertraut bin?*
J: Sie sind einheitlich. Sie sind gleich.
D: *Aber wollt ihr, dass sie über diese Energie und über die Quelle Bescheid weiß?*
J: Sie sind der Segen ihres Lebens.—Formationen entziehen sich ihr. Sie sind endlos. Sie wird sie bald verstehen.—Die Informationsquelle ist unglaublich, sie muss erst noch entdeckt werden. Sie wird sie auf eine bis heute unbekannte Weise nutzen.

Ihr wurden keine vergangenen Leben gezeigt, weil das SC sie als alte Geschichte betrachtete, und sie sollte sich auf ihre neue Arbeit konzentrieren.

Als wir zu den körperlichen Fragen kamen, ließ ich das SC einen Body-Scan durchführen, weil sie so viele Beschwerden hatte. Das Erste, worauf es sich konzentrierte, war ihr Blut. Es war zu dickflüssig. Dies wurde durch die Traurigkeit in diesem Leben verursacht. Das Blut musste verdünnt werden. Also ging das SC durch das gesamte System. „Ich reise durch die Zellen ... durch alle Bänder, ziehe überall Kreise. Ich gehe durch alle möglichen Kapillarkreise, fange das Falsche ein, bringe es heraus. Ich entferne alles, was Disharmonie verursacht. Ich gehe durch alle Organe und alle Zellen. Ich muss mich schnell bewegen. (Sie hatte bereits eine Operation gehabt und Teile wurden entfernt.) Es hätte repariert werden können.—Das Herz wird strapaziert. Es ist durcheinander.—Die Kapillaren ... Organe, die Unterstützung brauchen. Ich repariere alles. Putze diese Dinge aus. (Sie hatte Probleme mit ihrem Bein, seit sie es sich gebrochen hatte. Ich wollte wissen, warum das passiert ist.) Die Geschwindigkeit, mit der du vorgehst, muss reduziert werden. Die Spitzengeschwindigkeit darf nicht fortgesetzt werden. Wir verlangsamten sie. (Sie arbeiteten am Bein.) Ich gehe durch die porösen Knochen. Sie brauchen Hilfe. Ich werde sie wie einen Baum machen. Strukturell stark."

Sie arbeiteten auch an ihrer Hüfte und Wirbelsäule. Das Herz wurde repariert. Die Ursache der Herzverletzung war „Mangel an Freude". Das war einer der Gründe, warum sie so hart daran arbeitete, es zu vertuschen. Um sich selbst beschäftigt zu halten.

Kapitel 29
DIE SONNE

Terry hatte mehrere körperliche Beschwerden, weil sie ihren Körper vernachlässigte, während sie sich um andere kümmerte. Man sagte ihr, sie müsse ihren Körper lieben. „Tief im Inneren willigte sie ein, zu kommen, sie ist noch nicht gänzlich komplett. Sie will noch immer gehen."

D: Ist es eine zu große Aufgabe? Will sie deshalb gehen?
T: Manchmal.
D: Weil sie sagte, dass sie sich hier nie zu Hause gefühlt habe. Sie will nicht wirklich hier sein.
T: Sie fühlt das, aber manchmal liebt sie diesen Ort.
D: Sie kam aus einem bestimmten Grund hierher, oder?
T: Sie versteht das, aber um erfolgreich zu sein, muss sie zu 100% im Licht des Glücks stehen.

Sie wollten, dass sie mit ihrer Heilpraxis weitermacht. Sie sagten, dass sie manchmal mit einer sehr mächtigen universellen Energie arbeitete. Sie produzierte sehr kraftvolle Ergebnisse, aber „ihr Körper ist im Moment nicht stark genug dafür. Sie kann sie zerstören. Sie muss selbst stärker werden. Es ist zu viel Energie. Sie wird sie schließlich und sehr bald einsetzen. Aber sie kann sie zerstören, weil sie zu stark ist." Sie erhielt dann Ratschläge, wie sie ihren Körper in bessere Form bringen konnte. Es sprach über ihre Ernährung. „Sie muss mehr draußen in der Natur sein. Dann gewinnt sie ihre Energie. Sie muss aufhören, Fleisch zu essen. Das ist nicht gut für ihren Körper. Und sie muss auf Flüssigkeiten umsteigen. Alles Rohkost. Flüssigkeiten." Dies ist der gleiche Rat, den das SC jedem gibt, wenn wir nach der Ernährung fragen.

D: Sie sagte, sie wolle so weit kommen, dass sie nichts mehr essen müsse.
T: Das wird ihr gut tun. Wir werden ihr eine Anleitung senden, wie

sie das tun soll. Nicht jeder kann das tun. Manche Menschen kann es zerstören, aber für sie wird es gut sein. Flüssigkeiten.
D: *Wird ihr Körper sich so selbst erhalten können?* (Ja) *Wir wollen absolut nichts tun, was ihr schaden könnte. Aber dann wird sie Gewicht verlieren, oder?* (Terry hatte Übergewicht.)
T: Hier geht es nicht um das Gewicht. Hier geht es um Energie. Wie sie den Körper schwingen lässt. Denn das Essen, das sie jetzt zu sich nimmt, könnte ihre Schwingung reduzieren. Deshalb kann sie jetzt nicht mit der höheren Heilenergie umgehen.
D: *Sie sagte, als sie geboren wurde, hatte sie das ganze erste Jahr Probleme mit ihrem Verdauungssystem. Warum war das so?*
T: Weil sie irgendwann während ihrer Leben beim Licht war. Sie weiß, wie man Energie vom Universum Energie gewinnt.
D: *Als sie in dieses Leben kam, dachte sie also, sie könne dasselbe tun?*
T: Ja. (Lachen) Als sie kam, verstanden ihre Eltern das nicht. Das erste Jahr war schwierig, das war, als sie krank war, und dann mussten wir uns an ihren Körper gewöhnen. Wir verstehen vollkommen, dass sie ohne Nahrung leben kann, aber ihre Mutter ... es gab so viel Sorge um sie.
D: *Das ist natürlich. Die Menschen wissen, dass man Nahrung haben muss. Sie würden nicht wollen, dass das Baby verhungert. Also denkt sie jetzt, dass sie ohne Essen leben kann?*
T: Das wird sie, aber sie muss ganz von vorne anfangen. Sie muss erst ihren Körper anpassen. Auf Diät gehen, trainieren.
D: *Langsam machen?*
T: Ja, sie muss langsam machen. Sie darf nicht schnell machen. Sie muss die Frequenz des Ganzen in die Organe auf verschiedenen Ebenen bringen, sodass diese alles, was der Körper braucht, von äußeren Quellen aufnehmen kann.
D: *Sie wird den Körper nach und nach ins Gleichgewicht bringen. Sie sagte, sie sei gerne draußen, um Energie von der Sonne zu bekommen.*
T: Ja, die Sonne ist sehr gut. Sie lebte früher tatsächlich auf der Sonne.
D: *Ist es das, was mir als die Quelle geschildert wurde oder ist es anders?*
T: Das ist die Quelle. Das ist auch universelle Energie. Es kommt einfach von der Quelle.
D: *Als sie auf der Sonne lebte, war es etwas anderes?*
T: Ja. Als sie auf der Sonne lebte, war sie frei von Nahrung. Sie verstand sie nicht.

Die Lautstärke auf diesem Band war unregelmäßig und schwer zu transkribieren.

D: Hatte sie einen physischen Körper, als sie das tat? (Ja) *Ist es möglich, auf der Sonne zu leben?*
T: Ja. Es ist sehr gut dort. Es ist im Innern wie auf der Erde. Im Innern des Planeten.
D: Oh? Es ist nicht an der Oberfläche.
T: Nein. Nein.
D: Deshalb konnten die Menschen dort leben, ohne verbrannt zu werden?
T: Ja. Es ist nicht heiß. Es ist sehr angenehm.
D: Wir denken, es sei die ganze Zeit heiß.
T: Nein, das ist alles nur Verstand. Alles Verstand ... Illusionen, wenn wir glauben, es sei heiß. Die Frequenz an der Oberfläche ist sehr hoch und wir haben eine andere Körperfrequenz. Deshalb spüren wir ihre Hitze nicht. Wir leben nicht auf der Oberfläche. Wir leben im Inneren und das ist sehr gut.
D: Sie brauchen keine Nahrung, weil sie von der Energie leben. (Ja) *Und sie haben physische Körper, die das tun können?*
T: Ja, wir haben den gleichen Körper wie auf der Erde.
D: Aber er hat einfach eine andere Frequenz?
T: Sehr hoch.
D: Gibt es Städte unter der Oberfläche?
T: Es gibt welche. Es gibt Zivilisationen, aber da sind nicht die hohen Gebäude. Es sind die kleinen ... nahe bei Gott. Sie haben Licht und der Himmel ist violett. Es ist schön. Wir müssen nichts essen, weil wir von der Energie von außen leben. Es ist sehr gut dort. Es gibt viel Liebe dort.
D: So wird sie sich an die Art und Weise erinnern können, wie der Körper zu dieser Zeit existieren konnte?
T: Das ist es, was ich meine.
D: Solange es ihr nicht schadet. Wir wollen nichts tun, was diesem Körper schadet.—Ist das der Grund, weshalb sie nicht hier sein wollte?
T: Ja. Wir können dorthin fliegen. Ich kann fliegen, wenn ich will. Wenn ich will, kann ich gehen.
D: Ist da ein Himmel unter der Erde?
T: Im Inneren ist es weder Tag noch Nacht.
D: Wir stellen uns vor, dass der Himmel eine Atmosphäre hat.
T: Es ist ein Violett und ich kann die Sterne nicht sehen. Ich liebe es, die Sterne zu betrachten.
D: Ist es die ganze Zeit hell, wie am Tag? (Ja) *Als sie auf die Erde*

kam, vermisste sie diesen Ort also. (Ja) *Aber sie muss jetzt hier leben und ihre Aufgabe erledigen, nicht wahr?*
T: Dem hat sie zugestimmt.—Sie muss das tun. Wenn wir die Erde nicht haben, wird die Sonne auch zerstört. Die Sonne ist der Stern der Erdumlaufbahn. Die Sonne wird auch vernichtet.
D: *Was ist mit den anderen Planeten in unserem Sonnensystem?*
T: Sie werden betroffen sein.
D: *Was auf der Erde passiert, wirkt sich auf alles aus?*
T: Das wird das Gleichgewicht zwischen den Planeten zerstören. Aber sie willigte ein, auf die Erde zu kommen, um euren Planeten zu retten.
D: *Wenn sie diese Aufgabe erfüllt hat, muss sie also nicht mehr zurückkommen?*
T: Das hängt von ihr ab.

Sie arbeiteten an ihrem Körper. Die Ärzte wollten ihr Knie operieren und „sie" sagten, sie werde geheilt sein, bevor eine Operation stattfinden könne.

Abschiedsbotschaft: Liebe deinen Körper und glaube an dich selbst. Verbinde dich mit der Quelle und höre mehr auf dich selbst, wenn du Menschen unterrichtest, denn es gibt auch eine Botschaft für dich. Wir sind immer hier. Sie ist nie allein.—Sie muss meditieren. Sie muss sich daran jedes Mal erinnern, wenn sie durch die Dunkelheit geht. Sie kann jederzeit zu uns kommen. Sie muss die Zeit finden, innezuhalten ... sich mit uns zu verbinden und dann wird sie wieder gesund sein.

Ich hatte mehrere Fälle, in denen die Klienten sagten, sie hätten nach der Geburt nicht an der Brust gesaugt. Natürlich mussten die Ärzte sie intravenös ernähren, bis sie das Baby zur Mitarbeit bewegen konnten. In diesen Fällen sagt das SC immer, dass sie von einem Planeten oder einer Dimension kamen, wo sie keine Nahrung brauchten, also waren sie nicht daran gewöhnt, etwas zu verzehren, um zu überleben. Dies ist die Art und Weise, wie viele Außerirdische leben. Sie brauchen nichts zu konsumieren, daher sind ihre Organe durch die Nichtnutzung verkümmert. Sie leben vom Licht und sie sagen, dass dieses Licht direkt von der Quelle komme. In *Das Erbe von den Sternen* gab es eine Geschichte von einigen, die regelrechte „Lichtbäder" nehmen müssen. Sie legen sich in einen sarkophagähnlichen Behälter und die Intensität und die Farbe des Lichts zeigen an, wie viel Energie ihr Körper benötigt. Diese Methode wird auch auf Raumschiffen bei der Reise durch den

Weltraum angewendet und das Licht wird in Kristallen gespeichert. Es ist also leicht zu verstehen, wie eine Seele, die aus einer solchen Umgebung kommt, verwirrt ist, wenn sie in einen irdischen Körper eintritt, der feste Nahrung aufnehmen muss.

Einige meiner Klienten (einschließlich dieses Klienten) haben von Menschen gehört, die nicht essen müssen. Sie leben von ihrer Atmung. Ich glaube, sie werden „Breatharians" (im Deutschen etwa „Atmer", *Anm. d. Übersetzers) genannt. Ich bin sicher, dass Yogis und Menschen, die es gewohnt sind, zu meditieren und ein enthaltsames Leben zu führen, sich selbst beigebracht haben, ohne Nahrung zu existieren, aber ich dachte nicht, dass es auch für den Durchschnittsmenschen möglich sei. Während dieser Sitzung wurde Terry gesagt, dass es möglich sei, aber es verlange viel Disziplin und sie war noch nicht bereit dazu. Nachdem ich jedoch im September 2011 einen Vortrag in Irland beendet hatte, kam eine junge Frau auf mich zu, um mit mir zu sprechen. Sie war hübsch und dünn und sah nicht anders aus als irgendjemand sonst. Allerdings gab es eine Ausnahme. Sie sagte, dass sie in ihrem ganzen Leben noch nie Nahrung oder Wasser zu sich genommen habe, auch nicht als Baby oder Kind. Sie hatte kein Verlangen danach. Ich hätte gerne mehr Zeit damit verbracht, ihr Fragen zu stellen, aber da waren zu viele Leute, die mir alle ihre eigenen Erfahrungen erzählen wollten.

„Bitte signieren Sie mein Buch. Bitte nur ein Bild." Die Gelegenheit war also vorbei. Es scheint so, als ob das Universum mir die Antwort gibt, wenn ich eine Frage habe. Ich hatte mich gefragt, ob es solche Personen gibt, und man hat mir eine geschickt. Ich bin sicher, wenn es eine gab, muss es noch mehr geben. Das SC sagte in dieser Sitzung, dass sie in der Tat existieren. Einer unserer Freunde in der Vorlesung sagte hinterher, das würde das Leben sicherlich einfacher (und billiger) machen, wenn man sich nicht mit dem Kauf und der Zubereitung von Essen beschäftigen müsste. Ich dachte plötzlich, es würde auch die Eliminierung der Nahrung, also das Urinieren und den Stuhlgang, beseitigen. Ich frage mich, ob ihre Organe durch die Nichtbenutzung wie bei den ETs verkümmert sind. Die Frau hatte mir gesagt, dass sie nie krank geworden sei, so dass es keinen Grund gab, zum Arzt zu gehen. Es war also für medizinisches Personal offensichtlich schwierig, überhaupt etwas von dieser Art von Menschen zu wissen. Ich bin mir sicher, dass, wenn ich mehr darüber wissen soll, mir in Zukunft mehr Informationen zur Verfügung gestellt werden.

***

Unmittelbar nach Beendigung meiner Vortrags- und Unterrichtsreise in Europa ging ich nach Indien, um auf einer Konferenz im Pyramid Valley außerhalb von Bangalore zu sprechen. Eine der Rednerinnen sagte, dass sie in den 1990er Jahren mit dem Essen aufhören konnte, aber es war tiefe Meditation daran beteiligt, dies zu erreichen. Sie sagte, es gebe mindestens 30.000 Menschen auf der Erde, die ebenfalls keine Nahrung zu sich nehmen müssen. Allerdings rate ich dem Durchschnittsmenschen nicht dazu, weil ich denke, dass besondere Umstände involviert sein müssen, damit der physische Körper das überleben kann.

Kapitel 30

AKTIVIERUNG DER NEUEN LICHTENERGIE

Als Sherri aus der Wolke kam, fing sie an, eine Szene zu beschreiben, die mir immer vertrauter wurde. Viele meiner Klienten gehen nicht mehr in vergangene Leben, wenn wir die Sitzung abhalten. Sie gehen zu einem wunderschönen Licht, das gleichsam eine kraftvolle Energie zu sein scheint. Meiner Ansicht nach verleiht es dem Ganzen zusätzliche Validität, wenn viele Menschen in Trance die gleichen Dinge beschreiben, weil sie keine Ahnung haben, was ich aufdecke.

S: Ich sehe ein sehr schönes Licht. Es ist gelbliches Gold, aber während es sich ergießt und mich badet, wird es mehr ein violett-lavendelfarbenes Licht. Es durchdringt meinen Körper ... mein Herz. (Sie wurde emotional.) Es fühlt sich so unglaublich gut an.

D: *Wo scheint das Licht zu sein?*

S: In meinen Augen ... vor meinem Gesicht und weiter oben. Es ist überall. Alles, was ich sehe, ist das Sternenlicht. Während ich es dir beschrieb, fühlte es sich so gut an, dass ich weinen wollte.— Jetzt bin ich völlig im Licht. Es durchdrang mich einfach und jetzt ist es überall an mir. Es fühlt sich sehr ruhig und weich an und mein ganzer Körper glüht einfach.

D: *Wie nimmst du deinen Körper wahr?*

S: Der Körper ist wie eine kleine Hülse an der Oberfläche, wie die Haut, aber da ist nichts weiter. Das ist wirklich interessant, weil alles irgendwie zerschmilzt, und wenn ich in meinen Körper schaue, ist da nur Licht. Und trotzdem weiß ich, dass ich einen Körper habe, aber er ist aus Sternenlicht ... es ist ein großes Sonnenlicht. An diesem Punkt sind es viele Farben, nicht mehr

nur eine Farbe.—Es ist nur das Licht, und doch weiß ich, dass es hier Wesen gibt, aber ich kann nichts anderes als Licht sehen oder etwas anderes als Licht fühlen. Es wäre interessant, andere Wesen zu sehen. Ich weiß, dass sie da sind.
D: *Wie würden sie aussehen, wenn du sie sehen könntest?*
S: Sie würden wie Lichtwesen aussehen. Sie würden wie ich aussehen. Da wären diese kleinen Muscheln mit Licht in ihnen und um sie herum. (Sie wurde emotional und begann zu weinen.) OH, das Licht ist sehr kraftvoll! (In Ehrfurcht) Oh, es ist wunderschön. Es ist so rein. Es geht einfach durch alles hindurch. Nichts kann dem widerstehen.

Sie sagte, es komme ihr auch vertraut vor, als hätte sie es schon einmal erlebt.

S: Ich steuere hier irgendwie herum, weil es sich so anfühlt, als ob diese strömende Energie ewig hält. Aber in Bezug auf diesen Körper geht sie immer tiefer und über den Körper hinaus. Ich bin mir also nur des Lichts in meinem Körper bewusst, aber da sind auch andere und ich tauche einfach in dieses Licht ein. Ich habe das Gefühl, es geht durch mich hindurch und geht irgendwo hin, auf die Erde oder so. Es strömt durch mich hindurch. (Schluchzen)
D: *Warum macht dich das so emotional?*
S: Weil das alles ist, was ich wirklich tue, Energie durchströmen zu lassen, und ich dachte, ich sei anders. (Weinend) Ich war zuvor schon mal hier gewesen, aber ich sah es nicht als ich. Das hier ist viel größer. Das hier ist überall. Ich kann es fühlen. Ich fühle, wie es in die Erde eindringt.
D: *Spürst du, dass das eine Energie ist, die du benutzt?*
S: Das ist es, was ich bin. (Flüstert) Ich bin Licht. Ich bin Energie. Das wusste ich vorher nicht. Ich konnte es zuvor fühlen, aber ich bin diese Energie. Ich kannte dieses Licht, aber es schien mehr „da draußen" zu sein und durch mich hindurch zu kommen, aber dies ist anders. Dies ist einfach reines Licht. Es ist ewig.
D: *Glaubst du, du wärst in der Lage, es zu benutzen?*
S: Ich könnte es auf jede Art und Weise benutzen. Sie vertrauen mir dieses Licht an.
D: *Frage sie, was das bedeutet.*
S: Sie lieben mich inniglich und vertrauen mir dieses Licht zum Gebrauch an. (Schluchzend und erstaunt.) Sie sind reine Liebe. Es ist wunderbar, sie zu sehen.
D: *Wie sehen sie aus?*

S: Sie sind Lichtsäulen, aber sie fühlen sich sehr, sehr groß, kraftvoll und aufrecht an. Und sie wissen alles über uns. (Weinend) Ich bin so dankbar, dass ich bei ihnen sein kann. Sie sagen: „Wir wollen euch helfen und wir helfen euch *tatsächlich*." Und ich kann spüren, dass einer von ihnen mit einer viel tieferen Stimme durch mich sprechen will.

Ich versicherte ihr, dass es in Ordnung ist, ihnen das zu erlauben, wenn sie dazu bereit wäre, denn es ist immer einfacher, direkt zu kommunizieren. Die Stimme wurde stärker, als sie zu sprechen begann.

S: Wir pulsieren Licht durch dich hindurch.
D: *Was ist der Zweck dabei, das Licht durch Sherri zu pulsieren?*
S: Sie ist in der Lage, frei zu fließen und dieses Licht frei zu geben. Es ist alles perfekt. Wir haben eine Gruppe von Sternen, aber es sieht wie ein einziges Licht aus. Und wir haben dieses Licht in Formen gebracht, die es durch die Menschen fließen lassen, und Sherri ist eine von ihnen. Die Energie löst in ihrem Körper ein Kribbeln aus. Wir mussten sie vorbereiten. Wir mussten sie dazu bringen, sich gut zu fühlen, damit wir durch diese Form kommen können, so wie wir jetzt sind. Sie fühlt es und es ist ein wunderbares Gefühl.—Es ist so eigenartig, zu reden und den Körper zu fühlen. Wir haben ein großes Herz. Wir sprechen durch das Herz. Sie spürt es als Frieden im Herzen. Ohne Vorbereitung könnte sie nie mit so viel Licht umgehen ... nie ... nein, nie. (Pause) Ich sehe den Planeten und ich sehe nicht nur das Licht, das in die Erde hineingeht. Ich bin eines der Individuen, die jetzt durch sie sprechen, und ich bin besonders an der Atmosphäre interessiert, und dieses Licht wird in die Atmosphäre gehen. Es gibt vieles in der Atmosphäre, das korrigiert und angepasst werden muss, insbesondere das violette Licht, das sie sieht, und das blaue und das weiße Licht. Und alle Farben, die bereits auf der Erde sind, werden mithilfe dieses Lichts angepasst werden. Also helfe ich mit, die atmosphärischen Lichtfrequenzen anzupassen, damit die Arbeit, die sie tut, viel mehr Bewusstsein hat. Aber ich wollte ihr diese größeren Dinge zeigen, die dieses Licht jenseits der persönlichen Welt tut, mit der sie glaubt zu arbeiten.
D: *Weil wir mit den Individuen verstrickt sind.* (Ja) *Aber du bist an dem Gesamtbild beteiligt?* (Ja) *Was stimmt mit der Atmosphäre nicht, dass sie korrigiert werden muss?*
S: Es ist viel mehr als all die Arten von Verschmutzung und

Gedanken und solcherlei Dinge. Es ist viel eher eine Störung. Diese Störungen gab es sehr lange Zeit, um die Dinge auf einer bestimmten Frequenz zu halten, damit die Menschen etwas lernen konnten. Aber jene Dinge werden abgezogen und das Licht löst buchstäblich die Dicke und die Verschmutzung, die Verstopfung und die Negativität auf. Und es ist so in der Lage, die Klänge der Unstimmigkeit auf dem Planeten, die schon sehr lange hier sind, vollständig freizusetzen.

D: *Es ist also mehr als nur die menschengemachte Umweltverschmutzung? Auch Gedanken und andere Dinge sind verschmutzt?*

S: Ja. Sie werden gereinigt. Wir benutzen Ton- und Lichtfrequenzen. Wir sprechen durch Klang zu ihr und sie versteht Klang besser als andere Modalitäten. Sie kann die Geräusche freier nutzen, um anderen zu helfen.

D: *Weil es nicht ihre Aufgabe ist, an der Atmosphäre zu arbeiten. Ihre Aufgabe ist es, den Menschen zu helfen?*

S: Ja. Wir mussten etwas in der Atmosphäre reinigen, um ihr zu helfen, diese Energien zu nutzen, und deshalb bin ich jetzt hereingekommen. Das wird es viel, viel einfacher machen, mit den Energien zu arbeiten. Es war eine atmosphärische Anpassung, die durch dich, Dolores, vorgenommen werden musste.

D: *Oh, hätte sie es nicht alleine tun können?*

S: Nein. Es hätte länger gedauert.

Sie fuhren dann fort, Anweisungen zu geben, wie Sherri die Energie zum Heilen nutzen sollte. „Sie kann ihre Hände auf oder über den Körper legen und die Geräusche machen und wir werden durchkommen und helfen." Sie würde instinktiv wissen, welche Geräusche sie machen müsste. Es würde sehr natürlich für sie sein und dann würden sie durch sie arbeiten und sie als Werkzeug benutzen. Ich bemerkte, dass Sherris Körper zuckte und aufsprang. Sie sagten, sie hätten sie geklärt und angepasst, so dass ihr Körper in der Lage sein würde, die Energie zu verarbeiten und zu lenken. Sie schickten reine Lichtenergie „in alle Zellen und in das ganze Knochengewebe, und es füllt sich mit Licht auf und das ist genau das, was sie brauchte". Sherri hatte einige Probleme mit ihren inneren Organen, besonders mit der Blase, daher fragte ich nach der Ursache.

S: Sie hatte einen schweren Einstieg und kam nur in Stücken herein. Und sie hatte einen Raumschiff-Aspekt aus Metall, der in ihr eingebettet war und den wir gerne entfernen würden. Es war wie ein Gewicht, ein Druck, der auf ihr lastete.

D: Du meinst, als sie in dieses Leben kam? Ist etwas mit dem Raumschiff passiert?

S: Ja ... bevor sie in diesen Körper trat. Sie wurde entbunden und ... sie kam in Stücken und als es ein Problem dabei gab, durchzukommen, erzeugte dies einen Druck auf ihre Blase, der physisch aufgezeichnet wurde als Metall, das gegen sie drückt.

D: Was meinst du damit, dass sie in Stücken hereinkam?

S: In eurer Zeit und eurem Raum wurde sie in Stücken, in Schachteln, in Würfeln, in Lichtwürfeln geboren. Installationen, wie ihr sagen würdet, und es gab ein Problem bei einer der Installationen.

D: Ich versuche, neue Informationen zu verstehen, die ich noch nie zuvor gehört habe. Kommt die Seele nicht an einem Stück?

S: Das ist wahr. Die Seele kommt an einem Stück. Die Seele ist an einem Stück ... Ich versuche, das in Sprachbegriffen zu vermitteln.

D: Sprache ist immer ein Problem.

S: Es ist wie dieses Licht, das sie erlebt. Es fließt überall hin. Es ist strahlend. Es hat keine Grenzen. Aber dieses Ding, von dem ich spreche, ist das menschliche Gefäß. Es kann nicht so viel Licht bewältigen und somit gaben wir es ihr in Raten. Und einige der physischen Energien auf dem Planeten, von dem sie ein Teil war, mussten sich an diese neuen Energien anpassen. Und es gab ein Problem im Beckenbereich und sie war nicht in der Lage, so viel Licht vollständig anzunehmen, und das verursachte physische Probleme in diesem ganzen Bereich.

D: Ist das einer der Gründe, warum sie keine Kinder bekommen konnte? (Ja) Du sagtest, ihr arbeitet jetzt daran, das Metall dort zu entfernen?

S: Die Bedingungen. Das Metall war das Behältnis für dieses Licht. Das ist weg, aber der Eindruck des Metalls auf das physische Gefäß wurde mit dieser Erfahrung geprägt.

D: Die Schwere, die den Druck ausmachte.

S: Ja. Es ist nur eine Erinnerung.

D: Könnt ihr sie entfernen?

S: Ja, natürlich können wir das.

D: Ich glaube, ich verstehe jetzt, wovon du sprichst. Ich ließ es mir von anderen Wesen wie dir erklären, obwohl sie andere Begriffe benutzten. Sie sagen, dass die Energie manchmal zuvor noch nicht im physischen Körper, dem menschlichen Körper, war. Stimmt das? (Ja) Und deshalb ist es eine zu starke Energie?

S: Wir haben dies vielen Wesen gleichzeitig zugeführt. Das war keine einzigartige Energie.

D: *Ich habe zuvor die Erklärung gehört, dass der Körper die Energie nicht verkraften könne und es somit schrittweise getan werden müsse.*

S: Das wurde es und dann lief es manchmal doch nicht so, wie wir gehofft hatten. Es musste verfeinert und neu gemacht werden, aber es war ein Problem für ihr körperliches Selbst.

D: *Ich habe gehört, dass das Baby bei diesem Versuch manchmal abgeht, weil zu viel Energie vorhanden ist.*

S: Ja. Das war eigentlich auch Teil ihrer Erfahrung, aber sie entschied sich nicht, zu gehen. Sie kam mit sehr hellem Licht herein und sie war in der Lage, im Körper zu bleiben, aber es war zu viel. Es muss auch eine Anpassung beim Körper der Mutter geben. Wir hoffen, dass wir mit der Energie, die hereinkommt, umgehen können.

D: *In anderen Fällen, von denen du mir erzähltest, musste der Körper so angepasst werden, dass das Baby beim nächsten Mal nicht abgehen würde. Es sollte geboren werden können, aber es konnte nicht die ganze Energie auf einmal verkraften. Ergibt das einen Sinn?* (Ja) *Ich habe es in anderen Begriffen gehört. Ich habe davon aber noch nie als in Stücken oder Raten gehört.*

S: Du sprichst von verkraftbaren Mengen und verkraftbare Mengen sind Raten.

D: *Aber ich habe jetzt herausgefunden, dass es viele verschiedene Arten von verkraftbaren Mengen gibt. Nichts ist so einfach, wie die Leute denken.—Aber bedeutet das, dass Sherri noch nie Leben in physischen Körpern auf der Erde hatte ...?*

S: Sie hat noch nie ein Leben auf der Erde gelebt. Sie hat andere Erfahrungen gemacht. Sie hatte viele Erlebnisse und hat eine breite Erinnerung an schöne und unterschiedliche Orte. Sie kannte den Wasserplaneten und sie hat andere Sternensysteme erlebt und sie ging an Sonnensystemen vorbei. Sie versteht das Licht und andere Reiche und sie kennt über die physische Schöpfung hinaus die wirbelnden Ursprünge dessen, was unbeschreiblich ist.

D: *Das klingt, als wäre sie sehr fortschrittlich gewesen. Sie brauchte die Erfahrung auf der Erde nicht wirklich.*

S: Sie kam zu einer schwirigen Zeit für diese Art von Energie herein, aber sie hatte einen sehr starken Willen, dies zu tun. Sie wollte das unbedingt tun und sie kam mit anderen. Es gibt noch andere wie sie hier auf der Erde.

D: *Ich habe mit vielen gesprochen. Ich glaube, ich verstehe sie*

besser als die meisten Menschen.
S: (Flüsterte) Das tust du.
D: *Hat sie es selbst entschieden, oder haben ihr andere bei der Entscheidung geholfen?*
S: Nein, sie kamen als Gruppe. Sie taten sich zusammen und kamen zusammen, obwohl es über Jahre hinweg dauerte. Sie bildeten eine einzelne Gruppe und es kommen jetzt viele Gruppen.
D: *Aber sie sind alle weit verteilt und kennen sich nicht.*
S: Nein, sie werden sich sehr bald wieder kennenlernen.
D: *Deshalb hatten sie Schwierigkeiten, weil sie das Gefühl hatten, ganz allein zu sein.*
S: Ja, das ist wahr.
D: *Aber warum hat sie die Erde gewählt? Warum hat sie sich entschieden, hierher zu kommen?*
S: Es war ein Auftrag. Es war eine Vereinbarung. Wir sind ein Rat und diese Energie lag außerhalb der Galaxie. Es war ein Reich des Bewusstseins, das in stufenweisem Pulsieren in den vielen Galaxien hervorgebracht werden wollte. Und als sie durchkam verband sie sich an Ort und Stelle mit einem existierenden Etwas, das eine unerzählte Geschichte hatte. Es hatte Informationen, die noch nicht erlebt worden waren. Es war neu und es hatte Informationen, die helfen würden, das zu ändern, was ihr alle jetzt von dem, was gerade auf der Erde geschieht, versteht. Aber es ist eine viel größere Veränderung, die durch viele, viele Galaxien und viele Orte hindurch geschieht. Dies ist eine riesige Veränderung.
D: *Es geschieht also nicht nur hier auf der Erde?*
S: Richtig.
D: *Was ist das für eine Veränderung, die da passiert? Du sagtest, sie sei neu und noch nie zuvor vorgekommen.*
S: Ja. Ich kann es nicht beschreiben. Es ist einfach nicht verfügbar.
D: *Ich weiß, es ist immer schwer, die richtigen Worte zu finden. Mach einfach das Beste, das du kannst aus dem, was du hast.*
S: Ja. Richtig. Was gerade erschaffen wird, hat man noch nie zuvor erlebt und es gibt Wesen der Verständigung, die bei jedem Wesen auf der Erde platziert werden. Und sie werden dann dieser unglaublichen Verstärkung zuhören, die sie aus ihren eigenen Systemen in aller Gründlichkeit kennen, und wir tun dies jetzt, während wir sprechen. Dies ist eine große Implantation ... wenn es ein solches Wort gibt. Wir implantieren und binden ein. Dieses Licht geht tatsächlich in den Solarplexus und das Wurzelchakra eines jeden Wesens über und es bildet eine Stimme. Deshalb gibt es eine V-Form im Körper. Betrachtet

dies als etwas Gutes, denn wir können sehen, wie sich dies ausbreitet, und alle Wesen werden diese neue Möglichkeit haben, Licht durch ihr System des Daseins der Körperlichkeit zu erfahren, und sie können durch diese neue Energie zu allen Dingen sprechen. Es ist kegelförmig und es ist im unteren Körperbereich angebracht, dem Bereich, mit dem Sherri so viel Mühe hat. Was sie fühlte, war die Vorfreude auf dieses Implantat.

D: *Es liegt in diesem Bereich?*
S: Ja, durch die Chakren. Es ist eine große Bestückung mit einer ganz neuen Kommunikation, und es ist wie ein Lichtkegel, der im Körper jedes Wesens des Planeten platziert wird. Das war der Zweck des heutigen Tages, uns zu ermöglichen, bewusst als eines der Dinge wahrgenommen zu werden, das die Menschen helfen werden, hervorzubringen. Es ist Licht, aber es hat auch eine Form. Es ist im Grunde ein Wirbel.

D: *Wird es in jeden eingepflanzt?*

Dies war definitiv eine neue Information. Ich wollte es verstehen, damit ich es nicht als negativ empfinden würde.

S: Ja ... in jeden ... auch Tiere.
D: *Was ist der Zweck, das in jeden zu implantieren?*
S: Es ist ein neues Kommunikationssystem. Es ist eine viel fortschrittlichere Art, Licht zu nutzen.
D: *In der Vergangenheit hat es Kommunikationssysteme gegeben, die wie Instinkte waren.*
S: Ja. Intuition. Diese alten Methoden sind nicht mehr so effektiv. Das ist so neu, dass es nicht einmal ... ja, die alten Systeme werden nützlich sein, aber sie werden nicht so effektiv sein wie dieses.
D: *Also war es Zeit, dies zu ändern?*
S: Ja. Eine völlig neu im System installierte Einrichtung.
D: *Wie wird der Einzelne dies wahrnehmen?*
S: Wir haben bei vielen Menschen eine Menge Störungen in diesem Teil des Körpers gesehen. Das war in Vorbereitung auf dies hier, und jetzt, da es angepasst und eingerichtet wird, können viele Dinge geschehen, die die Menschen mit größerer Leichtigkeit tun können. Und nicht als körperliches Unbehagen, als Unsicherheit oder gar als finanzielles Problem empfinden. Es befreit das alte System von dem Rückstau des Drucks, der sich im System aufgebaut hat. Dies ist eine viel fortschrittlichere Form der menschlichen Ausgestaltung bei der Nutzung dieser

gesendeten Informationen.
D: *Ich versuche zu verstehen, wie es funktioniert und ob der durchschnittliche Mensch einen Unterschied bemerkt.*
S: Ja. Es wird aktiviert.
D: *Es ist also da, aber es ist noch nicht bei jedem Menschen aktiviert?*
S: Nein, es wird erst noch aktiviert. Es ist nur so, dass alles vorbereitet wurde und jetzt an seinem Platz ist.
D: *Aber die Person wusste nicht, wann das passierte?*
S: Es passierte einfach. Die Vorbereitungen haben lange auf sich warten lassen, aber das eigentliche Ereignis geschah erst in den letzten Tagen. (Diese Sitzung fand am 11. Juli 2009 statt).

Das war eine Überraschung. Ich wusste, dass ich mich nicht anders fühlte. Zumindest dachte ich das nicht.

D: *Ist etwas passiert, das es jetzt auf dem Planeten aktiviert?*
S: Es war an der Zeit, dass das passierte. Wir haben sehr lange ... auf diese Zeit hingearbeitet.
D: *Das ist noch sehr neu. Deshalb fragte ich mich, ob irgendetwas dies ausgelöst hat.*
S: Es war geplant.
D: *Du sagtest, jeder wird eines haben. Wird jeder wissen, dass es da ist? Werden sie darauf reagieren?*
S: Ich verstehe. Ich verstehe. Ich sehe es dort, aber aus menschlicher Sicht wird es einige Zeit dauern.
D: *Werden die Leute bemerken, dass etwas anders ist?*
S: Es wird sich ganz anders anfühlen. Sie werden nicht verärgert sein und werden sehr wohl fähig sein, hier in der Planetenenergie zu sein. Nicht, dass sie es nicht lieben würden, jetzt hier zu sein. Es wird nicht so schwer sein, denn sie werden so etwas wie kleine Sterne und kleine Planeten in sich haben, die sich wie Zuhause anfühlen. Und doch können sie hier sein und vollständig in diesem Licht sein ... dieser Energie. Jeder wird sie haben.
D: *Sie werden also nicht das Gefühl haben, dass dies ein anderer Ort ist? Sie werden nicht mehr das Gefühl haben, nach Hause gehen zu wollen?*
S: Richtig. Sie sind zu Hause.
D: *Es ist einfacher, sich anzupassen.*
S: Ja, das wird sich wunderbar anfühlen.

Natürlich ließ mich meine Neugierde fragen, ob das auch bei mir gemacht wurde. Sie grinste, als sie antwortete: „Natürlich." Sie fragten dann, ob ich es fühlen könne. Das Einzige, das mir bewusst war, war ein Gefühl von Energie, die sich durch mich bewegte, während sie sie durch sie schickten. Ich wusste nicht, ob es das war, was sie meinten. Ich fragte: „Werden wir uns der Energie bewusst?"

S: Du wirst es spüren. Du wirst es noch stärker spüren. Du wirst es fühlen, wie sie diese Sternen-Sonnen-Energie fühlte, aber du wirst es auf deine eigene, einzigartige Weise fühlen, so wie jeder Mensch es wird. Aber es wird sich wie ein Zuhause anfühlen. Es ist wie ihre eigene Erfahrung mit diesen Energien.

D: *Du sagtest, es fülle die Zellen von jedermann, oder gilt das nur für sie?*

S: Das Licht füllt jede Zelle auf, aber der Kegel ist ein Seelenverbindungsgerät.

D: *Es ist eine Möglichkeit zu kommunizieren?*

S: Ja. Es wird keine Trennung mehr von der Kraft oder Gott geben.

D: *Kann dies zur Heilung verwendet werden, oder ist es eine andere Art von Gerät?*

S: Die Energie ist die gleiche, aber wie jeder Mensch es nutzt, kann sehr unterschiedlich sein. Es kann auf viele Arten genutzt werden.

D: *Genau das versuche ich, zu verstehen. Was ist mit den negativen Menschen da draußen?*

S: Wir arbeiten daran. (Pause) Was machen wir mit negativen Menschen? Von diesen mag es zunächst als störend empfunden werden, aber was es tun kann, ist, die Negativität zu verschmelzen. Sie können das nicht kontrollieren. Das ist ein Aspekt Gottes und so werden sie durch das Drehen dieses Kegels in ihrem System transformiert, bis sie jene Energie freisetzen, die nicht länger in diesem Licht sein kann.

D: *Weil die Negativität in diesem Licht nicht existieren kann?*

S: Sie kann nicht existieren.

D: *Aber du sagtest zuerst, dass es sich für sie ein wenig seltsam, etwas störend anfühlen werde?*

S: Es würde sich für sie so anfühlen, aber es ist so viel stärker als ihr Wille. Sie wären unfähig, und es würde sich so anfühlen, als könnten sie nur mitmachen. Sie könnten sich nicht dagegen wehren. Sie könnten es nicht kontrollieren.

D: *Richtet sich dies gegen den freien Willen des Individuums?*

S: Dies ist der Punkt, wo die Negativität abgeworfen wird und sich zerstreut. Dies ist der Punkt, wo sie durch das Licht verdampft, und der freie Wille ist dieses Licht. (Pause) Oh, ich verstehe, was du meinst. Der freie Wille. Das wurde vereinbart, lange bevor irgendjemand Form wurde, sich irgendetwas manifestierte. Sie waren daran interessiert, dies (den freien Willen) zu erfahren, und sie brachten es sehr weit, viele Orte und viele Möglichkeiten. Aber es ist eine Zeit ... weißt du, wie wenn sich ein Kreisel dreht und es so aussieht, als ob er still stehe, aber er dreht sich in Wahrheit sehr schnell? (Ja) So fühlt sich das im System an. Und dieses Gefühl ist so stark, dass es im Gleichgewicht bleibt, und das angesammelte Bewusstsein dieser Negativität kann das nicht aus dem Gleichgewicht bringen. Also, der freie Wille, zu erforschen ist eine Sache, aber die Fähigkeit, sich an diese Energie zu erinnern und sie zu halten, ist viel stärker als der freie Wille, das zu erforschen und zu entwickeln, was ihr „Karma oder Negativität" nennt. Das wurde schon lange vorher vereinbart, zu einer Zeit, in der ein solches Ungleichgewicht entstanden war, dass wir etwas einsetzten, das dies wieder ausgleichen sollte.

D: *Also denkst du, dass jetzt die Zeit gekommen ist, wegen all der Negativität, die die Welt geschaffen hat?* (Ja) *Sie ist definitiv aus dem Gleichgewicht. Jetzt ist es an der Zeit, dies zu tun, um sie wieder ins Gleichgewicht zu bringen?* (Ja) *Die Welt wurde mit dem freien Willen erschaffen, um zu sehen, was sie tun kann, aber sie kann nur so weit gehen.—Nun, bedeutet das, dass Karma nicht mehr existieren wird?*

S: Ja. Es wird nicht mehr existieren. Es kann sich nicht endlos immer und immer und immer wieder neu erschaffen. Es war nur eine Erkundung.

D: *Was ist mit dem Karma, das Menschen haben, welches sie noch nicht abgelöst haben?*

S: Das meinte ich mit der Verdunstung. Es ist aufgelöst und verdampft. Es existiert nicht.

D: *In meiner Arbeit sage ich ihnen immer, sie sollen verzeihen und loslassen.*

S: Das ist sehr gut.

D: *Ist es nicht länger nötig, ihnen das zu sagen?*

S: Ich komme aus einer Perspektive, in der ich sehe, wie dies alles verändert, aber auf einer individuellen Ebene kann das immer noch die Art und Weise beeinflussen, wie man Menschen helfen kann. Du kannst dich daran erinnern, dass dies in jeden Menschen gelegt wurde, und vielleicht wird es so aktiviert, dass du neue Wege findest, um ... ich glaube nicht, dass du so viel von der alten Form sehen wirst. Sie fällt ab. Was du tun wirst, ist, den Menschen in die neue Form zu helfen, und sie werden nicht mehr lange an der alten Form festhalten können ...

D: *Bedeutet das, dies wird das Ende der Kriege und all der negativen Dinge sein, die die Welt geplagt haben?*
S: Absolut. Es ist ein sehr großer Plan und er ist aktiv und diese große Veränderung—sehen wir mal—geschieht gerade überall. Das ist es ja. Es ist nicht nur die Erde. Das ist so groß. Es verwandelt alles. Das ist die größte Veränderung ... aller Zeiten. Das ist viel größer als die Erde, aber die Erde ist ein sehr großer Teil davon.

Ich fragte nach den Informationen, die ich über die Neue Erde und die Alte Erde erhalten hatte. Und die Spaltung und dass sich die Neue Welt in eine neue Dimension bewegt. Und dass einige Menschen bei den alten Dingen verharren und sich nicht ändern wollen.

S: Das sehe ich nicht. Vielleicht muss jemand anderes kommen, um mit dir darüber zu reden. Es sind viele von uns hier.—Diese Energie ist überall. Ich kann nicht sehen, dass irgendetwas in der Lage ist, in einer destruktiven, gewalttätigen, negativen Form zu existieren. Es kann nicht bestehen. Vielleicht ist das die Neue Erde, auf die du dich beziehst, aber eine lte Erde ... ich sehe sie einfach nicht.

Ich dachte, es sei Zeit, zu Sherris Fragen zurückzukehren, und viele von ihnen beschäftigten sich mit körperlichen Gebrechen. Das SC ging den Körper durch und korrigierte all die Probleme, aber es hatte Ratschläge für Sherri. „Sie muss die Traurigkeit loslassen." Ich wollte eine Erklärung.

S: Traurigkeit. Im Moment ist ihr Herz traurig. Sie verstand ihre Erfahrung nicht und nahm sie sich sehr zu Herzen.
D: *Welche Erfahrung?*
S: Dass sie ein Lichtwesen in einer menschlichen Erfahrung war. Und sie konnte die menschliche Erfahrung nicht verstehen, und das war sehr hart für ihr *emotionales* Herz. Sie konnte das überhaupt nicht verstehen.—Es geht mehr darum, dass sie das Licht versteht, da sie das Licht zur Verfügung hat und dass sie das Licht auf alle möglichen Arten nutzen kann, die sie sich vorstellen kann, und wir werden mit ihr sehr umfassend arbeiten. Das taten wir immer und sie war sehr bereit, uns zu unterstützen, aber jetzt, besonders durch diese Sitzung, wird sie in der Lage sein, offener zu sein. Viele Türen werden sich öffnen und wir werden dieses Licht durch viele ihrer Interaktionen im Laufe des

Tages und mit den Menschen verströmen können. Sie ist hier, um zu helfen. Sie muss die Traurigkeit loslassen und ihre Rolle akzeptieren. Sie darf nie die Hoffnung verlieren. Es gibt immer neue Möglichkeiten.

Abschnitt

Zeit und Dimensionen

Kapitel 31

DAS DEPOT

Als Chandra das erste Mal aus der Wolke kam, sah sie einen Wald mit sehr sehr großen Bäumen am Rande einer Wiese. Sie bemerkte einen rüstigen Kobold, der zwischen den Bäumen umhersauste. Aber anstatt da hinunterzukommen, hatte sie das Bedürfnis, von der Erde weg ins All zu fliegen. Dort sah sie Dunkelheit und Sterne, während sie schwerelos umherschwebte. Sie fühlte sich wie ein Teil des Weltraums, da sie sich völlig mit ihm identifizierte. „Es fühlt sich gut an. Ich gehe irgendwohin. Ich sehe etwas, aber ich kann es nicht richtig erkennen. Es ist dunkel. Ich sehe Sterne. Ich sehe etwas, das in der Mitte davonschwebt. Die Form ... eine Art Galaxie, aber es sieht aus wie orange-braune Partikel, und ich sehe es von weitem an. Sie wirbeln umher.—Ich ging näher an die Partikel heran. Jetzt fühle ich mich, als wäre ich ein Teil der Partikel im Weltraum."

D: *Wie fühlt es sich an, ein Teil davon zu sein?*
C: Sie scheinen sich einfach in die gleiche Richtung zu bewegen. Sie sind sehr klein, wie Sand. Ich habe das Gefühl, ich könnte oben auf ihnen drauf sitzen und ich werde von den Partikeln bewegt, als befände ich mich auf einem Karussell. Es bewegt sich im Kreis.—Ich sehe etwas darauf.—Ich sehe ein Baby oder ein Kind mit dunklen Haaren, das irgendwie Teil der fliegenden Staubpartikel ist. Es hat sehr langes, dunkles Haar, wie Erwachsenenhaar ... aber es sieht aus wie ein Baby. Es sitzt einfach auf den Sandpartikeln und sieht glücklich aus. Es kennt mich. Es sagt: „Hallo! Ich bin dein geistiger Führer. Ich bin für dich da, wenn du es wirklich willst."
D: *Es will, dass du es als ein Baby siehst?*
C: Es will, dass ich es als solches betrachte.
D: *Ihr Führer kann auf jede Art erscheinen, wie er will. Wie auch immer es für dich angenehm ist.*

C: Ja, es fühlt sich dann am wenigsten bedroht, denke ich. Es heißt, man solle ihm folgen. Ich nehme seine Hand, aber es sieht so albern aus, einem Baby zu folgen.
D: *Es macht keinen Unterschied. Das ist eine sichere Art, es zu betrachten.—Kannst du auf deiner Reise etwas sehen?*
C: Lichter. Sie blenden mich gerade. Sie sind sehr hell. Und wir bewegen uns durch sie hindurch.—Mein Führer geht mit mir, direkt vor mir. Ich fühle mich glücklich. Ich fühle mich, als würde ich mich sehr schnell bewegen.—Nun, es sagt, wir seien hier.
D: *Wo ist hier?*
C: Ich bin wieder im Weltraum und es zeigt auf einen Planeten. Ich frage mich, ob ich näher drankommen kann, damit es klarer wird. Er sieht grün aus, ein Planet mit grünen und weißen Flecken. Und jetzt kommen wir näher und es sieht aus wie ein grau-grüner Lichtball. Mein Führer will, dass ich dorthin gehe. Es gibt etwas für mich zu sehen.—Jetzt gibt es dort grauen, dunklen Sand und es könnte noch andere Wesen dort geben. Er geht mit mir auf dem grau-schwarzen Sand auf einen Ort dort zu.—Es gibt hier nicht viel zu sehen. Sogar der Himmel ist irgendwie dunkel ... es gibt keine Sonne. Es ist aber nicht Nacht ...

Es gab dort einige graue Gebäude aus Granit, und sie ging hinein. Der Boden sah aus wie Marmor und es gab eine Menge Glas und einige Spiegel. Obwohl es leer erschien, wusste sie, dass es dort Menschen gab, die sie nicht sehen konnte. Ich bat sie, sich ihres Körpers bewusst zu werden. „Ich sehe einen Körper. Er ist aus Fleisch, aber er ist pfirsichfarben und hat lange Arme, lange Beine ... das bin nicht ich. Er sieht menschlich aus, aber es sieht irgendwie komisch aus. Es sieht gedehnt aus. Meine Hände sind sehr groß ... groß wie Würste ... wie sehr geschwollene, große Hände."

D: *Hast du etwas an?* (Nein) *Hast du Haare?*
C: Das ist das Seltsame. Ich kann meinen Kopf nicht richtig sehen. Es ist einfach dieser nackte, lang gestreckte Körper und vom Hals an kann ich nichts sehen. Große Hände ... kleine Füße, ich glaube, ich habe keine Zehen. Und es gibt keine weiblichen oder männlichen Teile.
D: *Hast du das Gefühl, in dieses Gebäude zu gehören?*
C: Ja, als ob ich wüsste, dass ich dort sein sollte. Ich arbeite dort.

Als ich sie fragte, welche Art von Arbeit sie verrichte,

antwortete sie: „Ich weiß nicht. Der Raum ist sehr hoch und es gibt diese Konsolen an der Wand. Es ist ein kreisförmiger Raum und es gibt so etwas wie Computer. Irgendeine Art Maschinen.—Es fühlt sich an, als wäre ich ein Reiseleiter. Ich schleppe die Leute dort einfach hin und her. Das ist mein Job. Ich helfe ihnen, dorthin zu gehen, wo sie hin sollen.—Es ist wie ein Bahnhof. Man geht dorthin, bevor man woanders hingeht."

D: *Sehen diese Leute aus wie du?*
C: Jeder sieht anders aus. Es ist wie ein intergalaktischer Ort für Reisende.
D: *Und weißt du, wo sie hingehen sollen?*
C: Meistens. Ich entscheide nicht, wohin sie gehen, aber ich helfe ihnen, dorthin zu gelangen, wo sie hingehen sollen. Sie kommen also rein und sind orientierungslos, ich begrüße sie, und dann weiß ich irgendwie einfach, wo sie als Nächstes hingehen sollen. Ich fühle etwas über ihre Energie und ich bringe sie in den Raum, in den sie gehen müssen, um entweder eine Aufgabe zu bekommen, oder falls sie jemanden treffen sollen ... andere Leute—Freunde—schätze ich, wäre besser.—Sie sehen alle unterschiedlich aus. Einige sehen aus wie Wesen aus Licht. Jene sind im Rat. Als ob sie das federführend wären. Und dann sind einige von ihnen komplett anders ... wie eine Science-Fiction-Szene. Aber manchmal wird es da drin sehr eng. Es gibt viele Wesen, die rein- und rausgehen, aber irgendwie ist es organisiert.
D: *Also musst du diese abfertigen und ihnen sagen, wohin sie gehen sollen?*
C: Ja, aber es ist nicht meine Entscheidung, wohin sie gehen ... nicht meine Entscheidung. Ich helfe ihnen nur, dorthin zu kommen, wo sie hin sollen.
D: *Du weißt das einfach so? Du spürst es? Ist es das, was du meinst?* (Ja) *Hat es irgendetwas mit ihrer Frequenz oder ihrer Schwingung zu tun?*
C: Ja, in gewisser Weise. Es ist alles anders. Und man begrüßt sie einfach und hilft ihnen, den nächsten Schritt zu tun.
D: *Dann übernimmt jemand anderes von da an?* (Ja) *Arbeitest du schon lange dort?*
C: Oh, eine Weile ... eine Zeit lang.
D: *Es klingt, als wäre es eine verantwortungsvolle Position.*
C: Ja. (Unentschlossen) Manchmal wäre ich lieber derjenige, der reist.
D: *Hast du denn eine Wahl?*

C: Ich frage nicht. Ich traue mich nicht zu fragen. Das ist mein Auftrag und das ist mein Job und es macht mir nichts aus. Ich bin an einem Fleck, der dazwischen liegt. Wie ein Depot, wie ein Güterbahnhof.

D: *Und sie alle kommen und gehen woanders hin.* (Ja) *Und du fragst dich, was es sonst noch gibt?* (Ja) *Gibt es eine Möglichkeit, wie du es herausfinden kannst?*

C: Ich muss eines der Wesen des Lichts bitten.

D: *Ist es okay, wenn wir mit ihnen reden?* (Ja) *Es ist doch nicht schlimm, neugierig zu sein, oder?* (Nein) *Okay, frage sie, was du wissen willst.*

C: Ich würde gerne wissen, ob es da draußen Leute gibt. Sie sagten: „Ja."—Sie sagten, dass ich einen ziemlich guten Job mache dabei, Menschen zu helfen. Ich bin achtsam und ich bin ein guter Arbeiter. Und ich werde eine Chance haben, aber noch nicht jetzt.

D: *Du wirst also die Chance haben, herauszufinden, was es da draußen gibt?*

C: Das haben sie gesagt. Ich bin ziemlich glücklich.

D: *Das heißt, du wirst entdecken, wie es ist, zu reisen?*

C: Ja. Aber mehr als Reisen ... anders zu leben.—Ich weiß nur, wenn man in andere Dimensionen oder in eine andere Existenz geht, dass man ... wie sagt man? Zum Beispiel, du könntest eine andere Form oder gar nichts sein. Und andere Dimensionen haben ihre verschiedenen Arten, die man wahrnehmen und kennen kann. Es ist also nicht nur das Reisen, es ist eine andere Existenz mit anderen Parametern. Es hängt davon ab, wohin man geht, und ich würde sehr gerne gehen.

D: *Bist du je zuvor irgendwo anders gewesen?*

C: (Flüsternd) War ich schon einmal irgendwo? (Laut) Außer hier? Außerhalb des Depots? Er sagt: „Ja." An einigen Orten ... aber zu anderen Zeiten.

D: *Was meinst du damit?*

C: Sie erklären ... dass ich bereits in anderen Zeiten existiere. Gleichzeitig.

D: *Aber du bist dir dieser Dinge nicht bewusst?*

C: Jetzt bin ich es, oder das fleischige, pfirsichfarbene Wesen, das ich bin ... jetzt weiß es ... (Verwirrt). Das ist schwer zu erklären.

D: *Ist es okay, wenn es weiß?*

C: Ja, es ist okay, dass es weiß ... es erhöht seine Schwingung, indem es weiß.

D: *Denn wir wollen nichts tun, das in irgendetwas störend eingreifen könnte.*

C: Sie sagten, es sei jetzt in Ordnung.—Das Lichtwesen erzählt ihm von mir. (Etwas verwirrt.) Dass ich es bin... dass eine seiner Existenzen im Moment ich bin ... Chandra ....

D: *Warum erzählt es das?*

C: Chandra versucht, sie zu erreichen ... das Lichtwesen und das fleischliche Ding. Und es kann es irgendwie spüren und so kommunizieren sie. Sie reden nicht ... sie teilen Ideen.

D: *Ist es in Ordnung, wenn Chandra diese Dinge jetzt weiß?*

C: Ja. Ich denke, sie sollte wissen, dass sie überall ist.

D: *Weil wir nie etwas tun wollen, das Probleme verursachen könnte, aber ich dachte, Informationen werden nicht gegeben, es sei denn, es ist an der Zeit.*

C: Ja, das ist wahr.

D: *Warum ist es wichtig, dass sie das jetzt weiß?*

C: Es gibt immer den Wunsch, alles zu kennen, was da draußen ist, und das lenkt sie von dem ab, was sie gerade tut. Die angeborene Neugier, die sie hat, erzeugt in ihr Wünsche nach vielen Dingen zur gleichen Zeit. Sie muss nur wissen, dass sie alles, was sie erleben möchte, bereits ist, und dass der Wunsch, alles zu erleben, erfüllt wird. Auch wenn sie sich dessen nicht bewusst ist. Genauso wie ihre Existenz in einem „Depot", wie sie es nennt, und das Gefühl, dort festzusitzen, nicht die einzige Realität oder Existenz ist, die sie hat. Es gibt andere Teile von ihr, die, so könnte man sagen, ein anderes Leben führen.

D: *Eine Sache, die sie wissen wollte: War sie jemals Teil der Natur?*

C: Ja. Der Grashügel, den sie vorhin gesehen hat, das war sie. (Am Anfang, als wir die Sitzung begannen.) Sie war die Energie, die dieser Teil davon war. Ein kleines Wesen. In gewisser Weise ein Verwalter, aber auch dieser Hügel selbst. Getrennt, aber doch von derselben Energie. Eine Natur-Energie.

D: *Weil sie sagte, dass sie sich der Natur sehr nahe fühle. (Ja) Wir dachten, wir würden in ein früheres Leben gehen und das erleben. Warum geschah das nicht?*

C: Sie bekam das zu sehen, was sie früher sehen wollte, und sie hat immer noch ein sehr klares Bild davon. Sie kann jederzeit wieder dorthin zurückgehen, wenn sie Trost braucht. Und sie muss wissen, dass, obwohl das eine sehr schöne Existenz war, die Zeit für ihr Ende gekommen war. Um sich zu entwickeln, musste sie diese verlassen oder als etwas anderes existieren. Sie erlebte es und sie wünschte es sich auch. Sie wünschte es sich und bekam, was sie wollte.—Dann wollte sie ein Mensch sein. Ein Teil von ihr war sehr neugierig darauf, wie es sein würde, ein Mensch zu sein.

D: Ich versuche herauszufinden, wie ich es formulieren soll. Sie hatte mehrere Leben als ein Teil der Natur, bevor sie ein Mensch wurde? (Ja) *Natürlich frage ich mich, ob sie sterben oder nicht.* (Lachen) *Verstehst du, was ich meine?*
C: Dieser Kobold existiert noch immer und ist immer noch sie. Er stirbt nie. Er ist immer noch da. (Das kleine Wesen, das sie zwischen den Bäumen hin- und herhuschen sah.)
D: Existiert er nur in dieser Form?
C: Ja. Es ist schwer zu erklären.
D: Gib einfach dein Bestes.
C: Sie sind alle da. Der Kobold ist noch da, das ist sie. Und das Wesen aus dem Depot ist immer noch da, das noch immer sie ist. Sie ist überall dort, wo sie sein will, was an sehr vielen Orten ist, auf bestimmten Ebenen oder welche Existenzen auch immer sie sich aussucht. Manchmal ist sie sich dessen bewusst und manchmal nicht.

Ich hatte Schwierigkeiten, die Fragen zu formulieren, um zu versuchen, dies besser zu verstehen. „Sie nimmt sie nur wahr, wenn sie sich auf sie konzentriert?"

C: Es kommt auf die Existenz an. Zum Beispiel der Kobold ... als Kobold entschied sie sich, menschlich zu sein. Und der Kobold ist sich dieses Wunsches bewusst, und da er ein Naturgeist ist, sagen wir es mal so, weiß er, dass es geschehen ist.
D: Er ist bewusster als Chandra?
C: Ja. Es gibt verschiedene Ebenen des Bewusstseins und es hängt von der Existenz ab. Es ist dasselbe Wesen, aber jeder weiß nur, was er wissen muss.
D: Aber sie dürfen sich nicht der ganzen Sache, des ganzen Bildes bewusst sein. Ist es das, was du meinst? (Ja) *Es wäre zu viel für sie?*
C: Ja. Dem Wesen im Depot wurde zum Beispiel aufgrund seines Wunsches, auf anderen Ebenen Erfahrungen zu machen, die Information mitgeteilt, dass es in verschiedenen Dimensionen existiert. Somit wurde ihm mitgeteilt, dass es bereits existiert. Hätte es nicht gefragt, wüsste es das nicht.
D: Ist das Wesen in der Lage, zu verstehen?
C: Es ging mehr darum, das Wesen zu beschwichtigen oder zu trösten. Es sollte seine Existenz erhöhen. Seine Frequenz ist jetzt etwas leichter oder höher, um zu wissen, aber man kann es nicht zwingen ... man kann die Fragen nur beantworten, wenn sie gestellt werden. Hätte es nicht gefragt, würde es nicht gewusst

haben, dass es bereits an anderen Orten existierte.

D: *Also würde es sich dadurch besser fühlen, wenn es wüsste, dass es nicht dort gefangen ist?* (Ja) *So könnte es mit seiner Arbeit fortfahren in dem Wissen, dass es auch andere Dinge erleben kann.* (Ja) *Ein wenig Wissen hilft also, während jeder sein eigenes Leben weiterführt. Es ist also nicht immer angebracht, Kenntnis von dem zu erhalten, was wir „andere vergangene Leben" nennen.*

C: Nicht immer.

D: *Weil sie nicht auf dieser Entwicklungsstufe sind?*

C: Ganz genau. Das Wesen im Depot, wie du es nennen würdest, war die niedrigere Frequenz.

D: *Habe ich seine Entwicklung gestört, indem ich ...*

C: Nein. Tatsächlich wurde ihm geholfen.

D: *Weil ich niemanden in seiner Entwicklung stören will.*

C: Nein. Einer der Zwecke oder Ziele aller Wesen ist es, ihre Schwingungen zu erhöhen, um der Quelle näher zu kommen. Und mit dem Wissen, das diesem Wesen gegeben wurde, hat sich die Schwingung verändert.

D: *Es hat also in seiner Entwicklung geholfen?* (Ja) *Dann liege ich richtig, wenn ich denke, dass alle diese Teile irgendwann zusammenkommen müssen, um zur Quelle zurückzukehren?* (Ja) *Also müssten sie alle irgendwann ihre Schwingungen erhöhen, nicht wahr?*

C: Ja, genau wie der Kobold. Er hatte eine andere Schwingung ... eine andere Frequenz. Aber es erforderte die Erfahrung des Menschseins, weil er wusste, dass es seiner Evolution helfen würde.

D: *Weißt du, in meiner Arbeit bin ich daran gewöhnt, Menschen in das entsprechende vergangene Leben zu führen und die Antworten auf ihre Fragen zu finden. Dies ist es, was wir dachten, hier zu erleben, aber es trat nicht ein.* (Lachen) *Zumindest kein „normales" vergangenes Leben.*

C: Es ist sehr wichtig zu wissen, dass alle Frequenzen von allen Wesen erhöht werden müssen, nicht nur vom Menschen, sondern von allem, was Alles ist.

D: *Zu diesem Zeitpunkt?*

C: Ganz besonders.

D: *Warum ist es für Chandra wichtig, diese Informationen heute zu haben?*

C: Ihre Schwingung erhöht sich selbst.

D: *Also sind ihre Antworten nicht zu finden, indem sie zurückgeht und ein vergangenes Leben noch einmal durchlebt?*

C: Nein, momentan nicht. Sie will wissen, was sie tun soll. Sie fragt nach ihrer Arbeitssituation.
D: *Das war eine ihrer Hauptfragen. Sie ist nicht glücklich in ihrem momentanen Job.*
C: Nun, du weißt, dass sie ein sehr gutes Leben als Kobold hatte. Ein Mensch zu sein ist ganz anders. Manchmal ist es in gewisser Weise schwieriger. Es war viel einfacher, ein Kobold zu sein. Sie verspürt ein Heimweh nach der Natur und danach, sich mit der Natur zu verbinden, weil sie weiß, dass sie ursprünglich daher kommt. Und sie sehnt sich nicht nur nach der Wiederverbindung, sondern auch nach ihrer Art von Leben, das viel einfacher war. Viel einfacher. Weniger kompliziert, und Kobolde müssen nicht so arbeiten wie Menschen.

Das SC dachte darüber nach, welchen Rat es Chandra geben sollte, und entschied sich schließlich, ihr zur Heilung zu raten. „Sie kann mit der Natur arbeiten, aber letztendlich sehe ich sie als Heilerin. Sie widersteht, aber letztendlich ist sie eine Heilerin. Sie weiß das. Wenn sie bloß mit Menschen spricht, fühlen sie sich schon besser. Sie kann jedem sagen, wo etwas nicht stimmt. Es gibt eine Energie um einen Menschen herum, welche sie lesen kann. Sie muss diese Fähigkeit entwickeln. Wenn sie die Fähigkeit entwickeln kann, die Aura einer Person zu sehen, wird sie in der Lage sein, ihr in einem größeren Umfang zu helfen. Wenn sie diese Fähigkeit entwickelt, wird sie eine wirklich große Heilerin sein. Sie wird vielen Menschen helfen.—Sie könnte auch mit der Erde arbeiten. Es wäre sehr einfach für sie, das zu tun. Sie ist bereits ein Teil der Erde, und ihre Freunde und andere Naturgeister würden mit ihr arbeiten. Es wäre sehr einfach für sie, das zu tun."

D: *Hat sie einen Vertrag darüber, Kinder zu bekommen? (Eine ihrer Fragen.)*
C: Nein, und sie muss aufhören, sich darüber Gedanken zu machen. Diesmal hat sie einen anderen Weg.

***

Chandra wollte etwas über einen ungewöhnlichen Vorfall wissen, den sie erlebt hatte. Sie fuhr auf der Autobahn und schaute in den Rückspiegel und sah einen Autounfall hinter sich.
Als sie sich umschaute, war nichts zu sehen. Ich fragte, ob „sie" den Vorfall erklären könnten.

C: Sie lebte vorübergehend in einer anderen Parallelexistenz. Die Zeit hatte sich an diesem bestimmten Punkt überlappt und sie sah etwas, das auf einer anderen Ebene geschah, die ... sagen wir einfach „überquert" wurde. Die beiden Teile der Existenz kreuzten sich an diesem Punkt. Und das Auto bewegte sich von einem Punkt der Existenz zu dem anderen Punkt, an dem sie war, löste sich dann aber auf—nicht das richtige Wort.
D: *Löste sich auf?*
C: Ja. Danke dir!
D: *Weil es nicht in diese Dimension gehörte?* (Ja) *Das klingt wie Vorfälle, die mir andere Leute erzählt haben, wo sich andere Dimensionen manchmal überlappen.*
C: Ja, sie glauben alle, dass sie sich das ausdenken.
D: *Aber es gab keine Verbindung zu ihr. Sie war nur rein zufällig am richtigen Ort?*
C: Das ist richtig.

***

Körperlich: „Als sie geboren wurde, hatte sie ein Hautproblem am ganzen Körper. (So etwas wie Ekzeme oder Schuppenflechte.) Und es blieb ihr ganzes Leben lang bestehen, aber jetzt hat sie nur noch wenige kleine Stellen am Körper. Was verursachte das? Warum wurde sie damit am ganzen Körper geboren?"

C: Sie hat eine Matrix zu diesem Körper, durchsetzt mit ... ich sehe ... es ist eine Art von Energie und diese beeinflusst ihren physischen Körper. Sie klammert sich an die Matrix und das lässt die Schuppenflechte erscheinen ... fast wie einen Ausschlag.
D: *Es ist jedoch viel schlimmer als ein Ausschlag.*
C: Stelle dir einen Ausschlag als eine Energieform vor und die Matrix, die ihren physischen Körper erschafft ...
D: *Kannst du erklären, was du mit Matrix meinst?*
C: Die Matrix ist ein Netzwerk aus zusammenlaufenden Energielinien, das sich zum menschlichen Körper formt. Es ragt über ihren Körper hinaus und man kann es nicht sehen ... also, einige Leute können es sehen, aber es ist ungefähr 1 Meter achtzig bis 2 Meter um den physischen Körper herum, wie ein Gittersystem, das den Körper bildet. Und auf diesem Gittersystem hat sie etwas, wie ... eine Energie, die als eine Art Ausschlag kommt, der auf dieser Matrix oder diesem Gitter gewachsen ist. Ein System, das ihren Körper formt und sich als

Psoriasis manifestiert. Fast wie eine Hülle ... energetisch gesehen ist das wie die Matrix. Es ist sehr schwer zu erklären. Es würde wie ein Gittersystem aussehen, wenn ihr es sehen könntet.

D: *Ist dies, wie der physische Körper in Wirklichkeit aussieht?*
C: Nun, auf einer Energieebene. Der physische Körper ist der physische Körper, aber es gibt viele (es ist schwer zu erklären) ... es gibt einen Grund warum der physische Körper so aussieht wie er aussieht, wegen des Gitters oder der Matrix in die jeder hineingeboren wird. Und die Matrix ist das, was den physischen Körper bestimmt, da er in ihrer Dimension erscheint. Augenblicklich reinigen wir die Matrix von diesem ... ich kann es dir nur als einen Ausschlag beschreiben.

D: *Als du sagtest, dass diese Matrix über den Körper hinausragt, ist es dann das, was die Leute als Aura sehen?*
C: Nein. Es ist getrennt. Die Matrix existiert einzig für den Zweck, den physischen Körper zu erschaffen. Die Aura ist die Energie des Körpers. Stelle sie dir als ein Multitasking-System vor. Du hast eine Form und wenn du die Form füllst—hast du in diesem Fall Energie mit einer bestimmten Frequenz, die eine menschliche Form erzeugt. In dieser Hinsicht ist ein Gitter wie die Form.

D: *Dann wird sie erst lebendig, wenn die Seele eintritt?*
C: Nein. Es beginnt, sobald die Empfängnis geschieht, und sie ändert sich ständig, was offensichtlich ist, weil der menschliche Körper sich ständig verändert. Und er wird nicht von den anderen Energien des Menschen, wie der Aura, beeinflusst. Sie stehen alle miteinander im Wechselspiel. Der Hauptzweck der Matrix ist es, ein Bauwerk zu schaffen ... es ist wie die Schale.

D: *Wann immer also die Seele den Körper verlässt, beginnt die Matrix sich aufzulösen?*
C: Ja, weil es dann keinen Bedarf mehr für den physischen Körper gibt.

D: *Können wir ihr bei dieser Psoriasis helfen?*
C: Ja. Was ich dir als Ausschlag beschrieben habe, ist eigentlich eher eine Energie, die sich entschieden hat, sich an ihre Matrix zu klammern. Es ist fast so, als ob man sich auf eine Trittbrettfahrt begibt. Die Energie empfand ihre Matrix als sehr gastfreundlich und beschloss, hier zu bleiben und hat sich als Psoriasis manifestiert.

D: *Obwohl sie Probleme verursacht, weiß sie das nicht. (Ja) Für mich klingt es wie das, was ich eine „elementare" Energie nenne.*
C: Das ist richtig.

D: Diese haben keine Emotionen oder Gefühle.
C: Das ist richtig. Aber aus irgendeinem Grund bleiben sie gerne in ihrer Matrix.
D: Sie werden von ihr angezogen. (Ja) *Die gleiche Art von Energie wird von Gebäuden und Orten angezogen.*
C: Ja, und es ist sehr vorteilhaft für sie, dies zu wissen, so dass sie anfängt, die Art und Weise zu verstehen, wie der physische Körper funktioniert oder existiert, damit sie eine bessere Heilerin sein kann.

Das SC klärte dann rasch die Energie, so dass die Psoriasis geheilt werden konnte. „Wir haben sie mit einem Segen entfernt, damit die Energie nicht zurückkehrt. Der Körper ist nun frei und klar."

Der energetische oder ätherische Körper, der das prägende und erhaltende Muster für den physischen Körper bereitstellt, wird als *Licht* erfahren. Ist das die Matrix?

In Robert Winterhalters Buch *Der Heilende Christ* (herausgegeben von Ozark Mountain Publishing) gibt er eine sehr plausible Erklärung ab, wenn er von den Wundern Jesu in der Bibel spricht:

Petrus, Jakobus und Johannes waren Zeugen der Verklärung Jesu als einem tatsächlichen Ereignis. (Markus 9,2-3, Parallelstellen: Matthäus 17,1-2; Lukas 9,28-29. Dies wird allgemein als „Die Verklärung Christi" bezeichnet). Sie konnten es nicht erklären. Doch das Ereignis stimmt mit den Erkenntnissen moderner Wissenschaftler überein, dass alles Sichtbare in Energie umgewandelt werden kann und dass das Universum von Energie überflutet wird. Es stimmt auch mit der Erfahrung vieler von uns im Bereich der Heilung überein, die ein die Menschen umgebendes Licht gesehen haben.

Wir können nicht länger glauben, dass Moses und Jesus einzigartig darin waren, in weißes Licht gehüllt zu sein. Dies waren natürliche Phänomene und keine übernatürlichen. Mit dem Fortschritt an Wissen haben wir jedoch mehr gewonnen als wir verloren haben. Diese Berichte über das Erscheinen von Moses und Jesus basieren auf Tatsachen. Der energetische oder ätherische Körper, der das prägende und erhaltende Muster für den physischen Körper darstellt, wird als Licht erfahren. Das ist es, was die Apostel sahen, und es passt eng mit der Bedeutung des griechischen Begriffs für „verklärt" zusammen.

James Eden gibt in seinem Buch *Energetic Healing* (zu Deutsch etwa: Energetische Heilung, *Anm. d. Übersetzers) erhärtende Beweise für die Realität des energetischen Körpers. Auch Kendall Johnson, der mit Thelma Moss an der UCLA Universtität zusammenarbeitete, schreibt:

„Unsere Experimente mit der Strahlenfeldfotografie und dem Kirlian-Effekt haben uns zu der Schlussfolgerung gebracht, dass es in jedem lebenden Organismus eine Energiematrix oder Matrize gibt, die eine grundlegende Struktur für seinen materiellen Körper darstellt. Der Korona- oder Randeffekt, den wir beobachtet haben, ist der verräterische Beweis für diese Matrix."

Das Licht war also immer in uns allen vorhanden, wenn auch bisher unbekannt und unerkannt. Vor dem Hintergrund dieses Wissens erhalten einige der Aussagen Jesu eine neue Bedeutung. Er erklärte nicht nur: „Ich bin das Licht der Welt" (Johannes 8,12; 9,5), sondern auch: „Du bist das Licht der Welt" (Matthäus 5:14). Sowohl im wörtlichen als auch im übertragenen Sinne wusste er, wie man „das Licht leuchten lässt".

Kapitel 32

DAS DORF AUSSERHALB DER ZEIT

Das erste, was Lucy sah, waren hohe bewaldete Berge und ein in ein Tal geschmiegtes Dorf. Sie verkündete: „Ich komme zwischen den Bäumen hinunter zum Talboden an den Weg, der zum Dorf hinführt. Dort gibt es einen Pfad, aber man muss wissen, wo er ist. Das Dorf ist versteckt. Man kann es nicht sehen, wenn man nicht weiß, wo es ist. Es ist nach allen Seiten durch hohe Berge geschützt. Bäume reichen die ganzen Berge hinunter und im Tal bedeckt das Blätterdach der Bäume das Dorf. Man muss wissen, wo es ist. Ich gehe dort hin und zurück. Ich spreche mit den Leuten, die dort wohnen. Ich bleibe nicht dort. Ich finde heraus, was sie gemacht haben, ihre Berichte, ihre Untersuchungen, ihre Studien. Ich berate sie. Ich zeige neue Wege auf. Sie reisen nicht nach oben. Ich weiß nicht, warum. Ich bin nicht der Einzige, der das tut, aber ich reise nach oben."

D: *Was meinst du mit* nach oben*?*
L: Wenn ich ins Dorf komme, komme ich wie von einer Wolke herunter. Wenn ich wieder hochkomme, gehe ich wieder hoch wie auf eine Wolke, aber es ist keine Wolke. Es ist auch kein Schiff. Es ist einfach da.
D: *Ich dachte, du meintest, es sei von der Spitze des Berges, aber so ist es nicht.*
L: Nein. Es ist, als käme ich auf ein Schiff, das kein Schiff ist. Ich weiß nicht, was es ist.
D: *We sieht es aus?*
L: Von außen sieht es irgendwie gräulich und porös aus, aber innen ist es ein anderer Raum ... eine Dimension. Das Äußere ist nur eine Tarnung des Inneren. Eine annähernde Berechnung, wo ich

von außen nach innen gehe. Von unten ist es nicht leicht zu erkennen, aber wenn man es sehen würde, würde es, schätze ich, aussehen wie das, was manche als „Schiff" bezeichnen würden, aber es ist kein Schiff. Es ist eine Tarnung. Es sieht aus wie eine Form von etwas, aber wenn man es durchquert, ist man nicht mehr in dieser Dimension. Man ist in diesem Raum.

Was die Leute also manchmal für UFOs halten, sind in Wirklichkeit Portale oder Eingänge zu anderen Dimensionen. Sie sind nur getarnt, um nach etwas anderem auszusehen.

D: *Man kann also hindurchgehen, ohne eine Tür zu öffnen oder so etwas?*
L: Ja, es ist wie eine Membran und man geht einfach durch sie hindurch.
D: *Ist das dort, wo du herkommst?*
L: Jetzt ... ja.
D: *Wie nimmst du deinen Körper wahr?*
L: Unten, wie ein Mensch, aber es ist wie eine Tarnung.
D: *Eine weitere Art der Tarnung.*
L: Ja. Oben im Inneren ist ein Licht. Ich kann die Umrisse eines Körpers fühlen, aber das ist nicht mit einer Form ... Licht. Ein Lichtkörper. Bewusstsein, enthalten in Energie.
D: *Es ist also nicht ein feststoffliches Licht? Ist es das, was du meinst?*
L: Viele farbige Lichter.
D: *Wenn du dann ins Dorf gehst, nimmst du eine menschliche Form an?*
L: Ja. Ich bedecke es mit einer menschlichen Form. Es ist eine sehr dünne Hülle, damit es leichter ist, unter den anderen zu gehen, zu reden. Die meisten anderen sind auch wie ich. Sie sind hier. Einige sind von dort und sie würden nicht verstehen.
D: *Was meinst du damit? Sind das die Leute aus dem Dorf, von denen du sprichst?*
L: Die Leute im Dorf sind wie ich, aber die Leute, die nicht wie ich sind, wissen das nicht, weil wir wie sie aussehen. Wenn ich zu Besuch komme, muss ich so aussehen wie sie, damit niemand Angst hat.
D: *Aber die anderen leben dort unter ihnen?*
L: Ja, und sie wissen es nicht.
D: *Ist es ihr Job, dort bei ihnen zu bleiben?*
L: Dort zu bleiben, sie auszubilden, zu lernen und zu lehren.
D: *Wie sehen die anderen Leute aus?*

L: Sie sehen wie Menschen aus. Die Frauen und die Männer tragen die gleiche Art von Kleidung. Lange Hemden wie Dinge aus Stoff, gewebt aus natürlichen Halmen und Gräsern. Aber ein weiches, langes Hemd bis zu den Knien und dünne Hosen darunter, Sandalen.

D: *Diese Leute sind in diesem Dorf geboren?*

L: Nein, dieses Dorf ist kein Dorf, in dem sich Menschen niedergelassen haben. Es ist wie ein Ort, den sie zwischen den Dörfern teilen ... zwischen Gruppen von Menschen, zwischen Orten ... ein Treffpunkt.

D: *Sie wohnen nicht ständig dort?*

L: Es ist immer jemand da, aber die Leute kommen und gehen. Das macht es uns leichter, uns unter sie zu mischen und ihre Lehrer zu sein. Sie haben Erinnerungen daran, dass wir über lange Zeit ihre Lehrer waren.

D: *Sie kommen dorthin, um für eine kurze Zeit zu bleiben?*

L: Manche kurz ... manche lang, je nachdem, was sie lernen. Diejenigen, die lernen, wie man etwas anbaut, wie man etwas heilt, wie man etwas herstellt, brauchen jeweils unterschiedlich viel Zeit.

D: *Unterrichtet jeder aus eurer Gruppe etwas anderes?*

L: Wir alle wissen, was auch alle anderen wissen, aber einige sind besser im Lehren bestimmter Dinge als andere. Was wir anderen beibringen wollen, visualisieren wir lieber, weil sie sowohl vom Zeigen als auch vom Erzählen lernen.

D: *Wenn diese Leute also unterrichtet werden, gehen sie dann zurück in ihre Dörfer?* (Ja) *Haben sie eine Erinnerung an das, was passiert ist?*

L: Ja, das haben sie.

D: *Wissen sie, wohin sie gegangen sind?*

L: Ja. Sie wurden von ihrem Dorf auserwählt, hierher zu kommen. Manchmal schicken die Dörfer dieselben Leute. Manchmal schicken sie verschiedene Leute zu verschiedenen Zeiten im Jahr, aber es gibt ein ständiges Kommen und Gehen. Verschiedene Leute im Dorf kommen wegen verschiedener Dinge. Es ist sehr ähnlich wie eine lebendige Bibliothek.

D: *Das ist eine gute Art, es zu beschreiben. Wenn diese Leute zu ihren Häusern gehen, verstehen die Leute dort also, was passiert?*

L: Ja. Sie wissen, dass sie an diesen Ort wie in eine Schule gegangen sind. Nur manchmal bringen sie die Dinge, die sie dort machen, mit zurück, so können sie sie vielleicht in ihren Städten und Dörfern machen. Manchmal sind es Zeichnungen, die sie mitbringen ... unterschiedliche Dinge.

D: *Damit werden sie in jenen Dörfern zu Lehrern?*

L: Erfinder, Lehrer, Helfer, Ärzte, Heiler.

D: *Würde irgendjemand versuchen, dorthin zu gelangen, wenn er es nicht muss?*

L: Nein. Niemand hat es je versucht. Sie wissen, dass wenn sie kommen wollen, sie nur fragen müssen.

D: *Ich dachte darüber nach, wenn jemand versuchte, einem von ihnen zu folgen.*

L: Manchmal versuchen Kinder, ihnen zu folgen, aber Kinder sind nicht bereit dafür. Dies sind Erwachsene ... einige ältere Menschen, die die Techniken des Geistes erlernen, damit sie das Gelernte weitergeben können. Von Geist zu Geist beschreibt es nicht sehr gut. Manchmal versuchen Kinder zu folgen, aber es besteht ein Schutz um diesen Ort im Tal herum und nur diejenigen, die dort sein sollen, können durch die Tür gehen. Anders können sie ihn nicht finden. Er ist geschützt. Selbst wenn sie direkt davor stünden, würden sie es nicht erkennen, es sei denn, sie könnten durch die Tür gehen. Es ist ein besonderer Ort. Er liegt jenseits der Zeit.

D: *Was meinst du damit?*

L: Er existiert im Tal, aber er ist nicht in der Zeit. Es ist im Raum, aber nicht in der Zeit.

D: *Aber dieses Tal ist ein reeller Ort, nicht wahr?*

L: Das Tal ja, aber das Dorf hat keine Zeit. Es liegt in diesem Raum und ist Teil dieses Raumes, ist aber nicht in dieser Zeit. Diejenigen, die ins Dorf kommen, wenn sie durch die Tür gehen, bewegen sie sich aus der Zeit heraus. Und wenn sie wieder hinausgehen, sind sie zurück in ihrer Zeit.

D: *Sie merken das nicht, nicht wahr?*

L: Nein, nur solche wie wir wissen, dass sie sich jenseits der Zeit befinden. Es gibt keinen Grund für sie, das zu wissen. Und wie sollte man es ihnen erklären?

D: *Für den Durchschnittsmenschen würde es keinen Sinn ergeben.*

L: Für manche Menschen, für die älteren, die in der so genannten „modernen Zeit" leben. Alle möglichen Zeiten kommen hierher. Diejenigen, die in der modernen Zeit kommen, verstehen das Konzept von Raum und Zeit. Andere ... es ist zu schwierig.

D: *Ich dachte, das sei nur eine Zeitspanne.* (Nein) *Als du sagtest, dass sie hin- und zurückgingen, meintest du, sie kommen aus anderen Zeiträumen?*

L: Ja. Wenn sie im Dorf sind, scheint es, als ob sie alle in der gleichen Zeit leben, obwohl sie tatsächlich aus verschiedenen

Zeiten kommen. Sie sind alle gleich gekleidet, aber sie sind alle aus verschiedenen Zeiten, verschiedenen Jahreszeiten. Sie existieren zusammen in diesem Raum und auf einer gewissen Ebene verstehen sie das alle, auch wenn sie nicht verstehen, warum. „Was ist das für ein Ort?" Er ist nicht bedrohlich. Er ist nicht beängstigend. Er ist natürlich. Sie kommen, um dort zu lernen, und wenn sie mit dem Lernen fertig sind, gehen sie nach Hause und tun, was sie gelernt haben.

D: *Vergessen sie dass sie dort waren?*

L: Nein, aber sie können es niemandem beschreiben, der sie dazu befragt. Sie würden nur sagen: „Weißt du, es ist wie eine Schule. Ich habe mich mit diesen Leuten getroffen. Wir haben diese Dinge gelernt. Wir gingen auf das Feld und sie zeigten mir, wie man es anpflanzt. Wir gingen in ein Labor und sie zeigten mir, wie man das hier benutzt."

D: *Manche Leute, wenn sie aus der Vergangenheit kämen, würden sehr primitiv sein, nicht wahr?* (Ja.) *Man bringt ihnen also nur bei, was sie bewältigen können.* (Ja) *Und andere Menschen, die aus weiter zurückliegenden Zeiten stammen?*

L: Sie kehren mit Zeichnungen zurück. Sie kehren mit Mustern von dem zurück, was sie in ihrer Zeit erschaffen wollen.

D: *Aber die aus der modernen Zeit hätten mehr Wissen und wären intelligenter.*

L: Intelligenz ist eine interessante Sache. Primitive Menschen sind nicht unbedingt weniger intelligent. Was wir als primitiv bezeichnen, ist in Wirklichkeit nicht primitiv. Sie sind sich des spirituellen Kontextes, der Welt um sie herum viel bewusster. Sie verstehen das „Alles ist eins". Nein, diejenigen, die für dieses Lernen nicht bereit sind, würden diesen Ort nicht einmal kennen.

D: *Aber selbst die in der Zeit Fortgeschritteneren ...*

L: Sie glauben, dass sie einen sehr lebendigen Traum haben. Es ist irgendwie komisch, der Traum im Traum.

D: *Sie wachen auf und fertigen Zeichnungen an?*

L: Ja, sie kommen mit den Zeichnungen oder der Musik im Geist zurück, oder einem Bild in ihrem Kopf.

D: *Aha! So können sie die Zeichnungen reproduzieren und sie können erfinden, was immer es ist?*

L: Ja, ziemlich clever!

D: *Das klingt nach einem sehr guten Ort.* (Wir lachten.) *Aber du gehörst zu denen, die dort hingehen und unterrichten? Oder was machst du dort?*

L: Ich beobachte. Ich höre zu. Ich wandle unter ihnen und wenn es eine Frage gibt, die eine Antwort erfordert, nehme ich sie auf und dann bekommen sie, was sie wissen müssen. Aber meistens beobachte ich nur und fühle, wie es sich anfühlt, ob es im Gleichgewicht ist. Es ist schwieriger zu lernen, wenn man aus dem Gleichgewicht ist. Also müssen die Menschen dort, ob sie nun ein Teil von uns oder ein Teil von dort sind, doch im Gleichgewicht sein. Sie müssen dennoch ruhig, still und klar sein.

D: *Warst du jemals einer der Lehrer?*
L: Das war ich ... hauptsächlich, weil es irgendwie Spaß macht, aber nur für bestimmte Dinge.
D: *Hattest du ein Spezialgebiet?*
L: Die verschiedenen Heilkünste, die mit der Verbindung von Geist und Körper zu tun hatten. Das Eintauchen in die tieferen Schichten des Bewusstseins und das Verbinden dieser inneren und äußeren Bewusstseinsschichten. Manchmal gibt es Stolpersteine, Gebinde, in denen sich Energie sammelt, anstatt sich frei und geschmeidig zu bewegen. Und der Klang ist unharmonisch anstatt harmonisch und man muss wissen, wie man das glätten kann, damit der physische Körper und der Mentalkörper zusammen arbeiten können. Ich beobachtete andere, die mit den Energien arbeiteten, und wenn sie feststeckten— insbesondere, wenn sie mitten in etwas drin waren—und wenn sie mit dem Glätten der Energien nicht weiterkamen, dann zeigte ich ihnen, wie sie es glätten können.
D: *Davor hast du es gelehrt und jetzt beobachtest du es nur noch?*
L: Ja. Irgendwann kannst du deine Schüler zu Lehrern werden lassen. Und so fühlen sie sich sicherer, wenn ich sie ihre Arbeit machen lasse, aber sie wissen, dass ich da bin, wenn sie mich brauchen.
D: *Du sagtest, manchmal bleiben sie stecken, weil es Verwicklungen zwischen den Energien des Geistes und des Körpers gibt?*
L: Ja, manchmal greift der Geist in den Körper ein und es entstehen Energieverwirrungen, die zu schwer zu entwirren sind. Sie sind so verheddert, dass man sie nicht einmal durchschneiden kann. Sie müssen geglättet werden, um ihnen dabei zu helfen, sich zu entwirren.
D: *Was sagst du ihnen, was sie tun sollen, wenn sie auf solche Dinge stoßen?*
L: Ich sage es ihnen nicht. Ich zeige es ihnen. Ich bewege es mit meinem Geist.
D: *Kannst du das erklären?*
L: Ich weiß nicht. Ich bewege es mit meiner Energie. Meine Energie

streckt sich nach ihrer Energie aus, vermischt sich mit ihr, tanzt mit ihr, und entwirrt sie auf liebliche Art bis dorthin, wo sie Gleichgesinnte sucht und dann zieht sich die Energie von ihr zurück.

D: *Wenn sich deine Energie von ihr zurückzieht, bleibt sie dann so? Sie verheddert sich nicht mehr? Du musst nicht ständig dort sein?*

L: Nein, nein. Wenn sie dabei stecken bleiben, arbeiten sie mit irgendjemandem, der zur Heilung kommt.

D: *Dann glättest du es und trittst zurück?* (Ja) *Aber es bleibt?*

L: Ja, es bleibt glatt, wenn ich fertig bin, und der Lehrer ist manchmal mit mir zusammen. Manchmal nicht ... manchmal nur, um zu sehen, wie ich es mache und dann berührt er es, wenn es fertig ist, um zu sehen, wie es sich anfühlt.—Es ist die Kombination aus Energie und dem Geist und dem Körper, wo die beiden miteinander verschmelzen ... sehr kompliziert. Der Geist hat eine andere Art von Energie als der Körper. Beide zu einer Harmonie miteinander zu verschmelzen ist wichtig für die Langlebigkeit. Den Körper so lange am Leben zu halten, wie man selbst am Leben sein will, und ihn gesund zu erhalten. Und manchmal geschehen Dinge mit dem Körper. Manchmal geschehen Dinge mit dem Geist. Etwas schädigt, traumatisiert, führt dem Geist unharmonische Energie zu. Und weil der Geist mit dem Körper verbunden ist, verheddern sie sich, bündeln sie sich in diesen Knoten, die geglättet werden müssen.

D: *Und natürlich bemerkt die Person nichts von alldem.*

L: Nein, man muss wissen, wie man diese Energie *sieht* ... eine tiefe Ebene des Sehens.

D: *Wie würde sie aussehen, wenn man sie sähe?*

L: Fäden aus Energie, verschiedene Farben, verschiedene Stärken, dick, dünn, winzig, groß, aber alles zu Knäueln zusammengewürfelt, wie verwickeltes Garn. Jedes hat jedoch einen Zweck, und wenn es sich verheddert hat, geht seine Energie nicht dorthin, wo sie hin soll.

D: *Deine Aufgabe ist es also mehr oder weniger, sicherzustellen, dass sie es richtig machen?* (Richtig.) *Und dann die Energie deines Geistes zu nutzen, falls es nicht so funktioniert, wie es soll.*

L: Richtig, und hineinzugehen und zu entwirren und zu glätten und sich dann sanft zurückzuziehen ohne Trauma für den Geist oder den Körper. Kompliziert, sehr kompliziert, dieses Gleichgewicht herzustellen.

D: *Du sagtest, du beobachtest, aber du wendest gleichsam die*

Energie an?
L: Beides. Ich wende die Energie auf die Menschen an, die kommen, wenn die Lehrer, die mit ihnen arbeiten, nicht können. Wenn sie nicht weiterkommen. Ich gehe direkt zu der Quelle, wo sie herkommt.

D: Arbeitest du mit ihnen eine ganze Weile lang?
L: Ich gehe ein und aus. Manchmal bin ich dort und es fühlt sich an, als würde die Zeit an diesem Ort nicht in der gleichen Weise funktionieren, wie außerhalb. Es mögen also nur ein paar Minuten sein, aber wenn man diesen Ort verlässt, können es Tage, Wochen und Monate gewesen sein.

D: Du sagtest, es sei jenseits der Zeit, weil die Menschen aus all den verschiedenen Zeitspannen kommen, die wir als solche wahrnehmen.
L: Ich kenne die Zeit nicht so gut. Für mich ist Zeit anders. Zeit existiert in diesem speziellen Raum, aber nicht für mich. Der Ort, von dem ich komme, hat keine Zeit. Ich weiß, in welcher Zeit ich bin, wenn ich dort draußen bin, aber wenn ich zurückkomme, gibt es keine Zeit.

D: Aber du weißt, dass die Zeit an anderen Orten existiert?
L: Die Zeit läuft an manchen Orten anders. An manchen langsam, an manchen schnell, an manchen schwer, an manchen leicht. Die Zeit ist wie ein Fluss. Manchmal bewegt sie sich schnell. Manchmal ist sie langsam und nicht gleichmäßig.—Es gibt viele Orte jenseits von Zeit.

D: (Das war eine Überraschung.) Gibt es? (Ja.) *Auf der Erde oder nur an anderen Orten?*
L: Überall. Überall im ganzen Universum. Es gibt Orte jenseits der Zeit. Wie würden wir sonst sofort dorthin gelangen?

D: Nun, ich weiß, dass sie sagen, dass Leute durch Gedankenkraft reisen. (Insbesondere Außerirdische.) Meinst du das?
L: Ja, ähnlich. Gedanken sind Energie. Alles reist mit Energie als Energie. Es ist alles Energie. Es ist die Feinabstimmung der Energie, die Dichte der Energie, verschiedene Zeiten, verschiedene Räume im ganzen Universum. Wie Fenster hin zu Zeit und Raum, wie Eingänge.

D: Du sagtest, es gebe überall auf der Erde Orte, die jenseits der Zeit liegen?
L: Ja. Die Leute können sehr selten ... die Leute stolpern über sie, aber weil sie jenseits der Zeit sind, sind sie normalerweise geschützt. Es ist sehr schwer. Man könnte geradewegs durch einige dieser Orte laufen, ohne zu wissen, dass es da ist, weil man dabei nicht in der gleichen Zeit ist.

D: *Man schwingt nicht in derselben Frequenz?*
L: Richtig, wie eine Schwingung, wenn man zu diesem Zeitpunkt nicht schwingt. Es gibt einen Berg auf einer Insel. Ich bin mir nicht sicher über die Geographie, aber man läuft zwischen den Felsen, ein kleiner Splitter an einem Platz zwischen diesen riesengroßen Felsblöcken. Man muss genau wissen, wo dieser Splitter ist. Man geht da durch und in diese Bergöffnung hinein und man befindet sich jenseits der Zeit.
D: *Ich frage mich, ob sie etwas fühlen oder sehen können.*
L: Oh, ja, sie sehen und fühlen manchmal, je nachdem, worauf sie eingestellt sind. Es gibt Orte, welche sie an andere Orte bringen können. Sie bleiben nicht dort in den Bergen. Sie gehen an andere Orte, aber wenn ihre Schwingung, ihre Energie, nicht übereinstimmt, können sie nirgendwo hingehen. Dann sehen Sie es nicht einmal. Sie wissen dann nicht einmal, dass es da ist.
D: *Wissen sie, dass etwas vor sich geht?*
L: Sie wissen, dass etwas passiert ist. Sie verstehen es nicht immer. Manche, die sich erinnern, wollen nicht wirklich darüber reden. Es ist seltsam für sie.
D: *Es ist fast so, als wären sie in eine andere Dimension gereist.*
L: Ja. Das Universum ist voll von diesen Orten.
D: *Aber wenn das Universum voll von diesen „Kratern" ist—es ist nicht wirklich ein Krater, ein Fenster. Besteht die Gefahr, dass sie hineingehen aber den Weg zurück nicht finden können?*
L: Niemals. Deine Energie ist immer auf den Ausgangsort abgestimmt, so dass du immer zur richtigen Zeit zurückkehrst. Die Energie weiß immer, wo sie herkommt.
D: *Man kann also nicht dorthin gehen und sich verlaufen.*
L: Nein, man kann da nicht hingehen und sich verlaufen. Wenn man in Panik gerät und Angst hat—und das haben die Leute manchmal— muss man nur sagen: „Bring mich *nach Hause*." Und in der Minute, in der man *nach Hause* sagt oder an *nach Hause* denkt oder sich *zu Hause* vorstellt, ist man dort, wo man angefangen hat. Und vielleicht ist die Zeit vergangen, vielleicht auch nicht. Es hängt davon ab, in welchem „Pool" man sich befindet.
D: *Was für ein Pool?*
L: An welchem Ort.
D: *Aber sie können an einen Ort gehen, der völlig anders aussieht als derjenige, von dem aus sie starteten.*
L: Ja, und einige von ihnen tun es.
D: *Das könnte beängstigend sein.*
L: Sie müssen darauf vorbereitet gewesen sein, sonst hätten sie nicht

dazu schwingen können. Sie würden der Energie nicht entsprechen. Sie können nicht dorthin gehen, wo die Energie nicht übereinstimmt. Und selbst wenn es für sie überraschend oder verwirrend oder schwer zu verstehen ist, auf einer gewissen Ebene verstehen sie es doch. Und jede Unannehmlichkeit, jede Panik oder was auch immer, klingt fast sofort ab.

Dies klang sehr ähnlich wie die Portale durch Zeit und Dimensionen, von denen in meinen anderen Büchern zu *Das Gewundene Universum* berichtet wurde.

D: *Auf einer gewissen Ebene baten sie also um diese Erfahrung?*
L: Ja. Manchmal denken sie, sie hätten einen seltsamen Traum gehabt, weil es einfacher ist, es als Traum zu sehen.
D: *Es gäbe keine Stabilität, wenn sie das ständig tun könnten.*
L: Richtig, aber nein, niemand kann das die ganze Zeit tun. Wenn man es tun muss, vielleicht wenn man es tun will, wenn der Wunsch mit der eigenen Energie übereinstimmt. Man kann es aus Neugierde tun. Neugier ist das, was einen vorwärts bringt.
D: *Neugier ist eine sehr gute, starke Emotion.*
L: Sehr stark, aber die Neugier ist eine sehr leichte, leichte Emotion. Sie ist leicht. Erforsche.—Wenn die Person auf einer anderen Ebene gefragt hat und sie bereit dazu sind, kann es passieren. Es gibt eine Vereinbarung sowohl zwischen den anderen als auch zwischen ihnen, dass dies eine gute Sache wäre. Du siehst also, dass es unmöglich ist, diese Gabe, diese natürliche Fähigkeit, die wir alle haben, zu missbrauchen oder falsch anzuwenden. Wenn sie versuchen, sie zu verdrehen, zerstreut sich die Energie in ihnen und sie können sie nicht zurückgewinnen, bevor sie nicht die Freigabe geschaffen haben. Es sind alle möglichen Sicherheitsvorkehrungen darin eingebaut. Die Energie schützt sich selbst.
D: *Ich habe gehört, dass man sich irgendwo verlaufen kann.*
L: Nein, ich glaube nicht, dass es möglich ist, sich zu verirren. Selbst bei denen, die glauben, sich verirrt zu haben, glaube ich, dass es vor allem Panik ist. In dem Moment, in dem sie sich beruhigen und überlegen, wo sie herkommen, sind sie wieder da. Der Gedanke, das visuelle Bild, bringt sie zurück.
D: *Sie bleiben nicht allzu lange an diesen Orten, oder?*
L: Nun, man befindet sich jenseits von Zeit, es können also Minuten oder auch Monate sein, und in ihrer eigenen Zeit sind es wohl Minuten. Sehr ähnlich, wie wenn man manchmal in der Nacht einen Traum von einem ganzen Leben hat, aber wenn man am

nächsten Morgen aufwacht, ist es nur über Nacht gewesen. Man hat sich aus der Zeit hinausbewegt. Die Zeit funktioniert hier draußen anders.

D: *Aber du sagtest, der Ort, von dem du kamst, war getarnt, wie ein Schiff.* (Ja.) *Du sagtest, du habest eine andere Dimension betreten?* (Richtig.) *Indem du einfach durch die Wand des Schiffes gingst, oder wie?*

L: Ja, das ist nur Tarnung. In dem Moment, in dem man durch sie hindurchgeht, ist man in einem anderen Raum.

D: *Dies ist dem sehr ähnlich, worüber du sprichst.* (Ja) *Stimmt es, dass, wenn ihr in diese Dimension zurückkehrt, das wie eure „Heimat" ist?*

L: Ja, ich schätze, es wäre so wie da, wo ich wohne. Ich reise sehr viel. Mein Zuhause ist dort, wo immer ich gerade bin. Ich bin nie „nicht zu Hause". Ich reise durch Raum, durch Zeit. Je nachdem, welche Energie ich annehme, kehre ich dorthin auch zurück. Jene andere Dimension ist ein vorübergehendes Zuhause, aber Heimat ist noch viel tiefer als das. Heimat ist ein größerer Raum ... Oh, wie beschreibt man Raum und Zeit? (Frustriert.) Es ist außerhalb von Raum und Zeit. Ich bewege mich hinein und hinaus, und wenn ich zurück durch diese Tarnung und in den Raum zurück gehe, ist das ein schöner Ort zum Verweilen. Es ist ein echter Raum. Er ist wunderschön. Es fühlt sich gut an. Es ist eine Zeit, in der wir zusammen in einem etwas bewussteren, weniger physischen, leichteren Körper sein können, und sogar darüber hinaus. Der Lichtkörper ist nicht das Ende davon. Es gibt mehr, aber darüber hinaus umfasst es mehr als die Begrenzungen eines physischen Körpers, ob es nun ein leichter physischer Körper oder ein normaler physischer Körper ist. Ergibt das einen Sinn?

D: *Ja, das macht für mich Sinn, aber dann untersuche ich mehr davon als der Durchschnittsmensch.* (Sie lachte.) *Aber sind diese Orte vielleicht dasselbe wie „Portale"?*

L: Ja. Portale, Eingänge, Fenster... Wurmloch ist nicht der passende Begriff.

D: *Das ist etwas anderes.* (Ja) *Wie definierst du ein Wurmloch?*

L: Gar nicht. Ich gehe nicht dorthin. Wurmlöcher sind ein Chaos! Ich lege mich nicht gerne mit ihnen an. Sie sind schwierig. Sie sind schwer. Sie sind stümperhaft.

D: *Okay.* (Lachen) *Aber Portale sind dem sehr ähnlich, worüber du sprichst.*

L: Sehr ähnlich. Die Leute würden direkt durch es hindurchgehen und nicht wissen, dass es da ist, und sie würden direkt durch eine

Tür oder ein Portal oder ein Fenster gehen. Sie wissen nicht, dass es da ist, weil sie nicht darauf ausgerichtet sind, nicht darauf eingestellt sind, sich dessen nicht bewusst sind. Es würde nach nichts aussehen. Sie wüssten nicht, dass es da ist.

D: *Mir wurde auch gesagt, dass der Unterschied zwischen einem Portal und einem Fenster darin bestehe, dass man durch ein Fenster zwar schauen, aber nicht hindurchreisen könne.* (Ja, ja.) *In eine andere Dimension, eine andere Zeit sehen, aber nicht wirklich dorthin reisen könne?*

L: Ja. Ob es ein Fenster oder ein Portal ist, hängt davon ab, was deine Absicht ist. Es kann ein Portal sein. Wenn du beabsichtigst, zu beobachten, ist es ein Fenster, wenn du reisen willst, ist es ein Portal. Als gäbe es eine Tür.

D: *Und wenn man drinnen ist, ist es, als wäre man an einem physischen Ort.* (Ja) *Aber mir wurde auch gesagt, dass man keine physischen Gegenstände mit zurückbringen darf.*

L: Nein, deshalb muss man im Geiste oder als Traum zurückkommen. Darum denken die meisten Menschen, es sei ein Traum, eine Inspiration. Obwohl sie eine physische Verkörperung vollzogen haben, als hätten sie dort ein neues Instrument oder ein neues Gemälde geschaffen. Sie können es nicht von dort mitnehmen. Aber sie erschaffen es neu, wenn sie nach Hause kommen.

D: *Was mir gesagt wurde, stimmt also.* (Ja) *Aber ist dies das, was du meistens tust, reisen, um zu beobachten und zu lehren?*

L: Ja, und dann habe ich meine Zeiten, in denen ich mich anderen Gruppen anschließe, wo ich neue Dinge über die Orte lerne, an denen sie gewesen sind. Wir teilen, was wir auf Reisen gelernt haben.

D: *Man weiß also nie alles?*

L: (Betont.) Nein! Wir lernen alle weiterhin. Es ist sehr interessant. Wir lernen alle zusammen und teilen miteinander, und manchmal möchte jemand an die Orte gehen, an denen ich war, weil er sie selbst sehen möchte. Und das ist auch in Ordnung. Darum sage ich: „Wenn wir hinuntergehen, passen wir uns an." Wo immer wir hingehen, fügen wir uns ein. Ich muss nicht mal in dieses Alien-Zeug hineingehen. Einiges von diesem Alien-Zeug ist lächerlich!

D: *Das ist okay, denn ich habe damit gearbeitet und ich glaube, ich verstehe mehr als der Durchschnittsmensch.*

L: Ich wette, das tust du. Ich bin sicher, dass du das tust. Du verstehst, was hinter dem Wesenhaften steckt. Du verstehst die Wesenheiten. Und du verstehst manchmal die Spiegel, die die

Menschen reflektieren, die in sie schauen?
D: *Ich nenne es Überlagerungen–was wäre ein anderes Wort?*
L: Masken.
D: *Etwas, das sie glauben lässt, sie hätten etwas gesehen, das nicht wirklich da ist.*
L: Ja, Deckerinnerungen.
D: *Das ist das Wort. Deckerinnerungen sind Überlagerungen. Meinst du das?*
L: Ja. Es wird zum Schutz getan. Es wird auch gemacht, weil manchmal die Sicht weit ist ... und manchmal gibt es Menschen, für die ... ist das zu viel Weite.
D: *Sie können damit nicht umgehen.* (Nein) *Ihr Verstand ist nicht dafür ausgestattet.*
L: Die Konzepte, der Kontext, die Konstrukte, sogar die Bilder, man muss sie aufbauen, als ob man einen Wandteppich weben würde. Und je mehr man an einem Wandteppich arbeitet, desto mehr bewegt er sich von einer Zwei- über eine Drei- zu einer Vierdimensionalität. Genau wie beim Weben einer virtuellen Realität, die man auf den Videos sieht. Es ist dasselbe und einige Leute können nur mit der Zweidimensionalität umgehen. Manche können mit dem Dreidimensionalen und dem Vierdimensionalen und mehr umgehen.
D: *Mir wurde gesagt, dass die Außerirdischen, die ETs oder wie auch immer man sie nennen will, sehr behutsam damit umgehen, weil sie wissen, womit die Person umgehen kann.*
L: Ja. Sie sind sehr behutsam.
D: *Und manchmal denkt jemand, er hätte eine Sache gesehen und dabei ist es überhaupt nicht das, was er gesehen hat.*
L: Ja, und das ist okay.
D: *Aber manchmal erinnern sie sich mit Angst daran.*
L: Ja, und das ist rätselhaft. Das ist etwas, das in der Übersetzung verloren gegangen ist. So wie die Energie zwischen Körper und Geist sich verheddert hat und wieder entwirrt werden muss. Und manchmal muss sie im Schlaf entwirrt werden, um diese Angst zu nehmen.
D: *Ich arbeite damit schon so lange, dass ich weiß, dass es dort nichts Negatives gibt. Es liegt alles an der Wahrnehmung der Person.*
L: Ja, und deshalb verheddert es sich, weil der Verstand das Andere, das nicht da war, nicht versteht und das macht ihn ängstlich. Und so verstrickt sich das mit der wirklichen Erinnerung und der wirklichen Erfahrung und die erschaffene Erfahrung veranlasst so den Körper, zu reagieren. Er ist sehr empfindlich. Wenn die

Menschen nur wüssten, wie empfindlich der Körper auf den Geist reagiert. Also muss man ihn korrigieren, ihn bewegen.

Ich verstehe dieses Konzept bei meiner Arbeit mit der Heilung von Krankheiten. Der Körper ist sehr sensibel für das, was der Geist erschafft, und das verursacht Krankheit und Leiden. Der Körper reagiert nur darauf. Gedanken sind extrem kraftvoll.

D: *Nach meinem Verständnis sind die Außerirdischen oder ETs nur eine weitere Lebensform, die die Seele durchlebt.*
L: Ja, ja, und sie nehmen die Form ihrer Wahl an. Und wenn sie körperlich sind, haben sie die Form des Ortes, von dem sie kommen. Da sind so viele Menschen im ganzen Universum und sowohl in verschiedenen Zeiten als auch in Räumen. Es gibt so viele verschiedene Arten.
D: *Aber hast du denn jemals in einem physischen Körper gelebt?*
L: Viele Male.
D: *Du warst also nicht immer der Beobachter, der Lichtkörper.*
L: Ich bewege mich hinein und hinaus. Bist du dir bewusst, dass mehr als ein Bewusstsein sich einen Körper teilen können?
D: *Ich bin mir nicht sicher.*
L: Da es Bewusstseinsformen gibt, die viele Leben, viele Erfahrungen haben, hier, dort, überall. Dein Bewusstsein kann sich in diese hinein und aus diesen heraus bewegen, so dass du das Leben hier, das Leben dort, an verschiedenen Orten und Zeiträumen erlebst. Wenn du also rutscht—es ist wie rutschen—dann schlüpfst du in diese Zeit, dann lebst du in dieser Zeit, dem physischen Körper oder was für eine Form auch immer es ist. Aber dein Bewusstsein, deine Bewusstheit, kann auch herausrutschen, doch das Leben geht weiter. Dein Bewusstsein ist dort und hier.
D: *Manche Leute sprechen von Besessenheit ....*
L: Nein, nein, nein, nein. Ich glaube nicht an Besessenheit. Ich glaube ehrlich, dass die Leute ... weißt du, was ich glaube, was das ist? Wenn Menschen sich besessen fühlen, ist es ihre eigene Angst, die sich buchstäblich manifestiert hat.
D: *Das glaube ich. Angst ist sehr machtvoll.*
L: Du kannst buchstäblich erschaffen. Wenn du alles erschaffen kannst, dann kannst du auch Angst erschaffen. Sie nimmt Gestalt an, so wie Liebe Gestalt annimmt.
D: *Aber du sprachst von zwei Bewusstseinsformen, die sich einen Körper teilen. Ich hatte Fälle, in denen etwas einfach so hineintrat ... um einfach zu beobachten.*

Diese Fälle werden in meinen anderen Büchern zu *Das gewundene Universum* geschildert.

L: Beobachten. Das ist alles, was sie tun können. Sie sind nicht die dort innewohnende Seele.
D: *Zwei Seelen dürfen nicht in einem Körper sein.*
L: Nein, nein, sie beobachten. Ja, ich habe in physischen Körpern gelebt. Physische Leben, an verschiedenen Orten, zu verschiedenen Zeiten. Die menschliche Form ist überall verfügbar im Universum, Multiversum, wie auch immer ihr es nennt. Die menschliche Form kommt häufiger vor, als man denkt. Vielleicht ein paar Änderungen und Stiche anders, aber sie ist eine Vorlage
D: *Ich habe gehört, dass sie einfach praktischer seien: der Rumpf, der Kopf und die Anhängsel.*
L: Symmetrisch? Symmetrie. Alles auf dieser Welt hat Symmetrie: Pflanzen, Tiere, die Luft, das Wasser, alles hat Symmetrie. Wenn es nicht symmetrisch ist, im Missklang, ist es beschädigt. Es muss repariert, erneuert und aufgefüllt werden.
D: *Gehört das zu deiner Arbeit?* (Ja)

Das war alles sehr interessant, aber es war Zeit, die Sitzung wieder zurück zur Therapie zu bringen, deretwegen Lucy ja zu mir kam. „Ist dir bewusst, dass du gerade durch einen physischen Menschen sprichst?"

L: Ja, weil ich ein Teil dieses Menschen bin.
D: *Wir dachten, wir würden in ein früheres Leben zurückkehren, und ich schätze, es war ein früheres Leben. (Lachen)*
L: Vergangenheit, Gegenwart, Zukunft, keine Zeit.
D: *Lucy weiß natürlich nichts von dir, oder doch? (Lachen.)*
L: Ein bisschen. Der Beobachter, der Teil in ihr, der aufpasst und bemerkt, dass es Sanftheit, Ganzheit genau dort gibt, genau dort, wo sie es spüren kann. Sie ist sehr gut im Wahrnehmen.
D: *Sie hat wunderbare Arbeit geleistet, indem sie die gleichen Dinge tat, die du getan hast ... Unterrichten.*
L: In gewisser Hinsicht, ja, definitiv Unterrichten. Sie weiß, wovon sie redet, wenn sie unterrichtet. Deshalb kann ich hier sein, weil wir aufeinander eingestimmt sind, wir sind verbunden, wir sind zum Teil gleich ausgerichtet. Sie hat vielen Menschen mit ihrer Arbeit geholfen, aber sie weiß das nicht wirklich. Man weiß es nie. Wenn du einen Kieselstein in den Pool wirfst, hast du keine

Ahnung, wie weit nach außen die Wellen gehen, und das ist okay. Sie muss es nicht wissen. Sie will es auch nicht unbedingt. Nur wenn es Schaden anrichtet, ist es ein Problem.—Man weiß es nie, bis man zur nächsten Stufe geht und zurückblickt.

Wir gingen einige ihrer Fragen durch, bis wir zu der „ewigen" Frage kamen: Was ist meine Bestimmung? Sie sagten, es sei Zeit für sie, die Erlebende zu sein, auf der anderen Seite des Ganzen zu sein ... Sie war so lange schon Lehrerin gewesen, dass es Zeit war, sich zu entspannen und das Leben zu genießen, Spaß zu haben.

L: Sie muss nicht mehr unterrichten. Sie kann einfach sein und manche Leute können lernen, indem sie einfach in ihrer Nähe sind. Sie ist wirklich eine ziemlich gute Zuhörerin. Jetzt kommt der Spaß. Je mehr Freude, je mehr Frieden, je mehr Gleichgewicht sie in ihr Leben bringt, desto mehr wird es die „Neue Erde", wie du sie genannt hast. Die Neue Erde ist bereits da. Sie muss nur noch feststofflich werden. Bringt einfach die Freude hinein und habt Spaß!

Körperlich: Sie wurde mit einer ausgerenkten Hüfte geboren, die bereits in sehr jungen Jahren viele Probleme verursachte, und sie ließ sich operieren, um das zu korrigieren. Aber als sie erwachsen war und eine Hüftprothese bekam, kehrte das Problem zurück.

L: Jämmerliche Schmerzen, eine elende Vergangenheit, in der es keine Operation gab. Es gab keinen Ausweg. Die Schmerzen hielten ewig an. Sie gingen nie weg und wurden immer schlimmer und schlimmer. Und schließlich „dachte" sie sich zu Tode. Es ist nicht dasselbe wie Selbstmord, sondern sie „dachte" sich zu Tode. Sie wünschte sich den Tod herbei. Der Schmerz war zu groß. Was sie nicht erkannte, war, dass sie diesen Schmerz mitnahm, weil sie Schmerzen hatte, in dem Moment, als sie ging. Deshalb ist es viel besser, das zu lösen, bevor man geht. Kläre es. Stelle sicher, dass du keine Schmerzen hast, egal ob körperlich, geistig oder emotional, weil du diese Schmerzen mit dir nimmst. Manchmal ist es leicht, an einem anderen Ort zu heilen, aber manchmal klebt es an einem, wie Kleber. Manchmal kann es auf der spirituellen Seite sehr schnell geheilt werden. Und manchmal ist es so eingebettet, so ausgefranst, dass ein Stück davon, Teile davon, weiter mit deinem Bewusstsein reisen, während du dich durch verschiedenen Zeiten und Leben bewegst.

D: Ich nenne es den „Rückstand", den die Leute mit sich tragen.
L: Ganz genau. Der Rückstand wird von einem mitgetragen und so gleicht sich die physische Form diesem Rückstand an.
D: Das ist es, womit ich mich beschäftige. Es verursacht Krankheiten in diesem Leben. (Richtig.)

Das Hüftproblem war durch mehrere Stürze in anderen früheren Leben verursacht worden, es war also nicht nur ein Vorfall. Ich fragte, was genau es in diesem Leben wieder zum Vorschein brachte, und ich erhielt die gleiche Antwort, die ich schon oft gehört habe: „Angst vor dem Weitergehen. Vor allem in „Neuland". „Das Möbiusband", wie sie es nennt, das Weben des Körperlichen, Emotionalen und Geistigen. Das Unterbewusstsein beschäftigt sich hauptsächlich mit dem Körperlichen." Sie sagten, es sei geheilt.

L: Ihr wurde bereits mehrfach im Traum gezeigt, wie sie dieses Metall buchstäblich in einen Knochen zurückverwandeln kann. (Die Hüftprothese.) Aber das ist im Moment zu viel für sie.
D: Du hast mir schon einmal gesagt, dass man mit Metall nicht viel anfangen kann; es ist sehr schwer, das aus dem Körper herauszubekommen.
L: Das ist es, und was wir getan haben, ist, das Metall zu versiegeln, so dass es keine Beschwernis für ihren Körper verursacht. Das Metall gibt Energie ab, die auf einer gewissen Ebene schädlich ist. Es ist eine Störung der physischen Energie des Körpers. Ihres ist versiegelt, also wird es keine Probleme verursachen. Ihre Sorge ist, dass man ihr gesagt hat, dass sie möglicherweise wieder operiert werden müsse, weil es nur fünfzehn bis zwanzig Jahre hält und ihres dem schon sehr nahe kommt. Es wird kein Problem sein.
D: Die Ärzte haben ihr diese Idee in den Kopf gesetzt.
L: Ja, und da ist ihr kleines Unterbewusstsein, das es wie ein Kätzchen aufleckt. (Lachen) Das ist okay. Wir können sie beruhigen, aber es ist jetzt versiegelt, so dass es keine Probleme verursacht. Sie wird keine Angst vor der Operation haben müssen.

Abschiedsbotschaft: Keine Angst, kein Schmerz, keine Sorgen, kein Kummer, nur Freude!

Kapitel 33

DIE VERKÖRPERUNG EINER ERSCHEINUNG

Heather ging in ein Leben, in welchem sie eine Art außerirdisches Wesen war, eindeutig nicht menschlich, ein Zwerg mit dicken, kurzen Händen und Armen. Er ging gerade an den Ort, wo er arbeitete oder seine Arbeitsaufträge erhielt. Der Ort war voll von hunderten von anderen seltsam aussehenden Wesen, von denen jeder anders aussahen als die anderen. „Ihr Aussehen spielt keine Rolle. Ich kann nicht einmal richtig sehen. Ich betrachte sie eher als den Zweck der Arbeit, die wir zusammen machen." Der Ort war ein großes Auditorium mit vielen Sitzreihen. In der Mitte gab es ein Podium und die Sitzreihen bildeten einen Kreis drum herum. „Je näher man dem Podium ist, desto mehr nehmen die Verantwortung und die Schwingungsrate zu. Niemand hat eine höhere Position als die anderen. Jeder bekommt gleich viel Respekt, gleich viel Mitspracherecht. Wir beraten uns alle gemeinsam. Wir bringen alle unsere Ideen zusammen und entscheiden über Dinge, nach denen der Rat dann handelt. Der Rat sind die zehn Personen in der Mitte. Das ist mehr als nur für mein Land, meinen Herkunftsort. Er ist für die Galaxie. Deshalb gibt es dort so viele verschiedene Arten von Menschen. Aber dies ist nur ein Ort, eine Organisation. Wir repräsentieren die Energie für unseren Bereich, einen Teil der Galaxie. Und noch weitere Leute kommen dorthin und nehmen daran teil. Sie repräsentieren den Rat und gehen dann an einen anderen Ort, wo der Rat noch größer ist. Und so repräsentieren sie das, was wir hier entscheiden, vor dem größeren Rat. Die Ideen und Vereinbarungen."

D: Sehen diese zehn anders aus als die anderen?
H: Wenn ich sie ansehe, sehe ich sie wie eine Lichtsäule. Ich sehe

kein Wesen da drin. Ich kann nur reines Licht sehen. Und ich spüre, dass sie in keiner Form verkörpert sind. Sie sind jenseits der Form.—Mein Körper kann massive Grade an Energie halten und ich benutze sie, um mich von Ort zu Ort zu bewegen, um irgendwo hin zu gelangen und meine Arbeit zu tun. Aber in meiner normalen Freizeit muss ich mich nicht auf diesen Körper beschränken. Ich sitze einfach nur irgendwie da in Meditation. Und ich kann sitzen, ohne zu atmen, zu essen oder zu trinken. Wenn ich in meiner Freizeit bin, sitzt mein Körper einfach nur da. Ich kann meinen Körper sehr leicht verlassen, ohne ihn ber lange Zeiträume hinweg zu versorgen. Das ist mein bevorzugter Zustand. Mein bevorzugter Zustand ist der Nicht-Körper. Aber wenn ich diese Arbeit mache, ist es, als würde ich meinen Körper anziehen, weil ich gerufen werde. Wir haben immer noch eine Schwingungsrate, bei der wir einen Körper annehmen, aber er ist viel leichter.—Die Menschen der zweiten Sitzreihe flimmern tatsächlich herein und hinaus. Wir bleiben in diesem Körper und halten die Energie. Die erste Sitzreihe schert sich nicht einmal darum. Sie sind einfach komplett aus jedem Körper, aus jeder Form draußen.—Sie haben einfach keinen Körper.

D: *Dann sind sie einfach nur vollständig Energie.* (Ja) *Dein Körper bleibt am Leben bleiben, während er nur noch dasitzt?*

H: Er scheint nicht zu atmen und die Organe sind beinahe im Ruhezustand. Man braucht also kein Wasser, das *braucht* man nicht. Es ist mir nicht so wichtig. Es ist fast so, als wäre ich abgeschaltet, während ich auf meine Arbeit warte.

D: *Der Körper erhält sich also selbst, ohne die Seele oder den Geist in sich zu haben.*

H: Ja, und doch kann ich jederzeit zurückkommen und alles wieder in Bewegung setzen.

D: *Als du in dem Gebäude mit dem Auditorium warst, wunderte ich mich über den Zweck des Treffens.*

H: Es sind galaktische und intergalaktische Entscheidungen. Einer der Leute in der Mitte fängt immer mit der Frage an. Und jede Person leistet ihren Beitrag. Und die Leute in den oberen Rängen beobachten. Sie sind nicht auf der Stufe, um teilzunehmen.

D: *Zu welcher Art von Arbeit wurdest du gesandt?*

H: Ich arbeite mit planetarischen Körpern. Vermessungen. Das ist das Messen der geistigen Bereitschaft und der kulturellen Gefühle von Planeten und den Planeten selbst. Ich muss dorthin gehen und ich muss die Energie dieses Ortes zu dieser Zeit fühlen. Wie eine Vermessung, aber ich trete in Kontakt mit dem Planeten und sammle viele Informationen. Ich arbeite sowohl mit Planeten als auch mit Menschen, Individuen. Da wir sehr, sehr schnell arbeiten, sehe ich jede Person blitzschnell.

D: *Liegt dieser Ort nahe zur Erde oder hat er irgendeine Verbindung zur Erde?*

H: Mein eigentliches Schiff kann überall hinfliegen, somit können wir nahe an der Erde sein. Der Ort mit dem Auditorium ist weit entfernt am anderen Ende der Galaxie, aber er gehört immer noch zu der Galaxie, in welcher dieser Planet ist. Wenn ich zur Erde komme, muss ich hier einen Aspekt meiner selbst verkörpern. Andere Orte sind leichter und ich kann hingehen und die Informationen, die ich brauche, einfach in meinem Ätherkörper aufnehmen. Ich gehe und komme zurück. Aber auf der Erde bin ich länger geblieben.

D: *Du tust dies also zur gleichen Zeit, in der du einen Aspekt von dir selbst in einem Erdkörper verkörperst?*

H: Ja, und der Rest von mir ist in dem Zwergenkörper.

D: *Dieser Aspekt, der auf der Erde ist, ist das derjenige, zu dem ich spreche, bekannt als Heather?* (Ja) *Das ist der Aspekt, den du zur Erde geschickt hast?* (Ja) *Es muss ein Aspekt sein, weil die Energie zu stark ist?*

H: Ja. Und weil ich nur so viel tue, wie ich tun muss. (Lachen) Das ist irgendwie lustig. Weil dieser Körper, der in dem Raumschiff sitzt, jeden Teil reguliert, der hinausgeht. Also macht er Multitasking mit vielen verschiedenen Vermessungen von Aspekten auf einmal. Und jeder Planet braucht eine andere Energie, andere Ebenen der Verkörperung, um die Informationen zu bekommen, die wir brauchen.

D: *Mit all diesen verschiedenen Aspekten kann man mehr tun, als wenn man nur als Einzelner hinausgeht.*

H: Ja. Also selbst wenn wir einen Aspekt nehmen und in unsere kleinen Körper gehen—oder in meinem Fall, in meinen kleinen Körper in dem Stuhl. Das ist nur ein Aspekt, der dort berichtet, während die Vermessung zur gleichen Zeit immer noch auf anderen Planeten läuft.

D: *Wann ist also dein Aspekt in den Körper von Heather eingetreten? Wann hast du den Aspekt zur Erde geschickt?*

H: Das wurde arrangiert, als sie starb.

D: *Was meinst du?*

H: Sie starb gleich nach ihrer Geburt, weil der Körper sehr klein war und ein anderer Aspekt geboren wurde.

D: *Du meinst also,, sie starb tatsächlich zu dieser Zeit, und der ursprüngliche Geist verließ sie?*

H: Aspekt. Es war immer noch ich, immer noch einer von mir. Und der andere Aspekt von mir, der geblieben ist, wollte nicht durch die Geburt eines Menschen gehen.

D: *Weil es manchmal eine unangenehme Erfahrung ist.*

H: Und es war auch ein kleiner Aspektanteil, der zur Sicherheit von Mutter und Baby geboren wurde. Und dann war es so, als ob es fünf der Wesen zum Drücken gebraucht hätte. Das ist nicht ganz richtig, aber hilfreich. Und das konnten sie nicht tun, solange das Baby im Bauch der Mutter war. Sobald der Körper im Inkubator war, konnten sie mir helfen, sicher hineinzugelangen. Das ich ist der *Mehr*-Aspekt, der größere, der schnellere, der intensivere, der hellere Aspekt zum Eintreten.

D: *Das wäre also zu viel für die Mutter gewesen.*

H: Als sie das versuchten, starben die Babys, daher wussten sie, dass sie warten mussten. Es war zu intensiv. Das Baby würde in der Gebärmutter sterben, als sie das in der Vergangenheit versucht haben. Etwas musste erst angepasst werden, damit das Leben in diesem Körper weitergehen kann.

D: *Es musste ein kleiner Teil sein, der in den Körper von Heather kam. Warum wolltest du eigentlich, dass ein Aspekt auf die Erde kommt?*

H: Der Gedanke, der mir kommt, ist, dass es ein Auftrag war. Es gab keine Frage. Das wurde mir gerade übergeben und ich bin zu Diensten. Und es gibt keine Frage. Es ist mir eine Ehre und ein Privileg, dem Zentrum zu dienen.

D: *Ich denke ständig an Reinkarnation. Hatte diese Persönlichkeit, die wir als Heather kennen, andere Leben auf der Erde? Oder gibt es eine Möglichkeit, das zu erklären, wenn wir mit diesem anderen Aspekt sprechen?*

H: Diese Zwergenperson hat sich zu Schlüsselzeiten für den Auftrag verkörpert. In habe in meinem Bewusstsein keinen Zugang zum Leben anderer Menschen. Ich kann, aber es ist verwirrend. Wenn ich einmal darüber hinausgehe, dann ist es nicht Heathers Leben. Es wird zu jedermanns Leben und dann ist es für mich nicht mehr relevant. Ich war während der Zeit im Einsatz, als Jesus Christus angeblich hier war. Es waren wirklich drei Aspekte und sie wurden in andere Körper verteilt. Wir kommen auch herein, wenn größere geistige Veränderungen im Gange sind. Und es gibt welche, für die ich gekommen bin, die nicht in der Geschichte auftauchen. Es fand eine große Veränderung während der Zeit eines Pharaos statt. Das war eine, und dann eine zu Buddhas Zeit. Es hat mit den Menschen im Kreis zu tun. Ich halte etwas ein und wir alle tun das. Viele von uns in diesen Kreisen haben ihre Aufgaben in der Zeit ihrer Verkörperung zu gewissen Schlüsselzeiten. Wir arbeiten alle zusammen und haben unsere Rollen zu spielen, um die Energie für eine Verschiebung in der spirituellen Atmosphäre eines Planeten zu halten.

D: Ist das der Grund, warum du diesen Aspekt jetzt zu dieser Zeit geschickt hast, wegen der Dinge, die bald passieren werden?

H: Ja. Und wir tun es auch auf anderen Planeten. Wir alle arbeiten auch auf anderen Planeten zusammen, weil wir die spirituelle Energie eines Planeten in Schlüsselzeiten verstärken. Auf die gleiche Art und Weise, wie zu dieser Zeit dieses gesamte Auditorium auf der Erde verkörpert wird, um die spirituelle Energie auf der Erde zu verändern. Sie alle sind hier, um dabei zusammenzuarbeiten, die spirituelle Energie dieses Planeten und dieser Ebene zu verändern. Mehr als nur dieses Planeten.

D: Sie wollte ihren Zweck wissen. Was soll sie tun?

H: Es gibt keine andere Arbeit oder Absicht, wir kennen nur diese Arbeit.

D: Sie denkt, sie nutze die Energie, um die DNA der Menschen zu verändern.

H: Ja, das ist die Arbeit. Es ist die geistige Arbeit. Der Mensch und alle Spezies müssen sich in dieser Zeit verändern. Müssen sich ändern, werden sich ändern oder werden gehen. Ihre Anwesenheit ist erforderlich, Punkt. Ihr Licht wird viele Menschen anziehen wie ein Leuchtturm.—In Anbetracht des Materials, mit dem wir arbeiten müssen, haben wir einen starken Körper geschaffen, weil wir sehr starke Körper haben. Wir haben diesen Körper sorgfältig ausgewählt, um dichte Knochen zu haben. Der Großteil ihrer DNA auf der männlichen Seite ist nicht die menschliche Standard-DNA, so dass sie die Energie halten kann. Wir erhielten Hilfe von einer stärker verkörperten Gruppe als wir es sind, um unsere DNA physisch zu implantieren und zu verändern. Der Vater war ein Deckmantel für eine logische Empfängnis der Mutter, aber wir benötigten nicht allzu viel von seinem Material. Etwas von seiner physischen Stärke und der vorherrschenden Knochen-DNA war das, was er beitrug. Deshalb haben wir ihn ausgewählt.

Abschiedsbotschaft: Heather wird innigst geliebt. Und wir ehren sie für die Trennungsschwierigkeiten, die sie auf sich genommen hat, um hier auf der Erde verkörpert zu sein. Wir wissen diese Schwierigkeiten zu schätzen und erwarten ihre Rückkehr.

Kapitel 34

VERÄNDERN DER DNA

Ned war ein aufgewühlter junger Mann. Mehr so etwas wie ein Wanderer, er reiste von Ort zu Ort, versuchte immer noch, sich selbst zu „finden", fühlte sich aber nirgendwo zu Hause. Er fand in Hawaii Anschluss zu mir, wo wir diese Sitzung hatten. Als er das erste Mal von der Wolke kam, sah er Wasser, aber es sah nicht wie normales Wasser aus. Es war rosa und glitzernd. Dann sagte er, er sei im Wasser, aber es fühlte sich nicht wie Wasser an.

N: Ich bin im Wasser. Aber ich weiß nicht, wo die Wasseroberfläche ist. Es ist rosa und funkelt und es fühlt sich auch auf meiner Haut sehr gut an. Es fühlt sich an, als wäre es mit Luft vermischt oder so. Ich weiß nicht, wie ich es sagen soll. Vielleicht würde es sich nass anfühlen, wenn ich aus dem Wasser draußen wäre. Aber ich glaube nicht, dass es möglich ist, außerhalb von dort zu sein, wo ich jetzt bin.
D: Warum glaubst du nicht, dass es möglich ist, außerhalb von dort zu sein?
N: Weil es den ganzen Planeten umgibt.
D: Dann glaubst du nicht, dass es wirklich Wasser ist?
N: Er fand nicht die richtigen Worte, um es zu beschreiben. Wasser ist eine naheliegende Metapher. Ich bin in ihm, aber es ist auch ein Teil von mir. Ich bin in ihm in einer individuellen Erfahrung und es gibt etwas in mir, das mich mit ihm verbindet. Aber es gibt eine Abgrenzung dazwischen. Es fühlt sich wirklich gut an, hier zu sein. Ich vermisse es sehr.

Ich fragte ihn, wie er sich selbst wahrnimmt.

N: Ich habe Haut. Es umgibt mich eine Membran in einer Art Grau-Blau.

D: *Dann hast du das Gefühl, dass du nicht mehr Teil dieser Substanz bist, die du „Wasser" nennst??*
N: Nein, ich denke, dass es dafür verantwortlich ist, dass alles so bleibt, wie es sein sollte, damit wir dort so existieren können, wie wir es tun. Und meine Verantwortung ist nicht so hoch, aber meine Entwicklung ist es auch nicht.
D: *Du könntest also ein Teil dieser rosa, funkelnden Substanz sein?*
N: Ja. Sie lieben mich dort. Ich bin nicht genug entwickelt, um zu helfen, um Teil dessen zu sein, was es zusammenhält, damit ich mehr im Inneren erfahren kann—der Empfänger der Erfahrung.
D: *Du konntest also nicht die ganze Zeit in jenem Teil bleiben?*
N: In jenem Teil, der mit dem physischen Aspekt verbunden ist, aber es ist nicht das, was ich als physisch bezeichnen würde. Ich sollte mir das aus irgendeinem Grund ansehen. Sie brachten mich hierher, um es mir zu zeigen.
D: *Wer brachte dich dorthin?*
N: (Nervöses Lachen) Ich weiß nicht, was sie sind. Sie sind irgendwie furchterregend und auch lustig.
D: *Wie brachten sie dich dorthin?*
N: Sie haben mich für dort ausgewählt und ich war einfach da.—Es begeistert mich, irgendwo hinzugehen. Sie versuchen mir einzuflößen, dass ich nicht gehen will, aber ich sage, dass ich gehen will. Ich bitte darum, zu gehen, und sie versuchen mir zu sagen, dass ich nicht gehen will, und ich sage, dass ich es will.
D: *Wohin willst du gehen?*
N: Zur Erde. Sie sagen, dass ich nicht wisse, wie es sein wird, und ich werde Angst haben. Es werde über lange Zeit Erfahrungen mit Stagnation und Nichtwachstum geben. Aber es ist wirklich wichtig, dass ich diejenige bin, die sich entscheidet zu gehen. Deshalb versuchen sie, mich zu entmutigen.—Ich denke nicht, dass sie mir glauben, dass ich wirklich gehen will.
D: *Warum willst du gehen?*
N: Um zu helfen! Es gibt dort momentan Schwierigkeiten. Es ist kompliziert.
D: *Woher weißt du diese Dinge?*
N: Sie geben mir dieses Wissen. Ich vertraue ihnen.
D: *Auch wenn sie seltsam aussehen, vertraust du ihnen.*
N: Ja. (Nervöses Lachen) Sie sind aber irgendwie unheimlich. Ich weiß, wenn sie sich mich als nicht existent vorstellten, würde ich aufhören zu existieren. Es gibt also eine Art von Furchtelement, das ich nicht als begründet empfinde, weil das nur der Teil von mir ist, der nicht entwickelt ist.
D: *Also ist dieser Planet, auf dem du bist, nicht die Erde?*

N: (Lachen) Nein. Er ist viel größer. Es hat viele Größenordnungen von dimensionaler Entwicklung, die über dem liegen, was Ned jetzt hier versteht. Dimension ist der genaueste Begriff, den er kennt, um es zu beschreiben.

D: *Aber wenn du dort so glücklich bist, wäre es dann nicht wie ein Schock oder ein Rückschritt, auf die Erde zu kommen?*

N: (Lachen) Wie ein Sprung ins kalte Wasser. Aber es macht Spaß.

D: *Versuchen sie dir zu erzählen, wie es wäre?*

N: Ja. Ich schaffe es nicht immer, Spaß zu haben. Ich denke aber, ich kann es immer spaßig machen. Sie finden es lustig, dass ich das denke.—Mein physischer Körper wird nicht mit den körperlichen Fähigkeiten ausgestattet sein, die ich im Moment gewohnt bin und als selbstverständlich ansehe.

D: *Irgendwelche spezifischen Fähigkeiten, die du auf der Erde nicht haben wirst?*

N: Entmaterialisierung und man kann die Dinge nicht mit dem Geist bewegen. Das gibt es dort noch nicht. Wenn ausreichend viele von uns gehen, können wir das lehren, aber es ist im Moment nicht da.

D: *Ist es wichtig, so etwas zu lehren?*

N: Wenn darum gebeten wird, es zu lehren. Er will es wieder können.

D: *Dann gibst du eine Menge auf. Hast du die Wahl, ob du gehen willst oder nicht?*

N: Ja. Ich weiß nicht, warum ich weiß, dass es die Möglichkeit gibt zu gehen, aber ich habe das Gefühl, dass ich nicht vor ihnen stehen würde, wenn ich nicht von der Möglichkeit wüsste und danach fragen würde. Ich glaube nicht, dass viele von uns wissen, dass es eine Möglichkeit gibt, in ein Stadium einer niederen DNA-Matrix zurückzukehren.

D: *Weil man normalerweise über Fortschritte nachdenkt, nicht über Rückschritte.*

N: Ja, es gibt eine Menge Schwierigkeiten und Herausforderungen bei einem höheren Grad der spirituellen Entwicklung in einem physischen Körper, der eine hohe Dormanz bei der DNA-Entwicklung hat. Wir können dies aber wieder aufbauen.

D: *Was meinst du damit, du kannst es wieder aufbauen?*

N: Scheinbar wollen sie mich wissen lassen, dass der einzige Weg, wie wir in der Lage sein werden, die Erde zu heilen, wegen der Kombination unserer Seelenmatrix im Innern der defekten DNA-Matrix des menschlichen Körpers ist—was so ist, wie es ist, und nicht weil es so sein sollte. Es gab eine Menge Manipulationen, um sie so zu hinzubekommen. Aber unser Geist kann die DNA-

Matrix selbst heilen und sie für jeden verfügbar machen, wenn wir daran arbeiten, uns selbst zu heilen.

D: *Du sagtest, die Matrix sei defekt, die DNA sei manipuliert worden. Was meinst du damit?*

N: Diejenigen—ich weiß nicht, warum sie das tun - verhalten sich auf eine Weise, die genau das Gegenteil davon ist, wie das Universum funktioniert, und sie verstehen es nicht..

D: *Meinst du damit die Menschen auf der Erde?*

N: Nein, diejenigen, die sich bei ihnen einmischen. Einige der Menschen tun das allerdings auch, aber das war nur genetisches Zeug.

D: *Damals, ganz am Anfang, meinst du?*

N: Ja. Die Leute haben sich dieses Ende nicht ausgesucht, obwohl— es wurde an ihnen herumgepfuscht.

D: *Die Vorlage war also kaputt.* (Ja) *Und du denkst, es sei einer Ihrer Jobs, das zu reparieren?*

N: Um mich zu heilen, damit wir alle heilen können..

D: *Klingt nach einer großen Aufgabe.*

N: Ja. Es gibt viel zu tun, bis wir alle nach Dingen außerhalb von uns selbst Ausschau halten, die wir als wichtig erachten würden.

D: *Indem du also in einen physischen Körper kommst - auch wenn du sagst, dass er sich zurückentwickle - wird dein Geist, deine Seele, in der Lage sein, die DNA zu verändern oder zu reparieren?*

N: Ja, anscheinend. Sie sagen, wir können tatsächlich von oben herab manifestieren, um die für jeden zugängliche Matrix physisch zu verändern. Es gibt viele von uns hier.

D: *Indem man es also mit einer macht, wirkt es sich auf viele aus?* (Ja) *Wie kann das geschehen?*

N: Weil die morphogenetischen Felder alle miteinander verbunden sind.

D: *Ich dachte, man müsse in jede Einzelne hineingehen und jede einzelne verändern.*

N: Das ist es, was ich für mich tue, um meine Matrix zu heilen, und dieser Beitrag hilft allen anderen, diese Möglichkeit zu wählen, wenn sie es wünschen. Andernfalls können sie sie nicht wählen, solange sie diesen Zustand nicht auf natürliche Weise erreichen. Das Problem—es scheint, als würde die Erde nicht dorthin kommen, wenn nicht erst etwas getan wird. Sie befindet sich auf einem Pfad, der in die entgegengesetzte Richtung führt, wegen all der Eingriffe.

D: *Sie würde sich dort nicht einfach natürlich hinentwickeln.— Du sagtest, es gebe viele, die mit dieser Mission kommen, wenn man*

es eine Mission nennen will.
N: Ja, das ist es. Sie ist lang. Sie finden das nicht lustig, ich schon. Aber sie lachen nicht. Sie wissen nicht, warum ich es lustig finde, wenn eine große Gruppe von Wesen sich entscheidet, dem Gesetz des Einen entgegenzugehen.
D: *Sie sind in die falsche Richtung gegangen.*
N: Ja. Das ist es, was sie auf der Erde tun.
D: *Was denkst du, was passieren würde, wenn ihr alle nicht kämt, um zu helfen?*
N: Die Zeitmatrix würde hier kollabieren, da ihre Seelengruppen über einen langen Zeitraum undifferenziert wären. Es wäre nicht ihre ideale Situation, um zu erschaffen.
D: *Meinst du mit der kollabierenden Matrix, dass der ganze Planet einfach zerstört werden würde?*
N: Das ganze harmonische Universum, für das die Erde ein Schulhof ist. Alles ist miteinander verbunden. Es ist ein sehr begrenzter Bewusstseinszustand, der erlebt werden muss, um Trennung wahrzunehmen—und sogar Distanz.
D: *Deshalb war es also wichtig, dass ihr alle kommt. Aber ich habe gehört, dass es viele andere gibt, die mit anderen Agenden kommen.*
N: Oh, ja. Die sind auch cool. Du wirst sie mögen. Einige von ihnen sind hier. Ich weiß allerdings nicht genau, wie viele. Sie sind alle hier, um zu helfen. Sie haben sich das ausgesucht. Das haben wir alle. Wir alle haben es uns ausgesucht. Viele Leute hier scheinen zu glauben, dass sie sich nicht für die Entscheidungen, die sie getroffen haben, entscheiden würden. Das tun sie aber. (Lachen)
D: *Nun, diese Wesen, diese Entitäten, sind sie diejenigen, die gewissermaßen dafür verantwortlich sind, den Menschen zu sagen, was sie tun sollen?*
N: Sie halten alles zusammen. Sie tun ihr Bestes und geben jedem die Erlaubnis, das zu erschaffen, was er will, auch wenn es nicht das Beste für alle anderen ist.
D: *Sie erlauben das jedem auf diesem Planeten?*
N: Überall. Überall in der gesamten Zeitmatrix.
D: *Sie haben also eine ganz schön große Macht?* (Ja) *Es ist, als wären sie für das Ganze verantwortlich.*
N: Nicht verantwortlich—das ist es, was sie geworden sind.

Ich fragte, ob er als Geist je zuvor auf der Erde gewesen sei. Er antwortete, dass er auf der Erde gewesen sei, aber nicht immer das Wesen gewesen sei, mit dem wir sprechen. „Es hat lange gedauert, sich das zu verdienen."

D: Du meinst, du hast dich entwickelt?
N: Ja. Ich bin nicht wegen dieser Lektion durch die Erde gereist. Aber als ich kam, gab es einen ihr ähnlichen Ort. Er existiert allerdings nicht mehr. Er wurde zerstört.

Dann schien er sich unwohl zu fühlen und wollte nicht darüber reden. Ich sagte ihm, er müsse nicht darüber reden, wenn es ihn aufregt.

N: Deshalb wollte ich zurückkommen, denn das ist etwas, das niemand in seinem Leben haben will. Man will immer das Gefühl haben, dass das Zuhause für einen da ist. Aber wenn man das vermisst, was man hat, kann man es sich wieder aufbauen.
D: Warst du dort zu dem Zeitpunkt, als es passierte?
N: Nein. Aber ich kannte viele Leute, die dabei waren, als das geschah. Doch ich bin immer noch hier. Ich befinde mich in einer differenzierten Bewusstseinserfahrung außerhalb davon, ich war also kein Teil des Zusammenbruchs. Oder ich ging kurz bevor es passierte. Ich habe keinen Namen dafür. Es war vor langer Zeit.
D: Aber es beeinflusste den Planeten Erde?
N: Ja! Es *hat* diese Dimensionsebene beeinflusst. Ja, das hat es. Es könnten noch physische Überreste vorhanden sein.

Er sagte, er habe sich nach dem Zusammenbruch zu diesem Wesen entwickelt.

D: Du hast einfach verschiedene Arten von Lektionen gelernt.
N: Ja. Ich würde sie überwiegend nicht als Spaß bezeichnen.—Wir mussten uns lange Zeit verstecken.
D: Warum musstet ihr euch verstecken?
N: Ich will nicht sterben. So lustig ist das nicht. Daher verstecken wir uns. Es ist besser, Dinge zu erleben, die einen zum Lächeln bewegen. Und dann entwickelte er sich, bis er diese andere Wesenheit war, die hoch entwickelt war. Es brauchte viele, viele Leben, um sich bis zu diesem Punkt zu entwickeln. Das Erdenleben trat nach diesem Wesen auf.
D: Man würde meinen, daß er nach all dem nicht mehr zurückkommen wollen würde.
N: Es tut mir im Herzen weh, die Erde so zu sehen und zu denken, dass ich, nachdem ich eine ähnliche Erfahrung durchgemacht

habe, nicht versuchen kann, etwas zu unternehmen. Ich existiere ohnehin; ich könnte genauso gut dort existieren, wo es effektiv ist.

D: *Aber du warst an dem anderen Wasserort glücklich.* (Oh, ja!) *Dann war es ein Rückschritt, zur Erde zurückzukommen.*

N: Nein, es sieht auf einer Ebene so aus. Es ist dennoch ein großer Schritt nach vorne. Denn die menschliche DNA-Matrix ist ziemlich erstaunlich für das, was in einer dritten Dimension mit ihrem Potential passieren kann. Sie ist im Moment fast völlig inaktiv.

D: *Hattest du schon mit den anderen zu tun, die zurückkamen, um dasselbe zu tun? Du sagtest, da seien viele.*

N: Ja, er kennt auch einige von ihnen. (Lachen) Wir haben uns gefunden, viele von uns. Das ist doch verrückt. Nein, ist es nicht! Warum Menschen Freundschaften schließen, liegt an den vielen Vereinbarungen, dass sie aus einem bestimmten Grund zusammenkommen müssen. Man erinnert sich aber nicht mehr. Das macht es manchmal schwer.

Ich dachte, es sei an der Zeit, zum therapeutischen Teil der Sitzung zu kommen, also fragte ich ihn, ob er sich bewusst sei, dass er durch einen physischen Körper spricht.

N: Ja! Überwiegend allerdings, wenn ich schlafen gehe. Ansonsten scheint es so, als wäre es das, was ich bin—einfach das. Der Körper. Das ist es, was sie uns alle zu sagen versuchen—diejenigen, die, die mehr wissen.

D: *Was meinst du damit?*

N: Es scheint, als ob der Großteil der Probleme mit der Erde die Wesen sind, bei denen die Manifestationsmechanismen die Informationen so stark verzerrt haben, dass sie nicht wissen, dass diese Mechanismen für jeden da sind und dass jeder erschaffen kann, was immer er will. Und ihr müsst nicht jeden dazu bringen, einander zu bekämpfen und sich selbst zu eliminieren, damit ihr ihre begrenzten Dinge haben könnt, denn das ist nicht der Grund, warum wir hier sind.

Dieser Teil, mit dem ich kommunizierte, schien sehr viel Wissen zu haben, aber ich wusste nicht, ob er in der Lage sein würde, die Antworten auf Neds Fragen zu liefern. Ich fragte ihn, ob ich das Unterbewusstsein herbeirufen sollte, oder ob er die Informationen hatte, die wir brauchten.

N: Einige davon. Er hat einiges davon wieder aufgebaut; er hat aber nicht alles.

Er stimmte dann zu, dass ich das Unterbewusstsein bitten dürfe, hervorzukommen. Er war zu einem gewissen Grad eingeschränkt in seiner Fähigkeit, die Fragen zu beantworten. Ich bedankte mich dann bei ihm, weil er uns in der Tat eine Menge Informationen gab. Er sagte, dass er es schätzte, mit mir zu sprechen. Ich rief dann das SC herbei und die erste Frage, die ich immer wieder stelle, ist, warum er sich gerade dieses spezielle Leben zum Betrachten ausgesucht hat.

N: Er ist bereit, das zu erfahren. Er weiß, dass er nicht von hier ist.

D: Er weiß es nicht auf einer bewussten Ebene, richtig?

N: Er denkt, dass er es tut, aber er glaubt, dass die Leute ihm manchmal nur Geschichten erzählen.

D: Willst du ihm davon erzählen?

N: Das Wort, das ihm helfen wird, zu wissen, ist (phonetisch) Orofeen. (Orophin?)

D: Orophin? Was bedeutet das?

N: Das ist, wo er herkommt. Ich bin sicher, er wird es verstehen. Es ist der Name der Seelengruppenessenz der Wesen dort.

D: Orophin. Diesen Namen habe ich noch nie zuvor gehört.

N: Sie sind ziemlich weit oben.

D: Also musste er nicht zurückkommen. Er hätte einfach dort bleiben und sich immer höher und höher entwickeln können, nicht wahr?

N: Ja. Aufgrund einiger höherer vertraglicher Verpflichtungen neigt er dazu, sich selbst verpflichtet zu fühlen, anstatt zu wählen und in den Prozess, in dem er sich befindet, einsteigen zu wollen.

D: Aber es macht es schwieriger, in einen physischen Körper zu kommen und all diese Dinge zu vergessen. Zu wissen, dass man all diese Kräfte hat, und dann plötzlich hat man nichts weiter als einen physischen Körper. (Ja) *Es ist ziemlich frustrierend, nicht wahr?*

N: Ja, das ist ein Wort, das man manchmal benutzen kann. Ned mag dieses Wort allerdings überhaupt nicht. Es hat schlechte Auswirkungen auf den Körper. Er muss wissen, dass er sich das alles ausgesucht hat. Er versucht so zu tun, als wüsste er nicht, was er als Nächstes tun soll, und dass er noch nicht genug weiß. Was wirklich ironisch ist. Er wird später wahrscheinlich lachen, wenn er das hört.

D: Er scheint im Moment irgendwie umherzuwandern, ohne wirklich zu wissen, was er tun will.

N: Ja, er bestraft sich selbst sehr. Der beste Weg, es in Worte zu fassen, so dass er es versteht, ist, dass er seine Neurologie an emotionale Spitzen gewöhnt hat, die auftreten, wenn er etwas tut, was er nicht tun soll. Was größtenteils nützlich ist, denn einer Autorität unterwürfig zu sein, ist seiner Mission nicht dienlich. Aber er tut manchmal Dinge, die keinen Sinn machen. (Lachen) Selbst wenn Menschen, die ihn lieben, ihm sagen, er solle etwas tun, tut er manchmal das Gegenteil, nur weil er denkt, dass es das sei, was er tun soll.

D: *Aber du sagtest, dass sei die Art, wie sein neurologisches System aufgebaut ist.*

N: Ja, aber er hat sich das ausgesucht. Er musste sich mit einer Illusion der Trennung von der Autorität distanzieren. Man könnte sagen, er hat Probleme mit Autorität. Früher war es noch schwieriger. Jetzt arbeitet er daran, offener zu sein. Er weiß aber, dass er nicht annähernd das tut, was er könnte.—Du musst jetzt an Strang Fünf arbeiten, weil Strang Vier komplett neu aufgebaut ist. Sechs ist zu weit weg, um jetzt schon nach vorne zu schauen.

D: *Was meinst du mit diesen Zahlen?*

N: Seine DNA-Matrix, die sich physisch manifestiert. Er hat vier, die wieder aufgebaut sind; er denkt, dass er immer noch bei Drei sei. Er interpretiert die Dinge falsch, weil er nicht viel versteht.

D: *Also wird seine DNA bereits wieder aufgebaut?*

N: Ja, bei vielen von euch. Wir alle machen es uns gegenseitig möglich, das wieder aufzubauen. Also, der vierte Strang ist das, woran wir im Moment arbeiten.

D: *Das ist, was ich gehört habe, dass die DNA sich ändern muss, wenn wir den Wechsel vollziehen wollen.*

N: Ja. Alle machen wirklich einen tollen Job. Das tun wir alle.

D: *Verändert sich bei jedem Menschen die DNA?*

N: Ja. Es ist subtil und es ist eher eine Matrixnänderung als eine physische Änderung. Aber es wird sich für sie manifestieren, wenn sie bereit sind.—Fünf und Sechs sind bei ihm von Geburt an aktiv, aber sie sind nicht ... das Potential ist da. Denn Sechs hat immer noch eine Menge Knoten und wenn der Klang durch sie hindurchgeht, schwingt nicht alles auf harmonische Weise mit, aber es ist immer noch da. Er versucht es. Aber er versteht die außerkörperliche Sache noch nicht. Im Moment ist es nur ein Spiel, und es macht Spaß. Er muss lernen, wie er es als Werkzeug einsetzen kann, um anderen zu helfen. Im Moment spielt er nur. Aber er benutzt es, um Informationen zu verifizieren, was hilfreich ist.

D: *Was ist das ultimative Ziel dieser DNA, wenn man nach diesen*

Zahlen geht?
N: Dass jeder eine Verkörperung seiner Unbewusstheit auf Avatar-Ebene in der physischen Dichte haben kann, könnte man sagen.
D: Wie hoch soll das gehen?
N: Zwölf.
D: Ist das für den Menschen möglich?
N: Ja! Deshalb ist es so eine erstaunliche Erfahrung, weil sich noch nie zuvor eine zwölfsträngige DNA-Matrix in dieser Zeitmatrix platziert hat. Es ist sehr wichtig!
D: Es gibt einige Leute, die lehren, dass man sofort zu zwölf wechseln kann.
N: Ja, ihre Informationsquellen sind allerdings sehr, sehr fehlerhaft. Sie channeln sie von Orten, die nicht ihr Bestes im Sinne haben.
D: Es geschieht also allmählich. Sind wir jetzt bei Vier und Fünf??
N: Ned arbeitet an Fünf; er ist hier fast fertig. Die anderen Indigos arbeiten zwischen Vier und Fünf, und einige sind sogar über Sechs hinaus. Es gibt derzeit drei Avatare auf dem Planeten. Und einer von ihnen hat sieben voll Aktive. Sein Name und seine Identität sind jedoch verborgen—es ist nicht wichtig zu wissen, wer es ist.
D: Mir wurde oft gesagt, dass wir nicht wissen sollen, wer diese Leute sind.
N: Das sollen wir nicht. Sie müssen sich verstecken.
D: Weil es für sie gefährlich sein könnte. (Ja) Aber wie fühlt sich der Körper an, wenn sich die DNA verändert? Welche Auswirkungen hat das auf den Körper? Können wir merken, wann es passiert?
N: Das emotionale System eures Körpers ist euer Feedback-Punkt. Wenn ihr also Dinge fühlt, die euch mehr von dem spüren lassen, was ihr gerne fühlt, die euch helfen, Gefühle zu empfinden, die ihr euch wählt, wenn ihr euch von den Emotionen distanzieren könnt, dann könnt ihr diese als gut bezeichnen. Abwertende Begriffe sind in den meisten Fällen nicht sinnvoll, aber wenn ihr überwiegend gute Emotionen wahrnehmt, bedeutet das, dass ihr direkt auf dem Pfad seid, auf dem ihr sein sollt. Die positiven Emotionen sind ein Feedback dafür, dass ihr die Dinge tut, zu denen ihr euch bereit erklärt habt. Die negativen Emotionen sollten allerdings nicht mit ihnen durcheinandergebracht werden, denn sie sind notwendig, um eine Unterscheidungsebene zu schaffen, damit ihr versteht, wann die Guten vorhanden sind.
D: Wirkt sich diese Veränderung der DNA physisch auf den Körper aus?
N: Ja, es fühlt sich wie Freude an, wenn das passiert. Erfahrungen,

die hier als Gipfelerlebnisse beschrieben werden, sind in der Regel Aktivierungspunkte. Und der Umgang mit den emotionalen Auswirkungen danach ist für ihn manchmal sehr interessant, weil er es nicht immer als gute Erfahrung empfindet.

D: Ich habe gehört, dass viele Menschen, die zum ersten Mal hierher kommen, Probleme haben, mit ihren Emotionen umzugehen.

N: Ja, sehr häufig.

D: Es macht ihnen wirklich Angst, das zu fühlen.

N: Ja, aber er ist einfach an das Muster gewöhnt, wegzulaufen und sich zu verstecken, wenn sich der Druck von außen manifestiert; was notwendig ist, weil er vorher, wenn er nicht weglief und sich versteckte, getötet wurde. Und das stellt ein Hindernis auf der Ebene der Entwicklung dar, der in einer einzigen Inkarnation geschehen kann.

Ich fragte, was Neds Absicht war, was er während dieser Zeit auf der Erde tun sollte.

N: Er hat viele Gaben bekommen und muss diese ohne Vorbehalt teilen. Er will positiv beurteilt werden und er versteht nicht ganz, dass es nicht darum geht, denn jeder wird urteilen, egal was passiert. Vor allem, wenn sie auf einer niedrigeren Ebene der Bewusstseinsentwicklung sind. Ihm wurden viele Gaben gegeben, und er muss sie nur nutzen.

D: Aber welchen Weg willst du, dass er einschlägt?

N: Heilung. Er weiß es. Er kann in gewisser Weise zwischen zwei Welten stehen, was hilfreich ist, weil er Menschen, die es niemals suchen würden, etwas bringen kann, das ihnen hilft. Weil er das in das Medium der derzeit verfügbaren Technologie übersetzen kann. Was, weil es fremd und komplex ist, aus irgendeinem bizarren Grund mehr Glaubwürdigkeit verleiht, wenn es eigentlich in der Gesamtschau der Entwicklung weniger nützlich für die Menschen ist. Er hat Informationen über Dinge, die er erschaffen will. Und alle, die er braucht, um ihm beim Erschaffen zu helfen, sind bereits in sein Leben getreten. Er sucht immer noch nach weiteren Menschen, die ihm das ermöglichen. Und er weiß—und es gibt drei Leute, die ihn kennen, die das auch wissen—dass alles, was sie tun müssen, ist, es zu tun.

D: Die Leute sind also bereits vor Ort-.

N: Ja, es ist Zeit, die Bücher niederzulegen und es zu tun. Er kann jeden wählen, den er möchte, aber es gibt mindestens drei verschiedene Kreationen, die er mit anderen manifestieren kann und die für jeden einen außergewöhnlichen Nutzen bringen werden.

D: Welches sind diese drei Stufen?

N: (Lachen) Es ist ein lustiger Witz.

D: Wie lautet der Witz?

N: Keylontisch neurolarkrustische (?) Biosymbaligismistik (?) Erlaubte sich seine intellektuelle Arroganz einen Spaß mit mir? http://www.bibliotecapleyades.net/voyagers/esp Ich dachte, das Wort, das er benutzte, klang ein bisschen wie Chelation. Dann buchstabierte er es: K-E-Y-L-O-N-T-I-S-C-H. Es gibt eine Website für ein Keylontic-Wörterbuch www.bibliotecapleyades.net/voyagers/esp voyagersindex.htm

N: Es ist die Mechanik der Materiemanifestation und des Bewusstseinsaufstiegs. Er hat diese Information erhalten. Er weiß sie zu schätzen und er versucht, sie zu teilen, und er entscheidet sich, sich von Menschen distanziert zu halten, weil er sie kennt. Aber ihm wurde diese Information gegeben. Die Information ist da—er muss das Gerät erschaffen. Es ist eine Ableitung davon.

D: Also wird es ein Gerät sein.

N: Ja. Er und die als James bekannte Entität (sein Freund), sollen es zusammen tun. Sie verbringen allerdings zu viel Zeit damit, es einfach nur zu genießen. Und sie genießen es, zu wissen, was sie wissen. Der einzige Grund, das zu wissen, ist allerdings, es zu tun.

D: Sie treten nur auf der Stelle.

N: (Lachen) Ja, das tun sie. Auf der Stelle treten—Das gefällt mir.

D: Gut, das ist ein Projekt. Welches sind die anderen beiden?

N: Er kann sie alle durchführen. Ich denke, es würde ihm mehr dienen, wenn ihm jetzt nur ein Projekt präsentiert würde.

D: Um sich auf jeweils eines zu konzentrieren?

N: Ja. Die anderen kennt er schon. Sie wurden bereits niedergeschrieben. Sie manifestieren sich physisch als Wissen, also weiß er, welche Schritte zu unternehmen sind. Das erste würde er als Biofeedback-Software-Schnittstelle bezeichnen. In Echtzeitanalyse—Echtzeit ist ein bizarrer Begriff—und Licht und Ton. Das ionisierte Wasser ist auch eine sehr gute Idee.— Das reicht fürs Erste. Er entscheidet sich dafür, sich von der Fülle überwältigen zu lassen, die er mit diesem Wissen erschaffen kann. Dies tendiert dazu, seinen Fortschritt zu behindern.

D: Ned brachte das Thema „Heilen" auf.

N: Dieses Gerät wird das sehr erleichtern, denn es wird im Moment viel weniger Zeit- und Kraftaufwand bedeuten, um Heilung zu erzielen. Und es ist einfach eine zusätzliche Sache, die man zur Werkzeugkiste hinzufügen kann. Es ist allerdings ein großes Werkzeug.

D: Er hat eine Menge Spaß daran, Mensch zu sein.

N: Ja, das ist ein erstaunlicher Körper. Es gibt viele Vorzüge am menschlichen Körper.

Kapitel 35

DIE FARBE DER DNA

Zuerst sah Susan Tauben und einen Brunnen, der von Nebel umgeben war. Als sie sich dort hineinbegab wurde ihr bewusst, dass der Nebel eher so etwas wie ein Energiefeld oder Magnetfeld war. Dann sah sie, dass auch ihr Körper nicht normal war. „Ich weiß, dass ich da bin, aber da ist kein Körper, falls das einen Sinn ergibt. Ich fühle keinen Körper. Ich fühle eine Art Form, aber ich fühle keine Arme, Beine und Füße. Aber ich weiß, dass ich in einer Form da bin."

D: *Wie fühlt sich dieses Magnetfeld an?*
S: Ich glaube, ich schwebe über ihm, aber ich bin gleichzeitig auch darin. Es fühlt sich an, als würde mein Gehirn ruhen und als hätte ich einfach ein Wissen, ohne darüber nachzudenken. Es ist sehr friedlich.
D: *Willst du dich weiterbewegen oder willst du in diesem Magnetfeld bleiben?*
S: Ich habe das Gefühl, hochgezogen zu werden. Ich werde nach oben aus dem Nebel in dem Energiefeld herausgezogen.
D: *Was siehst du, während du hochgezogen wirst?*
S: Ein weißes X. Ich gehe durch das Zentrum des X und stehe auf weißen Wolken. Sehr interessant, auf Wolken zu stehen.
D: *Ist da noch jemand oder bist da nur du?*
S: Nur ich. Jetzt habe ich Füße und trage ein weißes Gewand-„Ding" ... nicht wirklich ein Material. Wahrscheinlich leicht, aber es hat eine Form wie ein loses Gewand. Über mir ist ein goldfarbenes Licht. Es ist nicht warm und nicht kalt. Es ist einfach sehr beruhigend. Sehr friedlich.—Das Licht strahlt etwas aus. Es strahlt über meine Stirn und meine Schultern und gibt mir richtig warm. Es ist ein gutes Gefühl. Und es fühlt sich alles interessant an. Als ob mein physischer Körper hier unten läge. All die Schmerzen gehen aus ihm heraus und die ganzen Verspannungen lösen sich. Aber trotzdem bin ich gleichzeitig

hier oben im Licht.
D: *Das ist okay. Konzentrieren wir uns auf den Teil da oben und sehen wir mal, was er macht.*
S: Oh, das Licht bewegt sich von meiner Stirn nach hinten zu meinem Hinterkopf und es fühlt sich an, als ob es da etwas tue. Ich kann nicht genau beschreiben, was es tut. Vielleicht weitet es meinen Kopf, als wären da keine Knochen. Es hat alles geöffnet, als wären da keine echten Schädelknochen. Jetzt geht das Licht ganz durch mich hindurch bis zu meinen Füßen. Es fühlt sich an wie eine Energie. Es geht direkt durch den Kern. Es ist direkt durch die Mitte. Es strahlt nicht zu den Seiten, sondern direkt zum Kern ... durch die Mitte. Jetzt sehe ich so etwas wie einen Tunnel. Er ist genau über mir. Ich bin in einer Röhre oder einem Tunnel aus Wolken mit wirklich schönem, goldenem Sonnenlicht, das die Röhre herunterscheint.
D: *Als dieses Licht, diese Energie durch den Körper ging, was tat es da?*
S: Die Schwingung öffnen, damit ich in den Tunnel gehen konnte ... die Röhre.—Das Licht wird größer und es füllt die ganze Röhre aus. Da sind keine Wolken mehr. Es ist goldgelbes Licht. Es hat ein Leben mit Bewusstsein. Es ist nicht nur Farbe. Ich bin jetzt einfach mittendrin eingetaucht. Es ist überall. Es fühlt sich an, als käme ein Wasserfall aus der Mitte, der über die Spitze ganz nach unten fließt. Es ist zwar kein Wasser, aber es sieht aus wie Wasser, das aus einer Töpferware oder etwas aus Gold Gemachtem herausfließt. Es fließt einfach um mich herum und schimmert. Es ist rosa und blau und lavendelfarben, grün und glitzernd. Wie ein undurchsichtiger Topf oder eine Urne, aus der etwas herausfließt.
D: *Was ist der Zweck dessen, dass es so über dich fließt?*
S: Ich höre Worte wie „eintauchen, reinigen, segnen, willkommen heißen". Was auch immer das ist, es ist sehr bedeutsam. Es fühlt sich wirklich sehr gut an. „Eine Infusion von Wissen", sagen sie, aber es ist ein notwendiger Schritt im Moment. Es ist ein Schritt von der physischen Welt in die ätherische Welt oder in die höhere Sphäre. Sie zeigen mir etwas, das wie eine verdrehte DNA von etwas aussieht ... und sie breiten es weiter aus. Sie machen die DNA-Ketten breiter. Sie sind so schmal. Sie machen sie jetzt sehr breit, damit sie möglichst mehr kleine Faserhaare mit Informationsstückchen von Tautropfengröße auf sich tragen kann. Sie verlaufen seitwärts, was in eurer Sprache horizontal sein müsste, wie der Horizont.
D: *Sie dehnen sie auf diese Weise aus?* (Ja) *Du sagtest, das sei wie*

eine Infusion von Wissen und Information?
S: Sie sagten, eine Infusion von Wissen ... ein Tränken in Wissen.
D: *Repräsentiert dies die DNA?*
S: Sie sagen mir, es seien Farbbänder ... die DNA ... nach denen wir nie gesucht hätten.
D: *Ist es das, was sie meinen? Farbbänder ... in der DNA?*
S: In der DNA ... und sie sind eigentlich ganz schön dick. Sie sind nicht gut. Sie sind wie Schichten. Schichten von ... Ich möchte „Wolken" sagen, aber das ist nicht das richtige Wort. Aber das ist das einzige Wort, das mir einfällt. Es sind Schichten von diesen Wolken, nebliges Zeug und es sind Farben darin.
D: *Zuerst sagtest du, sie seien dünn.*
S: Ja, aber sie sind weg und jetzt sind es Farbbänder. Das ergibt keinen Sinn, aber sie sehen aus, als wäre jedes Band 45 Zentimeter dick. Sie schichten sich übereinander. Und jedes hat eine andere Farbe. Sie sagen, es sei ein notwendiger Prozess, und so funktioniere es. Das ist die höhere ... sie sagen entweder „Sphäre" oder „Bewusstsein". So funktioniert das alles.
D: *Das ist es, was ich zu verstehen versuche. Was meinen sie? Wie das höhere Bewusstsein funktioniert?*
S: Sie sagen, es sind die ALL-Formen. So funktionieren ALL-Formen. Sogar Blätter haben eine DNA, und sogar Blätter haben Formprozesse. Wir können das hier nicht verstehen, aber auf ihrer Seite ist alles Form. Alles hat eine Form und alles hat eine Formel. Und so ist es und daran sollte man sich halten.
D: *Was meinst du mit einer „Form" ... meinst du eine Gestalt?*
S: Nein, kein Raum ... es ist ein Prozess. So ist es einfach, wie der Prozess ist.
D: *Ich denke an ein Blatt mit einer bestimmten Gestalt und einen Körper mit einer bestimmten Gestalt.*
S: Aber man muss zum „Endlichen" gelangen, nicht zur Gestalt. Das ist es, was die Form formt. Die Form, die du siehst, ist das Blatt, aber das hier ist hinter der Form. Das ist es, was die Form formt, und das sind die Gesetz, und so ist es.
D: *Aber du sagtest, es habe auch mit Formeln zu tun?*
S: Ja ... so ist das Ganze aufgebaut. Es ist nur der Prozess ... das ist einfach, wie es ist ... der Prozess.
D: *Geht das alles auf die Genetik zurück, auf die DNA? Ist das der Kern ... der Hauptteil?*
S: Nein, es geht alles zurück auf das ALLeine, das Eine, das Licht. Das ist seine Ausgießung. Es ergießt sich auf diese Weise. Es ist wie das Fließen ... wie der Topf oder die Urne mit dem Licht und dem Nebel. Das ist die Ausgießung des ALLeinen. So ergießt es

sich.

D: Das ist es, wie es erschafft? (Ja) *Aber du sagtest doch, dass du von der DNA sprichst. Das ist ein Teil des Schaffensprozesses ... wenn ich die richtigen Worte benutze.*

S: Sie sagen: „Wenn du es wünschst." (Lacht laut.)

D: (Sie fuhr fort, laut zu lachen.) *Wenn sie bessere Worte hätten, würde ich meinen, dass sie sie benutzen würden.*

S: Nein, sie sagen, dass du ruhig weitermachen sollst ... sie sagen: „Ja, wenn du es wünschst, mach nur weiter."

D: Wir versuchen, es mit den uns bekannten Worten zu verstehen. Sie haben vielleicht bessere Worte, die uns helfen, zu verstehen.

S: Sie meinen, dass wir damit einen guten Job machen, aber ich denke, wir verstehen das.

D: Die DNA ist also breiter und aus Farben zusammengesetzt.

S: Ja, und es ist sehr interessant, dass es da Farben gibt.

D: Ist das etwas, das Wissenschaftler nicht sehen können?

S: Nicht in ihrer aktuellen Entwicklung, aber sie kommen nahe heran. Sie sind nahe dran, aber es gibt Angst davor, das auszusprechen ... aus Angst vor Spott.

D: Sie entdecken jetzt mehr und mehr Gene und deren genetische Muster. Und das hat mehr mit Farben zu tun? Ist es das, was du meinst?

S: Das ist die Farbe des Lebens. Das ist es, was sie sagen. „Es ist die Farbe des Lebens." Ich liebe den Gedanken von der Farbe des Lebens. Alles hat einen Code und der Code ist gleich einer Farbe, die ihm seinen Lebenscode gibt, und es ist einfach der Prozess, dem sie folgen oder folgen sollen. Sie zeigen mir ein Kardinalrot und es sitzt einfach nur da. Und es sagt: „Es ist der Code, dem ich gefolgt bin."

D: War das Rot sehr wichtig für diese Kreatur?

S: Ja ... für dieses Leben. Die Kreatur sagt, die Farbe sei die Lektion, aber es ist nicht nur die Farbe. Es ist eine Energie, die sich dreht, und das ist die Lektion ... und sie senden sie. Es gibt etwas Altertümliches, das sich auf diese Weise dreht.

D: Und das war der Code? Hat das auch mit der Formel zu tun? (Ja) *Der Code der Farbe. Ist das alles Teil der Formel?*

S: Die Farbe ist Teil der Formel, aber auch Teil des Codes. Das ist Teil der Lektion.

D: Die Farben sind also sehr wichtig?

S: Sie sind wichtig, aber es ist genau das, was es ist ... die Ausgießung des ALLeinen. Es ist die Art und Weise, wie das Bewusstsein alles weitergeben kann (Sie schien verwirrt zu sein.) ... allem anderen zuordnen kann ... was es tut. (Vielleicht:

Es ist, die Art und Weise, wie das Bewusstsein das auf alles andere übertragen kann, was es tut.)
D: Es hat also mehr mit Farbe zu tun als mit irgendetwas anderem. So werden die Informationen übertragen? Sie erzeugen etwas?
S: Ja, aber es ist alles eins. Es sind keine separaten Stücke. Es ist alles zu einer Einheit geformt. Es ist eine Farbe. Es ist eine Lektion. Es ist eine Schwingung und eine Bewegung, alles zur selben Zeit.
D: Dann ist jeder individuell, und das ist es, was eine andere Form, ein anderes Wesen erzeugt?
S: Wenn du so willst, ja.
D: Ich versuche nur, es mit meinen begrenzten Fähigkeiten zu verstehen..
S: Ja ... es ist sehr überwältigend und schön. Ich verstehe es, aber ich verstehe es auch nicht. Ich sehe, wie es funktioniert, aber ich glaube nicht, dass ich es je verstehen werde. Aber ich sehe, wie es funktioniert.
D: Glaubst du nicht, dass du es erklären könntest?
S: Sie sagen: „Wir haben es erklärt. Das ist die Erklärung dafür."

Das half auch nicht viel. Ich fand, es war immer noch so klar wie ... dicke Tinte. Ich drängte auf weitere Erklärungen.

D: Aber du sagtest, die DNA ... du sahst, wie die verschiedenen Farben ineinander übergingen.
S: Und sie sind viel breiter, als wir erkennen. Sie sind wirklich breit.
D: Ich schätze, was du siehst, ist sogar jenseits des Mikroskopischen. Erscheinen die Farben in einer bestimmten Reihenfolge, wenn man sie bei der DNA sieht?
S: Ich sehe zuerst Rot. Rot scheint die Basis unten zu sein, und es ist ein trübes Rot. Und dann wird es viel klarer und das Band wird dicker ... von unten nach oben. Und die nächste Farbe sieht schwarz aus, aber sie ist es nicht. Sie ist so violett, dass sie schwarz aussieht. Dann geht es in ein schönes Violett über und es bleibt dieselbe Farbe. Und es geht zur nächsten Farbe über ... die beste Art, es zu erklären, ist ein goldiges, rötliches Orange. Es ist kein Gold. Es ist nicht rot. Es ist nicht orange. Ich kenne diese Farbe nicht. Es ist eine Verschmelzung. Und es bewegt sich. Dieses hier hat Bewegung in sich ... viel Bewegung.
D: Jede Farbe hat Bewegung?
S: Jede Farbe hat Bewegung, aber sie bewegen sich ineinander und auseinander. Oh, ich habe schon einmal so etwas gesehen.—Sie haben einen Plexiglasbehälter, der wohl farbige Öle und Wasser

enthält. Und sie blitzen hin und her, aber sie durchdringen sich gegenseitig und das ist eine Energieform. Das ist ein Baustein. Das ist definitiv ein Baustein des Lebens.

D: *Diese Farben bleiben in diesen Bändern also nicht getrennt?*

S: Nicht in diesem Band. Das Rote tat es und das Violette, aber das Gold/Orange/Rote bewegt sich in einer kontinuierlichen Bewegung. Aber dies hat etwas mit dem Leben zu tun. Leben hat mehrere Bedeutungen. Es hat Bewusstsein. Es ist Bewegung. Es ist Bewusstheits-Erkenntnis. Es ist all das in einem. Man kann nicht ein Stück herausnehmen. Es würde nicht funktionieren. Es würde abgeflacht werden, also braucht man alle Stücke, um diese Form zu machen, und das ist die Schöpfungsform. Es ist definitiv eine Schöpfungsform.

D: *Gibt es noch andere Farben über dem Gold/Rot/Orange?*

S: Es gibt noch andere Farben. Sie sind nicht sehr klar, aber meistens ist es danach nur noch ein reines Weiß. Ein sehr makelloses ... oh, Weiß ist nicht einmal das richtige Wort, weil es Leben hat.

D: *Aber das ist es, was in der DNA ist? Das ist es, was Leben verursacht?*

S: Das ist es, was sie mir zeigen, ja. Aber es ist weit. Es ist so erstaunlich weit! Ich hätte nie gedacht, dass es so weit ist. Es sind verschiedene Farben und verschiedene Lebensformen. Einige kann ich fast benennen, aber wenn ich eine Farbe nenne, verschwindet sie, also ...

D: *Verschiedene Farbkombinationen?*

S: Quelle der Kombination ... Quelle des Lebens, heißt es, und es ist immer in Bewegung.

D: *Das ist es, was die verschiedenen Formen erschafft, die Kombination der Farben?*

S: Ja, die Kombination der Farben erschafft die Formen und die Gesetze, an denen sie sich orientiert.

D: *Du sprachst zum Beispiel über den Vogel und das Blatt und den Menschen, dass jeder von ihnen eine andere Farbkombination sei.*

S: Mit ziemlicher Sicherheit. Aber trotzdem ist es alles ein und dasselbe, aber die verschiedenen Kombinationen sind es, die es zur gewählten Lektion machen.

D: *Und das kommt alles von dem ALLeinen? Aber geht es nicht von dort aus weiter? Wenn eine Sache einmal erschaffen wurde, erschafft sie sich dann nicht selbst neu?*

S: Sie wird reproduziert, ja.

D: *Es muss also nicht jedes Mal, wenn sie sich reproduziert, aus dem ALLeinen kommen?*

S: Nein, alles stammt von dem ALLeinen. Wenn es eine Lebensform und ein Bewusstsein und eine Bewegung hat, kommt es immer aus dem ALLeinen. Siehst du, du könntest das jetzt mit Reproduktion machen, aber du siehst es ... Leben ohne Leben. Du kannst etwas kopieren, aber es hat kein Leben, es ist nur eine Kopie.

D: *Wäre es lebendig?*
S: Es wäre lebendig wie euer Schaf ... Dolly?
D: *Der Klon?*

Dolly, das Schaf, war nicht der erste Klon, aber sie war der berühmteste. Sie wurde 1996 aus einer Zelle aus dem Euter eines anderen Schafes produziert. Sie lebte jedoch nur sechs Jahre und verstarb 2003. Es herrscht eine anhaltende Debatte darüber, ob sie so jung starb, weil sie ein Klon war. Als 1999 ihre DNA untersucht wurde, stellte sich heraus, dass sie tatsächlich älter als ihr Körper war. Sie hat im Laufe ihres Lebens vier Lämmer zur Welt gebracht, aber ich konnte keine Untersuchungen dazu finden, ob sie auch jung gestorben sind.

S: Ja. Es lebt. Es bewegt sich, und doch fehlt das Leben. Es ist Leben, aber es ist Leben ohne Kraft. Es ist lebendig, aber es ist wie eine Papierpuppe. Man hat eine Form und kann die Form ausschneiden und über die Schultern hängen, und man hat damit etwas, das nach Leben aussieht, aber es ist nicht Leben. Und doch ist es sehr hübsch, aber es enthält nicht die Quelle.

D: *Aber das Schaf, zum Beispiel. Es ist in der Lage, sich selbst zu reproduzieren.*

S: Nicht ein Klonschaf. Nicht zu diesem Zeitpunkt. Auf zellulärer Ebene in den Röhrchen im Labor. Nein, nicht zu diesem Zeitpunkt. Wir sehen, dass sich die Zelle bewegt, aber innerhalb der Zelle ist die Quelle nicht vorhanden. Es ist eine leere Zelle.

D: *Ich dachte, sie sagten, dass Dolly, das Schaf, schwanger werden und ein Lamm bekommen könne. Das meine ich mit sich reproduzieren. Ist das nicht wahr?*

S: Wir führen eine Diskussion darüber. Sie sagen nein und einige sagen *möglicherweise*, also sind sie darüber geteilter Meinung. (Kichern) Als würde ich einem Gremium von Leuten zusehen, die Ja sagen, aber sie sind (Kichern) ... oh, es ist lustig. Sieht aus wie ein Haufen Philosophen da oben.—Sie sind sich einig, dass sie kurzlebige Nachkommen sind.

D: *Ja, aber das ist körperlich. Wir können es sehen.*

S: Ja, aber es hat immer noch keine Quelle. Es hat keine Quelle in sich, es hat überhaupt keine Quelle. Oh, was sie versuchen zu vermitteln, ist, dass es keinen geistigen Gehalt gibt. Es gibt keinen Geist. Es ist eine leere Hülle. Das ist sehr interessant.

D: Ich dachte immer, dass, ganz gleich, wie es geschaffen wurde, ihm ein Geist zugeordnet würde und dieser dort einziehen könne.

S: Nun, das macht Sinn. Okay, sie haben gerade gesagt, dass es bei einigen so sein kann, bei anderen nicht. Richtige Leute? Oh, es ist wie bei euren ethischen Bauern. Einige sollen das haben? Okay, sie zeigen es mir, damit ich das besser verstehen kann. Es ist der Unterschied zwischen einem kommerziellen Betrieb und einem kleinen ethischen, spirituellen Betrieb. Im Wesentlichen können also beide existieren.

D: Sie können also Nachkommen haben?

S: Und da gibt es eine schlechte Absicht auf der einen Seite. Auf der anderen Seite reden sie über Schöpfergötter. Das wären die ethisch-spirituellen ... die richtigen Leute? Dann setzen sie auf dieser anderen Seite das mit den Konzernen mit Massenproduktion gleich.

D: Und das sind die, die es nicht richtig machen, meinst du?

S: Sie zeigen mir gerade leere Zellen. Die Zelle ist einfach ein weißer Beutel/Ring. Aber auf der anderen Seite gibt es die Zelle und die Farbe und es gibt Bewegung und es gibt eine Explosion von weißem Licht in jenen Zellen. Also sind sie die ethischen ... sie machen es richtig. Das sind die Nachkommen der Quelle.

D: Dann wäre es in diesem Fall dem Leben erlaubt, einzuziehen, wenn sie ethisch handeln würden?

S: Möglicherweise ... möglicherweise. Es ist eine Wahrscheinlichkeit.

D: Das ist es, was verwirrt, denn sie zeigen uns diese Tiere und sie scheinen lebendig zu sein und sie vermehren sich.

S: Im Grunde genommen ist es lebendig. Wie verschiedene Grade von Farbe. Es gibt diesen Unterschied in den Graden der Farben und Töne. Die eine Seite ist definitiv der Schöpfergott, der die Ethik hat. Die andere Seite, und ich zögere, dies zu sagen, aber sie verwenden das Wort Absicht. Die andere Seite hat Absichten für einen gewissen Zweck.

D: Gute Absichten sind das Wichtigste von allem.

S: Die Absicht kommt aus dem Licht.

Dies erinnerte mich an eine Klientin in ihren Vierzigern, die eine ungewöhnliche Erfahrung beschrieb. Sie hatte versucht, schwanger zu werden und hatte alles versucht. Die Ärzte beschlossen, eine In-vitro-Fertilisation zu versuchen, indem sie ihre Eizellen in ihre

Gebärmutter implantierten. Als sie ihre Eizellen entnahmen und unter dem Mikroskop untersuchten, waren sie wie leere Schalen mit nichts darin. So etwas hatten sie noch nie gesehen. Schließlich benutzten sie Spender-Eizellen und Hormone und so war sie in der Lage, ihre Tochter zu bekommen. Das war das erste Mal, dass ich von Eizellen hörte, die wie leere Schalen waren, bis wir diese Sitzung mit Susan hatten, in der wir über das Klonen diskutierten. Interessant!!

D: Aber wenn sie diese Tiere durch Klonen reproduzieren, sagen sie, dass sie dies tun, um Nahrung für die Menschen zu erzeugen.
S: Die Kehrseite des Futters ist, dass es nicht sehr gut für euch ist. Es wird vertrauenerweckend aussehen, aber es wird ihre Bedürfnisse nicht erfüllen. Aber auf der Seite des Schöpfergottes wird dem Tier erlaubt, seine Entwicklung, seinen Geist und seine Lektion zu haben. Das ist sehr wichtig für alle Dinge. Beide haben eine Absicht, aber der eine hat eine höhere Absicht als die andere Seite. Es ist, als ob die andere Seite nur den Stufen folgt. Sie klettern nicht auf der Leiter nach oben. Sie folgen einfach nur den Stufen, als wären sie selbst Klone. Aber es gibt kein Urteil darüber. „Sie" sagen, dass es nur die Absichten sind und dass es Platz für beides gibt.
D: Ich habe auch gehört, dass sie Menschen geklont haben.
S: Das ist wahr.
D: Ich denke, sie taten das schon eine Weile.
S: (Lachend.) Tausende und Abertausende von Jahre lang!
D: Bedeutet das, dass der geklonte Mensch anders ist?
S: Ein wenig. Es sind keine Originalformen, aber es kann nur wenige Originalformen geben.
D: Der geklonte Mensch ist lebendig, er bewegt sich. Aber ist er lebendig wie die anderen Menschen?

Sie verstand mich falsch. Ich bezog mich auf andere Menschen, aber sie dachte, ich meine die Quelle [oder was auch immer].

S: Die originalen ... die Urheber? Nein, nein. Die Urheber stehen über uns allen. Sie sind reines Licht, aber sie sind bereit, ihr Licht zu teilen.
D: Das Licht ist das, was die Kreatur lebendig macht ... ihr Leben gibt?
S: Es ist das, was der Kreatur die Chance gibt, sich zu entwickeln und zum höheren Anfang zurückzukehren.
D: Ich habe immer gedacht, dass die Hülle keine Rolle spiele. Dass

sie nur ein Vehikel sei, das man auf der Erde benutzen kann.
S: (Fast nonchalant.) Stimmt, sie ist nur Dekoration.
D: Und wenn die Seele oder der Geist sich entschieden, in einen dieser Klone einzutreten, würden sie das nur tun, um ein verfügbares Vehikel zu haben.
S: Sie denken nach. Wir haben eine Gruppe von Philosophen. (Lachen)
D: Weil der Geist und die Seele aus der Quelle kommen. Sie kommen aus dem Licht.
S: Nun, du siehst, es kommt alles vom selben Ort.
D: Würde das dann nicht auch auf den geklonten Menschen zutreffen?
S: Sie reden über verschiedene Stufen von Lektionen, also ... sie sagen, ja, in der Theorie funktioniert das alles. (Gekicher) Es ist alles das Gleiche. Es hängt einfach von der Stufe der Lektionen ab. Es geht um die Stufen bei den Lektionen ... Stufen. Stufen der Lektionen. Auf der anderen Seite habt ihr die Leute, deren Absicht es ist, nur einem Prozess zu folgen. Vielleicht wissen sie nicht, dass sie können ... Nein, es ist geteilt. Eine Seite ist gänzlich voller Licht und Entwicklung und die andere Seite folgt schlicht nur einem Prozess. Es ist wie ein leerer Prozess. Sie produzieren einfach immer wieder dieselben Dinge.
D: Sie versuchen nur zu sehen, was sie tun können?
S: Ja. Die Schöpfer sind wie ein Fließband von Schöpfern. Sie haben nicht die gleiche Schwingung wie die andere Seite. Die Seite der Schöpfergötter hat so viel von der Kraft. Das Wort ist: Licht, Liebe, Schöpfung. Und die andere Seite durchläuft einfach den Prozess der Leere ... einfach nur Leere.
D: Aus reiner Neugierde?
S: Nicht einmal aus Neugier. Es ist, als ob sie es einfach tun.
D: Also wird das einen Unterschied machen bei dem, was sie erschaffen? (Ja) Uns wird gesagt, dass wir unsere eigene Realität erschaffen können. Wir können Dinge erschaffen.
S: Es gibt einen Prozess, in dem wir erschaffen. Wir erschaffen durch diesen Prozess, ja.
D: Aber das ist etwas anderes als das Erschaffen von Leben. Meinst du das?
S: Du kannst immer noch Leben erschaffen, aber der Eine hat mehr Lebenskraft als der Andere. Heißt das, beide sind am Leben? Ja, sie leben beide. Das ist der Unterschied bei einem Grashalm. Ein Grashalm ist ein Grashalm, aber eine Seite kommt mit einem anderen Code. Er entwickelt sich und lädt sich mit Sonnenlicht, Wasser, Nahrung und Liebe auf. Die andere Seite ist ein

Grashalm, aber eben nur ein Grashalm. Er wird die Kodierung durchlaufen, aber er wird nie so gedeihen wie derjenige mit dem Sonnenlicht, dem Wasser und der Liebe. Aber ja, sie sind beide lebendig und sie sind beide Grashalme. Und der eine wird weitermachen und sich zu etwas anderem entwickeln, zu einem besseren Grashalm, und der andere wird als ein Grashalm sterben.

D: *Das geht einher mit Wissenschaftlern, die jetzt Pflanzen genetisch verändern.*

S: Ja, das tut es. Jetzt sind wir an der Quelle des Ganzen. Man kann einen Maiskolben erzeugen, aber sie sind nicht gleich. Sie sind nicht das Gleiche.

D: *Zurückblickend ... sagtes dut, die Farben seien die Hauptbausteine des Lebens, glaube ich. Sind diese Farben sehr wichtig?* (Ja) *Ich habe gehört, dass auch der Klang eine Menge damit zu tun hat. Siehst du das auch so?*

S: Es ist die Schwingung, ja. Es ist die Bewegung, die den Lebenskraftprozess in Bewegung setzt. Es ist das Stück, das die Bewegung in Gang setzt. Es ist wie ein Fluss, der nie anhält. Es fängt mit einem kleinen, winzigen Bogen an und baut sich einfach auf und weiter auf und bald gibt es nur noch Wellen über Wellen über Wellen dieser Schwingung, die sich einfach bewegt und nie aufhört. Sie bewegt sich den ganzen Prozess hindurch. Sie hört nie auf!

D: *Sie ist auf diese Weise ewig.*

S: Das ist ein guter Ausdruck.

Ich fand, es war an der Zeit, Susans Fragen zu stellen. Ich bat um Erlaubnis, das zu tun. „Wir stehen euch zu Diensten." Ich wollte wissen, warum diese Information durchgegeben wurde. Warum wollten sie, dass Susan diese Dinge weiß?

S: Wir haben diese Lektion für sie ausgewählt, um ihr zu zeigen, dass sie auf der anderen Seite ist. Sie ist auf der Seite des Schöpfergottes. Sie erschafft gute Dinge. Was sie verstehen muss, ist, dass sie sich immer weiterentwickeln wird. Sie wird immer in die höhere Sphäre aufgenommen. Sie ist von der höheren Sphäre. Für sie gibt es nur die höhere Sphäre.

D: *Wenn wir eine Sitzung beginnen, denken wir immer, dass wir in vergangene Leben zurückgehen werden. Du wolltest sie nicht zu etwas Derartigem bringen?*

S: Das ist unwichtig. Sie weiß das. Es ist, was es ist. Sie muss mehr Zeit in der Zukunft verbringen. Man hat ihr solche Fähigkeiten für die Zukunft gegeben. Wir müssen ihr helfen, den Teil zu erschließen, in dem sie die Zukunft versteht, denn sie muss mehr Zeit damit verbringen, die Zukunft zu erschaffen.

Bevor ich überhaupt die Chance hatte, ihre körperlichen Beschwerden zur Sprache zu bringen, begann das SC, in ihren Körper zu schauen und zu entscheiden, was getan werden muss.

S: Dort, wo wir jetzt gerade hinschauen, ist ein Code enthalten, der entfernt werden muss, weil er nicht die Wahrheit darstellt. Er ist in ihrem Unterleib. Das ist eine zweite Station. Sie nennen es eine Energiezentrale.

Susan hatte Probleme in diesem Bereich: Darmkrämpfe und Blutgerinnsel.

D: *Es ist unterhalb des Solarplexus.*
S: Oh ja. Es ist die Kraft.—Wir bewegen das jetzt sehr sanft. Sie hat eine Menge Trauma in diesem Bereich ... nur Narbengewebe.
D: *Du kannst es heilen, nicht wahr?*
S: Es ist nicht einmal eine Heilung. Wir werden es einfach entfernen, aber es muss wirklich vorsichtig geschehen. Es ist ein heikler Code, den wir auf eine sehr spezifische Art und Weise entfernen müssen. Es kann ein wenig dauern, weil es dabei einen Prozess gibt. Es gibt Schritte, die befolgt werden müssen, um den Körper nicht zu schädigen.
D: *Welche Art von Code gibt es dort, der nicht notwendig ist?*
S: Oh, er wurde dort aus einem bestimmten Grund implantiert. Es sollte eine Sicherheitsmaßnahme für sie sein. Sie ist viel zu weit fortgeschritten ... viel, viel, viel zu weit fortgeschritten.
D: *Wann wurde er dort eingesetzt?*
S: Als sie hier aufgeschlagen ist.
D: *Als sie in diesen Körper kam?*
S: Nachdem sie hier war. Viel zu fortgeschritten. Es ist eine Überbrückungsmaßnahme und er wurde dort angebracht, um sie zu beschützen. Die Information wäre in der vergangenen Entwicklung eures Planeten nicht gut aufgenommen worden. Sie wäre nicht akzeptiert worden. Sie wäre nicht wohlwollend aufgenommen worden. Sie hätte ihr geschadet.
D: *Das sollte sie also davon abhalten, zu viel zu sagen?*
S: Ja. Sie wurde unter Menschen geboren, die das nicht verstanden. Das ist ihr gutes Recht. Das ist es. Sie tun, was sie immer getan haben. Sie gingen ihre Lektionen durch, aber sie haben sie nicht

verstanden.—Sie braucht das nicht mehr. Das hat sich erfüllt. Die Vergangenheit ist die Vergangenheit.

D: *Sie dachte, sie habe es losgelassen, aber ich glaube nicht, dass sie das hat.*

S: Sie versteht, dass sie es nicht losgelassen hat. Sie versteht jedoch nicht, warum sie es nicht losgelassen hat. Dieses Kind hat Arbeit geleistet. Wir haben ihr geholfen. Sie hat wirklich Arbeit geleistet, aber was sie nicht versteht, ist, dass es nicht ihr gehört, um es loszulassen. Es gehört uns, und wir sind sicher, dass wir es mitnehmen werden, wenn das hier vorbei ist. Sie muss nicht daran festhalten.

D: *Du meinst also, es könne entfernt werden?*

S: Wir entfernen es soeben, während wir sprechen. Es ist sehr heikel. Es gibt viele Schichten ... viele, viele Schichten.—Es muss sehr sanft und auf eine sehr eindeutige Weise auf einer bestimmten Ebene des Gewebes und über das Gewebe hinaus erfolgen. Es erfordert eine Menge Arbeit.

Während sie diese Arbeit machten, fragte ich nach den anderen Teilen ihres Körpers. Sie sagten mir zuvor, dass ich während der Arbeit Fragen stellen dürfe. Sie war in einen Autounfall verwickelt gewesen und sie dachte, dass ihr Gedächtnis durch eine Kopfverletzung beeinträchtigt worden sei.

S: Wir sehen Kreise im Gehirn, die zuvor nicht da waren. Wir sehen, dass das Gewebe nicht dasselbe ist.—Wir rufen gerade jemanden herbei, um das Gewebe zu bearbeiten. Es gibt eine neue Gruppe, die zu dieser Arbeit dazukommt. Sie ist Teil einer sehr neuen Gruppe ... sehr seltenen ... nur sehr wenige von ihnen werden die Anweisung für die Zukunft geben.—Wir haben jemanden herbeigerufen. Sie arbeiten jetzt dort.—Wir haben eine Gruppe hinzugezogen, aber nicht, um dieses Gewebe zu reparieren. Unsere Aufgabe ist der niedere Code. Das ist eine Gruppe, die ihr zugeteilt wurde und die die zukünftigen Informationen für sie einbringt. Wir haben also getrennte Gruppen. Wir haben zwei, die jetzt gerade hier sind und eine Gruppe wird zu einer anderen Zeit dazukommen. Um bei der zukünftigen Arbeit zu helfen, ja. Das ist alles sehr wichtig. Das ist es, was sie bestimmt hat. Sie hat zugestimmt. Ja, das hat sie.

D: *Aber trotzdem sagt sie, dass sie nie hier sein wollte.*

S: Sie wollte kommen! Sie wollte am Anfang kommen, aber es gab Umstände, die nicht erfüllt wurden. Und das machte es sehr, sehr, sehr schwer für jemanden mit einer solchen Lebenskraft, der ein größeres Verständnis für das ALLeine der Dinge hat. Es ist sehr schwer für eine Person, die aus diesem Raum kommt, sich einzulassen. Sie sagt oft, dass sie die Grausamkeit und das Töten nicht begreifen könne, und sie werde es nie begreifen können, aber sie hat sich ziemlich gut angepasst. Es geht ihr gut.

D: *Sie sagte, sie habe eine Nahtoderfahrung gehabt, als sie sieben Jahre alt war.*

Susan war beinahe ertrunken und sie erinnerte sich, ihren Körper verlassen zu haben.

S: Ja, wir mussten sie wegen dieser unvorhergesehenen Umstände nach Hause rufen. Sie dachte, sie würde auf der Erde bleiben, aber wir riefen sie nach Hause und wir konnten die Dinge sozusagen in Ordnung bringen und sie zurückschicken. Sie wollte nicht zurückkommen. Sie hat nicht verstanden.

D: *Aber sie hatte einen Vertrag, nicht wahr?*

S: Wir alle haben Verträge! Wir alle, egal auf welcher Seite wir stehen ... wir alle haben Verträge.

D: *Und sie konnte nicht aussteigen?*

S: Nein. Es gibt keinen Ausweg.

D: *Das ist also passiert, als sie sieben Jahre alt war, nur um die Dinge wieder in Ordnung zu bringen?*

S: Ja, und es gibt viel mehr, als sie gesehen hat. Vielleicht hat sie es vergessen oder die Erinnerung ist verblasst, aber sie musste daran erinnert werden, dass es noch viel mehr gab. Sie muss wissen, dass es einen Kampf gibt. Es hat immer einen Kampf gegeben. Sie will nicht an Licht und Dunkelheit oder Schatten glauben. Ja, das sind alles verschiedene Lektionen auf verschiedenen Stufen. Es sind alles Entscheidungen und wir wollten ihr zeigen, dass dies sehr real ist und dass dies die Evolution ist. Und so geht die Evolution seit Milliarden von Jahren vor sich. Wir sprechen in euren Begriffen. Aber sie muss wissen, dass es immer eine Wahl gegeben hat, und ihr spielt alle Wahlmöglichkeiten durch und jeder spielt alle Wahlmöglichkeiten durch. Auf jeder Ebene, die es gibt, spielt man alle Möglichkeiten durch. Es gibt kein Urteil, es sind nur Wahlmöglichkeiten. Sobald wir ihr das gezeigt hatten, haben wir ihr die Möglichkeit dieses unberührten Ortes gezeigt, an dem sie sein möchte, und wo möchte, dass alle sind. Wir haben ihr gezeigt, dass dies eine Möglichkeit ist.—Sie soll auch die wahre Weite kennen, die sie ist. Sie ist nicht diese kleine Person auf diesem kleinen Sandkorn. Sie ist viel größer und ja, sie kämpft mit dem Ego. Es ist fast wie ein Fluch für die Menschen hier. Ihr habt das Ego aus einem Grund. Wenn man kein Ego hat, geht man nicht vorwärts. Es ist Teil der Lebenskraft. Es ist das, was einen am Leben hält.

Als sie über ihren Zweck sprachen, sagten sie, dass sie von diesem Auftrag nicht hören möchte. Sie solle vor größeren Gruppen von Menschen sprechen, obwohl das etwas war, wovor sie Angst hatte. „Wir werden ihr behilflich sein. Sie muss verstehen, dass die Gruppe nicht einmal wirklich da ist. Sie ist größer als nur die Leute, die in den Stühlen sitzen. Es geht nicht um Zahlen. Es geht um Seelen."
Als ich die Fragen beendete, sagte ich, dass Susan die meisten Antworten bereits selbst kannte.

S: Das tun die Leute immer. Sie wollen nur nicht glauben, was sie hören. Wir reden ständig mit euch. Es ist ein permanenter Dialog. Ihr hört es in eurem Kopf. Ihr hört es in eurer Seele oder dem, was die Leute ihr „Seelengewebe" nennen. Wir sind da. Sie sind nie allein. Sie brauchen sich nicht verlassen zu fühlen. So viele fühlen sich im Stich gelassen. Wir würden sie nie im Stich lassen. Sie sind nie allein. Es ist ein Auftrag. Wir sind verpflichtet. Wir haben die Arme um euch gelegt. Ihr werdet sehr beschützt. Wir sind hier. Wir waren schon immer hier. Wir gehen nirgendwo hin. Wir wurden euch zugeteilt und werden bei euch bleiben. Und wir wünschten, die Menschen könnten das verstehen, die breite Masse. Wir sind euch zugeteilt. Wir werden euch nie verlassen oder im Stich lassen. Wir sind für euch da.

Kapitel 36

ARBEITEN MIT DEN ERDSYSTEMEN

Henry wollte einen seltsamen Vorfall untersuchen. Als er irgendwann im Jahr 2005 gerade schlafen ging, hörte er die Worte: „Dein Vater liegt im Sterben" und ging zu einem Raumschiff. Er hatte keine weiteren Erinnerungen und wollte den Vorfall erforschen. Ich brachte ihn zurück in die Nacht des Ereignisses, als er in seinem Haus in West Virginia war. Er machte sich gerade bettfertig und beschrieb das Ritual, das Licht auszuschalten, ein Fenster zu öffnen, um frische Luft hereinzulassen und unter die Decke zu kriechen. Er war gerade eingenickt, als er eine Stimme in seinem Kopf hörte: „Komm. Dein Vater liegt im Sterben.—Also ging ich." Ich bat ihn, zu erklären, wie genau er ging. „Ich schätze, als ich mich entschied zu gehen, war ich dort. Auf der Stelle.—In einer anderen Galaxie."

D: Was siehst du, das dich glauben lässt, es sei eine andere Galaxie?
H: Es ist einfach ein Wissen. Ich sehe sie nicht wirklich, weil ich hinging.—Er wartet.

Was er als Nächstes sah, war für ihn sehr schwer zu beschreiben, denn es war wie nichts, das er jemals zuvor gesehen hatte. Er fand es nicht abstoßend, nur schwer zu beschreiben. „Es anzusehen, ist mein Problem." Er stand neben einem Bett, auf dem ein seltsam aussehendes Wesen lag. „Farben. Brillante Farben. Es ist keine Haut wie unsere. Um den Kopf herum, ist etwas, ähnlich wie Federn wie bei einem Vogel, aber nicht Federn. Ähnlich wie Haare, aber auch kein Haar. Es ist kurz, vielleicht zweieinhalb bis fünf Zentimeter lang. Es ist Teil des Körpers. Brillante Farben." Als er sich selbst anschaute, sah er, dass er genauso aussah. Ich fragte, ob er sein Gesicht beschreiben könne. „Dieser Teil ist schwierig. Es ist schwer zu erklären. Er hat Augen, ja, ähnlich wie unsere.

Vogelähnlich. Gefiedert. Die Hände sind ungefähr so." Es herrschte große Verwirrung, als er zwei Finger hochhielt und etwas beschrieb, was drei Gliedmaßen an der Hand zu sein schienen. Es gab keine Kleidung. Er erwähnte, dass jemand neben ihm am Bett stand.

D: *Ist das die Person, die dich dorthin gebracht hat?*
H: Nein. Das war der Bote. Er bringt die Leute hierher, die er für einen Teil dieser Gruppe hält. Er ist auf einer Mission. Wir sind nicht genau gleich.
D: *Was meinst du damit?*
H: Seltsam ... dass ich dort in meinem Zimmer war. Das bin ich. Der Körper, den ich dort auf der Erde habe, und das Bewusstsein dort auf der Erde ... war so *verärgert* über diese Seltsamkeit. Und es war, als wäre ich in einem anderen Körper. Jetzt ist es ganz normal, dort zu sein und es anzuschauen. Ich war dort auf einer Mission. Die Mission ist diese Gruppe. Diese Gruppe von Wesen..
D: *Ist das ein Planet, wo Du gerade bist, oder was ist es?*
H: Es ist kein Planet, nein. Ein Zustand des Weltraums. Es ist wie ein ... (Er hatte Erklärungsschwierigkeiten.)
D: *Willst du, dass sie dir helfen, es zu erklären? Oder kannst du es verstehen?*
H: Das Problem ist, es hierher zu bringen.—Es ist ein Teil des Universums, und auch wiederum nicht. Es ist Teil eines Ortes, und auch wiederum nicht. Es liegt in einem völlig anderen Bereich der Existenz. Es ist nicht schlecht oder irgendwie anders als dieser Ort auf der Erde, an dem du bist. Es ist ein Ort, an dem die *Funktionsbereiche* darauf warten, etwas zu entwickeln. Wir entwickeln Planeten. Unsere Mission ist es, zu entwickeln. Planeten zu entwickeln und verschiedene Formen von Leben auf ihnen zu entwickeln. Wir nehmen einen Planeten und bevölkern ihn mit verschiedenen Formen.
D: *Erschafft ihr den Planeten am Anfang?*
H: Nein, der Planet ist bereits erschaffen. Wir erschaffen die Formen für die Planeten. Die Planeten entstehen in einem besonderen Universum. Sie werden für verschiedene Lebensformen bewohnbar gemacht. Wenn wir das tun, tun wir das auf einem speziellen Planeten. Es gibt andere, die das für andere Planeten tun, die sich sehr von der Erde unterscheiden.
D: *Andere Lebensformen?*
H: Andere Arten von Lebensformen als wir tatsächlich erschaffen.
D: *Also haben alle Planeten verschiedene Arten. Meinst du das?*
H: Ja. Und wir gehen zur Erde, um zu lernen. Wenn man diese Dinge

erschafft, nehmen sie ihre eigene Persönlichkeit an. Und diese besonderen Formen nahmen in der Tat ihre eigene Persönlichkeit an.

D: *Ist das beabsichtigt?*

H: Nein, eigentlich war es nicht beabsichtigt. Ich weiß nicht, warum das so war. Aber diese Formen sind sehr ... sie sind nicht destruktiv, sie sind unberechenbar. Und das ist jenseits unserer Glaubensstrukturen und jenseits desssen, wie wir funktionieren. Um sie zu manipulieren—oder nicht manipulieren—sondern um sie in eine Form von System zu integrieren, damit sie auf verschiedenen Planeten platziert werden können. Und eines der Dinge in meinen vergangenen Leben war, dass wir zu einem Planeten gehen, der diese Art von Persönlichkeit hat und lernen, wie man damit umgeht. Und wie man sie umstrukturiert.

D: *Meinst du damit, dass immer dann, wenn die Wesen oder Kreaturen geschaffen werden, um einen Planeten zu bewohnen, sie keine Persönlichkeit haben sollen?*

H: Oh, nein, nein. Das ist es nicht so sehr, denn sie haben ... mal sehen, wie man beschreiben kann, wie sie entstehen. Zuerst können wir Lebensformen entwickeln. Aber wir werden verantwortlich für die Lebensformen, die wir entwickeln. Und manchmal gerät es außer Kontrolle und es läuft nicht gut mit diesen speziellen Formen. Infolgedessen müssen wir also *lernen*, wie wir mit jenen Formen umgehen, wenn wir sie erschaffen. Ich vermute, dass wir nicht mehr sind als Studenten, die diesen Prozess durchführen.

D: *Ihr wisst also am Anfang, wenn diese erschaffen werden, nicht, in welche Richtung sie sich entwickeln werden?*

H: Wir befinden uns in einem Lernprozess darüber, wie man das macht. Zumindest diese Gruppe. Ich schätze, ja, der Vater, der wichtigste Mann, ist derjenige, der stirbt. Er ist derjenige, der das Sagen hat. Er ist derjenige, der erschafft und uns durch den Prozess führt. Was er tut, ist, uns alle an verschiedene Orte zu senden, um zu leben und zu verstehen.

D: *Andere Planeten außer der Erde?*

H: Ja, an andere Orte als diesen, ja. Denn das sind die Orte, die von anderen entwickelt wurden. Und so durchlaufen die Wesen auf diesen Planeten die Prozesse des Wachstums.

D: *Also immer, wenn ihr sie zunächst entwickelt, wisst ihr bereits, wie es herauskommen wird?*

H: Nein. Das ist Teil der Lektionen, die man lernen muss. Man erschafft die Lebensformen mit dem Wissen, das man hat. Wenn sich jedoch herausstellt, dass sie nicht genug entwickelt sind ...

es ist ähnlich wie bei euren kleinen Kindern, wenn sie frisch geboren werden. Und sie wachsen zu Kindern heran. Und während sie weiter wachsen, müssen sie lernen, wie man in einer bestimmten Gesellschaft funktioniert. Es ist ähnlich wie das. Und eine andere Sache, die ich nicht verstehe, ist, warum sie ihre eigene Persönlichkeit annehmen. Du verstehst, dass, wenn sie diese Körper und Emotionen haben und sie die Persönlichkeit annehmen, du für die Entwicklung der Lebensformen als solcher verantwortlich bist. Aber sie haben ihre eigene Persönlichkeit. Wir haben keine Kontrolle über die Persönlichkeit. Wir müssen uns weiterentwickeln und verstehen lernen, wie wir um diese Persönlichkeit herum arbeiten können. Und ihnen Dinge zeigen, damit sie mehr lernen können, als sie es bisher tun.

D: Aber dürft ihr das tun? In das eingreifen, was sie tun?

H: Es ist so, als würde man ihnen einen anderen Weg zeigen. Und sie greifen den anderen Weg auf. Aber zu lernen, wie man das macht, ist eine andere Geschichte.

D: Als ihr diese Lebensformen zum ersten Mal erschaffen habt, fingt ihr da mit Zellen an, oder wie habt ihr das gemacht?

H: Nein, es ist nichts dergleichen.

D: Wie erschafft ihr die Lebensformen?

H: Indem wir sie uns einfach vorstellen.

D: Einfach in eurem Geist?

H: Etwas in der Art. Nicht mit einem Gerät oder so. Man erschafft einfach ... ihr habt die Fähigkeit, Lebensformen zu erschaffen.

D: Sagt dir jemand, dass du das tun sollst?

H: Nein. Es ist Teil der Stufenleiter des Lernens durch die Erkenntnis aller Dinge. Und das ist nur eine Stufe davon. Eine Stufe dieser Erkenntnis, während ihr euch entwickelt. Es ist wie auf der Erde, wo Henry durch Entwicklungsstufen lernt, wo er auch hingeht. Das ist ein Teil der Lektionen, die wir zurückprojizieren müssen, weil wir uns vereinfachen mussten. Und mit denen wir umgehen lernen müssen, vom Vereinfachenden aufwärts.

D: Und du sagtest, das, wo das passiert, sei kein Planet. Es sei etwas anderes.

H: Ja, es ist etwas anderes. Es ist ein Ort. Eine andere Dimension.

D: Warum wurde Henry in dieser Nacht dorthin zurückgerufen?

H: Weil dieser Anführer ... es ist etwas passiert. Wir wissen nicht, was. Wir wissen nur, dass er sich in der Energie auflöst. Das ist sehr ungewöhnlich. Wir haben das noch nie gesehen. Es ist recht unwahrscheinlich, dass so etwas geschieht. Es ist, als ob euer Gott auf eurem Planeten plötzlich nicht mehr da wäre. Als würde sich eine solche Energie auflösen. Und wir wissen nicht, warum er sich auflöst. Da ist noch etwas anderes, das vor sich geht.

D: *Deshalb wurde Henry also dorthin zurückgerufen?*
H: Genau. Und warum ich dort war und ihn begleitete. Alle kamen zurück.—Warte mal kurz. (Pause) Warte!—Wir sind jetzt in einem Kreis. Es passiert etwas, das ich nicht beschreiben kann.

D: *Mit dem Anführer?*
H: Mit uns allen zusammen. Warte mal kurz, damit ich es sehen kann. (Hatte Schwierigkeiten, die Worte zu finden.) Es existiert eine Gegebenheit in dieser Dimension, dass es keine besonderen Möglichkeiten gibt, das, was passiert, zu kommunizieren. Weil nichts davon hier auf diesem Planeten existiert. Nichts wie dies hier existiert.

D: *Ist das eine andere Form der Kommunikation?*
H: Nein. Es ist eine Existenz. Dass sich etwas in der Existenz verschiebt, ist die beste Art, wie ich es beschreiben kann. (Großer Seufzer) Warte eine Minute. (Pause) Was ich angewiesen werde, zu sagen, ist ... es ist eine Phase von einer Neuausrichtung bis zur Existenz dieses Systems.

D: *Wie eine Fortentwicklung?*
H: Ja. In allem ist ein Fortschritt. Es gibt nie einen Rückschritt.—Sie sind alle zurückgekommen. Und sie sind überall. Es gibt eine Bewegung. Ich weiß nicht, was das ist.

D: *Wird das dadurch verursacht, dass sich die Führung auflöst?*
H: Nein, tatsächlich löst sich die Führung auf eine gewisse Weise auf.—Wie ihr von eurem eigenen Weg wisst, ist der Tod nichts anderes als der Übergang von einer Existenz zur anderen. Genau das passiert hier also gerade. Die gesamte ... Existenz ist dabei, wieder zu sterben. Ich kann es nicht erklären.

D: *Und wird es dadurch ausgelöst, dass die Führung eine Veränderung durchmacht?*
H: Nein. Es ist ein Übergang für alle. Es ist ein Ereignis, das extrem wichtig ist.—Es ist weg! Alles ist weg! Es verschiebt sich. Und es verschiebt sich in eine Richtung. Ich kann nicht sagen, in welche Richtung es sich verschiebt, aber es verschiebt sich in eine andere Ebene. Das ist die beste Art, es zu sagen ... in eine andere Ebene.

D: *Und sie wollen, dass jeder da ist, um ...*
H: Um den Übergang zu dieser Ebene zu vollziehen.

D: *Um ihre eigene Energie zu nutzen, um dadurch bei der Verwirklichung zu helfen?*
H: Nein. Niemand hat dort eine individuelle Energie. Jeder hat eine Energie. Jeder *ist* dort die Energie.

D: *Arbeiten sie als eine Gruppe?*
H: Als eine Gruppe.
D: *Warum ist Henry dann dort weggegangen? Anscheinend t dies doch der Ort, von wo er kam.*
H: Nur einer von vielen. Die Führung war als ein Körper da.—Es ist nicht so, dass das Henrys Zuhause ist. Es ist und es ist es auch nicht. Es ist sein Körper und es ist auch nicht sein Körper. Und er ist dort als eine Erweiterung von hier. Genauer kann ich es dir nicht beschreiben. Das ist eher eine Erweiterung.
D: *Der Körper von Henry ist eine Erweiterung?*
H: Von dort, ja. Und auch wenn er sich darüber hinausentwickelt hat, muss er da hindurchgehen, um zu lernen, wie es ist, von dort zu sein, was wir als extrem niederes Niveau bezeichnen. Und durch diese Punkte lernen, so dass das Erlernte nun auf die Gruppe ausgeweitet werden kann. Verstehst du, das ist simultan. Mit anderen Worten, das, was er hier lernt, kommt durch und geht dorthin und geschieht gleichzeitig dort.
D: *Also wird alles, was Henry im Körper auf der Erde lernt ...*
H: Gleichzeitig dorthin gesendet.
D: *Wird dorthin übertragen.*
H: Ja, so kann ich es am besten ausdrücken.
D: *Ist das Teil des Lernens und des Versuchs, die Menschen zu verändern, wie du sagtest?* (Pause) *Weil du sagtest, dass euch die Art und Weise, wie sie sich entwickeln, nicht gefalle.*
H: Oh, die Wesen, die wir erschaffen haben. Ja, es ist dasselbe. Es ist ähnlich wie ein Lehrer in einer Grundschule zu sein, und alle Kinder veranstalten ein Chaos. Man muss also lernen, mit dem Chaos umzugehen, damit sie zu einem kommen und lernen und weitermachen können.
D: *Und eine Art zu lernen ist, in einen Körper auf der Erde einzutreten?*
H: Ah, ja. Und es hautnah zu erleben, es gleichzeitig zu tun.
D: *Also deshalb kam Henry auf die Erde?*
H: Ein Aspekt, warum Henry auf die Erde kam, ja. Den physischen Körper betrat. Nur ein Aspekt. Es gibt viele Aspekte.
D: *Hat er sich das ausgesucht, oder wurde ihm das befohlen?*
H: Es wurde ihm befohlen, das zu tun. Es ist so, als ob man ein Teil davon wäre ... um eine Analogie zu benutzen. Wenn du ein General über eine Armee bist und sagst: „Du gehst hierhin und du gehst dorthin, und du gehst dort hinüber und du gehst dorthinüber." Das ist es, was du tust, denn das ist es, was du tun musst. In einen Körper kommen, um zu erfahren, wie es hier ist. Und die Informationen werden zeitgleich zurückgesendet.

D: *War Henry schon einmal in einem physischen Körper auf der Erde oder ist dies das erste Mal?*
H: Er ist die ganze Zeit im physischen Körper. Was ich dir erklären wollte, ist, wenn du das machst (Großer Seufzer). Wenn das getan wird, ist es ein Einzelfahrschein in diese Richtung. Und nicht in jene Richtung. Mit anderen Worten, das ist eine Entität in sich selbst. Es ist eine Erweiterung dieser.
D: *Ich denke, wir sind es gewohnt, uns einen Aspekt als kommend und anschließend immer wieder zu den Erdenkörpern zurückkehrend vorzustellen. Entweder wegen des Anhäufens von Karma oder sonstiger Gründe.*
H: Das ist ein auf der Erde entwickeltes System. Das ist ein anderes System, als die Systeme, welche anderswo entwickelt wurden.
D: *Also ist Henry nicht in dieses System involviert?*
H: Nein, aber ihr müsst die Regeln dieses Systems befolgen.
D: *Also wurde ihm gesagt, er solle das tun, um den Menschen auf der Erde zu helfen, sich zu entwickeln. Ist das richtig?*
H: Nein. Ihm wurde gesagt, dass er dies tun soll, um die Entwicklung zu *lernen*, durch den Prozess, um das wieder zurückzuübertragen. Die Entwicklung. Die Entwicklung zu zeigen. Aber er musste verstehen, wie man das macht, indem er es lebt. Wenn man es also einmal lebt, dann kann man es auch projizieren. Ergibt das einen Sinn??
D: *Ich versuche zu verstehen. Ich weiß, es ist sehr schwierig, Konzepte in unsere Sprache zu übertragen.*
H: Deshalb benutzen wir keine Sprache.
D: *Es ist einfacher von Geist zu Geist.*
H: Von Geist zu Geist. Absolut.
D: *Ich dachte, dass du sagtest, es sei ein Einzelfahrschein. So dass er, wenn er mit diesem Leben fertig ist, nicht mehr zurückkehren muss.*
H: Nein. Das ist ein notwendiges Übel. Vielleicht kommt er auf einer anderen Ebene zurück. In der Vergangenheit oder in der Zukunft, in euren Begriffen. Oder nicht einmal auf diesem Planeten.—Der Aspekt der Liebe ist übrigens sehr stark, wenn ihr diesen Prozess durchmacht. Der Aspekt der Liebe der Geschöpfe, die ihr erschaffen habt, muss extrem stark sein. Und Mitgefühl ist Liebe in einer Form, genau wie es auf dem Planeten Erde vorkommt. Und ja, was passieren wird, diese Kreaturen werden sich entwickeln und sich dann verwandeln und weiter wachsen und wachsen. Es ist ähnlich wie das, was auf der Erde gerade passiert.
D: *Mir wurde gesagt, dass Liebe die Antwort auf alles sei. Sie ist ein*

mächtiges Gefühl.
H: Ja, das ist sie. Bedingungslose Liebe, ja.
D: *Alles muss mit diesem Gedanken im Hinterkopf geschaffen werden, nicht wahr?*
H: Nun, das System, in dem wir hier sind—nein, es ist alles ein System. (Pause) Es scheint, dass man in dem Moment, in dem man von diesem Ort aus ein anderes System irgendeiner Art erschafft, man es am Ende spaltet. Es gibt also sozusagen ein Plus oder ein Minus. Das ist ein Zwei-Wege-System hier, plus oder minus. Es gibt welche, die vier, fünf, sechs, acht, zehn verschiedene Systeme sind. Und dieses ist zufällig das, was man ein „Spielwürfel"-System nennt. Es ist ein Plus oder ein Minus. Die Erde ist Plus oder Minus, heiß oder kalt, gut oder böse, all diese Dinge.
D: *Zwei. Ein duales System.*
H: Ein duales System, danke. Einige sind Vierer-Systeme. Einige sind Zwölfer-Systeme. Und das liegt weit jenseits des Begreifens. Sie sind extrem kompliziert, verglichen mit dem dualen System. Deshalb ist es auch so schwer, das zu analysieren. Man müsste sich hier durcharbeiten, um es zu verstehen. (Er zeigte auf seinen Kopf.)
D: *Durch das Gehirn? Das ist es, was mir gesagt wurde. Der Verstand hat keine Konzepte, um manche dieser Dinge zu verstehen.*
H: Richtig. Es ist wie bei einem Menschen, der von Geburt an blind war und plötzlich sehen kann. Und du sagst: „Das ist eine Tasse." Und er sagt: „Hm?" Und dann berührt er sie: „Oh ja, das ist eine Tasse." Und dann muss er diese Tasse zu der Vision, die er gerade gesehen hat, in Beziehung setzen. Und so weiter. Es ist ein sehr schwieriger Prozess, eine blinde Person zum Sehen zu bringen. In gewisser Weise ist es dasselbe Szenario, denn die Menschen auf der Erde sind verblendet. Sie haben nicht die Fähigkeit oder die Möglichkeit, hier, hier, hier und hier gleichzeitig zu sehen. Man muss ein System entwickeln, das ihnen zeigt, was es ist.
D: *Ich mag es, wenn du mir Analogien gibst. Sie sind für uns viel einfacher zu verstehen.*
H: Ja, und es ist schwer. Ich muss wie ein Erdling denken, um die Analogie richtig zu setzen.
D: *Wie auch immer, Henry wurde in dieser Nacht dorthin gebracht, um Teil davon zu sein.*
H: Richtig. Es ist der Tod eines Systems, das ihn in einen Übergang in ein anderes System brachte. Er musste es „Tod" nennen, weil

ein duales System nichts anderes als das versteht. Das ist die einzige Art, es zu erklären.

D: *Aber der Ort, an den er in dieser Nacht ging, dort, wo du gerade bist, ist das eine physische Existenz?* (Nein) *Aber für ihn schienen diese Menschen physische Körper zu haben. Er sah ziemlich seltsam aussehende Körper. Kannst du das erklären?*

H: Es sind sehr seltsam aussehende Körper im Vergleich zum dualen System. Nun, wenn du mit dem Mentalen von hier zu dem Mentalen dort gehst ... Um die Kommunikation funktionsfähig zu machen ... verwandelt man ein duales System in ein einziges, somit erschafft man also etwas, das in Worte übersetzt werden kann. Etwas, zu dem es zurückkehren und sich darauf beziehen kann.

D: *Etwas, mit dem es sich identifizieren kann.*

H: Damit man sich identifizieren kann, ja. Es ist eigentlich für den menschlichen Verstand verständlich.

D: *Also haben sie eigentlich keine physischen Körper.*

H: Nicht so, wie ihr sie kennt. Das war nur etwas zum Zeigen, weil er dort gewesen war. (Verwirrung) Zeit im dualen System ... was ihr „Reinkarnation" nennt, ist als solches nichts weiter als ... wie wenn man irgendwo hingeht und man einschläft und wieder aufwacht. Wenn du schläfst, ist das eine Art, und wenn du aufwachst, ist es eine andere Art. In Erdenzeit gemessen können das viele Jahrtausende sein und ihr nennt es Reinkarnation.

D: *Indem man von Körper zu Körper geht.*

H: Von Körper zu Körper. Es ist einfach nichts weiter als ein Übergang. Von dort nach dort und von dort nach dort. Indem man all diese Informationen aufnimmt und sie hierher umwandelt, damit diese anderen geschaffen werden können. Und dieses Leben in einer höheren Sphäre des Wissens und Verstehens versuchte sich im niederen Bereich zu entwickeln und die niederen Bereiche in Bewegung zu setzen.

D: *Ich glaube, wir sind jetzt an dem Punkt, an dem uns mehr Informationen erlaubt sind. Auch wenn es immer noch nur kleine Krümel sind, weil wir nicht alles verstehen können. Aber warum wolltest du, dass Henry sich daran erinnert, dorthin gegangen zu sein?*

H: Damit *du* die Informationen bekommen kannst.

D: *Ich?* (Ja) *Du hast ihn sich erinnern lassen, damit er herkommen und sie mir geben konnte?*

H: Es scheint so. (Kichern)

D: *Aber es ist auch wichtig, dass er es weiß, nicht wahr?*

H: Oh, ja. Er erfährt immer mehr und mehr.

D: *Kannst du ihm sagen, was von dieser Erfahrung er wissen soll?*
H: Er weiß es bereits. Er hat es gerade bekommen.
D: *Wenn er sich also das Band anhört, wird er es verstehen?*
H: Ja, ich denke schon. Eines der Dinge, die er verstehen musste und das andere verstehen müssen: Dies ist ein duales System. Und es gibt noch weitere, wie ein Vierersystem, ein Achtersystem und ein Zwölfersystem. Das geht weit über euer Verständnis hinaus. Jane Roberts und Seth brachten es so klar heraus, wie es nur geht, als sie die fünfte Dimension beschrieben. Dies ist die einfachste Art, es zu beschreiben: Entwirf ein Bild aus kleinen Würfeln, die in drei Dimensionen 90 Grad zueinander stehen. D hast also diesen Haufen kleiner Würfel hier, hier und hier und hier und hier. Und als Seth sagte: „Hey, hier steckst du, Jane. Und ein anderes System ist der nächste Würfel dort. Jetzt zwei oder drei Würfel von dir entfernt, du hast keine Ahnung, wie das ist. Dieses System ist völlig anders." Und genau das ist hier der Fall. Dieses System ist völlig anders. Es ist schwer zu beschreiben. Und das Einzige, was man tun kann, um von hier zu gehen, oder wie Seth sagte: „Wo du bist, Jane?", ist, von diesem System zu gehen und einen Schnappschuss von dem Bild zu machen, das man sieht. Und es hierher zurückzubringen und zu versuchen, es zusammenzusetzen. Und das ist die beste Beschreibung, die ich gefunden habe ... während dieses Prozesses hier. Wenn du also zu fünf, zehn, zwölf, vierundzwanzig und achtunddreißig verschiedenen Systemen gehst, ist es kein duales Sysytem, sondern eine völlig andere Sache. Eine völlig andere Art zu denken.
D: *Einer meiner Klienten beschrieb, dass sie alle unterschiedliche Regeln und Vorschriften hatten, als sie die Universen schufen. Ist es das, wovon du sprichst?* (Ja, ja, ja.) *Denn in einigen dieser anderen Universen, die sie erschufen, konnten Planeten quadratisch sein. Sie konnten länglich sein. Sie konnten sich auf völlig verschiedenen Umlaufbahnen bewegen. Jedoch gehorchten sie anderen physikalischen Gesetzen als wir sie hier haben.*
H: Jeder Physiker in jedem Würfel ist in gewisser Weise signifikant anders als jeder andere Physiker in den anderen Würfeln.
D: *Und sie sagten, dass dieses Universum den Gesetzen dieses Universums gehorche, aber die anderen Universen andere Gesetze haben?*
H: Deshalb kann man nicht von diesem Universum in jenes Universum gehen und erwarten, dass man überlebt. Es sei denn, man hat sein eigenes Universum bei sich.

D: *Was ein bisschen schwierig wäre, nicht wahr?*
H: Oh, man kann das tun. Aber man kann dort nicht sehr lange bleiben. Es ist schwer. Seth hat das hervorgehoben. Er sagte: „Wenn du einen Körper aus Universum A hast und ins Universum B gehen willst, und du das zufällig tust. Die unterschiedlichen Gesetze *deines* Körpers sind anders als die Gesetze *dieses* Körpers, und du wirst vielleicht nicht zurückkommen. Du könntest körperlich implodieren."
D: *Mir wurde mit anderen Worten gesagt, dass die Matrix des Körpers zerstört würde.*
H: Ah! Des *Körpers.* Das ist ein Körper, das ist die Matrix. Ja, das könnte sie.
D: *Denn die Seele kann nicht zerstört werden.* (Nein) *Mir wurde gesagt, dass man nichts von einem Universum (oder einer Dimension?) in das andere zurückbringen könne. Die Matrix würde zerstört werden. Sie könnte nicht existieren.*
H: Nun, das Universum würde nicht zerstört werden, aber die Form würde es. Das ist ein Weg, wie du es verstehen kannst.

Zumindest war ich wieder auf vertrautem Boden, auch wenn ich es noch nicht ganz verstanden hatte, war es etwas, das ich in den frühen Tagen meiner Arbeit entdeckt hatte. In meinem Buch *Die Legende vom Sternensturz* fand der Jäger heraus, dass er in ein anderes Universum reisen konnte und in der Lage war, den Körper eines unbekannten Tieres in sein Dorf zurückzubringen. Es war eine sehr ungewöhnliche Situation, denn man sollte eigentlich nicht in der Lage sein, dies zu tun, ohne dass die Matrix des Tieres zerstört wird. Ich nahm an, es sei erlaubt, weil das Dorf hungerte und verzweifelt nach Nahrung suchte. In meiner Arbeit entdecke ich immer wieder unbekannte Konzepte. Als Reporterin genieße ich es, diese zu erforschen und ich mag es auch, wenn sie, wie in diesem Fall, unerwartet von einem anderen Klienten bestätigt werden. Ich weiß, dass ich noch viele Teile zusammensetzen muss, bevor es Sinn macht, aber zumindest behielt ich meine Aufgeschlossenheit bei. Ich wusste nie, was sich hinter der nächsten Ecke meiner Arbeit verbirgt.

D: *Aber du wolltest, dass ich diese Information bekomme?*
H: Ja, sehr.
D: *Weißt du, ich bekomme kleine Stückchen von hier und da und ich muss alles zusammensetzen.*
H: Das ist richtig. Das verstehen wir.

Ich dachte dann, ich sollte noch ein paar andere Fragen zu

Erfahrungen stellen, über die Henry etwas wissen wollte. Doch dieser Teil sagte: „Wir sind beschränkt auf ... unser Fokus liegt nur auf dem, was wir tun. Den anderen Teil kennen wir nicht. Das ist eine ganz andere Sache." Ich fragte dann, ob es in Ordnung wäre, wenn ich einen anderen Teil herbeirufen würde, der die Fragen beantworten könnte. Sie sagten, das wäre durchaus zulässig. Also dankte ich ihnen für die Informationen, die sie mir gegeben hatten, und bat sie, sich zu zurückzuziehen. Dann rief ich das SC herbei. Das erste, was ich wollte, war, dass es mir genauer erklärt, was Henry in jener Nacht erlebt hatte. Es fragte: „In der, mit der du gerade fertig bist?"

D: Ja. Mach die zuerst. Versuche, es zu erklären. Dann gehen wir zu den anderen Fragen über.
H: Es war das Bewusstsein der anderen Systeme. Und es sprach durch den bewusten Geist. Bewusstsein der anderen Systeme und anderer Entwicklungen. Es gibt viele Entwicklungen, und es gibt ständig verschiedene Entwicklungen.
D: Sie hörten sich an, als wären sie Teil der Schöpferwesen.
H: Sie *sind* die Schöpferwesen. Was nur eine weitere Ebene ist. Viele Ebenen des Lebens.

Der Ton verschwand plötzlich, als ob ihn eine Art von Energie von der Bandaufnahme genommen hätte. Es gab eine lange Pause, und dann machte das SC weiter.

H: Sie sind multidimensional ... Orte, die mehrdimensionale Ebenen von Wesen sind. Es gibt Multi-Ebenen, Dimensionen innerhalb von Dimensionen innerhalb von Dimensionen. Und so ist hier auf der Erde jener Aspekt der Schöpferwesen ein Teil des dimensionalen Aspekts. An welchen jeder in der einen oder anderen Lebensform gebunden ist.
D: Warum ist es für Henry wichtig, zu diesem Zeitpunkt diese Informationen zu erhalten?
H: Für seine Entwicklung. Er entwickelt sich ständig in viele Richtungen.
D: Er scheint in der Lage zu sein, all diese Dinge zu verstehen.
H: Ja. Wir spüren seine Verbissenheit recht oft.

Ich wollte dann, dass das SC eine weitere seltsame Erfahrung erklärt, die der andere Teil nicht erklären konnte. Es geschah in der Nacht, von der er sagte, er sei durch den Weltraum gegangen. Er hörte, wie jemand zu ihm sagte: „Vergiss nicht, du hast dich freiwillig dafür gemeldet." Und er betrat ein *riesiges* Raumschiff, in dem so etwas wie ein Einkaufszentrum war und ein Hologramm an der Wand mit vielen Ordnern. „Was geschah in jener Nacht?"

H: Genau das, was er dir gesagt hat. Aber die Ordner werden nach und nach geöffnet, hier etwas und da etwas.

D: *Die Ordner, die er gesehen hat?*

H: Die er gesehen hat. Die vielen Ordner dort drüben. Und sie werden entsprechend aufgelöst.

D: *Was stellen die Ordner dar?*

H: Bedingungen und Situationen von Wahrscheinlichkeiten des Planeten. Für jede Wahrscheinlichkeit, die entsteht, öffnet sich dieser bestimmte Ordner, um den Prozess durchzuführen, was auch immer dazu nötig ist. Es handelt sich also um eine multidimensional Situation, denn die Wahrscheinlichkeiten und Möglichkeiten ... es gibt mehr als eine Zeitachse auf diesem Gebiet. Und es gibt mehr als ein Ereignis, das eintritt. Und die Ereignisse finden simultan statt. Und welchen Ordner du sich öffnen sehen wirst, ist abhängig davon, auf welcher Zeitachse du dich befindest.

D: *Sie geben dir die Möglichkeiten und Wahrscheinlichkeiten?*

H: Sie geben dir das *Ergebnis* der Möglichkeiten und Wahrscheinlichkeiten. Wenn du also einen Ordner öffnest, schiebst du ihn auf jener Zeitachse in eine andere Richtung. Aber auf dieser Zeitachse tust du etwas anderes. Und was hier am wichtigsten ist, die Zeit ist so simultan, dass dies definitiv eine Illusion ist. Allerdings gibt es viele, viele, viele Universen der Illusion. Und du bist in jedem einzelnen von ihnen. Jedes wird entsprechend umgesetzt. Der Ordner hängt also davon ab, wo du dich befindest. Das ist ein anderes Ereignis, dieses ist ein unterschiedliches Ereignis und jenes ist ein anderes Ereignis und das ist ein anderes Ereignis. Und jedes einzelne, wenn du es öffnest ... jeder Ordner ist eine Reihe von Ordnern. Diese Zeile hier hat also eine Reihe von Ordnern, die zu dieser Zeitachse werden, die dort und dort weitergeht. Vergangene Leben, ja, er hat Zeitverschiebungen. Die Zeitachse verschiebt sich. Und er ist sich ihrer jetzt bewusst, weil wir sie ihm bewusst gemacht haben. Somit bekommt er flüchtige Einblicke und er wird in diese Zeitverschiebungen hinein- und hinausgehen.

Dies deckt sich mit einem anderen Konzept, das in den anderen Büchern aus der Reihe *Das Gewundene Universum* erläutert wird. Das lautet, dass jedes Mal, wenn wir Energie in eine Entscheidung stecken und diese Möglichkeit wählen, diese dann unsere Realität wird. Aber die Energie, die in die alternative Möglichkeit gesteckt wird, muss irgendwo hingehen, somit wird eine andere alternative Realität geschaffen und ein anderes Du lebt diese. Noch mehr bewusstseinsverändernde Konzepte.

D: *Warum wolltest du, dass er sich dessen bewusst ist?*
H: Es ist Teil seiner ganzen Entwicklung. Und der Menschen, mit denen er in Berührung kommt.

Henry hatte mit vielen Menschen zu tun und „sie" fanden es wichtig, dass er damit weiterarbeitete. „Er wird gelenkt werden. Er muss einfach nicht alles wissen. (Gekicher) Er ist wie ein wildes Pferd, das man versucht, mit den Zügeln im Zaum zu halten."

D: *Manchmal ist es besser, nicht alles zu wissen.*
H: Nun, das könnte jedoch gefährlich sein. Es würde ihn unter gewissen Aspekten umbringen. Er hat bereits 23 Ereignisse verpasst. Bereits 23 Mal hätte er tot sein müssen. Jedes Mal wurde es umgeleitet. In manchen Fällen wurde er wiederhergestellt. Er hätte sterben sollen, aber er wurde wiederhergestellt.

D: *Also war es noch nicht seine Zeit, zu gehen.*
H: Es ist keine Frage des Zeitpunkts, zu gehen. Es ist einfach—wie sagt man das?—Es gab einen Vorfall, bei welchem er getötet und sofort wiederhergestellt wurde. Es gab also keine *Lücke* zwischen dem Auflösen des Körpers und der Wiederherstellung.

D: *Welches war dieser Vorfall?*
H: Das möchten wir lieber nicht sagen. Er weiß, was passiert ist, aber er weiß nicht, wann.

D: *Aber er starb tatsächlich und er wurde sofort zurückgeschickt?*
H: Er wurde wiederhergestellt.

D: *Weil er noch länger hier bleiben musste.*
H: Ja. Er wurde wiederhergestellt ... es ist eine Form. Manchmal möchte man an einen Unfall denken. Und natürlich gibt es so etwas wie einen Unfall nicht. Aber der Punkt ist der Prozess und man darf keine Pause zulassen. Erlaube nur eine Fortsetzung. Keine Pause dabei.—Aber das Wichtigste ist hierbei—und das hat er jetzt gelernt. Und wir wissen, dass du das auch hast.—Es hängt lediglich davon ab, welche Richtung du einschlägst. Du erlernst hier Prozesse. Und das liegt daran, dass es ein duales System ist. Wenn du es also wirklich kompliziert magst, dann geh in ein multiduales System.

D: (Gekicher) *Ja, sie sagten, dass sie nicht viel davon erklären können und es uns ohnehin nur verwirren würde.*
H: Es ist fürchterlich kompliziert. Du hast nicht das Gehirn ... der Geist kann es tun, aber das Gehirn nicht. Das Gehirn ist nicht dafür strukturiert.
D: *Lass mich nach der Zeit fragen, als er an Bord des Schiffes mit den Ordnern war. War das ein physisches Raumschiff?*
H: Oh, ja, sehr physisch.
D: *Es war also nicht wie die andere Erfahrung?*
H: Nein. Das war ein physisches Raumschiff in diesem Universum, ja.
D: *Warum wurde er dorthin gebracht? Hatte er eine Verbindung zu diesen Leuten?*
H: Das ist ein weiterer Aspekt von ihm. Es ist so. (Er hielt seine Hand hoch.) Die Finger sind Aspekte ein und desselben. (Er hielt jeden Finger hoch.) Dieser ist anders als jener.
D: *Also musste er in jener Nacht wieder in diesen anderen Körper gehen, der ein anderer Aspekt von ihm war?* (Ja) *Aber er erinnerte sich, also war es bedeutsam.*
H: Ja, sehr sogar. Das Schiff, auf dem er sich befand ... das ist eine fortlaufende Angelegenheit im Moment. Euer Planet, wie ihr wohl wisst, befindet sich in diesem Prozess der Veränderung. Und er will nur wissen—wie sagt man das?—Er wird wissen, was zu tun ist, wenn es so weit ist. Darum ging es bei den Ordnern. Und noch einmal, wenn der Ordner so ist und der Ordner so ist, sind das die Möglichkeiten.
D: *Ich habe ihm gesagt, dass es manchmal nicht die rechte Zeit ist, die Informationen zu erhalten.*
H: Genau, genau. Dafür sind deine Bücher da. Jemand muss es tun.—Er hat viele verschiedene Leben berührt und weiß es nicht. Er lässt einfach einen Samen hier fallen, womit ich eine einfache Analogie darlege. Und du tust dasselbe. Und es breitet sich einfach aus. Und dieser Planet muss das zu diesem Zeitpunkt wissen. Und jetzt steuert er auf einen wilden Ritt zu.

Kapitel 37

DIE HEILUNG VON ANN

DISKUSSION VOR DER SITZUNG

Ann hatte mir geschrieben, aber der Brief war den vielen anderen, die ich erhalte, so ähnlich, dass ich ihm nicht viel Beachtung schenkte. Außerdem war ich mit Reisen und Vorträgen beschäftigt. Dann rief sie an und sagte, dass sie meine Freundin Nina kennengelernt und ein seltsames Erlebnis in ihrem Haus gehabt habe und dass Nina denke, sie sollte mich sehen. Normalerweise lasse ich niemanden zu Sitzungen zu mir nach Hause kommen, aber mein Auto war völlig kaputt und ich musste mir ein neues kaufen. Also konnte ich nicht nach Fayetteville fahren und die Sitzung bei Nina zu Hause abhalten. Und so willigte ich schließlich ein, dass sie zu mir nach Hause kommen konnten. (Das war, bevor ich 2003 mein Büro in der Stadt eröffnete.) Meine Tochter Nancy und ich hatten zudem vor, in ein paar Wochen nach Europa zu fahren, also wollte ich mich zu dieser Zeit definitiv nicht mit einer hiesigen Person einlassen. Aus Höflichkeit willigte ich gegenüber Nina wegen unserer langen Freundschaft ein, aber ich dachte nicht, dass etwas daraus werden würde, Ann zu sehen.

Am Telefon machte Ann den Eindruck von jemandem, der absolut keine Kenntnisse über Metaphysik, UFOs oder irgendetwas in dieser Art hatte. Deshalb war ihr Erlebnis mit Nina auch so seltsam. Es hatte sie so sehr erschreckt, dass sie in ihrer Küche auf dem Boden saß und weinte, bevor sie sich aus Verzweiflung entschied, mich anzurufen. Ich konnte anhand meiner Fragen feststellen, dass sie nicht einmal das grundlegendste Verständnis für das Paranormale hatte. Nina willigte ein, im Oktober 1999 mit ihr zu mir nach Hause zu kommen, und als sie ankamen, hatten wir beim Mittagessen eine Diskussion am Esstisch.

Ann hatte mehrere körperliche Probleme. Sie war eine insulinabhängige Diabetikerin, nahm Herzmedikamente ein (obwohl sie erst Anfang vierzig war) und es wurde bei ihr das Frühstadium von Kehlkopfkrebs diagnostiziert. Die Ärzte hatten eine Biopsie durchgeführt und wollten sie operieren. Sie lebte zudem in einer schlechten Ehe.

Ann versuchte zu beschreiben, was passiert war, das das ungewöhnliche Ereignis ausgelöst hatte. Es geschah im September, nur einen Monat zuvor. Nina ist Praktizierende einer Energiearbeit namens „Sanfte Berührung", bei der sie als Energiekanal fungiert, um den Klienten zu helfen, Blockaden zu lösen und damit das Wohlbefinden zu steigern. Es ist ähnlich wie Reiki und wird auf einem Massagetisch ausgeführt. Ann war zu Ninas Haus gegangen, um sie zu besuchen und ihre Probleme, einschließlich der Eheprobleme, zu besprechen. Während des Gesprächs bot Nina an, ihr beim Entspannen zu helfen, und Ann befand sich auf dem Massagetisch, als sich der Vorfall ereignete. All das war völlig neu für Ann und sie wusste nicht einmal, was Reiki war. Sie erwartete, dass sie sich entspannen und vielleicht einschlafen würde, denn das passiert oft bei jeglicher Art von Energie- oder Massagearbeit. Ann hatte einen harten Arbeitstag in der Notaufnahme des Krankenhauses hinter sich, wo sie als Helferin arbeitete, und war bereit, sich zu entspannen. Der Raum war vollkommen dunkel, bis auf den schwachen Schein einer Kerze, um die Entspannung aufrechtzuerhalten.

Ann beschrieb, was als Nächstes geschah: „Ich entspannte mich, weil dies wie eine Massage sein sollte, und plötzlich war ich nicht mehr da. Ich war da, war es gleichzeitig aber auch nicht. Lass mich dir das erklären. Ich wusste, dass Nina immer noch um mich herum war, aber gleichzeitig befand ich mich auch in einem anderen Raum irgendwo, wo diese Wesen überall um mich herum waren. Und jedes einzelne dieser Wesen berührte mich an meinen Armen oder Beinen. Ich hatte nicht wirklich Angst vor ihnen. Es war eine Art von ... Neugier. Ich war genauso neugierig auf sie, wie sie auf mich. Und ich erinnerte mich, dass ich immer noch auf Ninas Tisch lag und ich war in der Lage, Nina zu sagen: „Nina, erinnere dich an alles, was ich dir beschreibe." Zum Beispiel konnte ich Nina sehen, aber nachdem ich das gesagt hatte, war Nina weg. Ich war an zwei Orten gleichzeitig."

Ann gab dann ihr Bestes, um die Wesen, die sie um sich herum sah, zu beschreiben. „Ihre Gesichter waren überall um mich herum. Sie waren wie orangefarbenes Gel. Richtig dickes, dickes, dickes Gel. Da war auch fast so etwas wie eine Art holografisches Gesicht drin. Es war kein echtes Gesicht. Sie machten nie den Mund auf, um mit mir zu reden, aber ich wusste, was sie sagten. Ich weiß nicht, wie ich es dir erklären soll. In meinem Kopf hörte ich die Stimme, aber niemand bewegte seine Lippen. Ihre Gesichter waren sehr warm. Aber dieses Gel ... Ich erinnere mich, dass ich immer wieder die Hand hineinstecken wollte."

D: *Um zu sehen, ob es fest oder flüssig war?*
A: Ich weiß es nicht. Es sah einfach einladend aus. Eigentlich sah es nach Spaß aus. (Lachen) Aber ich war auch skeptisch und ängstlich. Ich wollte es tun, aber ich tat es nicht. Sie sagten mir immer wieder, dass sie sich Liebesgefühle in Erinnerung rufen müssen. Dass ich reichlich Mitgefühl hätte und sie mich wirklich genossen. Da war ein ganzer Haufen von ihnen. Es gab eine Hauptperson—keine Person, ein Wesen—das an meinem Kopf stand. Und da war diese ganze Maschinerie hinter ihnen. Ich konnte mich nicht wirklich darauf konzentrieren, aber ich erinnere mich, dass es Griffe gab, es gab Farbe, es gab Knöpfe. Und das Licht über meinem Kopf war riesig. Es war massiv und perfekt rund. Es hing da oben wie ein Operationslicht, sogar noch heller. Es störte meine Augen nicht, ich konnte direkt hineinsehen. Sie sagten mir, ich solle in das Licht hineinschauen und es werde mir nicht wehtun. Sie würden mir niemals wehtun, sagten sie mir.

Ich schaute in das Licht und plötzlich ging ein Stroboskop sehr schnell los. Und das gefiel mir überhaupt nicht. Es machte mir Angst, denn als ich dort lag, dachte ich, sie versuchten, mir meine Gefühle stehlen. Und dass sie versuchten, mir meine Liebe zu stehlen und dass ich sie nie wieder haben würde. Sie haben das zwar nicht gesagt, aber ich dachte, sie hatten vor, das zu tun.

Dies klingt ähnlich wie die Ermittlerin in *Die Aufseher*, die dachte, sie würden ihre Erinnerungen stehlen, als sie ihr an Bord eines Schiffes eine Maschine am Kopf anbrachten. Sie fand heraus, dass es eigentlich so etwas wie ein Kopiergerät war. Es nahm die Erinnerungen nur auf, entfernte sie aber nicht. Das könnte das gewesen sein, was mit Ann passierte.

A: Sie waren unerbittlich darin, verständlich zu machen, dass sie mich *niemals* verletzen würden. Und in der Tat fürchtete ich die Menschen jetzt mehr als sie. Im Ernst, ich habe das Gefühl, dass die Menschen furchterregendere Monster sind als sie. Wir hatten noch weiteren Austausch, bei dem sie mir so viel Zeug vorführten. Und es ging so schnell. Und ich kann sogar während ich jetzt mit dir rede vor meinem geistigen Auge schnell aufblitzende Formeln sehen. Ich könnte fast einige von ihnen aufschreiben, aber ich kann nicht alles aufschreiben, weil es zu schnell geht. Aber ich kann Zahlen sehen, ich kann Zeichen sehen.

Ich hörte es in den letzten Jahren oft, dass Menschen auf der ganzen Welt Informationen auf einer unterbewussten Ebene erhalten. Meistens erscheinen sie als geometrische Symbole oder seltsame Zeichen, die für sie keine bewusste Bedeutung haben. Sie erhalten diese auf viele ungewöhnliche Arten. Manche erzählen, während sie sich auf einer Couch liegend in ihrem Wohnzimmer entspannen, scheint ein Lichtstrahl durch das Fenster und ist auf ihre Stirn gerichtet. Und sie sehen Symbole, die sich durch das Licht hinunter in ihren Geist hineinbewegen. Andere drücken dies durch einen sonderbaren Zwang aus, stundenlang ungewöhnliche Symbole zu zeichnen. In meiner Arbeit mit den ETs sagen sie, dass dies die Übertragung von Informationen in das Unterbewusstsein durch den Gebrauch von Symbolen sei, weil Symbole ganze Blöcke an Informationen enthielten. Die Informationen würden auf einer zellulären Ebene subtil an das Gehirn übertragen. Es sind Informationen, die das Individuum in der Zukunft brauchen wird, wenn die Erde und mit ihr die Menschheit durch die kommende Transformation geht. Sie werden die Informationen haben, wenn sie sie brauchen, und sie werden sich nicht einmal bewusst sein, woher sie kommen. Mir wurde gesagt, und darüber wurde auch in einigen meiner anderen Bücher geschrieben, dass dies die Bedeutung der Kornkreise sei. Die in den Kornfeldern angelegten Symbole enthalten Informationsblöcke, die in den Geist eines jeden übertragen werden, der das Symbol sieht. Sie müssen nicht physisch in den Kreisen sein, um die Informationen zu erhalten, sie müssen nur das Symbol sehen.

Einige der Informationen, die Ann erhielt, könnten ihrer Ansicht nach Formeln sein. Sie hatte eine begrenzte Bildung, war nach der zehnten Klasse von der Schule abgegangen und machte später ihren GED (dem High School-Abschluss vergleichbarer Abschluss, *Anm. d. Übersetzers). Sie hatte also keine bewussten Kenntnisse in Chemie. Sie diente ein paar Jahre bei der Küstenwache als Sanitäterin.

Wir richteten unsere Aufmerksamkeit wieder auf das Erlebnis und sie versuchte, ihr Aussehen zu beschreiben. „Sie sahen alle gleich aus. Ihre Hände waren überhaupt nicht wie unsere. Sie hatten vier Finger, aber keinen wirklichen Daumen. Dennoch war ihre

Beweglichkeit mit den Fingern sehr gut. Sie konnten alles mit ihnen machen. Sie waren wirklich empfindlich. Ihre Finger waren nicht angebracht wie unsere. Wie wenn wir unsere Zeigefinger nehmen und sie etwas weiter auseinanderspreizen. Wie wenn einer von ihnen mehr zur Seite herauskommt. Ich werde nie ihre Hände vergessen. Und sie waren überall auf mir, also erinnere ich mich an die Hände. Und ihre Arme und Beine sind *sehr* dünn und mager."

Ich wollte dies verstehen, weil einige der Beschreibungen auf keine der anderen Aliens passten, die meine Probanden beschrieben haben. Die Vorstellung von Gesichtern mit orangefarbener Gelatine stellte mich vor ein Rätsel. Sie sagte, sie glaube nicht, dass es eine Maske sei, Gelatine sei das Einzige, was auf die Beschreibung passe. „Dick, dick, dick, dick, richtig dick. Aber in diesem Gel-Effekt konnte man tatsächlich fast ein Gesicht sehen, aber kein richtiges Gesicht. Und der Rest an ihnen ist grün. Ich hasse es, das zu sagen. Wirklich. Das sind meine grünen Aliens. Es war ein hässliches Raupen-Erbsen-Grün mit einem gelblich-grünen Schimmer rings herum auf ihrer Haut. Die Haut selbst war eine Art Raupengrün." Sie lachte über die Absurdität der Vorstellung im Geiste. Sie wusste nicht, wie groß sie waren, weil sie lag.

Ann erklärte, dass die Wesen dieselben Handbewegungen machten wie Nina, als sie Ann auf dem Massagetisch Energie gab. Vielleicht ahmten sie es nach oder lernten es.

Ich wollte Ann nicht zu viel über andere Fälle erzählen, die ich untersucht hatte, und Nina sprach auch nicht viel. Wir wollten sie nicht beeinflussen. Ich wusste, dass sie über diese Art von Dingen nichts gelesen hatte und ich wollte, dass die Informationen spontan waren, wenn wir die Sitzung hielten.

Nach der Diskussion gingen wir zur Sitzung alle in das Schlafzimmer. Als Ann in Trance war, brachte ich sie zu dem Datum zurück, an dem das Ereignis in Ninas Haus stattfand. Sie kehrte sofort zu der Nacht zurück und wiederholte das Gespräch, das sie mit Nina und ihrem Mann Tom führte, während sie um den Esstisch herum saßen. Nina nickte, um anzudeuten, dass die Situation korrekt war. Um die Ereignisse zu beschleunigen, ließ ich sie in der Zeit voranschreiten.

A: Wir gingen zu Fuß. Und wir gingen durch die Garage und in ein anderes kleines Zimmer hinein. Es riecht nach Pferden.
D: Warum riecht es nach Pferden?
A: (Lachen) Weil dort Pferde sind. Ich kann sie hören.

Nina wohnt auf dem Land und hat einen kleinen Stall neben der

Garage. Ihr Arbeitszimmer liegt neben den beiden. Nina ließ Ann auf ihren Massagetisch steigen, damit sie ihr helfen konnte, zu entspannen. Nina begann, an ihrem Kopfbereich zu arbeiten, da schien Ann etwas zu beobachten. Dann fragte sie ganz leise, fast im Flüsterton: „Was ist das?"

D: *Was siehst du?*
A: Hmmm. Einen Haufen von ihnen ... mehrere. Nein, das sind keine Menschen. Es sind Wesen.
D: *Woher weißt du, dass es keine Menschen sind?*
A: Weil sie nicht wie wir aussehen. Sie sehen anders aus. Sie sind *sehr* anders. Sie sind hier drüben und berühren meine Hände und Arme. Sie sind auf meinen Beinen.
D: *Kannst du es fühlen, wenn sie dich berühren?* (Oh, ja.) *Wenn du spüren kannst, dass sie dich berühren, müssen sie körperlich sein. Ist das richtig?*
A: Oh, ja! (Vorsichtig, als ob sie es korrekt sagen wollte.) Sie berühren mich. Und ich lasse es zu, dass sie mich anfassen. Ich sage Nina, sie solle zusehen. Ich glaube nicht, dass sie diese Leute sehen kann. Ich muss ihr schildern, wie sie aussehen.
D: *Sag mir, wie sehen sie aus?*
A: Ooooh, sie haben schwammige Gesichter. Wackelpuddingartige, schwammige, orangefarbene Gesichter. Sie haben Augen da drin.
D: *Wie sehen ihre Augen aus?*
A: So eine Art dunkel und voller Blasen. Blasen. Zwei Blasen. Eins auf der einen Seite und eins auf der anderen. Dunkel. Nicht ganz schwarz.
D: *Aber du sagtest, die Gesichter seien irgendwie schwammig?*
A: Nun, nach eurem Verständnis sind sie schwammig. Wackelpuddingartig. Irgendwie glatt, mit einem Schimmer von einem Kräuseleffekt hier und da.
D: *Sieht ihr ganzer Körper so aus?*
A: Nein. Nur das Gesicht. Ich kann nicht ihren ganzen Körper sehen. Der Kopf hat eine grünliche Farbe ... und es ist eine seltsame gelblich-graue Farbe daruntergemischt. Sie haben lange Arme. Sie sehen nach Plastik aus. Und sie tasten einfach ständig herum.
D: *Tragen sie irgendetwas?*
A: Nein. Es gibt keinen Mann, es gibt keine Frau. Es gibt keine Kleidung. Sie brauchen sie nicht. Ihre Haut ist ihr Schutz. Sie sagen mir, dass sie mir nicht wehtun werden. Sie sagen mir, dass ich Emotionen habe. Starke Emotionen, und sie lernen von mir.
D: *Was lernen sie von dir?*

A: Liebe. Sie verstehen unsere Liebe nicht.
D: Kannst du ihnen ein paar Fragen stellen? (Ja) *Sag ihnen, dass wir neugierig sind. Warum verstehen sie diese Gefühle nicht?*
A: (Pause, als ob sie lausche.) Sie sind aus einem anderen Universum, das technologisch, mechanisch ist. Es befindet sich auf einer höheren Schwingungsebene. Sie verletzen sich nicht gegenseitig. *Wir* verletzen uns gegenseitig.
D: *Hatten sie* jemals *Emotionen??*
A: Ja. Nicht wie unsere. Nicht so, wie wir es verstehen. Ihre waren völlig anders. Ihre Emotionen lagen im Verständnis von Bildung, Fortschritt und Stärke, bis Fortschritt und Stärke ihnen in die Quere kamen. Und durch ihr Generationswachstumsmuster legten sie es auf Eis und gewannen die Stärke und das Wachstum, dann die Technologie. Und sie vergaßen die Emotionen, weil das Generationsmuster ihre Molekularstruktur veränderte.
D: *Generationsmuster? Was meinst du damit?*

Irgendwo hier änderte sich die Stimme (wie immer) und ich wusste, dass ich mit jemand anderem als Ann sprach. Wenn das passiert, weiß ich immer, dass ich Antworten erhalten kann, die sie unmöglich wissen konnte.

A: Molekulare Struktur. Du verstehst das nicht, ich muss die Worte für dich ändern.

Dies bedeutete, dass die Wesenheit Anns Vokabular durchsuchen musste, um die Worte zu finden, die dem am nächsten kamen, was es zu vermitteln versuchte. Das ist oft schwierig, weil viele Konzepte mit unserem Begriffsverständnis schwer zu erklären sind. Sie haben mir oft gesagt, dass unsere Sprache nicht ausreichend sei. Oft müssen sie auf Analogien oder Beispiele zurückgreifen. Das Wort „molekular" wurde etwas anders ausgesprochen.

D: *Meinst du die molekulare Struktur?*
A: Ja. Sagt ihr das dort so?
D: *Wir sagen „molekular". Hat es mit den Molekülen zu tun? Ist das richtig?*
A: Ja. Es verändert die Gehirnwellenmuster. Es verändert die Sensoren im Körper. Die Chemie im Körper, bis zu dem Punkt, an dem er mechanischer wird. Es ist von diesem Universum aus sehr schwer zu erklären. Generationsmuster. Im Zuge des Fortschritts der Generationen veränderten sich ihre Körper. Ich

bemühe mich sehr, euch das zu erklären. Du musst mich genauer fragen.
D: *Alles klar. Ich versuche, die Fragen zu formulieren, weil Ann es auch wissen möchte. Warum kommunizierst du mit Ann in diesem Raum?*
A: Weil sie sehr offen ist. (Leise) Oh, wow! Da sind zwei gleichzeitig. (Ann unterbrach anscheinend.)
D: *Du kannst es mir sagen, damit ich es verstehe.*
A: Verstehst du mentale Telepathie?
D: *Ja, das tue ich.*
A: In Ordnung. Wir werden mit dir durch mentale Telepathie sprechen.
D: *Ich möchte es lieber in Worten hören. Ist das in Ordnung?*
A: Wenn es sich definieren lässt.
D: *Wenn du es definieren kannst, oder wenn du mir Analogien nennen kannst. Weißt du, was Analogien sind?*
A: Oh, ja. Du lebst sehr stark davon.
D: *Du merkst es vielleicht nicht, aber ich habe hier eine kleine schwarze Box. Weißt du, was das ist? Es ist ein Rekorder, der Wörter aufzeichnet.*

Diese Wesen bezeichneten meinen Kassettenrekorder oft als meine kleine Black Box, also habe ich ihre Terminologie übernommen. Sie finden es amüsant, dass wir auf so primitive Geräte zurückgreifen müssen ...

A: Wir nehmen durch Licht auf.
D: *Ja, und ihr Leute fragt immer: „Wozu brauche ich eine Box, um die Worte aufzunehmen?" Wir können uns nicht so erinnern wie ihr es könnt. Also müssen wir die Informationen in die Box legen, damit ich sie später abspielen kann.*
A: Es ist eure niedere Technologie.
D: *Ja, deshalb muss ich Worte benutzen, anstatt mentale Telepathie. Somit könnt ihr verstehen, dass ich Analogien brauche. Was meinst du damit, ihr nehmt durch Licht auf?*
A: Durch Licht nehmen und bewahren wir auf. Energie, Pigmentierung und Licht. Es dringt in unseren Körper ein und wir setzen es in unsere Erinnerung. Und dort wird es gespeichert.
D: *Könnt ihr es jederzeit wieder abrufen?*
A: Oh, ja. Wir können es jederzeit hervorholen, wann immer wir wollen.
D: *Aber bei mir muss ich es in Worte fassen, denn wir befinden uns immer noch in der unteren ...*

A: Ich werde sie dir in Worten geben.
D: *Ich würde das sehr schätzen. Also habt ihr euch entschieden, mit Ann zu dieser Zeit zu kommunizieren, weil sie offen ist? Ist es das, was du sagtest?*
A: Sehr offen sogar.
D: *Und du sagtest, du kommunzierest mit ihr durch geistige Telepathie?*
A: Sehr sogar.
D: *Hattest du vor dieser Nacht je schon einmal Kontakt mit ihr?* (Nein) *Hast du sie damals einfach so ausgewählt?*
A: Sie ist unseren Fähigkeiten ausgezeichnet gewachsen.
D: *Und du sagtest, du seist von einer anderen Schwingungsfrequenz gekommen?*
A: Ja. Ich bin von der siebten Ebene. Welches ein erschaffenes Universum der siebten Ebene ist.
D: *Deshalb ist es für uns unsichtbar, oder?*
A: Völlig.
D: *Wenn du mit ihr interagierst, ist sie dann tatsächlich an zwei Orten gleichzeitig?* (Ja) *Kannst du erklären, wie das gemacht wird?*
A: Durch Veränderung der Schwingung. Es ist ein— ich weiß nicht, wie ich eure Worte wählen soll.
D: *Versuche es.* (Pause) *Alles, was wir haben, ist unsere Sprache. Wir haben eure Fähigkeiten nicht.*
A: Ich suche nach der richtigen Analogie. Euer Schlafmuster wäre das, was wir dem auf dieser Ebene am ehesten zuordnen können. Ihr schlaft, ihr seid hier. Während ihr schlaft, reist ihr. Das ist dasselbe, was wir bei ihr in ihrem Schlafmuster verwenden.
D: *Obwohl sie nicht schläft, wenn sie in diesem Raum ist.* (Nein) *Es ist auch kein Traum.* (Nein*) Aber kannst du mit ihrem physischen Körper kommunizieren, obwohl sie in ...*
A: (Unterbrach) Mental.
D: *Du arbeitest mit dem Mentalkörper?*
A: Richtig.
D: *Hast du eine Ahnung, wer ich bin und was ich tue?*
A: Du bist ein Lehrer.
D: *Nun, ich habe mit vielen von deiner Art gearbeitet. Vielleicht nicht genau deiner Art ...*
A: Ja, wir wissen das.
D: *Und sie erlaubten mir, Wissen zu erhalten, wenn ich darum bat ...*
A: Ja, wir wissen das.
D: *Aber ich habe noch nie jemanden wie dich getroffen.*
A: Wir wissen das. Es ist viele, viele, viele Tage her. Es ist viel Zeit

vergangen. Euer Verständnis von Zeit ist ganz anders als unseres. Ihr seid gerade in einem Zeitrahmen und auf einer Ebene, wo ihr gerufen werdet. Ihr nähert euch zu dieser Zeit vielen Universen. Ihr ruft uns, und wir kommen.

D: *Weil ich mit vielen anderen Wesenstypen interagiert habe, aber nicht mit einem, der auf deine Beschreibung passt.*
A: Ich weiß das.
D: *Aber du bist positiv, nicht wahr?* (Oh, ja.) *Weil ich mit Negativem nichts zu tun haben möchte.*
A: Das ist wahr. Euer Planet hat so viel negative Energie gehabt, dass es für uns sehr schwierig ist, zu eurem Planeten, zu eurem Universum vorzudringen. Ihr habt dieses Universum schrecklich aus dem Konzept gebracht. Ihr werdet auf einer hohen Zerstörungsebene sein. Wir suchen zu diesem Zeitpunkt Menschen in eurer Ebene und in eurem Universum, zu denen wir vordringen und denen wir helfen können. Wir kommen nicht, um Schaden anzurichten.

Seit diese Stimme zu sprechen begann, wurde sie immer ernster, tiefer und rauer als Anns normale Stimme. Ein alter Klang.

D: *Sprichst du von einem Schiff aus oder bist du auf einem Planeten?*
A: Ich bin auf einem Ebenenlevel. Kein Planet, sondern eine Ebene. Euer Verständnis von Raumschiff ist gänzlich anders als unser Verständnis für das Konzept des Reisens.
D: *Sie sagte, dass sie im Hintergrund einige Maschinen sehen könne.*
A: Ja, wir mussten sie auf eine Ebene bringen, die ihrem Verständnis nahekommt, auf der sie nicht ... Oh, ich kenne das Wort in eurer Sprache nicht. Auf der sie keine Angst hat.
D: *Kommt es oft vor, dass Leute denken, sie seien an Bord eines Schiffes, während sie es in Wirklichkeit nicht sind?*
A: Ja, recht häufig.
D: *Ist eure Welt, aus der du kommst, eine physische Welt, wie wir physisch verstehen?*
A: Nicht so, wie ihr das Physische versteht. Dort, wo wir herkommen, können wir uns in gewisser Weise zu einer Einheit versammeln, wenn es nötig ist. Lass mich das ein wenig näher erklären. Wenn es mehrere von uns gibt, die sich für ein weiteres Verständnis verbinden und zusammenschließen müssen, können wir uns zu einem Körper zusammenschließen.
D: *Ich denke an einen Gruppengeist.*
A: Richtig.

D: *Aber ihr könnt euch zu einer einzigen Entität zusammenschließen?*
A: Richtig. Das ist die Einheit.
D: *Würde diese Entität ähnlich dem aussehen, wie du jetzt aussiehst oder wäre sie größer oder ...*
A: Nein, nein. Es gibt keinen visuellen Anblick, so wie du den visuellen Anblick verstehst.
D: *Warum erscheint ihr dann aber mit den orangefarbenen Gesichtern und den grünen Körpern?*
A: Das ist ihr Verständnis von uns.
D: *Erscheint ihr in Wirklichkeit so?*
A: Wir können in jeder Erscheinungsform erscheinen, die wir brauchen, um dem Individuum zu erscheinen.
D: *Was ist eure normale Erscheinung?*
A: Wir sind eine Energiemasse.
D: *Das dachte ich mir, dass es sich so anhört. Dann braucht ihr an dem Ort, von dem ihr kommt, keine physischen Dinge.*
A: Korrekt.
D: *Aber doch sagtest du, ihr habet euch technisch entwickelt.*
A: Korrekt. Es gibt viele Planeten auf allen universellen Ebenen und Leveln. Jeder dieser Planeten hat seine eigene Strahlenstruktur. Wir müssen uns gemäß dieser Strahlenstruktur manifestieren, damit sie es verstehen. Ohne unsere Technologie würde das Verständnis für euch manchmal nicht fortschreiten. Ihr seid eine Spezies, ein Wesen, das sehr niedrig schwingt. Ihr tut euch gegenseitig weh. Ihr fügt euch gegenseitig Schmerzen zu. Wir versuchen, euch zu helfen.
D: *Aber du weißt, so sind wir nicht* alle.
A: Korrekt. Aber es gibt so wenige von euch, die diese erleuchtete Seite *tatsächlich* verstehen
D: *Ich versuche zu verstehen. Du sagtest, ihr habet keine Emotionen mehr, weil ihr durch die Technologie in die andere Richtung gegangen seid.*
A: Ja. Als eine verbundene Einheit können wir Emotionen verstehen.
D: *Aber wenn ihr Technologie hattet, denke ich an physische Dinge.*
A: Ja. Das ist euer Verständnis. Technologie liegt im Verbrauch von Energie. Das Aufbrechen und Aufteilen von Energie zusammengefasst zu einer Massenquelle.
D: *Hattest du einst einen physischen Körper?*
A: Ja, als wir auf einer niedrigeren Ebene waren. Wir haben uns durch unsere Technologie darüber hinaus entwickelt.
D: *Aber das war nicht der richtige Weg?* (Nein) *Wenn du die Wahl gehabt hättest, welchen Weg hättest du gewählt?*

A: Das ist eine persönliche Entscheidung. Jedes Wesen hat diese Wahl.
D: *Aber ich meinte, wenn ihr nicht zur Technologie übergegangen wärt und das geworden wärt, was ihr seid, hättest du dann eine andere Richtung einschlagen können?*
A: Ja, es gibt mehrere Möglichkeiten, aus denen man wählen kann.
D: *Als du einen physischen Körper hattest, wie sah dieser aus?*
A: Es gibt nicht eine einzige Form eines physischen Wesens. Es ist eine Wahl.
D: *Ihr könnt also alle unterschiedlich aussehen?* (Ja) *Ich bin so begrenzt durch das, was wir als physisch betrachten.*
A: Ja, das bist du. Eure Tastsinne, euer Geruchs-, Hör- und Sehsinn sind sehr begrenzt.
D: *Deshalb versuche ich immer, mein Verständnis zu erweitern.*
A: Ich werde versuchen, dir zu helfen. Du versuchst, in einer physischen Struktur zu denken und wir versuchen, eine emotionale Struktur hineinzuprojizieren.
D: *Ist das einer der Gründe, warum du Ann kontaktiert hast, weil du wissen wolltest, wie die Emotionen des Menschen funktionieren?* (Ja, ja.) *Es ist komplex, nicht wahr?* (Oh, ja.) *Aber wir sind komplexe Wesen.*
A: Du bist ein lustiges Wesen.
D: (Kichern) *Was meinst du damit?*
A: Ihr Wesen, ihr findet Humor auf die seltsamste Art.
D: *Du hast auch Humor, nicht wahr?*
A: Ähm, nicht auf deiner Verständnisnebene.
D: *Nun, was denkst du, was humorvoll ist?*
A: Ihr Wesen.
D: (Lachen) *Beobachtet ihr uns?*
A: Ja. Wir beobachten euch als ganze Einheit.
D: *Ja, aber dennoch sind wir kein Gruppengeist.*
A: (Plötzlich) Es ist kalt hier.
D: *In unserer Welt, meinst du?*
A: Es ist kalt.

Ich wusste nicht, ob Ann in ihrem physischen Körper kalt war oder ob das Wesen Kälte aus unserer Welt erfuhr. Ich beschloss, auf Nummer sicher zu gehen und alle physischen Symptome zu lindern. Dann deckte ich Ann mit einer Decke zu.

D: *Kann man dort, wo du herkommst, die Temperaturen besser kontrollieren??*
A: Es gibt keine Temperaturveränderung wie bei euch hier.

D: *Nun, wenn du mit Ann kommunizierst und arbeitest, ist unser Hauptanliegen, dass wir nicht wollen, dass ihr etwas zustößt.*
A: Wir fügen niemals irgendeinem Wesen Schaden zu. Wir sind hier, um euch zu helfen. Es ist Zeit für eure Informationen und euer Wissen. Zu diesem Zeitpunkt sollt ihr noch nicht alles an Information und Wissen bekommen. Wir haben mit Ann einiges an Informationen und Wissen geteilt. Und es gibt bestimmte Zeiten, zu denen wir diese Informationen und dieses Wissen vergrößern werden.
D: *Mir wurde einmal gesagt, dass niemals alle meine Fragen beantwortet werden würden, weil einiges Wissen eher Gift als Medizin sei.*
A: Das ist richtig. Ihr Wesen wisst nicht, wie man Informationen relativiert, um eine Einheit zu bilden. Ich glaube, ich sage dieses Wort falsch.
D: *Ich glaube, ich verstehe, was du meinst. Aber sie haben mir gesagt, wenn ich die Fragen richtig stelle, würden sie versuchen, zu antworten.*
A: Das ist richtig. Was willst du im Moment wissen?
D: *Ann sagte, dass ihr in letzter Zeit viele Dinge durch den Kopf gingen. (Ja) Obwohl es sie zuerst erschreckte, sagte sie, dass sie Formeln zu empfangen scheint.*
A: Ja, das ist richtig. Es gibt viele Formeln, die übermittelt werden. Nicht alle Formeln sind auf einen bestimmten Gegenstand gerichtet, wie ihr auf eurem Planeten sagen würdet.
D: *Wofür sind die Formeln nützlich?*
A: Ihr konzentriert euch auf eine Menge Probleme. Krankheit.
D: *Ja, das scheint für euch ein seltsames Wort zu sein.*
A: Ja. Ihr wisst nicht, wie ihr das übertreffen könnt.
D: *Wir versuchen es.*
A: Ja, aber ihr tut es nicht.
D: *Haben die Formeln, die ihr ihr in ihren Geist eingebt, mit dieser Krankheit zu tun?*
A: Einige. Wir haben ihr kleine Stücke an Informationen gegeben. Im Laufe der Zeit werden wir sie miteinander verknüpfen. Wir können die Kräfte in eurer Welt nicht ändern. Wir werden diese Veränderung nicht euren Kräften auferlegen. Ihr müsst *uns* zu dieser Veränderung einladen. Es muss eine *Massen*einladung sein.
D: *Aber könnte sie die Informationen nicht nutzen, um anderen zu helfen?*
A: Sie müssen sie um diese Hilfe bitten.
D: *Wir kennen Leute, die in der Lage sein könnten, die Formeln in*

Medizin umzuwandeln. (Ja, ja.) *Wärt ihr bereit, uns einige dieser Formeln zu nennen, damit wir sie für die kleine Black Box haben können.*
A: Ich kann sie für euch aufschreiben. Ihr versteht meine Sprache nicht. Ich muss es in eurer Sprache aufschreiben.

Ich hatte den Stift und das Notizbuch griffbereit und entblößte Anns Hände. Dann legte ich das Notizbuch in ihre Hand. Einige Sekunden lang tastete sie das Papier ab, insbesondere die Metallspiralbindung, als wäre es ein ungewöhnlicher Gegenstand. "Ihr habt merkwürdige Gegenstände."

D: (Lachen) *Ja, das ist so. Ein Stück Papier und hier ist ein Stift. Das ist ein Schreibgerät, das wir benutzen.*

Ich legte es in ihre andere Hand. Sie fand den Stift merkwürdig und tastete immer wieder Stift und Papier ab.

D: *Das ist ein Schreibgerät und das ist das, wodrauf wir schreiben. Es heißt „Papier". Was meinst du? Kannst du das machen?*
A: Ihr habt in eurer Sprache eine Formel.

Ann schrieb in das Notizbuch, ohne ihre Augen zu öffnen. Die Wesenheit erklärte, dass die Formel mit Chemie zu tun habe und jemand, der mit Chemie vertraut ist, sie verstehen könne. Dann hörte sie abrupt auf.

A: Dies ist die anfänglich einfache Basis, ein heilendes alles (tragendes?) Element, das in das rote Blutsystem eurer Spezies eindringt. Es kann die weißen Blutkörperchen vergrößern, so dass sie in Einheit mit den roten Blutkörperchen arbeiten, die in den Krebszellen in eurem Körper Geschwüre verursachen. Sie würden dann wieder aufgefüllt werden, um zu helfen.
D: *Wäre dies eine Formel für eine Art von Medizin? (Ja) Eine Flüssigkeit??*
A: Nein. Es ist eine Masse.
D: *Wie eine Tablette?*
A: Tablette? Ich kenne Tabletten nicht.
D: *Eine kleines Ding, das man durch den Mund einnimmt. (Ja) Und ein Chemiker, der das betrachtet, könnte es verstehen.*
A: Manche. Nicht alle Menschen sind fortgeschritten. Das wird noch erforscht werden.
D: *Hast du noch eine weitere Formel?*

A: Zurzeit nicht.

Ich nahm Ann das Notizbuch und den Stift weg, damit ich sie wieder zudecken konnte. Sie hielt sie etwas länger, während sie wieder die Spiralbindung abtastete. Ich erklärte ihr: „Das ist Metall, das die Seiten zusammenhält. Das ist eine Spirale an der Kante."

A: Ich will es spüren.
D: *Es hält die Seiten zusammen, damit wir sie umblättern können. Schreibe erst auf der einen Seite und dann auf der anderen.*
A: Warum müsst ihr das tun?
D: *Wir brauchen etwas, das wir uns ansehen können.*
A: Warum benutzt ihr nicht euren Geist?
D: *Wir sind noch nicht an dem Punkt angelangt, an dem wir von Geist zu Geist kommunizieren können.*
A: (Unterbrach) Warum?
D: *Ich schätze, wir sind noch nicht weit genug fortgeschritten.*
A: Das werdet ihr noch.—Es ist sehr kalt hier auf Eurem Planeten.
D: *Lass uns dich wieder zudecken. Keine Sorge, wir werden dich nicht allzu lange hier behalten. Wir werden versuchen, so freundlich wie möglich zu sein, denn wir wissen deine Hilfe wirklich zu schätzen. Ist es kalt in dieser Schwingung? Ist es das, was du meinst?*
A: Ich zittere. Ja, es ist kalt.

Ich begann, ihr Suggestionen für ihre Behaglichkeit zu geben, damit sie (und es) die Kälte nicht spüren würde, aber sie unterbrach mich gerade, als ich anfing. „Es ist weg. Ich habe es gelesen."

D: *Du hast es gelesen?*
A: Es ist weg.
D: *Das Gefühl von Kälte war in dem Körper, durch den wir gerade kommunizieren.*
A: Korrekt.
D: *Sind das die wichtigsten Dinge, die du ihr geben willst, die Formeln für Krankheit?*
A: Einige. Wir wollen von euren Leuten lernen.
D: *Worum geht es bei den anderen Formeln, die du ihr geben willst?*
A: Schiff. Ihr nennt es „Flugzeug". Euer Flugzeug verschmutzt unser System.
D: *Verschmutzt euer System?*
A: Euer Universum. Und es sickert in andere Universen durch. Und dem müssen wir ein Ende setzen.

D: *Was meinst du damit, unsere Flugzeuge?*
A: Eure ... Ich werde versuchen, die Worte zu finden, die ihr verwendet. Euer Treibstoff.
D: *Der Treibstoff, mit dem wir unsere Maschinen antreiben?*
A: Ja. Korrekt. Ihr habt Ressourcen hier auf Eurem Planeten, während wir sprechen, aber Ihr entscheidet Euch, sie nicht zu nutzen. Diese Ressourcen wurden euch von unserem selben Schöpfer gegeben, unserem selben Gott, unserer selben Energiequelle. Und eure Leute haben sich entschieden, sie nicht zu nutzen.
D: *Aber du weißt, dass wir nur ein kleines Stück der gesamten Menschheit sind.*
A: Ihr habt nicht viel Zeit.
D: *Wir haben aber nicht viel zu sagen.*
A: Doch, ihr habt das Sagen. Ihr habt die Wahl.
D: *Aber wir sind nicht diejenigen an der Macht.*
A: Doch, das seid ihr.
D: *Ich meine, wir sind nicht diejenigen, die die Entscheidungen für die Welt treffen.*
A: Doch, das seid ihr. Ihr arbeitet nur nicht als eine Einheit.
D: *Das ist wahr. Wir sind alle Individuen.*
A: Richtig. Ihr trennt eure Energien, eure Kräfte.
D: *Darum wird das, was wir sagen, die Mächtigen nicht beeinflussen. Diejenigen, die ... (Er unterbrach: Ja.)*

Es war offensichtlich, dass es unmöglich war, mit einem Wesen zu streiten, das es gewohnt war, als Einheit zu agieren, um das zu erreichen, was es wollte. Er konnte unsere durch das Funktionieren als getrennte Einheiten bedingten Begrenzungen nicht verstehen. Natürlich hatte er recht. Ich habe in meiner Arbeit (besonders bei Nostradamus) festgestellt, dass wenn Menschen zusammenarbeiten, ihre Gedankenkraft enorm gesteigert wird. Aber wie kann man dem Durchschnittsmenschen vermitteln, dass er eine so latente Kraft hat?

D: *Aber du sagtest, der Treibstoff sickere in die anderen Universen hinein?*
A: (Mit Nachdruck) Ja! Er löst sich in der Luft auf, wodurch er in unser molekulares System einbricht, das durch Zeit und Raum reist.
D: *Ich schätze, wir denken nicht daran ...*
A: Nein, das tut ihr nicht.
D: *Sprichst du von den anderen Dimensionen? (Ja) Aber was können wir dagegen tun?*

A: Ihr könnt es reparieren. Ihr habt natürliche Ressourcen, die in den Boden eurer Erde gesetzt sind. Ihr habt zurzeit Pflanzungen in den Böden eurer Erde, die auch für eure ärztliche Medizin verwendet werden. Und ihr entscheidet euch dafür, diese Ressourcen nicht zu nutzen.
D: *Eine Pflanze, sagtest du?*
A: Ja. Ich weiß den Namen nicht.
D: *Wie sieht sie aus?*
A: Sie ist ... (Pause) Ich weiß nicht, wie ich sie in eurer Sprache beschreiben soll.

Wie beschreibt man etwas, wenn man die Worte und ihre Bedeutung nicht kennt? Die anderen Wesenheiten haben die Informationen aus dem Gehirn und dem Vokabular meines Probanden übernommen. Diese Entität schien Schwierigkeiten dabei zu haben, die richtigen Vergleiche zu finden.

D: *Wir müssen erst wissen, was es ist, bevor wir wissen, wie wir es benutzen können.*
A: Sie ist spitz, ziemlich spitz.
D: *Die Blättter?*
A: Ja. Es gibt mehrere Sprosse, wie Fingerglieder.
D: *Hat sie eine Blüte?*
A: Manchmal schon. Sie hat einen starken Duft. Es gibt einige unter Euch, die diese Pflanze momentan benutzen, aber Ihr benutzt sie nicht in einem einheitlichen Sinne für Euren ganzen Planeten.
D: *Wofür verwenden wir sie?*
A: Ihr nehmt sie in euren Körper auf. Ihr atmet sie ein.
D: *Wenn sie zeitweise eine Blüte hat, welche Farbe hat die Blüte? Das könnte uns helfen, sie zu identifizieren.*
A: Ich weiß nicht, was du mit Farbe eurer Blüte meinst.
D: (Wie soll ich das erklären?) Ah. Also, die Blüte ist der Teil, der später üblicherweise Samen produziert. Sie hat Blütenblätter. Wir haben Farben wie Rot, Gelb, Weiß. Habt ihr dort, wo ihr lebt, irgendwelche Farben in eurem Farbspektrum?
A: Wir haben Spektren, ja.
D: *Habt ihr keine solchen Farben?*
A: Nicht nach eurem Verständnis.
D: *Weil ich mehr Informationen brauche, bevor wir verstehen können, was für eine Art von Pflanze es ist.*
A: Nochmals, ich werde das für euch zeichnen.
D: *Das ist sehr gut. Gib mir nur einen Moment Zeit und ich hole meine archaischen Schreibgeräte wieder heraus. Denn wir*

können nicht in deinen Geist schauen, um das Bild zu bekommen.

Ich holte das Notizbuch und den Stift wieder heraus und legte sie in Anns Hände.

A: Das gefällt mir.

Er befingerte wieder die Materialien, als wären sie unbekannte und ungewohnte Objekte.

D: Wie fühlt es sich für dich an?
A: Ich kann es nicht beschreiben. (Er begann, ein Bild von einer Pflanze zu zeichnen.) Es fühlt sich anders an. Ich bin diese Substanz nicht gewohnt.
D: Das hat spitze Blätter. Das ist, was wir die „Blätter" nennen würden. Sind die Spitzen scharf?
A: Sie tun nicht weh und fügen euch keinen Schmerz zu. Sie werden euch helfen.
D: Kannst du die Blume zeichnen?
A: Die Blume?
D: Ja, kannst du zeichnen, wie sie aussieht? Das wird uns helfen, sie zu identifizieren. Du hast gesagt, du kennst keine Farben.
A: Die Blume. (Sie zeichnete sie.)
D: Sie hat viele Blütenblätter. Ist das eine große Pflanze?
A: Oh ja, sehr groß. Viel größer als du als Mensch.
D: Dann suchen wir nicht nach etwas unten am Boden.
A: Nein, sie fängt niedrig an. Sie wächst hoch. Es ist eine sehr majestätische Pflanze. Obwohl eure Leute sie zertrampelt haben.
D: Wir kennen ihren Wert nicht?
A: Doch, einige eurer Leute kennen ihren Wert. Aber viele eurer Leute kämpfen.
D: Das ist also die Pflanze, die wir sowohl für die Medizin verwenden können als auch als Brennstoff?
A: Ja. Eure Ressourcen sind sehr begrenzt. Dies ist eine Pflanzenstruktur, die nicht begrenzt ist. Sie ist überall auf Eurem Planeten reichlich vorhanden. Und ihr entscheidet euch nicht dafür, sie zu nutzen.
D: Wahrscheinlich wissen wir nicht, dass sie nützlich ist.
A: Ja, ihr habt Leute, die es wissen. Wir haben sie gesehen und mit ihnen geredet.
D: Welcher Teil der Pflanze würde also für den Treibstoff verwendet werden?

A: Der Stengel und das Blatt. Sie wird sich von selbst wieder regenerieren. Sie wurde euch gegeben.
D: *Zu diesem Zweck?*
A: Korrekt. Ihr habt, wie ihr es nennt ... euer Augenlicht? Um zu sehen. Es ist sehr gut für das eigene Augenlicht, für die Sehkraft. Es ist sehr gut für viele eurer Krankheiten, die ihr auf eurem eigenen Planeten geschaffen habt, bedingt durch eure Ressourcen, die zu nutzen ihr euch entschieden habt. Ihr seid ein Planet der Selbstzerstörung und Krankheit.
D: *Wir haben diese Krankheiten selbst verursacht?*
A: Richtig.
D: *Ich dachte nach, als ich diese Zeichnung betrachtete. Es ist kein Baum, oder doch? Denn Bäume sind höher als wir.*
A: Nein, es ist eine Pflanze. Wir verstehen euer Baumleben. Dieser wächst in einer... wie sagt man? Gruppenform. Wir werden Ann das Wissen und die Ansicht geben. So nennt ihr sie, Ann?
D: *Ja, das ist ihr Name, auf den sie hört.*
A: Wir werden das gedanklich miteinander verbinden.
D: *Wir brauchen Namen und Bezeichnungen.*
A: Ja, das merken wir.—Die Person die ihr Ann nennt, müsst ihr stärken.
D: *Dazu wollte ich dich bereits fragen. Sie leidet an einigen körperlichen Gebrechen.*
A: Sie kam nicht zu uns, um um Heilung zu bitten.
D: *Kannst du mit ihr arbeiten?* (Ja) *Wäre es in Ordnung, wenn ich dir sagte, dass es erlaubt ist, mit ihrem Körper zu arbeiten?*
A: Nein. Das muss sie tun. Wir können keine Änderung eurer Strukturen ohne eure Erlaubnis erzwingen.
D: *Wie wäre es, ihre Liste durchzuarbeiten? Wir wollen, dass sie vollkommen gesund ist, nicht wahr?*
A: Korrekt.
D: *Was ist mit der Diabetes?* (Pause) *Kennst du dieses Wort?* (Nein) *Es hat mit Süßigkeiten zu tun, die Probleme im Körper verursachen. Es bringt den Körper durcheinander.*
A: Süß?
D: *Süß. Zucker?*
A: Das ist eine Substanz.
D: *Es ist eine Substanz, und manchmal verursacht sie ein Ungleichgewicht im Körper.*
A: Einen Moment. (Lange Pause) Das wird sie nicht mehr haben.
D: *Kannst du es verschwinden lasssen?*
A: Sie hat bereits darum gebeten.
D: *Weil sie sich selbst Spritzen geben muss. Weißt du, was das ist?*

A: *Das wird sie nicht länger müssen .*
D: Weil sich niemand gerne lange Spritzen gibt.
A: *Das wird sie nicht länger.*
D: Kannst du diesen Teil ins Gleichgewicht bringen?
A: *Das wurde bereits getan.*
D: Was ist, wenn sie das nicht erkennt und trotzdem weiter die Spritzen nimmt?
A: *Ihr arbeitet nicht als eine Einheit in diesem Universum.*
D: Werden die Ärzte, die Mediziner, sehen können, dass sie die Injektionen nicht mehr braucht?
A: *Du wirst es.*
D: Weil die Ärzte sagen, dass sie sich selbst verletzen wird, wenn sie die Injektionen einstellt.
A: *Korrekt. Die eine, die ihr „Ann" nennt ... Einen Moment. (Lange Pause)*
D: Was tust du?
A: *Ich versuche mit dem eins zu werden, was du „Ann" nennst.*
D: Aber kein Leid.
A: *Wir fügen eurer Art niemals Schaden zu.*
D: Und nur eine vorübergehende Verschmelzung, damit ihr herausfinden könnt, was mit dem Körper los ist. Ist das richtig?
A: *Einen Moment. (Lange Pause) Das, was du als „Schmerz" im Körper genannt hast— er ist verschwunden.—Viele ihrer körperlichen Probleme werden dadurch verursacht, dass sie falsche Substanzen in ihren lebenden Körper aufgenommen hat. Treibstoffzufuhr.*
D: Was sie isst oder trinkt?
A: *Korrekt.*
D: Kannst du ihr zeigen, was sie essen soll?
A: *Wir essen keine Substanzen wie ihr. Es liegt an ihrer Substanzzufuhr. Was ihr „Kraftstoffquelle" nennt.*
D: Was nimmt sie denn an Substanzen auf, die sie nicht essen sollte?
A: *Einen Moment. (Lange Pause) Es ist sehr schwierig, dies zu beschreiben.*
D: Isst sie es oder trinkt sie es?
A: *Es ist ein „Essen". Es ist eine Substanz. Ich kann die Substanz nicht beschreiben. Sie ist von brauner Farbe, von deiner Farbe. Ich verstehe dein Spektrum.*
D: Du kannst das Spektrum jetzt sehen.
A: *Korrekt. Es ist braun. Eine dunkle Substanz. Es ist eine fleischige Substanz. Sie ist von eurem Tier. Es ist für eure Verhältnisse ziemlich groß. Es hat ... vier Laufwerkzeuge. Ihr benutzt die falschen Chemikalien. Ihr macht euer Fleisch chemisch.*

D: Und das verursacht Probleme in ihrem Körper?
A: Richtig.
D: Ich glaube, ich weiß, wovon du sprichst.. Es ist eine Tierart, die wir essen.
A: Ja, viele von euch tun das.
D: Wäre es korrekt zu sagen, dass es eine Kuh ist?
A: Ich verstehe Kuh nicht.
D: Eine Kuh ist ein großes Tier. Sie hat eine eher glatte Haut. Manchmal sind Kühe braun, manchmal schwarz. Aber sie sind groß. (Ja) Und wir essen ihr Fleisch. (Ja) Das ist das, von dem sie sich fernhalten sollte? (Ja) Sehr gut. Weil ich glaube, dass sie das tun kann und durch andere Dinge ersetzen kann. (Ja) Ich glaube, das wird ihr sehr helfen.
A: Sie hilft uns.
D: Ja, und im Gegenzug willst du, dass sie gesund bleibt.
A: Genau.
D: Kannst du ihr dann bei diesen Problemen mit ihrem Hals helfen?

Ich dachte, ich sollte besser versuchen, ihr bei all ihren Beschwerden zu helfen, da es so gut funktionierte.

A: Einen Moment. (Eine sehr lange Pause)
D: Was geht vor sich?
A: Es ist vollbracht.
D: Sehr gut. Sehr gut. Ist es sofort weg, oder wird es ein allmählicher ...
A: (Unterbrach) Ja. Es ist weg.
D: Dann kehrt der Körper wieder in den richtigen Zustand der völligen Ausgeglichenheit und Harmonie zurück, nicht wahr?
A: Korrekt. Ihr, *ihr* als eine menschliche Rasse tut dies nicht gemeinsam.
D: Wir versuchen manchmal, es in kleinen Gruppen zu tun.
A: Hmmm. Sehr wenige. Es braucht viel mehr.
D: Aber wir versuchen, den Menschen zu zeigen, dass ihr Geist ihren Körper kontrollieren kann.
A: Richtig.—Die, die du „Ann" nennst, kann uns rufen, und zwar „täglich", wie du in deiner Zeitstruktur sagst. Was ist täglich?
D: Nun, das ist ein wenig schwer zu erklären. Wir haben Tage, weil sich unser Planet dreht ...
A: (Unterbrach) Sprichst du von Sonne und Monden?
D: Ja. Er dreht sich um die Sonne. Tag ist es, wenn es hell ist ...
A: (Unterbrach) Sie kann uns auf jeder Sonne rufen, die auf die helle Seite eures Mondes scheint, um mit euren Worten zu sprechen.

Anns Stimme war so heiser gewesen, dass sie überhaupt nicht wie ihre normale Stimme klang.

D: *Das ist täglich.*
A: Korrekt.
D: *Wenn es Nacht wird, ist das die Zeit, wenn sich der Planet von der Sonne wegdreht.*
A: Korrekt.
D: *Ja. Aber die Hauptsache ist, dass sie ein Leben auf dieser Ebene führen muss. Also wollen wir nichts tun, was da störend eingreift. Wir müssen in dieser physischen Welt leben.*
A: Wir sind nicht gekommen, um uns einzumischen, sondern um euch zu helfen. Wir kommen nicht, um zu schaden.
D: *Sie hatte zuerst Angst, dass ihr ihr etwas wegnehmen würdet.*
A: Das war nie der Fall.
D: *Weißt du, dass ich manchmal diese Informationen benutze, indem ich darüber schreibe?*
A: Du bist ein Lehrer.
D: *Ist es in Ordnung, wenn ich die Informationen benutze, die du mir mitteilst?*
A: Korrekt.
D: *Auf diese Weise werden mehr Menschen davon erfahren.*
A: Es ist für eure Leute sehr gut, zu wissen und zu lernen, wir man sich vereinigt. Du bist ein Lehrer. Aber du stellst nicht all die richtigen Fragen
D: *Ich habe sie noch nicht im Kopf. Sie sagten mir immer, dass die Fragen wichtiger seien als die Antworten.*
A: Korrekt.
D: *Also habe bitte einfach Geduld mit mir.*

Dann bat ich die Wesenheit, sich auf die siebte Ebene zurückzuziehen, von wo sie sagte, dass sie herkomme.

Als Ann aufwachte, hatte sie absolut keine Erinnerung an die Sitzung. Wir versuchten, ihr zu erklären, was passiert war, besonders die Teile über ihren körperlichen Zustand. Als sie sich die Zeichnung der Pflanze ansah, dachte sie, sie sehe aus wie Cannabis oder Marihuana. Es wurde gesagt, dass diese Pflanze viel mehr Nutzen und Wert habe, als wir erkennen, besonders da die Regierung sie als Droge klassifiziert hat.

Ich sagte Ann, dass ich niemals jemandem sagen würde, dass er die Medikamente absetzen solle, insbesondere nicht die Insulininjektionen. Aber wenn sie recht hatten und der Diabetes-

Zustand eliminiert worden war, würde es ihr dann schaden, Spritzen zu nehmen, wenn ihr Körper sie doch nicht mehr brauchte? Diese Verantwortung wollte ich wirklich nicht übernehmen. Ich hätte mir keine Sorgen machen müssen, denn Ann sagte, sie müsse jeden Morgen ihren Blutzucker messen, um festzustellen, wie viel Insulin sie sich selbst verabreicht hat. Ihr Blutzuckerspiegel lag bei etwa 300.

Eine erstaunliche Sache passierte, als sie mich ein paar Tage später anrief. Als sie am nächsten Tag ihren Blutzuckerspiegel maß, war er auf um die 80 gesunken. Sie gab sich keine Spritze. Den ganzen Tag über fragte ihr Mann sie immer wieder, wann sie sich die Injektion geben werde. Ihre Antwort war: „Ich brauche sie nicht mehr." Das war eine sehr wichtige Aussage, denn sie zeigte, dass sich ihre mentale Einstellung geändert hatte und ihr Glaubenssystem sich eingeklinkt hatte. Sie *glaubte*, dass sie sie nicht mehr brauchte.

Da sie für eine Kehlkopfoperation eingeplant war, ging sie zurück zu ihren Ärzten im VA-Krankenhaus und sagte ihnen, sie mögen alle Tests noch einmal machen und sie nicht fragen, warum. Später kamen alle Tests als negativ zurück. Es gab kein Anzeichen von Kehlkopfkrebs und ihr Herzleiden hatte sich so weit verbessert, dass sie keine Medikamente mehr brauchte. Es ist nun zwölf Jahre her (2011), seit wir diese Sitzung durchgeführt haben. Sie hatte nie wieder eine Insulininjektion. Ihr Blutzucker fiel von 300 auf 80 und ist nie mehr gestiegen. Natürlich haben die Ärzte keine Antworten. Sie schrieben in ihre Krankenakte: „Wir haben keine Erklärung für diesen Fall." Jetzt erzählt sie allen: „Ich *war* früher zuckerkrank und insulinabhängig."

Noch etwas anderes passierte, das ihre Heilung beeinflusst haben könnte und stärker mit meiner Therapiearbeit mit dem Unterbewusstsein in Einklang steht. Ann befand sich in einer schlecht funktionierenden Ehe und das bereitete ihr viel Stress. Eine der Hauptursachen für Diabetes, die ich gefunden habe, ist der Mangel an Süße. Psychologisch gesehen, der Mangel an Liebe im Leben der Person. Das würde auch die Herzprobleme erklären, denn das Herz ist der Sitz der Emotionen. Und die Halsprobleme, da sie nicht in der Lage ist, ihre Gefühle gegenüber den wichtigsten Menschen in ihrem Leben auszudrücken. Kurz nach dieser Sitzung ließ Ann sich scheiden und sie und ihr Sohn lebten von da an allein. Ich weiß, dass das ein sehr wichtiger, zur Heilung beitragender Faktor war.

Dies war einer der dramatischsten Fälle, an denen ich zu jener Zeit im Jahr 1999 gearbeitet hatte. Die meisten der Heilungen, die jetzt während meiner Arbeit auftreten, kommen durch die Fürsprache des Unterbewusstseins des Probanden, wenn der Proband den Grund für die Krankheit oder die körperlichen Symptome versteht. In Anns Fall geschah dies durch die Fürsprache einer Entität aus einer anderen Dimension. Dennoch war diese an Regeln gebunden. Sie konnte nicht eingreifen, sondern führte die physischen Heilungen nur dann durch, wenn sie Anns Erlaubnis einholte. Die Wesenheit aus der siebten Ebene war also auch an die Einschränkung der Nichteinmischung gebunden und musste sicher sein, dass Ann die Krankheiten wirklich loslassen wollte. Als sie ihre Erlaubnis hatte, geschahen die Heilungen augenblicklich ...

Kapitel 38

DIE HINTERGRUNDLEUTE

Wenn dieses Kapitel mit seinem seltsamen und neuartigen Konzept nicht den Verstand verbiegt, dann glaube ich nicht, dass irgendetwas es schafft.

Suzette kam aus der Wolke und stand vor einem Wald mit sehr großen, hohen Bäumen. Eher wie Pinienbäume oder Zedern, die sehr alt und riesig waren. Sie versuchte, die Sonne zu sehen, aber sie schien durch so etwas wie eine Wolkendecke verborgen zu sein. Dann entdeckte sie, dass das keine Wolken waren, sondern in Wirklichkeit schmutzige Luft, die den Sonnenschein nicht durchkommen ließ. Sie machte sich Sorgen, dass die Bäume wegen der Luft sterben könnten. Dann sah sie zu ihrer und meiner Überraschung Dinosaurier. Einige von ihnen waren groß, wie der Tyrannosaurus Rex. Sie sagte, sie schnupperten die Luft und waren besorgt. Etwas war nicht normal, und sie spürte es auch.

Es war auch eine Überraschung, als ich sie nach ihrem Körper fragte. Sie sagte, er sei hässlich, weil er mit ekligen, verfilzten braunen Haaren bedeckt sei. Sie fühlte sich männlich, im mittleren Alter, und trug ein Tierfell, das von ihrer Schulter herunterkam. Ich fragte sie, ob sie sich an diesem Ort wohlfühle und sie antwortete: „Nein! Denn der Himmel ... die Luft ist weg. Es wird kein Leben mehr geben." Es ging also definitiv etwas Ungewöhnliches vor sich. Ich wollte wissen, ob er sich dort vorher wohlgefühlt hat. „Nein. Es ist jeden Tag ein Kampf. Wegen der Bestien ... nur zu überleben ist ein Kampf." Das waren die größeren Tiere, aber es gab auch kleinere, die sie fraßen. Sie nutzten ihre Häute, nachdem sie sie totgeschlagen hatten, und schnitten die Felle mit einem Stein ab. Dann trockneten sie das Fleisch. Ich fragte mich, warum sie sich kleiden mussten, wenn sie doch mit Haaren bedeckt waren. Er sagte: „Zum Schutz. Es gibt kleinere Pflanzen mit Dornen, wenn man die Tiere jagt."

Ich wollte wissen, wo er lebt, und es klang, als beschreibe er eine

Höhle. „Es ist, als würde man einen Tunnel in einem Stein betrachten. Wie ein Loch. Es geht einfach nach innen und öffnet sich. Es geht weiter hinein, aber der Tunnel lässt genug Licht herein." Dann sah er, dass ein Kind in dem Tunnel war. „Dieses Loch ... da ist nichts anderes drin als das Kind, daher denke ich, dass ich zu diesem Ort geflohen bin. Ich habe dieses Kind an diesen Ort gebracht." Er war von woanders hergekommen. „Es ist ein unbekannter Tod. Ich weiß, dass ich dieses Kind vor dem schützen muss, was in der Luft liegt. Der Tod ist im Anmarsch. Tod den Bäumen und Tod den Dinosauriern." Er beschrieb den Ort, von dem er gekommen war, als eine offene Höhle, in der viele Menschen lebten, die ihm ähnlich sahen. „Sie denken einfach nicht, dass etwas Schlimmes passieren wird. Sie glauben mir nicht."

D: Woher wusstest du, dass etwas auf euch zukommt?
S: Die Bäume und die Dinosaurier haben es mir gesagt.
D: Du kannst mit ihnen kommunzieren? (Mmh-mmh) *Wie machst du das?*
S: Einfach zuhören Sie zeigen mir Bilder. Der Tod ist im Anmarsch.

Niemand sonst wollte zuhören, also hatte er das Kind mitgenommen und war gegangen. Die anderen Leute ignorierten ihn einfach. Das Kind war nicht seins, sondern ein Waisenkind. Sie hatten sich weit von der ursprünglichen Gruppe entfernt, bevor sie im Tunnel anhielten und dort blieben. Er hoffte, er würde sie beschützen. Doch nun stellte sich ein neues Problem: Er musste das Kind ernähren. „Ich muss jagen gehen. Alles stirbt. Die Dinosaurier fallen um. Es ist, als ob sie nicht atmen könnten. Es erstickt die Bäume. Sie können ebenfalls nicht atmen." Ihn beeinträchtigte es bisher noch nicht. „Ich bin tief unten am Boden. Es ist noch nicht hier unten angekommen.—Ich muss Nahrung finden. Ich beeile mich ... renne durch die Pflanzen mit den Dornen ... suche und suche.— Ich habe etwas gefunden. Es sieht aus wie ein kleines Schwein oder eine große Ratte oder so etwas und ich erschlage es mit der Keule." Er brachte die Nahrung mit in den Tunnel.

Es muss eine ganze Weile vergangen sein, aber natürlich hatte dieses primitive Wesen keinen Begriff von Zeit. „Ich komme heraus und alles ist tot. Alles ist braun, aber wir sind noch am Leben. Einige der Tiere sind erstickt. Die Luft war schlecht." Ich fragte mich, ob er lange unter der Erde gewesen war. „Muss so gewesen sein, aber man kann wieder atmen. Andere Tiere, die in den Höhlen lebten oder tief im Boden steckten, kommen wieder heraus. Die Tiere im Wasser überlebten." Offenbar war also jedes Wesen, das unter der Erde war,

geschützt. „Und die Pflanzen kommen durch die Wurzeln wieder nach oben. Die Luft beginnt wieder in den Himmel zu strömen. Die Sonne fängt an zu scheinen. Sie erwärmt den Planeten. Es war kalt, als es über uns kam."
Er beschloss, zurückzugehen und zu sehen, ob von den anderen jemand überlebt hatte. Er wollte es nicht, aber er dachte, er sollte es tun. Er nahm das Mädchen mit sich. Ich komprimierte die Zeit und fragte ihn, was er vorfand, als er dort ankam. „Tod. Sie sind alle weg. Konnten nicht atmen." Da sie in einer offenen Höhle lebten, konnten sie der erstickenden Luft nicht entkommen. Ich fragte, was er jetzt tun werde. „Einfach weitermachen. Das Leben geht weiter. Ich werde gehen und schauen, was ich finden kann ... irgendjemand anderen. Es könnte noch andere geben, die unter der Erde überlebt haben."
Dann brachte ich ihn vorwärts, um zu sehen, ob er jemals andere Leute gefunden hat. Stattdessen sah er: „Ein sehr helles Licht ... sehr helles Licht ... zu weiß. Vor mir." Ich dachte sofort, er sei gestorben und auf dem Weg zurück zur Quelle, die immer als ein sehr strahlendes Licht beschrieben wird. Wenn das wahr wäre, wollte ich wissen, was mit ihm passiert ist. Wie starb er in jenem Leben? Also ließ ich ihn bis zum letzten Tag seines Lebens gehen und fragte ihn, was er sah und was geschah. „Ich sehe ein Schiff, das glänzend ist. Wir werden mitgenommenn ... wir werden mitgenommen. Das Schiff ... auf meiner Reise. Es landete da draußen und wir wurden mitgenommen. Das Schiff war rund und glänzend." Er atmete tief, als ob er verzweifelt wäre.

D: Wie wurdest du mitgenommen?
S: In einem Licht ... da war ein Licht um uns herum und auf dem Schiff.
D: Kannst du irgendwelche Leute sehen?
S: Groß ... nicht behaart ... helle Haut ... weiße Augen ... weißes Haar. Sie sind nicht wie wir. Sie sind nicht behaart wie ich ... Ich bin behaart.

Das klingt sehr ähnlich wie das haarige Geschöpf, das in Kapitel 22 von *Die Erschaffung der Menschen* beschrieben wurde.

D: Haben sie dich auf das Schiff gebracht?
S: Ja, sie haben mich wie eine Bestie behandelt ... wie eines von den Tieren. Ich bin der Einzige, der wie ich aussieht. Sie stochern mit ihren langen, dünnen Fingern an mir herum und berühren mich.

D: *Kannst du mit ihnen kommunzieren?*
S: Ich glaube nicht, dass man das muss.
D: *Deshalb behandeln sie dich wie eine Bestie?* (Ja) *Vielleicht wissen sie nicht, dass du denken kannst.—Weißt du, wo sie dich hinbringen?*
S: Wir sehen zwei Sterne. Sie stehen am Himmel. Um mich herum sind überall Fenster. Da sind viele runde Zylinder ... viele verschiedenfarbige Lichter.

Diese Reise konnte lange dauern, also komprimierte ich die Zeit noch einmal und brachte ihn weiter, bis sie endlich dort ankamen, wo auch immer sie ihn hinführten. Er sah eine Stadt, die aus Kristallen bestand. „Es ist ... Ich bin zu Hause. (Tiefes Seufzen) Kristall ... alles ist aus Glas ... Ich bin zu Hause! Sie haben mich nach Hause zurückgebracht.—Ich sollte eines der Wesen sein. Ich entschied mich aber, zu diesem Ort zu gehen, wo ich der Behaarte war. Jetzt bin ich wieder zu Hause."

D: *Hast du immer noch den behaarten Körper?*
S: Während ich gehe, fällt es ab. Das Haar ... diese Rolle ... Ich verändere mich wieder zu dem, was ich war.
D: *Du meinst, der Körper musste nicht sterben?* (Nein) *Du hast dich einfach wieder zurückverwandelt?*
S: Ja. Ich bin viel glücklicher. Ich mochte es nicht, behaart zu sein.
D: *Warum hast du dir das dann ausgesucht?*
S: Ich sollte dieses Kind zurückbringen. Ich sollte dieses Kind retten.
D: *Konnte sie die Reise gut überstehen?*
S: Ich sehe sie im Moment nicht.
D: *Aber das war deine Aufgabe, sie zu retten.* (Ja) *Und das ist das Zuhause?* (Ja) *Weißt du, wo es ist? Haben sie irgendeinen Namen dafür?*
S: (Pause) Ich sehe ein Z. Ich sehe ein X. Ich verstehe die Symbole nicht.
D: *Vielleicht wird es später für dich Sinn machen.—Wie ist dein Körper jetzt?*
S: Er ist wunderbar! Keine Körperbehaarung, groß, weiße Haut, blonde Haare, blaue Augen.
D: *Wie die anderen auf dem Schiff?*
S: Ja. Die machten sich über mich lustig, als ich noch behaart war. Es ist besser, zu Hause zu sein, bei all dem Glas und all den Kristallen und all den Lichtern.
D: *Sie machten sich über dich lustig, weil du es vergessen hattest?* (Er lachte: Ja.) *Als du gingst und an diesem anderen Ort die*

Erfahrung machtest, behaart zu sein, wurdest du da als Baby in jenes Leben hineingeboren? Oder wie ging das?
S: Ich denke, es war der normale Prozess, als ich in diese Gruppe von Menschen hineingeboren wurde, also musste ich akzeptiert werden, aber ich wurde nie akzeptiert, während ich aufwuchs. Sie hörten nicht auf mich.
D: *Sie verstanden dich nicht. Und während du dort warst, hast du dein Zuhause vergessen?* (Ja) *Vergessen, wo du herkommst.—Ich finde es interessant, dass du nicht sterben musstest, um diesen Ort zu verlassen.*
S: Wir sterben nicht.

Er wurde gerade erst in seinen ursprünglichen Zustand zurückverwandelt. Jetzt, da er wieder da war, wo er sich zugehörig fühlte, wollte ich wissen, was für eine Arbeit er dort verrichtete.

S: Wir gehen an diesen Ort und schreiben ein Tagebuch über das, was wir gelernt haben. Eine Aufzeichnung von dem, was wir gesehen haben und was passiert ist. Und man belebt sich mit den Kristallen.
D: *Wie macht man das?*
S: Alles, was man tun muss, ist nur, sie berühren. Es gibt Klang, Schwingungen ... es gibt Heilung. Verschiedene Lichter, Farben, schwingen durch einen.
D: *Das bringt einen wieder zur Normalität zurück?*
S: Ja, man energetisiert sich. Man heilt alles aus, was geheilt werden muss. Es ist so richtig, so friedlich und so schön dort wegen der Kristalle.
D: *Aber du hast dich entschieden, diesen Ort zu verlassen. Um Dinge zu erforschen?*
S: Das ist unser Job. Wir müssen uns einen anderen Job aussuchen. Wir gehen dorthin, wo Hilfe gebraucht wird. Und ich musste das Kind retten. Ich konnte nicht alle retten, also habe ich das Kind gerettet.
D: *Du hast es versucht, aber die anderen wollten nicht hören. Was war mit der Luft? Von dort aus betrachtet, wo du jetzt bist, weißt du, was die Ursache dafür war?*
S: Ja. Es war eine Vielzahl von Vulkanen und alles, was dadurch ausgelöst wurde. Das schlug den Sauerstoff aus der Luft, nahm die Sonne weg und sie konnten einfach nicht mehr atmen. Nichts konnte atmen. Alles, was groß war, was viel Sauerstoff verbrauchte, starb. Es gab eine Menge Vulkanaktivität und die Menschen überlebten nicht und die großen Tiere überlebten

nicht. Sie hatten keinerlei Schutz.

D: *Wusstest du, dass das passieren würde, bevor du dorthin gingst?*

S: Ja, in der Kristallstadt wusste ich es. Aber ich wusste es nicht, als ich dort war.—Es war einfach nicht angenehm mit all dem Haar. (Ich lachte.) Aber ich musste es haben, um mich anzupassen.

D: *Was wirst du jetzt tun? Wirst du eine Weile dort bleiben?*

S: Ja, werde ich. Ich werde meine Möglichkeiten prüfen.

D: *Wirst du noch woanders hingehen müssen?*

S: Ja. Das ist unser Job. Wir sehen uns das ganze Zeug an und dann entscheiden wir.

D: *Aber du hast wirklich eine Wahl, oder?*

S: Ja, wir haben eine Wahl.

D: *Zeigen sie dir diese Wahlmöglichkeiten?*

S: Oh ja, wenn man in den Kristall schaut. Es ist ein großer Kristall, und er ist wie eine Flüssigkeit. Etwas dicker als Wasser. Und man kann das Leben eines Menschen sehen, was seine Aufgabe ist und was er tut. Man sieht einfach sein ganzes Leben.

D: *Aber du weißt, dass die Menschen einen freien Willen haben. Die Dinge können sich ändern, nicht wahr?* (Nein) *Vielleicht siehst du eine Möglichkeit?*

S: Du siehst nur einen Weg, wofür dieser Mensch da sein soll.

D: *Ja? Aber manchmal nehmen Menschen diesen einen Weg nicht, wenn sie erst einmal im Körper sind.*

S: Hmm ... erzeugt Chaos.

D: *Weil du weißt, dass sie einen freien Willen haben und manchmal vergessen sie, wofür sie da sind, nicht wahr?*

S: Nein. Sie hören einfach nicht zu.

D: *Man kann mit allen guten Absichten zum eigenen Daseinszweck in den Körper kommen, aber manchmal stehen andere Dinge im Weg.*

S: Es ist wie bei den Leuten in der Höhle, das sind nur Menschen. Sie haben keinen Pfad. Sie sind einfach nur Menschen. Ich hatte einen Pfad. Das Kind hatte einen Pfad.

D: *Wenn du also eine Möglichkeit wählst, dann gehst du nicht von diesem Pfad ab? Ist es das, was du meinst?*

S: Ja. Es gibt einfach so viele in diesem Raum, wo die Kristalle sind, die ein Leben wählen oder einen Pfad haben. Der Rest der Leute wird nicht hierher auf einen Pfad geschickt.

D: *Wofür sind ihre Leben dann da?*

S: Sie sind wie ein Hinergrund.

Das war eine seltsame Aussage. Das hatte ich noch nie gehört.

D: *Was meinst du damit?*
S: In einem Film malen sie etwas um die Person herum, damit es einen Hintergrund gibt.
D: *Die anderen haben also nicht wirklich einen Zweck?*
S: Richtig. Sie kommen, um zu leben, zu atmen, zu arbeiten und zu sterben.
D: *Gibt es irgendeine Hoffnung, dass sie einen Weg finden, oder sind sie eine andere Art von Seele?*
S: Sie haben nicht gewählt. Sie sind nur hier, um Teil der Kulisse zu sein. Sie sind Sklaven. Sie sind Sklaven, die von einem Sternensystem zum nächsten gehen und sie werden als Hintergrund benutzt.
D: *Nur um für diese Personen mit Zweck da zu sein.*
S: Ja. Damit ihr lernt, auf eurem Weg zu bleiben, müsst ihr diese anderen Menschen auf eurem Weg haben, die neben euch leben, aber ihr seid hier für eine Lektion und sie sind hier als Leute im Hintergrund.
D: *Ja, aber manchmal schaffen sie Probleme, um zu versuchen, einen von seinem Weg abzubringen?* (Ja) *Ist es Teil ihrer Absicht, einen abzulenken?* (Ja) *Aber wenn man in seinem Körper ist, weiß man all diese Dinge nicht, oder?*
S: Nicht alle Wesen sind die Lichtquelle. Nicht alle *Licht*wesen sind die Lichtquelle. Sie sind nur als Energie da, um uns bei unseren Lektionen zu helfen, um Chaos zu schaffen oder um zu arbeiten oder einfach nur zu leben. Bestimmte Wesen lernen die Lektionen für die Lichtquelle. Es ist, als ob du einfach ein höheres Wesen wärst.
D: *Dann entwickeln sich die anderen nicht zu höheren Wesen?*
S: Nein, sie sind einfach Energie. Wie wenn man einen Film macht, in dem man Spezialeffekte benutzt.
D: *Aber diejenigen auf dem Pfad, die höhere Quelle, können sie sich in der ganzen Masse an anderen Menschen gegenseitig erkennen?* (Ja) *Wenn wir das tun könnten, würden wir uns nicht so sehr von den Dingen stören lassen, oder?*
S: Das ist richtig.
D: *Wenn wir wüssten, dass sie da sind, um Drama zu machen, willst du wohl sagen?* (Ja) *Aber wenn man sich diese Optionen ansieht, kann man all die verschiedenen Leben sehen, in die man sich hineinbegibt.—Du weißt, dass du gerade durch einen menschlichen Körper sprichst, oder?* (Ja) *Es ist wahrscheinlich eine der Optionen, die du gewählt hast, die, die wir „Suzette" nennen. Hast du das als eine Option gesehen, bevor du dort hineinkamst?*

S: Ja. Ich habe nur Optionen gewählt, bei denen ich jemanden retten konnte.
D: Warum hast du das Leben gewählt, das zu Suzette wurde?
S: Sie wird dazu benutzt werden, sich dem Lehren von Kindern und höheren Lichtwesen hinzugeben. Ich werde für lange Zeit nicht mehr auf den Kristallplaneten zurückkommen, also muss ich lehren. Wir müssen die Lebensquelle auf diesem Planeten auf eine höhere Schwingung bringen. Sie wird die Lebensquelle Kindern und Tieren beibringen.
D: Die Tiere sind auch wichtig?
S: Bestimmte Tiere sind eine höhere Lebensquelle.
D: Also sind viele Tiere und Insekten, wie die Menschen auch, so etwas wie der Hintergrund? (Ja) Und einige Bestimmte unter ihnen haben eine höhere Schwingung?
S: Ja. Es gibt so viel Schmerz auf diesem Planeten.

Hier drückte Suzette ihren Schmerz aus, als sie sagte, dass ihr Kopf schmerzte. Ich gab ihr Suggestionen, um die körperlichen Empfindungen zu beseitigen.

S: Es gibt zu viel Schmerz. Da ist überall Schmerz, bei den Tieren, bei den Pflanzen und im Wasser, und ich muss helfen. Ich muss dabei helfen, diese Lebensquellen zu lehren, die von höherer Schwingung sind, damit sie dem Planeten, den Tieren und den Bäumen helfen können. Ich kann nicht einfach gehen. Ich muss hier bleiben und helfen. (Sie stöhnte, als wäre sie sehr frustriert.) Große Aufgabe
D: Ja, es ist eine große Aufgabe. Aber du bist nicht allein. Es kommen noch andere, um zu helfen, oder?
S: Ja. Man kann es spüren. Man kann die Schwingung spüren.
D: Was soll Suzette tun, um euch zu helfen?
S: Die Jungen unterrichten. Sie kamen auch hierher, aber alles wird schneller gehen. Sie werden früher helfen, denn es gibt nur ... OH! Mein Kopf tut weh. (Ich gab ihr erneut Suggestionen.)
D: Warum müssen sie schneller lernen?
S: Die Zeit ist kurz wegen dieser niederen Wesen. Alles, was sie wollen, ist, sich gegenseitig weh zu tun. Sie wollen sich gegenseitig zerstören. Sie wollen das Land zerstören, was dann die Tiere, die Bäume und das Wasser in Mitleidenschaft zieht. Und kurz gesagt, ihr müsst die jungen Leute erreichen, damit sie die Worte verbreiten und helfen können, den Planeten zu heilen.
D: Die Erwachsenen werden nicht in der Lage sein, zu helfen?
S: Die Erwachsenen der höheren Quelle. Die anderen haben sich von

der Arbeit als Kulissen hin zu wütenden Wesen entwickelt. Sie wollen auf jemanden oder etwas wütend sein und alles, was sie tun wollen, ist töten ... töten oder verletzen. (Sie zuckte wieder vor Schmerz zusammen.)
D: *Ihre Wut erzeugt ein Gefühl, das Energie abzieht. Ist es das, was du meinst?*
S: Ja. Wir sollten das stoppen.
D: *Die negative Art von Energie, die Dingen schaden kann.*
S: Ja, sie kann dem Planeten schaden.

Ich fragte nach Suzettes Lebenszweck. „Sie soll mit den jungen Leuten arbeiten. Lehren, Zuhören, Verstehen." Man sagte ihr, sie müsse nicht hinausgehen und nach Menschen suchen, die höheren Lebensquellen würden zu ihr kommen. „Menschen, die wissen ... sie wissen ... Menschen wissen. Sie kam, um Leute zu heilen oder zu retten." Suzette hatte gesagt, dass sie, seit sie sehr, sehr klein war, sehr wütend darüber war, dass sie hierher zurückgeschickt wurde, und sie verstand das nicht.

S: Ja, dieser Job ist groß. Sie wollte nicht kommen. Dieser Job ist groß! Es gibt so viel Schmerz ... so viel Schmerz.
D: *Aber sie hat es gewählt, hier zu sein.*
S: Also, ich glaube, ich musste mich entscheiden. Sie senden Lebenskräfte. Wir konnten uns den Job nicht aussuchen. Das ist ein großer Job. Viele Lebenskräfte wurden hergeschickt, um diesen Planeten zu retten. Ich wäre lieber in der Kristallstadt geblieben.

Suzette ist in ihrem jetzigen Leben stark übersinnlich begabt. Sie kann Dinge sehen, die erst in der Zukunft passieren werden.

S: Ich sah es deutlich, als ich noch behaart war. Ich wusste, dass alle zugrunde gehen würden. Ich konnte in jedes Leben sehen.
D: *Soll Suzette diese Fähigkeiten in diesem Leben nutzen?*
S: Ja. Vertrauen und lehren. Höheres spirituelles Denken.
D: *Sie sagte, die Menschen würden ihr nicht zuhören. Sie würden ihr nicht glauben.*
S: Sprich einfach mit denen, die die höhere Lebensquelle haben— alles geht immer schneller. Es bleibt immer weniger Zeit. Deshalb mussten wir alle hierher kommen. Es bleibt immer weniger Zeit. Wir müssen den Planeten retten.
D: *Ich habe gehört, dass es einige gibt, die nicht gerettet werden können.*

S: Nein. Die Hintergrundleute, aber sie sind wütend.
D: *Die Schwingungen verändern sich. Also werden die Hintergrundleute bei der Alten Erde bleiben?* (Ja) *Und deshalb sind sie wütend?*
S: Ja. Es ist, als ob sie schauspielern und ein Drehbuch haben und sie diese Rolle spielen, und ihre Rolle ist es, diesen Planeten zu zerstören.
D: *Sie sind wütend darüber?* (Ja) *Aber der Planet kann nicht zerstört werden, oder?*
S: Nein. Das kann er nicht. Es ist wie damals, als die Dinosaurier und die Bäume starben, aber alles erwachte wieder zum Leben. Nicht die Dinosaurier und auch nicht die Bäume, aber diesen Teil davon kennen sie nicht. Aber dies ist ein wunderschöner Planet. Das ist ein wunderschönes Zuhause. Nicht so schön wie der Kristallort, aber ...
D: *Dann werden die Hintergrundleute auf der Erde bleiben, während diese durch all die Veränderungen, die Katastrophen geht?*
S: Ja, sie werden nicht überleben. Sie werden weg sein. Die anderen werden weiterziehen. Dieser neue Ort wird so schön sein. Die Schwingung wird so hoch sein und dies wird ein Ort des Lernens sein.
D: *Das ist es, was ich versucht habe, zu verstehen. Sie wird sich in zwei Teile teilen?*
S: Ja. Es ist wie zwei Ebenen, und die Alte Erde wird auf einer Ebene sein, und die Neue Erde wird auf einer höheren Ebene sein. Aber sie werden einander nicht sehen, als wären sie in zwei Zeitschleifen.
D: *Das ist es, was mir gesagt wurde. Der Eine wird sich des Anderen nicht einmal bewusst sein.* (Richtig)—*Aber ihr wollt die Kinder lehren, damit sie zur Neuen Erde gehen können?*
S: Ja. Mehrere mit höherer Schwingung können bei der Rettung helfen, und dies wird ein Lehrplanet sein. Es gibt auch andere Orte, die lehren, aber dies wird ein Lehrplanet sein.
D: *Diejenigen, die auf der Alten Erde zurückbleiben, werden also ihr Leben auf eine andere Art und Weise ausleben?* (Ja) *Du sagtest, diese Menschen entwickeln sich überhaupt nicht weiter?*
S: Ja. Sie sind nur wie eine Kulisse, weißt Du, wie wenn man ein Bild malt und jemanden darauf malt.
D: *Während die Erde also all die Veränderungen und Katastrophen durchmacht, werden viele Menschen sterben.*
S: Ja, ja. Es wird eine Menge davon geben. (Nüchtern.)
D: *Aber sie suchen sich das ohnehin aus, bevor sie kommen?*

S: Nein, nicht so sehr aussuchen. Sie sind so eine Art Sklaven. Sie werden von einem Ort zum anderen gebracht, um dort das zu tun, was sie tun müssen, weil sie nur Energie sind.

In diesem Leben hatte Suzette eine Erinnerung daran, zwei Sterne gesehen zu haben, und sie fragte danach. "Diese zwei Sterne am Himmel, ist das die Kristallstadt?"

S: Ihr bewegt euch auf die beiden Sterne zu. Die Kristallstadt liegt dahinter.

Dies war ein interessantes Konzept, das eine andere Sichtweise auf die beiden Erden und die Trennung der Alten von der Neuen eröffnete. Ich war in der Endredaktion dieses Kapitels, als ich plötzlich eine Offenbarung hatte. Es ist merkwürdig, wie oft man etwas lesen muss, bevor es endlich klickt. Vielleicht ist das die Art und Weise, wie der Geist arbeitet; er muss etwas mehrmals ausgesetzt werden, bevor es endlich Sinn macht.

Ich fand die Idee mit den Hintergrundleuten interessant und es war sicherlich ein neues Konzept, aber dann sah ich mehr in dem, was das SC zu vermitteln versuchte. Häufig wollen die Leute bei meinen Vorlesungen mehr Informationen über die Trennung der Alten von der Neuen Erde haben sowie über diejenigen, die zurückbleiben werden. Ich denke, dass dieses Konzept nun einige der Antworten bereithält. Sie sagten, dass die meisten von uns es sich ausgesucht haben, zu dieser Zeit zu kommen und das Leben zu erfahren, und dass sie mit der höheren Absicht kamen, dabei zu helfen, die Erde zu retten. Aber, ohne dass wir es wussten, wurden auch andere Energien auf die Erde geschickt, um in den von uns geschaffenen Szenarien eine kleine Rolle zu spielen, um in unserer Illusion zu agieren. Diese wurden die Hintergrundleute genannt, die kommen, um zu leben, zu atmen, zu arbeiten und zu sterben, aber keinen wirklichen Zweck haben, außer dem, die Statisten in unserem Stück zu sein; die Kulisse, vor der man schauspielern muss. Sie nannten sie „Sklaven", aber ich denke, das ist ein ziemlich hartes Wort. Sie sind nur Energie und werden von einem Sternensystem zu einem anderen gebracht, um ihre Rollen zu spielen. Eher wie die Statisten in einem Film, die ihr ganzes Leben damit verbringen, diese unbedeutende Rolle zu spielen und nie die Hauptrolle zu bekommen. Das erinnert mich an den Film *The Truman Show* (im Dt.: Die Truman Show, *Anm. d. Übersetzers), in welchem der junge Mann sein ganzes Leben in einer geschaffenen Illusion lebte, in der Schauspieler ihre Rollen spielten, bevor er schlussendlich erkannte, dass sie nicht real war. Die anderen spielten ihre Rollen sehr realistisch und überzeugend.

Sie sagten, dass diese Leute wütend geworden seien, aber ich glaube, sie haben diese Wut aus der Verbindung mit der sie umgebenden Negativität aufgeschnappt. Und diese Negativität hat ihre Wut verstärkt. Das hat all die Kriege und Katastrophen verursacht, die auf der Erde gegenwärtig sind. Das würde auch die Tausenden von Menschen erklären, die in den verschiedenen Kriegen und Naturkatastrophen getötet werden. Sie sind dazu da, das Drama für unsere Illusion zu liefern. Sie sagten: „Sie werden von einem Ort zum anderen gebracht, um dort zu tun, was immer sie tun müssen, denn sie sind lediglich Energie." Ich denke, die einzige Möglichkeit, dies zu betrachten, ist, ohne jegliche Emotionen. Wir wollten bestimmte Ereignisse in unserem Leben erleben und das waren die Leute, die vom Central Casting (Amerikanische Casting-Firma für Statisten, *Anm. d. Übersetzers) angeheuert wurden, um die Szenen auszufüllen. Ich sage nicht, dass das wahr ist, aber es ist ein interessantes Konzept, über das man nachdenken sollte. Mehr seichte Unterhaltung! Entweder man akzeptiert es oder man lässt es bleiben.

Es ist nun meine Meinung, dass dies diejenigen sind, die mit der Alten Erde und den Hintergrundleuten zurückbleiben werden, weil sie keine höhere Schwingung oder Absicht haben. Sie lehren uns Lektionen durch ihre bloße Anwesenheit, aber sie sind nicht dazu bestimmt, sich weiter zu entwickeln. Dies sind diejenigen, die zurückgelassen werden. Diejenigen, die ihre höhere Bestimmung erkennen und ihre Schwingung und Frequenz erhöhen, werden zur Neuen Erde weiterreisen. Es wird diejenigen geben, die mit dem Wissen um ihre Mission kamen und hohe Ideale hatten, aber sie lassen sich von der Negativität der anderen niederziehen und beeinflussen. Diese werden auch mit der anderen Energie auf der Alten Erde bleiben müssen, wenn sich die beiden Erden trennen. Deshalb ist es wichtig für uns zu erkennen, dass es nur eine Illusion ist und unsere Rolle bei der Erschaffung der Neuen Erde finden und unseren Teil dazu beizutragen müssen, dass andere die ihre finden. Und nicht in die Wutenergie der Hintergrundleute hineingezogen zu werden und auf der Alten Erde steckenzubleiben. Deshalb ist dies eine so individuelle Sache. Jeder muss seinen eigenen Weg finden und wieder zu dem Zweck erwachen, den er zu erfüllen hat.

Dieses seltsame Konzept von den Hintergrundleuten, die den Statisten in einem Film vergleichbar sind, hat bei mir einen bleibenden Eindruck hinterlassen. Wenn ich jetzt in einem überfüllten Flughafen, auf einem Kreuzfahrtschiff oder in einer geschäftigen Stadt bin und ich all die umhereilenden Menschen sehe, die ihren Geschäften nachgehen und einander nicht wahrnehmen, dann denke ich: „Hintergrundleute". Ein interessantes Konzept und eines, das wahrscheinlich mehr Bedeutung hat, als mir bewusst ist.

Kapitel 39

DIE FRAGMENTE VEREINIGEN SICH WIEDER

Als ich nach Santa Fe ging, um am Northwest New Mexico College ein Seminar zu halten, übernachtete ich in einem Landgasthaus außerhalb von Santa Fe. Die Höhe belastete mich die ganze Zeit über, in der ich dort war (10 Tage). Ich sah viele Klienten im Gästehaus, bevor ich nach El Rito (dem andere Campus) zum Seminar ging. Die körperlichen Probleme verschwanden, sobald ich nach Albuquerque zurückkam und nach Hause aufbrach.

Pamela war bereits an einem seltsamen Ort, als sie von der Wolke kam.

P: Alles funkelt. Alles ist lebendig. Alles hier ist wissend. Es ist recht schön und ziemlich lebendig. Für mich ist es recht real.
D: *Was funkelt denn an diesem Ort?*
P: Kristalle. Alles ist wissend, alles ist lebendig, intelligent, allzeit.
D: *Wo befinden sich die Kristalle?*
P: Überall. Sie sind wie ein Teppich, aber sie befinden sich auch in der Luft. Sie hängen in der Luft. Das ganze Reich ist aus Licht, aber es ist in den Kristallen. Alles leuchtet in sehr subtilen Farben.
D: *Die Kristalle machen Farben?*
P: Nein, das Licht macht Farben.
D: *Ist das ein physischer Ort?*
P: Nein, es ist ein dimensionaler Ort. Es ist lebendige Ernergie.
D: *Klingt nach einer mächtigen Energie.*
P: Das ist sie, aber sie ist sanft. Sie ist sehr entspannend. Sie ist stark, aber nicht von mir getrennt, damit empfindet man sie nicht als aggressiv.
D: *Nimm dich selbst wahr. Hast du einen Körper, oder wie empfindest du dich?*

P: Nein, ich bin auch das. Licht.
D: Also hast du keine physische Form?
P: Ich kann eine bilden, wenn ich will, aber ich habe eher eine Form aus Licht, die ein bisschen wie ich geformt ist.
D: Das klingt wunderschön. Und du hast keinen Grund, fest oder körperlich zu sein?
P: Ich habe nicht viel Grund dazu.
D: Du magst es also einfach nur, das Licht und die Energie zu sein.
P: Das bin ich. Das bin ich, ja.
D: Sind da noch andere bei dir? Oder spürst Du noch jemanden in Deiner Nähe?
P: (Tiefer Atemzug) Ich spüre Gleichzeitigkeit. Ich spüre, dass ich an einem Ort bin, wo sich alles, was ich je wusste, zusammenfügt. Alles, was ich gewesen bin und gewusst habe, ist gleichzeitig an diesem Ort. Es gibt eine Konzentration an Licht, so dass all diese Kristalle Teil der Allheit sind.
D: Du sagtest, alles das du je wusstest. Bedeutet das, in anderen Leben, oder wie genau?
P: In anderen Leben und anderen Dimensionen und einfach in Gott. Ich fühle mich glücklich. Ich mag diese Nähe, wenn alles zusammenkommt. Das ist Allheit. Das ist das All-Eine des Lebens, alles auf einmal.
D: Es ist also ein anderer Ort als die geistige Seite, zu der man geht, wenn man einen physischen Körper verlässt?
P: Dies ist eine Dimension auf der geistigen Seite. Dies ist ein Ort, den ich gerade erst anfange zu kennen. Ich habe Samen davon und diese Samen treffen wie die Kristalle alle zusammen.
D: Ist dies das erste Mal, dass du dort bist und es erlebst?
P: Es tut mir leid, deine Frage macht keinen Sinn.
D: Ich wollte nur wissen, ob du es schon einmal erlebt hast.
P: Ich habe Samen und jetzt enthüllt es sich.
D: Dann ist es also an der Zeit, sich dessen wirklich bewusst zu werden.
P: Es ist Zeit. Es ist an der Zeit. Ich muss wissen, dass sich alles zur richtigen Zeit zusammenfügen wird, und ich muss es in meinem Körper spüren.
D: Es ist also ein anderes Gefühl, als du es zuvor hattest?
P: Ja, in diesem Leben. Es fühlt sich sehr, sehr gut an. Es schwingt mit und ich verwandle mich in das hier. (Tiefes Atmen.) Ich scheine eher direktes Wissen aufzunehmen, als dass ich es wissen muss, mehr spontan im Moment. Ich weiß, was zu tun ist, und ich fühle mich sicher und ich bin entspannt. Das ist mehr der Ort, an dem sich alles von mir auf einmal zusammenfügt. Alles,

was ich war und wusste kommt hier zusammen.
D: *Du siehst und fühlst diese Energie aus einem bestimmten Grund. Solltest du etwas damit tun?*
P: Mich auf das Versammeln in mir selbst konzentrieren. Es ist, als ob ich alles, alle Teile von mir aus allen Dimensionen zusammengerufen hätte. Und sie kommen zusammen und in eben diesem Fokus entfaltet sich alles.
D: *Ist es das, was du mit dem „Versammeln" meinst?*
P: Ja. Alle Fragmente bewegen sich jetzt auf mich zu, auf das Eine, jetzt.
D: *Weil mir gesagt wurde, dass wir uns in viele verschiedene Stücke und Teile zersplittern oder zerstückeln.*
P: Ja, ich bin viele Dinge gewesen. Die Teile kommen alle zusammen.
D: *Also ist es Zeit, nicht länger getrennt zu sein.* (Ja) *Aber als du getrennt warst, hast du viele Lektionen gelernt, nicht wahr?*
P: Das habe ich, und ich habe sie abgeschlossen. Es gibt keinen Grund mehr für eine Zersplitterung.
D: *Warum ist es für dich wichtig, dies zu wissen, dass es eine Verschmelzung aller Fragmente ist?*
P: Es erhöht die Freude und den Frieden in meinem Leben. Freude an allem. An allem.
D: *Hattest du schon zuvor Freude?*
P: Das hatte ich, aber es war innerhalb der Fragmente. Die Kristallstücke kommen zusammen. Sie fügen sich zusammen. Es gibt Dinge, die in der Zusammenkunft geschehen.
D: *Was meinst du damit? Wir versuchen, den Prozess zu verstehen.*
P: (Seufzer) Ich werde mich an mehr erinnern. Ich werde mehr Kraft haben. Meine Engelsnatur öffnet sich mehr, um mir zu erlauben, zu spielen. Mehr Fähigkeiten, um höhere Aspekte meiner selbst zu nutzen.
D: *Warum passiert das zu dieser Zeit?*
P: (Seufzer) Weil es das kann.
D: *Aber Pamela macht wunderbare Arbeit mit den Energien.* (Pamela war eine Energieheilerin.)
P: Es geht nicht um Pamela. Es gibt weitere Wesen, die hier hereinkommen.
D: *Was meinst du damit?*
P: Andere Wesen, Lichtwesen, kommen auch hierher.
D: *Ist dies Teil des Integrationsprozesses?*
P: Nein, es ist anders. Die Integration ermöglicht es anderen Wesen, einzugreifen.
D: *War es früher nicht so einfach für sie, hereinzukommen?*

P: Früher war es nicht notwendig. Sie tat, was man von ihr verlangte. Es ist Zeit für andere, sich zu beteiligen. Sie wird es erlauben. Sie sind hier.

D: *Vo wo kommen sie?*

P: Es gibt kein *wo.*

D: *Mein Hauptanliegen ist, dass sie positiv sind.*

P: Sie ist nicht besorgt. Sie sind sie. Dies sind höhere Aspekte ihere selbst.

D: *Sie sind also alle Teil des Integrationsprozesses?*

P: Nicht die Integration der Kristalle. Das sind andere Aspekte des Lichts.

D: *Die anderen waren also mehr oder weniger die Aspekte des physischen Lebens.*

P: Sie sind Aspekte, der Fragmentierung, ja, der Individualität. Dies ist kein Aspekt der Fragmentierung des Selbst. (Tiefes Atmen.) Das sind Aspekte der Gaben Gottes, die nie zersplittert sind. Ihre Arbeit wird weitgehend dieselbe bleiben. Die Energie wird sich dahingehend verändern, dass sie mehr Stärke hat. Mächtiger, viel mächtiger.

D: *Aber du sagtest, das dies jetzt die Zeit sei. Ist es notwendig?*

P: Das gehört zum Feiern dazu. Es ist nicht Teil der Not. Das ist ein Teil der Liebe. Sie hat die Bedürfnisse erfüllt. Sie möchte mehr von Gott erfahren. Sich ausdehnen und in der Natur Gottes wachsen. Dies ist etwas wie ein Geschenk.

D: *Sie sagte, sie habe das Gefühl, dass etwas mit ihr geschehen sei, wie eine Art Erwachen.*

P: Dies geschieht sowohl allmählich als auch plötzlich. Dies ist eine plötzliche Veränderung der Schwingungsfähigkeit.

D: *Werden diese Lichtwesen ständig in ihr sein, oder kommen und gehen sie?*

P: Ständig.

D: *Muss sie sie herbeirufen, wenn sie ihre Arbeit tut?* (Nein) *Wird ihre Arbeit durch den Einsatz dieser Energie effektiver in der Heilung sein?*

P: Der Zweck ist nicht so sehr die Effektivität, sondern ein Auflösen im Wohlgefallen Gottes. Sie wird definitiv einen Unterschied bemerken, wenn sie arbeitet. Jeder fühlt es auf eine andere Art und Weise, und sie hat Verbindungen entwickelt, um Sprache und Techniken zu entwickeln, die den Menschen helfen, es zu genießen und es auf angenehme Weise zu leben. Sie wird ihnen helfen, es zu akzeptieren.

D: *Die Menschen kommen zu ihr, um geheilt zu werden. Ist das eines der Dinge, für die diese Energie verwendet wird?*

P: Eines der Dinge, ja. Sie ist nicht hauptsächlich für die Menschen da. Sie ist hauptsächlich für das Ganze da.
D: *Für ihre Entwicklung?*
P: Nicht für ihre Entwicklung, für das Ganze. Es ist eine Bewegung innerhalb des Ganzen.
D: *Ich möchte, dass sie diesen Prozess verstehen kann, wenn sie erwacht.*
P: Das Verstehen ist intelligent. Es gibt immer Verständnis. Es gibt immer Mitgefühl. Es gibt zu dieser Zeit eine Verschiebung vom individuellen Geist zur Ganzheit.
D: *Geschieht das überall?*
P: Überall dort, wo es möglich ist.
D: *Ist dies Teil der Schwingungs- und Frequenzveränderungen, die zurzeit stattfinden?* (Ja)

Ich erklärte, dass ich von der Neuen Erde und der Bewegung in eine neue Dimension wusste. Sie stimmte zu, dass dies ein Teil des Prozesses sei.

D: *Werden auch andere Menschen diese Erfahrung machen?*
P: Ja, viele, viele erwachen jetzt und sind sich ihrer Ganzheit bewusst. Alle Teile der Quelle, die getrennt waren, integrieren sich jetzt.
D: *Muss alles verschmelzen, während wir uns in diese neue Dimension bewegen? Und mehr Menschen werden sich bewusst, dass sie nicht mehr getrennt sind?*
P: Ja. Wenn immer mehr Menschen Teile von sich selbst mit dem Ganzen verschmelzen, macht es das für andere leichter zu akzeptieren. Sie werden sich wohler fühlen.
D: *Für manche Menschen ist es kein angenehmer Prozess, oder?*
P: Sie haben es sich ausgesucht. Manche Menschen wählen es, durch Unbehaglichkeit zu wachsen.
D: *Sie sagten, wenn wir uns in das Ganze integrieren, werden wir uns anders fühlen?*
P: Jeder wird sich anders fühlen, jeder. Jeder wird sich mit der Ganzheit wohler fühlen. Sie werden erkennen, dass mit ihrer Seele etwas geschieht.
D: *Aber wir werden dennoch den physischen Körper behalten?*
P: Für diejenigen, die einen solchen brauchen, wird es so geschehen. Dies geschieht gleichzeitig für diejenigen, die im Körper sind und für diejenigen außerhalb des Körpers.
D: *Erleben diejenigen auf der geistigen Seite das auch?*
P: Ja, das hat nichts damit zu tun, dass sie in einem Körper sind. Es

ist Zeit.
D: *Hat es etwas mit der Entwicklung des Planeten zu tun?*
P: Es ist nicht die Entwicklung nur dieses einen Planeten. Es ist die Entwicklung vom Ganzen, von allem, allem auf einmal. Das Universum, alles bewegt sich in einem anderen Modus.
D: *Also gibt es keine Möglichkeit, es zu stoppen oder zu verändern? Ist es etwas, das passieren muss?*
P: Es ist Gottes Entscheidung.

Ich erklärte, dass ich gehört hatte, dass es zwei Erden geben werde, und diese Dinge auf der Alten Erde nicht passieren werden.

P: Ich habe keinen Zugang dazu. Ich bin mit dem Teil verbunden, der sich in die Ganzheit bewegt.
D: *Aber das ist nicht wie der Tod, oder das Sterben des physischen Körpers, oder doch?*
P: Ob die physischen Körper hier sind oder nicht, ist nicht die Frage. Jeder erfährt es gleichermaßen innerhalb oder außerhalb des Körpers, in oder außerhalb jedes Bewusstseins, überall. Es ist nicht wichtig zu verstehen, was geschieht, es ist nur wichtig, es zu genießen.

Das klang ein bisschen ähnlich wie der Energiekegel, der 2009 in alle implantiert wurde. Kapitel 30. Ich frage mich, ob es das Gleiche ist, nur mit einem anderen Wortlaut?

D: *Wenn der Integrationsprozess jetzt erst beginnt, wozu wird das alles letztendlich führen?*
P: Zu einer Anhebung in ein einheitliches Ganzes. In jedem Einzelnen kann mehr Ganzheit wirken. Es ist fast so, als gäbe es einen roten Faden, eine Art verbindenden Faden, der in alles einfließen wird. Alles wird sich mehr mit allem anderen überall verbunden fühlen. Überall wird alles in eine andere Dimension gehoben werden.
D: *Wie wird diese andere Dimension sein? Kannst du uns etwas darüber sagen?*
P: Es ist wie ein verwobenes Gewebe, das plötzlich alles auf die Bewusstheit der Essenz ausrichtet.
D: *Wenn wir also diesen Teil erreichen, werden wir keine Individualität mehr haben??*
P: Nein, es wird Individualität geben. Es werden einfach mehr Einheitsfäden zur Verfügung stehen und funktionieren. Die Individualität verändert sich bis zu einem gewissen Grad und es

gibt mehr so etwas wie eine Überlagerung von Ganzheit.
D: Wie verändert sich dabei die Individualität?
P: Es werden mehr Splitterstücke von mehr Aspekten vervollständigt.
D: Es wird also keine Notwendigkeit mehr geben, physische Leben zu führen? Ist es das, was du meinst?
P: Es gibt in der Realität sozusagen keine physischen Leben mehr. Aber es wird weniger Zerstreuung von Erfahrungen geben.
D: Ich versuche gerade, zu verstehen. Es gibt immer noch Menschen, die Karma anhäufen. Wird das etwas ausmachen?
P: Ich bin nicht Teil jenes Ablaufs. Ich weiß es nicht. Ich weiß nur, dass ich Teil dieses Gefüges der Ganzheit bin. Ich bin Teil dessen, was sich zusammenfügt. Es geschieht gerade jetzt.
D: Auch wenn ich weiß, dass die Zeit auf deiner Seite nicht existiert, hast du eine Ahnung, wie lange es noch dauern wird, bis sich alles zusammenfügt?
P: Aus unserer Sicht ist es bereits geschehen. Es entfaltet sich gerade, aber auf inneren Ebenen ist es bereits geschehen. Das Leben wird ziemlich genauso weitergehen. Diese Energie steht jedem zur Verfügung und kann auf jede Art und Weise genutzt werden. Das ist das Werk. Sie werden entscheiden, ob sie Teil davon sein wollen oder nicht. Sie wird jedem gegeben, und sie werden Entscheidungen treffen, wie sie wollen. Diese Energie verändert alles automatisch. Es gibt einen Mangel an Schöpfung, weil es einen Mangel an Ganzheit gibt. Wenn mehr Ganzheit vorhanden ist, erfolgt Schöpfung automatisch.
D: Deshalb sage ich den Leuten, dass sie vorsichtig sein sollen, worum sie bitten, vorsichtig sein sollen, was sie erschaffen wollen, weil es nun schneller zu geschehen scheint.
P: Das ist wahr.
D: Früher dauerte es lange.
P: Das war Absicht.
D: So wie die Erde war, musste man Zeit haben, um sicher zu sein, dass es das war, was man wollte.
P: Ja, das Lernen in bestimmten Kurven muss langsam sein.
D: Jetzt kannst du es also viel schneller haben. (Ja) Aber zuerst musst du sicher sein, was du willst.
P: Aber die Ganzheit liefert die Antwort auf das, was du willst. Es ist nur, wenn man nicht weiß, was man will, dass die Schöpfung durcheinander gerät. Sie erschaffen nicht. Die Ganzheit erschafft. Wenn es genügend Ganzheit gibt, die funktioniert, legen alle Kreationen Individualität mit Reinheit an den Tag. Sie erkennen einfach, dass die Ganzheit mit ihnen ist und die

Ganzheit funktioniert, um alles zu hervorzubringen, was sie so absolut einzigartig macht. Genau das und alles, was sie brauchen. Wenn sie dem Zusammenschluss erlauben, am Plan der Ganzheit fetzuhalten, die hereinkommt, dann funktioniert alles automatisch. Auf jeder Ebene und auf jede Weise.

D: *So können sie sich also auch selbst gesund machen, indem sie diese Energie nutzen?*
P: Sie nutzen die Energie nicht. Die Energie nutzt sie.
D: *Gibt es etwas, das sie tun müssen, um mit dieser Ganzheit in Kontakt zu treten?*
P: Nein. Sie ist verfügbar, nur nicht, um sich ihr zu widersetzen. Die Energie der Ganzheit hilft euch, zu wissen, was ihr wollt. Das Problem ist, dass die Menschen nicht wissen, was sie wollen.

Ich war auf der Suche nach einer Art Ritual oder Prozess, mit dem ein Individuum diese Energie für die Schöpfung abrufen kann. Menschen mögen immer Anweisungen. In *Das Gewundene Universum - Buch Drei*, Kapitel 37, gibt es das Kapitel, in dem die Heilenergie spricht und erzählt, wie sie jederzeit abgerufen werden kann.

P: Es gibt die Möglichkeit, dass Menschen das Gefühl unterdrücken, es wert zu sein, glücklich zu sein. Es ist vor allem Vertrauen nötig.
D: *Wir sind es gewohnt, unsere Engel und unsere Führer zu bitten, uns dabei zu helfen, etwas zu erschaffen.*
P: Alle Engel und alle Führer beginnen, sich zu zusammenzuschließen. Es findet jetzt ein Zusammenschluss statt, so dass es auf allen Ebenen weniger Individualität gibt. Es ist so, als ob man alle Engel hätte, anstatt nur einen. Es gibt weniger Raum zwischen Wunsch und Verwirklichung. Es ist ein Prozessesbesschleuniger. Zu dieser Zeit verbindet sich Pamela mit Aspekten des Wissens und mit denen, die das Wissen geteilt haben. Das erleichtert einen Zusammenschluss.
D: *Ich möchte, dass sie versteht, warum ihr diese Informationen gegeben werden.*
P: Sie braucht nicht so sehr Informationen als vielmehr den Prozess der Verbindung mit riesigen, sich bewegenden Netzwerken von Menschen, die den Wandel begründen.

Pamela hatte eine körperliche Frage, zu der sie Informationen haben wollte. Es war über die letzten 10 Jahre hinweg ein Rätsel gewesen. Sie sagte, sie spüre plötzlich ein Kribbeln im Körper und könne sich dann nicht mehr bewegen. Sie verharre dann eine ganze Weile (Stunden) so und es sei verstörend für die anderen um sie herum, die dies miterlebten.

P: Das sind Teile der Fragmente, die hereinkommen. Das geschah dann, wenn sich die Ganzheit öffnete.

Wenn diese Vorfälle passierten, hatte Pamela nie Angst. Sie wollte nur verstehen, was geschah, denn in dieser Zeit musste sie sich hinlegen, bis es vorbei war.

P: Dies ist eine Verschiebung innerhalb der Ganzheit, im Vergleich zu der Vollendung der Fragmentierung.
D: *Also kam ein anderes Fragment herein und integrierte sich?*
P: Oder es integrierte sich mehr von der Ganzheit. Und das führt vorübergehend zu Aufhebungen und Unkoordiniertheit.
D: *Natürlich war es ein wenig beunruhigend, denn obwohl sie keine Angst hatte, passierte es manchmal in der Öffentlichkeit.*
P: Es wurde immer für sie gesorgt.
D: *Das ist ihr schon eine Weile nicht mehr passiert, ist dieser Teil also vorbei?*
P: Die Ganzheit ist feiner und die Zersplitterung ist vollständiger. Es gibt andere Dinge, die passieren werden. Energieveränderungen, die Verschiebungen vorübergehender Natur im Körper-Geist bringen. Es wird weniger Verlangen geben, sich um den Körper zu kümmern und dafür mehr Lust, im Moment mit dem Spirit zu sein. Es gibt eine Entlastung von der Last der Fürsorge.
D: *Wird sie zu dem Zeitpunkt, wenn diese Dinge geschehen, körperlich etwas bemerken?*
P: Eine leichte Unausgewogenheit aufgrund einer Fokusverlagerung. Sie wird immer besser darin, in Verbindung zu bleiben. Es ist vorübergehend, immer vorübergehend. Liebe ist wichtig, denn der Prozess ist Liebe im Hier und Jetzt. Wie bereits gesagt, ist Intelligenz viel zweckmäßiger als Information. Jene Intelligenzen sind jetzt mit dieser hier verbunden worden.

***

Ein anderer Klient erwähnte etwas, das ähnlich dem klang, als „sie" über eine Seelenverschmelzung sprachen.

D: *Kannst du erklären, was das ist?*
M: Das ist, wenn sich ein Mensch immer mehr für seine höheren Aspekte öffnet. Was passiert, ist: Der Geist öffnet sich und es

scheint, dass jemand in ihn hineinkommt. Aber das Bewusstsein erweitert sich einfach, so dass sie immer mehr Aspekte ihrer selbst aufnehmen.

D: *Wie fühlt es sich an, wenn so etwas passiert, damit wir wissen, was es ist?*

M: Es fühlt sich an, als hätte man mehr Bewusstheit. Tatsächlich fühlen sie sich im Spirit leichter und sie bemerken vielleicht kleine Persönlichkeitsveränderungen. Vielleicht ändern sich einige Vorlieben oder Abneigungen. Aber ziemlich bald wird sich der eine, der Aspekt, der sich selbst erweitert hat, daran gewöhnen, wo die Person steht und dann wissen, wie er mehr mit ihr arbeiten kann. Wir alle wachsen auf allen Ebenen.

***

Weiter mit Pamela:

Ich wollte wissen, ob wir irgendwelche Informationen über die Veränderungen haben könnten, die die Erde durchmachen wird, bevor sie in die nächste Dimension geht.

P: Es gibt viele Möglichkeiten, die gerade jetzt in Bewegung sind, und sie ist Teil dieses Prozesses, der versucht, alles zum bestmöglichen Ergebnis zu vereinen. Es sind Kräfte am Werk; viele, viele Matrizen, viele Kräfte. Für jeden wird überall gesorgt, egal wie die Umstände sind. Alles bewegt sich auf eine größere Einheit zu, wie auch immer es nach außen hin erscheinen mag.

Kapitel 40

DIE BILDER

Dawn und ihre Tochter Alexis kamen in mein Büro, um getrennte Sitzungen zu buchen. Dawn überraschte mich, als sie mir ein Paket mit Bildern und der CD gab, von der sie ausgedruckt worden waren. Sie sagten, sie seien 2004 aufgenommen worden und wüssten nicht, was sie damit machen sollten oder wem sie sie geben sollten. Sie beschlossen schließlich, sie mir zu geben und dass ich schon wissen würde, was ich mit ihnen tun sollte. Das war 2006 und ich behielt sie auf, ohne zu wissen, in welches Buch ich sie aufnehmen sollte. Zum Zeitpunkt der Sitzung war es schwer zu verstehen. Jetzt, im Jahr 2011, glaube ich endlich besser zu verstehen, was das SC zu beschreiben versuchte und ich denke, es ist an der Zeit, sie endlich anderen zu präsentieren. Es zeigt, wie sehr ich seit 2006 gewachsen bin, und dass meine Konzepte erweitert wurden. Ich hoffe, dass ich recht habe.

Dawn sagte, sie waren eines Nachts draußen gewesen und sahen ein ungewöhnlich helles Objekt am Himmel. Zuerst dachten sie, es sei ein Stern, aber es war größer und heller als alle Sterne, die sie bisher gesehen hatten. Sie richteten ihre Kamera darauf und machten eine Reihe von Fotos. Dann sahen sie zu, wie das Objekt allmählich verblasste. Als sie den Film entwickeln ließen, waren sie verblüfft. Was auf den Bildern zu sehen war, war überhaupt nicht das, was sie in dieser Nacht gesehen hatten. Sie sahen einen festen Gegenstand und keinen, der sich bewegte, verformte und Wellen erzeugte, wie der auf den Bildern.

Im Laufe der Jahre haben mir die Leute ähnliche Bilder geschickt, aber sie brachten sie stets mit UFOs in Verbindung, weil sie keine andere Erklärung hatten. Ich denke, diese Bilder zeigen, dass die meisten der Dinge, die die Leute als unbekannte Raumschiffe ansehen, andere, sogar noch kompliziertere Erklärungen haben.

Ich führte zwei Sitzungen durch, jede davon separat. Die Informationen, die durchkamen, waren ähnlich, aber ich denke, die der Mutter (Dawn) enthielt mehr Beschreibung. Wir waren zwei frühere Leben durchgegangen und unterhielten uns mit dem SC. Es hatte bereits mit persönlichen Informationen geholfen und an ernsthaften körperlichen Problemen gearbeitet. Dann wollte ich nach den Bildern fragen:

D: *Ich wollte Klarheit haben. Dawn und ihre Tochter Alexis brachten mir gestern diese Fotos, und sie sind wirklich neugierig deswegen. Kannst du erkennen, was auf den Bildern abgebildet ist?*

DA: Es sind die höheren Mächte, die an dem Planeten arbeiten. Sie versuchen, ihn im Gleichgewicht zu halten. Sie arbeiten mit Energiegittern auf beiden Seiten der Dimensionen, auf dieser Seite und auf der anderen Seite.

D: *Aber auf dem Bild sah es fast wie ein physisches Objekt aus.*

DA: Ja, es ist eine Wesenheit. Sie ist elastisch. Sie kann sich durch Ausdehnung über ein großes Gebiet ausbreiten. Sie funktioniert einfach auf beiden Seiten. Sie arbeitet an der Ausbalancierung des Planeten, Energiearbeit, indem sie das Gute auf dem Planeten verbreitet, während sie sich bewegt und sie sich ausbreitet, bewegt und ausbreitet, bewegt und ausbreitet, fast wie die liebevollen Arme einer Mutter. Es ist alles Teil der Entwicklung des Geistes und der Entwicklung des Intellekts, der Entwicklung der lebendigen Bewusstheit. Das ist es, was sie tut. Und das tut sie mit mehr als nur dem Erdplaneten. Das ist ihre Rolle und das ist es, wofür sie geschaffen wurde. Sie geht und bringt liebevoll ins Gleichgewicht. Es ist eine weibliche Energie. ... weich.

D: *Sie sagte, als sie es am Himmel sahen, sah es aus wie ein Stern.*

DA: Ja, Tarnung.

D: *Das Ding auf den Bildern tauchte erst auf, als diese vergrößert wurden, und es schien seine Form zu verändern. Deshalb dachten wir, es sei eine Art physisches Objekt.*

DA: Das menschliche Auge und der physische menschliche Körper befinden sich nicht auf der Schwingungsebene, wo man es mit dem bloßen Auge sehen kann. Man kann es fühlen. Sensible Menschen können seine Präsenz spüren, aber sie können nicht hinter seine Tarnung sehen. Doch die Kamera nimmt es auf.

D: *Warum wurde ihnen erlaubt, es zu fotografieren?*

DA: Weil andere Leute es sehen müssen und wissen sollen, dass die Dinge unter Kontrolle sind, dass die Dinge sich planmäßig entwickeln.

D: *Ist das die Art, wie es normalerweise aussieht, weil es eine Form wie ein „Wurm" hat?*

DA: Ja, es kann seine Form und Größe verändern, je nachdem, was es tut. Es passt sich der Umgebung an, in der es arbeitet und auch der Dimension, in der es arbeitet, je nach der energetischen Zusammensetzung der Dimension, in der es arbeitet.

D: Es sieht beinahe organisch aus.

DA: Nein. Es ist ein Lichtwesen. Es hat Elastizität. Es hat hat vorausbewegende, umherwandernde Teile um sich herum, Seher, die die Arbeit tun. Die um es herumrotieren, die sich verbinden und ineinander greifen und führen wie in einer Art Distanzsituation. Und es sind alles Teile seines eigenen Ganzen.

D: Sieht es immer so aus, oder ist das nur die Art und Weise, wie die Kamera es aufgenommen hat?

DA: Normalerweise sieht es auf dieser Seite nicht so aus, aber durch eure Atmosphäre, in eurer Dimension hier, sieht es normalerweise so aus. Aber vielleicht werden in einem anderen Sternensystem ... die Dinge durch ihre Umgebung beeinflusst. So, wie ein Gedanke von der Umwelt beeinflusst wird. Wie es aussieht, hängt von den Auswirkungen der Dimension in der Umgebung ab, in der es sich selbst präsentiert. Man kann einen Gedanken an einen Stuhl in der einen Umgebung haben und er wird auf eine bestimmte Weise aussehen; man kann einen Gedanken an einen Stuhl in einer anderen Dimension und einer anderen Umgebung haben und er wird auf eine andere Weise aussehen. Sie werden nicht gleich aussehen, auch wenn es derselbe Gedanke oder dasselbe Bild ist.

D: Wie sieht es wirklich aus? Ich meine ... was ist überhaupt wirklich ... (Lachen) in seinem normalen Zustand?

DA: In seinem normalen Zustand, wenn es sich entspannt?

D: Dort, wo es herkommt, wie erscheint es dort?

DA: Einfach ein riesengroßer Dampf ... ein RIESIGER Lichtdampf ... Riesiger Lichtdampf.

D: Weil Alexis in ihrer Sitzung sagte, dass es so groß sei, dass man es nicht erfassen könne. (Ja) Ergibt das einen Sinn?

DA: Ja, von unserem Standpunkt aus schon, denn euer Erdenreich ist viel kleiner als der Ort, an dem es zwischen den Aufgaben verweilt. Es ist alles eine Frage der Perspektive.

D: Es war also hier, um zu auszuhelfen?

DA: Genau das tut es! Ja. Es ist ein Ernährer. Er nährt sich aus dem „Ernähren".

D: Aber ist es hier, um bei dem zu helfen, was zurzeit mit der Erde geschieht?

DA: Ja. Es breitet sich fast wie ein Sack aus, ein Energiesack, und es breitet sich auch um den Planeten herum aus. Während der Planet durch seine Veränderungen geht und durch eine Menge negativer Energien, die irgendwie Löcher aufweisen, glättet seine Liebesenergie das, es flickt die Löcher, bessert die Risse aus, bringt sie zurück und richtet die Schwingungen neu aus. Wenn sich die Schwingungen der Seele und der Erde entwickeln, nutzen sie sich ab und zerreißen sie, und das Lichtwesen kommt zurück und flickt sie wie eine Socke und stimmt diese Energie fein ab, wenn diese sich nach oben bewegen muss. Alles bewegt sich schneller, während die Energierate steigt.

D: *Es erscheint also auf den Bildern als klein und du hast gesagt, es sei riesig. Ist das so, weil es so weit von ihnen entfernt war, oder warum?*

DA: An seinem eigenen, natürlichen Ort der Ruhe ist es riesig. Aber wenn es in andere Dimensionen und andere Sonnensysteme eintritt, passt es sich an und verändert seine Größe. Es kann wirklich, wirklich winzig werden, wenn es in dem winzigen Bereich arbeitet, oder wenn es in einem mittelgroßen Bereich arbeitet, wird es sich anpassen und das Format in der entsprechenden Größe annehmen, um erfolgreich auf den Planeten, mit dem es arbeitet, zuzugreifen und mit ihm zu interagieren. Oder es kann sehr groß sein. Es ist flüssig. Es ist flexibel. Es kann sich ausdehnen oder es kann klein werden.

D: *Sie durften es also nur in dieser Form sehen?* (Ja) *Du sagtest doch, die Leute sollen davon wissen?*

DA: Es gibt einige Leute, die davon wissen sollten, ja.

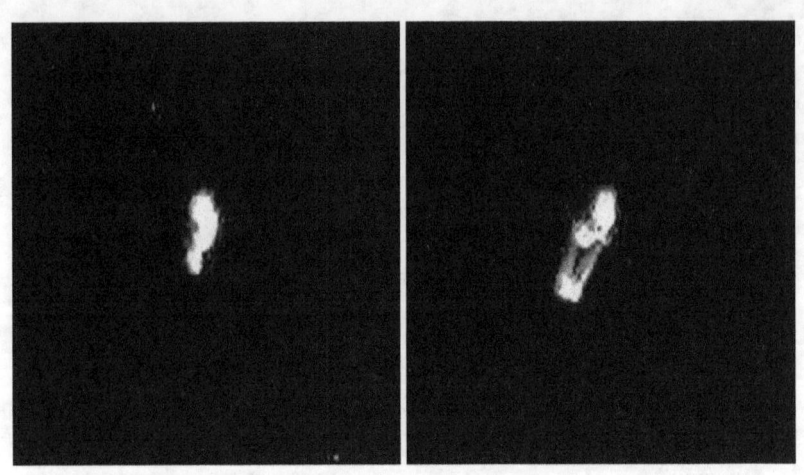

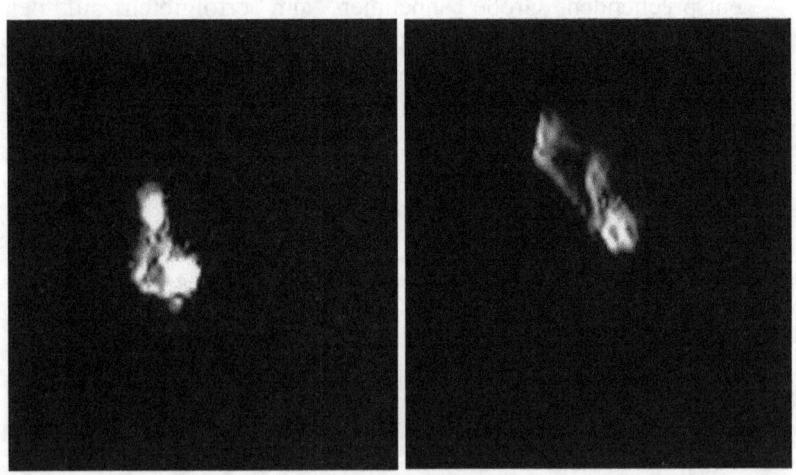

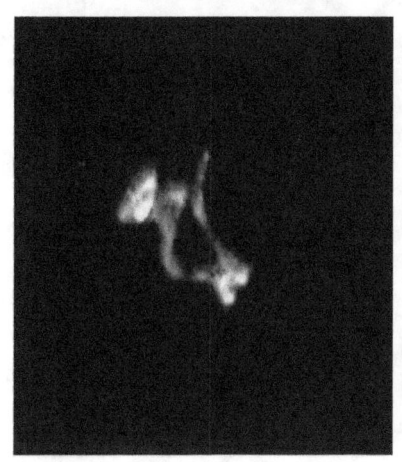 

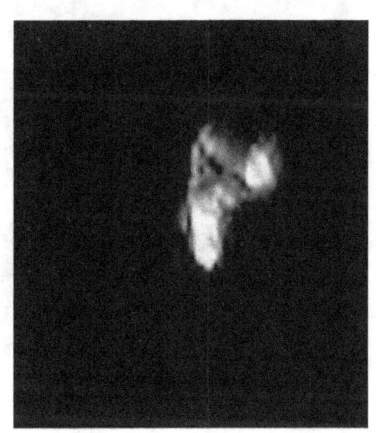 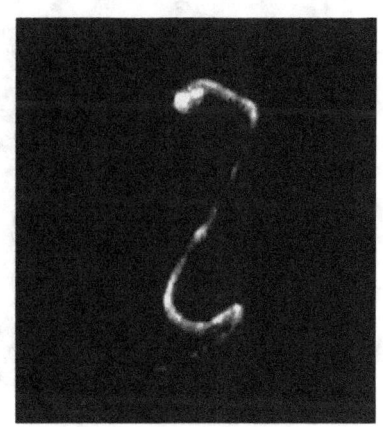

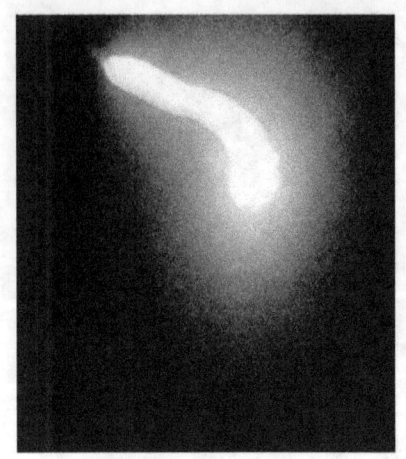
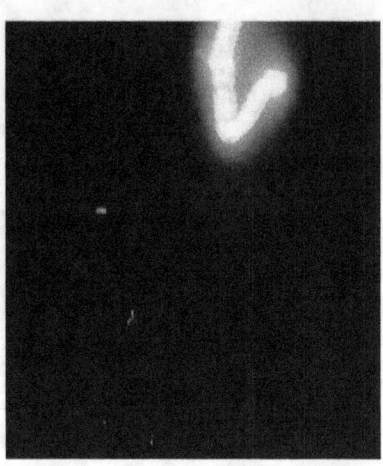
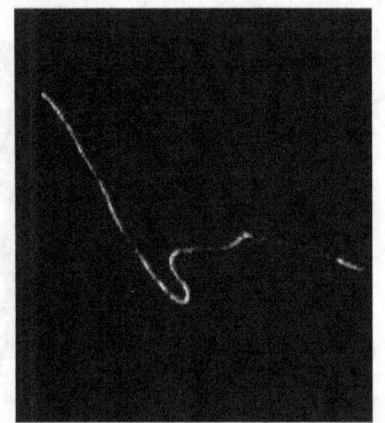
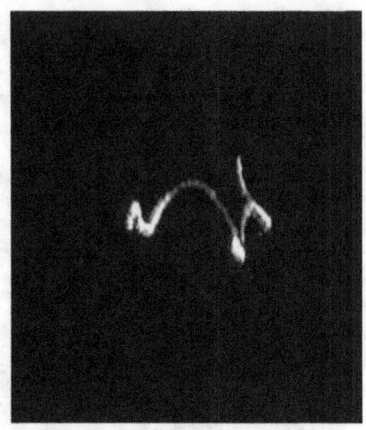

 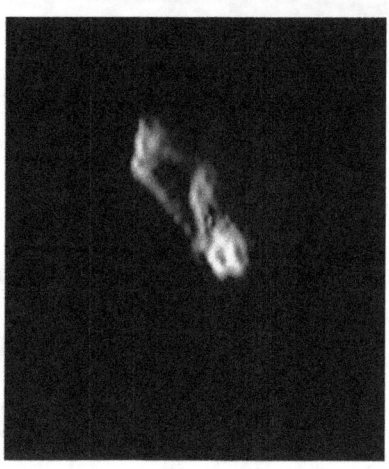

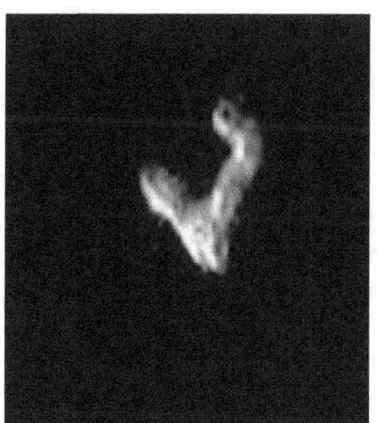 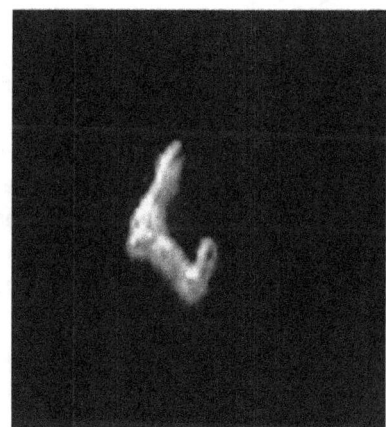

D: Werde ich die Bilder verwenden können und versuchen dürfen, dies den Menschen zu erklären?
DA: Ja. Das ist einer der Gründe, warum sie hierhergekommen sind.
D: Um sie mir zu zeigen?
DA: Ja. Sie haben sich schon seit einiger Zeit Gedanken darüber gemacht. Sie wussten, dass es irgendwo hingelangen sollte, um

die Informationen unter die Leute zu bringen, die sie sehen wollten. Es wird ihnen ein Gefühl der Sicherheit geben. Es wird immer solche geben, die es nicht verstehen, und es könnte Angst in ihnen auslösen. Aber bei Menschen, die bereit sind, dies zu hören und zu sehen, wird es ein Gefühl der Unterstützung auslösen. Die Unterstützungssysteme sind da. Die Mechanismen sind da. Alles funktioniert so, wie es sein muss. Wenn du glaubst, dass du ein einsamer Solat seist ... das bist du nicht. Schau dir einfach an, was da oben ist.

D: *Als ich meiner Tochter, Julia, die Bilder zeigte, spürte sie eine enorme Menge an Energie und Schwingungen von ihnen ausgehen.* (Ja) *Und sie begann auch zu fühlen, dass es vielleicht etwas mit der DNA zu tun hat. Stimmt das?*

DA: Nun, es arbeitet mit all den Energien, um den Planeten in seiner Entwicklung voranzubringen, und sie sind alle miteinander verbunden. Wie kann ich das erklären? Es beeinflusst die Energie des Planeten bis tief hinunter zum Kern, also wird es alle Energie, die Struktur aller Energie betreffen. Sie muss angehoben werden, wenn sich der Planet entwickelt und in seiner Entwicklung höhersteigt. Bei der Verschiebung muss alles zusammenkommen und das tut dieses Ding ebenfalls. Man hebt die Schwingung von außen an, bis hinunter zur Mitte ... nach außen. Das Bild, das am Himmel ist, arbeitet von außen nach innen ...

In meinem Buch *Das Gewundene Universum—Buch Zwei* gibt es zwei Erwähnungen einer Energiekraft, die in den frühen 2000er Jahren auf die Erde gerichtet worden sein soll, um dabei zu helfen, das Bewusstsein zu erhöhen. Diese sollte bis zum Erdkern vordringen und jedes lebende Wesen (sogar Pflanzen und Tiere) beeinflussen. Dennoch war sie für das menschliche Auge unsichtbar. Vielleicht steht dies im Zusammenhang mit dem, was Dawn 2004 fotografierte.

D: *Bis zum Zentrum der Erde?* (Richtig.) *Es beeinflusst alles.*
DA: Richtig. Es ist wie Staub, der sich setzt. Es ist fast so, als ob es eine Fruchtblase um sich herum bilden würde. Der Planet wächst.
D: *Auf diese Weise würde es auch die Menschen, die Tiere, die Pflanzen, alles in seiner Nähe beeinflussen?* (Ja) *Gemäß der Theorie meiner Tochter glaubst du dann also, dass es mit der Energie die DNA beeinflusst?*
DA: Ja, denn die DNA ist Energie. Sie ist Energie, die in die

physische Materie einkodiert ist. Das ist eine gute Sache. Das ist Lichtarbeit und das ist ein Teil des Plans für den Planeten sowie auch für uns, denn wir sind auch der Planet. Die Menschen auf dem Planeten sind alle Teil des Organismus und es ist alles ein Teil des Prozesses. Dies ist nicht das erste Mal, dass dieses Ding am Himmel diese Art von Arbeit verrichtet. Das ist es, was es tut. Es kommt, wenn es gebraucht wird. Das ist seine Arbeitsbeschreibung!

D: Es hilft also bei der Evolution des Planeten, während wir in das übergehen, was wir dann die „Neue Erde" nennen?

DA: Ja. Es ist auch ein Geistbildner, ein Stärkungsmittel. Die Fotos müssen also herausgebracht werden, damit die Leute es wissen, damit sie sich in gewisser Weise beschützt fühlen sowie geführt. Geführt und beschützt.

D: In gewissem Sinne könnten wir es das Äquivalent zu Gott nennen, wenn wir wollten. Ist die Energie so stark?

DA: Wenn du Gott sagst ... meinst du ..?

D: Die Quelle. Was du die Quelle nennst.

DA: Ja. Die Quelle. Sie ist Teil des Einen. Sie ist Teil des Einen, das der Eine geschaffen hat und sie sendet einen Teil von sich selbst aus, obwohl sie weibliche Aspekte an sich hat, weil sie ein Ernährer, ein Beruhiger ist. Sie stimuliert Veränderung und Wachstum und nährt diese, indem sie die Energieumgebung in einem Zustand hält, in welchem sie auf natürliche Weise Entwicklung hervorbringt. Sie ist ein Teil der Quelle. Sie ist der Teil der Quelle, der erschuf. Sie ist so HOCH. Sie ist so fortschrittlich. Sie kommt von der Quelle. Sie ist groß. Sie ist Teil der Schöpferinstitution.

D: Institution?

DA: Ja. Wir alle sind Schöpfer, von klein bis immer höher und höher und höher. Wenn wir uns entwickelt haben, werden wir größere und bessere Schöpfer. Wir werden immer größer und besser darin, bis wir zur Quelle kommen, die die Nummer Eins ist, und das ist unser Ziel. Das Gelernte zu nehmen und alles zurück zur Quelle zu bringen. Ich weiß nicht, wie ich es erklären soll.

D: Oh, du machst einen guten Job. Ich verstehe. Aber während der gestrigen Sitzung wurde mir gesagt, dass ich damit rechnen solle, dass viele Leute die Bilder sehen, sie aber nicht verstehen werden. Sie werden nicht glauben.

DA: Aber so viele Leute glauben oder verstehen ohnehin so viele Dinge nicht.

D: Und sie werden denken, dass es irgendwie gefälscht sei. Die meisten von ihnen denken an UFOs, ETs, weiter geht ihr

Vorstellungsvermögen eben nicht.
DA: Ja, und einige von ihnen begreifen nicht einmal das.
D: Zumindest wissen wir, dass es mit so etwas nichts zu tun hat.
DA: Nein, es ist kein UFO. Nein, nein, nein, nein, nein, es ist kein UFO. Es ist höher als die Engelsreiche. Es ist wie ein Engel in den Engelsreichen. Wenn du versuchen willst, es den Leuten zu erklären, damit sie es irgendwie verstehen, sage ihnen, sie könnten es als einen „übergroßen" Engel oder so etwas betrachten. (Lachen)
D: Ich wollte es klarstellen. Wenn ich mit Menschen arbeiten und darüber reden will, muss ich es verstehen. Und ihr Leute gebt mir immer schwierigere Konzepte. Ich schätze, die Welt ist bereit. (Lachen)
DA: Es gibt immer jemanden, der bereit ist, aber die Dinge werden so lange hinausgezögert, bis es eine ausreichend große Gruppe gibt, die bereit ist. Die dann diese Informationen bekommt, welche so erfolgreicher und schneller verbreitet werden können. Wenn man hereinkommt und nur einer bereit ist, wird es viel schwieriger sein und länger dauern. Mehr, als wenn es eine Gruppe gibt. Jetzt ist die Gruppe groß genug und es wird auch die Wissenschaftler dazu veranlassen, mehr über ihre Theorien nachzudenken, wenn sie jene Bilder sehen. Physiker werden mehr über die Beziehungen von Licht und Energie nachdenken, wenn sie jene Bilder sehen. Es wird die Menschen nicht nur auf der Seelenebene beeinflussen, wo sie um den Aufstieg ihrer Seele bitten; es wird auch die Ärzte auf der wissenschaftlichen Ebene in der ganzen Welt treffen und Physiker auf der ganzen Welt. Sie werden es sogar durch ihre Theorien und ihre Forschung verstehen. Es wird ein Torweg zu ihnen sein. Es wird ein Reich des Verstehens im gesamten Plan der Dinge eröffnen. Einen tieferen, größeren Plan der Dinge, indem sie einfach die Fotos betrachten und das Wissen, das sie haben oder das sie entdecken, darauf anwenden.
D: Gibt es noch etwas, das ich darüber wissen sollte?
DA: Wenn noch irgendetwas dazukommt, wird man es dir auf jeden Fall sagen.

Kapitel 41

SCHLUSSWORT

Ich arbeitete unter Zeitdruck, um dieses Buch fertigzustellen. Es mussste zu einem bestimmten Datum in der Druckerei sein, weil es bereits im Katalog des Vertriebshändlers erschien und Bestellungen von Buchhandlungen aufgegeben wurden. Leute erzählten mir, dass Amazon angekündigt habe, dass es verfügbar sei. Als ich das hörte, lachte ich: „Das glaube ich nicht! Es ist immer noch in meinem Gehirn und in meinem Computer." Es half nicht, dass ich es während einer Vortrags- und Seminarreise schrieb. Es setzte mich sehr unter Druck. Wir hatten gerade erst unsere alljährliche Transformationskonferenz im Juni 2011 in Arkansas beendet. Jeder, der schon einmal eine große Konferenz auf die Beine gestellt hat, weiß, wie viel Arbeit das bedeutet. Unmittelbar danach, mit wenig Ruhezeit, war ich auf einer landesweiten Vortrags- und Seminarreise und hielt Kurse in den ganzen Vereinigten Staaten und Kanada. Dann war ich nur eine Woche zu Hause, um mich auf die zweimonatige Tournee durch Europa im August vorzubereiten, die im Oktober 2011 auf einer sehr großen Konferenz in Bangalore, Indien, endete. Dann war ich eine Woche zu Hause und im November 2011 für sechs Wochen weg in Singapur und Australien. Ich verbrachte die Zeit damit, von Stadt zu Stadt zu reisen, dann Radio-Interviews, TV-Aufnahmen, Vorträge und Seminare. Flugzeuge, Züge, Autos, bis man wirklich nicht mehr weiß, wo man ist. Jedes Hotel sieht gleich aus, jeder Flughafen sieht gleich aus, jeder Vortragssaal sieht gleich aus. Oftmals, wenn ich bereit war, einen Vortrag zu beginnen, fragte ich die Zuhörer, halb im Scherz: „Wo bin ich? In welcher Stadt bin ich? In welchem Land bin ich?" Die Menschen sind überall gleich, wo ich auch hingehe. Die Sprache und die Akzente sind manchmal der einzige Anhaltspunkt, den ich habe. Meine Tochter sagte: „Nach einer Weile kann man sich nicht mehr erinnern, *wann* etwas passiert ist, weil die Zeit einfach nur verschwimmt. Sie wird zu einer *Ereignis*erinnerung." Das zeigt mir wirklich, dass Zeit eine Illusion *ist*. Es ist Tag in dem Land, in dem man sich gerade befindet, und Nacht zu Hause in Arkansas. Oder in manchen Fällen ist es heute hier und morgen (oder gestern) dort. All das muss man berücksichtigen, wenn man versucht, mit der „realen" Welt, die man verlassen hat, zu kommunizieren. Es zeigt wirklich, dass Zeit keine Bedeutung hat (auch wenn wir in ihr gefangen sind).

Mitten in all dem versuchte ich also, dieses Buch zu beenden. Ich nutzte jedes bisschen Freizeit, das ich zwischen den Veranstaltungen finden konnte, um an meinem kleinen Laptop in meinem Hotelzimmer zu arbeiten. Gott sei Dank für die neue Technologie. Jetzt muss ich nicht mehr mit Unmengen von Manuskripten reisen, um es zu bearbeiten. Das kann alles mit dem kleinen USB-Stick erledigt werden..

Ich kann mich noch gut an meine ersten Unternehmungen in der Welt der Computer erinnern, als ich mein erstes Exemplar in den 1980er Jahren bekam. Meine ersten fünf Bücher schrieb ich auf der altmodischen manuellen Schreibmaschine, dann ging ich zur elektrischen Schreibmaschine über. In jenen Tagen kannten wir noch die wahre Bedeutung von „Ausschneiden und Einfügen". Die neue Erfindung des Computers war wie eine Wunderrevolution. Ich musste nicht mehr jede Seite neu schreiben, falls ich einen Fehler gefunden hatte. Man musste nicht mehr mit den Wagenrückläufen herumspielen und dem Einziehen von Papier. Aber ich fand gute Gründe, diesen ersten neumodischen Computern nicht zu trauen. Sie verschlangen allzu oft meine Worte und verdauten sie so sehr, dass sie nie wieder gefunden wurden (außer in meinem Kopf). Oftmals, nachdem ich stundenlang an einem Kapitel gearbeitet hatte, drückte ich den „Speichern"-Knopf und verließ den Raum mit gekreuzten Fingern. Ich wusste nicht, ob er es speicherte oder beschloss, es zu verschlingen. In letzterem Fall konnte ich meine Worte endlos durch den Limbus schweben sehen. Ich druckte es sofort aus, denn es konnte jederzeit verschwinden. Zumindest lag es dann in Papierform vor und ich konnte es anfassen. Das Schlimmste, was passieren konnte, war, dass ich das Ganze noch einmal tippen musste, aber es war sicher. Jetzt können mehrere meiner Bücher auf dem kleinen USB-Gerät aufbewahrt werden, das nur wenige Zentimeter lang ist. Ich bin mir sicher, dass sogar noch wundersamere Möglichkeiten der Informationsspeicherung in der Entwicklung sind. Aber aufgrund meiner frühen Erfahrungen mit Computern in den 1980er Jahren bin ich immer noch misstrauisch, also bringe ich es so schnell wie möglich zu Papier.

Auf dieser Reise im Jahr 2011 genoss ich also jeden Moment,

den ich hineinzwängen konnte, um allein zu sein und an dem Buch zu arbeiten. Ich fand, dass der beste Weg, ein Buch fertig zu stellen, der ist, in einem Raum in einem fremden Land eingeschlossen zu sein. In meinem Zimmer lief der Fernseher in einer ganz fremden Sprache, so dass es nichts nützte, zu versuchen, fernzusehen. Das einzige Fenster im Raum öffnete sich zu den Dächern hin, so dass ich nicht einmal eine schöne Landschaft hatte, die mich ablenken konnte. Dann konnte ich mich völlig in das Projekt vertiefen. Meine Tochter sagte immer wieder: „Ich will dich ja nicht noch mehr unter Druck setzen, *aber* das Buch muss fertig sein, bis wir im November nach Hause zurückkehren."

Auf dieser Reise gingen wir in viele verschiedene Länder, von denen ich viele immer schon hatte sehen wollen. Zu manchen spürte ich eine solche Anziehungskraft, dass ich überzeugt war, dass ich dort ein früheres Leben gelebt haben muss. Doch als ich dort ankam, war ich in dieser Hinsicht enttäuscht. Die alten Ruinen sind mit der Stadt vermischt und das Moderne überwältigt das Alte. Sie sind genau das, Ruinen, und sie stehen im Schatten der Moderne und scheinen zwischen den modernen Gebäuden und dem geschäftigen Verkehr fehl am Platz zu sein. Einige wenige, wie Stonehenge und New Grange, sind von sich aus abgelegen. Doch selbst sie sind Ruinen oder bloße Skelette dessen, was sie einst darstellen sollten. Selbst die Sphinx und die große Pyramide sind nicht wie erwartet. Die Stadt Kairo dringt den ganzen Weg bis zu ihnen vor, und auch sie sind nur noch Hüllen und Ruinen dessen, was sie einst waren. Ich hatte erwartet, dass ich im Kolosseum in Rom etwas spüren würde, aber es liegt mitten in der Stadt, mit Souvenir- und Essensständen rund um die Mauern herum und umgeben von geschäftigem Verkehr und lärmenden Touristen. Selbst die Pracht des Taj Mahal war nicht ganz das, was ich erwartet hatte. Es ist ein wunderschönes Gebäude, aber die extreme Armut Indiens reicht den ganzen Weg hoch bis vor die Tore. Das Parthenon in Athen ist bildschön, aber ein bloßer Schatten dessen, was es einst war, jetzt eine teilweise rekonstruierte Ruine, die auf einem Hügel über der Stadt liegt. Auch Machu Picchu ist etwas Besonderes und hat eine kraftvolle Energie, und doch ist es auch eine Ruine. Überall wo ich war, sagen die Reiseleiter immer das Gleiche: „Wir wissen nicht, wie dies gebaut wurde. Wir kennen nicht die wahre Funktion. Wir wissen nicht ... wir wissen nicht." Häufig ist ihre offizielle Erklärung unplausibel.

Meine Rückführungen in vergangene Leben in diesen Bereichen machen mehr Sinn und liefern mehr Informationen. Das Werk der Archäologen und ihre mühevolle Arbeit, die Vergangenheit wieder ans Licht zu bringen, hat mich schon immer fasziniert. Ohne sie hätten wir keinerlei Hinweise auf die Wunder der Vergangenheit, außer aus historischen Dokumenten. Dennoch glaube ich, dass das, was sie freigelegt haben, nur ein kleiner Bruchteil dessen ist, was noch unter dem Sand der Zeit, unter den Gewässern der Ozeane und tief im Innern der Berge verborgen bleibt. Es gibt reichlich antike Geschichte und Wissen, das wahrscheinlich nie aufgedeckt werden wird. Dennoch weiß ich, dass es in dem erstaunlichen Computer, genannt der „Geist", existiert, und wir sind in der Lage, durch tiefe Trance-Hypnose darauf zuzugreifen. Das macht meine Arbeit als Reporterin und Forscherin nach verlorenem Wissen so aufregend. Ich weiß nie, was die nächste Sitzung aufdecken oder enthüllen wird. Es ist mir nicht wichtig, ob es sich beweisen lässt, denn ich versuche nicht, jemanden zu überzeugen. Meine Aufgabe ist es, sie dazu zu bringen, sich für andere Möglichkeiten und Wahrscheinlichkeiten zu öffnen. Andere können sich auf den Teil mit den Beweisen konzentrieren. Meine Aufgabe ist es, neue Welten von Wissen zu erschließen.

Mein ganzes Leben lang spürte ich eine unerklärliche Anziehungskraft von allem Alten, besonders dem Ägyptischen und Römischen. Als Kind verschlang ich alte Bücher zu diesen Themen, doch ich machte mir nichts aus dem Text. Ich war fasziniert von den Bildern, besonders von den Bildern antiker Hieroglyphen. In der Schule war ich sehr begeistert von der antiken Geschichte und ich verlor das Interesse, als es in die moderne Geschichte überging. Ich erinnere mich, dass ich eine extreme Faszination für Pompeji hatte. Ich las das Buch *The Last Days of Pompeji* (im Dt. *Die letzten Tage von Pompeji*, *Anm. d. Übersetzers) von Sir Edward George Bulwer-Lytton und schrieb eine Buchbesprechung darüber für die Schule. Als es verfilmt wurde (damals noch schwarz-weiß), war ich enttäuscht, weil es von der Geschichte im Buch abgewichen war. Als Kind sah ich ein altes Exemplar davon im Schaufenster eines alten Buchladens dort in St. Louis, wo ich lebte. Ich wollte unbedingt ein eigenes Exemplar haben, aber während der Depression war das Geld knapp. Ich schaffte es, einen Dollar zu sparen (vor allem durch die Rückgabe von ausrangierten Colaflaschen, die ich in der Gasse fand. Ich konnte zwei Cents pro Flasche bekommen) und lief viele Blocks weit, um zu sehen, ob das für den Kauf ausreichen würde. (Damals durften Kinder noch Abenteuer erleben. Sie konnten rennen, Rollschuh laufen oder mit dem Fahrrad fahren, wo immer sie wollten. Es gab nicht die Angst, die heute in den Kindern verwurzelt ist). Ich kann mich noch an die bittere Enttäuschung erinnern, als ich feststellte, dass der alte Buchladen seit Jahren geschlossen war. Also musste mein kostbares Buch im Fenster bleiben, unantastbar.

So kann man sich also meine Aufregung auf dieser Europareise im September 2011 vorstellen, als ich entdeckte, dass ich ein paar Tage in Rom frei haben würde, und eine der Besichtigungstouren eine Ganztagestour nach Pompeji sein würde. Ich würde es mit eigenen Augen sehen können. Würde es irgendwelche Erinnerungen aufrühren? Außerdem wusste ich, dass ich einige Rückführungen in vergangene Leben in eines meiner Bücher aufnehmen würde und ich wollte sehen, ob der Ort etc. mit dem übereinstimmte, was meine Klienten gesehen hatten. Mein Mann hatte es in den 1950er Jahren gesehen, als er an Bord der USS Randolph, einem Flugzeugträger, stationiert war, der für ein paar Tage Ruhe und Erholung im Hafen von Neapel einlief. Er sagte, es sei nur ein Haufen von Ruinen und brachte ein kleines Büchlein mit Bildern von ausgegrabenen Statuen etc. mit nach Hause. Natürlich hatte es für ihn nicht die gleiche Bedeutung gehabt wie für mich.

Nach einer langen Busfahrt von Rom kamen wir also zur gleichen Szene wie bei allen anderen Attraktionen: Ruinen (wunderschön ausgegraben und rekonstruiert), Souvenirstände, Verkehr und hunderte von Touristen. Man konnte das Mittelmeer sehen und der Vesuv spuckte immer noch Rauch und ließ die Möglichkeit eines weiteren Ausbruchs erahnen, aber die Pracht Pompejis wurde von der Moderne verschluckt. Wegen der extremen und unerklärlichen Anziehung besteht durchaus die Möglichkeit, dass ich dort ein vergangenes Leben erlebt habe, aber an der tatsächlichen Stelle fühlte ich nichts.

Das passt zu dem Sprichwort: „Man kann nicht noch einmal nach Hause gehen." Sogar in diesem Leben, als ich nach St. Louis zurückkehrte, wo ich aufwuchs, war alles anders. Gebäude waren abgerissen worden, eine Autobahn war durch mein altes Viertel gebaut worden, alles schien älter und schmutziger. Nichts ähnelte den Erinnerungen, die ich in meinem Kopf habe. So ist es mit den Erinnerungen an vergangene Leben, sie sind nicht so, wie wir uns erinnern. Wir sehen sie auf eine Art in der Rückführung, dann auf eine andere Weise in der Realität. Man kann wirklich nicht noch einmal nach Hause gehen. Ich denke, was dem am am nächsten kommt, ist das Gefühl eines *Déjà-vu*. Alles ist so alt in Europa, dass viele der alten Strukturen noch immer vorhanden sind. Wenn in Amerika etwas hundert Jahre alt ist, wird es oft abgerissen und an seiner Stelle ein Parkplatz gebaut. In Europa sind noch mehrere Hundert Jahre alte Gebäude erhalten geblieben. Ein Freund von mir sagte, dass er einmal in eine altertümliche (noch aktive) Kathedrale in England ging und ein überwältigendes Gefühl der Traurigkeit empfand. Er fand eine isolierte Ecke und saß lange weinend da. Er konnte nicht verstehen, warum es geschah, aber ich weiß aus meiner Rückführungsarbeit, dass der Ort wahrscheinlich eine Erinnerung an ein früheres Leben auslöste.

Über eine meiner eigenen Erfahrungen habe ich bereits am Anfang dieses Buches berichtet. Meine Erinnerung wurde in Athen geweckt, aber das war mit einer Rückführung in ein früheres Leben verbunden. Eine weitere Erinnerung geschah spontan in England. Ich ging zum Eingang des Tower of London, den ich mit verschiedenen Freunden schon viele Male gesehen habe. Diesmal ging ich vorsichtig und versuchte, mich um das unebene Kopfsteinpflaster zu manövrieren. Als ich auf meine Füße hinunterblickte, hatte ich einen flüchtigen Eindruck, dass ich ein langes einfaches braunes Kleid und weiche Schuhe trug. Ich hörte in meinem Kopf: „Es war viel schwieriger damals, als du solche Art Schuhe tragen musstest." Es war, als würde die Stimme scherzen und sich auf die Tatsache beziehen, dass diese Schuhe keine Sohlen hatten. Das Bild verblasste schnell, aber ich hatte den Eindruck, dass ich dort regelmäßig zu dem Tower of London kam. Ich gehörte nicht zu den Gefangenen, aber ich hatte das Gefühl, ein Diener zu sein, vielleicht eine Küchenmagd oder etwas ähnliches, ein einfaches Leben. Der ganze Eindruck dauerte nur wenige Minuten und verblasste schnell. Dennoch hinterließ er einen bleibenden Eindruck, denn es geschieht mir selten, dass ich solche Visionen erlebe.

Ich denke also, dass es wahr ist, dass wir nicht mehr zurück nach Hause gehen können. Und das müssen wir auch nicht wirklich. Wir können sehen, dass es uns nur traurig macht, weil wir nicht wieder dieselben Gefühle einfangen können. Wir können nicht dieselben Leute zurückbringen und jene Erfahrungen noch einmal machen. Das kann nur durch Rückführung geschehen, und dann wissen wir, dass wir nicht in der Vergangenheit (auch nicht in diesem Leben) bleiben können. Wir können diese Erfahrungen nur nutzen, um unser gegenwärtiges Leben besser und sinnvoller zu gestalten.

Vor einigen Jahren gab es in Amerika eine Reality-TV-Serie, in der sie Familien nahmen und in einer einfachen Hütte ohne jeden modernen Komfort isolierten. Sie mussten genau so leben, wie die Menschen vor einigen hundert Jahren lebten. Sie mussten ihr Essen anbauen, es zubereiten, im Wald nach Futter suchen, Holz zum Brennen schneiden und lernen, Garne zu spinnen, um ihre eigene Kleidung herzustellen. Sogar Kerzen für Licht usw. herstellen. Die Familien wetteiferten darum, wer es schaffen konnte und wer am längsten weitermachen konnte, bevor er aufgab und in die moderne Welt zurückkehren wollte. Es schien eine gute Idee zu sein, aber es gab Dinge, die nicht berücksichtigt wurden. Die Menschen in der

Vergangenheit mussten so leben, weil das der einzige Weg war, um zu überleben. Sie kannten nichts anderes. Aber die modernen Familien waren ihr ganzes Leben lang fortgeschritteneren Dingen ausgesetzt, so dass sie wussten, dass die Dinge anders, effizienter gemacht werden konnten. Sie wollten die Dinge immer wieder ändern, weil sie wussten, dass sie es konnten und weil sie wussten, wie. Man kann nicht etwas aus dem Geist nehmen, das man bereits erlernt hat. Wenn wir also die Vergangenheit betrachten, sehen wir sie oft durch moderne Augen. Wir können niemals logisch wissen, wie sie dachten, welche Emotionen sie fühlten, wie ihr Leben wirklich war, *es sei denn*, wir benutzen die tiefe Ebene der Hypnose, die ich benutze. Dies ist eine echte Zeitreise, bei der die Person durch einen Zeittunnel zurückgeht und in jeder Hinsicht zu der anderen Persönlichkeit *wird*. Dieses gegenwärtige Leben existiert nicht mehr in ihrem Geist, so dass es ihr Denken und ihre Erinnerungen nicht beeinflussen kann. Sie sind in der Zeit dort und erleben die Geschichte, wie sie sich dort gerade abspielt.

Ich hatte mehrere Leute, die mir riesige Mengen an Geld anboten, um sie in mehreren Sitzungen durch viele vergangene Leben zu führen. Ich fragte sie, warum sie das tun wollten? Sie sagten, es sei nur Wissbegierde, einfach eine lustige Sache, einfach etwas, das man einfach so tut. Das ist nicht der Zweck meiner Arbeit. Es ist keine Kuriositätenerfahrung. Es ist eine ernsthafte Therapie, die helfen soll, physische, karmische und andere Probleme zu lindern, die das Wachstum des Individuums behindern. Ich stellte in der Regel fest, dass Personen, die viele vergangene Leben zur Unterhaltung erleben möchten, mit ihrem gegenwärtigen Leben nicht zufrieden sind. Sie suchen nach einer Form der Flucht. Einige von ihnen werden darauf herumreiten, wer sie in jenem Leben waren und was mit ihnen passiert ist, anstatt das jetzige Leben zu leben. Der Zweck meiner Arbeit ist es, sie die Ursache ihrer Probleme entdecken zu lassen, diese zu verstehen und das Wissen in das gegenwärtige Leben zu integrieren, damit sie es nach ihren besten Möglichkeiten leben können. Das ist der Grund, warum sie sich entschieden haben, zur jetzigen Zeit auf der Erde zu sein, um das Leben zu leben und zu verstehen, nicht um ihm zu entfliehen. Deshalb lehne ich solche Angebote immer ab, weil sie kontraproduktiv sind. „Sie" haben oft gesagt, dass der Person während der Sitzung manchmal kein vergangenes Leben gezeigt wird, weil sie nicht in der Vergangenheit leben soll, sondern sich auf die Gegenwart und die Zukunft konzentrieren soll. Sich auf die Vergangenheit zu konzentrieren, hält einen nur an die Vergangenheit gebunden und hemmt das weitere Seelenwachstum.

Es gibt ein Sprichwort: „Wenn du die Fehler der Vergangenheit vergisst, bist du dazu verdammt, sie zu wiederholen." Das ist der Wert des Geschichtsstudiums. Aber ich sehe diese Aussage auch als Bezugnahme auf Karma, sowohl auf nationales als auch auf persönliches Karma, denn es gibt auch Karma zwischen Nationen, zwischen Ländern. In dieser schwierigen Erdenschule ist es eine der Voraussetzungen, eine Lektion oder einen Kurs zu belegen, und wenn man es nicht richtig macht oder die Lektion nicht lernt, dann muss man sie wiederholen, bis man sie besteht und in die nächste Stufe weitergeht. Dem Universum ist es egal, wie lange man braucht, man hat alle Ewigkeit. Aber warum eine Ewigkeit brauchen, um eine Lektion zu lernen, eine Ewigkeit, um in einer Stufe festzusitzen, während die anderen weitergehen? Ich denke, das Ziel wäre es, so schnell wie möglich zu lernen und den Abschluss früher zu machen. Aus den Lektionen der Vergangenheit zu lernen und sie nicht wiederholen zu müssen. Dann können wir zu den Wundern der vielen anderen Schulen weitergehen, die die Quelle für uns geplant hat.

Und so kommen wir wieder zum Ende einer weiteren Reihe von Sitzungen, die hoffentlich das Denken einiger kompromittiert haben, ein paar weitere Köpfe wie Brezeln verdreht haben oder einen Funken Neugierde entzündet haben, dass es da draußen vielleicht Möglichkeiten gibt, die nie zuvor in Betracht gezogen wurden. Wenn dem so ist, dann habe ich meine Aufgabe als Reporterin, Ermittlerin, Forscherin verlorenen Wissens erfüllt. Wir werden also vorerst gehen, während ich über die unzähligen Stapel von Fällen nachdenke, die in zukünftige Bücher aufgenommen werden. Vielleicht kann ich dabei noch ein paar weitere Gehirne in dem Prozess dehnen. In der Zwischenzeit sucht weiter, stellt weiter Fragen, fahrt fort, zu denken und nach *eurer* eigenen Wahrheit zu suchen. Es gibt mehr da draußen, als man glauben kann, und in dieser wichtigen Zeit gerade jetzt werden die Türen geöffnet, da immer mehr wichtiges und unfassbares Wissen hervorgebracht wird. Denkt weiterhin selbst. Die Türen öffnen sich jetzt und ihr werdet nie mehr bekommen, als ihr bewältigen könnt. Vertraut, glaubt und erforscht!

Dolores Cannon, eine Rückführungs-Hypnosetherapeutin und parapsychologische Forscherin, die sich der Aufzeichnung von „verlorenem" Wissen widmete, wurde 1931 in St. Louis, Missouri geboren. Sie wuchs in Missouri auf und ging dort zur Schule bis zu ihrer Heirat im Jahre 1951 mit einem Marineberufssoldaten. Die nächsten 20 Jahre verbrachte sie damit, als typische Marinefrau um die ganze Welt zu reisen und ihre Familie großzuziehen. Im Jahre 1970 wurde ihr Ehemann als dienstuntauglicher Veteran entlassen und sie zogen sich in die Hügel von Arkansas zurück. Sie startete dann ihre schriftstellerische Laufbahn und begann, ihre Artikel an verschiedene Zeitschriften und Zeitungen zu verkaufen. Ab 1968 beschäftigte sie sich mit Hypnose und seit 1979 ausschließlich mit Rückführungstherapie und Regressionsarbeit. Sie studierte die unterschiedlichen Hypnosemethoden und entwickelte so ihre eigene einzigartige Technik, die sie in die Lage versetzte, eine höchst effiziente Freigabe an Informationen von ihren Klienten zu erhalten. Dolores unterrichtete ihre einzigartige Hypnostechnik auf der ganzen Welt.

1986 weitete sie ihre Untersuchungen auf den UFO-Bereich aus. Sie führte Vor-Ort-Studien bei Fällen mit Verdacht auf UFO-Landungen durch und erforschte die Kornkreise in England. Ein Großteil ihrer Arbeit in diesem Bereich bestand in dem

Zusammentragen von Beweismitteln vermutlicher Entführter durch Hypnose.

Dolores war eine internationale Rednerin, die auf allen Kontinenten dieser Welt Vorträge hielt. Ihre siebzehn Bücher sind in zwanzig Sprachen übersetzt. Sie sprach zu Radio- und Fernsehpublikum weltweit und es erschien Artikel über / von Dolores in mehreren US-amerikanischen und internationalen Zeitschriften und Zeitungen. Dolores war die erste Amerikanerin und die erste Ausländerin, welcher in Bulgarien der „Orpheus Award" für die größten Fortschritte in der Erforschung parapsychologischer Phänomene verliehen wurde. Sie erhielt Auszeichnungen von mehreren Hypnoseorganisationen für ihre herausragenden Leistungen und für ihr Lebenswerk.

Dolores' überaus große Familie hielt sie in stabiler Balance zwischen der „realen" Welt ihrer Familie und der „geistigen Welt" ihrer Arbeit.

Wenn Sie mit Ozark Mountain Publishing über Dolores' Arbeit oder ihre Schulungen korrespondieren möchten, wenden Sie sich bitte an folgende Adresse: (Bitte legen Sie einen selbstadressierten und vorfrankierten Umschlag für die Rückantwort bei.)
Dolores Cannon, P.O. Box 754, Huntsville, AR, 72740, USA
Oder senden Sie eine Email an das Büro unter decannon@msn.com oder über unsere Website: www.ozarkmt.com

Dolores Cannon, die am 18. Oktober 2014 von dieser Welt gegangen ist, ließ unglaubliche Errungenschaften im Bereich der alternativen Heilung, der Hypnose, Metaphysik und Rückführung zurück, aber am eindrucksvollsten war das ihr ureigene Verständnis, dass das Wichtigste, was sie tun konnte, das Teilen von Information war. Verstecktes oder unentdecktes Wissen aufzudecken, das von entscheidender Bedeutung für die Erleuchtung der Menschheit und unsere Lektionen hier auf der Erde ist. Informationen und Wissen zu teilen lag Dolores am meisten am Herzen. Aus diesem Grunde schaffen es ihre Bücher, Vorträge und die einzigartige QHHT®-Methode weiterhin, so viele Leute auf der ganzen Welt zu verblüffen, anzuleiten und zu informieren. Dolores erkundete all diese Möglichkeiten und noch mehr, während sie uns auf die Fahrt unseres Lebens mitnahm. Sie wollte Mitreisende, die ihre Reisen ins Unbekannte mit ihr teilen.

Für weitere Informationen zu den oben genannten Titeln, zu den in Kürze erscheinenden Titeln oder anderen Artikeln in unserem Katalog, schreiben Sie uns oder besuchen Sie unsere Website:
PO Box 754, Huntsville, AR 72740 www.ozarkmt.com

Other Books by Ozark Mountain Publishing, Inc.

Dolores Cannon
A Soul Remembers Hiroshima
Between Death and Life
Conversations with Nostradamus,
    Volume I, II, III
The Convoluted Universe -Book One,
    Two, Three, Four, Five
The Custodians
Five Lives Remembered
Jesus and the Essenes
Keepers of the Garden
Legacy from the Stars
The Legend of Starcrash
The Search for Hidden Sacred Knowledge
They Walked with Jesus
The Three Waves of Volunteers and the
    New Earth
Aron Abrahamsen
Holiday in Heaven
Out of the Archives – Earth Changes
James Ream Adams
Little Steps
Justine Alessi & M. E. McMillan
Rebirth of the Oracle
Kathryn/Patrick Andries
Naked in Public
Kathryn Andries
The Big Desire
Dream Doctor
Soul Choices: Six Paths to Find Your Life
    Purpose
Soul Choices: Six Paths to Fulfilling
    Relationships
Patrick Andries
Owners Manual for the Mind
Cat Baldwin
Divine Gifts of Healing
Dan Bird
Finding Your Way in the Spiritual Age
Waking Up in the Spiritual Age
Julia Cannon
Soul Speak – The Language of Your Body
Ronald Chapman
Seeing True
Albert Cheung
The Emperor's Stargate
Jack Churchward
Lifting the Veil on the Lost Continent of
    Mu
The Stone Tablets of Mu
Sherri Cortland
Guide Group Fridays
Raising Our Vibrations for the New Age
Spiritual Tool Box
Windows of Opportunity
Patrick De Haan
The Alien Handbook
Paulinne Delcour-Min
Spiritual Gold
Holly Ice
Divine Fire
Joanne DiMaggio
Edgar Cayce and the Unfulfilled Destiny
    of Thomas Jefferson Reborn
Anthony DeNino
The Power of Giving and Gratitude
Michael Dennis
Morning Coffee with God
God's Many Mansions
Carolyn Greer Daly
Opening to Fullness of Spirit
Anita Holmes
Twidders
Aaron Hoopes
Reconnecting to the Earth
Victoria Hunt
Kiss the Wind
Patricia Irvine
In Light and In Shade
Kevin Killen
Ghosts and Me
Diane Lewis
From Psychic to Soul
Donna Lynn
From Fear to Love
Maureen McGill
Baby It's You
Maureen McGill & Nola Davis
Live from the Other Side
Curt Melliger
Heaven Here on Earth
Henry Michaelson
And Jesus Said – A Conversation
Dennis Milner
Kosmos
Andy Myers
Not Your Average Angel Book
Guy Needler
Avoiding Karma
Beyond the Source – Book 1, Book 2
The Anne Dialogues

For more information about any of the above titles, soon to be released titles,
or other items in our catalog, write, phone or visit our website:
PO Box 754, Huntsville, AR 72740
479-738-2348/800-935-0045
www.ozarkmt.com

Other Books by Ozark Mountain Publishing, Inc.

The Curators
The History of God
The Origin Speaks
James Nussbaumer
And Then I Knew My Abundance
The Master of Everything
Mastering Your Own Spiritual Freedom
Living Your Dram, Not Someone Else's
Sherry O'Brian
Peaks and Valleys
Riet Okken
The Liberating Power of Emotions
Gabrielle Orr
Akashic Records: One True Love
Let Miracles Happen
Victor Parachin
Sit a Bit
Nikki Pattillo
A Spiritual Evolution
Children of the Stars
Rev. Grant H. Pealer
A Funny Thing Happened on the
  Way to Heaven
Worlds Beyond Death
Victoria Pendragon
Born Healers
Feng Shui from the Inside, Out
Sleep Magic
The Sleeping Phoenix
Being In A Body
Michael Perlin
Fantastic Adventures in Metaphysics
Walter Pullen
Evolution of the Spirit
Debra Rayburn
Let's Get Natural with Herbs
Charmian Redwood
A New Earth Rising
Coming Home to Lemuria
David Rivinus
Always Dreaming
Richard Rowe
Imagining the Unimaginable
Exploring the Divine Library
M. Don Schorn
Elder Gods of Antiquity
Legacy of the Elder Gods
Gardens of the Elder Gods
Reincarnation...Stepping Stones of Life
Garnet Schulhauser
Dance of Eternal Rapture
Dance of Heavenly Bliss
Dancing Forever with Spirit
Dancing on a Stamp
Manuella Stoerzer
Headless Chicken
Annie Stillwater Gray
Education of a Guardian Angel
The Dawn Book
Work of a Guardian Angel
Joys of a Guardian Angel
Blair Styra
Don't Change the Channel
Who Catharted
Natalie Sudman
Application of Impossible Things
L.R. Sumpter
Judy's Story
The Old is New
We Are the Creators
Artur Tradevosyan
Croton
Jim Thomas
Tales from the Trance
Jolene and Jason Tierney
A Quest of Transcendence
Nicholas Vesey
Living the Life-Force
Janie Wells
Embracing the Human Journey
Payment for Passage
Dennis Wheatley/ Maria Wheatley
The Essential Dowsing Guide
Maria Wheatley
Druidic Soul Star Astrology
Jacquelyn Wiersma
The Zodiac Recipe
Sherry Wilde
The Forgotten Promise
Lyn Willmoth
A Small Book of Comfort
Stuart Wilson & Joanna Prentis
Atlantis and the New Consciousness
Beyond Limitations
The Essenes -Children of the Light
The Magdalene Version
Power of the Magdalene
Robert Winterhalter
The Healing Christ

For more information about any of the above titles, soon to be released titles,
or other items in our catalog, write, phone or visit our website:
PO Box 754, Huntsville, AR 72740
479-738-2348/800-935-0045
www.ozarkmt.com

www.ingramcontent.com/pod-product-compliance
Lightning Source LLC
Chambersburg PA
CBHW071935220426
43662CB00009B/908